应用型本科院校通用教材

管 理 学

主编 郭晓阳

副主编 苏 醒 王迎涛 李金龙 郭文凯

南开大学出版社

天 津

图书在版编目(CIP)数据

管理学 / 郭晓阳主编. —天津：南开大学出版社，
2015.5
应用型本科院校通用教材
ISBN 978-7-310-04776-5

Ⅰ.①管… Ⅱ.①郭… Ⅲ.①管理学－高等学校
－教材 Ⅳ.①C93

中国版本图书馆 CIP 数据核字(2015)第 056433 号

版权所有　侵权必究

南开大学出版社出版发行
出版人：孙克强
地址：天津市南开区卫津路 94 号　邮政编码：300071
营销部电话：(022)23508339　23500755
营销部传真：(022)23508542　邮购部电话：(022)23502200

＊

天津市蓟县宏图印务有限公司印刷
全国各地新华书店经销

＊

2015 年 5 月第 1 版　2015 年 5 月第 1 次印刷
230×170 毫米　16 开本　37 印张　2 插页　639 千字
定价：66.00 元

如遇图书印装质量问题，请与本社营销部联系调换，电话：(022)23507125

前 言

为了适应新时期社会主义市场经济条件下经济管理工作的需要，培养德、智、体全面发展的应用型管理人才，必须改革目前经济管理类专业的课程体系。学生不仅在理论上要夯实基础，而且更要有较强的实际工作能力。特别是应用型本科更应有自己培养模式的特殊之处，那就是理论上要强于高职高专，实践上要强于普通本科。为此，我们编写了这本适合应用型本科管理人才教学需要的《管理学》教材，无论在内容取舍，还是在编写方式上均着重突出这一需求。

与大多数《管理学》教材不同，本教材的编写团队由三类组成：一类是应用型本科院校的既有企业中高层管理经历又有高校高级职称的一线教师；另一类是省内外高校管理界知名专家、教授；还有一类是有多年企业管理经验的知名企业的高层管理人员。本书凝聚了编写团队多年的高校"管理学"教学、企业管理工作经验及研究成果，并具有以下特色。

1. 在编写内容上，管理学原理与管理实践应用并举，体现管理学科的科学性与应用性的完美结合

（1）本书内容结构紧凑，体系完整。在内容的取舍上，严格按照《中华人民共和国高等教育法》对本科毕业生的要求，做到理论体系完整、内容全面。全书共分10章，比较全面地概括了管理学的主要内容。

（2）本书捕捉学科前沿知识，突出实践应用。书中尽可能吸纳近年来管理领域发展起来的新理论、新方法，以引导学生掌握本学科的前沿理论。同时，结合应用型本科院校对学生职业能力的要求，坚持实用性、针对性的原则，选取较新的中外案例并在每章后面设有实训练习，强化学生对管理理论的应用能力，增强学生实用管理技能，实现应用型本科院校的培养目标。

2. 在编写形式上，注重多种类型案例导入，生动活泼、可读性强，既便于学生通过案例深刻理解所学理论知识，也有利于讨论式教学方法的开展

在编写形式上，打破大多数教材一章一案例的局限，大多数章节以案例

导入、提出问题、引入知识点的同时，在正文中独具匠心地设计了"小案例"、"应用阅读"等栏目增加信息量，大大提高了本书的生动性、启发性与可读性。

3. 在编写结构上，突出重点，前后呼应。注重对所学知识的巩固，体现"理论奠基、重在应用"的编写特点

本教材每章开篇指明了"学习目标"，明确告诉学生本章学完后应掌握哪些要点，掌握到什么程度。与此对应每章结尾的"本章小结"旨在提醒学生从本章的学习中学到了什么，是一个围绕开篇"学习目标"的简短总结。开篇的"学习目标"，结尾的"本章小结"，一前一后，将每章的重点勾勒的一目了然。

同时，本教材每一章的结尾都安排有课后案例分析、理论练习题、课外实训项目（学生模拟实践训练）。这需要学生综合运用所学的管理学知识，在课堂上讨论、练习，在课外实践、训练。其目的就是希望通过课内的练习、讨论和课外的实践、训练，加深学生对所学知识的理解。完成这些课后练习，使学生不仅理解掌握了本章的理论知识，更重要的是还能运用它们解决现实中的实际问题。

本书分为三部分——共十章内容：

第一部分：基础篇。包括第一章、第二章、第三章。

第一章，通过对管理与管理学的基本概念、特征和性质等内容的阐述，引导学生走进管理科学的大门，从而为管理学的学习打好基础。

第二章，从历史的角度来阐述管理思想与管理理论的形成与发展过程，从而把握管理学的发展历程。

第三章，介绍了现代管理中一般的、常用的管理原则和管理方法。

第二部分：管理职能篇。包括第四章至第八章。分别是计划、组织、领导、控制。着重从管理者的工作或职能出发来研究管理活动的规律、程序与方法，也就是解决管理实践中如何去做的问题。通过学习，使学生掌握这些管理的基本职能，这是本书的重点内容。

第三部分：拓展篇。包括第九章、第十章。分别是创新、管理道德与企业社会责任。同时在本书的结尾部分将管理发展的新趋势以延伸阅读方式呈现给大家。让大家对本门课程有更进一步的了解。

本书所讲内容是经济管理类各专业学生的必修内容。适合于应用型本科院校经济管理类专业使用。既可作为经济管理类专业管理基础课的教材，又可作为非经济管理类专业学生和从事经济管理工作的社会人员参考阅读资料。

为了使本教材在教学过程中能够体现编者的编写意图，便于读者更好地使用本教材，现提出如下教学方法的建议：

（1）充分调动学生学习积极性，鼓励学生主动参与。传统的教学方法固守"以教师为中心"的教学观念，教师讲，学生听，这种"灌输式"的教学方法已经不符合应用型高等院校的教学现状，依据应用型高等学校和管理类课程的特点，老师必须树立"以学生为中心"的教学理念，充分发挥教师的引导作用和学生的主体作用。

（2）在理论课教学上，老师要"精"讲，学生要"多"练。教材中的重点内容要精讲、详讲。每章的学习目标和本章小结已充分说明每章的重点问题。次重点或非重点可以略讲或由学生自己阅读，通过每章后的理论练习题加强和巩固理论知识的理解。

（3）坚持以管理技能的培养为中心，强化案例分析及实训课教学。案例教学活动主要是在学生的自学、争辩和讨论的氛围中完成，教师只是启迪和帮助学生，担当类似导演或教练的角色，引导学生自己分析问题，经过讨论后形成共识，这种教学方式真正体现了以学生为中心的理念。除此之外本书最后安排课外实训题，教师可以按照实训目的和实训要求，认真组织教学，来培养学生的管理技能及对所学理论知识的运用能力。

本书的编写是郑州大学西亚斯国际学院多位老师集体努力的结果，他们为本书能够顺利出版付出了很多宝贵的时间和精力。本书主要由郑州大学西亚斯国际学院商学院老师编写完成，本书的编写的具体分工是：郭晓阳担任主编，苏醒、王迎涛、李金龙、郭文凯担任副主编。各章编写分工如下：郭晓阳第一、二章，苏醒第三、四章，郭文凯第五、六章，李金龙第七、八章，王迎涛第九、十章。

本书编写工作借鉴了国内管理学大量研究成果，限于篇幅未能一一说明，在此，谨向管理学界师友及作者致谢。

由于编者水平有限，不足之处在所难免，敬请读者批评指正，欢迎发邮件至 gxy690703@163.com 与编者交流，不胜感激。

编 者

2014 年 8 月

目 录

第一篇 管理基础篇

第一章 绪 论 1
第一节 管理的概念与特征 4
第二节 管理的起源与发展 24
第三节 管理的性质及职能 33
第四节 管理学及其学习方法 42

第二章 管理思想与管理理论 58
第一节 管理学形成之前的管理思想 60
第二节 管理学创建第一阶段——古典管理理论 73
第三节 管理学创建第二阶段——行为科学理论 86
第四节 管理学创建第三阶段——现代管理理论 92

第三章 管理的基本原则和方法 108
第一节 系统原则 110
第二节 人本原则 115
第三节 效益原则 124
第四节 能级原则 131
第五节 弹性原则 133
第六节 一般管理方法 138

第二篇 管理职能篇

第四章 计划、目标与战略 152
第一节 计划职能概述 155
第二节 计划制订的原理和方法 164

第三节　目标与目标管理..........174
　　第四节　战略管理..........186
　　第五节　决　策..........210
第五章　组织职能..........234
　　第一节　组织及组织职能概述..........235
　　第二节　组织结构形式..........242
　　第三节　组织结构的设计..........261
　　第四节　组织变革..........277
　　第五节　组织文化..........284
第六章　人员配备职能..........301
　　第一节　人员配备概述..........302
　　第二节　人才选拔..........305
　　第三节　人员培训..........320
　　第四节　人员考核与薪酬制度..........325
第七章　领导职能..........344
　　第一节　领导与领导者..........346
　　第二节　领导理论..........364
　　第三节　领导艺术..........379
　　第四节　激　励..........391
　　第五节　沟　通..........419
　　第六节　指　挥..........434
第八章　控制职能..........445
　　第一节　控制职能概述..........446
　　第二节　控制程序..........456
　　第三节　控制的类型..........463
　　第四节　控制的方法..........469

第三篇　管理发展篇

第九章　创新职能..........484
　　第一节　创新及其理论发展..........486
　　第二节　技术创新..........513
　　第三节　管理创新..........528

第十章 管理道德与企业社会责任 559
  第一节 道德与管理道德 560
  第二节 影响管理道德的因素和提高道德管理的途径 565
  第三节 企业社会责任 570
参考文献 592

第一篇　管理基础篇

第一章　绪　论

学习目标

通过本章的学习，使学生掌握管理的概念、特征和性质，了解管理的起源及管理学的学科特点、学习方法。为以后章节的学习奠定良好的基础。

凡是由两个及两个以上的人组成的、有共同目标的集体活动，就存在着管理。管理是人类社会活动中不可缺少的组成部分。自20世纪20年代管理学形成之后，随着科学管理理论和管理方法在社会各个行业的不断普及应用，人们愈来愈关注社会生活的各个领域中存在的各种管理问题。因此，作为管理者或有志于从事管理的人来说，很有必要先熟悉什么是管理，怎样有效地学习管理。

【导入案例】

1-1　求　道

有一个年轻人经过千山万水的跋涉来到森林中的寺院，请求寺院里德高望重的住持收他为徒。住持郑重地告诉他："如果你真要拜我为师追求真道，你必须履行一些义务和责任。""我必须履行哪些义务和责任呢？"年轻人急切地问。"你必须每天从事扫地、煮饭、劈柴、打水、扛东西、洗菜……的工作。""我拜你为师是为了习艺正道，而不是来做琐碎的杂工、无聊的粗活的。"年轻人一脸不悦地丢下这句话，就悻悻然离开了寺院。

解析：正道不是高不可攀或莫测高深的理论，它隐藏在日常的工作琐事及生活细节中；同样的，管理的道理，随处可得，只要认真去从事，用心去体验，工作过程中自可深刻体悟管理的奥妙及意义。

【导入案例】

1-2 一场"什么是管理"的探讨

李叶和王斌是大学同学,学的都是管理科学与工程专业。毕业后,李叶去了深圳一家有名的外资企业从事管理工作,而王斌却被学校免试推荐为该校的硕士研究生。一晃三年过去了,王斌又以优异的成绩考入北京某名牌大学攻读管理科学与工程的博士学位。李叶在当上部门经理后也来到该校参加MBA培训。

王斌在办理报到手续时与李叶不期而遇。老同学相见自然免不了要"促膝长谈",因此两人约定:晚上来个"一醉方休"。王斌如约而至,两人在酒足饭饱之余闲聊起来,由于两人志趣相同,一会儿,他们就关于"什么是管理"的话题聊开了。

王斌非常谦虚地问:"李兄,我虽然读了许多有关管理方面的著作,但对于什么是管理我还是心存疑虑,管理学家西蒙说'管理就是决策',有的管理学家却说'管理是协调他人的活动',如此等,真是公说公有理,婆说婆有理。你是从事管理工作的,那你认为到底什么是管理?"

李叶略为思索了一会儿,说道:"你读的书比我多,思考问题也比我深。对于什么是管理,过去我从来没有认真去想过,不过从我工作的经验看来,管理其实就是管人,人管好了,什么都好。"

"那么依你看,善于交际的、会拍'马屁'的人就是最好的管理者了?"王斌追问道。

"那也不能这么说。"李叶忙回答说,"虽然管人非常重要,但管理也不仅仅是管人,正如你所说的,管理者还必须做决策、组织和协调各部门的工作等等。"

"你说得对,管理不仅要管人,还要做计划、定目标、选人才、做决策、组织实施和控制等,那么,也就是说,做计划、定目标、选人才、做决策、组织实施和控制等活动就是管理啦?"王斌继续发表自己的见解。

"可以这么说,我们搞管理的差不多啥都得做,今天开会,明天制订规则,后天拟订方案等等,所以说,搞好管理可真不容易。"李叶深有感触地说。

"那你怎么解释'管理就是通过其他人来完成工作',难道在现实中这种说法本身就是虚假的吗?"王斌显得有点激动地说。

李叶想了一会儿才回答道:"我个人认为,'管理就是通过其他人来完成工作'这句话有失偏颇,管理的确要协调和控制其他人的活动,使之符合企业制订的目标和发展方向,但管理者绝不是我们有些人所理解的单纯的发号施令者,其实管理者的工作量非常大,在很多方面,他们还必须起到带头和表率的作用。"

"我同意你的观点,管理者不是发号施令者,管理也并不就是叫别人帮你做事。管理者是'舵手',是'领航员',他必须带领其他人一起为组织目标的实现而奋斗。不过在咱们中国,听说在一些国有企业,只要你能吃、能喝、会拍'马屁',你就是一个好管理者,就会受到上级的器重,对此你有何高见?"

"在咱们中国,的确存在着相当普遍的官僚主义、拉关系的现象,这恐怕是我们的传统体制留下的弊端,但这不是说管理就是陪人吃饭、喝酒、拍领导'马屁',在外资企业,这种现象几乎不存在,只要你有本事,能干出成绩,用不着你去拍马屁送礼,上级也一样器重你,你就能获得提拔,得到加薪。因此,从某种意义上来说,管理就是管理者带领组织成员一起去实现组织的目标。"

"可是……"

夜深了,可李叶和王斌好像并没有丝毫的睡意,两人还在围绕着关于"什么是管理"的话题继续探讨着。

分析讨论题:

1. 有人说:"管理就是管你的。"对此,你如何看待?

2. 案例中王斌说:"管理者不是发号施令者,管理者是舵手、领航员……"你同意这种说法吗?为什么?

3. 你认为:一个人是管理者必然是领导者吗?或者说是领导者必然是管理者?你如何看待这个问题。

在当今这个社会,无论从事什么职业的人都要与管理打交道,要么从事管理,成为管理者即管理主体;要么接受管理,成为管理对象即管理客体;更多的时候,则既是管理者又是管理对象,也就是我们平时所说的中层管理者,他们上有上司,下有下属。

把管理作为一门学科进行系统的研究,是最近一二百年的事情。管理活动自古就有,它起源于人类的共同劳动。当人们组成一个集体去实现共同目标时,就必须有管理,目的是协调集体中每个成员的活动。管理的范围很广,大到管理一个国家,小到管理自己,管理是我们这个现实世界普遍存在的现象。

第一节 管理的概念与特征

一、管理的概念

(一)人们对管理概念的认识

长期以来,对于什么是管理,人们的认识有很大的不同。从字面意义上来讲,"管"在古代是指中空贯通的长条物体,后指锁钥,引申为"规范""准则""规则""主宰""主管""管辖""管制"等意思,体现着权力的归属。"理"在古代为整理土地、雕玉琢器等意思,引申为整治、处理。"管""理"二字合二为一使用,即为在权力的范围内,对人或事物进行管辖和处理。

20世纪以来,关于管理概念,学术界许多学者从不同侧面提出了许多观点。

美国管理学家,1978年诺贝尔经济学奖获得者赫伯特·西蒙提出"管理就是决策"。他认为决策的过程分为四个环节:第一,调研分析;第二,制订所有可能的行动方案;第三,从各种可能的方案中选择比较满意的方案;第四,检查和评价方案的执行情况,并适时调整方案。

被称为"管理过程之父"、法国著名管理学家亨利·法约尔则把管理定义为:"管理,就是实行计划、组织、指挥、协调和控制"。并且把企业职能与管理职能分开。

美国管理学家哈罗德·孔茨对管理的定义:"管理是在正式组织起来的团体中,通过他人并同他人一起把事情办妥的艺术。"

古典组织理论开拓者,德国管理学家马克斯·韦伯(Max Weber)认为管理就是协调活动。

我国的一些管理学家如杨文士认为:"管理是一个过程,是让别人与自己一道去实现既定的目标,是一切有组织的集体活动的所不可缺少的要素。"

周三多认为:"管理是一种以绩效责任为基础的专业职能。"

陈子良认为管理是"为了完成组织的共同目标而从事的对人、财、物等资源的协调活动"。

从以上分析中可以看出:管理学家们对管理的概念做了深入的研究,并从多个角度和侧面提出了不同的关于管理的定义。就这些定义的侧重点,主要有以下几种类型。

第一，注重管理过程中的职能，认为管理就是计划、组织、人员配备、领导、控制等的过程。

第二，注重管理的实质，认为管理就是决策。

第三，注重管理的目标，认为管理就是通过别人把事情办好。

第四，注重管理的核心，认为管理就是协调各种关系的活动。

综合各家之说，管理既强调了过程及过程中的职能，又强调了效率。所以，本书认为管理是指一定组织中的管理者，通过实施计划、组织、领导、控制、创新等职能来优化配置，协调人、财、物、信息等资源，以有效地实现既定目标的过程。

无论何种定义，都是从不同方向突出了管理在不同方面所具有的特征，可以为我们学习管理学提供参考与借鉴。

(二) 管理的定义

管理定义的多样性反映了人们对管理的不同理解和管理学家们不同的研究重点。但是不同的定义，只是认识角度和侧重点不同。在总体上对管理本质的认识还是相通的，依据对管理本质的共同认识，我们提出管理的定义：就一般意义而言，管理是指为有效实现组织目标，管理者通过计划、组织、人员配备、领导和控制，协调以人为中心的各种资源的一系列社会活动过程，这一定义可以从以下几方面去理解。

1. 管理的主要目的是有效实现组织目标

组织目标是组织内全体成员共同努力的方向，是管理功能的集中体现。一个组织原本就是为实现某种目标而组成的各种资源的综合系统，整个组织的管理活动，就是围绕实现组织目标而开展的。管理离开了组织目标，就像一艘没有航标的船一样永远也不会到达"理想的彼岸"。

2. 管理活动的实施是通过计划、组织、人员配备、领导和控制这些手段来进行的

这些手段是所有类型的管理人员在管理实践中都要履行的管理职能，这反映管理活动的功能和过程。

3. 管理活动的实质就是协调各种关系

所谓协调，就是指把组织内各种资源（尤其是人力、财力和物力）有机地结合起来，使其和谐化、同步化。所以管理活动就要围绕着组织的目标，协调各种资源的相互关系，使组织活动更加有效。

【应用阅读】

可怜的裤子

有一个男孩买了一条新裤子,穿上一试,裤子长了一些,他请奶奶帮忙把裤子剪短一些,可奶奶说,眼下的家务事太多,让他去找妈妈,而妈妈答应他,可今天她已经同别人约好了去买东西,回来再说。男孩子又去找姐姐,但是姐姐马上就要去和男朋友约会,这个男孩子非常失望,但也只有带着担心明天穿不上这条裤子的心情入睡了。奶奶忙完家务事,想起了孙子的裤子,就去把裤子剪短了一点;姐姐回来后心疼弟弟,又把裤子剪短了一点;妈妈回来后也同样把裤子剪短了一点。可以想象,第二天早上大家会发现这种没有进行统一协调的管理活动所造成的恶果。

启示:案例中小男孩的裤子需要裁短这一事件就需要管理;必须有一个专人来安排、协调,由谁来裁、尺寸是多少。只有这样,才能保证小男孩穿上合适的裤子。

4. 管理最重要的就是对人的管理

管理的主体是管理者所有的管理行为要靠管理者去实施,所有的管理目标要靠管理者来实现。而管理者实施管理行为的受作用一方即管理对象,对于管理的有效性以及组织目标的最终实现,也具有重要的影响作用。管理对象包括:人、财、物、信息、技术、时间等要素,而这些要素中"人"是最核心、最关键、最活跃的要素,所有的组织资源都要以人为中心。因此,对人进行管理是管理者最重要的职能。

【应用阅读】

古代的管理

原始人在狩猎时,往往由一群人来捕杀一头猎物。这是由于他们认识到单个人没有这种能力,只有许多人同时从事这一活动。才能既保护自己,又捕杀到猎物。在这种情况下,需要大家配合行动,一些人举火把,一些人抛掷石块,还有一些人拿着木棒……组织这种相互配合的活动实际上就是管理,尽管当时他们还没有创造出"管理"这个词。

在公元前5000年左右,古代埃及人建造了世界奇迹——金字塔。据资料显示,胡夫金字塔共耗用上千万斤重的大石料230多万块,每3个月为1期,每期动用10万人力,费时20年才得以建成。完成这样巨大的工程是非常艰难的,而其中也包含了大量的管理工作,比如,组织人力进行计划与设计、搬运,并进行人力的合理分工等。

二、管理的含义

为了更加科学地理解管理的概念，我们需要把握一下管理的含义。

（一）管理是一种社会文化现象

管理是人们在有组织的集体环境下所从事的一种社会活动。它是在人类共同劳动的实践中出现的。人类为达到一定的目标在一起共同劳动，就需要管理来组织人们进行有效地劳动。因此说管理是人类共同劳动的产物。只要是两个及两个人以上的集体活动并且有一致认可的目标，就存在着管理。

（二）管理的"载体"是组织

组织是指为达到一定目标，完成特定任务而结合在一起的社会群体。管理的第一个特征告诉我们，管理的存在必须具备两个条件：必须是两个人或两个人以上的集体活动；有一致认同的目标。两个或两个以上的人组成的，为一定目标而进行协同劳动的集体就可以称为组织。在现实社会中，人们都是生活在各种不同组织之中的，如工厂、学校、医院、军队、公司等，人们依赖组织，组织是人类存在和从事社会活动的基本形式。没有组织，仅凭个体的力量，无法征服自然，也不可能有所成就；没有组织，也就没有人类社会今天的发展与繁荣。组织是人类征服自然的力量和源泉，是人类获得一切成就的主要因素之一。

虽然社会生活中各种组织的具体形式和社会功能不同，但是一个组织的建立和发展，既受到组织内部要素的影响，又受到组织外部环境诸如：政治经济形势、行业发展、市场变化等因素的制约。因此，要想使组织中以人为主体的各种要素达到合理配置、应对外部环境的变化，从而实现组织目标，就必须进行有效地管理。

（三）管理的主体是管理者

管理者是指从事管理活动、实施管理行为、履行管理职能、对实现组织目标承担责任的人。管理者是一个组织或一定领域中的"统帅"，负责管理他人及其他要素，努力实现组织目标，他的管理工作比其他业务工作更加重要。因此，一个优秀的组织必须有一批优秀的管理者。

管理者可以按多种标志进行分类。一般地按管理层次可以划分为高层管理者、中层管理者和基层管理者。高层管理者是一个组织中最高领导层的组成人员，拥有人事、资金等资源的控制大权，负责组织的长远发展计划、战略目标和重大政策的制订，又称决策层；中层管理者是一个组织中层机构的负责人员，他们是高层管理者决策的执行者，故称执行层；基层管理者，指一个组织中业务"第一线"的管理人员，负责现场作业指挥和监督，故称作业层。

表 1.1 不同管理学家对管理职能划分的认识

管理学家 / 年份	职能	计划	组织	指挥	协调	控制	激励	人事	整合资源	沟通
1916	法约尔	√	√	√	√	√				
1925	梅奥						√	√		√
1934	戴维斯	√	√			√				
1937	古利克	√	√	√	√	√		√		√
1947	布朗								√	
1949	芭威克	√	√			√				
1951	纽曼	√	√			√		√		
1955	孔茨与奥唐奈	√	√			√		√		
1964	梅西	√	√			√		√		
1970	海曼与斯科特	√	√			√	√			
1972	特里	√	√		√	√				

说明："√"表示各管理学家对管理职能划分的认识。

（四）管理的职能

管理职能就是管理者实施管理行为所体现出来的具体功能和实施过程。管理学家们对管理职能认识看法不一，不同学派有不同见解。最常见的有"三职能"论，即"计划""组织"和"控制"。有"五职能"论，即增加"指挥"和"协调"两个职能。还有主张"七职能"论的，即增加"领导"与"人员配备"两个职能。即使职能的个数相同，但是，对具体职能的称谓，不同管理学家也持不同的观点（见表1.1）。

本书认为"组织""人员配备"两个职能可以合并为"组织"职能，"指挥"和"协调"两个职能由"领导"职能代替更为妥帖。因此，提出新的"四职能"论即计划、组织、领导和控制。无论是什么样的管理者，为了实现组织目标，都要履行这四个职能，管理职能表明了管理者的工作内容，各职能的基本涵义与工作逻辑见图1.1所示。

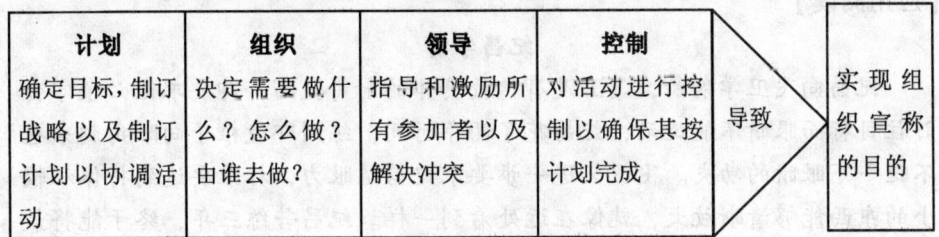

图 1.1　管理职能及其相互关系

（五）管理的核心是处理人与人之间的关系

管理活动是一项社会活动，不是个人的活动，它需要推动别人和自己一道去实现组织目标。所以管理者在进行管理的过程中需要处理许多事务。实际上处理事务就是处理人际关系，因为这些事务是由人来解决和处理的。美国著名的管理学家彼得·F.德鲁克在1955年提出"管理者的角色"的概念，他认为管理者扮演着三个角色：第一个角色是管理一个组织；第二个角色是管理管理者；第三个角色是管理工作和工人。其中有两个角色都提到人，这表明管理者的工作和职责的很大一部分都是与人打交道的。

前已叙述，管理的实质是协调，由于人是一切管理活动的主体，是构成组织的"基本细胞"，协调的主要对象当然就是人与人之间的关系，因此，管理的核心就是处理人际关系。

（六）管理工作的有效性要求管理必须追求效率和效果

管理工作要通过有效利用组织中的各种资源来实现组织目标，而组织资源需要考虑效率和效果。效率是指用最少的资源达到组织目标的能力，称为"正确地做事"（怎么做）。组织管理成效的好坏，有效性如何，集中体现在它是否使组织花最少的资源投入，取得最大的、合乎需要的成果产出。产出一定、投入最少，或者投入不变、产出最多，甚至是投入最少、产出最多，这些都意味着组织具有较为合理的投入产出比，有比较高的效率。效果是指决定组织活动适当目标的能力，即"做正确的事"（做什么）。德鲁克认为，效果实际上是组织成功的关键，在我们将注意力放在有效率性做事之前，必须确认自己所做的事是正确的。在现代社会中，"做什么"比"怎么做"往往更加重要。管理的任务就是获取、开发和利用各种资源来确保组织效率和效果双重目标的实现，乃是"正确地做正确的事"。例如从工业企业的角度看，就包括了用最少的资源来进行生产和生产顾客真正需要的产品或服务这两大方面。

【应用阅读】

纪昌学箭

纪昌向飞卫学射箭，飞卫没有传授具体的射箭技巧，却要求他必须学会盯住目标而眼睛不能眨动，纪昌花了两年时间，练到即使椎子向眼角刺来也不眨一下眼睛的功夫。飞卫又进一步要求纪昌练眼力，标准要达到将体积较小的东西能够清晰放大，就像在近处看到一样。纪昌苦练三年，终于能将最小的虱子看成像车轮一样大，纪昌张开弓，轻而易举地一箭将虱子射穿。飞卫得知结果后，对这个徒弟极为满意。

启示：学习射箭必须先练眼力，基础的动作学扎实了，应用就可以千变万化了。企业的管理者也一样，必须清楚什么是管理及内涵，方能管好企业的人事、财务、技术、业务等，那么后续就可以大展宏图了。

三、管理者与管理对象

（一）管理者的含义及分类

1. 管理者的含义

从广义上讲，管理者的含义应是泛指所有执行管理职能，并对组织目标实现做出实质性贡献的人。这个概念既包括执行传统意义上的管理职能，对他人工作负有责任的人；也包括承担特殊任务，而不对他人工作负有责任的人；或者介于这两者之间的人。只要他利用其职位和知识，以个人的方式对组织做出实质性的贡献，使该组织工作有成果，就是一位管理者，而不管他对他人是否具有管理监督的权力，是否具有下属。

2. 管理者的分类

（1）按管理人员所处的组织层次划分

高层管理者：高层管理者是指组织中的高级领导人，对管理负有全面责任。其主要任务是：制订战略目标、把握发展方向、拥有资源分配权等。如学校的正副校长、企业的董事会成员、城市的正副市长等就属于高层管理者。

中层管理者：中层管理者介于高层和一线管理人员之间。其主要职责是：执行重大决策和管理意图、监督和协调基层管理人员的工作活动、进行具体工作的规划和参谋。如学校中的系主任、处长，企业中计划、生产、财务等部门的负责人，政府中的主任、局长等就属于中层管理者。中层管理者一般可分为三类：行政管理人员、技术性管理人员和支持性管理人员。

基层管理者：基层管理者是指最直接的一线管理人员，是直接监察实际作业人员的管理者。其主要职责是：直接给下属人员分派任务、直接指挥和监督现场作业活动、保证上级下达的各项计划和指令的完成。如工长、领班、小组长等就是基层管理者。

上述三个不同层次的管理人员，其工作内容和性质存在很大的差别。一般来说，一线管理人员所关心的主要是具体的战术性工作，而高层管理人员所关心的则主要是抽象的战略性工作，如图1.2所示。

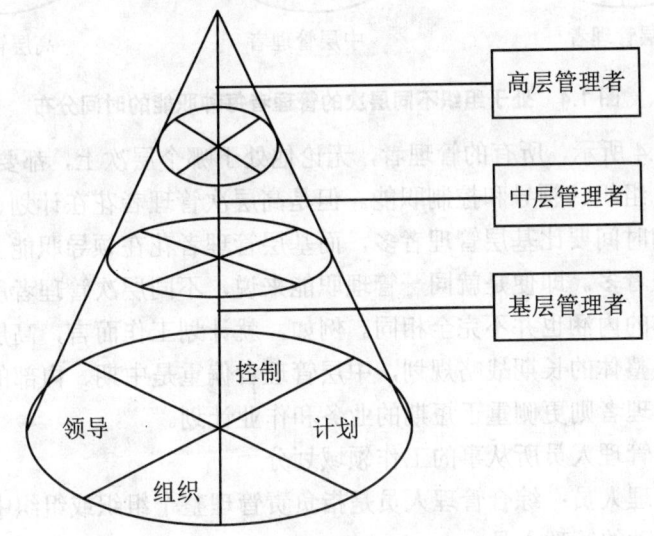

图1.2　组织中管理者的三个层次

如前所述，管理者在组织中所处的层次不同，管理者角色的重要性不同，管理者要求的技能也不相同。不仅如此，不同层次的管理者在执行管理职能时应各有侧重，他们在各种管理职能上花费的时间也不一样。如图1.3所示。

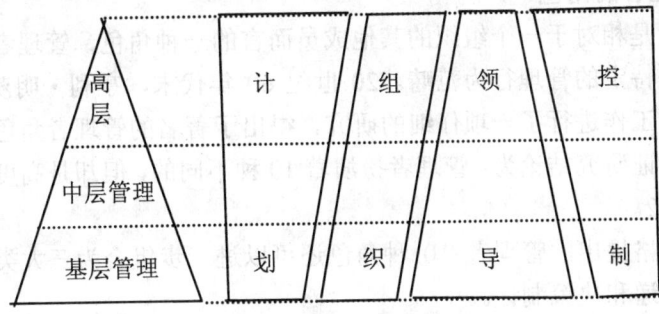

图1.3　管理者层次分类与管理功能

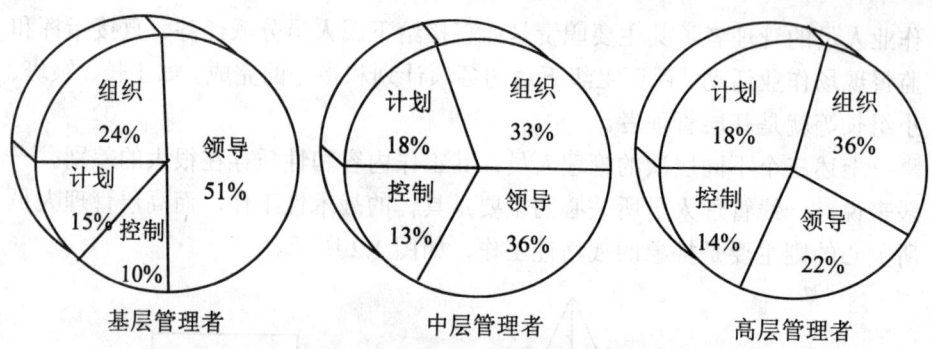

图 1.4 处于组织不同层次的管理者每种职能的时间分布

如图 1.4 所示,所有的管理者,无论他处于哪个层次上,都要制订决策、履行计划、组织、领导和控制职能。但是高层次管理者花在计划、组织和控制职能上的时间要比基层管理者多,而基层管理者花在领导职能上的时间要比高层管理者多。即便是就同一管理职能来说,不同层次管理者所从事的具体管理工作的内涵也并不完全相同。例如,就计划工作而言,高层管理者关心的是组织整体的长期战略规划,中层管理者偏重是中期、内部的管理性计划,基层管理者则更侧重于短期的业务和作业计划。

(2) 按管理人员所从事的工作领域划分

综合管理人员:综合管理人员是指负责管理整个组织或组织中某个事业部的全部活动的管理人员。

专业管理人员:专业管理人员是指负责管理组织中某一类活动(或职能)的管理人员,如生产部门管理人员、营销部门管理人员、人事部门管理人员、财务部门管理人员、研究部门管理人员等。

(二) 管理者的角色与技能要求

1. 管理者的角色

管理者是相对于一个组织的其他成员而言的一种角色,管理者角色这个术语指的是特定的管理行为范畴。20 世纪 60 年代末,亨利·明茨伯格对 5 位总经理的工作进行了一项仔细的研究,得出了著名的管理者角色理论。明茨伯格的实证研究结论为:管理者扮演着 10 种不同的,但却是高度相关的角色。如表 1.2。

明茨伯格提出的管理者 10 种角色还可以进一步组合为三大类:人际关系、信息传递和决策制订。

(1) 人际角色

人际关系角色（Interpersonal Roles）：指所有的管理者都要履行礼仪性和象征性的义务。管理者在处理与组织成员和其他利益相关者的关系时，就是扮演人际关系角色。管理中的人际角色分为以下三种：

1）代表人（挂名首脑）角色：作为所在单位的领导，管理者必须行使一些具有礼仪性质的职责，如出席集会、宴请重要客户等。

2）领导者角色：由于管理者对所在单位的成败负重要责任，因此他们必须在工作小组内扮演领导者角色。

3）联络者角色：管理者无论对内对外都起着联络者的角色。

当学校的校长在毕业典礼上颁发毕业文凭时，或者工厂领班带领一群高中学生参观工厂时，他们都在扮演挂名首脑的角色。此外，所有的管理者都在扮演领导者的角色，包括雇用、培训、激励、惩戒雇员等。管理者扮演的第三种角色是在人群中间充当联络员，即与提供信息来源的组织内、外个人或团体接触，如销售经理从人事经理那里获得信息属于内部联络关系，而他通过市场营销协会与其他公司的销售经理接触时，他拥有了外部联络关系。

（2）信息角色

管理者确保和他一起工作的人具有足够的信息，从而能够顺利完成工作，这时他们就扮演信息角色。信息角色（Information Roles）：指所有的管理者在某种程度上都从外部的组织或机构接受和收集信息，同时又是所在单位的信息传递中心和其他工作小组的信息传递渠道。管理中的信息角色分为以下三种：

1）监听者角色：作为监听者，管理者持续关注组织内外环境的变化以获取对组织有用的信息。

2）传播人角色：作为传播者，管理者把重要的信息传递给工作小组成员，管理者有时也因特殊目的向工作小组隐藏特定的信息。但更重要的，管理者必须保证员工具有必要的信息，以便切实有效地完成工作。

3）发言人角色：管理者把信息传递给单位或组织以外的个人。

如当他们关注外部关系，了解公众趣味的变化或竞争对手可能正打算干什么时，管理者正在扮演监听者角色；当管理者作为信息通道向其他部门或组织成员传递信息时，他们扮演着传播者的角色；当他们代表组织向外界表态，如向董事和股东说明组织的财务状况和战略方向，向消费者保证组织切实履行社会义务时，管理者是在扮演发言人的角色。

表 1.2　明茨伯格的管理者角色理论

角　色	描　述	特　征　活　动
人际关系方面		
1.挂名首脑	象征性的首脑，必须履行许多法律性的或社会性的例行义务	迎接来访者，签署法律文件
2.领导者	负责激励和动员下属，负责人员配备、培训交往的职责	实际上从事所有的下级参与的活动
3.联络者	维护自行发展起来的外部接触和联系网络，向人们提供恩惠和信息	发感谢信，从事外部委员会工作，从事其他有外部人员参加的活动
信息传递方面		
4.监听者	寻求和获取各种特定的信息（其中许多是即时的），以便透彻地了解组织与环境；作为组织内部和外部信息的神经中枢	阅读期刊和报告，保持私人接触
5.传播者	将从外部人员和下级那里获得的信息传递给组织的其他成员——有些是关于事实的信息，有些是解释和综合组织的有影响的人物的各种价值观点	举行信息交流会，用打电话的方式传达信息
6.发言人	向外界发布有关组织的计划、政策、行动、结果等信息；作为组织所在产业方面的专家	举行董事会议，向媒体发布信息
决策制订方面		
7.企业家	寻求组织和环境中的机会，制订"改进方案"以发起变革，监督某些方案的策划	制订战略，检查会议执行情况，开发新项目
8.混乱驾驭者	当组织面临重大的、意外的动乱时，负责采取补救行动	制订战略，检查陷入混乱和危机的时期
9.资源分配者	负责分配组织的各种资源——事实上是批准所有重要的组织决策	调度、询问、授权，从事涉及预算的各种活动和安排下级的工作
10.谈判者	在主要的谈判中作为组织的代表	参与工会进行合同谈判

（3）决策角色

管理者在处理信息并得出结论的过程中就扮演决策角色。决策角色（Decision Roles）：即围绕决策制订而担负起的角色。管理中的决策角色分为以下四种：

1) 企业家角色：管理者对所发现的机会进行投资以利用这种机会，如开发新产品、提供新服务、发明新工艺。

2) 干扰对付者角色：管理者必须善于处理冲突或解决问题。如平息客户的怒气、同不合作的供应商进行谈判或者对员工之间的争端进行调解等。

3) 资源分配者角色：管理者决定资源用于哪些项目。

4) 谈判者角色：研究表明，管理者把大量的时间花费在谈判上。谈判对象包括员工、供应商、客户、其他工作小组等。

当管理者密切关注组织内外环境的变化和事态的发展，发现机会，利用机会，发起和监督那些将改进组织绩效的新项目，他们是作为企业家角色；当管理者采取纠正行动应付那些未预料到的问题，如处理冲突，对员工之间的争端进行调解，平息客户的怒气，应付不合作的供应商等，他们是作为混乱驾驭者的角色；此外管理者负有分配人力、物质和金融资源的责任，是作为资源分配者角色；最后当管理者为了自己组织的利益与其他团体议价和商定成交条件时，他们是在扮演谈判者的角色。

后续的大量研究结论一般都支持明茨伯格的管理者角色理论，即不论何种类型的组织和在组织的哪个层次上，管理者都扮演着相似的角色。但是，管理者角色的侧重点是随组织的等级层次变化而变化的，特别是挂名首脑、联络者、传播者、发言人和谈判者角色，对于高层管理者要比低层管理者更重要；相反，领导者角色对于低层管理者，要比中、高层管理者更重要。

2. 管理者的技能

无论属于何种组织类型、处于何种层次和部门的管理者，都需要具备一定的管理技能。这样才能更好地履行作为管理者的职责和活动。1974年，美国学者罗伯特·卡茨在他的《有效的管理者应具备的技能》一文中，将管理者需要具备三种基本的管理技能分为：技术技能、人际技能和概念技能。如图1.5所示。

(1) 技术技能

技术技能是指与特定工作岗位有关的专业知识和技能。如生产技能、财务技能、营销技能等。管理者不必成为精通某一领域的技能专家，但需要了解并初步掌握与其管理的专业相关的基本技能，否则很难与他所主管的组织内的专业技术人员进行有效的沟通，从而无法对所辖业务范围的各项工作进行具体的指导。

不同层次的管理者，对于技术技能要求的程度是不同的。

（2）人际技能

人际技能是指与处理人际关系有关的技能。即理解、激励他人并与他人共事的能力，包括领导能力，但其内涵远比领导能力广泛。因为管理者除了领导下属外，还要与上级领导和同级同事打交道。因此，要学会说服上级领导、领会领导意图，学会与同事合作等。

（3）概念技能

概念技能是指以观全局、认清为什么要做某事的能力。即管理者在任何混乱、复杂的环境中，敏锐地辨清各种要素之间的相互关系，准确地抓住问题的实质，果断地做出正确决策的能力。

要成为有效的管理者，必须具备上述三种技能，缺一不可。但是：

对于高层管理者，最重要的是概念技能。

对于中层管理者，三项技能要求比较平均。

对于基层管理者，由于最接近现场，技术技能格外重要。

对于所有管理者，由于其管理工作对象是人，因此人际技能对各个层次的管理者来说都是重要的。

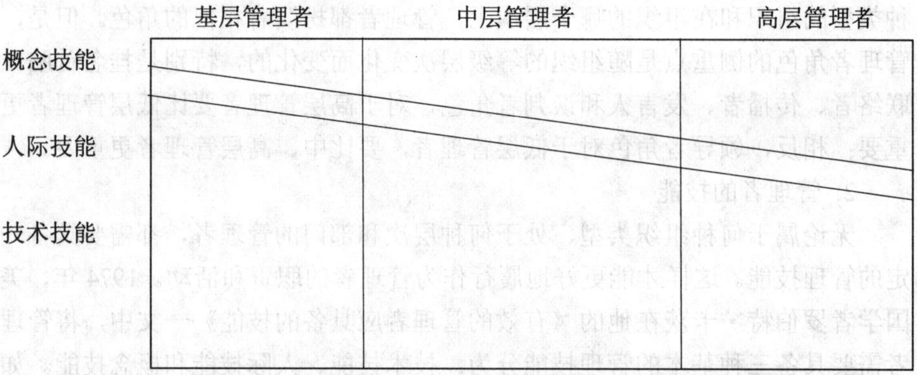

	基层管理者	中层管理者	高层管理者
概念技能			
人际技能			
技术技能			

图 1.5　不同层次管理者的管理技能要求

3. 管理者的素质

管理者的素质是管理者必须具备的多种条件的综合。素质是一个整体、综合性的概念，在素质中，各种不同的条件形成了不同的结构。通常将管理者素质结构分为基本素质、专业素质、特质性素质三个大的方面。

（1）基本素质

基本素质是指管理者必须具有的基本方面的要求和条件。俗语说，根深才能叶茂。基本素质不是对管理者的特有要求，但基本素质的高低决定了管理者整体素质的高低，影响着管理者其他素质的发展和提升。

1) 道德伦理素质

①正确的世界观和价值观。作为社会主义企业的管理者，必须树立正确的、科学的马克思主义世界观和人生价值观。企业的目的是赢利，但赢利不等于唯利是图，不等于置国家利益和社会责任于不顾，甚至为了小团体的利益而损害集体的利益、国家的利益。具有正确的世界观和价值观要求企业管理者必须加强理论知识的学习和理论素养的修养，用马克思主义思想去武装自己的头脑。也许有人会提出，"我们搞经济的、搞企业的，只要不违法，也用不着去进行理论学习和理论修养"，或者，"我们不是共产党员，只要踏实做事就可以了"。其实，这种认识是对人生观和价值观的误解。人生观和价值观的重大体现在于管理者对关系到大是大非问题的重大抉择的取舍上。近年出现了一大批企业高管和部分知名企业家纷纷落马，也从一定程度上反映了管理者放弃了对价值观和世界观的修养，最后沦落为"阶下囚"，该现象值得深思。

②高尚的道德情操和修养。道德是为了社会建立良好的伦理秩序而形成的行为规范。孔老夫子教导其得意门生颜渊说"非礼勿视，非礼勿听，非礼勿言，非礼勿动"，"非礼"者，即不符合社会的道德规范。做企业与道德修养有什么关系呢？其实，这里面也是有学问的。管理者是组织的领袖人物，是组织"上行下效"的对象，我们很难想象，一个道德败坏的管理者能在组织管理中施展才华。近年来，一些迅速发展的民营企业遇到了管理上的瓶颈，在寻求"职业经理人"的过程中，第一个担心的问题就是职业经理人的人品问题，也就是道德问题，这从侧面反映了道德情操与做企业的紧密关系。对民营企业家来讲，道德风险是最大的风险。

③良好的职业道德和信誉。职业道德是道德的一部分，但更明确地对管理者提出了职业上的要求。管理者是组织的中坚，也是社会的重要阶层，没有职业道德和信誉，将是对组织管理基石的最大侵蚀，对管理者个体来说，也将是一条自我毁灭之路。

2) 心理人格素质

①宽广的胸怀。管理者在组织中起领袖作用，必须有宽广的胸怀。管理者在工作中将面临着内外环境方面不同的声音、不同的观点，甚至是批评的声音和压力。管理者在面对来自于行业、媒体、其他组织的批评与指责时，一定要以"有则改之，无则加勉"的方式来对待，以平常心态处理。对来自

内部不同的观点,管理者一定要能有海纳百川的气魄,营造一个广进贤言的良好氛围。法国社会心理学家 H·M. 托利得有一句名言,称为"托利得定理":测验一个人的智力是否上乘,只看脑子里能否同时容纳两种相反的思想,而无碍其处世行事。管理者应该达到此境界。

②开放的心态。面临不断发展的社会和日新月异的科技,管理者应具有开放的心态,去积极地了解新事物,接纳新事物。不仅要在组织中建立起吐故纳新的机制,管理者个人也应建立起相应的思维习惯、行为习惯,及时跟上外界的变化,与时俱进。开放的心态要求管理者改变固步自封和安于现状的守旧心理,不断实现自我的突破和发展。

③坚韧的毅力和意志力。组织的管理不是坐"顺风船",能一帆风顺地达到设定的目的。组织的经营存在着各种各样的风险,商业风险、市场风险、政策风险、信用风险、管理风险等,组织经营本身就是与风险同在。这要求管理者必须对风险有清醒的认识,在遭遇风险时,必须有坚韧的毅力去对待,积极采取措施,解决问题。管理者在经营实践中必须锤炼出坚忍不拔的精神,去体会"笑到最后才是胜利者"的境界。

④个人的自我控制力。管理者是组织和社会的中坚力量,是具有一定社会地位的人。在工作中,生活中管理者都会遇见各种不正常、不正当甚至是违反道德、违反法律的诱惑。权钱交易、权色交易、钱色交易、黑幕交易、幕后操作等都是近些年来沉渣泛起的体现。管理者在面对诱惑时一定要正确对待,必须有良好的自制力。"无欲则刚"当然是至高境界,但"取之有道"未尝不是明智的选择。

3) 基础知识素质

①扎实的基础知识。基础知识是指对社会、对世界的基本认识方面的知识。基础知识包括自然科学知识、人文社科知识两个方面。自然科学知识包括地理、生物、物理、化学、天文、数学等方面的内容;人文社科知识包括哲学、政治、历史、心理、语言、军事等方面的内容。目前,社会上仍存在着重自然科学,轻人文科学的倾向,认为自然科学才能直接地促进社会进步,才能提高人民生活水平。其实,我们纵观成功的人物,不管是科学家、政治家或者管理大师,他们都具有良好的人文科学知识。作为一个组织中,承担着重大决策、协调、管理的管理者,更应该高度重视包括人文社科知识在内的基础知识。

②完善的知识结构。知识结构是指个人拥有的各种知识的组成情况,比如说,前面所述的自然科学、社会科学的组成情况及它们内部的组成情况。

当然，完善的知识结构不是对管理者求全责备，必须成为大学问家。完善的知识结构是要求管理者在知识方面应相对均衡，不能有重大的知识缺陷。

4）健康的体魄

除了以上方面外，作为组织管理者应具有健康的体魄。这一点本是最简单明白的一点，却又是容易忽略的一点。国内媒体对企业管理人员做了一次调查，发现企业管理人员中，亚健康现象十分普遍，不少管理人员还患有不同的生理和心理方面的疾病，企业管理者每天都在高压下前行，但决不能丢了根本，近年来中外媒体多次报道了多位世界级知名企业高管英年早逝。组织管理者在这一点上不可不慎。

（2）专业素质

专业素质是指管理者实施管理行动和活动必备的素质，专业素质是管理者履行其职责的基本要求。

1）对组织管理的专注和热情

对组织管理的专注和热情应该是每一个希望走向成功的管理人员的重要要求。管理者只有具有这种精神和态度，才能把自己的精力放在其中，最大限度地发挥其潜力，贡献自己的聪明才智。同样，一个热情洋溢的管理者才会感染广大员工，让广大员工用同样的热情去对待工作，只有这样，企业才会充满生机和活力。如果一个暮气沉沉、毫无热情的人来领导企业，那么，这个企业的前景堪忧。

2）管理知识要求

管理者的工作对象就是组织，工作行为就是管理，所以，作为一名合格的管理者，必须在管理知识方面具有扎实的基础。管理是一门综合性的学问，是一门实践性很强的学问，管理者必须不断钻研和了解管理知识，才能为实践打好基础。

①计划、组织、协调、控制等基础管理知识。管理者的主要活动就是管理。管理就是指通过计划、组织、控制、激励和领导等方式来协调企业的人力、物力、财力资源，以期达成企业设定目标。管理的基本职能就是计划、组织、领导、控制等。所以，管理者必须对这些知识有深刻的认识。

②市场营销、采购、研究开发、服务、生产、质量、财务、人力资源、信息化建设等业务管理知识。管理是一个系统性的工作，从市场营销到产品服务，从物资管理到人力资源管理，管理活动是由不同的环节和不同的职能来支持的。企业管理者必须对各环节、各职能的运行规律、特点、规范、要点进行认真研究和理解。当然，由于组织内部管理者分工不同，除全面负责

的管理者必须对以上所有环节和职能的内容充分理解外,作为其余管理者,重点应放在自己所负责、所分管业务方面,进行学习和钻研。

③产业、行业知识。相对于国民经济整体的层次来看,组织是国民经济的微观单位。组织是国民经济各产业、各行业的一份子。管理者必须清醒地认识到本组织在相应的产业和行业的地位、作用、分工、特点,也只有这样,管理者才会正确地对组织进行规划。所以,管理者,应对产业和行业知识进行研究和学习,时刻把握产业和行业的发展和变化。

④其他相关学科知识。管理是一门综合性的学科。涉及政治学、经济学、心理学、人类学、历史学、生理学、伦理学、数学、统计学、运筹学、系统学、会计学、法学等知识。所以,除了前面所述的管理职能知识、业务知识、行业产业知识外,管理者也应对相关的学科知识进行了解。特别是新知识日新月异的今天,管理者更应高度重视这方面的学习。

3)企业管理技能要求

管理技能指的是管理者根据组织所处环境、组织本身的实际情况,为了达到组织管理的目标而使用的各种管理方法、工具及技巧。管理者有了管理知识还不够,管理者必须拥有在管理实践中解决问题的技能,做到知与行的统一,组织管理才能有效,才能达到组织管理的目标。

管理的技能要求内容是非常宽广的,有大部分组织管理者必须掌握的基本技能,有特殊组织所需要的特殊技能。随着组织的发展,环境的变化,管理技能的要求也是变化的。管理技能是一种实践性的能力,需要广大管理者在实践中不断创新、不断发展。以下所阐述的技能要求,为当前管理者所需的基本技能。

①计划管理能力。计划管理能力是管理者在组织管理中预测未来、设立目标、决定政策、方案,以期能够经济地使用现有的资源,有效地把握未来发展,获得最大企业成效的能力。毫不夸张地说,管理者第一项技能要求就是计划管理能力。计划管理关系到组织的发展方面,是一种主动降低风险、提高效益的管理行动。作为管理者具有良好的计划管理能力。计划管理能力包括战略决策能力、目标管理能力、计划控制能力等。管理者掌握了计划管理能力,才能正确地制订出组织发展方针、组织发展战略、发展目标,才能根据组织发展目标制订出具体的行动方案和行动计划,整合组织所拥有的人力、物力、财力资源,协调地达到组织所设定的目标。

②沟通协调能力。沟通协调能力是指管理者在组织管理活动中,对组织内部人员之间以及组织与外部之间,进行思路、信息传递交换而进行控制能

力以及对其产生的不和谐进行协调的能力。组织中最重要的资源就是人力资源，人具有主观能动性、创造性，若管理不当，也会有消极作用和破坏作用。作为组织管理者，首先，要在组织管理活动中，建立起组织正常有效的沟通渠道、信息传播渠道、冲突解决、协调机制。在组织中，必须有畅通渠道，不管是组织的经营信息，还是人员思想动态，都应在组织中及时有效地进行传递。古人曰：防民之口胜于防川。大禹治水之法在于疏导，治理组织也一样。组织建立了正常的沟通渠道后，才能杜绝不正常、不和谐的小道消息，才能树立良好的组织风气。同时，组织管理除了内部的人员外，还面对外部公共关系，包括顾客、供应商、销售商、政府机关、新闻界、教育科研机构、社区等在内的公共关系对象。组织管理者也同样应拥有相应的沟通和协调能力，与其建立起和谐的关系。组织管理者除了拥有良好的沟通协调能力外，自身还必须做好沟通协调的榜样作用。率先在组织中树立信息沟通、人际交往的榜样形象。论语有云：子率之以正，孰敢不正。

③激励能力。在组织中，存在着组织利益和员工个人利益，如何正确地处理好两种关系，用各种方式调整人员的积极性，提高劳动生产率，为组织做出更多的贡献就是激励要解决的内容。国外有人做过这样的调查：按时计酬的员工每天一般只需发挥20%～30%的能力用于工作就可足以保住饭碗，由此可见，激励员工发挥潜力，对组织将是一笔非常可观的财富。激励员工的方式有精神激励和物质激励，激励是一门艺术，组织管理者必须有效掌握激励的原则和激励的方法，将物质激励和精神激励、外在激励和内在激励、正激励和负激励有效结合起来，在组织中创造生动活泼的氛围。目前，各组织都在探索员工参与、员工持股、员工组织内创业、新福利方案等新的激励方式。组织管理者掌握了激励方式，就会有效地挖掘员工中蕴藏的巨大潜力，使之成为组织发展的重大推动力。

④组织文化的管理能力。组织文化是组织物质形态中折射出来的组织的生产经营特色、技术特色、管理特色以及组织经济行为对社会的影响。另外，组织文化又从另一方面影响着组织的物质形态。有人说，组织管理的最高境界就是组织文化管理，组织文化的影响力可见一斑。在组织管理活动中，组织的使命、组织的理念、组织的精神等方面的传承的确得益于组织文化的建立，组织对外的形象建立也依靠组织文化的建设和传播。一些想做"百年老店"、"百年组织"的组织管理者，必须拥有组织文化的建设、维护、提升的能力。组织文化也是生产力，但组织文化不是虚化的东西，目前，组织界存在着只重形式，不重内容的流弊，仅用一些物化的标志、口号、物品来代表

了整个组织文化建设。组织文化建设包括了精神层面、制度层面、物质层面三个层次的内容。组织管理者必须在组织文化的建设中作为塑造者、管理者、倡导者、变革者的角色，从四个层面进行组织文化建设，真正把组织文化建设成组织的特有竞争力。

⑤团队组织能力。团队作业已成为当前组织管理者在实践中使用非常广泛的管理方式。中国人自己在私下有过自我评价：一个中国人是一条龙，几个中国人就变成了一条蛇，并与其他国家的人员进行比较。这反映国人在团队意识方面的缺乏。当今组织的组织形态中，团队已是一种重要的组织形式。组织管理者在管理中必须掌握团队建立、协调、评价方式，使用团队的管理方式提升管理水平和管理效率。

⑥领导能力。领导能力是指组织管理者为组织确立目标和实施目标所进行的活动施加影响的能力。所以作为组织管理者，必须在管理活动中，充分、正确地运用组织所赋予自己的惩罚权、奖赏权、合法权、模范权、专长权，积极地影响下级的管理行动，推进组织目标的实现。有效领导能力来源于组织管理者自身的管理能力、基本素养、人格魅力。组织管理者一定要在强化自身修养的基础上积极地推进组织目标的实现，体现出良好的、有效的领导能力。

⑦创新能力。竞争已成为当前组织的基本特点，创新是组织取得竞争优势的基石，同样，创新也是组织发展的永恒主题。组织管理者必须拥有良好的创新意识和创新能力，及时在工作中进行观念创新、管理创新和产品创新。一名优秀的组织管理者决不是一位因循守旧、拒绝变革的守旧人士。在管理中，组织管理者要不断总结工作经验和管理经验，不断进行管理意识、管理观念、管理方式、管理方法的创新，提升管理水平。在面对市场竞争时，组织管理者要正确地分析竞争环境和竞争形势，不断地对产品、服务、组织形象进行创新。

⑧危机管理能力。组织管理面临着各种不同的因素，存在着很多不可预测的风险。在组织管理中，就会遇见不同的危机，包括市场、政策、法律、经营、人员等方面的危机。组织管理者在危机管理方面必须拥有两方面的能力：一是处理危机的能力。危机出现后，组织管理者必须勇于面对，认真分析组织所面对的整体形势，危机发生的原因，影响的大小，及时果断地采取措施，及时控制其发展态势，将大事化小、小事化了，有效地消除危机或最大限度地减少危机的影响。二是组织管理者要善于利用危机方式进行管理。对危机进行预测，并把危机作为一种压力和激励，在危机出现之前便有效地

避免危机，促进组织的健康发展。

（3）特质性素质

特质性素质是指组织管理者具有基本素质和专业素质之外，在管理实践中形成的具有比较突出的个体性优势的素质。特质性素质是不同的管理者相互区别的重要标志，不同的组织者具有不同的特质性素质，决定了不同管理的能力优势、管理作风、管理风格。在实际管理工作中，都会存在一些管理者擅长战略运作，另一些管理者在成本控制方面有独特的管理水平，或者是具有精益化生产的独特本领等。特质性素质来源于不同的组织管理者不同的生活、工作背景、工作经历和个体差异性。尺有所短，寸有所长，每个人不可能在所有领域都有专家、都是专长。管理者的培养也不可能像制造流水线产品一样，都是同一标准，同等能力。管理者的个体差异就形成了管理者的特质性素质。特质性素质与基本素质和专业素质是不可分离的，并来源于基本素质和专业素质。

1）建立有利的个人优势是组织管理者的必修之课。组织管理者必须对自我有一个清醒和正确的认识，一定不要认为自己是天才、全能冠军。每个人都有自己的长处和优势，相应的，每个人都会有自己的短处和劣势。发挥自己的长处，在擅长的领域中不断提升自己的能力，不断扩充自己的管理优势，管理者才能取得自己的优势之所在。

2）优异的管理团队是不同特质性管理者的有机结合。如果管理团队的成员中，每个人的管理水平、管理能力都一样，管理团队可供挖掘的优势也有限，如果管理团队中的成员具有不同管理优势、不同的能力结构，那么，这个团队就具有人力资源整合优势。一支由不同特质性管理者合理组合的团队一定会做出优异的成绩，显示其强大的竞争力，这就是优势互补的效力之所在，纵观国内外成功的团队，大都是优势互补的结果。

（三）管理对象

管理对象是管理者为实现管理目标，通过管理行为作用其上的客体。

管理，总是对一个群体或组织实施的，所以，管理对象首先可以理解为不同功能、不同类型的社会组织。而任何社会组织为发挥其功能，实现其目标，必须拥有一定的资源或要素。管理，正是对这些资源或要素进行配置、调度、组织，促使管理的目标得以实现。所以，这些资源或要素就成为管理的直接对象。同时，任何组织要实现其功能或目标，就必须开展一些职能活动，形成一系列工作或活动环节，只有对这些职能活动或工作环节进行有效的组织与协调，才能保证目标的实现。这样，这些职能活动或工作环节也成为管理的对象。因此，管理的对象应包括各类社会组织及其构成要素与职能活动。

组织、资源与职能活动作为管理对象是一体的。资源要素是构成组织的细胞，其动态组合与运行构成了职能活动；资源与活动又共同构成了完整的组织及其行为。资源、活动、组织是管理对象的不同形态，它们都受管理行为的作用，共同影响管理的成效和组织目标的实现。

第二节 管理的起源与发展

一、管理的起源

人类社会的生存与发展，离不开多个人的集体劳动，在这种条件下，为了使劳动能够有序进行，获取人类所需的劳动成果，就需要劳动者之间的分工与协作，这就是管理。

随着科学技术的进步和生产力的发展，生产社会化程度日益提高，生产规模日益扩大，物质资源就显得很有限，再加上社会生产的各环节相互信赖性日益加强，这些都需要更高水平的管理。

共同劳动的规模越大，劳动分工和协作越精细、复杂，管理工作也就越重要。例如，在规模较小的手工业企业里，要进行共同劳动，有一定的分工协作，管理就成为进行生产所不可缺少的条件。如果手工业企业的生产规模较小，生产技术和劳动分工比较简单，管理工作也比较简单。现代化大工业生产，不仅生产技术复杂，而且分工协作关系更加紧密，专业化水平和社会化程度更高，社会联系越广泛，需要的管理水平就更高。同样，一个规模大、部门多、分工复杂、物质技术装备先进、生产社会化水平高的农业生产单位，较之规模小、部门单一、分工简单、以手工和畜力劳动为主、自给自足或半自给自足的小农场，就要求有更高水平、更高效率的管理。

总而言之，生产社会化程度越高，劳动分工和协作越细，就越要有严密的、科学的管理。组织系统越庞大，管理问题也就越复杂，庞大的现代化生产系统要求有相当高的管理水平，从这些意义来讲，社会的各个层次、各个领域，甚至每个人都存在着管理问题。因此，管理是协作劳动的产物。

由于协作劳动无处不在，无时不有，种种社会集体组织普遍存在，管理也就成为人类社会中最普遍的活动之一，大到一个民族和国家，小到家庭与个人，无一不需要进行有效的管理。因此管理具有普遍性。

二、推动管理活动发展的因素

自从有人类历史以来就有了管理活动，所以从某种角度来讲，人类社会历史发展的过程就是人类管理活动不断创新和发展的历史。随着生产力的发展，随着人类社会文明的进步，人类社会对管理提出愈来愈高的要求。例如要管理一个大型的复杂组织，就必须有高素质的管理队伍和高水平的管理技术，要求管理者要制订周密的计划，设计科学的组织结构，配备不同层次与规格的管理人才，采取有效的激励手段，进行相应的控制措施。

管理技术与方法之所以会推陈出新，我们认为有以下几个方面的影响因素：

（一）社会生产力发展水平

人们从事的生产活动和社会活动都是集体进行的，要组织和协调集体活动就需要管理。但是社会生产力水平直接影响到管理水平、管理范围和管理的复杂程度，因而对管理学的发展也会产生影响。

在原始社会，生产力水平极其低下，当时的管理水平也与之相适应。随着人类社会的不断进步，管理思想有了很大发展，如埃及的金字塔、古巴比伦国王汉谟拉比颁布的第一部法典、古罗马建立的层次分明的中央集权帝国以及古代中国的《孙子兵法》都闪现出了管理思想和管理方法的火花。18世纪中叶开始的产业革命，使社会生产力有了较大发展，管理思想也发生了一次深刻的革命，计划、组织、控制等职能相继产生。在这一期间，亚当·斯密发表了他的代表作《国富论》，对管理思想的发展有着重大贡献，他的分工理论为管理学的形成奠定了重要的理论根基。

进入工业化社会，社会分工、分层及人们之间的社会关系和社会活动日趋复杂，资本主义国家中劳资双方矛盾日趋突出，生产力水平也日趋提高，急需一套系统的管理理论和科学的管理方法与之适应。尽管早期的管理思想有其科学的一面，但毕竟非常零散，没有系统化，雇主不可能完全认识到怎样进行管理才能既解决劳资关系问题，又不减少所获取的剩余价值。因此，如何改进工厂和车间的管理成了迫切需要解决的问题。当时，泰罗抱着解决劳资双方矛盾的初衷，以追求经济利益为人类的基本需要这一"经济人"假设，重点研究企业内部具体工作的作业效率，建立了一套企业管理理论——"科学管理理论"即"泰罗制"。与此同时，法约尔把企业作为一个整体加以研究，系统地提出了十四条管理原则、五种管理职能，创立了一般管理理论。

泰罗的科学管理理论与法约尔的一般管理理论,具有较强的系统性和理论性,使管理学体系初具雏形。

泰罗的科学管理理论和方法在 20 世纪初对提高企业的劳动生产率起了很大作用,但要彻底解决提高劳动生产率的问题是不可能的。因此,一个专门研究人的因素、以达到调动人的积极性的学派——人际关系学派应运而生。它超越了泰罗的"经济人"假设,提出了"社会人"假设,为以后的行为科学学派的产生奠定了基础,成为科学管理向现代管理的过渡。

第二次世界大战后,生产力飞速发展,生产社会化程度迅速提高,市场不断扩大,企业竞争日趋激烈,这就要求管理水平不断提高,以适应新的经营环境。因此,许多管理学家、社会学家、心理学家积极从事管理研究,创立了许多新的管理理论,出现了"管理学理论丛林"。如西蒙以"管理的关键在于决策"为思路,对"社会人"假设进行了升华,提出了决策理论。

(二) 科技技术的进步

邓小平同志从历史唯物主义的高度提出的"科学技术是第一生产力"的英明论断,对于推动我国实行科教兴国战略、重视科技、重视人才、加快科技开发及转化、促进生产力迅速发展发挥了极为重要的作用。"科学技术是第一生产力",就是说生产力的发展首先表现为科学技术的进步,科学技术的高速发展,使技术创新的速度加快、新产品品种类增多、劳动者素质与劳动技能的提高、生产工艺的改进,这些都必然要求组织与管理进行相应的创新与变革,近 20 多年发展起来的信息技术就是例证。信息技术高速发展,对整个社会、经济、政治及管理产生了深远的影响。20 世纪 90 年代迅速发展起的互联网,推动了信息技术的发展,不仅在产业经济链条上进行了一次大变革,改革了许多产业的运作规则,而且在人们的思想观念进行了一次大变革,增加了人们和组织获得信息的质量,大大开阔了人们的视野,改变了人们的思维方式,同时,也改变了管理方法和管理模式,成为企业间竞争的基础和平台。

(三) 生产规模的扩大

对规模较小的组织而言,简单重要的管理方法与技术就可以应付,但是随着经济发展、生产的集中、生产规模不断扩大的情况下,就要求组织内分工细化、部门增加和人员增加,致使部门间人员的关系变得复杂多变,管理人员采用原来简单重复的管理技术,根本无法进行有效地管理。

生产力发展和生产规模扩大的条件下有限的物质资源都面临着严峻的挑战。再加上人口剧增造成的城市膨胀、环境污染、住房、就业、交通等社会问题,使得国家社会公共管理和企业的组织管理变得非常棘手。

（四）管理环境

任何管理系统都存在于一定的环境之中，环境不仅是管理系统建立的客观基础，而且是它生存和发展的必要条件，环境是与管理系统联系在一起的，并时刻制约着管理活动。环境影响着管理，甚至决定着管理，具体地说，表现为以下几个方面：第一，稳定的环境是管理系统发挥正常功能的前提；第二，环境是管理系统生存和发展的必要条件；第三，环境制约着管理系统的活动方向和内容；第四，环境对管理过程具有巨大的影响作用。

环境是对管理者素质和能力的考验，管理的有效性，既是应付环境变化的必然要求，也是管理者的活动与环境作用的综合结果。所以，一个有效的管理者，必须具备以下条件：第一，管理者必须用高度的社会责任感去进行管理实践；第二，管理者的管理活动必须注意协调组织自身的内外环境；第三，管理者必须注意向民主化管理的方向发展；第四，管理者必须致力于提高管理的效率。

管理环境是指影响管理系统生存和发展的一切要素的总和，它包括外部环境和内部环境两个方面。管理的外部环境是存在于管理系统之外，并对管理系统的建立、存在和发展产生影响的外界客观情况和条件。管理的内部环境则是存在于管理系统之内的，是管理系统存在和发展的客观条件的总和。

一切管理系统都是与外部环境密切联系着的、开放的社会系统，它是适应于外部环境的需要而产生的，又在与外部环境的相互作用中发挥着自己的特殊功能，维持着系统自身的运行。管理系统的外部环境是一个非常复杂的体系，按照不同的标准，可以进行不同的分类。所以，没有一般的、绝对的环境，一切环境都是具体的，是以一个具体的管理系统为中心的环境。管理系统是与外部环境密切关联着的。管理系统对外部环境的依赖性主要表现为：第一，一切管理系统都是适应外部环境的需要而产生的；第二，外部环境的需要不仅决定了管理系统的产生，而且制约着其价值观、目标、规模、结构与行为方式；第三，管理系统对外部保持输入和输出的关系不断地与外部环境进行着物质、能量和信息的交换。管理系统对外部环境有着选择和改造的作用，具体表现有这样几个方面：第一，管理系统不可能接受外部环境的所有投入，而必须有所选择与取舍，只纳入管理系统所能接受的那一部分；第二，管理系统通过对外部环境的改善，可以使外部环境得到优化，同时通过对外部环境的控制，又可以使外部环境按照系统所希望的方向发展。

内部环境是指处于管理系统边界之内的直接制约管理活动的因素的总和。广义上讲，管理的内部环境即包括人员、物资设备、资金等物质的实体性因素，也包括法规、章程、规则、条例和规章等制度或体制因素，还包括人际关系、群体关系等。

除此之外，还有竞争的变化、人们日益增长的物质文化需求等因素。综上所述，随着生产力发展、科技进步和生产规模扩大，一个组织要想在日益激烈的竞争环境下生存与发展下去，就必须研究能够适应环境变化，能够减少或避免风险的有效的管理方法和管理技术。

三、现代管理的基本特征及特点

（一）现代管理的基本特征

管理是引导人力和物质资源进入动态的组织，以达到这些组织的目标的过程。自从有人类组织以来，便存在管理这类活动。这类活动不同于文化活动、科学活动和教育活动等，是因为它有其自己的特性。

1. 目的性

管理是人类一种有意识、有目的的活动，因而它有明显的目的性。管理的这一特征是我们区别自然界和人类社会中那些非管理活动的重要标志。凡是盲目的、没有明确目的的活动，都不能称其为管理活动；那些属于由生理功能驱使、无意识的本能活动，都不能称其为管理活动。管理的目的性是由管理活动产生和发展的内在要求决定的。如果管理没有一定的目标，那么管理就没有存在的必要了。管理的目的性要求管理人员时刻明确管理的目标是什么，并围绕目标实施有效的管理。

2. 动态性

管理的动态性主要表现在管理活动需要在变动的环境与组织本身中进行，需要消除资源配置过程中的各种不确定性。由于各个组织所处的环境与具体的工作环境不同，各个组织的目标与从事的行业不同，因而导致了每个组织中资源配置的不同性，这种不同性也是管理动态性的一种派生。管理活动要适应外部环境的变化而变化，因而没有一成不变的管理模式。管理的动态性要求管理者时刻研究和关注组织内外环境的变化，保持管理模式与环境的动态适应性，适时调整管理内容、手段、方式和方法。

3. 人本性

管理的人本性是指在管理过程以人为中心，把理解人、尊重人、调动人的积极性放在首位，把人视为管理的重要对象及组织最重要的资源。从管理者来看，因为管理者是实施管理的人，所以管理者的管理能力直接影响组织管理的水平；从被管理者来看，如果被管理者素质较差、能力较低，不能接受和理解管理者的指令或不能自我约束，就不能保证实施有效的管理；从管理的过程来看，管理的过程就是要实现人力淘汰与物质资源的有效配置，而物质资源再先进，也必须由人来使用和管理，否则就是一堆废物；从人与科学技术的关系来看，科学技术的成果是人类智慧的结晶，离开人的实践与思维活动，就不会有科学技术；从管理的核心来看，管理的核心就是处理各种人际关系，所以在管理过程中，只有把人作为根本，才能协调好其他要素，实现高效率的管理。管理的人本性要求管理者在管理活动中一方面要不断提高自身素质和管理能力，另一方面还要不断加强对被管理者的培训，以提高下属的工作技能，同时还要不断激励下属，提高他们完成工作任务的积极性，使他们不断获得一种高度的责任感和成就感。

4. 组织性

管理的载体是组织。无论是从改造自然还是从改造社会的任务来看，个体的能力都是有限的，个体的无序组合也不能发挥作用。所以现实社会普遍存在着由两个或两个以上的人组成的、为一定目标进行协作活动的集体，这就形成了组织。显然，组织是社会中普遍存在的现象。任何性质、任何类型的组织都要保证组织中的各种要素的合理配置，从而实现组织的目标，这就需要在组织中实施管理。另外，一切管理活动都要通过一定的手段来实现，而实现管理活动的最佳手段就是建立一个健全的、富有生机的组织系统，通过这个组织系统来有效地实施管理活动。因此，组织是管理的载体。管理的组织性要求管理者在管理活动中加强组织建设，建立学习型组织，使组织高效率的运转。

5. 科学性

管理的科学性是指人们在发现、探索、总结和遵循客观规律的基础上，建立系统化的理论体系，并在管理实践中应用管理原理与原则，使管理成为理论指导下的规范化的理性行为。管理活动可以分为程序性活动和非程序性活动两大类。程序性活动就是指有章可循，照章运作便可以取得预想效果的管理活动；非程序性活动是指无章可循，需要边运作边探索的管理活动。管理的科学性就是不断地实现管理活动由非程序性向程序性的转化，这种转化的过程就是人们对这类活动进行规律性的科学总结。管理的科学性要求管理者在管理活动中遵循客观规律，不断建章立据，实施科学管理。

6. 艺术性

管理虽然可以遵循一定原理或规范办事，但它绝不是"按图索骥"的照章操作行为。管理理论作为普遍使用的原理、原则，必须结合实际应用才能奏效。管理者在实际工作中面对千变万化的管理对象,灵活多样地、创造性地运用管理艺术与技艺,这就是管理的艺术性。管理的艺术性要求管理者必须学会熟练地掌握实际情况、因势利导、总结经验、理论联系实际。

7. 创新性

管理的创新性主要表现为管理理念、管理思想、管理内容、管理手段、管理方式和管理方法的不断更新,以适应不断变化的客观环境对管理活动的需要。组织内外环境及管理对象的变化,客观上决定了管理也要不断地推陈出新,不断地更新管理理论、管理思想、管理内容、管理手段、管理方式和管理方法。也就是说,管理的创新性是客观环境发展变化对管理活动发展变化的内在要求。认识到管理的创新性有助于管理者克服重技术轻管理的倾向,真正把技术与管理看作经济起飞的两个轮子。

8. 经济性

首先,管理的经济性表现在资源配置的机会成本上,管理者选择一种资源配置方案是以放弃另一种资源配置方案的代价而取得的;其次,管理的经济性反映在管理方式方法选择上的成本比较,因为众多可帮助进行资源配置的方式方法所费的成本不同,所以如何选择就有个经济性的问题;最后,管理是对资源有效整合的过程,因此选择不同的资源供给配比,就有成本大小的问题。管理的经济性要求管理者不断提高自身的决策能力,用尽可能少的投入取得尽可能多的产出,努力提高管理效率。

（二）现代管理的特点

第二次世界大战之后,国际政治经济趋于稳定,许多国家和地区大都集中精力发展经济,人类的管理实践活动进入了一个崭新的历史时期,现代管理的特点可以大致归纳为以下几点。

1. 系统化管理

在小规模生产的时代,落后的生产方式和科学技术,不仅使管理活动中的各要素之间的关系简单化,而且也使人们不可能深入认识复杂的管理活动。因此,采用简单的、孤立的管理方法就可以满足那个时代对管理工作的要求。随着社会发展到 20 世纪中叶以后,科技领域取得一系列突破性进展,国际经济飞速发展,使人类社会生活的各个领域及其发展过程都结成一个密切联系、相互依存的有机整体。在这种情况下,不仅任何一种管理工作的内部各要素之间存在着相互联系、相互制约的关系,而且某一种管理工作与其他管理工作之间也存在着错综复杂的关系。因此要处理好各种各样的关系,就必须运用系统的观点,通盘考虑,全面权衡,综合处理它们之间的各种问题。系管理的基本要求就是：从整体出发，制订管理系统的目标和战略措施，根据科学的分解，明确各子系统的目标，进而合理分工，总体把握全局，保证管理目标的顺利实现。

2. 人本化管理

在传统管理中，大生产是以机器为中心，工人只是机器系统的配件，人被当作是物，管理的中心是物。但是，随着信息时代的到来，组织中最缺乏的不是资金和机器，而是高素质的人才。组织中人的作用，在组织中越来越显出重要作用。这就促使管理部门日益重视人的因素，管理工作的中心也从物转向人。传统管理和现代管理的一个重要区别，就是管理中心从物本管理到人本管理。

强调"以人为本"，在管理活动中注重调动人的积极性、主动性和创造性，是现代管理区别于历史上所有管理的一大特征。人不仅是管理活动的主体，而且也是最活跃、最为重要的关键要素，组织目标的实现离不开人的主观能动性的充分发挥，所谓人本管理就是树立"以人为中心"思想的管理，管理者在具体管理活动中充分重视人才的作用，尊重人的价值，并通过满足人的需要来调动人的积极性、主动性和创造性。在管理方式上，现代管理更强调用"柔性"方法，尊重个人的价值和能力，通过激励、鼓励人，最充分地调动所有员工的工作积极性，以实现人力资源的优化及合理配置。

因此，管理者要千方百计地解决人的物质需要与精神需要问题，就是在管理中遇事与下属商量、鼓励下属参与管理。民主的管理方式是"以人为本"思想的集中体现。在管理组织中有畅通的信息沟通网络，组织成员可以充分地表达自己的意见或建议，管理者尊重下属的意见，有健全的民主管理制度和组织结构。

3. 效益化管理

管理活动是人类能动地改造自然、改造社会的实践活动，人类要想维持自身的生存与发展，就必须保证管理活动不断地取得效益，一切管理活动都在努力提高效益，效益的高低是衡量管理效果好坏的一个基本标准。现代社会日益激烈的经济、政治、军事、科技等方面的竞争都离不开管理效益的提高。所以，效益是现代管理的永恒主题。为了促进管理效益持续不断提高，大批的研究人员研究出许多新的管理理论和方法，管理者把它们运用到管理实践当中，并发挥其作用。

4. 科学化管理

现代管理更强调科学化，在现代管理活动中表现为：坚持以科学理论为基础，以管理理论为指导，注重管理活动的程序化和规范化。尤其运用计算机技术和数学模型等手段进行定量分析，提高了决策的科学化和精确化，使各种管理活动更有针对性，更加有效。随着这一趋势的发展，管理科学学派应运而生，这一学派认为，管理就是制订和运用数学模型与程序的系统，用数学符号或公式来表示计划、组织、控制和决策，来寻求最优解答，实现组织目标。

5. 战略化管理

随着社会化大生产的发展，社会生产日趋复杂，社会环境变幻莫测，组织与环境联系的日益紧密，管理所涉及的因素日益增多、各种关系日趋复杂、组织间竞争的日趋激烈，组织能否制订和实现科学的战略构想，关系到组织的生存与发展。

就企业而言，过去企业家往往追求企业战略的稳定性、长期性，期望对企业的发展施加长远的影响。但事实证明，技术革新的浪潮，难以预测的环境，往往致使寻求"稳步发展"的企业措手不及。企业要想适应全球市场的激烈竞争，必须对自己的发展有一个战略规划，要在彻底而准确地把握企业内部条件和外部环境变化的同时，结合本企业的特点，制订出最佳的企业战略。企业如果没有科学的长远发展战略目标，只顾眼前和一时的一点点成就，是不可能持续发展的，更不可能在竞争中取胜，企业唯有运筹帷幄，深谋远虑，才能战略制胜，才能使企业不断地发展壮大。

目前，我国企业正在由计划的传统管理阶段逐渐向市场经济条件下的战略经营时代迈进，战略管理已在企业的经营管理中越来越显示出其突出的地位和作用。战略管理要求管理者必须审时度势，及时做出反应。因此，具有迅速适应新变化的能力比周密的计划更加重要。而战略研究的成功与否，则取决于管理者对客观事实的把握和分析能力，战略计划研究成为企业经营与管理成败的关键因素。因此，从实际出发注重对长远计划和战略的研究，将成为管理学研究的热门课题。

6. 信息化管理

随着以微型电脑、激光技术、新型材料、生物工程和新能源开发为中心的新科技革命的兴起与发展，生产技术、社会需求以及市场竞争等日新月异、瞬息万变。在这种情况下，信息逐渐成为组织中重要的资源。充足、准确而及时的信息，是科学、迅速决策的前提条件，一个企业能否在激烈的竞争中得以生存和发展，它的产品和服务能否跟上时代的要求，在于该企业能否及时掌握必要和准确的信息，能否正确地加工和处理信息，能否迅速地在员工之间传递和分享信息，特别是能否把信息融合到产品和生产服务过程之中，融合到企业的整个经营与管理工作之中。各级管理者在这个瞬息万变的时代，越来越重视信息的作用，把如何获取有效的信息作为自己的首要任务。企业管理者发挥各种职能作用，都要以掌握大量真实、准确、及时的信息为前提。在这种情况下，传统的企业管理已经不能适应现代的信息处理要求，也不能满足企业经营管理对信息的要求，企业管理面临着信息化的挑战，信息管理成为企业竞争制胜的主要法宝之一。

组织对信息管理的能力，将集中表现在不仅需要有强大的信息网络和信息收集能力，更为重要的是要有出色的信息传递、分析和利用的能力。对信息的管理就成了现代管理的一个突出特点。随着信息技术的推广应用和信息资源的不断开发利用，管理信息化正在往广度和深度发展，信息管理在整个管理中地位得到迅速的提升。信息管理渗透于各种管理活动之中，无论是政府公共事业管理还是企业管理的一切方面和全部过程之中。可以说，现代组织尤其是现代企业若无信息管理，也就谈不上任何管理了。

第三节 管理的性质及职能

管理来源于人类社会的共同劳动，而共同劳动是存在于一定的社会生产方式之中，这就是说，管理要受制于一定社会条件下的生产力和生产关系。因此，管理具有同社会化生产相联系的自然属性和同社会制度相联系的社会属性。

观察长期管理实践活动，我们可以发现，管理过程中有其客观规律，人们认识并遵循规律，去解决管理问题，就可以产生良好的效果，否则，管理的效果将大打折扣。同时管理存在较强的艺术性，即仅凭书本上的理论知识，或背诵原理来进行管理活动是不能保证其成功的。这就是管理所具有的科学性和艺术性。

一、管理的二重性

（一）管理二重性的概念

管理的二重性是指：管理是人类共同劳动的产物，具有同生产力和社会化大生产相联系的自然属性；同时管理离不开一定的社会生产关系，又具有同生产关系、社会制度相联系的社会属性。

管理的二重性是马克思主义关于管理问题的基本思想。马克思在《资本论》中指出:"凡是直接生产过程,具有社会结合过程的形态,而不是表现为独立生产者的独立生产者的孤立劳动的地方,都必然会产生监督劳动和指挥劳动……一方面,凡是有许多人进行协作的劳动,过程的联系和统一都必然要表现在一个指挥的意志上,就像一个乐队要有一个指挥一样。"

　　"另一方面,完全撇开商业部门不说,凡是建立在作为直接生产者的劳动者和生产资料所有者之间的对立上的生产方式中,都必然会产生监督劳动。"

　　列宁在《苏维埃政权的当前任务》一文中指出:资本主义的泰罗制应该从两方面看,一方面是资本家剥削的手段;另一方面,它用科学方法来分析人在劳动中的机械动作,省去多余的笨拙动作,实行完善的监督制度。

　　毛泽东在《论十大关系》中也谈到管理二重性问题,他认为,我们要坚决抵制外国资产阶级的腐败制度和思想。但是我们要有原则地学习外国资本主义国家先进的科学技术和管理方法。

　　马、列、毛三人的论述说明了这样一个思想:管理的二重性是由生产过程的二重性决定。生产过程是生产力和生产关系组成的统一体,对于资本主义生产过程来讲,一方面它是劳动的过程,是社会产品生产的过程;另一方面它也是资本增殖的过程即生产关系的再生产过程。

　　就社会产品的生产与再生产过程来说,资本主义社会通过资本主义生产过程生产社会所需的各种物质产品。因此,它要求能以最少的投入获得最大的产出,使投入的社会资源得到有效利用,这就产生了生产力相联系的管理的自然属性。这是社会化生产对管理的客观要求。

　　就资本主义生产关系的再生产过程来说,资本家通过资本主义的生产过程来榨取工人创造的剩余价值,使资本价值实现增值。在这个过程中,由于工人与资产阶级之间的对立,生产资料所有者就必然要通过管理来榨取更多的剩余价值。列宁关于泰罗制的论述就是例证。同样道理,社会主义的管理也具有二重性,这是因为社会主义生产过程也存在着二重性。

　　管理的自然属性是与生产力的发展相联系的,它反映了社会化大生产对管理的客观要求。无论是资本主义的生产管理还是社会主义的生产管理目标,要对人、财、物等资源进行合理配置,对生产经营活动进行协调,以实现社会生产要素的科学组合,以最少的成本获得最大的效益。因此,从管理的自然属性来看,社会主义的管理与资本主义管理具有共通之处,二者之间可以相互学习和借鉴。例如,一些资本主义企业所采用现代化管理方法,在社会主义企业管理中，只要适合，是可以应用的，相反，社会主义先进的管理技术也可以应用到资本主义企业管理中。

管理的社会属性是与生产关系相联系的。管理存在于一定的社会制度条件下，必然要反映一定社会制度中的统治阶段的利益要求，要维护统治阶级的利益。资本主义的管理要维护资产阶级利益，社会主义的管理，要反映无产阶级和广大劳动人民群众的利益。因此，从管理的社会属性来看，资本主义的管理与社会主义的管理存在着根本的区别，前者是为了维护资本主义生产关系，是资本家榨取工人创造的剩余价值的一种手段；后者则是为了维护社会主义生产关系，充分发挥职工的积极性、主动性和创造性，提高生产效益，满足人民群众日益增长的物质文化需求。

（二）学习和掌握管理二重性的理论的重要意义

学习和掌握管理二重性理论，对我们学习管理学，深刻认识我国的管理问题，探索适合我国国情的企业管理模式，都具有非常重大的现实意义。

1. 管理二重性理论为我们学习和研究管理学提供了行为准则

管理二重性反映了生产力和生产关系的辩证统一关系，管理是人类社会的一项基本活动，存在于一定的社会生产条件下，社会生产方式是由社会生产力和生产关系构成的统一体。因此，管理二重性与社会生产力和生产关系有十分密切的联系，长期以来，我们在管理二重性问题上存在着片面的错误认识，我国的管理科学经历了漫长的探索过程，严重制约了我国管理实践的发展和生产力的进步。例如，十年"文革"的灾难，从管理的角度分析，我们得出的经验就是：管理目标的确定必须从国情实际出发，必须从人民的需要出发，而不能从社会制度自身的需要出发。现代管理强调以人为本，而我们却以社会制度为本确定管理目标。这一重大失误对我国政治、经济乃至社会生活的方方面面都造成了极为深刻的影响，致使国家、集体在确定管理目标时，首先考虑的都是姓"社"还是姓"资"的问题，姓"社"姓"资"成了我们决策的首要条件，严重地束缚了我们发展生产力的积极性、主动性和创造性。如果没有邓小平提出"三个有利于"标准，那我们今天还要在以制度为本的道路上亦步亦趋，还要受姓"资"姓"社"的问题困扰而裹足不前。

认真总结我国历史上尤其是新中国成立五十多年来管理的经验与教训，我们在今后的管理理论研究和管理实践过程中，必须从我国的实际出发，坚持管理的自然属性和社会属性相统一的原则，不可偏废其中之一。

2. 学习和掌握管理二重性理论可有助于我们正确评价西方资本主义国家的管理理论、管理技术和管理方法一方面，管理具有自然属性，与社会生产力相联系。西方资本主义国家的管理理论、管理技术和管理方法是西方资本主义经过上百年的发展并积累下来的，在实践中应用是行之有效的，这是值得我们社会主义国家借鉴的。因此，我们要在继承和发展我国过去的科学管理经验和管理理论的基础上，注意学习和引进西方发达国家先进的管理理论、管理技术和管理方法，根据我国的实际情况，博采众长，融合吸收，为我所用，逐渐使其成为我国社会主义管理科学体系的有机组成部分。另一方面，管理具有社会属性，与社会生产关系、社会经济制度相联系，体现着一定生产关系下统治阶级的意志。西方资本主义管理存在于资本主义生产关系条件下，体现资本主义资产阶级的意志，维护着资本主义的生产关系和资产阶级的整体利益。所以，我们在学习和引进西方先进管理经验的同时，要注意资本主义与社会主义之间意识形态的差别。一方面，必须认清资本主义管理剥削本质，西方管理宣扬所谓"劳资合作"、"以人为本"、"民主管理"、"工人参与管理"等，都是资本主义资产阶级维护其根本利益的变相剥削手段，只要资本主义生产关系存在，那么资本主义管理的剥削本质就不会改变。另一方面，我们要学会科学地鉴别管理的社会属性，对待资本主义的管理经验、管理理论，要判断哪些内容与社会制度相联系，哪些内容是纯科学技术东西，决不能简单地照搬照抄西方资本主义的一切。

3. 管理二重性要求我们要结合实际，因地制宜地学习和运用管理理论

任何一种管理理论、管理技术和管理方法都出现在一定的社会生产方式之中，它是同当时的社会生产力和其他情况相适应的，也就是说，任何管理方法都有其适用的条件和环境。不同的管理只能由相应素质的人来实现；适当的管理需要素质适当的人来操作。市场经济体制要求下的管理不同于计划经济体制的管理；商品经济时代要求的管理不同于自然经济时代。时代变化，激发观念变化；观念变化又影响管理变化。管理与时代和观念的关系，时代和观念决定管理，管理为时代和观念服务，管理使时代和观念稳固，促进时代和观念进步。所以，我们在学习和运用管理理论、管理技术和管理方法时，必须结合自己本组织的实际情况，随机制宜，只有这样，才能取得预期的管理效果。

二、管理是科学性与艺术性的统一

（一）管理的科学性

凡是科学都具有共同的特点：客观规律性、系统性和实践指导性等。管

理是一门科学,是因为它具有科学的特点。管理是人类不可或缺的社会实践活动,在此过程中存在着不以人的意志为转移的客观规律。人类经过漫长的社会生产实践活动,经过无数次的成功与失败,在管理实践中发现、归纳出一系列反映管理活动过程中客观规律的管理理论和管理方法,逐步建立了系统化的管理理论体系。人们又把这些理论应用到管理实践中去,指导自己的管理实践,再以管理活动的效果来衡量管理过程所用的理论和方法是否行之有效、是否正确,从而使管理理论和方法得到不断丰富与发展。

管理科学性,主要是指管理的客观规律性。如果不承认管理是一门科学,不按照客观规律办事,违背管理原则,在实践中,随心所欲地进行管理,必然会遭到惩罚,最终导致管理效果不佳或失败。

(二)管理的艺术性

管理的艺术性是指管理者在管理实践过程中随机制宜地、创造性地运用管理技术和方法来解决管理问题的技艺或技巧。所谓艺术就是以个人的经验和熟练程度为基础的技艺和技巧。管理活动是处理和协调人与人之间关系的社会活动,管理主体是人,管理主体之中最重要的也是人,人是有思想、有意识的高级社会动物。虽然管理活动必须遵循客观规律办事,但是管理者在应用管理理论指导管理实践时,不可能像自然科学应用其定理和公式去指导自然科学实践那么"刻板"和"一丝不苟",而是要求管理者在管理实践中灵活多变地运用管理理论进行具体问题具体分析。

管理是一门艺术,主要强调其实践性和灵活性。这就是说,仅仅凭借书本上的管理理论和管理原则来进行管理,无异于"纸上谈兵",是不能保证其成功的。

(三)管理的科学性与艺术性的关系

管理既是一门科学,又是一门艺术。富有成效的管理,既离不开扎实的管理理论知识,又离不开管理者自身主观能动性和创造性的充分发挥。对管理理论的深刻理解是我们学好管理学的前提和基础,高超的管理艺术是最终实现管理目标的有力保障,二者之间不是互相排斥、互相矛盾的,而是互相补充、互相依存的。采取"背诵原理"的方式来进行管理活动,必然是脱离或忽视现实情况的无效活动,而没有掌握管理理论的管理者进行管理活动时,必然是靠经验、凭直觉办事,很难找到能够解决管理问题的可行方案。美国一位著名的管理学教授曾经通过对大量获得 MBA 的人在实际管理工作中的表现进行调查并得出结论,他们在实际工作所取得的管理业绩与他们在学校里的学习成绩之间并无直接关系。他认为,如果一个人的学习成绩能与事业上的成功划等号，那么这个受过良好教育的经理的确是一位神话人物。

因此，管理是科学性与艺术性的有机统一体。这一点对于我们学习管理学的专业人士和从事管理工作的管理者来讲，具有十分重要的意义，它有助于促进我们既重视管理理论知识的学习，又不忽视在管理实践中随机制宜地灵活运用。

三、管理的职能

管理活动是通过一系列具体的职能来完成的。所谓管理的职能是指管理活动所具有的功能及其所体现出的不同性质、不同类型的工作内容。历史上最早系统地提出管理职能思想的是法国管理学者、实业家亨利·法约尔，他在1916年出版的《工业管理与一般管理》一书中提出，管理可以分为计划、组织、指挥、协调和控制五项职能。之后，也有许多管理学者站在各自不同的角度，对管理职能的划分提出了自己不同的见解，例如，20世纪30年代，戴维斯（Ralph Currier Davis）提出的管理职能包括计划、组织和控制三项；20世纪40年代，布雷克（Blake）提出的管理职能包括计划、协调、控制和激励四项；20世纪50年代，孔茨提出的管理职能包括计划、组织、指挥、控制与人事五项。但就本质而言，这些划分都是对法约尔管理五职能论的一种微调和修改。进入20世纪70、80年代以后，尤其是20世纪80年代以来，随着社会科学技术的飞速发展，生产力水平的不断提高，组织的内外环境发生了根本性变化，管理活动的内容也日趋复杂化、多样化，一些学者对管理职能的划分又增添了不少新的内容。本书综合国内外一些学者的观点，将管理职能划分为计划、组织、领导、控制四项职能，创新作为新时期管理学发展所带来的新职能。

（一）计划职能

计划是对未来活动的预先筹划。人们在从事一项活动之前一般首先要制订计划，这是进行管理的前提。

计划职能是决策的具体化。在决策目标方案既定的前提下，还要详细分析为了实现这个目标，需要采取哪些具体的行动，这些行动对组织的各个部门和环节在未来各个时期的工作提出了哪些具体的要求。因此，编制行动计划的工作实质上是将决策目标在时间和空间上分解到组织的各个部门和环节，对每个单位、每个成员的工作提出具体要求。

【应用阅读】

南辕北辙

魏王准备攻打邯郸，正出使别国的季梁听说后，走到半路赶紧折回来，衣服顾不上整理平整，脸上的尘埃也顾不上洗，急急忙忙去见魏王，说："我从外地回来，在太行山脚下碰见一个人，正坐在他的马车上，面朝北面，告诉我说，他要到楚国去。"

我对他说："去楚国，楚国在南面，你为什么面向北面走呢？"他说："我的马好。"我说："你的马虽然好，但这不是去楚国的路啊！"他又说："我的路费很充足。"我说："你的路费虽然多，但这不是去楚国的路啊！"他又说："给我驾车的人本领很高。"

季梁紧接着对魏王说："他不知道方向错了，赶路的条件越好，离楚国的距离就会越远。现在大王动不动就想称霸诸侯，办什么事都想取得天下的信任，依着自己国家强大，军队精锐，而去攻打邯郸，想扩大地盘，提高声望，岂不知您这样的行动越多，距离统一天下的目标就越远，这正像要去楚国却向北走的行为一样啊！"

启示：做人做事，必须有正确的计划、目标和方向，否则，有利条件只会起到相反的作用。

（二）组织职能

为保证计划的顺利实现，管理者要根据计划对组织活动中的各种要素和人们在工作中的分工合作关系进行合理的安排，这就是管理的组织职能。组织职能要完成以下工作。

（1）设计组织，包括设计组织的机构与结构。机构设计是在分解目标活动的基础上，分析为了实现组织目标需要设置哪些岗位和职务，然后根据一定的标准将这些岗位和职务加以组合，形成不同的部门；结构设计是根据组织活动及其环境的特点，规定不同部门在活动过程中的相互关系。

（2）人员配备，即根据各岗位所要从事工作的具体要求以及组织员工的素质和技能特征，将适当的人员安置在组织机构的适当岗位上，使适当的工作由适当的人去承担。

（3）组织运行，即根据各岗位上的人员发布工作指令，并提供必要的物质和信息条件，以开动并维持组织的运行。

（4）组织变革，即根据组织业务活动及其环境特点的变化，研究和实施组织机构与结构的调整与变革。变革的内容包括组织机构形式变革、组织结构关系变革、组织文化变革和组织流程变革等。

【应用阅读】

V型飞雁

大雁有一种合作的本能,它们飞行时都呈V型。这些雁飞行时定期变换领导者,因为为首的雁在前面开路,能帮助它两边的雁形成局部的真空。科学家发现,雁以这种形式飞行,要比单独飞行多出12%的距离。

合作可以产生"1+1>5"的倍增效果。据统计,诺贝尔获奖项目中,因协作获奖占2/3以上。在诺贝尔奖设立的前22年,合作奖占41%,而现在则跃居80%。

启示:分工合作正式成为一种企业中工作方式的潮流,被更多的管理者所提倡,如果我们能把容易的事情变得简单,把简单的事情也变得很容易,我们做事的效率就会倍增。一个由相互联系、相互制约的若干部分组成的整体,经过优化设计后,整体功能能够大于部分之和,产生"1+1>2"的效果。这种方式就理所当然地成为了这个时代的产物。

(三)领导职能

组织中最重要的资源是人,管理者的任务不仅要设计合理的组织,把每个成员安排在适当的岗位上;而且更主要的任务是指导和协调组织成员,调动其工作积极性,发挥其主观能动性,努力使每位员工以高昂的士气、饱满的热情投身到组织活动中去。所谓领导是指管理者利用组织赋予的权力和自身的能力去指挥和影响下属为实现组织目标而努力工作的一种具有很强艺术性的管理活动过程。它包括领导方式的选择、对下属的激励和沟通渠道的选择等内容。作为有效的领导者,在工作中要注意处理好以下问题:使下属了解本部门目标及其与总目标之间的关系;指令正确,要求明确;单线指挥,避免令出多门;对下属既要严格要求,又需注意激励。

【应用阅读】

刘邦何以取天下

"夫运筹帷幄之中,决胜千里之外,吾不如子房;镇国家,抚百姓,给饷馈,不绝粮道,吾不如萧何;连百万之众,战必胜,攻必取,吾不如韩信。三人皆三杰,吾能用之,此吾所以取天下者也。"

——刘邦

启示:领导的本质不在于领导者自己有多能干,而在于他是否能通过自己的影响力,影响下属义无反顾地追随他,以实现真正的目标。

（四）控制职能

控制是指为了确保组织目标及为此制订的行动方案能够顺利实现，在方案计划的实施过程中，根据反馈的信息将计划实施结果与计划目标进行对比分析，发现或预见到偏差，及时采取措施予以纠正或修改目标的管理活动。控制的内容包括收集能够度量组织近期绩效的有关信息和组织内外环境变化方面的信息；比较实现的绩效与先前计划中设定的期望绩效的差异；确认组织是否有必要采取行动纠正这种差异或重新修订组织目标；制订修正差异的具体措施并组织实施。需要注意的是，控制是一个动态的过程，管理者需要不断地收集信息进行对比分析，发现问题及时处理并通过组织内的创新来不断改进管理水平。随着科学技术进步和管理理论的发展，特别是控制论、信息论和电子计算机的广泛应用，控制已由原先单纯事后的监督控制发展为事先的超前控制和即时的过程实时控制，控制的作用与效果更加显著。

（五）创新职能

创新是新时期出现的一项重要管理职能，在这个科技迅猛发展、环境瞬息万变的社会，任何因循守旧、墨守成规、缺乏创新的组织都将在激烈的竞争中被淘汰出局。经济学家熊彼特认为，资本主义的发展主要依赖企业家的创新活动这一"内在因素"。这种创新包括引进新产品、采用新技术、开辟新市场、发掘原材料新来源等"技术创新"及改进企业组织等"制度创新"。现代社会创新的内容更加广泛，除了技术创新与制度创新以外，还包括观念创新、管理创新等内容。

以上四项主要管理职能和新出现的创新职能在管理实践中不是相互独立的，而是相互联系、相互制约、相互渗透的一个统一体，是一个完整的管理活动所包含的各项工作内容。作为一个管理者，不能机械地按照这四（五）项职能来依次从事管理工作，卓越的管理是这四（五）项职能在运作上的高度契合，成功的管理者应该用联系的、发展的、辩证的眼光看待这些职能。

【应用阅读】

效蝉之驴

古希腊有个寓言是这样讲的：一头驴听说蝉唱歌好听，便头脑发热，要向蝉学习唱歌。于是蝉就对驴说："学唱歌可以，但你必须每天像我一样以露水充饥。"于是，驴听了蝉的话，每天以露水充饥，其结果呢，没几天，驴就饿死了。

启示：感觉在某种程度上是出于感性的东西，而企业的管理者单凭着感觉去开发产品是会走向盲区的。对于企业的管理，管理者既不能顺其自然，也不能盲目创新，应首先明确自己的位置，否则，任何"凭感觉"的管理创新对企业来说都只是不负责任的游戏而已。

第四节　管理学及其学习方法

一、管理学的学科性质

（一）什么是管理学

1. 管理学的研究对象

管理学是一门系统地研究管理活动过程及其基本规律和一般方法的科学。管理学来源于人类社会的管理实践活动，是人类长期从事管理实践活动的科学总结，是人类智慧的结晶。

管理学作为一门独立的学科正式形成于19世纪末20世纪初，其代表作是美国古典管理理论学家泰罗的著作：《计件工资制》、《车间管理》和《科学管理原理》等。自此，管理学逐渐受到各国政府和企业界的高度重视，经过近百年的发展，已经形成了许多管理理论学派。虽然不同学派对管理的认识不同，但是只要是管理学，无论什么样的学派，无论这些学派对管理的认识有多么的不同，它都是一门研究管理活动内在规律性的科学，它以组织中的管理活动作为自己的研究对象，通过管理活动的研究，以探讨内在的规律性，然后上升为理论，形成一个理论体系。管理学的理论体系是由一系列的反映管理活动内在规律性的概念、原理、原则、制度、程序、方法等所组成的。

2. 管理学的研究内容

管理学总是在一定的社会生产方式下进行的，依据与管理活动有关的生产力、生产关系、上层建筑等方面研究内容可以分为三个方面。

（1）研究生产力方面的问题。管理活动与生产力密切联系，在生产力方面，主要研究如何合理高效地协调和使用管理组织的人、财、物、信息等各种资源，以实现预期的管理目标，包括对各种资源在使用过程中的计划、组织、协调和控制等问题。

（2）研究生产关系方面的问题。管理过程也与生产关系密切联系，在生产关系方面，主要研究如何正确处理管理活动中人与人之间的关系，尤其是管理者与被管理者之间的关系问题。与之相关的还有管理组织与其他组织之间的关系，组织与其成员之间的关系等。

（3）研究上层建筑方面的问题。管理活动还受到上层建筑的影响，这方面主要研究管理组织在追求经济效益的同时，如何注重社会效益，促进社会文明全面进步，促进组织的民主建设，使组织成员得到全面发展，研究如何根据国家的要求，建立合理的管理体制，制订完善的规章制度，促进管理组织系统的改革，培养和发展具有自身个性的组织文化等。

（二）管理学的学科性质

管理学作为一门新兴的、独立的学科，经过近百年来的发展历程，在广泛吸收其他学科研究成果的基础上，建立了自己的科学体系，形成了自己的特点。

1. 普遍性

管理学是以管理活动中的基本规律和一般方法为研究对象的学科，是人类管理经验和管理思想的科学总结。而管理经验和管理思想又来源于人类社会多种多样的管理实践活动，有的从事企业管理活动，有的从事政府、军队等国家行政机关管理活动，有的从事学校、文艺团体、医疗卫生的管理活动等等。有许多不同的社会组织，就会有许多解决这些领域特殊问题的管理原理和方法，由此就形成了各种不同门类的管理学。例如，企业管理学、行政管理学、军队管理学、国民经济管理学、教育管理学、交通管理学、旅游管理学、医院管理学等。甚至在一个组织内部由于职能、专业的不同，也有不同种类的管理学。例如，单就企业而言就有生产管理学、质量管理学、采购管理学、营销管理学、财务管理学等。

虽然不同领域的管理工作可能有不同的特点，但是无论是哪个领域管理工作，都是这样一个过程，管理者通过计划、组织、人员配备、领导、控制等职能，协调他人的活动，处理人与人之间的关系，合理分配各种社会资源，最终实现组织的既定目标。这些不同领域的管理学都包含着共同的、普遍的管理原理和管理方法，它是具有普遍指导意义的，它是从各种的组织中概括、抽象、提炼出来的共同的东西，并形成一套系统理论。

2. 综合性

现代的管理学不仅具有社会科学属性，而且具有自然科学的属性。它既广泛地应用社会科学（如经济学、社会学、哲学等）方面的新成果，也应用自然科学，尤其是应用技术科学的成果。下面列举几个学科对管理学所做的贡献。

（1）心理学。心理学是一门从事测试、解释与改变人的行为的科学。心理学研究个体行为和个体在群体中的行为。心理学家在管理领域长期以来主要从事提高工作效率和业绩、疲劳问题和工作条件问题的研究。现在已扩展到训练、监督、领导方式、需求、激励、业绩评定、态度测试、改变组织中人们的行为等方面。

（2）社会学。社会学家主要致力于研究个体发挥作用的社会关系，即研究人与人之间的关系，特别是研究复杂组织中组织行为对管理的影响。社会学在管理学中应用主要体现在正式组织理论、官僚体制、权威与指挥、信息沟通等方面。

（3）人类文化学。研究文化如何影响人们的行为是人类学对管理做出的重要贡献。文化的区别存在于国家与国家之间，在同一个国家中也存在文化上的差异。在价值观念、行为规范、风俗习惯等方面均存在文化上的区别。现在最新的研究方向是组织文化。

（4）哲学与政治学。对各学科具有普遍指导意义的是哲学，它也同样是管理学产生和发展的思想理论基础。不但中外古代的哲学思想对管理学的发展产生重大影响，而且马克思主义哲学也为管理学提供了重大的思想理论武器。可以这样说：没有正确、完整的马克思主义哲学思想，就不可能有科学的管理理论和方法。马克思主义哲学是管理学理论与方法论的基础。

（5）经济学。在预测和决策方面，经济学家为管理学的发展做了大量工作，他们为管理者提供了资源优化分配的有效方法，在管理方面提供了许多有用的概念和工具。例如，固定成本、不变成本、机会成本、边际效用、弹性、盈亏平衡分析、投资回收率、贴现率、经济预测等。

（6）数理与统计。数理与统计也对决策等工作做出了贡献。主要包括：风险决策、不确定型决策、排队论、线性规划、决策树等定量决策方法。

（7）计算机科学与信息技术。计算机技术的应用，促使管理产生了重大变化，计算机代替人力可以进行更有效的信息传递，减少管理中间环节，提高管理效率。计算机的广泛应用也给生产过程带来了重大变革，出现流水线生产，可以根据消费者的不同需求进行多品种流水生产，为生产集成系统的产生和应用提供了物质基础。尤其是信息与网络技术的应用，对管理的技术与方法产生了巨大的影响作用。

（8）工程学。工程师们通过完善工作设计和工作流程，优化场址的选择，改善工作环境，减轻了人们的疲劳程度，提高了劳动者的工作效率。

从以上各学科在管理学中的应用可以看出，管理学融合了心理学、社会学、文化学、政治学、哲学、经济学、数学、计算机科学、工程学等多种学科的思想与理论，它已从单一性学科发展成为一门由多学科结合而成的实用性较强的新型交叉学科。

3. 时代性

在人类历史长河中，世界各民族人民为了生存和发展，每时每刻都在组织着社会生产活动，并研究着生产活动。正是由于人类社会的生产活动，使人类历史具有连续性。在不同的时代，人类社会的生产活动由于各种因素的作用而具有阶段性的特征。与这种阶段性相适应的，客观上要求管理活动不断变革和创新，于是就有了不同的历史阶段的管理，在思想、内容、性质、方法和手段等，都表现出鲜明的时代特点。因此管理学只有紧跟时代的步伐，与时俱进，针对社会生产活动的各个方面，努力揭示管理规律，反映管理的未来发展趋势，构建出具有鲜明时代特征的学科知识体系，才能适应社会发展的客观要求。

4. 应用性

管理学作为一门科学，具有其他学科所共有的基本特征，管理学具有特定的研究范围和研究对象，具有一系列较成熟的基本概念，具有经过实践证明有普遍指导意义的理论和方法，并有一套完整而严密的科学理论体系。

但是，我们应该看到，管理学不仅具有理论性，而且又是一门应用性较强的学科。首先，管理学的理论知识来源于人类的管理实践，是人们管理实践经验的概括和总结；其次，管理学知识存在的意义和目的就是必须运用到实践之中去，提高管理效率，否则它将失去其应有的价值；最后，管理学的理论与方法要通过实践来检验其有效性和科学性。因此管理学只有通过在管理实践中应用，才能带来实效，才能发挥其指导管理实践工作的作用，并在不断反复的实践中逐步自我完善。

二、学习管理学的重要意义

（一）学习管理学有助于把握管理活动中的规律，提高人们管理实践活动的能力

任何客观事物都存在其变化和发展的内在规律，人类的不断追求就在于发挥自身的主观能动性，发现并认识这些规律，运用这些规律提高实践活动的能力。作为人类社会实践活动的一个重要形式，管理也有其自身的内在规律，例如，社会经济发展的规律、市场价值规律、收入分配规律、人力资源开发与管理规律、物质资源配置与管理规律、生产过程组织规律、制订和实施规章制度的规律、部门设置与调整规律、直接与间接控制规律、反馈规律

等。有些规律已被人们所发现，管理学从诞生之日起就担负着总结管理规律，帮助学习者掌握并运用这些规律来提高管理能力的使命。

（二）学习管理学有助于优化生产力的组合，大大推动生产力的发展

生产力是一个复杂的系统，它既有独立的实体要素，包括劳动者和生产资料，也有非独立的渗透性要素，包括科学技术等。其中，作为一门科学技术，管理贯穿于生产力体系之中，管理理论和方法是否有效，将直接影响着生产力的组织，影响着生产力作用的充分发挥。在生产力系统之中，各实体要素都存在的条件下，并不能够真正解决社会生产过程的一系列问题，这就需要人们的管理工作，即根据社会需要确定生产目标，组织生产过程。离开了管理，也就无所谓生产力。分散的劳动者和生产资料要想形成现实的生产力，必须依赖于管理，生产力作用的充分发挥，必须依赖于管理人员对生产力要素的优化组合，而这种优化组合又是以管理理论的指导为前提的。因而，管理者运用管理理论的能力与水平决定着生产力的组织状况，决定着生产目标是否合理，生产过程是否顺利进行和现实生产力能否真正形成。基于这种认识，有些人认为至今最伟大的发现不是汽车、计算机，而是管理，是以管理理论为基础的管理技术和方法。美国有些人曾这样说，我们之所以成为超级大国，是因为我们靠的是"三分技术、七分管理"。甚至有人认为，现代社会发展的三大支柱是科学、技术和管理。现代社会发展已证明管理在现代社会中的重要地位。例如，日本经济的迅速崛起，管理的作用不可小视。

（三）学习管理学有助于优秀管理人才的培养

学习研究管理学是培养优秀管理人才的重要手段。管理者是管理的主体，在管理工作中发挥着主体作用，只有掌握了管理科学的优秀管理人员，才能更好地运用管理理论去指导管理实践，产生良好的管理效果。目前，我国正处于社会主义市场经济体制建设的关键时期，无论是宏观的经济管理问题还是微观上的企业生产经营管理问题，都有待研究和解决，我国虽然缺乏科技人才，但更缺乏管理人才。因此，我们必须认清形势，强化管理，迅速培养适合我国社会主义经济建设需要的优秀管理人才。

（四）学习管理学有助于我们面向未来，面向世界，实现管理国际化和管理创新

当今社会处于信息社会，人类即将跨入知识经济的时代，摆在人类面前，有诸多的机遇，也存在许多挑战，可以预测，随着社会的不断进步，管理学将进入一个新的历史发展时期，管理国际化和管理创新是管理学发展的必然趋势。管理科学理论的学习与普及，有利于促进管理国际化，有利于世界各

民族在管理理论方面相互交流，相互借鉴，取长补短。在我国，管理科学理论研究相对落后，我们更应该抓住机遇面向未来，面向世界，普及管理学的学习，加快管理学理论研究，开创出具有中国特色的"兼收并蓄"的管理学科体系。同时，我们应该看到，管理学也具有较鲜明的时代特性，一个时代有一个时代的管理模式，一个时代也应有相应的管理理论，新的时代需要新的管理模式，需要管理理论与实践的突破。要想实现管理创新，就必须回顾过去，立足现实，面向未来，就必须深入地学习并系统地掌握管理学的基本知识与管理技能。

总之，作为一门指导管理实践活动的重要科学，管理学对于人们把握管理活动的一般规律、优化组合生产要素、培养优秀的管理人才、实现管理国际化和管理创新、提高社会劳动生产率，具有深刻的现实意义。

三、学习管理学的方法

（一）以辩证唯物主义和历史唯物主义为指导是学习管理学的基本方法

马克思主义是一个完整的理论体系，它是在批判地继承人类优秀文化遗产的基础上创立的。马克思主义既是无产阶级科学的世界观，又是无产阶级和人民群众完整的方法论。马克思主义辩证唯物主义和历史唯物主义的基本原理，对于我们研究管理学具有根本的指导意义。关于生产力与生产关系、经济基础与上层建筑相互关系的原理，物质和意识相互关系的原理，客观规律与人的主观能动性相互关系的原理，理论和实践相互关系的原理，领导者与劳动人民群众相互关系的原理，集权与分权、纪律和自由、集中与民主相互关系的原理，系统思想，事物之间的普遍联系与发展的思想等，对我们学习管理学都具有根本的指导作用。此外，马克思主义理论中关于国家管理、社会管理、国民经济管理、企业管理、生产管理的论述，对管理两重性的分析、对人的本质的揭示、对资本主义管理本质的批判，以及对未来社会主义管理模式的描述等，对于我们学习、研究管理学都具有重要的指导意义。邓小平理论及"三个代表"重要思想是当代中国的马克思主义，是建设有中国特色社会主义的伟大思想理论旗帜。其中关于改革开放思想，经济建设思想，政治体制改革，文化管理，军队管理，党的建设等，对我们学习研究管理学，建立具有中国特色的管理学理论体系，有着更广泛、更直接的指导作用。

（二）系统分析方法

要进行有效的管理活动，必须对影响管理过程中的各种因素及其相互之间的关系，进行总体的、系统的分析研究，才能形成可行的基本管理理论和科学合理的决策。总体的、系统的学习方法，就是用系统的观点来学习管理的原理，分析、研究管理活动。所谓系统是指由相互作用和相互依赖的若干组成部分结合成的、具有特定功能的有机整体。系统本身又是它所从属的一个更大系统的组成部分。根据这个定义，管理过程是一个系统，管理的概念、理论和技术方法也是一个系统。这样，从管理的角度看，系统有两个含义：一是指系统是一种实体；二是指系统是一种方法或手段。二者既有区别，又有密切联系。对管理来说，系统分析方法是研究组织与管理问题的主要思维方法。系统分析方法，把组织视作有统一目标的相互联系的各部分的组合，以期在环境中获得生存和发展。

从系统观点来看，管理者在研究和解决组织中某一个部分的问题时，必须全面地顾及对组织中其他部分而孤立地生存。因此，管理者在解决问题时必须把组织当作一个动态的整体。管理者必须从很广阔的视野内考虑问题，不能局限地只考虑其产出的结果，因为所预期的结果会引起其他问题，会影响到组织中的其他部门，以致影响到组织的生存与发展。

系统方法不仅把组织的各组成部分视为相互联系的，同样也把组织及其环境视为相互联系的。组织的绩效及生存都取决于它和环境的相互作用。组织从环境中取得信息、能量与资源，又将其产出返回给环境。对绝大部分组织来说，管理者必须按照开放系统来运行，并运用系统方法从事管理，否则难以生存。系统方法的一般步骤是：

1. 确定问题，收集资料

在进行系统分析之初，必须先明确地确定所要解决的问题的性质和范围，研究问题包含着哪些主要因素，分析系统的要素之间的相互关系，以及与外界环境之间的相互关系。只有这样划定问题的界限，确定的问题才会明白、切合实际。确定问题后就应该开始收集资料，调查，实验，观察和记录各要素的情况、掌握环境情况等。这对于建立模型，对各种模型方案进行可行性研究、比较，将是必不可少的。

2. 系统分析

对于同一特定的目标，实施的途径是很多的，每种方法的投资和效益也会有差别。系统分析在于拟订出尽可能多的行动方案，并进行试验比较，以寻求费用最低而效果最好的方案。分析时，总是将复杂系统分解成若干较简单的子系统，再将分解的结果进行综合，进行整体分析。这样反复多次，才可能接近客观。

各种方案，经过系统分析后，哪个好？哪个差？可行性如何？都有了可靠的依据。但这些方案是否可靠？引用的情报是否准确？还需要决策者再做判断，这是决策者运用智慧及经验的过程。各种数学和计量方法也无法取代决策者的智慧和经验。

3．方案决策

在两种或两种以上值得采用或进一步考虑的方案中选择方案，尽可能在待选方案选择出满足系统要求的最佳方案。

4．实施计划

根据最后选定的方案，将按计划进行具体实施。如果实施中比较顺利，或遇到困难不大，略加修改即可顺利进行，那么整个步骤即告一段落。如果问题较多，这就需要重新进行系统分析。

在管理实践中，系统方法存在的最大问题就是最优方案难以确定，因为任何方案都不可能是从任何角度考虑都是最优的，对同一个方案，如果选定的影响因素不同，最优的结论往往也是不同的。因此，方案的取舍要有一个明确的评价指标。

（三）矛盾分析方法

"具体矛盾具体分析"的矛盾分析法是研究管理问题和解决管理问题的重要方法。按照某些管理学派的观点，特别是古典学派中持统一论观点的学者，认为管理者只要找出放之四海而皆准的原理、原则，就可以解决管理中的一切问题。这种学术观点实质是形而上学的方法论，是管理学中的教条主义。这种学术观点在20世纪40年代以前尚占着非常重要的地位。其客观上的原因是世界环境的变化没有像最近二三十年那样复杂多变，在相对稳定的条件下，某些管理原理、原则也的确可以在环境稳定的条件下发生作用。但在20世纪50年代，人们已日益感到一些管理原理、原则无法在不同条件下照搬照套。于是有了以哈佛学派以"案例"为研究管理问题的思想流派。确实，这一学派对管理学发展仍发挥着积极作用。但是，单纯的"案例"教学容易使人犯经验主义的毛病。不重视环境条件的变化，照搬过去的经验，也同教条主义一样是形而上学的思想方法，同样是有害的。正确的思想方法应是马克思主义的辩证法，按具体矛盾做具体分析。

作为以矛盾论学说为基础的具体矛盾具体分析的方法，正是在承认马克思主义辩证法是放之四海而皆准的普遍真理的同时，而又不是机械搬用，能根据具体环境、条件，而灵活应用这些普遍的真理、原理、方法去解决具体问题。

（四）一切从实际出发，理论联系实际

一切从实际出发，离不开我国的国情，从管理的角度来看，我们国家的经济文化发展水平和民族文化传统是我们学习管理的前提；我们自己在管理领域的经验与教训是我们研究管理学的基础。

一方面，我们自己有着特定的经济文化发展水平，这是我们管理的出发点。同样，中华民族有着源远流长的文明史，它形成了极为复杂的传统文化体系，既有存在于人世之中优秀的传统文化，也有体现在统治阶级身上优劣混杂的传统文化。封建统治阶级倡导的文化体系以儒家文化为主导。这种文化以"仁"为核心，坚持以"中庸"的处事态度。它有扼杀人的个性、束缚人的创造精神、抑制社会活力的一面，也有崇尚集体观念，有利于促进社会统一和谐、发挥整体优势的一面。按现代管理的系统思想来说，发挥系统整体优势与调动系统各要素的积极性，二者紧密相联，不可分割。前者以后者为基础，后者以前者为归宿。因此，我们对古代统治阶级的民族文化，就不能采取简单肯定或简单否定的态度，而应做出具体分析，并与现代的管理紧密结合起来。应辩证地对待民族传统文化，充分挖掘传统文化的精髓，丰富管理科学的内容，服务于现代管理。

另一方面，就是中国共产党已领导全国各族人民在各个方面奋斗了80多年。在管理上，做了很多开创性的工作，形成了有自己特色的某些管理思想，甚至培育了某种新社会主义管理文化。比如，我们曾深入进行了共产主义理想教育和道德教育，深入进行了集体主义和组织纪律教育，这些都在人民群众中产生了深远影响。我们学习管理学，研究管理问题，务必要把握住这些特有的国情，使之发扬光大。为调动人的积极性而采取的理想教育和精神感化相结合的方法，身教和言教相结合的方法，民主的管理方法等，都与行为科学的理论不谋而合，有的甚至发展了行为科学理论。

尤其需要指出，改革开放以来，我党领导人民在社会主义现代化建设中取得了举世瞩目的成就，许多方面都值得我们总结提高。就管理领域来说，国家宏观调控措施的选择和运用、经济手段的综合运用、中央与地方权力的合理划分、管理职能的转变、人事制度的改革、管理组织的调整、现代企业制度的建设等，都很有成效。这些管理实践活动是国情的重要组成部分，是我们学习管理学，建立具有中国特色管理学体系的出发点之一。

（五）具体学习方法

由于学习管理学是提高管理水平的一条重要途径，学好管理学对于管理实践有着重要意义。如何学习管理学？怎样学好管理学？是学习者普遍关注

的问题。这里介绍的几种学习管理学的具体方法，可以供学习者参考与借鉴。

1. 案例分析法

案例分析法是通过对现实中发生的典型管理事例进行整理并展开系统分析，从中把握不同情况下处理管理问题的不同手段和方法，以掌握管理理论，提高管理技能的一种方法。案例分析中所用的案例都是典型的案例，具有典型性、生动性、具体性，因而能够调动学习者的学习积极性，引导学习者独立思考，不失为一种好的学习方法。

2. 比较研究法

比较研究法是通过不同管理理论或管理方法异同点的研究，总结其优劣以借鉴或归纳出具有普遍指导意义的管理规律的方法。比如，对不同社会制度或不同管理体制下的管理加以比较研究；对不同历史条件下、不同生产力水平下的管理加以比较研究；对于不同文化背景、不同文化水平条件下的管理加以比较研究，等等。

3. 历史研究法

历史研究法是对前人的管理实践、管理思想和管理理论予以总结概括，从中找出带有规律性的东西，实现古为今用的方法。这种研究方法运用的结果最终构成了人类管理思想产生与发展的历史。因此，通过研究管理思想产生与发展的历史，是一种很好的学习管理学的方法。

4. 定量分析法

定量分析法是运用自然科学知识尤其是数学知识，把握管理活动与管理现象内在的数量关系，寻求其数量规律，解决管理问题的方法。任何事物都兼有质与量的规定性，管理也不例外。对管理问题进行定量分析，既是管理实践的客观要求，又是管理走向科学化的必经之路。

本章小结

关于管理概念，学术界许多学者从不同侧面提出了许多观点。本书结合中外学者的不同观点，认为管理是指为有效实现组织目标，管理者通过计划、组织、人员配备、领导和控制，协调以人为中心的各种资源的一系列社会活动过程。管理的"载体"是组织；管理的主体是管理者；管理的实质是处理人与人之间的关系。

管理是一种社会文化现象，管理是协作劳动的产物。生产力的飞速发展，社会化程度的迅速提高，市场的不断扩大要求管理水平不断提高。二战之后，现代管理呈现出系统化、人本化、效益化、科学化、战略化和信息化的发展趋势。

　　管理具有同社会化生产相联系的自然属性和同社会制度相联系的社会属性。学习和掌握管理二重性理论，对我们学习管理学，深刻认识我国的管理问题，探索适合我国国情的企业管理模式，都具有非常重大的现实意义。管理既是一门科学，又是一门艺术。

　　管理学是一门系统地研究管理活动过程及其基本规律和一般方法的科学，它具有普遍性、综合性、时代性和应用性等特点。管理学对于人们把握管理规律，优化组合生产要素，培养优秀的管理人才，实现管理国际化和管理创新，提高社会劳动生产率，具有深刻的现实意义。

　　学习和研究管理学，应坚持以马克思主义的辩证唯物主义和历史唯物主义为指导，结合我国的实际情况，综合运用系统分析方法、矛盾分析方法等多种方法，为建立具有中国特色的管理学体系而努力。

一、理论训练题

1. 单项选择题

（1）对企业资源进行计划、组织、人员配备、领导、控制以有效地实现组织目标的过程称为（　　）。

　　A. 管理　　　B. 组织　　　C. 战略计划　　D. 激励

（2）管理同生产关系相联系而表现出的属性是（　　）。

　　A. 自然属性　B. 社会属性　C. 科学属性　　D. 艺术属性

（3）在管理中居于主导地位，起核心作用的是（　　）。

　　A. 管理者　　B. 管理对象　C. 管理环境　　D. 管理组织

（4）通过管理提高效益，需要一个时间过程，这表明管理学是一门（　　）。

　　A. 软科学　　B. 硬科学　　C. 应用性学科　D. 定量化学科

（5）管理的控制职能由（　　）执行。

　　A. 高层管理人员　　　　　　B. 中层管理人员
　　C. 基层管理人员　　　　　　D. 以上均是

（6）管理的二重性是指（　　）。

　　A. 艺术性与科学性　　　　　B. 基础性与边缘性
　　C. 自然属性与社会属性　　　D. 普遍性与重要性

（7）学习和研究管理学最主要的方法是（　　）。

　　A. 系统的方法

B. 矛盾分析方法

C. 理论联系实际

D. 马克思主义的辩证唯物主义和历史唯物主义

（8）某位管理人员把大部分时间都花费在直接监督下属人员工作上，他一定不会是（　　）。

　　A. 工长　　　　B. 总经理　　　C. 领班　　　　D. 车间主任

2. 思考题

（1）怎样理解管理的概念？

（2）管理者扮演的角色有哪些？必须具备哪些技能？

（3）联系实际论述掌握管理二重性的重大现实意义。

（4）怎样理解管理既是一门科学，又是一门艺术的含义？

（5）和周围同学、朋友讨论怎样学好管理学？

（6）结合自身情况（在校大学生），综合本章所学理论知识分析一下你已具备了那些管理者的素质和技能？还存在那些欠缺？应如何提高完善？

二、实训题

实训项目：调查与访问——了解管理者的职责与素质。

1. 实训目标

（1）与管理者双向交流。

（2）了解管理的职责与素质。

2. 实训内容与要求

跟学校某些管理部门事先联系好，告诉他们在某个时候有学生会来访问。在预定时间带同学进入校办公大楼，拜访相关管理部门负责人。学生自愿组成小组，每组 6~8 人。在调查访问之前，每组需根据课程所学知识经过讨论制订调查访问的主题，并把具体步骤和主要问题计划好。

具体问题可参考下列问题：

（1）各部门管理工作的职责和权利有哪些？

（2）做好这些管理工作需要哪些素质？如何培养？

3. 成果与检测

（1）调查访问结束后，组织一次课堂交流与讨论，时间为 1~2 课时。

（2）在各小组讨论的基础上，每个同学把自己调查访问所得到的重要信息如照片、文字材料、影音资料等制作成宣传册展出，之后交老师保存。

（3）每个小组上交一份简单的调查报告，调查报告描述和分析上述两项内容。

（4）教师根据各小组的表现进行评估打分。

三、案例分析

案例1-1　松下公司迅速崛起的秘密武器

松下公司的电器产品在国际市场上早已闻名遐迩，被海内外企业界誉为"经营之神"的公司创始人松下幸之助，也因畅销书《松下的秘密》而名扬全世界。目前，松下电器公司已被列入世界最大50家公司之一，由此可见它的实力之雄厚、规模之庞大。1990年曾经由日本1500多名专家组织评选的该年度日本"最佳综合经营管理"的15个公司，其中松下电器公司名列榜首。人们对该公司经营管理水平和社会形象予以高度评价，而作为该公司最高顾问的松下幸之助更是倍受推崇。

贫民出身的松下幸之助，刚踏入社会时是在一家自行车商行当学徒，当时每天的收入大约相当于0.25美元，生活之艰辛可想而知。美国著名科学家发明电灯的消息传到日本时，松下幸之助受到很大鼓舞。于是他决定辞去原有的有固定收入的工作，和妻子两个人在没有资金、工作经验几乎是零的情况下，着手创办新企业。1918年，松下电器公司正式成立。他的第一项产品是双插座接合器，制造工厂就在他家的客厅。这种电器可用螺纹固定在日光灯插座上，使得日本式的房屋一个插座可同时插上两个插头，方便了广大消费者，所以，生意十分兴隆，在不到10年时间内电器公司的业务就一跃而起，成为日本电器行业的市场领导者。松下公司之所以能有今天的成功，和松下先生的经营管理之道是分不开的。

若把松下电器公司与差不多同时创办的美国通用汽车公司、电报电话公司等加以比较，就会发现这些公司因缺乏活力而落在松下公司之后。可以说，松下电器公司获得成功的一个重要因素是"精神价值观"在起作用。松下幸之助规定公司的活动原则是："认清实业家的责任，鼓励进步，促进全社会的福利，致力于世界文化的繁荣发展。"松下先生给全体员工规定的经营信条是："进步和发展只能通过公司每个人的共同努力和协力合作才能实现。"进而，松下幸之助还提出了"产业报国、光明正大、友善一致、奋斗向上、礼节谦让、顺应同化、感激报恩"的"松下精神"。在日常经营管理活动中，公司非常重视对广大员工进行"松下精神"的宣传教育。每天上午八时，松下公司遍布各地的几万名员工都在背诵企业的信条，放声高唱《松下之歌》。松下电器公司是日本第一家有精神价值观和公司之歌的企业。在解释"松下精神"时，松下幸之助有一句名言：如果你犯了一个诚实的错误，公司是会宽恕你的，把它作为一笔学费；而你背离了公司的价值观念，就会受到严厉的批评，直至解雇。正是这种精神价值观的作用，使得松下公司这样一个庞大的企业集团产生了强劲的内聚力和向心力。见过松下电器的人知道"NATIONAL"，它不仅是松下公司电器产品商标，而且成为日本企业形象和经济崛起的象征。

与此同时，松下电器公司建立的"建议奖金制度"也是很有特色的。公司不仅积极鼓励职工随时向公司提建议，而且由职工选举成立了一个推动提供建议的委员会，在公司职员中广泛宣传和推广，收到了良好的效果。仅1985年的头十个月的时间里，公司下属的技术工厂仅有1500名职工，而建议多达75000千多条，平均每人50多条。1986年，全公司职工一共提出了66万多条建议，其中被采纳的多达6万多条，占全部提案的近10%。公司对每一条建议都予以充分的重视，及时、全面地组织专家进行评议和审定，按照其可行性与否、创造的预期价值的大小等标准，给予不同形式的奖赏。仅1986年，松下电器公司用于奖励员工建议的奖金就高达30多万美元。当然，这一年中合理化建议所创造的效益则远远超过30万美元。正如松下电器公司一位中层管理人员所说："即使我们不公开提倡，各类建议仍会源源不断地涌来，我们的员工随时随地在家里、在火车上，甚至在厕所里都在思索建议。"

经过多年观察与研究，松下幸之助发现：按时计酬的员工仅能发挥工作能力的20%~30%，而如果受到充分激励则可发挥至80%~90%。于是松下先生十分强调"感情"管理，注重合理的"感情投资"和"感情激励"，他所提倡的常用"感情"管理方法是"拍肩膀"、"送红包"、"请吃饭"。

第一，"拍肩膀"。车间里、机器旁，当一个员工兢兢业业、一丝不苟操作时，常常会被前来巡视的经理、领班们发现。他们先是拿起零件仔细瞧瞧，然后会对着员工的肩膀轻轻拍几下，并说上几句"不错"、"很好"之类赏识的话。

第二，"送红包"。当你完成一项重大技术革新，当你的一条建议为企业带来重大效益的时候，老板会不惜代价地重赏你。他们习惯于用信封装上钱款，个别而不是当众送给你。对员工来说，这样做可以避免别人不必要的斤斤计较，减少因奖金多寡而滋事的可能。

第三，"请吃饭"。凡是逢年过节，或是厂庆，或是员工婚嫁，厂长经理们都会慷慨解囊，请员工赴宴或上门慰问、道喜。在餐桌上，上级和下属可尽情唠家常，谈时事，提建议，气氛和睦融洽，它的效果远比一味地向员工发号施令要好得多。

更令人不可思议的是，松下公司在管理过程中应用了心理学的方法，为了减轻员工的精神压力，松下公司的公共关系部还专门开辟了一间"出气室"。

里面摆着公司大大小小行政人员与管理人员的橡皮塑像，旁边还放上几根木棒、铁棍，假如哪位员工对自己的上司或主管不满，心有怨气，可以随时来这里，对着他上司或主管的橡皮塑像拳打脚踢甚至棒打一顿，以解除心中积郁的闷气。过后，有关人员还会找你谈心聊天，沟通交流思想，帮你解惑指导。逐渐地在松下公司就形成了上下一心、团结和谐的"家"的氛围。

分析讨论题：

（1）试分析松下先生的管理之道。

（2）"出气室"的作用何在？这种做法能给我们什么启示？

案例 1-2　百年老院的现代管理启蒙

北京同仁医院是一所以眼科闻名中外的百年老"店"，走进医院的行政大楼，其大堂的指示牌上却令人诧异地标明：五楼 MBA 办公室。目前该医院已经从北大、清华聘请了十一位 MBA，另外还有一名学习会计的研究生，而医院的常务副院长毛羽就是一位留美的医院管理 MBA。

根据我国加入世贸组织达成的协议，2003 年，我国正式开放医疗服务业。2002 年初，圣新安医院管理公司对国内数十个城市的近 30 家医院及其数千名医院职工进行了调查访谈，得出结论：目前国内大部分医院还处于极低层次的管理启蒙状态，绝大多数医院并没有营销意识，普遍缺乏现代化经营管理常识。更为严峻的竞争现实是：医院提供的服务不属于那种单纯通过营销可以扩大市场规模的市场——医院不能指望通过市场手段刺激每年病人数量的增长。内忧外患迫使同仁医院下定决心引进职业经理人并实施规模扩张，希望建立一套行政与技术相分离的现代医院管理制度。

同仁医院显然是同行中的先知先觉者。2002 年，医院领导层在职代会上对同仁医院的管理做过"诊断"：行政编制过大、员工队伍超编导致流动受限；医务人员的技术价值不能得到体现；管理人员缺乏专业培训，管理方式、手段滞后，经营管理机构力量薄弱。同时他们开出药方：引入 MBA，对医院进行大手笔改造，涉及岗位评价及岗位工资方案、医院成本核算、医院工作流程设计、经营开发等。目前，国内几乎所有的医院都没有利润的概念，只计算年收入。但在国外，一家管理有方的医院，其利润率可高达 20%。这也是外资对国内医疗市场虎视眈眈的重要原因。

同仁医院要在医院中引入现代市场营销观念、启动品牌战略和人事制度改革。树立"以病人为中心"的服务观念：以病人的需求为标准，简化就医流程，降低医疗成本，改善就医环境；建立长期利润观念，走质量效益型发展的道路；适应环境、发挥优势、实行整合营销；通过扩大对外宣传、开展义诊咨询活动、开设健康课堂等形式，有效地扩大潜在的医疗市场。

同仁医院所引进的 MBA 背景各异，绝大多数都缺乏医科背景。他们能否胜任医院的管理工作？医院职业化管理至少包括市场营销管理、人力资源管理、财务管理、科研教学管理、全面医疗质量管理、信息策略应用及管理和流程管理七个方面的内容。这些职能管理与医学知识相关但非医学专业。

同仁医院将 MBA 们"下放"到手术室 3 个月之后，都悉数调回科室，单独辟出 MBA 办公室，以课题组的形式，研究医院的经营模式和管理制度。对于医院引入的企业化管理，主要包含医院经营战略、医疗市场服务营销、医院服务管理、医院成本控制、医院人力资源、医疗质量管理、医院信息系统和医院企业文化等多方面内容。其中，医院成本控制研究与医院人力资源研究是当务之急。

几乎所有的中国医院都面临着成本控制的难题，如何堵住医院漏洞，进行成本标准化设计，最后达到成本、质量效益的平衡是未来中国医院成本控制研究的发展方向。另外，现有医院的薪酬制度多为"固定工资＋奖金"的模式，而由于现有体制的限制，并不能达到有效的激励效果，医生的价值并没有得到真实的体现，导致严重的回扣与红包问题。如何真正体现员工价值，并使激励制度透明化、标准化成为当前首先要解决的问题。

这一切都刚刚开始。指望几名 MBA 就能改变中国医院管理的现状是不可能的。不过，医院管理启蒙毕竟已经开始，这就是未来中国医院管理发展的大趋势。

分析讨论题：

（1）结合案例说明你对管理及管理职能的理解。

（2）同仁为什么要引进如此多 MBA？你认为 MBA 们能否胜任医院的管理工作？

第二章 管理思想与管理理论

学习目标

通过本章的学习，要求学生了解管理学形成与发展的脉络，掌握有代表性的古典管理理论和人际关系学说的主要观点，熟悉现代管理理论阶段的主要学派及其观点，掌握组织文化的基本知识，培养学生对管理理论知识的分析判断能力。

【导入案例】

2-1 搬萝卜

几只爱吃萝卜的小兔在草原上开垦了一块土地，种了好多萝卜。到了收获的季节，它们的朋友小羊和小牛用它们尖尖的角帮小兔把萝卜从地里刨了出来，然后小羊和小牛就忙自己的事情去了。几只小兔看着那一大堆红红的萝卜，心里乐开了花。眼看就要下雨了，几只小兔决定自己把萝卜收回驻地。

小兔甲试了试自己一次可以抱两只萝卜，于是便每次抱着两只萝卜往返于萝卜地与驻地之间。虽然有点吃力，但它还是越干越起劲。

小兔乙找来一根绳子，把五个萝卜捆在一起，然后背着向驻地走去。虽然背了五个萝卜，可它的速度一点也不比小兔甲慢。

小兔丙找来一根扁担，用绳子把萝卜捆好，前面五个，后面五个，走起来比小兔甲和小兔乙都快。

小兔丁和小兔戊找来一只筐，装了满满一筐萝卜，足有三四十个，然后两人抬着筐向驻地走去。

解析： 同样都在努力工作，可五只小兔的工作效率和工作成果却有显著的差别。因为工作方式的不同，有人虽然看起来忙忙碌碌，工作却难见成效；有人虽然显得悠闲，却成绩显著。好的工作方法可以有效地提高工作效率。管理理论可以给人们有效的指导。

【导入案例】

2-2 鲶鱼效应

西班牙人爱吃沙丁鱼,但沙丁鱼非常娇贵,极不适应离开大海后的环境。当渔民们把刚捕捞上来的沙丁鱼放入鱼槽运回码头后,用不了多久沙丁鱼就会死去。而死掉的沙丁鱼味道不好,销量也差。倘若抵港时沙丁鱼还活着,鱼的卖价就要比死鱼高出若干倍。为延长沙丁鱼的存活期,渔民们想了许多方法。后来渔民想出一个法子,将几条沙丁鱼的天敌鲶鱼放在运输容器里。因为鲶鱼是食肉鱼,放进鱼槽后,鲶鱼便会四处游动寻找小鱼吃。为了躲避天敌的吞食,沙丁鱼自然加速游动,从而保持了旺盛的生命力。如此一来,沙丁鱼就一条条活蹦乱跳地回到渔港。

这在经济学上被称作"鲶鱼效应"。

分析讨论题:
1. 请您先直观回答这个案例中包含了怎样的管理学原理?
2. 请您学完本章后用你所学过的管理知识解释这个现象。

管理活动源远流长,人类进行有效的管理活动,已有数千年的历史,但从管理实践到形成一套比较完整的理论,则是一段漫长的历史发展过程。回顾管理学的形成与发展,了解管理先驱者们对管理实践和理论所作的贡献,以及管理活动的演变和历史,这对每个学习管理学的人来说都是必要的。

一般来说,管理学形成之前可分成两个阶段:古代管理思想阶段(从有了人类集体劳动开始到 18 世纪)和近代管理思想阶段(从 18 世纪到 19 世纪末)。

管理学形成后又分为四个阶段:古典管理理论阶段(20 世纪初到 20 世纪 30 年代)、人际关系学说(20 世纪 30 年代到 20 世纪 60 年代)、现代管理理论阶段(20 世纪 60 年代到 20 世纪 80 年代,主要指管理理论丛林阶段)和现代管理理论的最新发展阶段(20 世纪 80 年代至今)。

【应用阅读】

先有人走才有路

世界著名的建筑大师格罗培斯设计的迪斯尼乐园,经过三年的施工,即将对外开放了,而各景点之间的道路怎样连接起来还没有具体方案。施工部打电话给正在法国参加庆典的格罗培斯大师,催促他赶快定稿,以便按计划竣工和开发。

格罗培斯大师从事建筑研究 40 多年,攻克了无数建筑方面的难题,在世界各地留下了 70 多处精美的杰作。然而，建筑工作中最微不足道的一点小事——路径设计却让他大伤脑筋。对迪斯尼乐园各景点之间的道路安排，他已修改 50 多次，没有一次是让他满意的。

经过反复思索，他终于想到了一个办法。他给施工部发了一个电报：撒上草种开放。施工部按要求在迪斯尼乐园中撒上草种，没多久，小草出来了，整个乐园的空地都被绿色覆盖了。在迪斯尼乐园开放的半年里，草地被踩出的小道有宽有窄，优雅自然。第二年，格罗培斯让人按这些踩出的痕迹铺设了人行道。在 1971 年的伦敦国际园林建筑艺术研讨会上，迪斯尼乐园的路径设计被评为世界最佳设计。

启示：其实地上没有路，走的人多了，也就变成了路。思想、原理和理论都是实践的总结，若想形成有用的理论，必先有实践。管理思想也来源于实践，先有实践，经过总结后形成思想，多种思想经过系统化再形成理论。

第一节 管理学形成之前的管理思想

从人类社会产生到 19 世纪末，人类为了谋求生存自觉或不自觉地进行着管理活动和管理的实践，其范围是极其广泛的，但是人们仅凭经验去管理，尚未对经验进行科学的抽象和概括，没有形成科学的管理理论。早期的一些著名的管理实践和管理思想大都散见于埃及、中国、希腊、罗马和意大利等国的史籍和许多宗教文献之中。近代也出现了一些管理思想的开拓者。

一、西方古代管理思想

西方许多国家，尤其在西方各大文明发祥地，在早期的管理实践中总结出了深刻而丰富的管理思想。下面主要就国家行政管理、生产管理、宗教管理等三方面的管理思想做简要介绍。

（一）国家行政管理思想

1. 汉谟拉比法典

公元前 2000 多年的古巴比伦王国，就有了古代较为成熟的行政管理形式，具体体现就是制订了人类历史上第一部成文法典——汉谟拉比法典。它共有 280 多条，内容涉及了贸易、工资、奖励、责任、奖罚等问题，甚至对会计收据的处理也做了一些规定。

2.《圣经》

《圣经》不仅是信奉耶稣基督的人们的一部宗教经典，也是世界文化和知识宝库中的一部杰作，是迄今为止在全世界印数最多、流行最广、翻译语种最多的一部书。《圣经》各卷的体裁和风格大不相同，有散文、诗歌，有历史，也有传奇、寓言和训诲。《圣经》叙述了古代犹太民族的神话、传说、历史变迁、风俗习惯、法律、伦理、社会组织制度，及其与古代地中海地区其他民族之间的关系，这是人们认识和了解古代小亚细亚和北非一带各民族在远古时代生产生活状况、社会组织制度、宗教生活、民族迁徙、民族矛盾和历史变迁等内容的途径之一。《圣经》中涉及关于制订法令、建立等级、分权与授权、管理宽度等管理思想，例如，《圣经》中记载，针对摩西事必躬亲，其岳父向他建议，应当把优秀的人才挑出来，让他们充当千夫长、百夫长、十夫长，对每一件日常小事，他们可以做出判断，但对于每一件大事，他们应向上级汇报。

3.《政事论》

《政事论》是古代印度公共行政管理的奠基之作，也译作《利论》或《治国安邦述》。梵语意为"国王利益的手册"。包含有丰富的政治、经济、法律和军事、外交思想。相传为古印度孔雀王朝的开国大臣考底利耶所著，成书年代约在公元前4世纪末到前3世纪初。全书共15卷，150章，180节。

《政事论》系统论述君主如何统治国家的种种问题。君主必须有良好的教养，勤于政事，关心臣民的福利。枢密大臣、国师、大臣会议和政务大臣等各部门长官辅佐君主共同统治国家。《政事论》主张实行中央集权统治，国王掌握国家的最高权力。国家负责建立新村落，控制商业，干预经济和社会生活的各个方面。它还涉及在国家政治生活中具有相当独立地位的一些王公。

《政事论》论述了战争和外交问题。它分析了当时国家关系的基本状况，提出处理国与国之间关系的基本法则，以及自强争霸的种种方略。战争是扩张势力的基本方式，建立强大军队，灵活机动地作战，夺取敌人的土地和城市，是其军事管理思想的主要内容。该书也论述了行政管理人员的选拔、培养与使用办法等。

4.《君主论》

15世纪初，意大利早期政论家、思想家马基雅维利在《君主论》一书中，提出了君主的权力来源于群众、维持组织的凝聚力、领导者的生存意志力和领导技术等四大管理原则。这些指导思想对于现代管理还有着深远的影响。

（二）生产管理思想

1. 胡夫金字塔的建造

胡夫金字塔建于公元前 2560 年，这座巨大的陵墓高 146.5 米，边长 232 米，用 230 万块巨石堆砌而成，动用了数十万奴隶，历时 20 余年建造而成。如此巨大的建筑工程，离不开较强的组织能力和管理思想的指导。

【应用阅读】

加强对人的管理

在金字塔建设工程管理中，每个监工大约管理 10 名奴仆，反映出他们已知道每个管理者所能监督人数的管理跨度是"以十为限"，罗马军队也实行"10 人编队制"。古希腊人的管理思想中充满着知识和思维，他们崇尚民主管理，建立了有一定民主成分的政府，认识到了专业化与合理分工的原则以及管理的普遍性原则，提出管理是一种独特的技巧。他们用音乐来调节艰苦、单调、重复性的工作，把财富是否得到增加作为检验管理水平高低的标准，认为加强人的管理是管理的中心任务。

启示： 以人为本的管理思想和非凡组织能力，是提高劳动效率的关键。

2. 有关简单的劳动分工思想

在公元前 370 年，古希腊学者瑟诺芬，提出朴素的劳动分工思想。他认为，在制鞋过程中，一个人只缝鞋底，另一个人进行剪裁工作，还有一个人制鞋帮，再由一个人专门把鞋底、鞋帮等部件组装起来。这样做，一定能把工作做得更好。

3. 威尼斯造船厂

到 15 世纪，管理思想的中心集中在意大利。威尼斯造船厂是当时世界上最大的工厂，该厂占有 60 英亩水陆面积，雇用 1000 多工人。造船厂在各方面的管理经验，已体现出现代管理思想的雏形。例如，装配线生产，威尼斯造船厂在工作中采取了类似于流水线作业的装配生产制度，船舰所需的各种零配件都放在一条运河的两岸，并按安装顺序排列，工人按部件和装备的种类分配在各个部门，并进行分工，一条战船从运河一端进来，走到另一端，从武器、用具、食物、船员都配备完整，整装出发，效率极高。

（三）宗教管理思想

罗马天主教是西方文明史上最稳定、最持久并且最有效的正式组织之一，它之所以能够历久而不衰，除了其追求的目标和宗教信仰的因素之外，其管理组织的严密性、管理技术的有效性，无疑也是重要的原因。它所实行的既分级又分领地，而且又分部门的一整套管理体制，使它能够控制全球各地的几亿教徒。难怪现代企业中职业经理人称赞说，罗马教廷是一个高效率部门化的典范。

二、西方近代管理思想的先驱者

（一）西方近代管理思想产生的社会背景

14、15世纪，欧洲各国已产生了资本主义的萌芽。随着原始积累的加紧进行，英、法等国先后爆发了资产阶级革命，相继推翻了封建地主阶级的统治，又经过18世纪到19世纪的工业革命，终于建立了资本主义。资本主义经历了简单协作、手工制造和机器大生产三个阶段。工业革命是资本主义的机器大工业代替手工技术为基础的工场手工业革命。工业革命既是生产技术上的一次革新又是生产关系的一次重大变革。这场工业革命，使得物质资源和人力资源的大规模结合成为必要，也由此而引起了一系列实现这种结合而必须解决的管理问题，从而把管理提到了一个前所未有的高度，进一步推动近代管理思想和实践的迅速发展。

有计划、有组织的工人运动迫使资本家在处理劳资问题和赚取高利润上谋求新的途径。于是，管理问题研究开始了，管理的二重性决定了它不仅肩负着合理利用资源的重任，也担负着协调劳资关系、维护资产阶级统治的使命。

（二）西方近代管理思想的先驱者

古典管理理论产生之前，已有众多的企业界和理论界人士开始自觉研究管理问题，他们的研究成果，构成了管理理论产生的思想源头，为管理理论的诞生奠定了直接现实基础。这方面的人物很多，其中有代表性的有：

1. 小詹姆斯·瓦特和马修·鲁滨逊·博尔顿

他们的贡献主要体现在管理技术方面，即市场研究与预测技术、生产计划技术、生产过程规范化和产品部件标准化、依据工作流程有顺序地安装机器、建立详尽的生产统计记录、按照机器进行分部门的成本利润核算、工人与管理人员的培训方法、按效率和效果支付工人工资、工人自己管理自己等。难怪管理学家厄威克和布雷奇在研究了他们的管理经验后指出：他们之后，古典管理理论阶段的管理学家，在许多方面（例如计划）都没有超出他们两人的东西，他们的成本核算制度，甚至还要优越于现代许多成功的企业。

2. 亚当·斯密

亚当·斯密是英国古典政治经济学的杰出代表，在产业革命之初就对管理理论做出了贡献。他在1776年出版了《国富论》一书，该书不仅对经济和政治理论做了卓有成效的论述，而且对管理问题也进行了深入的探讨。针对劳动分工给制造业带来的变化，亚当·斯密以制针业为例进行了阐述，他说，一名没有受过专门训练的工人，恐怕一天也难以制造出一根针来。就更不可能希望他每天制造二十根针。倘若把制针工序分为若干工作环节，每一环节都安排一项专门的工作，一个人专门抽铁丝，一个人专门把铁丝拉直，一个人专门切截铁丝，一个人专门磨尖铁丝的一端，一个人专门磨铁丝另一端，以便装上圆头，进行明确分工，相同数量的工人就能完成比以前更多的工作量。同时，亚当·斯密进一步分析了劳动分工推动生产效率提高的原因，他认为：第一，分工可以大大减少由一种工作转到另一工作而损耗的时间；第二，工人经过专业分工的训练，在业务上的某一种工作日益熟练；第三，机器的发明简化了劳动过程，使一个人能够做许多人的工作。

3. 罗伯特·欧文

　　罗伯特·欧文是英国的空想社会主义者，对共产主义理论的形成与建设产生了重大影响。同时，他也是英国19世纪一位颇有成就的企业家，对管理理论的形成也做出了贡献，这就是他首次提出了关心人的管理思想，并在他与人合办的企业进行了全面实验，试图在企业内建立起一种全新的人际关系。例如：缩短工人的劳动时间；改善工厂内工人的工作条件；规定童工的最低年龄；为工人提供厂内膳食；设立商店，按成本价向工人提供生活必需品；改善工人生活居住条件，等等。在当时资本主义社会，罗伯特·欧文的这些做法是不可思议的，具有开创性，因此，他被誉为人事管理的先驱者。

4. 查尔斯·巴贝奇

　　查尔斯·巴贝奇是英国的数学家、发明家，是产业革命后期对管理思想贡献最大的先驱者之一。巴贝奇更全面、更细致地分析了劳动分工能提高生产效率的原因；特别强调劳资协作，为了调动劳动者的工作积极性，提出了一种工资加利润的分享制度。他认为劳动分工使生产率提高的原因是：第一，节省了学习所需要的时间；第二，节省了学习期间所耗费的材料；第三，节省了从一道工序转移到下一道工序所需要的时间；第四，经常从事某一工作，肌肉能够得到锻炼，不易引起疲劳；第五，节省了改变工具，调整工具所需要的时间；第六，重复同一操作，技术熟练，工作较快；第七，注意力集中于单一作业，便于改进工具和机器。

　　巴贝奇提出的一种固定工资加利润分享制度有以下好处：第一，每个工人的利益同工厂的发展及其所创利润的多少直接有关；第二，每个工人都会关心浪费和管理不善等问题；第三，能促使每个部门改进工作；第四，有助于激励工人提高技术水平及自身品德；第五，工人同雇主的利益一致，可以消除隔阂，共求企业的发展。

巴贝奇在其著名的著作《机械及制造经济》中对经理人员提出了许多建设性意见：制造程序及成本；应用时间研究技术；搜集资料时应使用印好的标准表格；分析企业机构的实际工作时数，宜采用比较分析法；应研究各种不同颜色的纸张与油墨的效果，以确定何种颜色不易使眼睛疲劳；提问题时，要研究如何发问才能获得最佳效果；应根据以"所得"为基础的统计资料，来确定"所需"；生产程序的管理应该集权化；应重视研究发展工作；应考虑厂址是否邻近原料供应地，以确定厂址位置；应建立一套有效的建议制度。

5. 安德鲁·尤尔

安德鲁·尤尔是英国管理教育的先驱，尤尔在管理方面的主要著作是 1835 年出版的《制造业的哲学》。他首先建议他所任教的学校建立起专门向工人传授知识的学院，该学院后来成为培养管理人员的基地。他指出每一个企业都有三种有机系统：第一是机械系统，指生产的技术和过程；第二是道德系统，指工厂中的人事方面；第三是商业系统，指工厂企业通过销售和筹措资金来维持生存。尤尔的思想对法国管理大师法约尔产生了直接影响。

6. 威廉·杰文斯

威廉·杰文斯是英国的经济学家和逻辑学家，他把数学方法引入经济学，在经济学方面的代表作是《政治经济学理论》和《经济学原理》。他在管理思想方面也有较大贡献，杰文斯是第一个研究劳动强度和疲劳关系问题的人，比泰罗所做的类似研究实验早 10 年。

7. 丹尼尔·C. 麦卡勒姆和亨利·普尔

丹尼尔·C. 麦卡勒姆是赴美的苏格兰移民，他思想敏捷和想象力丰富，在实践中积累了大量的管理经验。这些经验被美国宾夕法尼亚铁路公司所采用。麦卡勒姆主张实行严密的管理制度，他认为：必须恰当地划分并履行职责，实行明确的分工负责制；要想使人更好地履行职责，必须授予他足够的权利；采取措施以了解每个人是否忠实地履行了职责；建立每日报告核查制度反馈情况。

同时，麦卡勒姆还制订了严密的组织措施，包括：为工人拟订了职务说明书，工人必须按职务要求开展工作；绘制出最早的组织图以表示各部门之间的分工和报告控制关系；工人按其职务要求分为等级，并穿上标有等级的制服。

麦卡勒姆的管理制度和组织措施遭到了工人的反对，但却得到了亨利·普尔的高度赞扬。普尔是一位出色的管理先驱，他在1849~1862年间担任《美国铁路杂志》的主编时，就提出了许多重要的管理思想。他在泰罗之前50多年就提出了建立严格管理制度的思想，在法约尔之前60年就提出了集中指挥的问题，在梅奥之前70多年就提出了人的因素问题，而在阿吉里斯100年前提出了消除正式组织僵化问题，这些都是十分难能可贵的。

三、中国古代管理思想

作为世界上伟大的文明古国之一，中国有着光辉灿烂的历史文化遗产，其中就包括丰富多彩的管理思想。由于当时经济发展水平的限制，管理思想有些支离破碎，这些思想虽然不成体系，但是我们探索管理思想的渊源，发展管理学的基本理论，寻找适合中国国情的管理理论和方法，都有必要对中国历史上的管理思想进行发掘。本节仅从先秦至汉代的诸子百家中选取有代表性的五家，即儒家、黄老道家、法家、兵家和商家，对其管理思想扼要阐明，"管窥全貌"，可见中国古代管理思想之一斑。

（一）以"仁"为核心的儒家管理思想

儒家的特点是关心人生、社会问题，他们在伦理道德方面建立了相当完整的思想体系，其中蕴含着丰富的政治管理及人事管理思想。

儒家有四部经典之作：《论语》《孟子》《大学》《中庸》。其中，《论语》是记录孔子弟子言行的著作，孔子的一系列思想和主张都记录在其中。古人说"半部《论语》治天下"。《论语》这部典籍里确实包含着丰富的管理思想，值得后人去思考和借鉴。我们对孔子管理思想的概述主要就以这本著作为依据。孔子的管理思想可以概括为以下几个方面：

1. "仁"是整个儒家理论体系的核心

在《论语》中提到"仁"的有100多处。《论语·里仁》当中记载了这样的故事：孔子坐在厅堂上，曾参经过他面前，孔子说，曾参啊，我的学说是以一个核心的线索贯穿下来的啊。曾参点头说是。等孔子走了，同学们都围过来问曾参："老师说的是什么呀！"曾参回答说，老师的学说就是"忠""恕"两个字而已。

"仁"的内涵，孔子说："仁者，爱人"。（《论语·颜渊》）其核心是尊重和关爱人。孔子强调，在内为仁，在外为礼，即内心的道德情操和外在的行为规范相统一就达到了"仁"的境界。"仁"的具体的实践方法也就是"忠"和"恕"。关于这两个字的含义，孔子有很明确的解释："夫仁者，己欲立而立人，己欲达而达人"(《论语·雍也》)，这就是忠；"己所不欲，勿施于人"(《论语·颜渊》)，这就是恕。也就是说修炼思想境界的最基本的方法和途径就是体现一颗善良正直之心，自己想办成的好事，也帮别人办成，自己不喜欢的，也决不施加到别人的身上。

2. 孔子主张"和为贵"

"君子和而不同，小人同而不和"(《论语·子路》)，"政是以和"(《左传·昭公二十年》)。孟子进一步明确提出"天时不如地利，地利不如人和"(《孟子·公孙丑》)。把"人和"的理念推到管理准则的最高位置上。"和"就是和谐统一。相互有差异的事物组织在一起，相互协调、相互配合，就是"和"。由此可见，古代的国家管理者们对"和"的追求和向往。

3. 儒家的管理思想最大的特点之一就是讲究"度"

如何实现这种"和"的理念呢？在方法论上孔子又提出了"中庸"之道。在儒家经典《中庸》一书中，开篇就解释中庸："喜怒哀乐之未发，谓之中；发而皆中节，谓之庸"。所以"中庸"是一种状态，一种不走极端符合外在情势和内在规律的状态。"中庸"之道就是达到"和"的方法，以哲学的观点来认识的话，实际上是对"度"的把握与灵活运用。这种对"度"的灵活运用是管理的极高境界，所以孔子说："中庸之为德也，其至矣乎！民鲜久矣"(《论语·雍也》)。有一次，子贡问孔子，子张和子夏比起来谁好一些，孔子评论说：子张做事总做过头，而子夏呢又总是做不到位。子贡追问，那子张是不是比子夏好呢，孔子明确回答："过犹不及"。孔子的观点是做事过头和不足一样不好，必须把握"度"，也就是中庸之道的体现。在一系列关于为官、从政、治家、治国的言论中，我们时时都能找到这种强调"度"的理念和方法。

4. 儒家的管理思想还有一个特点就是强调伦理道德观念

《论语·为政》是专门讲述国家管理思想的，开篇就讲："为政以德，譬如北辰，居其所而众星拱之"(《论述·为政》)。这段话道出了强调伦理道德的巨大价值，一个人一旦有了仁德，就像天上的北斗星一样，满天的星辰都会围绕着你，听从你的指挥。所以修德是树立领导权威的关键所在。只有制度权力是不够的，必须有道德感召力。

为了能实践"仁"的价值观，把握"和"的精义，管理者必须加强自我修养。对于修身的要诀，孔子强调：温、良、恭、俭、让。"温"就是温和稳重，不走极端，善于自控。"良"就是慈爱、善良。"恭"就是态度恭敬严谨，无懈怠之心。"俭"就是节约。"让"就是谦逊。

孔子强调在修身的主观努力过程中，要严于律己，宽以待人，"君子求诸己，小人求诸人"（《论语·卫灵公》）。君子总是严格要求自己的，小人则是放宽自己而一再要求别人。律己修身的过程是一个学习加自省的过程。学习上，要"三人行，必有我师"（《论语·述而》），"温故而知新"（《论语·为政》），也就是说，要向同行学，向周围的人学，广泛吸纳别人的优点和长处，同时要读点历史，看些案例，多方了解成功与失败的事例，为自己正在做的事情提供参考依据。

5. 在人事管理上，强调人本、识人、用人

首先，讲人本，强调人是万事之本，做事要有人，找到了合适的人，困难的事情也可以办成，找不到合适的人，容易的事也办不成。所以孔子说："为政在人"，"其人存，则其政举；其人亡，则其政息"（《中庸》）。

其次，讲识人，"视其所以，观其所由，察其所安"（《论语·为政》），要看一个人到底是什么样子，要看他行为指向什么目的，这个目的背后的动机是什么，他现在的生活和心理状态如何。通过这三点，就可以清楚地掌握一个人的品性。

最后，讲用人。在用人上要有战略眼光，用人所长而不是求全责备。有两个用人思想值得我们参考：一是强调"赦小过"，一些小毛病可以不计；二是要"举所知"，用的人一定要是你自己了解的人，你可以给他安排合适的职位，并实施有针对性的监督与管理，不要过分拘泥于任人唯亲的担忧，而放弃有着长期合作的人。一方面，要广泛挖掘贤才，多方观察他们，把他们纳入到自己"所知"的圈子里来；另一方面，要把用人安排锁定在"所知"的范围之内以减少风险。

（二）以"无为"为最高原则的道家管理思想

老子是道家学派的创始人。著有《老子》一书，《老子》又称《道德经》，分《道经》和《德经》上下两篇。"道"，被解释为"万物之奥"；"德"，被解释为"孔德之容，惟道是从"。这就是说，道为本，德为器，道制约德，德说明道。如果说，《道经》是老子的认识论，那么《德经》则是老子的政治观和历史观。自然，两者的内涵是相依而不可分割的。《老子》这部书有丰富的管理思想，既有"治国"，又有"用兵"；既有宏观战略管理，又有微观战术管理，它被称为"君王南面之术"的重要著作。

1. 无为而治的管理原则

老子哲学的最高范畴是道。道本义指道路，后来引申为法则、规律的意思。老子把道作为宇宙本源，认为万物都由道派生出来，无为是老子的宇宙法则。自然界是无为的，道法自然也是无为的，人循道也要无为。于是，无

为就成为老子及其道家管理的最高原则,它具有以下几个明显的特点:第一,"无为"的原则适用于所有人,但首先却是对上层统治者,尤其是对君主的要求。老子认为,实现"无为"的管理原则,是要使社会上的所有人,包括统治者和被统治者,都"无为"。第二,"无为"是一个普遍适用于任何管理过程的原则,不论是政治管理、经济管理,还是军事管理、社会文化管理,都概莫能外。但是,老子首先把"无为"作为一个政治管理原则提出来的。从这种认识出发,老子在治国问题上一贯强调"政简刑轻",反对以严厉的政治、法律手段治国。第三,"无为"作为一个宏观的管理原则,意味着国家对经济活动采取不干预、少干预的态度,即采取放任的态度。老子及其道家则把"无为"看作管理的最高原则,并把它建立在"道法自然"的哲学思想的基础上,因此,"无为而治"是老子及其道家管理思想的核心内容。

2. 以弱胜强的管理策略

第一,"哀者胜"——以弱胜强的前提条件。老子提出"抗兵相加,哀者胜矣"的观点。这里"哀者"既指战争的弱势一方,全军、全民对强敌的侵凌同仇敌忾;又指它得到交战双方以外势力的广泛同情与支持。"哀者胜"实际上是一个战争性质的问题,"哀者"显然代表正义的一方。因为只有进行正义战争的一方,才能有内部的同仇敌忾和外部的支持。如果不是这样,而是内部分崩离析,外部孤立无援,那么即使是本身有较强的实力,也可能被击败。"哀者胜"只是以弱胜强的一个前提条件,有了这个条件,还需要进行艰苦的工作,对内要教育群众,对外要做广泛的宣传工作和外交联络工作。只有这样,才能把"哀者胜"由可能的条件变为现实的条件。

第二,"以正治国"——以弱胜强的基础。要想在战争中取胜,首先要做好内治工作来加强自己的实力,诸如将帅及各级军事将士的选拔、培养、考察,兵士的征集、编组、训练,武器和其他军事物资的准备以及整个国家的政治、经济情况的改善等。只有使自己先立于不败之地,才能得胜;治国、治军的工作,必须做得非常周密、切实、一丝不苟。

第三,后动制敌——以弱胜强的实现。老子以弱胜强的思想,除了要求"以正治国"外,还要求"以奇用兵"。"以奇用兵"最大的特点是提倡后敌而动,伺机制敌的原则。后敌而动,敌军求战不得,锐气会逐渐衰弱;后敌而动,敌军躁急求战,会暴露弱点。因此,后敌而动,才能制敌取胜。

3. 善下的用人思想

老子说"知人者智""善用人者为之下""常善救人,故无弃人"。这就是说,认识人才,发现人才,才称得上有智慧。一个领导者要做到以贱为根本，高层的基础在下面，领导者应当时时处下，事事居后，不要显示自己的高贵，更不要把自己摆在前面，而永远应该谦恭、温和。另外，领导者还要做到人尽其才，才能做到不遗弃人才。老子善下的用人思想，这对于现代管理中如何识别人才，使用人才有重要的启示意义。

（三）以"法治"为基础的法家管理思想

法家是战国时期形成的一个重要学派，它是代表当时新兴地主阶级的一个政治派别。在历史上先秦法家对封建地主阶级生产关系的产生、国家的统一以及封建中央集权制的建立起过重要的积极作用。主要代表人物有李悝、吴起、商鞅、韩非等。

1. 以法治国的行政管理思想

法家以法治国思想的主要内容是严刑厚赏，一是强调刑法，二是注重赏罚。需要指出的是，法家的"法治"观念和国家主义是密切相关的。法家强调富国，却又主张"民弱"。他们认为民弱则国强。"故有道之国，务在弱民"，所以，法家以法治国的目的，是要达到"富国强兵"，而不是"富民"。

2. "以农富国"的经济管理思想

法家是极端的重农主义者，他们把农业看作是富国的唯一途径，甚至看作是国民经济的唯一部门，"故曰：百人农一人居者，王；十人农一人居者，强；半农半居者，危"。此外，法家学派还有一些其他经济管理思想。如商鞅提出："国富而贫治"的思想，即富国要当贫国来治理。还有"国贵少变"，即治理国家要注意相对稳定和事物发展的阶段性，切不可朝令夕改。韩非也同样指出了"治大国而数变法则民苦之"这个道理。

【应用阅读】

商鞅变法

商鞅变法采取的措施如下：

（1）在法律上承认井田制的崩溃和土地私有的合法化，促进了封建地主土地所有制的形成，解放了生产力；

（2）按军功授爵，取消贵族世袭的政治特权；

（3）废除分封制，建立县制，实行中央集权；

（4）重农抑商，奖励耕织，禁止弃农从商，鼓励开荒，任其所耕，不限多少，以增加封建国家收入，促进小农经济的发展，对从事工商或闲懒贫困之人收入官吏为奴；

（5）统一秦国度量衡，统一赋税。

变法加强了中央集权，使秦国的奴隶制度废了，封建经济得到发展，军队的战斗力不断加强，逐渐成为七国中实力最强的国家，为秦国统一六国创造了条件。

启示：通过变法，提高了国家管理水平。

3．用人唯贤的人事管理思想

法家提倡用人唯贤的人事管理思想，他们主张"性恶论"，人的天性都是趋利避害的，因此实行严格的赏罚制度是最有效的管理手段。他们反对单凭个人喜怒好恶用人的人事管理原则。法家还主张对全国的人才进行管理。韩非认为，真正精明的管理者并不在于他个人的才能有多高明，而在于他善于集中大家的智慧来管理。

（四）兵家的管理思想

《孙子兵法》是一部含有丰富管理思想的重要著作。它的许多基本观点，对于现代企业经营管理具有启迪意义。《孙子兵法》共十三篇，它的管理思想包括系统管理、管理职能、人的管理等方面。

《孙子兵法》中的系统管理思想和管理职能思想，主要体现在"五事"和"七计"之中。所谓"五事"是指道、天、地、将、法。道——使民众和君主愿望一致，同心同德，不怕牺牲；天——讲究昼夜、阴晴、寒暑等自然天气状况；地——指路途的远近、险恶平坦、广阔狭窄、死地生地等地理状况；将——将帅的才智、诚信、仁慈、勇敢、威严等；法——讲部队的编制、指挥信号、将帅的职责、粮道和军需及军械的管理制度等。在孙子看来，上述五项是相互联系、相互配合的一个整体，必须综合考虑。全面分析这五项条件的成熟与否，这实际上是一种系统决策的思想。在"五事"的基础上，还要探求和对比敌我双方的强弱优劣，称为"七计"："故校之以计而索其情，曰：主孰有道？将孰有能？天地孰得？法令孰行？兵众孰强？士卒孰练？赏罚孰明？吾以此知胜负矣"。所以要对敌我双方的情况进行比较分析，从而探索战争胜负的情势：哪一方的君主开明？哪一方的将帅贤能？哪一方占有天时、地利？哪一方政令畅通？哪一方的武器装备精良？哪一方的士卒训练有素？哪一方的赏罚公正严明？我们根据上述情况，就可预知谁胜谁负了。《孙子兵法》十分重视谋划的重要性，"夫未占而庙算胜者，得算多也，未战而庙算不胜者，得算少也""知己知彼，百战不殆"。

孙子在对人的管理问题上，强调上下协调一致："道者，令民与上同欲也，故可以与之死，可以与之生，而不畏危"。他提出"上下同欲"作为"知胜有五"中的一条。为此，孙子主张要有"赏"。因为"赏"是满足士兵的欲望，激励士兵士气的重要方法，而"利"则是"赏"的主要内容。但是，也不能滥施奖罚，要注意量度。孙子指出："数赏者，窘也；数罚者，困也。"对突出贡献的人，实行重奖，如"车战得车十乘已上，赏其先得者"。《孙子兵法》中关于领导、用人的管理思想非常丰富，对于提高我们管理水平，具有积极的借鉴意义。

（五）商家的经营管理思想

商家是先秦至西汉前期的一个颇具特色的思想流派，主要代表人物有子贡、计然、范蠡和白圭等。

子贡，卫国人，孔子著名的七十二弟子之一，他在商业经营方面的思想可概括如下：囤积货物，待价而沽；贱买贵卖（如丰年买粮，灾年卖粮）；了解行情，善于判断，提出"物以稀为贵"的主张。他说："君子之所以贵玉而贱珉者，何也？为夫玉之少而珉之多耶！"子贡已经认识到商品价格的升降与商品供给的多少有关。

计然，又名计倪、计砚，学识渊博，曾为范蠡之师。计然根据谷物丰歉的自然规律，来预测一切商品行情的变化。计然提出"积著之理，备完物，无息币"（《史记·货殖列传》），"论其有余不足，则知贵贱。贵上极则反贱，贱下极则反贵。贵出如粪土，贱取如珠玉"（《史记·货殖列传》），认为商品的价格决定于供求关系，供过于求时，价格低就买入，求过于供时，价格高就卖出。

范蠡是辅助越王勾践灭吴复国的政治家，后弃官到当时的商业中心陶（山东定陶县）定居，自称"朱公"，从事经营活动。他"治产积居"，"十九年之中三致千金"，"子孙修业而息之，遂至巨万"（《史记·货殖列传》），成了当时很有名的商人。"知斗则修备，时用则知物，二者形则万货之情可得而观已"（《史记·货殖列传》）。意思是说，能够充分理解作战与战前准备的关系，能够及时了解季节和需求之间的关系，则天下货物的供需行情，就看得很清楚了。这是范蠡从事商业经营的基本原则。他注意加速商品和资金的周转，增加利润，"财币欲其行如流水"（《史记·货殖列传》），"无敢居贵"（《史记·货殖列传》）。在具体商品的经营上，他提出要注意商品的质量，"务完物"（《史记·货殖列传》）即贮藏货物必须保持完好。

白圭是战国时的大商人，他"乐观时变"，根据年岁丰歉和商品供求规律的预测，实行"人弃我取，人取我弃"的商业经营原则，"夫岁熟取谷，予之丝漆；茧出取絮，与之食"（《史记·货殖列传》）。当年岁谷物丰收，多而价贱时，出售丝漆大量收购谷物；待蚕丝大量上市时，则购进帛、絮而出售低价收购的谷物。这样他每年的利润达百分之百。因此，白圭在当时被尊称为"治生之祖"。可见，在上述思想中，已经包含有商品市场管理、预测与决策等理论。另外还有如管子、吕不韦、桑弘羊等人的管理思想也十分丰富。

从上面的分析可以看出，中国古代虽然没有专门的管理学著作，但古人在论述人生观、社会观、兵法之类问题中，都涉及管理学的重要原则。中国古代管理思想具有代表性的是儒家和法家，他们的许多管理思想今天仍不乏借鉴意义。儒家所倡导的仁政思想和"中庸"思想对于历代国家管理一直具有积极影响。现代管理学家提出的"面向顾客"、"不断创新"、"以人为中心"等管理原则，与儒家的仁爱、至善有异曲同工之妙。儒家的"中庸"思想因其注重排除管理者个人感情因素，秉公按照事物规律进行管理，而成为现代有效管理的根本原则。法家思想后来逐渐演变成一整套法制体系，包括田土制、财税制、军事法制、人才法制、行政管理法制等，成为历代国家宏观与微观管理的重要基础。法家思想对于现代经济管理与企业管理仍有重大借鉴意义。

【应用阅读】

万里长城

万里长城总长 6000 多公里，气势雄伟。长城建筑在地势险峻的山巅，工程复杂而浩大，而当时施工仅凭肩挑手抬，其困难可想而知。长城的建设：第一有严谨的工程计划，对工程所需土石及人力、畜力、材料、联络都安排的井井有条，一环扣一环，使工期不至于延误。第二是有严格的工程质量管理，主要是工程验收制度，如规定在一定距离内用箭射墙，箭头碰墙而落，工程才算合格，否则返工重建。第三是有效的分工制，长城建设在事先确定走向的前提下，分区、分段、分片同时展开，保证工程进度的同步性，体现了有效的分工。

启示：万里长城的建设体现了计划、组织、领导、控制等基本管理职能。

第二节 管理学创建第一阶段——古典管理理论

工业革命与生产规模的扩大是推动管理知识体系产生与发展的重要物质条件与历史背景。工业革命推动了企业使用机器体系和扩大生产规模，它要求为之研究和发展新的工业组织形式和管理方法。19 世纪后半叶在先进工业国家的生产力，它为管理理论的萌芽形成了适宜的气候与土壤，当时这些国家的政治经济学理论也为管理理论的出现创造了必要的前提条件。

那时虽然一些大的工业组织与商业组织相继出现，但是管理理论的发展还很缓慢。当时所盛行的经验管理的方法、管理模式是非常个性化的，在很大程度上凭借工业资本家的个人经验，而不是依靠科学的知识体系，管理具有鲜明的个人性质。管理中的知识是靠个人的观察来获得，通过口述、宣传教给他人。一个企业的经验不能有效地传输给其他企业，其他企业必须从头摸索自己的管理方法。换言之，主要靠企业主的个人经验来对组织进行管理。

直到泰罗、法约尔和韦伯等人先后提出了科学管理和早期的管理理论，才发展成了管理知识体系，并逐步为广大组织所采用。本节重点介绍这三个人物及其管理理论。

一、泰罗的科学管理理论

（一）泰罗的生平

科学管理的创始人是美国的泰罗（F.W.Taylor.1856—1915），在资本主义管理学史上，他被称为"科学管理之父"。泰罗所处的时代是19世纪末20世纪初。当时的科学技术和社会经济都发生了巨大变化，石油、电力等能源和化学等技术在工业上得到了广泛应用，大大促进了资本主义生产的发展。资本主义经济的发展，逐步由自由竞争时期进入垄断时期。产业界两大阶级矛盾的发展和尖锐化，使资产阶级加强了对工人阶级的统治。科学技术的发展，资本主义生产的集中和垄断，加上阶级矛盾的激化，在这样的时代背景下，泰罗的"科学管理"诞生了。

1879年，泰罗到费城一家钢铁公司当机械工人。他在该公司升迁颇快，由普通工人升为计时工，再升为机械工、工头、领班、助理工程师，一直升到总工程师的职位。在这段时间中，他没有抛开自己的学业，一边工作，一边参加函授课程，修完了史蒂芬斯学院机械工程专业的全部学分。他是一个自学成才的管理学家。1885年加入了美国机械工程师协会。

泰罗在一生之中做过许多试验，并进行了重要的研究，较著名的试验有：搬铁块试验、铁锹试验和金属切削试验。

第一个试验是搬铁块研究。厂里有75人的铁块搬运小组，在试验前，每一个搬运工人每天平均搬运量是12.5吨。泰罗认为，这项工作很有研究的价值，可以大幅度提高产量，按照他的经验，每一个工人每天应该可以搬运47~48吨，并且每天搬运的时间只需原来的43%，而有57%的时间不搬运。

由于这是一项极耗体力的工作，所以他认为，余下的时间应让工人休息。他的原则是：凡属体力消耗巨大的工作，均必须安排体力复原的时间。于是，泰罗就选定了一位工人来做试验。他指导实验工人何时工作，何时休息。结果，这名工人在第一天下午很早便已经搬运了47.5吨。泰罗再进而指导同组的其他工人，慢慢地大家也都能搬运到这个数量了。通过搬运铁块试验，泰罗摸索出工人合理的日工作量，从而为实行定额管理奠定了基础。

第二项试验是用铁锹铲铁和煤块。因为铁砂较重，工人铲铁砂，平均每一铲子的重量颇大。反之，在铲煤时，由于煤轻，所以每一铲子的重量便不大。泰罗经过试验，得出结论：平均每一铲子铲物的重量如果是21磅的话，那么劳动的效率最高，因此，工人在铲铁砂时，应使用较小的铲子，而铲煤时，就该用较大的铲子。泰罗为了推行他的试验结论，公司专门设置了一个工具供应仓库，准备大小不同的铲子，工人虽然铲不同的东西，但每一铲子铲的总重量都是21磅。通过这一试验，探索出多大的铁锹铲物效率最高，从而为实行工具标准化奠定了基础。

第三项试验是金属切削。经过这一实验，泰罗积累了不少资料，不同切削机器的特点，其动力速度及进料速度应该如何，都在他掌握之中。金属切削试验前后共花了26年的时间，15万美元的费用，写出了3万多份试验报告，仅形成的切屑就超过80万磅，最后取得了丰富资料，为制订各种机床进行高速切削和精密加工的操作规程提供了科学的依据。

【应用阅读】

搬运生铁块试验

泰罗在伯利恒钢铁公司进行了搬运生铁块试验，该公司有75名工人，负责把92磅重的生铁块运到30米远的铁路货车上，他们每人每日平均搬运12.5吨，日工资1.15美元。泰罗找了一名工人进行试验，试验搬运的姿势、行走的速度、手持握的位置以及休息时间的长短对搬运量的影响。经过分析确定了搬运生铁块的最佳方法，并得出57%的时间用于休息，这样能使每个工人日搬运量可达到47.5吨，工人的日工资将提升到1.85美元。

启示：试验结果表明，一个合理的搬运生铁块的方法是制订"合理的日工作量"的依据。

（二）科学管理理论的基本内容

泰罗毕生致力于科学管理的实践与研究，他在管理方面的著作主要有：《计件工资制》、《车间管理》、《科学管理原理》等。泰罗的管理思想和管理理

论在管理思想史上具有十分重要的地位,其基本内容是:

1. 管理的根本是提高劳动生产效率

泰罗认为,科学管理的中心问题就在于提高劳动生产效率。因为当时无论是雇主还是工人,对于一个工人一天能干多少工作,该干多少工作都心中无数。所以,他认为企业提高劳动生产效率的潜力非常大,在当时条件下,每个工人的能力在工作中只发挥出三分之一。泰罗通过搬运铁块的试验,使工人每天搬运生铁的重量从原来的12.5吨提高到47.5吨,增加了3.8倍,工人工资由每天1.15美元增加到1.85美元。

2. 必须挑选第一流的工人

泰罗认为,所谓第一流工人包括两个方面:一是该工人的能力最适合他所从事的工作;二是该工人从内心愿意从事这项工作。因为每个人的天赋与才能不同,他们所适宜做的工作也各不相同。例如,身强力壮的人干体力活可能是第一流的,干精细活可能就不是第一流的。所以要根据人的不同能力和天赋把他们安排到适宜的工作岗位,使之成为第一流的工人。对那些不适合所从事工作的工人,应加以培训,使之适合工作需要,或把他们重新安排到其他适宜的工作岗位上去。培养工人成为第一流的工人,是管理者的职责。

3. 必须实现操作方法和工具的标准化

标准化是指工人在工作时,要运用标准的操作方法,而且所使用的工具、机器和原材料以及作业环境都实现标准化。在泰罗之前,工人的操作方法和使用的工具往往是根据自身的感觉或师傅传授的经验确定的,工人劳动和休息的时间以及机器设备的利用也是由管理人员根据自己的判断或过去的记录确定的,缺乏科学依据。泰罗认为,必须用科学的方法对工人的生产操作、工具的使用、劳动与休息时间的搭配,以至机器安排和作业环境的布置进行分析,消除各种不合理因素,形成最好的方法。

【应用阅读】

铁锹试验

伯利恒钢铁公司的铲运工人拿自家的铁锹上班,铁锹各式各样。堆料场的物料有铁矿石、煤粉、焦炭等。泰罗经过观察发现,由于物料比重不一样,铁锹的负载也不一样。如果是铁矿石,一铁锹有38磅;如果是煤粉,一铁锹只有3.5磅,那么,一铁锹到底负载多少才合适呢?经过试验,最后确定铁锹21磅对于工人是最合适的。泰罗针对不同的物料,设计不同形状和不同规格的铁锹(12种),工作效率得到了大大提升。

启示:工人上班不用自己带锹,而是根据物料情况从公司领取特制的标准铁锹。这就是标准化的操作、标准化的工具、标准化的作业环境，使劳动效率大幅度提高。

4. 实行有差别的计件工资制

通过大量的研究，他把每一项工作都分成尽可能多的简单基本动作，把其中无效动作去掉，并通过对熟练工人操作过程观察记录，找出每一个基本动作的最好、最快的操作方法，这构成了他确定日合理工作量的基础。当然，泰罗也考虑到工作过程中不可避免的时间浪费等。在标准定额的基础上，泰罗建议实行有差别的计件工资制。这种工资制的指导思想是"工资支付对象是工人而不是职位"，按照工人是否完成其定额而采取高低不同的工资率。即完成定额的可按工资标准的 125%计算工资，而完不成定额的只按 80%计算工资，以鼓励工人千方百计完成工作定额。

5. 设置计划层，实行职能工长制

泰罗认为需要设置专职的管理人员。因为他的制度是否有效取决于精心的计划与安排。这些管理人员每天要给工人分配工作任务，并附有完成这项任务的详细书面指示与明确的时间规定，还要承担各项组织工作，对工作过程进行指导，做好统计记录等。因此应把计划职能和执行职能分开，由专门的部门和人员负责制订计划，由不同的职能工长带领工人负责执行。

6. 对组织机构的管理控制实行例外原则

所谓例外原则，就是企业的高级管理人员把一般日常性事务的处理权交给下级管理人员，而自己只保留对例外事项（即重要事项）的决策与监督权。泰罗提出例外原则，其目的是解决总经理的职责权限问题。他认为，在设置了计划层和实行职能制后，总经理应避免处理工作中的细小问题，而只有"例外"情况和问题才由自己处理。

7. 为实现科学管理应开展一场"心理革命"

泰罗认为，科学管理对工人有好处，只有在改进操作方法的条件下，才能不增加消耗而实现提高劳动生产率，从而提高工人工资；也只有实现科学管理，才能够降低成本，满足雇主的利润要求，对雇主也有好处。他认为，通过在工人与雇主之间开展一场"心理革命"，改变劳资对立的关系，建立互相协作的关系，共同为提高劳动生产率而努力，这才是科学管理的真谛。

（二）对科学管理理论的评价

1. 科学管理理论的贡献

泰罗的科学管理理论是管理思想发展史上的一个里程碑，它是使管理成为科学的一次质的飞跃。作为一个较为完整的管理思想体系，科学管理理论对人类社会的发展做出了不可磨灭的贡献。

（1）泰罗将科学引入管理领域，提高了管理理论的科学性。泰罗等人做了大量的科学试验，并在此基础上提出了系统的理论和一整套的方法措施，为管理理论的系统形成奠定了基础。从本质上讲，科学管理理论突破了工业革命以来一直延续的传统的经验管理方法，是将人从小农意识、小生产的思维方式转变为现代社会化大工业生产的思维方式的一场革命。科学管理理论在管理哲学上取得了重要的突破，泰罗堪称为管理哲学大师，是西方古典管理理论的开创者。因此，他被成为"科学管理之父"。

（2）科学管理理论提出，对提高劳动生产率、推动生产力的发展有着重要的现实意义。同时，科学管理理论加强了社会对消除浪费和提高效率的关心，促进了经营管理的科学研究，其后的运筹学、成本核算、准时生产制等，都是在科学管理理论的启发下产生的。

2. 科学管理理论的局限性

（1）科学管理理论的一个基本的假设就是：人是"经济人"。在泰罗和他的追随者看来，人最为关心的是自己的经济利益，企业家的目的是获取最大的利润，工人的目的是获取最大的工资收入，只要使人获得经济利益，他就愿意配合管理者挖掘出他自身最大的潜能。这种人性假设是片面的，因为人的动机是多方面的，既有经济动机，也有许多社会和心理方面的动机。

（2）科学管理理论的许多原则在实际推行过程中，并没有得到很好的贯彻。科学管理的本意是应用动作研究和工时研究的方法来进行分析，以便发现和应用提高劳动生产率的规律，但很多企业的工时研究没有建立在科学的基础上，往往受到企业主和研究人员主观判断的影响，由此确定的作业标准反映了企业主追求利润的意图，为工人确定的工资率也是不公正的。此外，泰罗主张的职能工长制和差别计件工资制，也没有得到广泛应用。

（3）泰罗对工会采取怀疑和排斥的态度，在管理中存在对工人严重的剥削。在他看来，工会的哲理和科学管理的哲理是水火不相容的，工会通过使工人和管理部门不和，加紧进行对抗和鼓励对抗，而科学管理则鼓励提倡利益的一致性。所以泰罗认为，如果工人参加工会，组织起来，就容易发生怠工的情况。但事实上，如果没有工会的参与，很难建立起真正协调的劳资关系。强调"科学管理"是"思想革命"，强调"思想革命"对劳资双方有利，掩盖了资本主义剥削的实质，以便对工人进行控制。因此，科学管理理论的具体实施办法，在当时是为了维护资本家的利益服务的。

泰罗的科学管理尽管出现在工业化的初期，但在当代工业发达国家进入管理技术更大发展的时期，泰罗的科学管理并未过时，仍有其生命力。我国正处于社会主义初级阶段，泰罗科学管理中的许多合理组织生产的基本方法，对我国经济建设来说仍有重要意义。

【应用阅读】

金属切削试验

从 1881 年开始起，泰罗在米德维尔钢铁公司任职。为提高劳动效率，他进行了金属切削试验。他运用自己所具备的金属切削的作业知识，对车床的效率问题进行研究，研究在运用车床、钻床和刨床等进行金属切削工作时，要决定用什么样的刀具、速度等来获得最佳的加工效率。这项试验原定 6 个月完成，但由于复杂困难，实际用了 16 年，耗费 80 多万吨钢材，总耗费 15 万多美元。最后在巴斯和怀特等十几名专家的帮助下，取得了重大的进展。这项试验还获得了一个重要的副产品——高速钢的发明，并获得专利。试验结果发现了能大大提高金属切削加工产量的高速钢，并取得了各种机床适当的转速和进刀量标准等资料。

启示：该试验为泰罗的科学管理思想奠定了坚实的基础，对管理学理论的发展起到了推动作用。

二、法约尔的一般管理理论

（一）法约尔的生平

1841 年，法约尔出生在法国的一个资产阶级家庭。1856~1858 期间，他就读于里昂公立中等学校，1858~1860 年期间，他就读于圣艾蒂安国立矿业学院。1860 年毕业后，他进入一家矿业公司担任工程师，并显示出他的管理才能。1888 年，当该公司的财务状况极为困难，公司几乎濒于破产时，法约尔被任命为总经理，到 1918 年法约尔退休时，公司的财务状况极好。

法约尔的一生大致可分为四个阶段。第一阶段是 1860~1872 年间的十二年。法约尔作为一个基层的管理人员和技术人员，主要负责采矿技术工程的事情；在此期间，他曾被任命为科芒特里矿井矿长。第二阶段是 1872~1888 年的十六年，他被提升为经理，管理一批矿井，他不仅要考虑技术问题，而且还要考虑管理和计划方面的问题，这促使他对管理进行研究。第三阶段是 1888~1918 年的三十年。1888 年，当公司处于破产边缘时，他被任命为总经理，并按照自己关于管理的思想和理论对公司进行了改革和整顿，把原来濒于破产的公司整顿得欣欣向荣，同时为公司培养了一批管理、技术和科学上的骨干力量。第四阶段是 1918~1925 年的七年，法约尔致力于普及自己的管理理论。

在科芒特里矿井工作期间，法约尔就开始了管理的研究工作。1900 年，他向"矿业和冶金协会"的会议提交了论行政管理的论文，开始系统地阐述他的行政管理的思想。在 1908 年的矿业学会五十周年大会上，他提交了论文《论管理的一般原则》。1916 年，他在矿业学会公报上，发表了著名的管理著作《工业管理与一般管理》。从 1918 年退休后，他创办一个管理学研究中心。这个中心每周都要举行一次有作家、哲学家、社会活动家、工程师、政府官员和实业界人士参加的会议。他还试图说服政府重视管理。1921 年，他的《论邮电部门行政改革》的小册子出版；同年他在《政治与国会评论上》上发表了一篇题为《国家在管理上的无能》的重要论文。在 1924 年国际联盟代表大会上，他发表了题为"管理要义的重要性"的演说。

法约尔的管理理论在当时的法国虽然得到了承认，但并没有引起足够的重视。但直到 1949 年美国管理界才全面接触到法约尔的理论。法约尔的管理理论并不像泰罗制那样一开始就引起了广泛的重视和强烈的争论，几乎沉默了 30 年。但随着时间推移，人们终于认识到了他的管理理论的重大意义。

（二）一般管理理论的基本内容

1. 区分了经营与管理的概念并论述了人员能力的相对重要性

法约尔认为，经营和管理是两个不同的概念。经营是指引导或指导一个组织趋向目标，它由六项活动组成：

（1）技术活动，指生产、制造、加工等；

（2）商业活动，指购买、销售、交换等；

（3）财务活动，指资金的筹措及运用；

（4）安全活动，指设备和人员保护；

（5）会计活动，指存货盘点、成本核算、统计等；

（6）管理活动，指组织内行政人员所从事的计划、组织、指挥、协调和控制活动。

法约尔认为，所有的组织成员都应具备上述六种活动能力，但对不同层次和不同组织的人员来说，这些能力的相对重要性不同。

2. 提出管理的五项职能，即计划、组织、指挥、协调与控制

法约尔认为，计划是最重要的管理职能，他拟出了计划的依据，指出了良好的计划应具备的特征；提出了为制订良好计划，企业中的组织包括人力

和物力的组织；他详尽论述了人员在企业中应完成的任务以及为更好完成任务而必备的素质；组织作用的发挥离不开指挥，即把任务分配给各级各类领导人员，使他们都承担相应的职责，他对负责指挥的人员提出八项要求；协调与控制，就是要统一、调节、规范所有的活动，核实工作进展是否与既定计划和原则相一致，从而防止和纠正工作中可能出现或已经出现的偏差。

3. 重视管理教育和管理理论

针对当时法国的实际情况，即不少企业领导者都认为，只有实践和经验才是走上管理职位的唯一途径，学校也不讲授管理方面的课程。法约尔认为，人的管理能力可能通过教育来获得，管理能力像其他技术能力一样，首先在学校里，然后在车间里得到。法约尔还强调了建立管理理论的必要性，并担起了这一重任。

4. 提出了管理中具有普遍意义的十四项原则

（1）分工。根据系统的"劳动专业化"的原则，分工的好处可以减少浪费，提高生产率。法约尔认为，劳动分工不仅适用于技术性劳动，同样适用于管理方面的工作。

（2）权力责任。权力是指发布命令并使人服从的力量。法约尔把管理人员的职务权力与个人权力相区别。职务权力是由职位产生的，个人权力则来源于个人的智慧、经验、领导能力、资历等。后者是前者不可缺少的条件。一个好的管理人员以他的个人权力来补充他的职务权力。他还提出"权力责任对等"的概念，行使权力必然产生责任，权力与责任应相一致。

（3）纪律。法约尔认为，纪律就是服从企业中各方达成的协议。但是，有了纪律还不能保证组织机构有良好的秩序。重要的条件是，还需要有效的领导人，遇有不服从、不遵守纪律的情况时，要执行惩罚措施。然而，一般人在纪律不良的时候，总是斥责下属，其实，不良纪律通常总是来自不良的领导。要看领导在纪律遭遇上能否明确果断地采取惩罚措施。

【应用阅读】

诸葛亮挥泪斩马谡

三国时代的诸葛亮与司马懿在街亭对战，马谡自告奋勇要出兵守街亭，诸葛亮心中虽有担心，但马谡表示愿立军令状，若失败就处死全家，诸葛亮才勉强同意他出兵，并指派王平随行，同时交代在安置完营寨后须立刻回报，有事要与王平商量，马谡一一答应。可是军队到了街亭，马谡执意扎兵在山上，完全不听王平的建议，而且没有遵守约定将安营的阵图送回本部。等到司马懿派兵进攻街亭，围兵在山下切断粮食及水的供应，使得马谡兵败如山倒，重要据点街亭失守。事后诸葛亮为维持军纪而挥泪斩马谡，并自请处分降级三等。

纪律是一切制度的基石，组织要想长久存在，其重要的维系力就是组织纪律。

启示："纪律可以促使一个人走上成功之路。"怡安管理顾问公司的陈怡安博士曾说过："领导者的气势有多大，就看他纪律有多严。"一个好的领导者必定是懂得自律的人，而且也一定是可以坚持及带动团队遵守纪律的人。

(4) 统一指挥。法约尔主张，一个职工在任何活动中，都只能接受一个上级的指挥，正如一个人不能同时有两个主人一样，双重指挥对于权力、纪律都是一种威胁。

(5) 统一领导。不要与"统一指挥"混为一谈。统一领导是指凡具有同一种活动，只能在一个主管和一个计划下进行，才能有一个良好的组织结构。没有统一领导，就谈不上统一指挥。

(6) 个人利益服从整体利益。组织的目标包涵个人的或群体的目标。为了原则，就要克服愚昧、野心、自私、懒惰、软弱和个人情绪。法约尔认为，要实现这一点，不仅领导要以身作则，经常监督，还要做到在纪律上尽可能公正。

(7) 员工报酬。法约尔认为，一项报酬制度必须具备几个条件：必须能有好的待遇，应对有贡献的员工进行奖励，奖励不得超过合理的界限。他讨论了当时的报酬制度，如计时工资制、计件工资制、工资与奖金分享制等，并分析了这些制度的优点和缺点。他认为，任何良好的工资制度，均无法取代优良的管理。

(8) 集权化。集权化作为一种管理制度，本身无所谓好或坏。实际上，一个机构必有某种程度的集权化。问题是究竟应该集权到什么程度，才最为合适。法约尔认为，集权化程度不是千篇一律的，它应根据组织的条件和管理人员以及职工的素质而定。因此，一个组织机构的"最适合"集权化和分权化的程度也往往是变化的。

(9) 组织等级。是指一个组织最高层到最基层所经历的层级，这种组织结构实际是一条权力线，这是自上而下和自下而上指挥统一、传递信息的必经途径，为了克服由于统一指挥而产生传递延误，法约尔提出了"跳板原则"，人称"法约尔桥"。其图解如图2.1所示。这种横跨直接联系，只有在有关各个方面都同意且上级知情的情况下才能进行。

如果有一项信息需要由 E 传送到 K，在正常的权力路线下，则需要通过组织等级由 E 向上传达 A，再由 A 传达到 K，这样太费事了，影响组织活动的速度。有了这个跳板原则，E 可以直接与 K 联系。但是，他们应先取得上级主管的许可，同时也要在事后将联系结果报告上级主管。这样，就保证了统一指挥前提下迅速、可靠地进行横向联系。

（10）秩序。所谓秩序原则，"人皆有位，人称其职"，就是指凡事都各有其位，并且都各在其位。即每一件事有一定位置，每一个人有一定职位，各得其所。每个职工都必须处在他能最好地做出贡献的职位上。

（11）公平。合情加上合理，则为公平。用这一原则对待自己建立的规则，对待员工，可以鼓励员工倾其全部热情履行他们的职责。组织领导应该给各级主管灌输公平的意识。

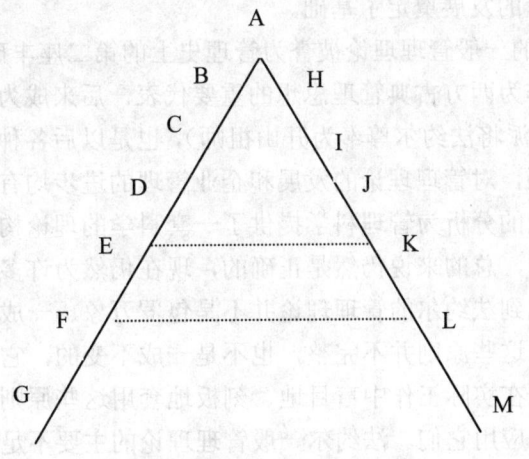

图 2.1　法约尔的"跳板原则"

（12）员工的稳定。法约尔认为，如果人事不断变动，工作将永远得不到良好的完成。一般来说，成功的组织，管理人员是稳定的。上级管理人员应该鼓励员工，特别是管理人员长期承担分配的任务。

（13）创造性。法约尔认为，创造性是行动的动力，必须大力提倡，充分鼓励首创精神。但是，创造性应以不违背职权和纪律为限。

（14）集体精神。一个组织机构中的集体精神，应该视其集体成员之间的协调和团结程度而定。在法约尔看来，加强集体精神的最有效方法是严格的统一指挥。

(三) 对一般管理理论的评价

作为古典管理理论的一个重要组成部分,法约尔的一般管理理论具有更强的理论性和系统性,他对管理职能的概括和分析为管理学提供了一套科学的理论框架和内容,对现代管理科学仍具有直接重大影响。

1. 法约尔对管理"普遍性"的论述是管理思想发展上的一个重大贡献

法约尔提出:管理是可以应用于一切事业的一种独立活动;随着一个人在职务上的提升,越来越需要管理活动;管理知识是可以传授的。

2. 法约尔的管理思想具有很强的系统性和理论性

虽然法约尔的管理思想与泰罗的管理思想都是古典管理思想的代表,但法约尔管理思想的系统性和理论性更强,后人根据他的理论构架,把它引入了课堂。法约尔的在管理的组织理论、管理的原则方面提出了崭新的观点,为以后管理理论的发展奠定了基础。

3. 法约尔的一般管理理论被誉为管理史上的第二座丰碑

这一理论作为西方古典管理思想的重要代表,后来成为管理过程学派的理论基础(该学派将法约尔尊奉为开山祖师),也是以后各种管理理论和管理实践的重要依据,对管理理论的发展和企业管理的进步均有着深刻的影响。对管理五大职能的分析为管理科学提供了一套科学的理论构架。经过多年的研究和实践证明,总的来说仍然是正确的,现在仍然为许多人所推崇。

但应该认识到法约尔的管理理论并不是包罗万象、一成不变的。正如他自己所强调的,这些原则并不完整,也不是一成不变的,它不能回答特殊的问题,他不主张在实际工作中盲目地、刻板地套用这些原则,而应结合具体管理情况而灵活应用它们。法约尔一般管理理论的主要不足之处是他的管理原则缺乏灵活性,对具体的管理过程重视不够,以至于有时管理实践工作者无法完全遵守。

同时,法约尔的管理理论相当复杂,大部分与组织工作有关,他提出的管理十四原则就是证明,但是我们也应该看出这十四原则都强调的是组织内的要素,而忽视了组织同它周围环境的关系,这是一个很大的缺陷。

三、韦伯的官僚制组织结构

(一) 韦伯的生平

韦伯是古典管理理论在德国的代表。他于 1864 年出生于德国爱尔福特一个有着广泛政治交往和社会联系的富裕家庭。1882 年进入海德堡大学学习法律,先后就读于柏林大学和哥丁根大学,并于 1889 年写了关于中世纪商业公司的博士论文。1883 年至 1887 年他三次参加军事训练和演习，因而对德国的军事生活和组织制度有相当多的了解，这对其以后组织理论的产生起了重大影响。

韦伯一生担任过大学教授、政府顾问、编辑等，对社会学、宗教学、经济学和政治学有着广泛的兴趣，并发表了许多著作。韦伯的代表著作是《社会和经济组织的理论》。韦伯对管理理论的最大贡献是提出了"官僚制组织"理论，由此被后人誉为"组织理论之父"。

（二）官僚制组织理论的基本内容

1．揭示了组织与权威的关系并划分了权威的类型

韦伯认为，任何组织都必须以某种权威为基础，才能实现目标，只有权威才能变混乱为秩序，但不同组织建立的权威也不同。他认为，古往今来，权威有三种：一是传统的权威，它以对社会习惯、社会传统的尊崇为基础；二是超凡权威，它以对领袖人物的品格、信仰或超人智慧的崇拜为基础；三是合理—合法的权威，它以对法律确立的职位权力的服从为基础。韦伯认为，以传统权威或超凡权威为基础建立的组织不是科学的组织，只有建立在合理—合法权威基础上的组织，才是更好的、理想的组织，韦伯称这种组织为官僚制组织。

2．归纳了官僚制组织的基本特征

（1）实现劳动分工，明确规定每一成员的权力与责任。

（2）各种职位按权力等级严密组织起来，形成指挥体系。

（3）通过正式而严格的考核或在培训中取得的技术资格来挑选组织的所有成员。

（4）实行任命制，只有个别职位才实行选举制。

（5）管理人员都必须是专职的，并有固定薪金保证。

（6）职务活动被认为是私人事务以外的事情，受规则和制度制约。

（三）对官僚制组织理论的评价

官僚制组织结构强调组织结构的管理和职位权力的等级性，它的核心是权力等级思想，认为职权与职责应该遵循从最高层到最低层的一条权力线。它是一种特定的组织结构形式，广泛应用于一些较为复杂的组织中，如大企业、政府机构、军事机构等，仍然是一种现代社会中运用较为有效的组织形式。

然而，这种组织形式注重上下级之间的权力约束与被约束，忽视人的工作态度和心理变化。因此，这种"刚性"管理体制，在现代社会注重以人为

本的环境下，在一定程度可能降低组织效益。

总之，古典管理理论阶段的这三位代表人物及其管理理论，既有不同之处，又有一致的地方。不同之处主要表现他们研究的侧重点不同，泰罗的科学管理理论注重采取科学的、标准化的管理方法来提高企业生产效益，法约尔的一般管理理论，从管理的职能出发，研究如何来提高企业的组织效益，试图找到一些普遍适用的管理原则；韦伯的官僚组织结构侧重于行政组织管理，凭借行政职权来实现社会组织的整体效益。同时，我们也应该看到，作为古典管理理论的组成部分，三者也存在共同之处，这一阶段的管理思想的核心是建立在"经济人"假设基础上，认为人是经济动物，人是为了自己的经济利益而工作的，只有通过严厉的惩罚和严格规章制度才能刺激人去努力工作。对古典管理理论的认识见图2.2。

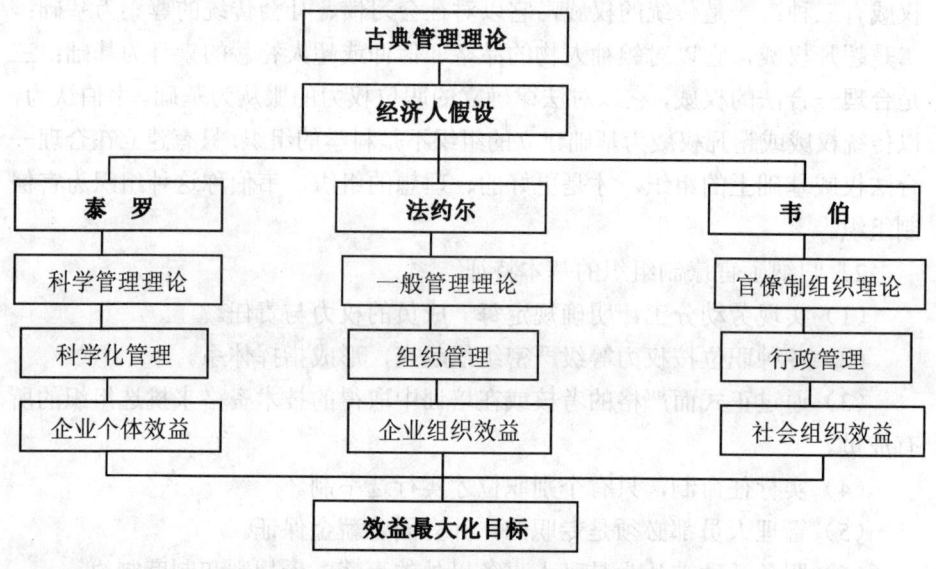

图 2.2　对古典管理理论的认识

第三节　管理学创建第二阶段——行为科学理论

20世纪30年代在资本主义世界范围内爆发了周期性的大规模经济危机，失业人口急剧增加，工人觉悟逐步提高，工会组织日益壮大，工人组织起来对资本家的压迫进行反抗和斗争，单纯运用古典管理理论及其方法已不能有效地发挥作用,就在此时,出现"霍桑试验",促进了行为科学理论的雏形人际关系学说的产生。

一、梅奥及其霍桑试验

（一）梅奥的简介

梅奥,出生在澳大利亚,早年学医,而后又学习心理学,曾任澳大利亚昆士兰大学讲师,主要讲授伦理学、哲学和逻辑学。1926年应聘到哈佛大学担任心理学教授,长期从事心理学研究,他的代表作《工业文明的人类问题》、《工业文明的社会问题》等,记载了他的主要研究成果。1924~1932年应英国西方电器公司的邀请,在国家委员会赞助下,梅奥在该公司设立芝加哥附近霍桑地区的工厂,进行了长达8年的试验,管理历史上称为"霍桑试验",他总结了亲身参与并指导的霍桑试验及其他几个试验的成果,阐述了关于人际关系学说的主要思想,为提高劳动生产率开辟了新的途径,从而开创了一门新的学说。

（二）霍桑试验

1. 照明试验

他们将工人分为两个组,一组为"试验组",先后改变工场照明的强度;另一组称为"控制组",照明始终维持不变。研究人员希望能由此测出照明强度变化后所发生的影响。可是,试验结果表明：两组产量都大为增加,并且增加量几乎相等。这次试验得到了两个主要结论：第一,工场照明只是影响工人产量的因素之一,而显然不是一个太重要的因素。第二,影响产量的因素太多,而且难以控制,其中任何一个因素都能影响试验。因此,照明对产量影响无法测试出来。

2. 福利试验

该试验主要是福利措施与生产效益之间的相关关系研究。研究人员将一小组人独置在一个工作间,与别的工人不接触。同时,指定一个观察员,专责记录发生的一切,并且与工人保持友好的关系。工作室房间小,灯光和通风好,人员不多,女工可以相互自由交换思想,很快建立了比外面工作时更为亲密的关系。接着,研究人员又给小组安排休息时间,以期了解工作休息对产量有些什么影响。结果他们发现产量是提高的。因此,他们得出了一个假定：工作间的休息,可以减轻疲劳,因而,他们将这项研究更推进一步,将每天工作时数缩短,每周工作天数减少,其结果,小组产量又增加了。但是,当这项措施取消,恢复原来情况时,产量却并未降低。这表明,工作时数缩短并非产量增加的唯一因素。几位研究人员做了一个假定,认为产量增加与休息时间安排或工作并无关联,而是由于小组女工对于他们的工作集体产生了好感。试验小组由于改善对工人态度,使得产量增加。

3. 调查访问试验

研究人员用了前后两年多时间,对两万名工人进行了调查。在访问中,开始用直接提问方式谈话,例如,问管理工作和工作环境的问题。虽然研究人员提前声明,谈话内容均保密,但是工人的回答仍然有所戒心。后改用"非直接"方式,甚至让工人自由选择话题。在这样的大规模访问中,研究人员得到有关工人态度的大量资料。经过分析,研究人员了解到,工人的劳动效率和他们在组织中的地位、身份有关,而且也受小组其他人的影响。得出这个结论后,为进一步做系统的研究,试验又进入到第四阶段。

4. 电话线圈装配试验

在这个试验中,装配室共分为三个正式小组,共9个线路工、3个焊接工、两个检验员,一个焊接工可以担任3个线路工交来的任务。研究人员观察他们的行为表现及其劳动成果,结果发现两个有趣的现象。

第一个现象是:小组每个成员都有超过自己实际产量的能力,但是,他们"默契"规定了非正式标准,故意自行限制产量,并不干得太快,也不干得太慢。究其原因,有工人担心产量增加了,上级会提高定额标准;有的怕别人过分努力,可能会造成自己失业;有的怕自己产量增加了,会给完不成定额的同事难堪,使他遭到上级的责骂和惩罚。

第二个有趣的现象:在装配室的窗子是否打开问题上,反映了小组成员之间的关系。线路工人的位置是靠近窗子,因此开、关窗都由线路工人负责。工人往往对开窗、关窗争论不休,这三组成员大致分成两个小"派别"(非正式组织)。一方要开窗,另一方不同意开窗,为此,有时还会发生吵闹,其他人看热闹。如图2.3所示(W表示线路工、S表示焊接工、I表示检验工)。

图2.3中的方框代表正式组织的三个小组,圆框代表两个小集团。线路工以虚线围起表示不属于小集团A。研究人员发现:小集团不是因为工作不同形成的,小集团的形成或多或少受了工作位置的影响;也有人不属任何集团;每个小集团都以为比别的小集团好。在小集团中,形成了这样几条不成文的规定:工作不能太努力;工作也不能太懒惰;不得打小报告;不得远离大家;也不得摆架子,即使你是检验员,你也不应该这样;不得自吹自擂,一心想领导大家。

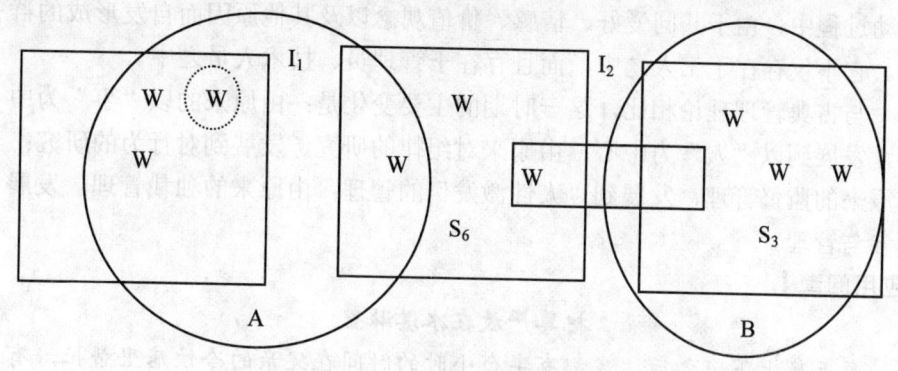

图 2.3 正式组织与非正式组织

二、霍桑试验结论——人际关系学说的主要思想

梅奥等人后来写了一系列著作阐述他们的观点，主要有：

（一）企业职工都是"社会人"，即人是社会动物

古典管理理论把人看作是仅仅为了追求物质利益而工作的"经济人"，把人看成是对工作条件的变化能做出直接反应的"机器"。但霍桑实验表明，经济条件的变化，并非是劳动生产率提高或降低的决定性因素。梅奥等人创立了"社会人"假设，即人不是孤立存在的，而是属于某一集体并受这一集体影响制约的"社会人"。他们不仅是单纯追求金钱收入，更重要的是他们有社会和心理方面的需求，并期望得到满足。

（二）劳动生产效率主要取决于职工的工作态度及其人际关系状况

梅奥等人认为，提高生产效率的主要途径是提高职工的满意度，即职工在生理尤其是心理方面的需要得到满足。不同人的需要各异，这主要取决于两个方面：职工个人的情况，包括由于不同经历、不同家庭状况、不同社会生活所形成的对工作所持的不同态度；工作场所的情况，包括职工相互之间和职工与上级之间的人际关系状况。因此，新的领导能力在于提高职工的满足度，激发士气，而职工满足度大小在很大程度上取决于职工的社会地位。

（三）企业中存在着非正式组织

梅奥等人认为，现代工业管理不能满足人们的社会和心理需求，割断了他们之间的感情纽带，使之成为"孤独者"，产生"失落感"，这是工作效率普遍低下的主要原因。由于职工在正式组织中得不到这种社会和心理满足，于是产生了各种各样的非正式组织。所谓非正式组织，是指企业职工在共同

劳动过程中，由于共同爱好、情感、价值观念以及其他原因而自发形成的群体。它不仅存在于工人之中，而且存在于管理员、技术人员之中。

与古典管理理论相比，这一时期的主要变化是：由原来的以"事"为中心，发展到以"人"为中心；由原来对纪律的研究，发展到对行为的研究；由原来的监督管理，发展到"人性激发"的管理；由原来的独裁管理，发展到参与管理。

【应用阅读】

把尊严放在冰淇淋里

每天晚上下班之后，我都有半个小时的时间在父亲的冷饮店里帮忙。有一天，我偶然发现橱窗外有一双眼睛，那是一个12岁小男孩的眼睛。他一脸羡慕地盯着店里其他买冰淇淋吃的孩子。我把这件事告诉了父亲。父亲看了看那个小男孩，没有做声。我对父亲说："可怜的孩子一定想吃冰淇淋，但是没有钱，我可以送一盒给他吃吗？"但父亲冷漠地摇了摇头。

之后的一天，当其他孩子散去之后，我突然看见父亲对那个站在窗外的孩子招手示意。男孩子进来了。父亲对他说："孩子，你可以为我到隔壁的报亭买一份晚报吗？"孩子点点头，很快，他就把报纸买回来了。这时父亲微笑着从冷柜里拿出一盒冰淇淋给了孩子。孩子高高兴兴地接过冰淇淋，说了声谢谢。"不要谢，这是你应得的酬劳。"父亲对孩子说："你能每天都来帮我买一份报纸吗？酬劳是每次一盒冰淇淋。"孩子兴奋地点点头。看着孩子拿着冰淇淋离去的背影，我忽然想到，孩子一定吃得很香甜，因为父亲在冰淇淋里放进了尊严。

启示：尊重是一种美德。

三、行为科学理论的形成

人际关系学说的继续发展，就形成了现在的行为科学理论。行为科学是指运用心理学、社会学等理论和方法，从人的工作动机、情绪，行为与工作、工作环境之间的关系出发，探索劳动生产率影响因素的科学。从其产生和发展来看，行为科学可分为早期与后期两大阶段。其中，早期行为科学又称人际关系学说。1949年在美国芝加哥召开的一次跨学科的世界性会议上，正式将人际关系学说定义为行为科学。

目前，行为科学从其研究对象和范围来看，可分为三个层次，即个体行为、团体行为和组织行为。

个体行为理论主要包括两个方面：第一，有关人的需要、动机和激励的理论，又可分为激励内容理论（需求层次理论、双因素理论、成就需要理论等）；激励过程理论（期望理论、波特—劳勒模式、公平理论等）；行为改造理论（强化理论、挫折理论等）。第二，有关企业中的人性理论，譬如 X 理论—Y 理论、超 Y 理论、不成熟—成熟理论以及人性假设等。

团体行为理论主要研究团体动力、信息、交流、团队及成员的相互关系等方面。

组织行为理论主要包括领导理论。如领导性格理论、领导行为理论、领导权变理论等。

四、行为科学理论学派的主要理论

经过三十余年的发展，人际关系学派已形成了完善的行为科学理论。这一理论流派的主要理论包括以下几个方面。

（一）马斯洛与需要层次理论

马斯洛（Abraham Maslow）的需要层次理论是西方广为流传的激励理论，其有两个基本论点：一个观点认为人是有需要的动物，其需要取决于他得到了什么，尚缺少什么，只有尚未满足的需要能够影响行为；另一个观点是认为人的需要有轻重层次，某一层次的需要得到满足后，另一个需要才会出现。

马斯洛将需要由低到高分为五级，即生理需要、安全需要、社会需要、尊重需要以及自我实现的需要。有关马斯洛需要层次理论的详细内容，将在激励理论中进一步阐述。

（二）赫茨伯格与双因素理论

赫茨伯格于 1959 年提出了著名的双因素理论。当年，赫茨伯格在广泛调查的基础上出版了他的代表作《工作与激励》一书。赫茨伯格在该书中提出了影响人们行为的两大因素——保健因素和激励因素对人身体的影响。

保健因素与工作的外部因素有关，保健因素对员工的影响类似于保健对人身体的影响。当保健工作达到一定的水平时，可以预防疾病，但不能治病；当保健因素低于一定水平时，员工会产生不满；当这类因素得到改善时，员工的不满就会消除。保健因素对员工起不到激励作用。激励因素与工作内容和工作成果有关，这类因素的改善可以使员工获得满足感，产生强大而持久的激励作用，这类因素不具备时，也不会造成员工的极大不满。有关双因素理论的详细内容，将在第九章激励理论中进一步阐述。

（三）麦格雷戈与 X 理论、Y 理论

麦格雷戈于 1957 年首次提出 X 理论和 Y 理论。1960 年，他又在《企业的人的方面》一文中对两种理论进行了比较。

1. X 理论的主要观点

X 理论的观点总的来说是"人之初，性本恶"。具体内容包括以下几个观点。

（1）多数人十分懒惰，他们总是想方设法逃避工作。

（2）多数人没有雄心大志、不愿负责任，而心甘情愿地接受别人的指导。

（3）多数人的个人目标与组织目标是相矛盾的，必须用强制、惩罚的方法，才能迫使他为实现组织目标工作。

（4）多数人干工作都是为了满足基本需要，只有金钱和地位才能鼓励他们工作。

（5）人大致可以分为两类，多数人都是符合于上述设想的人；另一类则是能够自己鼓励自己，能够克制感情冲动的人，这些人应担当管理的责任。

2. Y 理论的主要观点

Y 理论与 X 理论相反，其观点总的来说是"人之初，性本善"。Y 理论的主要观点如下。

（1）一般人都是勤奋的，如果环境条件有利，工作就如同游戏和休息一样自然。

（2）控制和惩罚不是实现组织目标的唯一手段，人们在执行任务中能够自我指导和自我控制。

（3）在适当的条件下，一般人不但会接受某种职责，而且还会主动寻求职责。

（4）大多数人在解决组织面临的困难问题时，都能发挥出高度的想象力、创造性和聪明才智。

（5）有自我满足和自我实现需求的人往往以达到组织目标作为自己致力于实现目标的最大报酬。

（6）在现代社会条件下，一般人的智能潜力只能得到一部分的发挥。

第四节　管理学创建第三阶段——现代管理理论

现代管理理论的形成始于第二次世界大战之后。随着生产力的发展，导

致了企业生产过程的自动化、连续化以及生产社会化程度的空前提高；企业规模急剧扩大，出现一些大的跨国公司，市场竞争激烈，市场环境变化多端，这些都对企业管理提出了更高的要求，管理日趋复杂。同时，科学技术以前所未有的速度迅猛发展，科技成果被广泛应用于管理之中，既为管理提供全新的技术支持，又对管理提出新的要求。在这样的社会背景下，涌现出了一大批全新的管理思想与理论。

现代管理理论的基本特征是众多学派并存。这些学派分别从不同的角度对管理理论进行了卓有成效的探讨，都对管理理论的发展做出了贡献，管理科学进入了一个发展、创新、分化、综合并存的时期。美国管理学家孔茨首先注意到了这种学派林立的状况。他在1961年写的《管理理论的丛林》一文中，归纳了各种学派理论上的差异。他认为，20世纪五六十年代最大的学派有六个。孔茨对这些学派的评价不同，认为有的学派只涉及了管理中的某个领域，有的只涉及了某种职能，有的甚至只涉及了管理的手段和方法。作为管理过程学派的代表人物，孔茨曾试图使各学派走出"丛林"，建立一门统一的管理科学，但是未收到效果。之后，学派的分化反而有增无减，以至孔茨在1980年发表的《再论管理理论的丛林》中指出，重要学派已从六个增加到了十一个。下面着重介绍以下几个学派。现代管理理论阶段的主要学派的代表人物与观点见表2.1。

表 2.1 现代管理理论阶段的主要学派的代表人物与观点

学派名称	代表人物及其代表或突出贡献	管理学派的理论观点
管理过程学派	孔茨、奥唐奈：《管理学》	①管理是由相互联系的职能所构成的一种程序；②管理的职能与程序是有共性的；③对管理职能的分析可归纳出管理原则，它们可指导实践
经验主义学派	德鲁克：《管理的实践》、《管理：任务、责任、实践》；戴尔：《伟大的组织者》等	①管理的理论知识解决不了现实问题，充其量是过去的经验；②管理科学应建立在目前成功或失败的企业管理经验之上，对它们进行调查、概括、抽象，提供建议
行为科学学派	马斯洛（Abraham Maslow）：需要层次论；赫兹伯格（Frederick Herzberg）：双因素理论；麦格雷戈（Douglas McGregor）：人性假设；布莱克（Robert Blake）：领导方格理论	①管理的根本在于人，要探索人的行为规律，关于用人、关于激励人；②强调个人目标与组织目标一致性，调动积极性要考虑人的需求；③企业中要恢复人的尊严，实行民主参与管理，启发职工的创新、自主精神；④改进工作设计

续表

学派名称	代表人物及其代表或突出贡献	管理学派的理论观点
系统管理学派	卡斯特、约翰逊、罗森茨韦克《系统理论和管理》	①企业是一个人造的开放系统,由多个职能子系统构成,并与环境保持协调;②企业组织是一个完整的系统;③管理靠系统结构实现
决策理论学派	西蒙:《管理决策新学科》等;马奇	①管理的关键在于决策;②决策是一个复杂过程;③决策分程序化决策与非程序化决策;④决策的满意行为准则;⑤管理是设计决策系统
权变理论学派	卢桑斯:《管理导论:一种权变学》;伍德沃德(Joan Woodward):《工业组织:理论和实践》;劳伦斯、洛希:企业分类研究法	①组织和成员的行为是复杂的、变化的,因此管理不可能存在着一种普遍适用的"最好的"管理方法,它完全依环境、自身的变化而变化;②管理的规律性与方法应建立在调查、分类基础上
管理科学学派	伯法:《现代生产管理》;布莱克特、丹齐克;丘奇曼等	①尽量减少决策中的个人艺术成分,尽量以数量方法客观描述;②决策依据尽量准确;③尽量使用数量方法与计算机

一、管理过程学派

管理过程学派又称管理职能学派,管理过程学派把管理的职能作为研究的对象,他们先把管理的工作划分为若干职能,然后对这些职能进行研究,阐明每项职能的性质、特点和重要性,论述实现这些职能的原则和方法。他们认为,无论什么样的组织,管理人员所从事的管理职能却是相同的,管理活动的过程就是管理的职能逐步展开和实现的过程。管理过程学派的鼻祖是法约尔,他将管理活动分为计划、组织、指挥、协调和控制等五大管理职能,并进行了相应的分析和讨论。

孔茨和奥唐奈在仔细研究这些管理职能的基础上,将管理职能分为计划、组织、人员配备、领导和控制五项,而把协调作为管理的本质。孔茨利用这些管理职能对管理理论进行分析、研究和阐述。孔茨是管理过程学派的集大成者,他继承了法约尔的理论,并把法约尔的理论更加系统化、条理化,使管理过程学派成为管理各学派中最具有影响力的学派。

二、经验主义学派

经验主义学派又称为案例学派,主要代表人物是德鲁克,主要作品有《管理的实践》、《管理：任务、责任、实践》等。另一个代表人物是戴尔，代表作是《伟大的组织者》。

经验主义学派认为管理学就是研究管理经验，认为通过对管理人员在特定情况下成功的和失败的经验教训的研究，会使人们懂得在将来相应的情况下如何运用有效的方法解决管理问题。因此，这个学派的学者把对管理理论的研究放在对实际管理工作者的管理经验教训的研究上，强调从企业管理的实际经验而不是从一般原理出发来进行研究，强调用比较的方法来研究和概括管理经验。

经验主义学派的方法可以说在管理理论丛林中较具特色，但他们受到了许多管理学家的批评。经验主义学派由于过于强调经验而无法形成有效的原理和原则，无法形成系统的管理理论，管理者可以依靠自己的经验，而无经验的初学者则无所适从。而且，过去所依赖的经验未必能运用到将来的管理中。

三、行为科学学派

行为科学开始于20世纪20年代末、30年代初的霍桑试验，创始人是美国哈佛大学教授、管理学家梅奥，梅奥创建的人际关系学说——早期的行为科学以后，经过几十年的大量研究工作，许多社会学家、人类学家、心理学家、管理学家都从事行为科学的研究，先后发表了大量优秀著作，提出了许多很有见地的新理论，逐步完善了人际关系理论。

行为科学以人的行为及其产生的原因作为研究对象。具体来说，它主要是从人的需要、欲望、动机、目的等心理因素的角度研究人的行为规律，特别是研究人与人之间的关系、个人与集体之间的关系，并借助于这种规律性的认识来预测和控制人的行为，以实现提高工作效率，达成组织的目标。第二次世界大战后，行为科学学派主要代表人物及其代表作有：马斯洛的《人类动机的理论》；赫茨伯格的《工作的激励因素》；麦格雷戈的《企业的人性面》。

四、系统管理学派

系统管理学派也称系统学派，该学派将企业作为一个有机整体，把各项管理业务看成是相互联系的网络，应用系统理论，全面分析和研究企业和其他组织的管理活动和管理过程，并建立起系统模型以便于分析。这一理论是卡斯特、罗森茨威克和约翰逊等美国管理学家在一般系统论的基础上建立起来的。卡斯特是美国管理学家、美国华盛顿大学的教授，他于1963年与约翰逊和罗森茨威克三人合写了《系统理论和管理》，1970年与罗森茨威克两人合写了《组织与管理——一种系统学说》，这两本书比较全面地论述了系统管理理论，该理论的主要观点是：组织是一个由许多子系统组成的，组织作为一个开放的社会技术系统，是由几个不同的子系统构成的，这些系统还可以继续分为更小的子系统；企业是由人、物资、机器和其他资源在一定的目标下组成的一体化系统，同时，企业还是社会这个大系统中的一个子系统；如果运用系统观点来考察管理的基本职能，可以把企业看成是一个投入—产出系统，投入的是物资、劳动力和各种信息，产出的是各种产品（或服务）。

五、决策理论学派

决策理论学派的主要代表人物是曾获1978年诺贝尔经济学奖金的赫伯特·西蒙。西蒙是决策学派的代表人物，他在巴纳德的社会系统理论基础上提出了决策理论，建立了决策理论学派，形成了一门有关决策过程、准则、类型及方法的较完整的理论体系，主要著作有《管理行为》《组织》《管理决策的新科学》等。其理论要点有：

第一，决策是管理的核心，决策贯穿管理的全过程。西蒙指出组织中经理人员的重要职能就是做决策。他认为，任何作业开始之前都要先做决策，制订计划就是决策，组织、领导和控制也都离不开决策。

第二，系统阐述了决策原理。西蒙对决策的程序、准则、程序化决策和非程序化决策的异同及其决策技术等做了分析。

第三，在决策标准上，用"令人满意"的准则代替"最优化"准则。

第四，一个组织的决策根据其活动是否反复出现可分为程序化决策和非程序决策。

六、权变理论学派

"权变"的意思就是权宜应变。权变理论认为，在企业管理中要根据企业所处的内外条件随机应变，没有什么一成不变、普遍适用的"最好的"管理理论和方法。它的理论核心就是通过组织的各子系统内部和各子系统之间的相互联系，以及组织和它所处的环境之间的联系，来确定各种变数的关系类型和结构类型。它强调在管理中要根据组织所处的内外部条件随机应变，针对不同的具体条件寻求合适的管理模式和方法。其代表人物有卢桑斯、伍德沃德、劳伦斯、洛希等人。

美国学者卢桑斯在 1976 年出版的《管理导论：一种权变学》一书中系统地概括了权变管理理论。他认为：第一，权变理论就是要把环境对管理的作用具体化，并使管理理论与管理实践紧密地联系起来。第二，环境是自变量，而管理的观念和技术是因变量。这就是说，如果存在某种环境条件下，对于更快地达到目标来说，就要采用某种管理原理、方法和技术。第三，权变管理理论的核心内容是环境变量与管理变量之间的函数关系，就是权变关系。

七、管理科学学派

管理学界中形成的所谓管理科学学派，又称数量学派，它是运用数学、统计学的方法和电子计算机技术，以现代管理决策提供科学的依据，解决各项生产经营管理问题。这个学派认为，解决复杂系统的管理决策问题，可以用电子计算机作为工具，寻求最佳计划方案，以达到企业的目标。管理科学其实就是管理中的一种数量分析方法。它主要用于解决数量化的管理问题。其作用在于通过科学的管理方法，减少决策中的风险，提高决策的质量，保证投入的资源发挥最大的经济效益。

从管理科学的名称看来，它主要不是探求有关管理的原理和原则，而是依据科学的方法和客观的事实来解决管理问题，并且要求按照最优化的标准为管理者提供决策方案，设法把科学的原理、方法和工具应用于管理过程，侧重于追求经济和技术上的合理性。主要代表人物有伯法、布莱克特、丹齐克、丘奇曼等。

八、现代管理理论的最新发展

（一）战略管理理论

1. 安索夫的战略管理思想

安索夫的《公司战略》（1965）一书的问世，开创了战略规划的先河。到 1976 年，安索夫的《从战略规则到战略管理》一书出版，标志着现代战略管理理论体系的形成。正式在这部书中第一次提出了"战略管理"一词。安索夫认为战略是"企业高层管理者为保证企业的持续生存和发展，通过对企业外部环境与内部条件的分析，对企业全部经营活动所进行的根本性和长远性的规划与指导"。他认为，战略管理与以往经营管理不同之处在于战略管理注重的是动态管理，是决策与实施并重的管理。

2. 波特的竞争战略思想

波特是美国哈佛大学商学院教授,兼任许多大公司的咨询顾问。1980年,他的著作《竞争战略》,把战略管理的理论推向了顶峰,该书提出许多关于战略管理的重要理论、分析方法与决策技术,成为战略管理理论的经典作品。该书提出的分析技术有助于企业对产业环境进行总体分析、预测产业未来的变化、认识竞争对手及自身地位,并根据具体业务类型将这种分析转化为一种竞争的战略。

(1)提出对产业结构和竞争对手进行分析的一般模型,即五种竞争力(新进入者的威胁、替代品的威胁、买方议价能力、供方议价能力和现有竞争对手)分析模型。

(2)提出企业构建竞争优势的三种基本战略。即成本领先战略、产品差异化战略、市场专一化战略。

(3)价值链的分析。波特认为企业的生产是一系列创造价值的许多活动构成的集合统一体,即企业的价值链。价值链能为顾客创造价值,同时能为企业创造利润。

(二)企业再造理论

1993年,原美国麻省理工学院教授迈克尔·海默博士与詹姆斯·昌佩合著了《再造企业——管理革命的宣言书》一书,正式提出企业再造理论。1995年,昌佩又出版了《再造管理》。海默与昌佩提出应在新的企业运行空间条件下,改造原来的工作流程,以使企业更适应未来的生存发展空间。企业再造的思潮迅速在美国兴起,并快速传到日本、欧洲乃至全世界。

企业再造,按照海默与昌佩所下的定义,是指"为了迅速地改善成本、质量、服务、速度等重大的企业运营标准,对工作流程进行重新思考与设计"。这也就是为适应新的世界竞争环境,企业必须抛弃已成惯例的运营模式和工作方法,以工作流程为中心,重新设计企业的经营、管理及运营方式。

(三)"学习型组织"理论

"学习型组织"理论是美国麻省理工学院教授彼得·圣吉在其著作《第五项修炼》中提出来的。彼得·圣吉认为,传统的组织设计是用来管理以机器为基础的技术;而新型的组织却是以知识为基础的,即组织设计是用来处理思想和信息的。这一理论的提出,受到了世界管理学界的高度重视。

彼得·圣吉在其著作《第五项修炼》中明确指出,20世纪90年代最成功的企业将会是"学习型组织"。因为未来持久的唯一优势,是有能力比你的竞争对手学习得更快。他认为"未来真正出色的企业,将是能够设法使各阶层人员全心投入,并不断学习的组织"。学习型组织正是人们从工作中获得生命意义、实现共同愿景和获取竞争优势的组织。这种组织由一些学习团队组成,有崇高而正确的核心价值观念,具有强韧的生命力与实现共同目标的动力,不断创新,不断提高,从而保持持久的竞争优势。

彼得·圣吉提出,"学习型组织"的形成必须建立在组织成员五项修炼的基础上。这五项修炼是:第一,强调组织成员应能不断认识自己,认识外界的变化,不断给予自己新的奋斗目标,超越自我;第二,要求组织成员要改变传统的认识问题的方式和方法,要用新的眼光看世界;第三,建立共同愿景目标,共同愿景是指一个组织所形成的共有目标、共同价值观和使命感;第四,倡导其成员要经常运用"尝试汇谈"和"讨论"两种不同的团体交流方式进行团队学习;第五,锻炼系统思考能力。

【应用阅读】

黄帝问路

上古时代,黄帝带领了6位随从到贝茨山见大傀,在半途上迷了路。他们巧遇一位放牛的牧童。黄帝上前问道:"小孩,贝茨山要往哪个方向走,你知道吗?"牧童说:"知道呀!"于是便指点他路的方向。黄帝又问:"你知道大傀,住哪里吗?"他说:"知道啊!"黄帝吃了一惊,便随口问道:"看你年纪小小,好像什么事你都知道不少啊!"黄帝接着又问道:"你知道如何治国平天下吗?"那牧童说:"知道啊,就像我放牧的方法一样,只要把牛的劣行去除了,那一切就平定了呀!治天下不也是一样吗?"黄帝听后,非常佩服,真是后生可畏,原以为他什么都不懂,却没想到这小孩从日常生活中得来的道理,就能理解治国平天下的方法。

启示:在公司,有许多领导或者"老前辈",总喜欢倚老卖老,开口闭口:"以我十几年的经验……",来否定新人的创见,以为后辈太嫩,社会阅历不多,绝对要对他们服从。其实,领导或"老前辈"的经验值得后辈学习,但年轻一代的新见解、新创见,不也是值得领导或"老前辈"研究及重视的吗?正所谓:活到老,学到老。两代人的思想交流,一定可以惠及大家。一个人的工作也许有完成的一天,但一个人的教育却没有终止。要不断地学习,不断地超越自我。

(四)精益思想

1985年,麻省理工学院发起了"国际汽车计划(IMVP)"。IMVP组织了一支国际性的研究队伍,耗资500万美元,历时五年,访问了北美、西欧、日本以及韩国、墨西哥和中国台湾等国家和地区与汽车有关的公司和工厂，写出了大量的研究报告，最后出版了一本名为《改变世界的机器》的著作，推出了一种以日本丰田生产方式为原型的"精益生产方式（Lean Production）"。"精益生产"即企业把客户、销售代理商、供应商、协作单位纳入生产体系，同他们建立起利益共享的合作伙伴关系，进而组成一个企业的供应链。消除无价值活动是精益生产方式的精髓。精益生产方式不同于大规模生产方式。沃麦克和琼斯（Womack & Jones，1996）在《精益思想》一书中指出，所谓精益思想，就是根据用户需求定义企业生产价值，按照价值流组织全部生产活动，使要保留下来的、创造价值的各个活动流动起来，让用户的需要拉动产品生产，而不是把产品硬推给用户，暴露出价值流中所隐藏的无价值活动，从而不断完善，达到尽善尽美。

（五）业务流程再造

传统的组织结构建立在职能和等级职能的基础上。虽然这种模式过去曾经很好地服务于企业，但是面对知识经济时代竞争环境的要求，它的反应已经显得缓慢和笨拙。业务流程再造对许多的传统组织结构原则提出了挑战，将流程推到管理日程表的前列。通过重新设计流程，可以在绩效的改善上取得飞跃，激发和增进企业的竞争力。迈克尔·哈默和詹姆斯·钱皮在1993年出版的《再造公司》一书中，主张采取上述方法对变化和为提高产品和经营的质量而付出的努力进行管理。他们把"再造"定义为"对经营流程彻底进行再思考和再设计，以便在业绩衡量标准（如成本、质量、服务和速度等）上取得重大突破"。采取再造方法的公司应迅速学会必须做什么，然后确定它如何做。"'再造'不把任何事想当然，它对'是什么'有所忽视，而对'应该是什么'相当重视。"再造中最关键的部分是在公司的核心竞争力和经验的基础上确定它应该做什么，即确定它能做得最好的是什么。之后确定需要做的事最好是由本组织来做还是由其他组织来做。采取再造方法的结果是公司规模的缩小和外包业务的增多。

（六）核心能力理论

核心能力理论是由20世纪80年代的资源基础理论发展而来的。在20世纪50年代，斯尔兹尼克（Selznick，1957）提出"独立能力"概念，并且在20世纪60年代形成了企业战略管理的基本模式，即公司使命或战略建立在"独特能力"基础之上，其包括企业成长方式，有关企业实力与不足的平衡思考，以及明确企业的竞争优势和协同效应从而开发新市场和新产品。到20世纪80年代，资源基础理论认为企业的战略应该建立在企业的核心资源上。所谓核心资源是指有价值的、稀缺的、不完全的模仿和不完全替代的资源。它是企业持续增长优势的源泉。1990 年，普拉哈拉得和哈梅尔在《哈佛商业评论》上发表了一篇具有广泛影响的论文——《公司的核心能力》，一下子把众多学者、实践家的目光吸引过去。从核心资源到核心能力，资源基础理论得到进一步发展。按普拉哈拉得和哈梅尔的定义，核心能力是组织内的集体知识和集体学习，尤其是协调不同生产技术和整合多种多样技术流的能力。一项能力可以鉴定为企业的核心能力，其必须满足以下五个条件：（1）不是单一技术或能力，而是一组相关的技术和技能的整合；（2）不是物理性资产；（3）必须能创造顾客看重的关键价值；（4）与对手相比，竞争上具有独特性；（5）超越特定的产品或部门范畴从而为企业提供通向新市场的通道。

（七）企业文化理论

日裔美籍管理学家威廉·大内经过调查，对日美两国企业的管理制度、方法进行了比较研究，在此基础上提出了"Z 理论"，认为日本之所以能够在短时间内崛起，一个重要的原因，是由于日本社会及企业中独特的文化。自此，西方现代管理理论中又生起了一支企业文化学派。1981 年 7 月，美国哈佛大学教授特伦斯·迪尔和麦肯锡管理咨询公司顾问阿伦·肯尼迪合著的《企业文化》一书问世。该书进一步解释了构成一种文化的要素：企业文化的构成要素可以归纳为以下五点：（1）企业环境，是塑造企业文化最重要的因素；（2）价值观，构成企业文化的核心；（3）英雄人物，把组织的价值观"人格化"……并提供了广大员工效法的典型；（4）典礼及仪式，是企业有系统、有计划的日常例行事务所构成的动态文化，它能使企业文化的价值观得以健全和发展；（5）文化网，是企业中基本的（但也是非正式的）沟通方式，它能有效地传递企业的价值观和英雄意识。《企业文化》一书在阐述了企业文化的五大要素后指出，关键问题是要掌握这些要素组合在一起后是如何在企业内部发生作用的。

关于企业文化的分类，作者按照企业经营的方式，把企业文化分为四类：（1）硬汉文化。由于自信，追求最佳、最大、最伟大，而敢于冒大风险。（2）努力工作及尽情享乐文化。以紧张的努力工作来增强企业实力，避免大的风险。（3）长期赌注文化。（4）过程文化。企业文化理论认为，企业文化是企业生命的基础，行动的准则，成功的核心。一个组织能够长久生存下来，最主要的因素并非结构形式或管理技能，而是我们称之为信念的那种精神力量，以及这种信念对组织全体成员所具有的感召力。

本章小结

　　人类进行有效的管理活动,已有数千年的历史,从管理实践到管理学的形成,经历一段了漫长的历史发展过程,在古代、近代历史上,出现了许多伟大的管理实践和管理思想,这是世界管理文化的瑰宝。

　　工业革命推动了企业使用机器体系和扩大生产规模,要求研究和发展管理思想和管理方法。泰罗、法约尔和韦伯等人先后提出了科学管理和早期的管理理论,标志着管理学的形成。

　　梅奥等人经过四个阶段的霍桑试验即照明试验、福利试验、调查访问试验、电话线圈装配试验,得出结论:企业职工都是"社会人";劳动生产效率主要取决于职工的工作态度及其人际关系状况;企业中存在着非正式组织。

　　现代管理理论的形成始于第二次世界大战之后,现代管理理论学派林立。这些学派分别从不同的角度对管理理论进行了卓有成效的探讨,都对管理理论的发展做出了贡献,管理科学进入了一个发展、创新、分化、综合并存的时期。最近,又有新的发展。

一、理论训练题

　1. 单项选择题

　（1）（　　）是科学管理理论的代表人物。

　　　A. 泰罗　　　B. 法约尔　　C. 韦伯　　　D. 孔茨

　（2）科学管理中能体现权力下放,分权尝试的原理是（　　）。

　　　A. 差别计件工资制　　　B. 职能原理

　　　C. 例外原理　　　　　　D. 工时研究

　（3）确立企业在物质、人力资源方面的结构,这是法约尔提出的（　　）职能。

　　　A. 计划　　　B. 组织　　　C. 指挥　　　D. 协调

　（4）韦伯的行政性组织又可称为（　　）。

　　　A. 神秘化组织　　　　　B. 传统的组织

　　　C. 现代的组织　　　　　D. 合理—合法的组织

　（5）法约尔认为企业六种基本活动中最重要的活动是（　　）。

　　　A. 管理　　　B. 商业　　　C. 会计　　　D. 财务

　（6）韦伯认为,传统的权威的基础是（　　）。

　　　A. 超凡魅力　　B. 法律　　　C. 权力　　　D. 先例和惯例

（7）法约尔提出的组织中平级间的横向沟通被称为（　　　）。
　　　　A．等级原则　　B．协商原则　　C．跳板原则　　D．秩序原则
（8）（　　　）是法约尔的代表作。
　　　　A．《科学管理原理》
　　　　B．《工业管理和一般管理》
　　　　C．《社会组织和经济组织理论》
　　　　D．《车间管理》
（9）决策理论的代表人物是（　　　）。
　　　　A．泰罗　　　　B．巴纳德　　　C．西蒙　　　　D．德鲁克
（10）人际关系学说把人看作是（　　　）。
　　　　A．社会人　　　B．经济人　　　C．复杂人　　　D．自我实现人
2．思考题
（1）思考法约尔的一般管理理论的主要内容，并阐述其重要性和局限性。
（2）思考"霍桑试验"的主要内容及其结论。
（3）谈谈现代管理理论中具有代表性的管理理论学派的主要思想。
（4）查阅资料，比较"X—Y 理论"与古代中国"性本善"、"性本恶"学说，能举出它们在现实生活中应用的实例吗？

二、实训题
实训项目　　模拟成立公司
1．实训目标：
培养学生初步分析与建设组织管理理念的能力。
2．实训内容：
（1）把班级学生分成小组，每个小组 7~10 人，要求每组要成立一家模拟公司；
（2）每个小组结合自己本公司的实际，本公司应树立哪些先进的管理理念；
（3）对本公司的文化建设提出各种设想，并制订建设方案；
（4）在课堂上组织一次小组之间的交流，每个公司推荐一名成员谈公司的管理理念及组织文化建设方案。
3．实训要求：
（1）每个公司提交一份本公司的管理理念及组织文化建设方案；
（2）由教师对各公司所交材料与交流中的表现进行评估打分。也可以由

教师和学生共同评价。

三、案例分析

案例 2-1　　亨利·福特和福特汽车

提起亨利·福特，几乎人人都知道他所创造的流水线生产方式，以及随之而来的工业化生产和小汽车普及所带来的一些重大社会变革。但是，亨利·福特和他的福特汽车工业公司为什么会从汽车工业占绝对垄断优势的龙头老大的宝座上跌落下来，福特家族和福特公司内部代表新的经营策略的革新派又怎样被亨利·福特无情地压制下去，只能眼睁睁地看着福特公司衰败下去的失败教训却鲜为人知。

亨利·福特从小就对机械和制造表现出了浓厚的兴趣和好奇心，成年后有人问他，童年时喜欢什么玩具，他回答说：我的玩具全是工具，至今如此。1879 年，17 岁的福特离开父亲的农庄来到了底特律，开始了他的汽车生涯。为了给自己的汽车梦积累资金，亨利同时做了两份工作，白天在密歇根汽车公司做机修工，晚上在一家钟表店维修钟表。在维修表的工作中，福特发现，大多数钟表的构造其实可以大大简化，只要精密分工，采用标准部件，钟表的制造成本可以大大降低而性能更加可靠。他自己重新设计了一种简化设计的手表，估算成本为每只 30 美分，可日产量 2000 只。他认为这一计划是完全可行的，唯一使他担心的是，他没有年销 60 万只手表的销售能力，而销售活动又远不如生产那样吸引亨利·福特，因此，亨利·福特最后放弃了这一计划。但是，简化部件、大批量生产、低价销售的"更多、更好、更便宜"的经营思路却在此时大体形成了。

在亨利·福特建立他的流水线之前，汽车工业完全是手工作坊型的，三两个人合伙，买一台引擎，设计个传动箱，配上轮子、刹车、座位，装配 1 辆，卖出 1 辆，每辆车都是一个不同的型号。由于启动资金要求少，生产也很简单，每年都有 50 多家新开张的汽车作坊进入汽车制造业，但大多数的存活期不超过 1 年。福特的流水线使得这一切都改变了。在手工生产年代，每装配一辆汽车要 728 个人工小时，而福特的简化设计，标准部件的 T 型车把装配时间缩短为 12.5 个小时。进入汽车行业的第 12 年，亨利·福特终于实现了他的梦想，他的流水线的生产速度已达到了每分钟 1 辆车的水平，5 年后又进一步缩短到每 10 秒钟 1 辆车。在福特之前，轿车是富人的专利，是地位的象征，售价在 4700 美元左右，伴随福特流水线的大批量生产而来的是价格的急剧下降，T 型车在 1910 年销售价为 780 美元，1911 年降到 690 美元，然后降到 600 美元、500 美元，1914 年降到 360 美元。低廉的价格为福特赢得了大批的平民用户，小轿车第一次成为人民大众的交通工具。福特说："汽车的价格每下降 1 美元，就为我们多争取来 1000 名顾客。" 1914 年福特公司的 13000 名工人生产了 26.7 万辆汽车；美国其余 299 家公司的 66 万工人仅生产了 28.6 万辆。福特公司的市场份额从 1908 年的 9.4%上升到 1911 年的 20.3%，1913 年的 29.6%，到 1914 年达到 48%，月盈利 600 万美元，在美国汽车行业占据了绝对优势。

亨利·福特的名字是和汽车联系在一起的。但是，亨利·福特真正热爱的并不是作为产品的汽车，甚至也不是汽车工业所带来的巨额利润；他所梦寐以求的是现代化大工业的那种高度组织、高度精密、高度专业化的生产过程。福特在汽车流水线的建设上非常舍得投资，虽然利润很高，福特却一直不肯分红，而是把所得利润几乎全部投入再生产，不断地用最先进的设备来装备他的流水线。福特的这一做法导致了福特公司的主要投资者之一的道奇兄弟强烈反对并最终把福特告上法庭。法庭判福特公司履行分红义务，福特本人则能分到红利总额 1900 万美元中的 1100 万美元。

为了实现最高限度的专业化，以最大批量的流水线生产来达到最低成本，亨利·福特不允许汽车设计上有任何他认为多余的部件和装置。为了减少因为模具更换而损失的生产时间，也为了避免品种繁多所必然带来的设备费用和库存费用，福特公司只生产单一型号、单一色彩的 T 型车。其销售人员多次提出要增加汽车的外观喷漆色彩，福特的回答是："我不管顾客要什么颜色，只要是黑色的都可以。"

针对福特汽车的价格优势，由 29 家厂商联合组成的通用汽车公司在阿尔弗雷德·斯隆的领导下，在内部推行科学管理的同时，采用了多品牌、多品种的产品特色化策略，在联合公司的框架下，实行专业化、制度化管理，在采购、资金和管理取得规模经济效益的基础上，保留了众多相对独立的雪佛兰、凯迪拉克、别克、朋迪埃克这样的著名品牌，在产品的舒适化、多样化、个性化上下工夫。1924 年，通用汽车公司推出了液压刹车、4 门上下、自动排挡的汽车，1929 年又推出了 6 缸发动机，而福特的 T 型车仍然是 4 缸、双门、手排挡。

面对通用的攻势，亨利·福特根本不以为然，他不相信还有比单一品种、大批量、精密分工、流水线生产更经济更有效的生产方式。对于销售人员提出的警告，福特认为他们无非都是出于营销部门局部利益的危言耸听。福特不止一次地说，福特汽车公司面临的唯一问题就是供不应求。从 1920 年到 1924 年，福特共降价 8 次，其中 1924 年一年就降了 2 次。但是，长期沿用降价策略的前提是市场的无限扩张，而 1920 年以后，随着人们收入水平的提高，人们的汽车需求转向多样化和舒适性，代步型的经济低价车的市场已近乎饱和；同时，长期的降价经营使得福特公司利润率已经很低，继续降价的余地很小。农夫型的 T 型车靠降价促销，靠"生产导向型发展"的道路已经走到了尽头。

眼看着通用汽车一点一点地吞食福特的汽车市场，福特公司内部许多人都非常着急，希望亨利·福特能够及时调整策略，按照顾客需求重新设计产品，但是这些合理建议都遭到了福特的拒绝和压制并一经数年。后来虽然由于市场压力，亨利·福特终于批准了 6 缸汽车上马，但那已是 7 年以后；福特后来也批准了液压刹车上马，但那已是 14 年以后，为时已经太晚。福特车的销售额不断下降，而外部环境的恶化又使得亨利·福特越来越孤僻，越来越听不进不同意见，正直的人们纷纷离去；身边的圈子越来越窄，不同意见越来越难传入福特的耳中，而福特也变得越来越依靠身边的几个亲信。到 1946 年，亨利·福特不得不让位给孙子亨利·福特二世时，福特公司的亏损已达到每月 1000 万美元，只是因为福特公司的巨大规模和第二次世界大战的政府订货才使福特公司免遭倒闭的噩运。

分析讨论题：

（1）亨利·福特的成功和失败之处各在什么地方？试用学过的管理学理论进行分析。

（2）从亨利·福特的故事中，你得到了怎样的启发？你认为管理理论与管理实践的发展规律是怎样的？

案例 2-2　　如何进行管理

在一个企业管理经验交流会上，有两家企业的老总分别论述了他们各自对如何进行有效管理的看法。A 总认为，企业首要的资产是员工，只有员工们都把企业当成自己的家，都把个人的命运与企业的命运紧密联系在一起，才能充分发挥他们的智慧和力量为企业服务。因此，管理者有什么问题，都应该与员工们商量解决；平时要十分注重对员工需求的分析，有针对性地给员工们提供学习、娱乐的机会和条件；每月的黑板报上应公布出当月过生日的员工的姓名，并祝愿他们生日快乐；如果哪位员工生儿育女了，公司应派车接送，经理亲自送上贺礼。在 A 企业，员工们都普遍地把企业当作自己的家，全心全意地为企业服务，公司日益兴旺发达。B 总则认为，只有实行严格的管理才能保证实现企业目标所必须开展的各项活动的顺利进行。因此，企业要制订严格的规章制度和岗位责任制,建立严密的控制体系;注重上岗培训;实行计件工资制等。在 B 公司,员工们都非常注意遵守规章制度,努力工作以完成任务,企业发展迅速。

分析讨论题:

运用本章的理论知识分析,这两位老总,谁的观点更有道理?为什么?

第三章 管理的基本原则和方法

学习目标

管理原则是对管理活动的科学总结，是从管理实践经验中总结出来的管理活动的行为准则。管理方法是管理原则的具体化和实践化。管理学家曾经提出许多管理原则和方法。通过本章学习，使学生掌握最基本、最一般的管理原则和管理方法。

【导入案例】

3-1 分 粥

有七个人曾经住在一起，每天分一大桶粥。要命的是，粥每天都是不够的。一开始，他们抓阄决定谁来分粥，每天轮一个。于是乎每周下来，他们只有一天是饱的，就是自己分粥的那一天。后来他们开始推行出一个道德高尚的人出来分粥。强权就会产生腐败，大家开始挖空心思去讨好他，贿赂他，搞得整个小团体乌烟瘴气。

然后大家开始组成三人的分粥委员会及四人的评选委员会，互相攻击扯皮下来，粥吃到嘴里全是凉的。

最后想出来一个方法：轮流分粥，但分粥的人要等其他人都挑完后拿剩下的最后一碗。为了不让自己吃到最少的，每人都尽量分得平均，就算不平，也只能认了。大家快快乐乐，和和气气，日子越过越好。

启示：管理的真谛在"理"不在"管"。管理者的主要职责就是建立一个像"轮流分粥，分者后取"那样合理的游戏规则，让每个员工按照游戏规则自我管理。游戏规则要兼顾公司利益和个人利益，并且要让个人利益与公司整体利益统一起来。责任、权利和利益是管理平台的三根支柱，缺一不可。缺乏责任，公司就会产生腐败，进而衰退；缺乏权利，管理者的执行就变成废纸；缺乏利益，员工就会积极性下降，消极怠工。只有管理者把"责、权、利"的平台搭建好，员工才能"八仙过海，各显其能"。

【导入案例】

3-2 这是管理工作吗？

春运期间的某省会火车站人山人海，候车室里早已人满为患，车站工作人员只好在广场上立起一个个开往各地车次的标牌。开往南昌的 XX 次标牌下的旅客已经整装待发，挑着扛着挤着闹着乱作一团，这支队伍看上去至少有六列，早已不成队伍，大家烦躁不安。离开车时间还有半小时的时候，一位 20 刚出头的女工作人员微笑地走来，不紧不慢地举起车次牌，声音不大却很悦耳地说："乘 XX 次到南昌的旅客请跟我走。"于是，她身后的几百人便开始跟着她蠕动起来。小姑娘头也不回地向前走去，顺着车站广场人群中间那少许的通道不慌不忙地走着，这样绕了一大圈之后，小姑娘的身后不再像刚才那么拥挤，队伍开始变得越来越瘦，越拉越长，秩序也越来越好。绕场三周后，姑娘看到身后已是一列有序的纵队，她会心地笑了笑，走到离刚才大家排队不到三米的地方，叫开了铁门，旅客秩序井然地走进了站台。

启示：小姑娘的行为就属于管理工作，其实队伍之所以能到后面越来越整齐，就是利用了管理学和经济学上所说的"羊群效应"。"羊群效应"也称"从众心理"。是指管理学上一些企业的市场行为的一种常见现象。经济学里经常用"羊群效应"来描述经济个体的从众跟风心理。羊群是一种很散乱的组织，平时在一起也是盲目地左冲右撞，但一旦有一只头羊动起来，其他的羊也会不假思索地一哄而上，全然不顾前面可能有狼或者不远处有更好的草。因此，"羊群效应"就是比喻人都有一种从众心理，从众心理很容易导致盲从，而盲从往往会陷入骗局或遭到失败。小姑娘就是"带头的羊"，后面的旅客在她的带动下自然而然的队伍就整齐了。这正是管理工作中的组织、领导职能。

通过人类长期的管理实践可以发现，并不是所有的管理行为都是有效的。在一定的条件下，一种管理行为，坚持的管理原则不同，采用的管理方法不同，管理效果也是迥然不同的。因此，在一定程度下，管理行为的有效性取决于管理者是否遵循管理活动中的客观规律，是否坚持管理的基本原则和采用科学的管理方法。管理学家们所提出的管理原则和方法千差万别，在此我们不可能一一介绍，现在就管理活动的基本原则和一般的管理方法做以介绍。

第一节 系统原则

一、系统的涵义

所谓系统,是指由相互作用、相互联系的若干组成部分构成的有机整体,系统具有其各个组成部分所没有的新的性质和功能,并不断与外部环境相互交换能量。对于一个系统而言,要素、组合、功能、活动、信息和环境以及它们之间的相互依赖、相互作用是系统构成的基本条件。

要素是组成系统的基本内容,一般来讲,它是系统形成的基本细胞。要素和系统的关系是部分与整体的关系,它们相互作用、相互联系。一方面,要素的性质与功能制约着系统的性质与功能。另一方面,系统的变化与发展影响到要素的变化与发展。在一个系统内部,各要素的存在形式不同,发挥的作用也是不一样的,在那些简单的、低层次的系统中,这种差别不是很明显,但是在那些复杂的系统中则会明显地表现出来。例如,有些要素处于系统的核心地位,有些要素处于非核心地位;有些要素发挥正面的作用,有些要素发挥负面的作用等。同时,在一定条件下,各要素的地位和作用会发生变化,原来处于非核心地位,而后可能就处于核心地位;要么原来发挥负面作用,而后可能发挥正面作用等;或者相反。

组合是系统内各要素之间的有机联系方式或排列秩序。各个要素在系统中处于不同的地位并发挥不同的作用,每一个系统都有自己特定的组合结构。在要素一定的条件下,要素组合不同,系统发挥的作用也不一样,系统发挥的整体功能也就大相径庭。

功能是系统对外部环境发挥的整体作用和效能。系统与外部环境之间在不断地进行着物质、能量和信息的交换,系统功能是在有序的系统内外交换的运动过程中表现出来的,混乱的秩序无法发挥整体的功能,离开了系统各要素之间及其与外部环境之间的物质、能量和信息的交换,系统的功能更无从谈起。

活动是指系统的形成、发展、变化的动态过程,这个过程通过系统内部诸要素之间、要素与系统之间以及系统与外部环境之间的相互影响、相互作用而完成的。系统每时每刻都在不断地运动着,运动的系统是绝对存在的。

信息是指系统中被认识和了解的内容,表现为系统的要素、组合、功能、活动、环境等存在或运动状态的表述和这种表述的传播。在现代社会中，信息已成为一种重要资源。信息的作用和价值不容忽视。

环境是指处于系统之外并和系统进行着各种要素交换的所有事物的综合。系统离开环境或不能适应环境，系统的存在就会受到威胁。

二、系统的分类与特征

（一）系统的分类

1．系统的自然属性

按系统的自然属性可以分为自然系统和人造系统两大类。自然系统是由自然生产的系统，没有人类作用的痕迹。例如：生态系统、气象系统、太阳系、植物系统、动物系统等。按自然进化层次划分，自然系统又可以分为无机系统、有机体系统和人造系统三大类，无机系统是自然界无机物质构成的系统。有机体系统是指有生命特征的生物机体构成的系统。例如：动物系统、人体系统等。人造系统是靠人类生产活动创造出来的系统，是以人为基本单位的群体组织系统。例如：社会系统、生产系统、军事系统、商业系统等。

2．系统与环境的关系

按系统与环境的关系划分，可以分为封闭系统和开放系统。封闭系统是指与外界环境交流较少的系统。开放系统是指与环境发生各方面联系与交流的系统。事实上绝对封闭的系统是不存在的，因此，封闭系统只是一个相对的概念。

3．系统的运动属性

按系统的运动属性分，可以分为动态系统与静态系统两大类。动态系统指会随时间的变化而发生相应变化的系统。静态系统是指系统状态受时间变化的影响较小而相对保持不变的系统。实质上，世界上的任何事物包括系统本身都处于运动之中，绝对静止的系统是不存在的。所以，静止系统也是一个相对的概念。

（二）系统的特征

1．整体性

任何系统都是由两个以上要素构成的有机整体。例如，一个企业是由人、财、物、技术、信息、时间等各种要素或资源构成的。整体性是系统最基本的特征。系统整体性主要表现在以下两个方面：第一，系统的功能不等于各要素功能的简单相加，而是往往要大于各个组成部分功能的总和，即"整体大于部分之和"，这种总体功能不仅在数量上，而且在质量上，都大大超过了各个部分功能的总和；第二，系统内部要素之间相互联系，相互作用，集合成一个整体，为了实现系统共同的整体目标。

2. 相互依存性

它是指系统内各要素之间存在相互制约、相互影响、相互依赖的关系。表现为系统中一个因素的变化必然会引起其他因素的变化。因为，没有各要素之间的相互依存，就不会产生系统的整体功能，而离开整体的相互依存是不存在的。

3. 层次性

系统是分层次的。每个系统都可以分解为不同的要素系统，而每一个系统又可以分解为更小的子系统，包含在系统内的各子系统相对于上一层系统而言是要素，而这些要素相对于它的下一个层次又是系统。也就是说，系统与要素是相对的，一切构成一个系统的子系统都是由更下一级的子系统构成。例如，我国的行政系统从层次上可以分为中央、省、地（市）、县（区）、乡（镇）五个层级；一家综合性的企业有若干个工厂，一个工厂有若干个部门，每个部门又分为若干个科（室）、班（组）。

4. 开放性

系统不是孤立存在的，它会与周围事物发生各种联系。这些与系统发生联系的周围事物的总体，就是系统的环境，系统与环境之间每时每刻都在不断地进行着物质的交流，开放系统是有活力的系统，一个封闭的，不与外部环境进行物质交流的系统是没有生命力的，也就是说，完全封闭的系统是不存在的。任何系统都是一个"兼收并蓄"的系统，只有系统从外部获得的物质大于系统内部消耗散失和物质的能量，系统才能不断地发展壮大。在管理中把系统封闭起来，与外界环境完全隔绝，管理行为是注定要失败的。所以，开放是系统的生命。

三、管理系统

运用系统论的观点来观察和研究管理活动，管理就是一个由许多构成要素组成的完整系统。

（一）管理系统的涵义

管理系统是指由管理者、管理对象等若干个相互联系、相互作用的要素和子系统，按照管理整体目标结合而成的有机整体。对管理系统概念，应从以下几个方面理解：

第一，管理系统是整体的，发挥着整体功能，管理系统中，任何一个子系统都必须是为实现管理的整体功效和目标而服务的。

第二，管理系统是由若干要素或子系统构成的，各个要素或子系统之间是相互联系，相互依存的。

第三，管理系统在结构上是分层次的，系统内划分为若干个子系统，而管理系统又从属于更大的社会系统。

管理系统因具体对象不同而千差万别，如政治管理系统、经济管理系统、教育管理系统等。管理系统的整体是由相对独立的不同部分组成的，因此我们可以按人、财、物、信息、时间等划分，也可以根据管理的职能或部门设置来划分，要看到组成管理系统整体的各个组成部分，而且更重要的是，要从系统的观念出发，整体地观察、分析和解决管理问题。

（二）管理系统的构成

管理系统一般主要由以下要素构成：

1. 管理目标

管理目标是管理整体功能的集中体现，是管理系统建立与运行的出发点，也是管理系统正常运行的管理效果，管理系统必须围绕管理目标正常运行，管理者所有的管理行为都是为了实现管理目标。

2. 管理者

管理者是主体，是管理系统中最核心、最关键的要素，管理系统中的许多活动和行为都要靠管理者去实施，管理者是整个管理系统的统率者，是发挥管理系统整体功效，实现管理目标的关键力量。

3. 管理对象

管理对象是管理者为实现管理目标，通过管理行为作用其上的客体。管理对象包括各类社会组织及其构成要素与职能活动，资源或要素是构成组织的基本单位，其动态组合与运行构成了职能活动，资源与活动又共同构成了完整的组织及其行为。资源、活动、组织是具有不同形态的，它们都受管理行为的作用，共同影响管理成效和目标的实现。

4. 管理环境

管理环境是指存在于社会组织内部与外部的影响管理实施和管理功效的各种因素的总和，任何管理活动都存在于一定管理环境之中，必须受管理环境的影响，反过来又会对管理环境起到反作用，所以管理环境也是管理系统的组成部分。

5. 管理方法

管理方法是管理者为实现组织目标，组织和协调管理要素的工作方式、途径或手段。管理方法是实施管理行为的途径或手段，对管理功效及目标实现具有直接的意义，所以，管理方法是管理系统的重要因素。

四、系统原则的应用

（一）具有全局观念

具有全局观念，是充分发挥管理系统整体功能、系统原则的具体体现。前已论述，管理系统整体功能不等于它组成部分的功能之和。在现代社会条件下，管理组织的规模越来越大，管理过程中的各种关系也越来越复杂，组织中各要素之间联系也越来越密切，管理系统的任何一个组成部分的活动都会影响其他要素，甚至会影响到系统整体功能的发挥和组织目标的实现，俗话说："牵一发而动全身"，"一招不慎满盘皆输"就是这个道理，因此，这就要求每位管理者能够在错综复杂的关系中把握住整体和全局，恰当地处理好整体与局部的关系，从整体上把握系统运行的规律，对管理问题进行系统分析，并采取相应措施实现组织目标。

（二）科学地进行资源组合

系统要素的合理组合在管理系统整体功能发挥中起着重要的作用。现代化管理要求管理者必须根据其面临的不同环境、不同任务，适时、恰当地进行结构调整，对资源或要素进行科学地配置。所以坚持系统原则，就要在调整系统结构的同时，既要保持系统要素和结构的相对稳定性，又要适应客观环境，适应管理系统发展的需要，从而充分发挥系统的整体功能。

（三）系统原则的具体应用——整分合原则

系统原则对管理活动的最基本要求，就是要从整体出发，制订管理系统的目标，根据科学的分解，明确各子系统的目标，进而在合理分工的基础上进行总体的组织综合，从而保证管理目标的顺利实现。这种对系统的整体把握、科学分解、组织综合的要求，就是整分合原则。

简单地说，整分合原则是指为了实现管理目标，在整体规划下明确分工，进而在分工基础上再进行有效地综合。其中，整体是前提，分工是关键，综合是保障。整分合原则在具体操作中，一般要经过三个阶段：第一阶段，把握整体目标，即在对系统本身的环境分析的基础上，从系统整体的角度设计和确定系统的总体目标；第二阶段，系统分解，即在整体目标指导下，对计划、任务分解，对系统内各部门及个人的职责与任务进行分配；第三阶段，综合协调，即在系统内按照系统内在的联系把各部门、各环节有效地结合起来，协调它们之间的关系，整合力量，促进系统整体目标的实现。

第二节 人本原则

一、人本原则的涵义

管理活动首先是人的活动，这种活动的主体是人，活动的客体也包括人，就社会生产的角度来看，这种活动的目的是为了满足人的需要。因此，我们应当明确管理活动以人为本的原则，即人本原则。

管理的人本原则就是指管理者在管理活动中充分重视人的作用，尊重人，理解人，并通过满足人的需要来调动人的积极性、主动性和创造性。对这个原则的理解可以从以下几个角度入手。

（一）人本原则是对人的本质属性认识的深化

以人为本的管理原则是管理学家通过总结人类管理实践经验而提出的指导管理活动的基本原则，它的形成经历了漫长的认识过程。在管理学的整个发展过程中，"人"始终是一个最基本的概念。任何一种管理理论，都是依赖对人的一定看法而提出来的，各种管理理论的区别大都可以归结为对人的理解不同。以20世纪30年代梅奥等人的"霍桑试验"为界，对人的属性的认识可以划分两个历史阶段：一个是视人为"物"的阶段；另一个是以"人"为中心的阶段。关于人性理论的探索和研究，为人本原则的形成奠定了坚实的基础。例如，美国心理学家谢恩在归纳前人理论的基础上提出了人性的四种假设，即"经济人""社会人""自我实现人"和"复杂人"的假设。"经济人"假设认为，人的一切行为都是为了最大限度地满足自己的私利，人都要争取自己的经济利益；"社会人"假设认为，人们在工作中得到的物质利益，对于调动人们的积极性，只发挥次要作用，更重要的是在工作中与周围的人友好相处，良好的人际关系对于调动人的工作积极性是决定性的因素；"自我实现人"假设认为，人都要发挥自己的潜力，表现自己的才能，只有人的潜力充分表现出来了，人才会感到最大的满足；"复杂人"假设则认为，人是复杂的，人的需要也是复杂的，不仅人与人不同，而且一个人在不同时间、不同地点、不同的环境下也是不一样的。根据复杂人的假设，提出了一种新的管理理论，称之为权变理论，由于该理论不同于X理论，也不同于Y理论，所以把它称为超Y理论，超Y理论就是"以人为中心"管理思想的具体体现。

（二）树立"以人为中心"的管理思想，是做好管理工作的根本保证

管理过程中的各种客观因素及各个环节，都需要由人来控制，管理职能活动的有效发挥，管理目标的最终实现，都要由人来完成。离开了人的活动，管理活动就无从谈起。

（三）在管理工作中坚持人本原则的关键是充分发挥人的主观能动性

人的主观能动性是人类积极、主动地探索和改造客观世界的动力源泉，在管理系统的所有要素之中，只有人具有这种主观能动性，主动性强，而其他要素都是被动的，由人来支配和操纵的。但是，人的主观能动性经常处于潜在状态，由于受到许多因素的限制，因此，如何创造条件，充分调动人的能动性，使人们能够积极地、主动地从事到管理活动中去，就成为管理工作者的中心任务。

（四）充分发挥人的主观能动性的主要途径就是重视人的需要

这里所讲的"人的需要"指的是绝大多数成员的需要，是由管理系统中全体成员的基本和共同的利益所决定的。对此，我们应该摒弃一种错误的观念，认为以人为本就是以"少数人"为本，甚至以某个人为本，这种思想与人本原则是相违背的。

二、满足人的需要

在管理活动中坚持以人为本的管理原则，就是要求管理者通过满足人的需要来充分发挥人的积极性、主动性和创造性。尊重人的价值，重视并满足人的需要是管理行为成功的法宝。在管理活动如何通过满足人的需要来实现对人的管理呢？具体地说，包括三个方面。

（一）认识人的需要

在任何社会里，每个人都有着多种多样的不尽相同的愿望、利益和追求。这些个人的愿望和利益，有些是同社会利益相一致的，或是相容的，也有些不符合甚至背离了社会的需要。管理实际就是通过认识人的需要，并在这种认识的基础上，鼓励、支持和强化个人的那些符合社会需要的、为社会所要求的愿望和追求，限制、惩罚个人那些不符合社会需要的、为社会条件所不认可的愿望和追求。

（二）促进人的需要的满足

人的全部行为归根到底都是为了满足自身需要的活动。管理就是要预测作为管理对象的人在一定环境下会怎样行动，要了解是什么东西在引导着他们工作，什么东西激励着他们前进，说到底，也就是要知道他们的需要是什

么。所以,考虑作为管理对象的人的各种需要,解决个人需要和集体需要之间的矛盾,是管理者的重要职责。管理者要把社会的需要、集体的需要和个人的需要紧密结合起来,保证组织成员的个人需要不仅在一时一地得到满足,而且能够长期稳定地得到满足,以极大地调动个人与集体完成社会任务的积极性,并进一步促进他们为满足需要、实现个人价值而努力。

(三)唤起人的需要的生成

目前,被管理者执行组织的政策时一般出于被迫,而不是出于自己的内在需要。从某种意义上讲,唤起被管理者的需要是管理活动有效、成功的关键。任何管理者都希望通过对被管理者施加各种影响力,唤起被管理者对社会、集体必需的有关活动的需要。有效的管理者能够使被管理者自觉地把社会和组织的利益变成被管理者个人的利益,把社会和组织的信念变成被管理者个人的信念,把社会和组织的事业变成被管理者个人的事业。这时,被管理者执行组织的政策时就不会出于被迫,而是出于他个人的内在需要、内在动力。

三、人本原则的具体应用——民主管理

传统的管理是一种"以任务为中心"、"以事为中心"的管理,运用过经济刺激的手段和集权制的管理方式,或者把两者结合起来调动人的积极性,建立重奖重罚的管理体制。这种管理模式是把人作为一种"工具"看待的,它把员工排除在管理主体之外。

然而,人本原则强调"以人为中心",它是一种充分尊重人的价值的管理,它要求管理者与被管理者之间的关系建立在平等信任的基础上。因此,在管理方式上往往表现为广泛的民主参与,即实行民主管理。这种民主的管理,能够使每一位组织成员树立起较强的主人翁意识,增强他们的责任感,这样,就从根本上促进了他们的积极性、创造性和智慧的充分发挥。

在现代社会,民主管理真正重视管理系统中人的作用,鼓励组织成员广泛参与管理,这样就把发挥领导者的作用同鼓励被领导者的积极参与结合了起来。所以,这是一种正确、有效的管理方式,无论对于各类组织的管理来说,这都是一种应当倡导的制度。

民主的管理方式,就是在管理中遇事经常与下属商量,鼓励他们参与管理,具体的做法就是:第一,让员工通过正规的渠道,对社会、对本组织的活动目标、计划、管理人员的任免等提出合理化的建议,参与高层决策;第二,通过自己的代表或群众组织(如工会等),直接参与管理工作;第三,对

社会及本组织的活动进行广泛的监督，同时监督管理机构和管理者的工作。这也就是对管理者进行的管理，因而员工成了管理管理者的主体。为了保证这种管理方式成为一种经常性的活动，并具有实质性的意义，民主管理应当成为一种制度。在公共管理中，它是一种政治制度，而在经济管理中，它则是一种企业制度。

任何管理都离不开必要的监督机制，在这方面，民主管理为我们提供了一种监督方法，但是，民主参与管理并不意味管理者权力和责任的"放纵"，不是说谁想干什么就干什么，在民主管理中，被管理者进入了管理者队伍，就意味着：接受更多的责任和义务，受到更多的限制和制约。管理系统无论是大是小，都是一个由人组合起来的有机整体，其中包含着等级结构，作为一个整体，它必然要对其成员的行为进行某种形式的调节和限制。民主管理无非是打破了从上到下的单向的逐层管理，在管理系统的每一个层次都保证上下左右的相互监督、相互限制。

【应用阅读】

以人为本——惠普之道

惠普之道的政策和措施都是来自于一种信念，就是相信所有员工都想把工作干好，有所创造，只要给他们提供了适当的环境，他们就能做到这一点。惠普之道就是那种关怀和尊重每个人和承认他们个人成就的传统。

——惠普公司创始人之一　比尔·休莱特

仅仅以下两个事实就足以令惠普公司无比自豪：一个是，在美国，惠普被人们称为"使硅谷诞生的公司"；另一个是，1983年，英国女王伊丽莎白访问美国时，只提出参观一家公司——这就是位于加利福尼亚州斯坦福大学附近的惠普公司。是什么为惠普赢得了如此崇高的声望呢？你如果以这个问题来请教任何一个惠普公司员工，无论是来自中国惠普还是惠普公司美国总部，他一定会毫不犹豫地回答："是惠普之道"。

惠普之道

那么，"惠普之道"究竟是什么？它配得上这么高的赞誉吗？1999年5月26日，惠普公司总裁普莱特先生与海尔集团总裁张瑞敏先生在青岛由国家经贸委推出的"世纪变革中的经营管理——世界500强系列讲座"中进行了一番对话，或许能够为我们理解惠普之道提供一些线索。

普莱特：惠普文化的核心是经久不变的价值观，即一套坚定的信念：信任和尊重个人；追求卓越的成就与贡献；在经营活动中坚持诚实与正直；依靠团队精神来达到我们的目标；鼓励灵活性和创造性。惠普文化造就了惠普在业界的良好信誉，在硅谷，有大批的公司老板在惠普工作过，深受惠普之道的熏陶，甚至有人认为惠普在某种意义上影响造就了硅谷。

惠普之道早在惠普公司的创始人休莱特和帕卡德当年创业时就已形成。而今，有近60年历史的惠普公司已经发展成为世界著名的计算机、通信及测量用品生产厂商，一贯以卓越的质量和完善的技术支持而处于国际领先地位，1997年全球销售额达422.7亿美元，在《财富》世界500强中从上年的第60位跃居第47位。在谈到惠普过去成功的经验和今后发展的支柱时，惠普仍然搬出自己信奉已久的惠普之道。

根据惠普公司自己的解释，惠普企业价值、企业目标，以及高效的经营策略和管理方式这三大内容共同组成了惠普之道，而惠普企业价值及其对实现企业目标所做的承诺一起共同构成了公司的经营策略和管理方式，它是惠普参与全球竞争的制胜法宝。惠普之道其实是"一只以价值和行为为基础、以文化为控制内容的箱子"，它的现实内容可以归结为两点：一是卓越的经营策略；二是以人为本的管理方式。前者使惠普跨入全球百强企业之列，后者则使惠普以对人的重视、尊重和信任而闻名于世，成为全美乃至全球最受人仰慕的公司之一。二者中，持之以恒的奉行以人为本的管理之道尤其受到人们的推崇，成为惠普之道的核心，也使得惠普成为大公司在发展中仍能保持个人感情的最佳典范。

尊重和信任

惠普公司对员工尊重和信任的最突出表现，是灵活的上班时间。这种制度最初始于1967年在惠普设在德国伯布林根的工厂中实行，继而推广到惠普在全球的所有企业。根据惠普公司的做法，个人可以上午很早来上班，或是上午9点来上班，然后在干完了规定的工时后离去。这样做是为了让职工能按自己个人生活需要来调整工作时间，也表示了对职工的充分信任。惠普创始人之一的戴维·帕卡德评价说："在我看来，灵活的工作时间是尊重人、信任人的精髓。它表明，我们既看到了我们的职员个人生活很繁忙，同时也相信他们能够同其上司和工作群体一起制订一个既方便个人，又公道合理的时间表。"这并非对所有的工作都适合，但肯定对绝大多数工作是合适的。

"开放实验室备用品库"也清楚地表明了公司对员工的信任。实验室备用品库就是存放电气和机械零件的地方。开放政策就是说，工程师们不但在工作中可以随意取用，而且在实际上还鼓励他们拿回自己家里去供个人使用。惠普公司的想法是，不管工程师们拿这些设备所做的事是不是跟他们手头从事的工作项目有关，反正他们无论是在工作岗位上还是在家里摆弄这些玩意时总能学到一点东西，公司因而加强了对革新的赞助。据说这一政策起源于惠普的另一个创始人比尔·休莱特先生。有一回，他在周末到一家分厂去视察，看到实验室备用品库门上了锁，他马上到修理组拿来一柄螺栓切割剪，把备用品库门上的锁剪断、扔掉。星期一早上，人们见到他留下的纸条："请勿再锁此门。谢谢，比尔。"于是这一政策措施就一直延续至今。

戴维·帕卡德还认为，容忍个人的不同需要是以人为本的"惠普之道"借以表示对员工尊重和信任的另一个要素。例如，许多公司规定，雇员一旦离开公司，他们将没有资格得到重新雇用。多年来，惠普也有一些人因为其他地方似乎有更大的机会而离去。但是，惠普始终认为，只要他们没有为一家直接的竞争对手工作，只要他们有良好的工作表现，就欢迎他们回来。因为他们了解公司，不需要再培训，而且通常由于有了这种额外的经历而有着更愉快、更好的动机。公司的一名高级行政人员就曾因为认为他有更大的机会而离开了惠普公司，后来他回来时公司重新接受了他，而且被委以越来越多的管理职责，直至退休。帕卡德还说，一些人离开惠普后成功地开办了他们自己的公司，而且这样的例子至少有十几个，这些公司雇佣的员工超过了4万人，他和休莱特两人并不因此而感到不快，相反，他们尊重这些人的创业精神，而且以一度和这些人一起愉快得工作过而高兴和自豪，还因为这些人在建立自己的公司时采用了许多体现"惠普之道"管理原则和做法而备感荣幸。

从内部提拔人员也是惠普对员工信任和尊重的一种表示。在20世纪60年代惠普投身计算机行业以前，他的关键部门经理没有一个不是从公司内部成长起来的。在刚刚进入计算机行业时，惠普曾经因为公司内部缺乏计算机专门人才而将目光转向公司外部，但是这些人同样很欣然地适应了惠普公司的文化。现在，公司首席执行官普莱特先生说，由于公司内部人选不是很丰富，公司将首次从外部挑选最高领导者。但是，除此以外，惠普在大部分时间内还是喜欢从公司内部挑选人才，因为他们深信惠普公司能够培养出最优秀的经营者和管理者。

同样，1999年7月份才卸任的惠普公司总裁普莱特在接受采访时，没有提及公司近几年来的巨额盈利：1989年以来，公司年度总收入增长率接近30%，也没有提及公司产品在市场上一直畅销，只是谈了信任问题：他对手下工作人员非常信任，员工深受公司文化的熏陶，正是这种文化使惠普获得成功。普莱特还有一种让高层管理人员学会尊重别人成果的方法：每年，他请经营单位的经理们就哪些公司部门增加了价值、哪个部门未能增加价值进行一次投票。他用这种方式来提醒员工，谦恭和贡献非常重要，即使对公司最高层也是如此。如果在其他公司，经理们不大可能赞同、更不用说去组织这样一种活动。

同甘共苦

惠普公司有这样一个用人政策：我们为你提供一个永久的工作，只要你表现良好，我们就雇用你。早在19世纪40年代，休莱特和帕卡德就决定，他们的公司不能"用人时就雇用，不用人时就辞退"。这是一项很有胆识的决策。1970年经济危机时，惠普公司销售收入急剧减少，惠普的这一决策受到了严峻的考验，但是他们没裁一个人，而是全体员工，包括休莱特和帕卡德在内，一律减薪20%，减少工作时数20%。结果，惠普公司保证了全员就业。

惠普公司履行不解雇一个人的承诺的保证措施之一，就是对员工不断进行培训，提高其适应环境和为公司做贡献的能力。惠普的创业人士大多出身于斯坦福大学的特曼实验室。公司和大学一直保持着密切的联系，从而保证了惠普产品和技术始终处于世界前列。1954年，这种联系扩大成为惠普的"优秀人才合作计划"。惠普的合格工程师可以在斯坦福大学攻读博士学位，公司也有可能从各地吸引年轻的高水平的大学毕业生。目前已有数百名工程师通过这个计划获得了硕士或博士学位。惠普早已形成一套有效的培训制度（包括专业、技术、市场、管理等诸多方面，分为公共基础，员工及经理的初、高级课程）和鼓励创新的人才机制。现在，惠普每年耗数亿美元，用于员工在职培训，并支持员工的再教育。

同样，教育和培训也是中国惠普工作的一个重要组成部分。重视对员工的培训和发展这一方针，在中国惠普也得到了切实的贯彻。公司组建十年来，随着公司业务量的不断增加和员工队伍的日益壮大，中国惠普的培训工作也愈显突出。1989年至1996年中国惠普培训费用不断增加，总额已达870万美元。

在公司并购的重大关头，惠普首先权衡的也是员工的甘苦。1950年，有人出价1000万美元要收购惠普公司，这个价格在当时颇为诱人，但遭到断然拒绝。对此，公司元老级员工卡维尔说："依我看，这样必然会使员工落入一群陌生人手中，而他们当然是以金钱私利为先了。"还有一次，惠普有意收购另一家工厂，后来几经考虑，终于放弃了。原因在于，那家工厂有华丽的主管套房，办公室和实验室都装有空气调节系统，但生产部门却没有，"而惠普不会做这种事，因为我们还没有全部安装空气调节系统，如果惠普把冷气只装在办公室而不在工作场所安装，那才真是不可思议呢？"

还有人传说，第二次世界大战期间惠普有机会获得一项极其重要的军方合同，但要履行合同它们得多招募12名新员工，于是休莱特先生与下属一名经理商量：

休莱特问："合同结束后，我们有没有他们的工作位置？"

"没有"，那名经理回答道。

"那么，这份合同我们不要也罢。"休莱特说。

惠普公司不仅将全体员工团结起来共患难，而且尽一切努力与员工有福同享。

首先，惠普坚持高薪金和高福利的政策。即使没有经验的生产工人每月也能拿到1000美金以上，公司尽量使自己员工的薪水高于其他公司，有统计资料表明，惠普的待遇与全美前5~10位的主要公司大致相同，比10~20家与惠普类似的公司高出5%~10%，比普通公司则高出10%~15%。惠普公司还有一个现金分红方案，公司从税前利润中提出12%分给员工，每年6月和12月发放，这使得公司员工的待遇提高了7%左右。同时，医药费及牙齿保健费用完全由公司承担。另外，员工还可以将薪金的10%用于购买公司股票，收益率通常在30%左右。

野餐会是让员工有福同享最具代表意义的形式。休莱特和帕卡德都认为，野餐会是"惠普之道"的重要内容之一。20世纪50年代初，惠普公司在离帕洛阿尔托开车大约1个小时路程的乡间购买了一块土地，把其中的一部分改建成娱乐区，可供2000多人举行野餐，还可以在全年中接待惠普的雇员及家属来此露宿，并将它命名为"小盆地"。每年野餐会时，菜单上包括纽约牛排、汉堡包、墨西哥豇豆、生菜色拉、法国蒜味面包和啤酒等，公司购买食品和啤酒，平时员工自助餐厅的师傅们照例烧烤牛排和汉堡包肉饼，其他物品则由员工自备，休莱特、帕卡德以及惠普的许多行政人员都尽量参加进去，与员工交流。这项福利措施很受员工欢迎，因此惠普公司决定在世界上所有惠普人聚居的地区实施。在科罗拉多，惠普在埃切特斯公园旁边的落基山地里买了一些地；在马萨诸塞州的海边公司也买了地；在苏格兰，公司买了一个小湖泊，是垂钓的好去处；在马来西亚，公司拥有一幢海滨别墅；而在德国南部，公司则购买了适于滑雪的山地。现在，公司游乐区已经扩大到二十多个，全球各地的惠普员工如想前往其中任何一个地区，都可以预先约定，在一定日期内，以极少的花费遍览湖光山色。

而且，惠普公司的气氛友善、随和，压力很少。拿就餐来说，惠普有自己的自助餐厅，公司员工无论级别高低均在此用餐，员工在此花费不到3美元（中国惠普是10元）就可以享受到一顿丰盛的午餐，在笑声洋溢中，使人仿佛有置身在大学餐厅的感觉。公司每天还免费供应两回咖啡和油炸圆饼，下午还有不定期的啤酒狂欢。而且，公司里欢欣鼓舞的事屡见不鲜。最常见的景象就是，只要你四处走动一下，总会看到一群人在庆祝某人生日，或庆祝某种特殊的事情。

回报社会

20世纪30年代大萧条时期，一些勉强糊口的人，心甘情愿地为那些缺衣少食，甚至无家可归的人们提供主动帮助。这给惠普的创始人留下极为深刻的印象。在确定公司宗旨时，尽职尽责，履行一个好的集体公民的义务，就成为惠普的原则。

按照惠普的管理理念，不愿为社会公益事业奉献的人，不会成为公司的合格员工。无偿献血是一种人与人之间以互相帮助的方式，由健康人献出少量血液，去挽救他人生命的一种崇高行为。它充分体现了人道主义和无私的奉献精神，是一项意义重大的社会公益事业。作为惠普在华十周年庆典的组成部分，1995年12月8日，中国惠普有限公司举办了无偿献血活动，从总裁、部门经理到普通员工，包括外籍人士120余人积极参加了这次活动，其中参加体检的有75人，献出鲜血的46人。1996年6月21日，上海分公司的员工响应总公司总裁的倡议，举行了"惠普无偿献血日"活动，120人报名，62位员工以这种特殊方式，回报社会，表达爱心。惠普因此成为中国第一家鼓励员工无偿献血的外企公司。

此外，惠普还热心各种社会公益事业。十几年来，惠普以多种方式支持、赞助中国申办奥运会和各项体育赛事、音乐会及国际和地区间的学术、经济交流活动。在1990年北京第十一届亚运会中，惠普就捐赠了价值50万美元的HP3000/925小型机。

惠普还将主要精力放在对中国科技和教育事业的支持上，为中国的理工科大学提供了大量的计算机和科学仪器，为它们从事科研活动创造了良好条件。

自信乐观

有人曾跟美国惠普公司的20名高级管理人员面谈过，其中18位都主动提到，他们公司的成功，靠的是它重视人的宗旨，这套宗旨就是以人为本的"惠普之道"。

惠普公司的这种重视人的宗旨源远流长，在这一过程中，惠普不断对其进行更新。公司的目标总是一再重新修订，又重新印发给每位职工，每次都重申公司的宗旨,而且宗旨中总是强调:"组织之成就是公司每个员工共同努力的结果……"然后就要强调惠普对有革新精神的人所承担的责任。这一点一直是驱使公司获得成功的动力。

因此,惠普公司对员工有着极强的凝聚力。只要你随便到惠普的任何一家机构,你就能感到惠普人对他们自己,以及他们的工作是如何满足。1979年,国际调查研究公司曾访问了惠普7966名员工,调查他们对公司的看法,结果对惠普的评价好得使惠普都觉得很难为情。该调查公司总裁史塔尼克致函惠普道:"员工对惠普的看法很乐观,特别是他们的归属感和幸福感,以及心悦诚服推荐公司为最好工作地方的意愿。在过去25年间我们对1000余家美国公司所做的研究中,可谓无出其右者。"

这是对惠普之道最为中肯的褒奖,也是对惠普之道最好的注解。

第三节 效益原则

一、效益的涵义

(一)效益的概念

任何组织的管理都是为了取得更好的效益。效益的高低直接影响着组织的生存和发展。效益是管理的永恒主题。那什么叫效益?效益、效果与效率有什么样的关系?

效益是指有效产出与投入之间的一种比例关系,是一种有益的效果,具体地说,它反映了人们的投入与所带来的利益之间的关系。在管理学中,效果、效率和效益都是对投入与产出之间关系的评价,效果是指单位时间经过转换而产出的有用成果,效果的概念侧重于主观的方面,强调合乎目的的程度;效率是指单位时间内所取得的效果的数量,反映了劳动时间的利用状况,效率的概念侧重于客观的方面的评价;效益则要求从主观与客观两个方面的统一中来进行判断,当效益的评价发生在造成这种结果的系统之内,它是指效果与效率的统一,当站在这一系统之外做出效益的评价时,所强调的则是这一结果的外部积极影响。

(二)效益的分类

一般地,效益可以分为经济效益和社会效益。

1. 经济效益

经济效益是指人们在社会经济活动中所取得的收益性成果，它是通过提高经济活动的效果而得到的实际经济利益。这也就是说，是以最小代价，创造出最大价值，获得最佳经济效果。它是对管理的经济目标实现程度从数量方面进行评价的依据。比如，对于企业来说，不仅要求它的产品质量高，品种数量多，而且要求适销对路，适合社会需要；不仅能为企业、员工解决工资待遇低等实际问题，而且也使国家和消费者都获得实际利益；不仅能为企业自身增加利润，而且能够满足社会和消费者的需要。

2. 社会效益

所谓社会效益，是指劳动所产生的成果对社会产生的有用的和积极的影响程度和做出的贡献。这种效益与经济效益的关系是矛盾统一的，一方面，经济效益好，社会效益也好；反之，经济效益差，社会效益也不好；另一方面，二者之间的关系又是矛盾的，有时候，经济效益好，社会效益并不好。例如，有些企业非法从事假冒伪劣产品的生产与销售，虽然本企业暂时获取了可观的经济效益，但社会效益则是极差的。同时，经济效益不好，社会效益并不一定不好。再如，有的出版社由于出版了一些专业性强、学术价值高的书籍，印数很多，经济效益不好，但社会效益却很好。

经济效益和社会效益之间关系。二者既有联系，又有区别。经济效益是社会效益的基础，社会效益是促进经济效益提高的重要条件。它们的主要区别是经济效益较社会效益直接、明显，容易计算，而要衡量计算社会效益就较困难。管理实践中，坚持两种效益的统一观点，确立科学的效益观，把长远和眼前、局部和全局的效益统一于经济和社会效益的协调统一之中。影响这个问题的因素很复杂、很多，但主体管理思想正确与否是极其重要的。现代管理工作在处理经济效益与社会效益的关系上，应该是统筹兼顾，最大限度地追求经济效益与社会效益的同步增长。既反对单纯追求经济效益而不顾社会效益的倾向，也反对片面讲求社会效益而不讲经济效益的做法。当经济效益与社会效益发生矛盾时，应当从全局出发协调两者的关系，但是基本的原则是要让经济效益服从社会效益。

二、影响管理效益的因素

一切管理都努力提高效益，但并不是一切管理都是有效益的。因为管理在使分散的人、财、物结合在一起并形成一个整体的时候，可以产生出积极效应，也可能产生出消极效应。搞清影响管理效益因素，对于实现管理目标具有十分重要意义。管理的效益取决于以下因素：

（一）取决于管理者

管理者是管理主体，在管理活动中居于主导地位，起核心作用。管理者的思想观念、行为方式对管理效益的影响是十分明显的。这是因为，管理者的思想观念在管理活动中往往表现为管理的指导思想，这种指导思想又会支配管理行动，表现出特定的管理行为方式。管理者的思想观念、行为方式对管理效益的影响，是通过计划、组织、人员配备、领导和控制等职能和环节而实现的。

（二）取决于管理对象

管理的效益指标往往要通过管理对象才能实现，因此，管理对象也是影响管理效益的重要因素。现代管理的对象是由人、财、物、时间、空间、信息等要素组成的一个有机体系，其中，人是最重要的。尽管财、物、时间、信息的组合，对提高管理效益有着不可忽视的作用，但这种作用只有通过人的活动才能实现。人的素质水平、工作责任心、主观能动性发挥的程度，往往决定着其他管理对象作用的发挥程度。一般地讲，人的素质水平低，经济发展只能采取粗放型增长方式实现，其效益是比较低下的。人的素质水平高，加之其他相应的财、物、信息等条件，经济发展才可以采取集约型或知识密集型的增长方式来实现，这种增长方式的效益就要高得多。

（三）受管理环境的影响

效益是通过有效的管理活动来实现的，而管理活动又是在外部客观环境的影响下进行的，因此，管理环境也是影响管理效益的一个重要因素。影响管理效益的环境因素有：政治环境、经济环境、科学技术环境和社会心理环境。政治环境是指一个国家的政治形势、法律制度、路线、方针、政策以及国际局势。经济环境则是指管理组织之外经济发展状况，如市场、资本、银行信贷、国家经济形势等，这些因素通过价值规律等方面的作用影响现代管理的效益。科技环境是指管理组织外部科学技术发展状况、科技信息等，这些因素通过影响劳动生产率来影响现代管理的效益。社会心理环境是指管理组织外部的各种社会心理现象，主要包括社会规范、社会舆论、道德、时尚、从众心理等，这些因素是通过管理组织的精神文化、人际关系以及组织成员的心理行为影响管理效益的。

三、效益原则的内容及要求

（一）效益原则的内容

在管理中，重视效益，追求效益，以最小的消耗和代价，获取最佳的经济效益和社会效益，追求管理的整体效益和长期效益，这就是管理的效益原则的基本要求。在社会主义市场经济条件下，管理者必须把树立正确的效益观念作为管理工作的前提，这就要求管理者自觉地克服一切忽视效益的管理思想和方式，把追求效益作为管理活动的准则。

（二）效益原则应用时应注意的问题

1. 在实际工作中，管理效益的直接形态是通过经济效益而得到表现的

这是因为由于管理系统是一个人造系统，它是通过管理主体的劳动所形成的按一定顺序排列的多方面、多层次的有机系统。尽管其中有纷繁复杂的因素相交织，但每一种因素均通过管理主体的劳动而活化，并对整个管理运动产生着影响。综合评价管理效益，当然必须首先从管理主体的劳动效益及所创造的价值来考虑。

2. 要注意管理效益与组织经营战略的协调

在现代化管理中，采用先进的科学方法和手段，建立合理的管理机构和规章制度无疑是必要的。但更重要的是一个管理系统经营战略。这是带有全局性的问题。实际上，管理只解决如何"正确地做事"，战略才告诉我们怎样"做正确的事"。企业如果经营战略错了，局部的东西再好，但产品不适销对路，质量再好，价格再低，也毫无意义。管理效益总是与战略联系在一起的。

3. 追求局部效益必须与追求全局效益协调一致

全局效益是一个比局部效益更为重要的问题。如果全局效益很差，局部效益提高就难以持久。当然，局部效益也是全局效益的基础，没有局部效益的提高，全局效益的提高也是难以实现的。局部效益与全局效益是统一的，有时又是矛盾的。因此，当局部效益与整体效益发生冲突时，管理者必须把全局效益放在首位，做到局部服从整体。

4. 管理应追求长期稳定的高效益

企业每时每刻都处于激烈的竞争中。如果企业只满足于眼前的效益，而不以新品种、高质量、低成本迎接新的挑战，就会随时有落伍甚至被淘汰的危险。所以，企业经营者必须有远见卓识的创新精神，不能只追求当前效益，不惜竭泽而渔，寅吃卯粮，不保持必要的储备，不及时地维护修理设备，不进行必要的技术改造，这样的话，必然损害长期效益。只有不断增强企业发

展的后劲，积极进行企业的技术改造、技术开发、产品开发和人才开发，才能保证企业有长期稳定的高效益。

5．确立管理活动的效益观

管理活动要以提高效益为核心。追求效益的不断提高，应该成为管理活动的中心和一切管理工作的出发点。要克服传统体制下"以生产为中心"的管理思想。因为这种管理思想必然导致片面追求产值、盲目增加产量的倾向，从而可能造成产品大量积压、效益普遍低下的状况。

遵循效益原则，要学会自觉地运用客观规律。例如，必须学会运用价值规律，随时掌握市场情况，制订灵活的经营方针，灵敏地适应复杂多变的竞争环境，满足社会需求。

四、效益原则的应用——效率管理

效率管理是通过分析组织及组织的流程，对组织的效率进行规定、分析和评估，提高组织的效率，从而有效地实现组织目标的活动。它强调要以一切可行的效率标准来统一人们的思想，指导人们的行动，把效率作为管理活动的宗旨，放在工作的中心位置，这是效率管理的精髓所在。效率管理要求组织根据具体问题的性质和特点选择适当管理方法用以解决组织的效率问题，有利于提高效率的一切方法都在效率管理关心的范围之中。例如，为了提高原材料的利用效率，可以通过提高成品率、改进产品质量、改进产品设计等方法来实现；为了提高人员的效率，可以采用民主管理等方法来鼓励、激励他们等。

（一）效率管理的特点

1．以组织效率为中心的全面管理

效率管理是以效率为中心。效率问题是管理活动的出发点和归宿，管理的核心问题就是要提高效率。因此，必须紧紧地把握效率这个管理的核心问题，以提高效率为管理的目的。但效率存在于组织和管理活动的过程中，浅层次地谈效率的问题，对管理是没有多大益处的，必须根据当时情况做具体分析。

一般地，高效率常常表现出节省了时间，低效率往往表现为时间的浪费。但是时间的运用只是提高效率的一个方面。而有效的组织结构、严格的规章制度、科学的计划、良好的团队协作、先进的预测技术、正确的战略决策等都可能成为效率提高的重要因素。所以，效率的提高不仅仅是时间的节约。

从普遍的意义上看，效率是与一定的人、一定的管理对象和一定的工手段联系在一起的。换句话说，效率是相对于一定的组织而言的。很难设想一个人浮于事，机构混乱，责任不清，赏罚不明，缺乏系统的组织会有什么效率可谈，对于一个管理者来说，只有不断提高组织效率，才能提高组织的管理水平，推进组织的不断发展。

组织效率的提高，要对组织进行全面管理。它包含有三层意思：

第一，要从组织流程的全过程考虑效率管理，比如企业中产品设计、产品试制、原材料采购、产品储备、产品生产和销售等各个方面，都要进行管理。这种管理表现为全过程的效率管理。

第二，全员的管理，即组织中的所有人员都要参加效率管理，从组织的最高领导到管理部门，再到每个组织成员都要加入到效率管理之中。这种效率管理表现为全员性的效率管理。

第三，所有要素的管理，即组织中的所有要素，包括物资、设备、仪器、材料、工资、折旧费、其他支出等都要加以管理。这种效率管理表现为全要素的效率管理。

2．效率管理的目的是追求高效益

管理作为一种特殊的社会活动，它总是在一定的目的指导下进行的。效率管理是有其目的的，它的目的是追求高效益。效率管理正是通过追求效益来实现其管理目的的，设法用最短的时间，完成最多的工作，用最小的投入获得最大收益的目的。

在管理中，对实际管理效果的评判取决于评判的标准，正确的管理效果标准应该能够反映出管理的本质，只有确定了正确的管理效果评判标准，才能在管理的过程当中对管理效果做出正确评价，及时纠偏，确保管理行为产生积极的管理效果。管理的本质是提高效率，效率管理以效率为标准对组织的管理效果进行分析，通过和竞争对手进行比较，来判别组织资源的利用率，在和竞争对手的成本、产量和利润的对比当中，寻找差距，查明原因，完善管理，通过追求效率达到提高效益的目的。

而效率管理是以追求效率为起点，以考核组织目的的实现为终结，是一种重视过程的管理方法。效率管理通过优化管理过程来实现优化组织效益的目的。

3．强调动态性

效率管理是过程管理，它不把管理工作的重心仅放在最终的目的上，它的管理工作的重心存在于整个管理过程中。效率管理同时也是动态的管理，管理者时时监控管理的过程，管理者通过研究组织的流程，重视、强调在研究组织过程中如组织、指挥、监督、调节的管理，甚至包括组织成员进行的基本操作或动作，及每个成员所使用的工具。一旦发现管理过程中任一环节出现偏差，就能及时发现偏差迅速报告上级，以便上级能及时采取措施加以纠正，这样就需要在管理的过程中动态地解决管理问题，对企业和组织进行动态管理。这种管理由于重心前移，加强事先控制，因此有利于避免管理工作的重大失误和浪费。

（二）提高效率的途径

人是管理中最活跃、最能动、最积极的因素，组织活力的源泉在于脑力和体力劳动者的积极性、能动性和创造性。所以，管理的首要任务是对人的管理，通过对人的组织、指导和调节，充分调动人的主动性、积极性和创造性，做到人尽其才。提高人的效率，需要通过建立相关的组织与人事制度来明确个人责任。管理者必须使组织机构的每个岗位都有非常明确的责任，并通过制度把组织成员的行为纳入到有利于实现组织目标的工作轨道上来，才能使整个组织有效地运行起来。

现代管理要求，任何组织都不能再通过高消耗来带动组织的发展，而应当把降低成本作为挖掘组织发展潜力的基本途径。在管理系统中除人之外还存在一些物质成分，如物资、设备、资金、技术、信息等。管理好、使用好资金、物资设备和物质设施，是提高管理效益、降低管理成本的重要途径。科学的管理和合理的使用物资资源将会最大限度地提高效益。

（三）效率的标准

使用效率管理的方法，首先要在组织中建立正确的效率标准。设计效率的标准是效率管理的重要组成部分。标准可能有许多种类，可以用货币单位来表示，如销售额、成本、投资费用或利润等。也可以用非货币形式来说明，如产量、工时、速度或废品量等，效率标准也可用可考核的定性要求来表示。其中最为理想的是可考核的目标。设计效率标准的方法一般有：

第一，可以用本组织或其他同类组织过去资料的分析为基础来确立现在的效率标准。这种方法简单易行，但是过去的一些数据很难说明现在的情况，尤其在组织的工作条件和技术水平发生很大的变化时。例如，使用现在的机器，就不能按几十年前的数据去制订标准。

第二，可以凭借主观经验进行判断确立标准。在许多情况下，有些工作标准本身就无法数量化。例如人的积极性、组织对社会活动的贡献等。在这种情况下，就只能以过去的经验为基础进行判断，以确立工作标准。在采用这种方法时，管理人员的经验非常重要，工作标准是否符合实际情况主要取决于他们的经验，主观性较强。

第三，用测量分析的方法。在对具体工作所作的客观测量基础上进行分析，设计出每个工作人员工作量。对每个工作人员工作量的研究可以运用时间动作分析方法。这种方法最初是由泰罗倡导的，此后，又被广泛地应用于各类组织，确定各种工作的标准。当然，运用此法还要考虑到影响测量结果的多种因素，例如工作的难度、工作人员的技巧、努力程度、工作条件等。

（四）效率管理的步骤

效率管理的管理过程一般都要经过：

第一，调查分析组织状况，进行效率对比，确定效率标准；

第二，拟订、评价并抉择方案；

第三，组织实施方案；

第四，考察方案执行情况，并修订方案；

第五，组织实施新方案，监督并反馈。

上述的各个步骤是相互依赖的，前一个步骤是后一个步骤得以实现的前提，后一个步骤是前一个步骤的目的和结果。管理者在进行某一步骤的工作时，必须以前一个步骤为基础，并为后一个步骤的进行创造条件。这样才能使整个管理活动有效地进行。

第四节 能级原则

一、能级与能级管理

（一）管理的能级原则的涵义

"能级"是现代物理学中最重要的概念之一，能是做功的本领，能量有大有小，把能量按大小排列，如梯级，就叫"能级"，意指做功能量的级别。

它给予管理学以深刻的启示：在一个管理系统中，机构、人员、制度、方法等都有能量，能量大小不同，在管理中发挥功能和作用也不同。相对稳定的管理系统并不是由其机构、人员、制度、方法等要素均匀构成的，而是具有不同层次、不同能级的复杂系统，在该系统中，每一个部分根据本身能量的大小而处于不同的地位，发挥着不同的功能和作用，从而使管理得以有规律地进行，以获得最佳的管理效率和效益。

在现代管理活动中，根据不同的能级，建立层次分明的组织机构，安排与职位能级相适应的人去担负管理任务，给予不同的权力与报偿，形成完整的、有层次的、尽责尽才的管理能级，从而以保证管理最大能量的发挥，称为管理的能级原则。

（二）管理能级的类型

管理是一种综合性的创造活动，在管理组织系统中，必须根据组织的情况建立合理的组织结构，将具有不同素质、能力和专长的人进行科学的组合，才能产生最大的效应。能级管理实际上就是设计合理的组织结构，然后进行量才用人、层次用人的过程。

管理能级在管理系统中主要分为组织能级和个人能级。组织能级是指组织的分级管理，即依据工作的性质、特点、涉及的范围以及对组织绩效的影响度等因素进行的组织分工，如组织可以分为三个层次：战略决策层、计划执行层和作业监督层，也就是通常所说的高层、中层和基层。管理层次与管理职位的高低取决于该层次、该职位实际的工作状况与工作要求。一般来讲，职权越大，对下级的控制面越广，所做决策和决定的影响力就越大，其管理层次与职位就越高；周围环境对其工作的限定性因素越少，所受监督越小，工作的自由度越大，要求独当一面的能力就越强，承担的责任就越大，其管理层次与职位就越高；工作内容越复杂，处理的非常规性问题越多，该业务要求的创造力、变革力就越强，其管理层次与职位就越高；工作方法越复杂化、知识层面越多样化、影响力越广泛，其管理层次与职位就越高。

个人能级主要体现在个人能力的合理使用与开发上。人的能力的差异有能力水平上的差异，有能力类型上的差异，也有能力发展早晚上的差异。因此，不同的人就会对不同的工作有着不同的适应性。那么，在人才的使用上，必须根据不同的管理系统对人才能级的要求而选用具有相应能级的人才，量才施用，人尽其才。例如，高层实施宏观管理，解决企业战略上的问题；中层实施中观管理，解决的是企业战术上的问题；基层实施微观管理，解决的是技术业务上的问题。对于这三层管理者的气质、才识、特长等方面有着不同要求。适于配置高层担任宏观管理人才，要求精通领导管理艺术，常称为"管理大师"；适于配置中层担任中观管理人才，要求"领导管理科学"的"管理专家"；适于配置基层担任微观领导人才，则要求是偏重于掌握"行为管理科学"的管理人才。

二、能级原则应用时应注意的问题

（一）能级的确定必须保证组织结构的稳定性

在管理系统中一方面应根据组织结构内部各层次、各部门对管理释放能量的大小确定它们在系统中的地位；另一方面各层次、各部门和各岗位之间人员应保持一定比例。个别环节能量过大或过小，都会影响结构的稳定性和效率。

（二）管理能级与权力、利益相对应

要提高管理系统的效率，必须使系统的各个不同的能级与不同的权力、物质利益和荣誉相对应，即不同能级应授予不同的权力和责任，给予不同的利益，使系统中处于不同能级上的管理者都能在其位、谋其政、行其权、尽其责、取其酬、获其荣，充分调动他们的积极性，发挥每个人的作用。

（三）组织能级与人才能级在动态中相对应

因为岗位不同，能级不同，每个人也有不同的才能。同时，管理环境和管理任务是动态的，人的能力是在变化的，所处的能级也就在有所变化。现代化管理必须使相应才能的人处于相应能级的岗位，使人尽其才，各尽所能。要通过每个能级的实践、发展，锻炼和检验人们的才能，使之各得其位。人的才能通过学习和实践锻炼得到不断提高，或者年迈力衰，知识老化，才能有所降低。此时，就需要按才能的变化更换不同能级的岗位，实现能级的动态对应。只有这样才可以发挥最佳的管理效能。

就某个具体的个人而言，也许他的专业、才能、特长随着工作的不断变化与更新，从基层升到中层，在从中层提拔到高层，都能适应新的职位，新的要求。然而，在人才的宏观管理上，却必须通过科学的工作分析和人才分析把人才配置到最适合他的层次与岗位上。同时，还要通过组织、人事制度的改革，保证不同层次上的优秀人才都能得到重用。

第五节 弹性原则

一、动态原理

（一）动态原理的概念

管理活动是动态的，时时处处都在不断地运动着、变化着，由此要求管

理方法必须随机应变。管理工作实质上就是针对管理对象运动变化的情况而实施动态管理的过程。它强调对目标、计划的内容，对组织、指挥、控制的方法，要及时不断地做出调节，以保证管理系统正常运转并发挥整体功能。

管理的动态原理有两方面的含义：一是管理组织系统内部原有的结构、功能、运行状态，随着内部各要素及内部其他条件的变化而适时调整和变化的动态规律。二是管理组织作为更大系统的子系统，具有随着大系统的变化而变化的动态规律。因此，动态原理受到内外两方面条件的制约。

（二）动态原理的基本特征

1. 有序性

动态原理的有序性特征，是动态原理发挥有效作用的前提保证。管理组织的动态性活动不是混乱无序，它的运行是按照一定的规律有序地进行的。

2. 适应性

这是动态原理的主要特征。管理组织系统是一个动态系统，受到系统内外环境的影响和制约。分析研究内外环境的变化，努力适应其变化的要求，是动态管理的核心。正确运用动态原理的适应性特征，可以帮助管理系统走出无法持续保持系统高效的运转的困境，增强管理系统的应变能力和适应能力。

二、动态原理的体现——弹性原则

（一）弹性原则的涵义

由于管理系统的要素及管理环境都具有复杂多变的特点，人们的认识往往不能百分之百地把握它们，而且人本身又是不断变动的因素，常常存在力所不及和顾此失彼的现象。所以，管理必须遵循弹性原则，必须留有余地，把握其伸缩性，注重随时调节。

弹性是一定程度上的自由调整、发挥的空间。我们认为，所谓弹性管理原则，是管理的原则性和灵活性的统一，即通过一定的管理手段，使管理对象在一定条件的约束下，具有一定的自我调整、自我选择、自我管理的余地和适应环境变化的余地，以实现动态管理的目的。弹性管理原则最突出的特征就是"留有余地"。弹性管理可以使组织系统内的各环节能在一定余地内自我调整、自我管理以加强整体配合；也可以使组织系统整体能随外界环境的改变而在一定余地内自我调整以具有适应性。

（二）弹性原则的性质

管理弹性一般分为局部弹性和整体弹性两类。

第一，局部弹性就是任何管理必须在一系列重要的关键管理环节中保持可以调节的弹性。

第二，整体弹性是指整个管理系统具有适应环境变化的应变能力或适应性，即具有整体可塑性。

局部弹性是整体弹性的基础，整体弹性是局部弹性的综合。需要指出的是，整体弹性的这种综合性并非所有局部弹性的简单相加，整体弹性的功能远远大于局部弹性之和，形成一种整体"新质"。

同时，必须正确区分两种性质的弹性即被动弹性和主动弹性。被动弹性的根本特点是"被动应付"。针对诸如计划指标过低，费用预算夸大，人浮于事，规章制度不健全，对整个管理系统采取应付态度，墨守成规地维持现状，不善于发挥人、财、物的潜能。主动弹性着眼于遇事"积极主动"。最大限度地开发管理要素的潜力，摒弃管理资源浪费现象，使整个管理系统具有灵活应变的特性。这是弹性原则正确应用的体现。

（三）正确应用弹性原则的几点要求

1. 倡导"主动弹性"思想

真正有效的管理追求的是主动弹性。只有持主动弹性的思想，在系统内建立全面科学的应变体系，才能带给管理系统真正的生命力。"被动弹性"思想是一种逃避现实，不思进取的思想，它既不利于管理系统本身应变能力的真正提高，同时，由于被动弹性是以低效益和高成本为代价的，因而也不利于管理系统未来的发展，使管理系统缺乏应有的发展后劲。所以，提倡"主动弹性"思想，杜绝"被动弹性"思想，把"被动"思想转变为"主动"思想，是正确应用弹性原则的客观要求。

2. 着重提高关键环节的局部弹性

"抓重点"是正确应用弹性原则的另一要求，抓住重点的前提是关键因素或关键环节的确定。关键因素与关键环节的主要特征有：对组织整体目标的实现举足轻重；薄弱环节；不确定性大；控制的难度大。因此，提高关键环节的局部弹性。应从几方面入手：

第一，加强对关键环节未来发展变动的科学预测。

第二，根据预测，建立各种科学有效的防范措施。

第三，严密注意势态的发展。发现问题，及时采取相应措施，实现真正局部弹性。

3. 增强整体弹性

提高局部弹性，就是为了增强整体弹性。有了整体弹性，就有了实现系统整体目标的保证。对系统整体弹性的增强，既可以通过加强局部弹性来实现，也可以直接从整体角度入手来解决管理弹性问题。

（三）弹性原则的具体应用

1. 弹性管理在财务工作中的应用

财务管理面对的是复杂的内外环境，内外部环境的不确定性给了弹性管理以发挥作用的空间。

（1）弹性应用于财务管理的计划工作中。计划工作特别强调"留有余地"。弹性计划应具有两个特征：一是计划各要素特别是实施措施要具有一定的灵活性，以利于在执行计划时各要素能自行调整、补充、配合、完善；二是整个计划要具有应变能力，例如财务管理中的预算管理，弹性原则要求，市场变化了，弹性销售计划就应随市场变化而自行调节，这样就扩大了预算的使用范围，有利于对生产经营活动进行跟踪、分析。在一定限度内，计划的弹性越大，由于未来意外事件引起大损失的危险性就越小。

（2）弹性原则应用于企业的资本结构中。理论和实践都从不同角度上证明了并没有最佳资本结构，对于大多数企业，最佳资本结构有一个大致范围，也即资本结构的弹性空间。众所周知，企业融资是主要通过金融市场进行的，金融市场因受各种因素影响，会引起不同种类融资成本和融资风险发生变动，如市场利率、汇率、贴现率变动等。如果企业融资缺乏弹性，被固定在几种融资上，那么，融资成本和融资风险也将增大。所以保持资本结构弹性是财务运作的必要前提。现实中有的企业倾向于做大做强，其中一个重要原因就是大企业有巨大的资产担保，投资、融资可选择方式多，这是资本结构的规模弹性；有的企业乐于发行可转换证券，因为可转换证券给企业提供了一条调整资本结构的渠道，这是资本结构的转换弹性。

（3）弹性原则应用于企业的投资决策，尤其是长期高风险决策。传统的净现值理论有其理论上的盲目性和局限性，其设定必须在特定时间点上做出投资决策，但此一决策时间点上的机会成本却很大，而且忽视了延后决策选择方式，使得企业暴露在极高的风险下，而导致净现值计算上的误差，使投资决策产生错误。如果等到更多资讯和机会出现后，再做出投资决策，使投资决策具有弹性，这样就可以创造更有利的投资机会。

（4）弹性原则应用于财务管理的控制中。控制是保证各项活动符合计划要求的一项管理工作。如果要使控制工作在计划出现失常或预见不到的变动情况下保持有效性的话，或者在日常管理中使管理者、员工等按照符合企业根本利益的原则进行工作，所设计的控制系统就要有灵活性，这种灵活性即是控制的弹性原则。从某种意义上说，现在的薪酬和绩效评价体系也是一种弹性控制。弹性工资、股票期权激励为员工的努力工作提供了弹性空间，激励他们与企业目标一致，控制他们违反规定的行为，因为违反的话，他们就会失去高工资和股票。

2. 弹性原则在企业经营管理中的应用

老子曰："曲则全，枉则直。洼则盈，敝则新。长则得，多则惑。"意思就是说：处理事情，能弯曲则能保全，能委屈则能伸张；低地洼则将转为平满，物破旧则将转为崭新。人对于财物，少量拥有就会最终一直得到，多占就将迷惑而失去方向。对于企业经营管理来说，必须遵循弹性原则，使动态经营管理具有一定的伸缩余地，使经济运行能在一定余地内变化。

例如，20世纪20年代，资本主义世界一派祥和景象，通用汽车公司适时研制出售价较高的高级汽车，买主和卖主皆大欢喜；30年代，经济危机笼罩了资本主义世界，各阶层的购买力大打折扣，通用汽车公司又研制出售价较低的轿车，顺应了潮流；50年代，资本主义经济复苏，一些大老板向通用汽车公司订购了高消费的豪华汽车，通用汽车公司便推出了一批大型豪华汽车；到了50年代末、60年代初，许多消费者对小型豪华车分外垂青，通用汽车公司敏锐地觉察到这一消费趋势，立即将小型轿车"拷贝尔"改装成小型豪华车，领先汽车制造业的竞争者，迅速占领了市场，70年代，石油危机的阴影笼罩全球，通用汽车公司又研制出低能耗的轻型轿车，满足了用户的需要。通用汽车公司始终把自己的命运与消费者的命运联系在一起，根据市场的变化，不断地更新自己的产品，因此才能在竞争激烈的世界汽车市场上立于不败之地。在经营管理过程中，要抓住主要矛盾，从而制订出具体方案。在实施方案的过程中，必须留有余地，以弥补对次要因素的考虑不周。随着现代经济的发展，社会多样化趋势日益明显，客观上要求企业经营管理具有弹性，只有这样才能适应变化的目标市场需求。

3. 弹性原则在企业的组织结构的应用

随着社会的发展，管理从固定的组织系统向富有弹性的组织系统发展。这是社会管理发展又一个重要趋势。

过去在组织管理中，建立起一套完整的组织系统，长期固定不变，显得僵硬。但现在，由于社会环境的不断变化，要求组织机构应该趋于灵活而富有弹性，以求信息畅通并行动敏捷，能够具有很强的对环境的适应能力。为了简化发号施令和相互沟通的渠道，组织管理者将缩小机构，减少层次。在企业各下属机构变小的同时，将赋予它们更大的自主权，实行经营权和管理权下放。这既有利于发挥下属人员的专长和创造精神，又有利于使企业领导把主要精力集中在高层战略决策问题上。

20 世纪 80 年代初，日本和美国的一些管理学者对日美几家著名企业的组织机构进行比较后指出，美国企业规模过大，组织机构过于复杂，企业内部各部门之间划分很细，部门间沟通少，管理集权程度高，灵活性差。而日本企业的组织结构相对简单，部门之间的横向联系多，各部门在经营上有很大的灵活性，许多企业可以根据生产和经营的需要，及时扩大或收缩某些业务部门，以适应现代化生产。这种组织具有较强的应变能力，机动灵活而不僵化，形式多种多样，有较高的工作效率。这种富有弹性的组织是柔性组织。

随着信息技术的不断进步，网络经济的不断发展，组织机构必然会越来趋于随意性和多样化，相应的组织管理，也必将日趋柔性化。

第六节 一般管理方法

管理方法是在管理活动中实现管理功能，顺利实现管理目标的基本保证。管理方法是管理理论的具体化和实际化，任何一种管理理论都会提出一套独特的管理方法。因而，管理学的发展，也使具体的管理不断地推陈出新，出现了各种各样的管理方法。实际上，管理方法是因管理对象和管理主体的不同、管理范围和管理环境的差异而有所区别的。由于管理活动贯穿于人类社会生产和生活的一切领域，具有复杂的形式，所以管理的方法也是多种多样的。我们这里所讲的管理方法，是指最一般的、最基本的管理方法，是一切具体的管理方法中的共性因素。在具体的管理活动中，这些基本方法必须得到遵循。

一、管理方法的涵义与分类

（一）什么叫管理方法

管理方法是指管理者为了有效实现组织目标，科学地协调管理要素的工作方式或手段。管理方法是实施管理行为的途径，是实现目标的手段和桥梁，对管理系统功能的发挥和组织目标的实现具有非常重要的意义。

（二）管理方法分类

管理方法按照不同的标准可以分为许多种类。

第一，按照管理对象来划分。可以划分为人事管理方法、物资管理方法、资金管理方法、信息管理方法和技术管理方法等。

第二，按照管理环境来划分。可以划分为宏观管理方法和微观管理方法。

第三，按照管理方法的应用范围来划分。可以划分为经济管理方法、政治管理方法、文化教育管理方法和军事管理方法等。

第四，按照管理方法所运用技术的特性来划分。可以划分为管理的"软方法"和"硬方法"，前者是指主要靠管理者主观判断能力的方法，后者主要指靠计算机数学模型的数理方法。所以又分别称为定性管理方法和定量管理方法。

第五，按照管理方法适用的普遍程度。可以分为一般管理方法和具体管理方法。一般管理方法，我们认为常见的有：经济方法、法律方法、行政方法和社会心理学方法等，下面就针对这四种最一般、最基本的管理方法介绍一下。

二、经济方法

（一）经济方法的涵义与形式

1. 经济方法的涵义

经济方法是一种通过调节各方面的经济利益关系去刺激组织和个人行为促进管理目标实现的管理手段。简单地说，经济方法就是一种利用人们对物质利益的追求而采取的物质刺激的方法，在作用方式上表现为：利用利益引导机制去促使被管理者积极地同管理者一道追求管理系统所支持和鼓励的利益，因而是一种间接影响被管理者行为的方法。在管理中运用经济方法的目的是：把对被管理者的外在支配力量变成他的内在动力，使管理者和被管理者一道，在共同的利益追求中，凝聚为实现管理目标的组织力量，调动组织成员的积极性，使组织成员把个人的利益与组织的利益联系在一起，促进整个管理系统的经济效益与社会效益协调发展。

2. 经济方法的形式

经济方法的形式主要有以下几种：

（1）价格。发挥价格的作用是经济方法自觉运用价值规律的体现。价值规律在市场上发挥的作用主要是通过价格变化来实现的。在国家宏观经济调控中，国家通过对商品价格的控制来实现对商品生产者经济利益的调节，价格可以指导生产和消费、调节部分国民收入的分配。

（2）税收。税收既是国家财政收入的来源，又是国家宏观管理的重要方法之一。国家根据经济发展的需要，通过调整税种和税率，鼓励或限制企业或个人的某种经济活动，从而影响和调节它们的经济利益。税收可以调节生产和流通以及企业的利润水平，有助于促进边远和落后地区的经济发展，也可以调节对外贸易、各种经济成分和个人的收入等。

（3）信贷。信贷是最为灵活、有效的经济调控方法之一。银行信贷通过利息率、贷款额、归还期方面的变化，合理组织和分配社会资金，调节企业和社会其他各种经济活动，它对于调节生产和流通，促进企业加强经营管理和国家出口创汇都有着重要的意义。

（4）工资。工资是一种基本劳动报酬形式。这一经济方法直接涉及企业和职工个人的物质利益，正确使用它，对于调动企业的经营积极性和职工个人的劳动积极性，有着直接的促进作用，所以各个企业应采用适合本企业特点的工资制度，切实地使工资成为一种有效的管理方法。

（5）奖金。奖金是超额劳动的报酬。它是根据物质利益原则，鼓励多劳多得，充分调动职工积极性，促进生产和工作的顺利进行的一种典型的经济方法。奖金应当与个人的工作和成果相联系。奖金能够对被管理者的行动方向和努力目标发挥引导作用，因而，它是管理者实现管理的有效的方法。

（6）罚款。用经济方法进行管理，必然要有奖有罚。罚款可用于各种不利于组织目标实现的情况，例如管理不善、经营亏损、工作失误、工作事故等一切给组织造成危害的行为，通过罚款形式进行管理，可以有效制约或收敛某些人的不良行为。

（二）经济方法的主要特征

1. 调节性

在宏观管理中，它表现为国家运用各种经济杠杆来制约企业以及各种具有独立经济利益组织的各种活动，调节生产的数量及质量，使生产纳入到国民经济计划的轨道中，合乎国家的目的和要求；在微观管理中，它表现为企业及各种组织通过各种经济手段来制约和调节组织成员的活动。

2. 灵活性

经济手段适用于不同部门、不同地区、不同时间、不同岗位和不同的管理活动，针对不同的管理对象，经济手段可以灵活地变通，即使对于同一管理对象，在不同的情况下也可以采用不同的方式，以适应形势的发展。

3. 平等性

经济手段肯定了被管理的组织或个人在获取自己的经济利益方面是平等的，要求根据统一的价值尺度来计算和分配经济成果；各种经济手段的运用对于相同情况的被管理者起同样的效力，不允许有特殊情况。

(三) 经济方法运用时应注意的问题

经济方法有效与否取决于是否正确运用这一方法，因为经济方法既有优点，也有缺点，既能发挥正面的影响，也会产生反面的影响。

经济方法运用得好，能够较好地处理各方面的物质利益关系，能够从根本上调动各方面的积极性，使组织的工作效率提高，保证组织目标的实现。但是经济方法也有自身的不足，容易产生单纯追求财、物的思想和"拜金主义"，使组织成员只看到自己的物质利益，而不顾组织目标的实现；容易导致各种利益目标的分散和混乱，产生互相矛盾的现象。因此，在运用经济方法进行管理时应注意以下几个问题。

第一，一个组织运用经济手段的前提条件是它必须是一个有着独立的经济利益的组织实体，否则，运用条件手段不仅不会产生动力，反而会冲击管理目标，造成混乱和其他消极影响。比如在学校管理中，对学生滥发奖金或罚款，都不是适当的管理。即使在企业管理中，运用经济手段也需要有合理的定额标准。因为，合理的定额标准是经济手段实施的基础，否则，难以衡量优劣，无从奖惩。所以，标准是否合理，直接影响经济手段的效果。

第二，运用经济手段要特别注意各种具体的经济手段的协调配套。因为，往往不能孤立使用某一手段，需要健全各种手段，形成配套，并且相互间要协调。比如，在宏观管理中价格、税收、信贷都无法单独发挥宏观经济调控的作用，只有配套使用才能达到调控的目的。在微观管理中也是这样，工资必须与奖金、罚款等手段相结合。

第三，经济手段的运用还需要得到法律、政策的支持，需要有相应的经济立法和条例、规章制度的配合。只有有了良好的适宜于运用经济手段的环境，经济手段的运用才是有效和有益的。

三、法律方法

(一) 法律方法的涵义与形式

法律方法是一种运用法律规范和具有法律规范性质的各种行为规则进行管理的方法。

这里讲的法律，是站在一般社会学和管理学的角度来看的，与法学中所特指的国家法律有所不同。我们所使用的"法律"一词，不仅包括由国家制订和实施的法律，还包括各种组织团体的管理系统所制订和实施的各种类似法律性质的行为规范，是国家法律和组织内部纪律、制度、行为规范的总称。

由于社会关系是复杂多样的，法律规范的形式与内容也极为丰富。正是法律规范的丰富性表明，任何法律规范都是具有特定的适应范围和条件的。每一种法律规范都明确规定，只是合乎哪种条件、出现了哪种情况，才能够使用本规范。法律规范作为确定的行为规则，明确规定允许哪些行为规则，它对人的行为做出明确的区分，明确规定允许哪些行为和禁止哪些行为，或者要求做哪些事情。遵守或违反法律的规定必将伴随着一定的后果，那就是受到奖励或制裁。

法律规范可以进行各种不同的分类：按照法律规范表现形式的不同，可以分为义务性规范、禁止性规范和授权性规范；按照法律规范内容的确定性程度，可以分为确定性规范和非确定性规范；按照法律规范机关的法律效力不同，可以分为法律、法令、条例、决议、命令、守则、规章制度及其他规范性文件。运用以上这些不同的法律规范进行管理，就构成了各种具体的法律方法。

（二）法律方法的特征

具体地说，法律方法的主要特征可以概括为以下几点：

1. 强制性

法律方法作为组织明确的行为准则具有相当的严肃性，它对全体组织成员均具有强制性的约束力，也就是人人都必须遵守这些行为准则。如果什么人违反这些行为准则就将会因犯法或违纪而受到处罚。

2. 规范性

法律方法通过确定行为规范来进行管理，它规定社会公民和组织成员在一定情况下，可以做什么，应当做什么和不应当做什么。它具有引导功能。法律方法的规范性特征规定了组织成员的活动范围和界限，规范了组织成员的行为。

3. 概括性

法律制约的对象是抽象的、一般的人，而不是具体的、特定的人。同时法律不是含糊的，任何人都可以据以衡量是非。

4. 稳定性

法律在同样的情况下可以反复适用，而不是仅适用一次。并且法律一经颁布实施，就不能随意改变，法律条文的解释也是统一的，具有一定的稳定性。如需修改则经过一定的手续和程序。

5. 可预测性

法律方法的使用具有可预测性。组织成员可以根据法律条文预见到组织对自己的和他人的行为会有什么样的反应。人们事前可以估计到自己或他人的行为是合法的还是非法的，会有什么样的后果。

（三）法律方法运用时应注意的问题

法律方法是严肃的、规范的、强制性的管理手段，正确地运用这一方法，对于建立和健全科学的管理制度，促进管理活动步入规范化、制度化的轨道，具有非常重要的意义。然而，法律方法也存在缺点，主要有：缺乏灵活性，不利于处理特殊的问题和及时处理管理中出现的新问题，法律方法高度强制性，往往不利于调动下属的积极性和主动性等，由于法律方法具有上述优缺点，所以使用该方法时要特别注意以下几点：

1. 法律的内容要与整个社会和组织内的道德水平相适应

低于社会和组织系统内道德水平的法律，将起不到制约的作用，过分高于社会和组织系统内道德水平的法律，也会造成实施的困难。其实，法律规范的制订还要考虑组织的其他各种条件，以与现实相吻合。

2. 要强化法律意识，树立法律的权威性

法律意识即法制观念，它包括人们对法律的基本看法，对现行法律的要求与态度，对各种法律的认识与理解，以及对人们行为的合法性的评价等。强化法律意识，树立法律权威，是运用法律方法进行管理的关键，它起着重要的思想保证作用。只有广大群众和组织成员知法、遵法、重纪，自觉地同一切违法乱纪现象做斗争，才能维护法律的尊严和权威，使管理活动规范化。

3. 要建立有效的法律机构和法律体系来保证法律的实施

法律机构是指立法和司法的组织机构及其纪律的维护机构，它是运用法律手段的组织保证。只建立起完备的法律条文还不够，必须有机构对其进行贯彻与实施。这之中，检查、监督及对违反规定者的处理尤为重要。因此，只有建立完备的法律机构，才能提高法律的权威地位。否则，各行其是而无人追究，管理活动就失去了标准和依据，依法管理也就成为一句空话。

4. 要根据客观事物的具体情况，选择正确而适用的法律调整方法

违反法律的情况不同，处理方式也不同，结果则更是不同。违法事件的处理有法律适用问题，严重的有量刑问题。因此，不同情况选用不同法律的调整方式，是法律方法公平性的保证。不过，不管何种情况，法律规范的实施都要强调一个"严"字，即从上到下要严格执行，不能有例外。此外，对法律规范的解释也要保持同一性，不能"仁者见仁，智者见智"，更不能随心所欲。

四、行政方法

（一）行政方法的涵义与形式

行政方法是一种依靠组织的行政权威，运用命令、指示等强制性的方式，对下属施加直接影响的方法。

这种方法都是以权威和服从为前提的，表现为一种权力支配关系，其作用形式是根据行政组织系统的层次结构自上而下发挥作用的。组织的权威是根据组织系统的等级结构而被赋予组织中不同层级上的职务和职位的，当组织权威与这些职务和职位联系在一起的时候，是以权力的形式出现的。处在这些职务和职位上的人，有着确定的职权和职责范围。行政方法的基本要求是，在权威和权力的作用范围内，下级必须服从上级。

历史上，行政方法是最早被运用到管理中来的手段之一，到了现代，一切稍大规模的管理活动都包含着行政方法，国家与社会公共事务管理的领域是行政方法广泛运用的领域，或者说这是主要运用行政方法的管理系统。除了这个领域，在各种各样的企业、事业管理领域中，也普遍运用行政方法。可以说在一切具有层级结构的组织中，都程度不同地运用行政方法。

从根本上看，行政方法是一个组织的领导人员或领导机构行使组织权威的过程，而组织的权威也是建立在权力的基础上的，每一个组织机构及其负责人，都是由法律、条例、组织章程或上级机关授予他一定的权力，这些权力本身就代表着组织的权威，运用这些权力就是行使组织的权威，同时也在这个过程中维护和进一步加强组织的权威。也就是说，行政方法所依据的权威是组织的权威，而组织的权威又是在权力结构和权力运行中建立起来的。一切组织都是分为一定的层次的，在每一个层级上都设置了一定的职务和岗位，权力总是与这些职务、岗位联系在一起的，而不是与某一个人联系在一起的。一个人处于某一岗位上、担任某一职务，他也就有了与这个职务、岗位相应的权力，当离开这一岗位和辞去这一职务时，也就同时交出了与这一职务和岗位相联系的一切权力。因此，人们往往习惯于把权力称作为职权。从职权的意义上来理解职责和权限的范围对于我们管理者正确运用权力有着现实意义。

行政方法的形式主要有：命令、指示、计划、决议、决定、指挥、监督、检查、通知、指令、通令等。

（二）行政方法的特征
1. 权威性

行政方法所依据的是组织的权威，一般说来，组织层次越高，权威越强；相反，组织层次越低，权威越弱；所以，作为行政方法的命令、指令等，都是从较高的组织层次中发出，由较低的组织层级接受和执行。来自上级的命令、指令等，都是具有权威性的。行政方法的权威性还表现在作用范围上。因为，组织层次越高，它的权威也就越强，由它发出的命令、指令等，适用范围也就越大，其接受率也就越高。

2. 强制性

强制性是与权威性联系在一起的，建立在权威基础上的命令、指令等，必然带有强制性的色彩。行政方法的强制性表现为，组织层级较高的管理机关和管理者运用权力，对下属机关和人员进行直接指挥和监督，协调下属各部门、各单位或各个成员的行动，而下属机关和人员对上级机关和人员的指挥、命令、指示、监督和协调活动必须服从并认真执行，不得怀疑、否定和抵抗。

3. 垂直性

行政方法的垂直性是指权力作用方向的垂直性，是通过组织系统、组织层级自上而下地实施管理活动的权力运行方式。行政方法作为人类最早使用的管理方法之一，它最初是存在于结构比较简单的组织中的。这种组织往往采用集权制，把组织的职位按垂直的直线系统排列起来，因此，它采取的是纵向的直接传达指示和命令的垂直管理，下级只服从直接上司的领导和指挥。在横向关系上，则不存在领导或指挥的问题。

4. 无偿性

行政方法适用于组织的等级原则，上下级之间不存在平等关系，下级的权力表现为上级的授权，因而，下级应对上级负责，没有"讨价还价"的问题。上级对下级有着无偿支配权，对下级的人、财、物等的调动和使用不讲等价变换，一切根据管理的需要，不考虑价值补偿问题。

（三）行政方法应用时应注意的问题

行政方法是在管理活动中最经常运用的方法之一，具有灵活、高效、快速的优势，是管理者较乐意使用的方法。但是，由于行政方法是以权威为基础的，反映了权力支配的关系，所以对于各个组织层次的积极性、主动性和创造性的充分发挥是非常不利的。同时行政方法作为一种纵向的垂直管理的手段，容易拉大上下级之间的距离，割断组织各层次上的横向联系，从而助长官僚主义的滋生。鉴于此，在运用行政方法时必须慎重，应注意以下几点问题。

1. 突出目标导向

根据目标的要求，确定采取运用行政方式。对于不同的任务、不同的目标，要选择最适宜的行政方法。方法合适，会收到事半功倍的效果，否则，就起不到应有的作用。

2. 建立一套严密的组织机构

要以任务为中心，因任务设机构，因机构定职务，因职务择人员。做到大权在握，小权分散，强调下级服从上级，但又不要多头领导，以免政令分散。

3. 处理好管理宽度与管理层次的关系

运用行政方法，要求集中领导，分层管理，管理宽度与管理层次要适当。命令不要直接下达到基层，而要逐级下达。各级干其应干的事情，各负其责。在管理的实践中，寻求一个管理宽度与管理层次的最佳结构。

4. 权责一致

行政方法要求每一个层次上的每一个管理者都必须明确自己的目标和责任，同时享有相应的权力。另一方面，有权力就要承担责任，权与责必须保持一致。

行政方法是实现管理功能的一个重要手段，只有正确运用，不断克服其局限性，才能发挥它应有的作用。

五、社会心理学方法

(一) 社会心理学方法的涵义与形式

社会心理学方法是一种运用社会心理学知识通过说服教育的方式把管理意志传达给被管理者，以求得到被管理者的响应和配合的管理方法。这种管理方法在运用中反映了管理者旨在提高人的素质的目的，在表现方式上，管理者极力通过对管理系统目标、政策、法令的宣传和理想、道德的教育，以及其他精神奖励，去提高人们的认识，改变人们的思想，使人们建立起与管理系统一致的价值观念，自觉地为实现管理系统的目标而努力。

比如，日本松下电器公司把培养"松下精神"作为管理的基本内容，要求其每一个职工都必须每天学习"松下纲领"、"松下信条"、"松下七大精神"等。

在管理活动中，运用思想教育手段是最为灵活的工作方法，它需要针对不同的对象，根据不同的情况采取不同的形式。但是，有些形式是最为经常使用的，比如，做报告、讨论、谈心、家访、典型示范、劳动竞赛，以及形象教育、感化教育、对比教育等。

不过，采取不同的形式，社会心理学方法会表现出不同的效应。管理者应当善于从实际出发，把握好时机，灵活运用这一方法的具体形式，以求获得最佳效应。

（二）社会心理学方法的特征

社会心理学方法运用到管理活动中，就我国而言，实质上就企业思想政治教育，这种方法的主要特征有：

1. 科学性

这种方法是以真理为依据的，它的目的就是要使人们认识和接受对组织目标有着价值意义的真理，宣传工作的功能无非是使组织全体成员的价值取向一致起来，然而，只有真理才具有把全体组织成员的价值取向凝聚起来的功能。所以，管理者要尊重客观规律，从实际出发，切忌主观说教。

2. 启发性

这种方法是非强制性的，它主要靠启发人们的觉悟，促使人们自觉地采取符合组织目标的行动。当然，运用这种方法开展工作会形成某种组织气氛和舆论压力，这是一种内在的、无形的强制力，而不是行政方法和法律方法所表现的那种外在的、形式上的强制性。

3. 艺术性

社会心理学方法形式多样，不拘一格，灵活多变，因人、因事、因时、因地而宜。思想教育工作内容上的科学性必须与形式上的艺术性相结合在一起，如果只有科学的内容，不重视形式上的艺术性，思想教育工作也不能达到预期效果。

4. 长期性

由于人们的观念、理想、愿望的形成需要较长的时间，同时又处于不断变化之中，因而需要长期的管理过程中不断地进行激励、教育和引导，这种方法产生的管理效果不是一朝一夕就能完成的，也不会是一劳永逸的。所以，心理学方法运用是一个常抓不懈的工作。

（三）运用时应注意的问题

社会心理学方法的运用是极其复杂的，对于管理者来说，灵活地运用该方法，需要从以下几个方面着手。

1. 坚持思想教育，以理服人

社会心理学方法是用来解决组织成员的思想问题和认识问题的，而这些问题的解决必须采用说服教育的方法，摆事实、讲道理，以理服人。因为，在思想教育中，如果讲不出一定的道理，其对象就不会从思想上接受管理者的看法和主张。所以，管理者在动员组织成员完成某项任务，从事某项工作，都要先讲出一个道理来，都必须做到以理服人。要因人施教，针对不同的对象和不同的思想问题，确定不同的内容，提出不同的要求，采取不同的方式和方法。为了做到这一点，管理者要善于仔细地观察人，深入地了解人，实事求是地对待人，切切实实地在掌握情况、弄清事实、摸准问题等方面下功夫。只有这样，才能打开人们的心灵。

2. 关心下属，以情感人

社会心理学方法的效果往往在情感上可以得到充分发挥，而对下属的关怀体贴，又是进行思想教育的感情基础。所以，管理者在运用时，要把理与情结合起来，只讲理，会使人感到夸夸其谈，只有当理融于情中，被管理者才会乐意接受。理与情的结合取决于被管理者对管理者的信任度，管理者在培养这种信任的过程中，只有主动地与下属接近，也就是我们常讲的深入员工之中，关心员工的实际困难，帮助他们排忧解难，尊重、信任和热爱你的员工，才会获得他们的信任。

3. 不断研究和探索心理学

管理的艺术是以管理科学知识为基础的，在运用心理学方法时，管理者需要借助于科学的理论和方法，其中心理学对人的一般心理过程的认识，关于人的心理活动规律的理论，对做好管理工作有着重要的指导意义。因而，管理者需要学习心理学，了解人们的心理，掌握人们的个性特征，根据每个人的不同情况而赋予不同的内容，不断地研究和探索心理学。

本章小结

所谓系统，是指由相互作用、相互联系的若干组成部分构成的有机整体。系统一般具有整体性、相互依存性、层次性、开放性等特征。管理系统一般主要由管理目标、管理者、管理对象和管理方法等要素构成。整分合原则就是系统原则的一个具体应用。

管理的人本原则就是指管理者在管理活动中充分重视人的作用，尊重人，理解人，并通过促进人的需要的满足来调动人的积极性、主动性和创造性。民主管理就是人本原则的具体应用。

效益是指有效产出与投入之间的一种比例关系，是一种有益的效果。影响管理效益因素主要有管理者、管理对象和管理环境等。在管理中，重视效益，追求效益，以最小的消耗和代价，获取最佳的经济效益和社会效益，追求管理的整体效益和长期效益，这就是管理的效益原则的基本要求。效率管理体现了效益原则。

现代物理学中"能级"概念给予管理学以深刻的启示：在现代管理活动中，应坚持能级原则，根据不同的能级，建立层次分明的组织机构，安排与职位能级相适应的人去担负管理任务，给予不同的权力与报偿，形成完整的、有层次的、尽责尽才的管理能级，从而保证管理最大能量的发挥。

管理活动是动态的，每时每刻都在不断地变动着，这就要求管理方法必须随机应变。在管理活动中，管理者必须遵循弹性原则，必须留有余地，把握其伸缩性，注重随时调节。

管理方法是实施管理行为的途径，是实现目标的手段和桥梁，管理方法有许多种不同类，本章主要介绍了经济方法、法律方法、行政方法和社会心理学方法等四种方法。

一、理论训练题

1. 单项选择题

（1）管理的首要任务是对（　　）。
    A. 人的管理　　B. 物的管理　　C. 目标的管理　　D. 系统的管理

（2）Y理论是建立在（　　）的假设之上的。
    A. 人性恶　　B. 人性善　　C. 人性复杂　　D. 人性超越善恶

（3）从根本上看，管理效益是由（　　）决定的。
    A. 管理者　　B. 管理对象　　C. 管理环境　　D. 生产方式

（4）建立在权威与服从关系基础上，表现为一种权力支配关系的是（　　）。
    A. 法律方法　　B. 经济方法　　C. 行政方法　　D. 心理方法

（5）法律手段的最主要特征是（　　）。
    A. 强制性　　B. 可预测性　　C. 概括性　　D. 稳定性

（6）一旦其他管理方法遇到困难或失败，能够被用来作为补充方法或救济方法的是（　　）。
    A. 经济方法　　　　　　B. 法律方法
    C. 社会心理方法　　　　D. 行政方法

（7）具有艺术性的管理手段是（　　）。
　　　A．经济方法　　　　　　B．法律方法
　　　C．社会心理方法　　　　D．行政方法
（8）"一招不慎满盘皆输"体现了（　　）。
　　　A．系统原则　B．人本原则　C．弹性原则　D．能级原则
2．思考题
（1）简述整分合原则。
（2）简述效率管理的基本思想。
（3）怎样理解人本管理原则？
（4）运用弹性原则时应注意哪些问题？

二、实训题

实训项目　　管理原则分析

1．实训目标：
（1）增强对现代管理原则的感性认识。
（2）培养对组织的管理思想的分析能力。
2．实训内容：
（1）从网上、报刊、杂志中或现实中，搜集或寻找一个有关我国典型企业管理的案例或资料。
（2）运用本章所学的管理原则和方法，分析案例中企业管理思想、原则和方法。
3．实训要求：
（1）每人写成简要书面分析报告；
（2）在班级组织一次交流与讨论；
（3）由教师根据分析报告与讨论表现评估打分，两项成绩共同构成学生的实训成绩。

三、案例分析

案例 3-1　该如何改进工作

某监理项目部由五位监理人员组成。监理人是受业主委托在工地现场对施工单位的工程质量进行监督，对工程中所进行的每一道工序进行检查，验收合格后，施工单位方可进行下道工序的施工。按照业务，五位监理人员进行明确分工。其中：周工为项目总监，是该项目部的领导；其他四个监理分别是：吴工负责钢筋工程验收；王工负责模板工程验收；李工负责混凝土工程验收；赵工负责电气、暖通安装工程验收。

周工从事监理项目总的领导工作，责任心强，对其他四位监理人员的监理工作总是事事过问，尽心尽力，整日从早忙到晚，似乎把四位监理的工作都由他一个来做才放心。他曾说："以前某某工程只有我一个监理，一切事都办得有条有理，现在包括我有五位监理，可工作起来并不感觉到轻松，倒感觉有许多麻烦事。"其他监理评价周工，工作做不到点上，"乱弹琴"，越"弹"越乱。

吴工负责钢筋验收，工作努力，不怕吃苦，现场经验多，职称是五位监理中最低的助理工程师。王工负责模板工程验收，理论水平高，写作能力强，工作认真负责。李工负责混凝土工程验收工作，踏实肯干，任劳任怨，不善言谈。赵工负责电气和暖通工程验收，工作认真，水平可以。

工程监理开始时，工作进展很顺利，但很快，监理项目部内部就出现了矛盾。几位监理对总监代表周工的工作方法有意见，特别是吴工，他认为周工对自己的工作成绩从未给予肯定，还时常遭受批评。例如，有一次吴工在检查钢筋时发现有问题，他立即通知了施工单位整改。周工在现场巡视时发现了问题，周工回来后就批评吴工，为什么没发现问题，当吴工说明不但发现了问题并做了处理后，周工仍批评吴工为什么没向他汇报。有时还出现这样的问题，项目监理已将问题指给施工单位并提出整改方案，而项目总监周工发现同一问题也向施工单位提出另一套整改方案，造成施工单位不知该听谁的。再有，每月末，监理项目部将本月工程质量、发生的问题、验评次数、优良率曲线等情况写成"监理月报"送交业主及质量监督站。开始这些工作都是由周工亲自完成，但周工逐渐感觉自己太忙，就提出让大家轮流写，写完后再由周工核对修改。王工认为，月报并不是谁都能写好。事实证明，王工写的月报内容详实，周工基本不用修改，而其他监理写的月报周工都要花上几个小时进行修改。有时，因周工有其他事，月报未来得及修改，造成不能按时完成，不能及时送交。

由于周工的管理方式，其他监理无法与之沟通，致使项目部整体的办事效率降低，工作积极性不高，施工单位及业主对监理项目部也不满意，因为监理工作的低效率使得工程建设速度和质量受到很大的影响。

分析讨论题：
（1）周工的问题出在哪里？违反了哪些管理原则？
（2）周工应如何改进自己的管理方式？

第二篇 管理职能篇

第四章 计划、目标与战略

学习目标

通过本章学习，使学生掌握计划的涵义和计划工作的程序，明确计划的目的和意义，认识管理者采用的各种计划的类型；熟悉环境分析的方法；了解目标在计划中所起的重要作用，掌握目标管理的实质和在实践中的应用；熟悉战略的基本知识，了解计划编制的几种主要方法。为以后三种管理职能的学习打好基础。

【导入案例】

4-1 "隆中策"

诸葛亮的"隆中策"想必大家都知道，但是您可能没想到"隆中策"是我国最早、最大的、最成功的计划工作案例之一。

"隆中策"的第一步是确定组织目标：兴汉室，图中原，统一天下。

"隆中策"的第二步是制订分步实施方案。即确定分步计划的阶段目标：第一，先取荆州为家，形成"三分天下"之势；第二，再取西川建立基业，壮大实力，以成鼎足之状；第三步，"待天下有变，命一上将将荆州之兵以向宛、洛，将军身率益州之众以出秦川"，这样，"大业可成，汉室可兴矣"。

"隆中策"的第三步是确定实现目标的指导方针："北让曹操占天时，南让孙权占地利，将军可占人和。"内修政理，外结孙权，西和诸戎，南抚彝、越，等待良机。

"隆中策"又进一步对敌、我、友、天、地、人做了极为细致透彻的分析，论证了为什么应当有这样的指导方针。

启示： 诸葛亮所作之"隆中策"并非主观臆断，而是在调查研究和预测的基础上，在于他准确、及时、充分地掌握信息。诸葛亮的信息来源，一靠交友，二靠云游，这才能做到知天下事、知天下人，不然怎么能画出西川 54 州图呢？

诸葛亮的"隆中策"不正是一项完整的计划工作吗？三分天下之后，如果不是后来关羽交恶东吴，丢了荆州；如果不是刘备又在战术上犯了错误，使鼎盛时期的蜀汉大伤元气；如果后主刘禅是明君，诸葛亮也不会功败垂成。蜀汉之所以被晋灭掉，并非隆中决策之失，而是执行计划有误。

【导入案例】

4-2 北京松下的计划工作

北京有一家中外合资企业——北京松下显像管有限公司（简称北京松下），它自建立生产以来，获得了良好的经营业绩，曾经连续获得多项荣誉，确立了在中国工业界的地位。

北京松下对计划工作非常重视，在他们看来，制订一份良好的工作计划，工作也就完成了一半。为了强调工作计划的重要性，公司将制订计划的工作能力作为职员考核的标准之一。

每年，公司总经理都要制订工作计划，拟订公司本年度的活动经营方针，制订该年度的总体经营计划。设定合适的目标。制订计划的目的在于推动以目标管理为中心的事前管理，克服无计划的随机管理。公司总经理曾形象地说："等着了火再去泼水，傻瓜都会，管理的责任在于防止火灾的发生。"

北京松下最具代表性的就是推行"事业计划"。它的编制往往始于该财政年度的前几个月，其内容包括生产、销售、库存、设备投资、材料采购、材料消耗、人员聘用和工资参数等一系列详细计划及以此为前提的资金计划、利润计划和资产负债计划。"事业计划"来自全体职工的集体智慧，其中的"标准成本""部门费用预算"等，使职工们看到各自的岗位职责与经济责任。总之，"事业计划"的实施大大加强了企业从投入到产出经营活动的可控性，指明了全体职工为实现经营目标而协调努力的方向。

启示：体现计划工作的重要性。计划工作的任务，就是根据社会的需要及组织的自身能力，确定组织在一定时期内的奋斗目标；通过计划的编制、执行和检查，协调和合理安排组织中各方面的经营和管理活动，有效地利用组织的人力、物力和财力等资源，取得最佳的经济效益和社会效益。

计划工作，通常是指制订计划，就是根据组织内外部的实际情况，权衡客观需要和主观的可能,通过科学地预测,提出在未来一定时期内组织所要达到的目标以及实现目标的方法。计划工作的性质可概括为目标性、领先性、普遍性、效率性和创新性五个方面。计划的作用主要体现在四个方面,即:管理者开展活动的有力依据,管理者降低风险的手段,管理者提高效益的重要方法,为管理者控制提供标准。

根据不同的分类标准可以将计划分为不同的类型:按照职能可分为业务计划、财务计划和人事计划;按照时间期限的长短可分为长期计划、中期计划和短期计划;按照内容的详尽程度可分为具体性计划和指导性计划;按照涉及经营范围和时间长短可分为战略计划和战术计划;按照不同的表现形式可分为宗旨、目标、战略、政策、规划、程序、规划、预算。影响计划有效性的权变因素主要有组织的层次、组织的生命周期、环境的不同确定性程度等。计划工作的程序依次包括以下八大步骤:估量机会;确定目标;确定前提条件;拟订可供选择的方案;评价各种备选方案;选择方案;拟订辅助计划;编制预算。

计划工作作为一种基本的管理职能活动,自然应有自己的原理。计划工作的原理主要有:限定因素原理、许诺原理、灵活性原理和改变航道原理。计划工作的方法主要有三种方法,即滚动式计划法、进度计划和运筹学方法。其中进度计划主要有三种工具,即甘特图、负荷图和计划评审技术。

组织目标是指根据组织宗旨而提出的组织在一定时期内要达到的预期成果。制订目标时,必须把握好目标的控制性与突破性、层次性、网络化、多样性、时间性和可考核性等属性。组织目标作用可概括为导向作用、凝聚作用、激励作用和考核评价作用。

目标管理(Management By Objectives,缩写为 MBO)是指组织的最高管理层根据组织面临的形势和发展需要,制订出一定时期内组织经营活动所要达到的总目标,然后层层分解落实,要求下属各部门主管人员以及每个员工根据上级制订的目标分别制订各项工作目标,明确相应的责任和职权,形成一个目标体系,并把目标完成情况作为各部门或个人考核依据的一种管理制度和方法。1954 年,彼得·F. 德鲁克在《管理实践》一书中,首先提出了"目标管理和自我控制"的主张。目标管理的特点主要有四个方面,即以整个组织的成果和成功为中心,注重成果第一;提倡参与管理;强调自我控制;促使权力下放等。目标管理的过程可分为制订目标、组织实施和检查评价三个阶段。目标管理有很多优点,但也有一些缺点。目标管理把组织成就和个人需要成功结合在一起;是一种有效计划、组织、协调和控制的手段;能起到凝聚和激励作用。但目标管理也存在着恰当的目标难以确定；对目标管理原理和方法的宣讲可能增加管理成本；目标一般是短期的；不灵活的危险等局限性。目前，目标管理这一方法正在由制造企业向商业、服务业以及各项事业展开，因此，一切企、事业单位均可实行目标管理。

战略是为了实现组织使命和目标而对发展方向、行动方针以及资源配置等提出的总体规划。企业战略回答的是企业作为整体为什么能够得到社会的回报从而长期存在下去的根本性问题。一个规范性的、全面的战略管理过程大体分为三个阶段：战略分析、战略选择及评价、战略实施。战略分析指对企业的战略环境进行分析，包括企业外部环境和企业内部条件。外部环境主要是"PESTN"一般环境和"5F"行业环境分析。内部条件主要是对企业的资源、能力、核心竞争力分析。战略选择是指对企业公司战略和竞争战略选择一个合适的战略。一般来说，战略类型很多，公司成长战略有密集性成长、一体化成长和多元化成长；通用竞争战略有成本领先战略、差异化战略和专一化战略。战略实施即把战略方案付诸行动。主要是确定企业资源的规划和配置、构建适宜的组织结构、重塑企业家精神和企业文化来保证战略方案实施。

第一节　计划职能概述

一、计划职能的概念

计划是所有管理职能中最基本的职能，古人所说"运筹帷幄"，就是对计划职能的形象概括。任何管理人员都必须制订计划，管理者必须计划一系列的事情，如新产品的研发及生产、新产品的销售、产品的定价、人员的雇用、资金的筹集等。对美国500家大型企业组织的调查表明，他们当中有94%进行中长期计划。

计划工作有广义和狭义之分。广义的计划工作包括制订计划、执行计划和检查计划的执行情况等整个过程。狭义的计划工作则是指制订计划。

所谓计划，就是为了实现既定的目标，对未来行动进行规划、安排以及组织实施的一系列管理活动的总称。

计划职能是管理的首要职能，它贯穿于管理全过程之中，它包括组织未来的可能预期结果以及相应的措施。具体地讲，计划职能是为实现一定目标而科学预计和制订的未来行动方案。换言之,计划就是一个组织要做什么和怎么做的行动指南。对于计划职能涵义的理解有以下几点。

第一,计划是管理工作的一项首要职能;

第二,计划是在调查、分析、预测的基础上形成的;

第三,计划是对未来一定时期内的工作安排,是现实与未来目标间的一座桥梁;

第四,计划也是一种管理协调的手段;

第五,我们用"5W2H"来清楚地描述计划工作的任务和内容。

What——为什么?目标与内容。要明确组织的使命、战略、目标,以及行动计划的具体任务和要求,明确一个时期的中心任务和工作重点。例如,企业在未来五年要达到什么样的战略目标;企业年度经营计划主要是确定销售收入、销售哪些产品、生产哪些产品、生产多少,合理安排产品投入和产出的数量和进度,使企业的资源和能力得到尽可能充分发挥和利用。

Why——为什么做?原因。要论证组织的使命、战略、目标和行动计划的可能性和可行性,也就是要提供制订计划的依据。

Who——谁去做?人员。计划不仅要明确规定目标、任务、地点和进度,还应规定由哪个部门、哪个人负责。比如,开发一种新产品,要经过市场调查、产品设计、样品试制、小批量试制和正式投产几个阶段。在计划中应要明确规定每个阶段由哪个部门参加、哪个人具体负责、哪些部门协助配合,各阶段的接口处由哪些部门和哪些人员参加鉴定和审核等。

Where——何地做?地点。规定计划实施的地点或场所,了解计划实施的环境条件和限制,以便合理安排计划实施的空间组织和布局。

When——何时做?时间。规定计划中各项工作的开始和完成的进度,以便进行有效的控制和对资源及能力进行平衡。

How——怎么做?方式、方法、手段。制订实施计划的措施,以及相应的政策和规则,对资源进行合理分配和集中使用,对人力、生产能力及各类资源进行平衡,对各派生计划进行综合平衡。

How much——多少成本?资金、费用。制订计划,必须有较科学的资金使用、分配方案。

二、计划职能的基本特征

计划工作的基本特征可以概括为五个主要方面,即目的性、首位性、普遍性、效率性和创新性。

（一）目的性

计划工作是为实现组织目标服务，任何组织都是通过有意识的合作，来完成群体的目标而得以生存的。计划工作旨在有效地达到某种目标。

（二）首位性

由于计划、组织、人员配备、领导和控制等方面的活动，都是为了支持实现组织的目标，管理过程中的其他职能都只有在计划工作确定了目标以后才能进行。因此，计划工作是管理活动的桥梁，是组织、领导、人员配备和控制等管理活动的基础，计划职能在管理职能中居首要地位。

例如，对于一个是否要建立新工厂的计划研究工作，如果得出的结论是新厂建设在经济上不合理，所以也就没有筹建、组织、领导和控制一个新厂的必要了。图 4.1 概略地描述了这种相互关系。

（三）普遍性

虽然各级管理人员的职责和权限各有不同，但是他们在工作中都有计划指导，计划工作在各级管理人员的工作中是普遍存在的。

（四）效率性

计划工作要追求效率。计划的效率是指对组织目标所做贡献扣除制订和执行计划所需要的费用后的总额。一个计划能够达到目标，如果在计划的实现过程中付出了太高的代价或者是不必要的代价，那么这个计划的效率就是很低的。因此，在制订计划时，要时时考虑计划的效率，不但要考虑经济方面的利益，而且还要考虑非经济方面的利益和损耗。

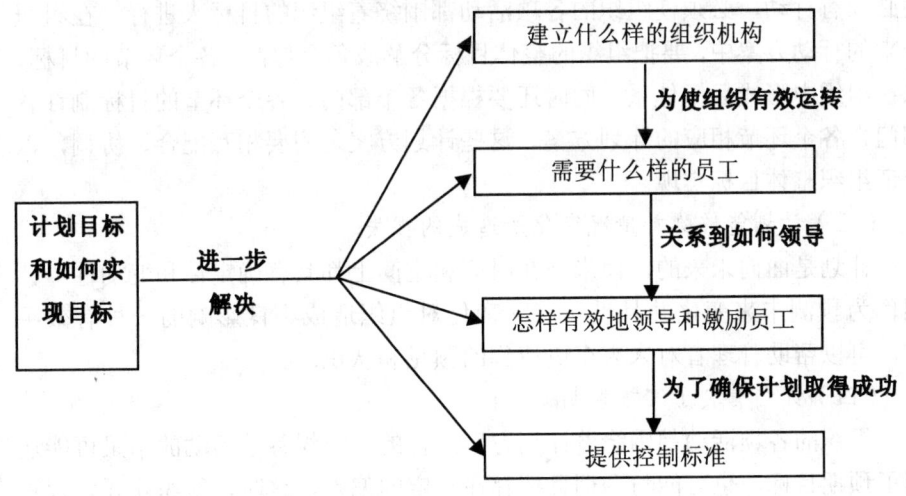

图 4.1 计划工作的首要性

（五）创新性

计划工作是针对需要解决的新问题和可能发生的新变化、新机会而做出决定，因而它是一个创新过程。计划工作实际上是对管理活动的一种设计，正如一种新产品的成功在于创新一样，成功的计划也依赖于创新。

三、计划职能的重要意义

一个组织要在复杂多变的环境中生存和发展就需要科学地制订计划，协调与平衡各方面的关系，不断地适应变化了的形势，寻找新的生存与发展机会。因而，计划在管理中的地位日益提高。计划作为管理的基本职能，在管理中具有重要的作用。

（一）计划有利于管理者进行协调和控制

计划确定了组织的活动方向，明确了具体的目标和任务，便于管理者协调各部门的工作，指导管理活动按计划有步骤地进行；另外，计划介于决策与组织、控制之间，有其独特的地位。管理者可以通过计划对管理活动进行控制，从而保证决策目标的实现。

（二）计划有利于提高工作效率

计划可以使组织各部门的工作能够统一协调、井然有序地展开，消除不必要的活动所带来的浪费；计划可以减少各部门工作的重复和闭门造车的现象，使组织的各种资源能够得到充分的利用，产生巨大的组织效应；由于有计划，可以把组织成员的注意力集中于目标，形成一种协同力量。有了计划还必须有行动，必须使组织的各项活动都围绕着组织的目标来进行。在组织未来的行动方案中，要把组织的整体目标分解成各个部门、各个环节的目标，以在组织中形成目标体系。同时还要根据各个部门、各个环节的目标制订各部门、各个环节相应的计划方案。这些计划方案之间要相互配合、协调，以保证组织整体目标实现。

（三）计划能够弥补情况变化所造成的损失

计划是面向未来的，而未来在时间和空间上都具有确定性和变动性。计划作为预测未来变化并且设法消除变化对组织造成不良影响的一种有效手段，可以帮助管理者对未来有更清醒的预见和认识。

（四）计划有利于实施控制

组织的各项活动都围绕着计划方案进行的。组织各项活动的结果可能达到了预期目标，也可能与预期目标存在一定的偏差。这时，组织就要发挥管理的控制职能来消除这种偏差。要进行控制就要有个标准。组织实施控制的标准就是计划工作所确定的计划目标。如果没有计划目标，就无法测定控制活动，也就无所谓控制，所以说计划为组织实施有效控制提供了根据。

四、计划的种类

计划的种类很多，可以按不同方式进行分类。不同的分类方法有助于我们全面地了解计划的各种类型。一般较为普遍的是按照制订计划的组织层次、计划规划的时间、计划的约束力、计划的对象、企业职能和计划的表现形式来分类。

（一）按照管理层次来划分

按照制订计划的组织在管理系统中所处的层次来划分可以分为高层计划、中层计划、低层计划。

高层计划是由高层领导机构制订，并下达到整个组织执行和负责检查的计划。一般是总体性的，是整个组织的战略构思和长时期的行动纲领。一般具有构思宏大、眼光深远、认识超前等特点，同时也较为抽象和稳定。

中层计划是中层管理机构制订、下达或颁布到有关基层执行并负责检查的计划。它从属于高层计划，并指导低层计划。

低层计划是基层机构制订、颁布和负责检查的计划。一般是执行性计划，低层计划的制订必须以高层、中层计划的要求为依据，保证高层、中层计划目标的实现。低层计划具有构思细微、认识实在的特点，一般较为具体和易变。

高层、中层、低层计划是相对而言的，后者一般是前者分解的结果，前者则是后者的纲领和综合。较低层级的计划是较高层级计划的落实和保证。

（二）按照时间跨度来划分

按照计划规划时间的长短来划分，可分为长期计划、中期计划和短期计划。

长期计划的期限一般在 10 年以上，是组织在较长时间内的发展目标和方向，属于纲领性和轮廓性的计划。

中期计划的期限一般为 5 年左右，它来自长期计划，并且按照长期计划的执行情况和预测到的具体条件变化而进行编制。

短期计划的期限一般在 1 年左右，以年度计划为主要形式。它是在中期计划的指导下，具体规划组织本年度的工作任务和措施的计划。

三者的关系：长期、中期、短期计划在时间上的要求是相对的，在不同单位可能不同。而且，它们之间也是相比较而存在的。前者是后者计划制订的原则和框架,后者是前者的具体化和实施。长期、中期、短期计划有机协调和相互配套,是计划目标得以实现的保证。

(三)按照计划的约束力来划分

按照计划对执行者的约束力来划分,可分为指令性计划和指导性计划。指令性计划是由上级部门下达的具有行约束力的计划。它具有强制性、权威性、行政性和间接市场性的特点。指导性计划是由上级主管部门下达的起导向作用的计划。它具有参考性、灵活性和调节性的特点。

(四)按照计划的对象来划分

按照计划的对象来划分,可以分为综合计划、局部计划和项目计划。

综合计划是指具有多个目标和多方面内容的计划。

局部计划是指限于指定范围内的计划,它是在综合计划的基础上制订的,是综合计划的一个子计划。与综合计划相比较而言,局部计划涉及的对象比较单一,计划的内容专一性强。

项目计划是为完成某一特定任务而制订的计划,内容专业性较强,目标比较明确。项目计划既可以包括在局部计划之中,又可以单独设立。作为局部计划的一个组成部分,项目计划是局部计划的进一步分解和落实;作为单独设立的项目计划又往往与综合计划相关。

(五)按企业职能分类

计划还可以按企业职能进行分类。例如,我们可以将某个企业的经营计划按企业职能分为新产品开发计划、供应计划、生产计划、销售计划、财务计划、人力资源计划、设备维修计划、安全计划、后勤保障计划等。由此看来,这些职能计划通常就是企业相应的职能部门编制和执行的计划。从而按职能分类的计划体系,一般来说是与组织中按职能划分管理部门的组织结构体系相对应的。

(六)按计划的层次体系和表现形式分类

按计划内容的表现形式分类,可将计划分为宗旨(使命)、目标、战略、政策、程序、规则、规划和预算等内容。

第一,宗旨(Mission)或使命。各种有组织的活动,都具有或者至少应该有目的或宗旨。这种目的或宗旨是社会对该组织的基本要求。反映的是组织存在的社会价值。

【应用阅读】

企业宗旨(使命)

IBM 公司使命:无论是一小步,还是一大步,都要带动人类的进步。

微软公司使命：致力于提供使工作、学习、生活更加方便、丰富的个人电脑软件。著名的日本索尼（SONY）公司的宗旨便是："索尼是开拓者、永远向着那未知的世界探索。"表示索尼公司决不步别人后尘的意志。正是从这一宗旨出发，索尼公司把最大限度地发掘人才、信任人才、鼓励人才不断前进视为自己的唯一生命，从而在世界上最早发明出家用录像机、首创电视的单枪三束彩色显像管，发明312英寸的电子计算机软盘，以及无需使用胶卷的小型磁带式照相机和微型立体声放机等，并取得了巨大成功。

启示：企业只有拥有明确的宗旨（使命），才能承担起对社会的责任和使命。

第二，目标（Objective）。目标是在宗旨（使命）指导下提出的，它具体规定了组织及其各个部门的经营管理活动在一定时期要达到的具体成果。目标不仅仅是计划工作的终点，而且也是组织工作、人员配备、领导以及控制等活动所要达到的结果。

第三，战略（Strategy）。战略是指组织面对激烈变化、严峻挑战的市场环境，为求得长期生存和不断发展而进行的总体性谋划。它是指对确立组织的长期目标，如何采取行动，分配必需的资源，以达到目标。

第四，政策（Policy）。政策是指在决策或处理问题时指导及沟通思想活动的方针和一般规定。政策指明了组织活动的方向和范围，鼓励什么和限制什么，以保证行动同目标一致，并有助于目标的实现。

第五，程序（Procedure）。它规定了如何处理那些重复发生的问题的方法、步骤。程序就是办事手续，是对所要进行的行动规定时间顺序。程序是行动的指南。因此，程序是详细列出必须完成某类活动的准确方式。

第六，规则（Rule）。规则是对在具体场合和具体情况下，允许或不允许采取某种特定行动的规定。规则也是一种计划。规则常常容易与政策和程序相混淆，应特别注意区分。规则不像程序，因为规则指导行动，而不说明时间顺序，可以把程序看作是一系列规则的总和。政策的目的是要指导决策，并给管理人员留有酌情处理的余地。虽然规则有时也起指导作用，但是在运用规则中，没有自行处理的权利。

第七，规划（Programs）。规划是综合性的计划，它是为实现既定方针所需要的目标、政策、程序、规则、任务分配、执行步骤、使用资源以及其他要素的复合体。因此，规划工作的各个部分的彼此协调需要系统的思考方法。

第八，预算（Budget）。预算作为一种计划，是一份用数字表示预期结果的报表。预算又被称为"数字化"的计划。例如,财务收支预算,可称之为"利润计划"或"财务收支计划"。一个预算计划可以促使上级主管对预算的现金流动、开支、收入等内容进行数字上的整理。预算也是一种控制手段,又因为预算是采用数字形式,所以它使计划工作更细致、更精确。有关预算的详细情况将在本书控制职能中详细讨论。

【应用阅读】

企业财务预算

　　企业的财务预算包括利税计划、流动资金计划、财务收支计划、财务收支明细计划表和成本计划等。其中财务收支明细计划表详细地规划出企业各管理部门的主要收支项目的金额数量。例如,某企业财务收支明细计划中科技开发费一项就具体规划出新产品的研制、老产品的完善化、科研、新工艺的开发、日常费用、描图费和其他的项目的预算金额。它事实上规定了新产品的试制计划、新品试验计划、产品完善化工作计划、采用国际标准计划、新工艺计划等派生计划的规模,同时也是这些派生计划的综合反映。

　　启示:预算实质是一种控制方法,它能使计划工作做得更细致,更精确。

五、计划工作的程序

　　组织的计划过程是一个复杂的过程。即计划目标的制订和组织实现的过程。具体而言,计划工作的包括以下六个步骤。如图 4.2 所示。

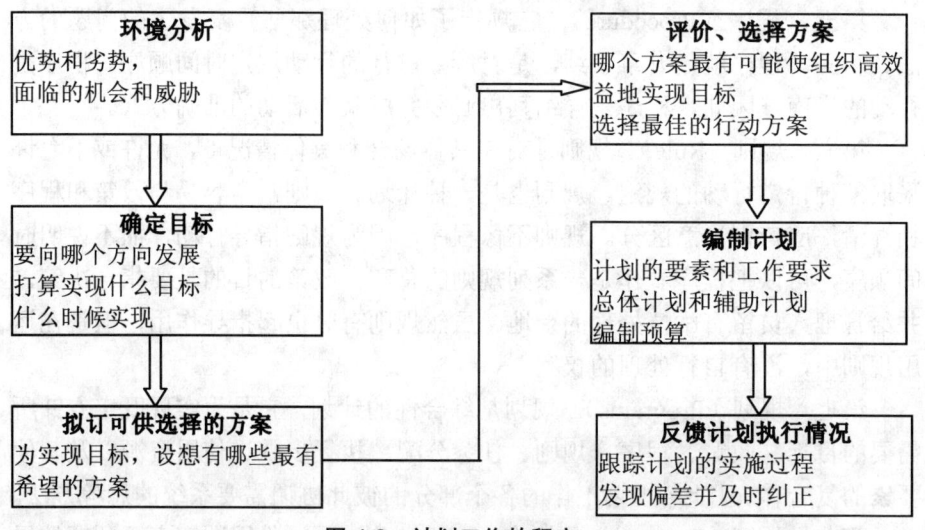

图 4.2　计划工作的程序

（一）分析环境，预测未来

运用科学的分析方法（如 SWOT 分析）对组织环境进行综合分析，找到组织自身的优势和劣势、外部环境的机会和威胁。在此基础上，才能确定组织所要达到的目标。

（二）确定目标

组织要在环境分析的基础上制订组织目标，计划工作的目标是指企业在一定时期内所要达到的效果。它指明所要做的工作有哪些，重点放在哪里，以及通过战略、政策、程序、规划和预算等各种计划形式所要完成的是什么任务。

（三）拟订可供选择的方案

确定目标之后，就要拟订各种可行的计划方案供评价和选择。这一步是一个创新过程。因为一个计划往往有几个可供选择的方案。拟订方案时，不是找可供选择的方案，而是减少可供选择方案的数量，以便可以对最有希望的方案进行分析。当然，方案不是越多越好；拟订可行性方案应做到既不重复又不遗漏，拟订若干个比较有利于预期目标实现的可行性方案，借助教学方法和计算机进行选优，排除希望最小的方案。

（四）评价、选择方案

计划工作的第四步是评价备选方案并选择最佳方案，这是计划的关键一步，也即决策。本步骤是根据环境分析和组织目标来权衡各种因素，对各个方案进行评价。比较各个方案利弊的前提下选择最合适的方案。有时候，可供选择方案的分析和评估表明两个或两个以上的方案都是合适的。在这种情况下，管理者应在确定首选方案的同时，可把其他几个方案作为后备的方案，这样可以增加计划工作的弹性，使之更好地适应未来的环境。

（五）编制计划

做出决策之后，就要根据计划目标和最佳方案，按照计划工作的要求，采用科学的方法编制计划。因为，总体计划要靠辅助计划来支持，而辅助计划又是总计划的基础。所以，一方面，要编制总体计划，另一方面，还要编制辅助计划。

（六）反馈计划执行情况

为了保证计划的有效实施，要对计划执行情况进行跟踪检查，及时反馈计划的实施情况，分析计划执行中出现的问题并做出相应的措施。

第二节 计划制订的原理和方法

一、计划制订的原理

按照《辞海》中的释义，原理"通常指某一领域、部门或科学中具有普遍意义的基本规律"。据此，管理原理就是对管理过程基本规律的一种理论概括，并用以指导日常管理工作。对原理的运用应结合当时当地的实际情况。计划制订作为一种基本的管理职能活动，自然也应有自己的原理。计划制订的主要原理有：限定因素原理、许诺原理、灵活性原理和改变航道原理。

（一）限定因素原理

所谓限定因素，是指妨碍组织目标实现的因素。限定因素原理可以表述如下：主管人员越是能够了解对达到目标起主要限制作用的因素，就越能够有针对性地、有效地拟订各种行动方案。限定因素原理有时又被形象地称作"木桶原理"。其含义是木桶能盛多少水，取决于桶壁上最短的那块木板条。限定因素原理表明，主管人员在制订计划时，必须全力找出影响计划目标实现的主要限定因素或战略因素，有针对性地采取得力措施。这正如哲学原理矛盾论中抓主要矛盾的思想。

（二）许诺原理

许诺原理可以表述为：任何一项计划都是对完成各项工作所做出的许诺，因而，许诺越大，实现许诺的时间就越长，实现许诺的可能性就越小。这一原理涉及计划期限的问题，即合理计划工作要确定一个未来的时期，这个时期的长短取决于实现决策中所许诺的任务所必需的时间。按照许诺原理，首先，计划必须有期限要求。事实上，对于大多数情况来说，完成期限往往是对计划的最严厉的要求。其次，合理地确定计划期限。最后，每项计划的许诺不能太多，因为许诺（任务）越多，则计划时间越长。如果主管人员实现许诺所需的时间长度比他可正确预见的未来期限还要长，但他不能获得足够的资源，使计划具有足够的灵活性，那么他就应当果断地减少许诺，或是将他所许诺的期限缩短。

（三）灵活性原理

计划必须具有灵活性，即当出现意外情况时，有能力改变方向而不必花太大的代价。灵活性原理可以表述为：计划中体现的灵活性越大，由于未来意外事件引起损失的危险性就越小。必须指出，灵活性原理是指制订计划时要留有余地。例如，某项建筑工程的施工进度计划应该要求按照计划时间完成施工任务，但在制订施工进度计划时要考虑可能出现在雨季不能露天作业的情况，因而对完成任务时间的估计要留有余地。至于执行计划，一般不应有灵活性。例如执行一个生产作业计划必须严格准确，否则就会发生组装车间停工待料或在制品大量积压的现象。

对主管人员来说，灵活性原理是计划工作中最主要的原理，在任务重计划期限长的情况下，灵活性便显出它的作用。为了确保计划本身具有灵活性，在制订计划时，应量力而行，不留缺口，但要留有余地。本身具有灵活性的计划又称为"弹性计划"，即能适应变化的计划。

（四）改变航道原理

改变航道原理可以表述为：计划的总目标不变，但实现目标的进程（即航道）可以因情况的变化随时改变。就像航海家一样，必须经常拟对航线，一旦遇到障碍就可绕道而行。

计划制订出来后，计划工作者就要管理计划，促使计划的实施，而不能被计划所"管理"，不能被计划框住。必要时可以根据当时的实际情况做必要的检查和修订。因为未来情况随时都可能发生变化，制订出来的计划就不能一成不变。尽管我们在制订计划时预见了未来可能发生的情况，并制订出相应的应变措施，但由于不可能面面俱到，情况是在不断变化，计划往往赶不上变化，总有一些问题是不可能预见到的，因此要定期检查计划。如果情况已经发生变化，就要调整计划或重新制订计划。改变航道原理与灵活性原理不同，灵活性原理是制订计划时使计划本身具有适应性，而改变航道原理是使计划执行过程中具有应变能力，为此，计划工作者就必须经常地检查计划、重新调整、修订计划，以此达到预期的目标。

二、计划制订的方法

计划编制的方法有很多种，本节主要介绍一些广泛应用的计划编制方法，它们是滚动计划法、运筹学法、整体综合法、预算法和网络计划技术等。

（一）滚动计划法

滚动计划法是一种动态编制计划的方法，它不像静态那样，等计划全部执行完了之后再重新编制下一个时期的计划，而是在每次编制或调整计划时，均将计划按时间顺序向前推进一个计划期，即向前滚动一次。依据此方法，对于距离现在较远的时期的计划编制得较粗，只是概括性的，以便以后根据计划因素的变化而调整和修正，而对时期较近的计划要求比较详细和具体。图 4.3 表明了滚动式计划法的基本原理。

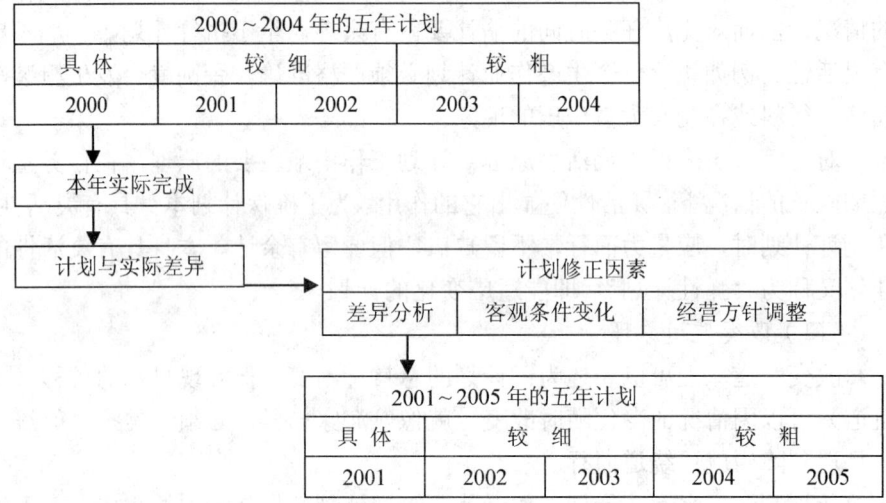

图 4.3 滚动式计划法图标

可见，滚动式计划法能够根据变化了的环境及时调整和修正组织计划，体现了计划的动态适应性。而且，它可使中长期计划与年度计划紧密衔接。

采用滚动式计划法编制年度计划时，一般将计划期向前推进一个季度，计划年度中第一季度的任务比较具体，到第一季度末，编制第二季度的计划时，要根据第一季度计划的执行结果和客观情况的变化以及经营方针的调整，对原先制订的年度计划做相应的调整，并在此基础上将计划期向前推进一个季度。采用滚动式计划法编制月度计划，一般可将计划期向前推进十天，这样，就可以省去每月月末预计、月初修改计划等工作，有利于提高计划的准确性。

滚动计划法是根据计划执行情况和客观环境的变化定期修订计划，使计划不断向前移动的方法。滚动计划法的突出优点为：第一，滚动计划法把执行期分为几个阶段，不断修订计划，相对来说缩短了计划时期，加大了准确性，保证了计划的指导作用，提高了计划执行的质量，使计划更具有现实性和可行性。第二，滚动计划大大增加了计划的弹性，提高了组织的应变能力。第三，滚动计划法协调了不同计划执行阶段间的关系，保证了计划的前后衔接，使计划既具有阶段性又具有连续性。

（二）运筹学方法

运筹学是计划工作最全面的分析方法之一。它是现代管理科学理论的基础，它研究在一定的物质条件（人、财、物）下，为了达到一定的目的，如何统筹兼顾整体活动所有各个环节之间的关系，为选择最好的方法提供量化依据，以便能为最经济、最有效地使用人、财、物做出综合性的合理安排，取得最好的效果。所以说，运筹学又是一种分析、实验和定量的科学计划方法。

在计划工作中应用运筹学的一般程序，主要有以下步骤：

第一，确立问题的数学模型。首先界定问题，确定描述问题的主要变量和问题的约束条件，然后根据问题的性质选择采用哪一类运筹学方法，为使问题简化和突出主要因素，做出必要的假定，然后将问题描述为一定的数学模型。

第二，规定一个目标函数，作为各种可能的行动方案进行比较的尺度。

第三，确定数学模型中各参量的具体数值。

第四，求解模型，找出使目标函数达到最大或最小值的最优解。通常需要编制计算机程序进行辅助运算。

这种方法也有其不足之处，比如，数学模型必须满足一定的条件，答案往往失去实际应用价值。另外，所得到的最优解是附加了各种假定条件的"最优解"。

（三）整体综合法

整体综合法是在系统分析的基础上，对计划的各个构成部分、各个主要因素进行全面平衡，以求系统整体优化的一种方法。整体综合法把任何一项计划都看成是一个整体，追求整体功能的最佳发挥。整体综合法的关键是按照统筹兼顾的原则，采用定性或定量分析的方法，经过严密的逻辑思维，平衡好各方面的关系，一些能够量化的指标要尽量量化。在系统分析综合平衡的基础上制订的计划才能保证取得整体优化的功效。

（四）预算法

预算是指用数字编制未来一个时期的计划。它可以分为财务预算和非财务预算两大类。财务预算包括各种收入预算、费用支出预算、现金收支预算以及投资预算等。非财务预算包括材料、生产量、实物销售量、工时的预算等。通过编制预算可将计划指标数字化，并将计划分解，可以使管理人员清楚地了解哪些部门使用多少资金，有多少收入，有多少投入量和产出量等。从而有可能更科学地授权，以便在预算限度内去实施计划。预算既是一种计划方法，又是一种控制方法，编制预算是行使计划职能，而执行预算，使用预算标准控制生产经营活动，则属于管理的控制职能。有关预算的知识将在第八章详细介绍，在此不再赘述。

（五）网络计划技术

网络计划技术是一种运用网络图的形式来组织项目和进行计划管理的一种科学的现代计划方法。

三、网络计划技术的基本原理

利用网络图表示某项计划任务中各项活动（各道工序）的先后顺序和相互关系；在基础上进行网络分析，计算网络时间，确定关键工序和关键路线，通过对网络的时间、费用和资源分析，不断改善网络计划，求得工期、资源与成本的优化方案；在计划执行过程中，通过信息反馈进行监督和控制，以保证预期计划目标的实现。

网络计划技术应用范围很广，它不仅适用于单件小批生产的产品、新产品试制、设备大修等工作，还特别适用于编制长远规划、工程项目预算、油田开发、管道施工、电站、建筑施工工程等大规模项目。

四、网络图的组成

网络图由活动、事项和路线三部分组成。

（一）活动

活动（作业或工序）是指一项工作或一道工序。活动内容可多可少。在网络图中，活动用一条箭线"→"表示，箭线上方标明活动名称，下方标明该项活动的所需时间，箭尾表示该项活动的开始，箭头表示该项活动的结束。但箭线长短与活动消耗时间长短无关。

网络图中还要引用一种虚活动，所谓虚活动是指作业时间为零的一种活动，以虚箭线表示。它不消耗资源和时间，其作用是把前后工序连接起来，表明它们之间的逻辑关系，指明活动的前进方向。

（二）事项

事项（节点、网点、时点）是指某一项活动的开始或结束，事项一般用圆圈表示。圆圈是两条或两条以上箭线的交点，所以事项又称结点或网点，事项不消耗资源和时间，它只表示活动开始和结束的符号。网络图中有一个始点事项和一个终点事项，它们表示一项活动的开始和一项活动的结束，其余事项都叫中间事项。中间事项的含义是双重的，它既表示前一项活动的结束,又表示后一项活动的开始,掌握双重事项的双重含义,对于网络的时间计算有很重要的作用。

网络图中的结点要进行编号,以便识别、检查和进行计算,并用两个编号数代表某一项活动名称。编号写在圆圈内,其顺序由小到大,可采用连续编号,也可采用非连续编号。非连续编号的优点是当结点有增减变化时,不致打乱全部编号。

（三）路线

路线是指从网络图的始点事项开始,沿着箭线方向连续到达网络终点事项为止,由一系列首尾相连的结点和箭线所组成的通路。路线中各项活动作业时间之和就是该路线的周期。网络图中有多条路线,其中周期最长的一条路线,称为关键路线。关键路线的延续时间决定了工程周期。关键路线可用粗实线或双线表示。

五、网络图的绘制

网络图是网络计划技术的基础,掌握好网络图的绘制技术是应用好网络计划技术的关键。

（一）绘制网络图的步骤

（1）划分作业项目。就是对项目活动任务分解。任务分解是把任务分解为许多小的作业或工序,划分的粗细程度可根据情况而定。

（2）分析和确定作业之间的逻辑关系。即分析各项作业之间工艺要求和组织条件,确定作业之间的先后顺序。网络图中的逻辑关系依据作业之间的先后顺序有两种形式表示,一种是紧前作业形式,另一种是紧后作业形式。

（3）确定各项作业时间,最后汇总,开列作业明细表。作业时间的确定,通常有两种方法。

一种是单一时间估计法。即对各项活动的作业时间,仅确定一个时间值。这种方法适用不可知因素较少,有类似项目的工时资料可供借鉴的情况。

一种是三点估计法。在没有肯定可靠的工时资料时,只能用估计时间来确定。三点估计法就是对活动的作业时间,预估三个时间值(即最乐观时间、最保守时间和最可能时间),然后求出可能完成的平均值。其计算公式为：

$$T_{均}=(a+b+4m)\div 6$$

式中：$T_{均}$——平均作业时间；

a——最乐观时间；

b——最保守时间；

m——最可能时间。

（4）作图并给结点编号。有了作业清单和各项活动之间的逻辑关系，就可绘制网络图。网络图应能正确反映出整个工程的各项活动及活动之间的相互关系。根据作业清单中各项活动的逻辑关系绘制网络图时，可以从始点开始画，也可以从终点开始画。但一般说来，逻辑关系如果表示的是紧后关系，则从始点开始画比较方便，如果表示的是紧前关系，则从终点开始画比较方便。

（二）绘制网络图的规则

（1）不允许出现封闭的循环路线。网络图是有向图，从左向右前进，不能有回路。

（2）箭线的首尾都必须有结点，不能从一条箭线的中间引出另一条箭线来。

（3）进入某一个结点的箭线可以有很多条，但相邻两结点间只能有一条箭线。如果在两个相邻结点间有几项平行进行的活动，应增设结点，并利用虚箭线表明作业之间的相互关系。

（4）结点编号不能重复使用。

（5）在网络图上，除始点和终点外，其他所有事项前后都要用箭线连接起来，不允许没有紧前作业或没有紧后作业的中间事项（即不允许图中有缺口）。

现以某项计划为例，该项计划的作业明细表如表 4.1 所示。根据表中资料绘制的网络图如图 4.4。

表 4.1 某项计划作业明细表

作业代号	紧后工序	作业时间（天）
A	D	3
B	EG	2
C	F	4
D	G	5
E	H	7
F	H	8
G	—	8
H	—	6

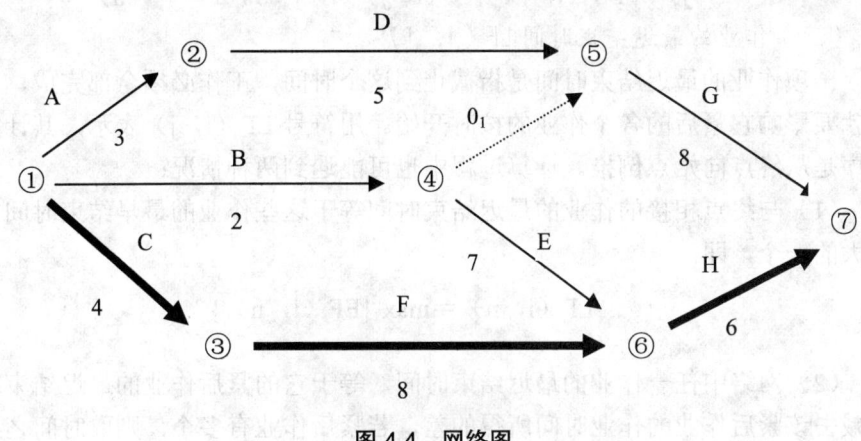

图 4.4 网络图

六、计算网络时间和确定关键路线

网络计划技术的核心是找出关键路线。为此,需要分别计算作业的最早开始时间、最迟开始时间、最早结束时间、最迟结束时间及作业总时差这五个时间参数。其计算方法如下。

(一) 作业的最早开始时间 ES(i, j)

一项作业必须等到它的紧前作业完成之后才能开工,在此之前是不具备开工条件的,这个时间称为作业的最早开始时间,用 ES(i, j) 表示。其中 i, j 是该项作业的编号。计算作业的 ES(i, j) 是按照从始点到终点顺推。各项作业的最早开始时间的计算结果,标在上图中的各个"○"型符号中。计算过程中可能遇到的两种情况:

(1) 从始点开始的作业的最早开始时间为 0,即 ES(i, j) = 0。

(2) 网络中任一作业的最早开始时间,等于它的紧前作业的最早开始时间加上该紧前作业的作业时间之和,若紧前作业有多个,取时间之和中最大的一个,即

$$ES(i, j) = \max\{ES(h, i) + t(h, i)\} \quad (i, j=1, 2, 3, \cdots, n) \, h$$

式中,ES(h, i)——紧前作业的最早开始时间;
t(h, i)——紧前作业的作业时间。

(二) 作业的最早结束时间 EF(i, j)

一项作业的最早结束时间就是它的最早开始时间加上该作业的作业时间,即

$$EF(i, j) = ES(i, j) + t(i, j) \quad (i, j=1, 2, \cdots, n)$$

（三）作业的最迟结束时间 LF（i, j）

一项作业的最迟结束时间是指截止到这个时间，工作必须全部完成，否则就要影响它紧后的各个作业的按时开始。用符号 LF（i, j）表示，其计算顺序是从终点向始点倒推。计算过程中也可能遇到两种情况：

（1）与终点相接的作业的最迟结束时间等于这些作业的最早结束时间中最大的一个，即：

$$LF(i, n) = \max_{i} \{EF(i, n)\}$$

（2）网络中任一作业的最迟结束时间，等于它的紧后作业的最迟结束时间减去该紧后作业的作业时间所得的差，若紧后作业有多个，则取时间之差中最小的一个，即：

$$LF(i, j) = \min_{k} \{LF(j, k) - t(j, k)\} \quad (i, j=1, 2, \cdots, n-1)$$

式中，对 k 求最小。各项作业的最迟结束时间的计算结果，标在网络图中各个"△"形符号中。

（四）作业的最迟开始时间 LS（i, j）

为了不影响其紧后作业的按时开始，每项作业应有一个最迟开始时间，用 LS（i, j）表示。它可以通过将作业的最迟结束时间减去该工作的作业时间求得。即：

$$LS(i, j) = LF(i, j) - t(i, j) \quad (i, j=1, 2, \cdots, n)$$

（五）作业总时差 TF（i, j）

作业总时差是指在不影响整个计划完工期限的条件下，该项作业可以推迟开始或完工的最大机动时间，用符号 TF（i, j）表示。因此，作业总时差可以通过该项作业的最迟结束时间减去最早开始时间再减去作业时间求得。即：

$$TF(i, j) = LF(i, j) - ES(i, j) - t(i, j) \quad (i, j=1, 2, \cdots, n)$$

从式中可以看出，作业总时差还可以用一项作业的最迟结束时间减去该项作业的最早结束时间，或者用该项作业的最迟开始时间减去最早开始时间求得。

某项作业的总时差越大，则其推迟开始或完成的机动时间也越大。因此，根据作业总时差可以确定关键作业和找出关键路线。作业总时差为零的工作就是关键作业，也就是没有任何机动余地的作业。而关键路线是指从工程开始到结束占用时间最长的作业路线。即所有作业总时差均为零的作业连接而成的从始点到终点的路线,就是关键路线。

计算网络时间,确定关键路线一般用图上法和表格法,复杂的网络图要运用电子计算机进行计算。

第一,图上法。图上法就是根据前面介绍的网络时间的计算方法和程序,一边看图,一边计算,并将计算的结果标在图上。将工序总时差为零的活动连接起来的路线就是网络图的关键路线。关键路线的所用时间就是工程项目的总工期。网络图的关键路线一般为一条,但也有几条关键路线。为了突出关键路线,可用粗线或双线将它标出来。上例的图上法计算结果如图 4.5 所示。关键路线为①→③→⑥→⑦,总工期为 18 天。

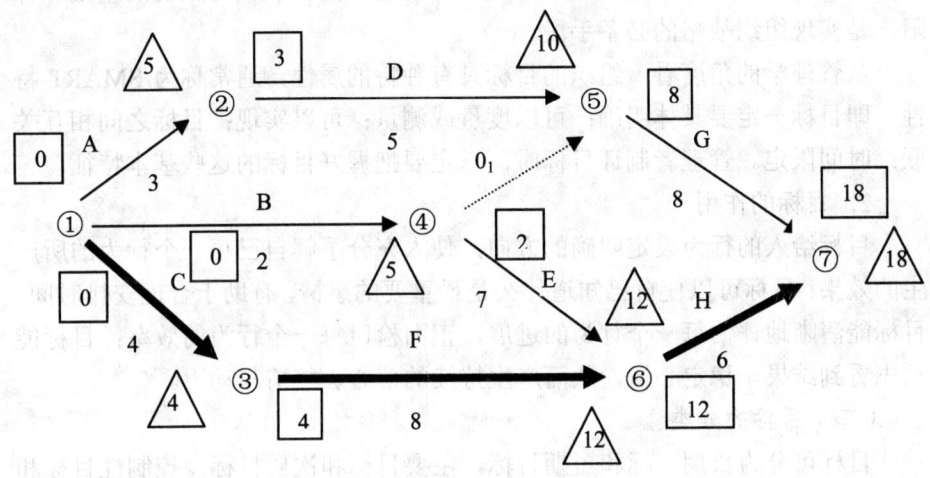

图 4.5　网络计划全图

第二,表格法。表格法是先把工序总时差用结点表示的计算公式,制订一个合适的表格,然后按照已画好的网络图和结点时间函数将有关数据填入表内,再在表上计算各工序的总时差,找出关键工序和关键路线。表格法计算结果与图上法一致。利用表格法的优点是当网络图的工序数目很大时,可避免计算出错或遗漏,并可用计算机进行计算。

第三节 目标与目标管理

一、目标

（一）目标的涵义与作用

1. 目标的涵义

目标是使命或宗旨的具体化，它是指个人或组织根据自身的需求而提出的在一定时期内经过努力要达到的预期成果。目标能够为管理决策确立方向，并可作为标准用以衡量实际的成效。良好的目标是组织获得成功的基础和保障，是实现组织战略的必备手段。

从管理学的角度看，组织的目标具有独特的属性，通常称为 SMART 特性，即目标一定要具体明确；可以度量或测量；可以实现；目标之间相互关联；时间限定。管理者制订目标时，一定要把握好目标的这些基本特征。

2. 目标的作用

目标给人的行为设定明确的方向，使人充分了解自己每一个行为的所产生的效果；目标可以使自己知道什么是最重要的事情，有助于合理安排时间；目标能清晰地评估每一个行为的进展，正面检讨每一个行为的效率；目标能预先看到结果，稳定心情，从而产生持续的信心、热情与动力。

（二）目标的分类

目标可分为长期目标和短期目标，主要目标和次要目标，控制性目标和突破性目标，定量目标和定性目标。

1. 长期目标和短期目标

按时间跨度分为长期目标和短期目标。一般来说，短期目标是指时限为一年内的目标；长期目标是指时限为五年以上的目标。如果要使计划工作收到成效就必须把长期目标和短期目标有机地结合在一起。

2. 主要目标和次要目标

按目标的重要程度分为主要目标和次要目标。目标的优先次序意味着在一定的时间内某一目标的实现相对来说要比实现其他目标更为重要。因此，确定目标的优先次序是极为重要的，任何一个组织都必须合理分配其资源。确定目标及其优先顺序是科学决策的一种体现。

3. 控制性目标和突破性目标

控制性目标是指生产水平或经营活动水平维持在现有水平；突破性目标是指生产水平或经营活动水平达到前所未有的水平。例如，某企业的产品的废品率在15%左右，在计划工作中不断提高产品质量，使废品率下降到10%，这个10%就叫突破性目标。

4. 定量目标和定性目标

按考核目标的性质分为定量目标和定性目标。要使目标有意义就必须是可以考核的。使目标能够考核的最有效、最方便的方法就是定量化。但是，在许多场合是不宜用数量来表示的，在组织的经营活动中，定性目标是不可缺少的。大多数定性目标是可以考核的，但考核的标准不可能和定量目标一样准确。尽管确定可考核的目标是十分困难的，但经验告诉我们，任何定性目标都能用详细的说明或用其他目标的特征和完成日期的方法来提高其可考核的程度。

二、目标管理

（一）目标管理的由来

目标管理是以泰罗的科学管理和行为科学理论（特别是其中的参与管理）为基础，形成一套管理制度。美国管理学家彼得·德鲁克于1954年在他的著作《管理的实践》中首先提出了"目标管理"这一概念。他认为，企业的宗旨和和任务必须转化为目标，组织各级管理人员必须通过这些目标对下级进行领导，以此达到组织总体目标。他强调组织的成员参与目标的制订，通过"自我控制"实现目标。由于有明确的目标作为考核标准，因此对员工的评价和奖励更客观、更合理，大大激发员工为完成组织目标而努力工作，由于它较好地体现了现代管理的原理，在管理实践中受到广泛的重视，特别适用于对管理人员的管理，所以被称为"管理中的管理"。

（二）目标管理的概念

当今有许多组织都在帮助其员工设定绩效目标，以便实现组织目标，这可以通过一种叫目标管理（Management By Objectives，又称MBO）的过程加以实现。

目标管理是指这样一个系统：由上、下级共同决定具体的绩效目标，首先确定出整体目标，将组织的整体目标转换为组织单位和成员的目标，层层分解，逐级展开，采取保证措施，定期检查目标的进展情况，依据目标完成过程中的具体情况来进行考核，从而有效地实现组织目标。

简言之，所谓目标管理就是指组织内部各部门乃至每个人为实现组织目标，自上而下地制订各自的目标并自主地确定行动方针、安排工作进度、有效地组织实施和对成果严格考核的一种系统的管理方法。

目标管理是一个全面的管理系统，它用系统的方法，使许多关键管理活动结合起来，它将整体目标细分为组织中的单位与个人的具体目标，所以目标管理既是自下而上进行，也是自上而下进行的，其结果是形成了一个不同层次之间目标相连的层级体系。如果组织中所有人都达到了各自的目标，那么单位的目标也就达到了，这样，组织的整体目标也就会实现。所以，德鲁克把目标管理看作是将每一工作的目标导向整个组织的目标。

（三）目标管理的基本思想

1. 目标管理是指一个组织的目标和任务必须转化为目的，以求有效地进行工作

如果一个领域没有特定的目标，则这个领域必然会被忽视。因为组织的工作往往以目标为准绳，工作的目的也是为了目标的实现。

2. 目标管理是一种程序，由上下级共同决定目标

各级管理人员只有通过这些目标对下级进行领导，而且依这个目标来衡量下级的工作或贡献大小，并适当给以必要的物质和精神激励，才能保证总目标的实现。如果一个企业没有一个共同目标，其组织也不会有效地进行工作，并且组织规模越大，人员越多，产生冲突和浪费的可能性就越大。

3. 目标分解与落实，强调自我控制

正是由于一个共同目标存在的必要性，让组织中的每个员工都根据总目标来制订个人目标，并积极努力达到个人目标，进而实现组织的总目标，然后，在目标管理的实施阶段和评价阶段，充分信任员工，发扬民主并下放权力，让员工实行自我控制，依靠个人力量，独立完成各自的目标。

4. 考核依据

在考核时，严格依据每个员工的实际贡献如实进行评定，做到实事求是，这也是尊重员工的表现。这样，可以进一步刺激员工的工作热情，充分发挥员工的积极性、主动性和创造性。

目标管理与危机管理、压制管理不同。"危机管理"是指管理者平时无所事事，只有在发生意外时才忙成一团，是一种"消防队救火式"的管理方式。"压制管理"是指管理者每时每刻都紧盯着他的下属，是一种"监工式"的管理方式。而目标管理与这两种管理方式截然不同，企业的管理者在进行计划、组织、指挥、控制及人力资源等管理工作时，事先怀有"目标"，在执

行过程中，充分相信员工，有条不紊，紧张而不慌乱，以达到"目标"的程度评价管理效能的优劣，因此说，目标管理既融合了泰罗的科学管理学说，又渗入了梅约的人际关系学说，是一种根据工作目标来控制每个员工行动的管理方法。它的目的是通过目标的激励，来刺激员工的上进心和成功欲，以达到总目标。

（四）目标管理的基本特点

1. 整体性

目标管理体现了系统论和控制论的思想，它是把组织目标作为一个系统看待，是经过总体思考而产生的。也就是在确定总目标的时候，就已经充分考虑了分目标的分解和落实，形成完整的目标体系。

2. 目的性

目标管理要求组织确定下来的目标必须明确、具体，具有较高的清晰度。清晰度就是指目标的简洁程度。第一，组织在确定具体项目时应突出重点，在结构上，每个工作方面最好为一项目标；第二，目标的文字表达要简单明了，使员工易于记忆和理解。

3. 层次性

目标具有层次性，相应的，目标管理相应也有层次性，总目标经过逐级分解之后，层次就显示出来了，重要的是怎样才能保持层次性。如果层次稳定下来，也就实现了目标管理；如果层次稳定不下来，实际上目标分解就没有落实，目标管理必然只是流于形式。

层次性稳定的根本问题在于合理授权。在目标管理中，科学的领导应当只抓两项工作：一是根据组织的总体目标向下一层次发出指令信息，最后考核指令的执行结果；二是协调下一层次各单位（部门）之间的关系，对有争议的问题做出裁决。

4. 民主性

目标管理的重要原则之一是自我控制，经过目标分解。应当有利于提高人的主动性和创造性。目标管理的民主性，体现在制订目标时要广泛实行民主参与，使员工对目标的意义有充分的了解，满足员工自我表达的需要，而且，员工主动介入制订和控制目标，能促使他们约束自己的行为。当目标确定之后，对于选择什么样的方法去实现目标，应当给执行者留存较大的自由度。无论目标的分解如何细，不体现民主性都不是真正的目标管理。

（五）目标管理的基本过程

纵观目标管理工作的实践是怎样取得成功的，我们便能看出目标管理的重要性。由于各组织的活动性截然不同,目标管理的过程也不一样,可以分为以下几个步骤。

1. 确定总目标

企业在确定总体目标时,必须注意到目标的可分解性,就是说,不是主观地分解目标,而是根据目标的实际需要分解目标。总体目标的可分解性涉及许多方面的问题,但最主要的是利益问题。就我国企业的现状来看,职工利益与企业利益相背离是实行目标管理的障碍。若这一问题如不能解决,职工则不会主动去关心企业的目标,企业目标得不到落实,也就失去了可分解性。企业必须承认员工的利益和权利,但员工的利益只有与企业的利益挂起钩来才能实现。解决这一问题是实行目标管理的前提条件。

决策理论学派的代表人物西蒙和马奇指出:确定企业目标应看成是由经营者、员工、股东、消费者、中间商参加所构成的共同行为,个人的目的在企业中是通过诱因和贡献的平衡来实现。企业目标的确定应遵循的原则是:第一,要以市场需求为依据,体现企业发展的战略思想;第二,在一定的价值观的支配下,提高企业的经济效益;第三,从实际出发,最有效地利用企业的有限资源;第四,要先进合理,应当是经过努力可以达到的;第五,要提高目标的清晰度。

按照系统论的原则,确定目标时应当保证目标之间的整体性,而要按照先整体后局部的原则,经过由整体到局部、由长远到近期、由专业到岗位、由总体到层次的全面考虑之后,再确定目标体系。

制订目标时,孔茨提供了一种衡量表用以帮助目标制订者判断和改进工作,见表4.2:

表 4.2 目标制订衡量表

1. 目标是否概括了该项职务主要特点?
2. 所定目标数量是否太多?能否把有些目标合并?
3. 目标能否考核,也就是说,人们能否在计划期末知道他们是否已实现了目标?
4. 目标是否指明①数量多少?②质量(多好或具体的规格要求)?③时间(何时)?④费用(耗用多少)?⑤如果是属于定性目标,它们是否仍然可以考核?
5. 目标能否激励人们去争取完成,是否现实可行?
6. 是否规定目标主次轻重(顺序、重要程度等)?
7. 这些目标是否还包括①改进工作的目标?②个人发展的目标?
8. 这些目标是否与别的经理和组织所制订的目标相协调?是否与上级主管人员的、部门的、公司的目标相吻合?

> 9. 这些目标是否已向需要知道的所有人传达了？
> 10. 短期目标是否与长期目标相吻合？
> 11. 据以拟订目标的一些设想是否都已清楚指明？
> 12. 这些目标是否已清楚或以文字表明了？
> 13. 目标是否适时地提供反馈信息，从而能够采取一切必要的纠正步骤？
> 14. 现有的资源和职权是否足以去实现这些目标？
> 15. 是否提供了机会，期望人们去实现这些目标，让他们提出自己的目标来？
> 16. 人们是否掌握了委派他们负责的那些工作？

2．目标分解

当企业总体目标确定之后，如何具体地将目标落实下去，这就是目标的展开问题。目标展开应包括以下工作：

（1）目标分解。从形式上看，目标分解就是将目标一层层划开，大划中、中划小，一直分解到班组和个人。在分解过程中，一定要理解这样做的目的，它的实质性是一种自上而下层层展开，自下而上层层保证的过程，在企业中，目标分解是一项具有艺术性的工作，不能把目标分解理解为"目标均摊"，目标分解首先要将总体目标分解为专业目标，然后将专业目标经分解再落实到基层，形成基层的综合目标。经过层层分解，就形成了一个由综合到专业，再由专业到综合的有机分解过程。

（2）目标协商。在目标协商这一点上，充分体现着目标管理的特征。目标协商是指在目标在分解过程中，企业上下级之间围绕企业目标的分解、层次目标的落实所进行的沟通和意见商讨。

目标协商是目标管理不可缺少的环节，它从根本上改变了过去上级往下级压任务，下级讨价还价的不正常现象。因此，目标协商有以下作用：①能使上下级的目标统一。由于层次目标主要是各层次根据企业目标自己制订的，有可能产生偏差，通过协商可以消除。②可以加深执行者对目标的理解。通过目标协商，下级可以认识实现目标的意义。在协商过程中，上级可以向下级讲解为什么要实现目标，使员工增强完成目标的荣誉感和责任感；同时，还能促使员工树立全局观念，这就为以后进行横向协调打下基础。③可以消除下级的顾虑。经过协商之后，下级掌握了更多情况，了解实现新目标的条件，就会提高实现目标的信心。④目标协商实现了员工民主参与。民主参与使员工摆脱了执行者受驱使的感觉，感受自身价值的实现，从而有利于调动员工的工作积极性。

（3）对策展开。当目标确定之后，实现目标的关键在于抓住主要问题，制订措施及时予以解决。对策展开的实质就是解决问题。

（4）明确目标责任。它不仅包括实现目标的质量标准和承担责任的项目，还包括向有关方面提供保证，同时配以奖惩措施。这些都应以明确的方式表示出来，使目标的执行者随时都可以检查自己的目标实现程度。若没有明确的责任加以约束，总体目标最终难以实现。

（5）编制目标展开图。目标展开图是以图表的方式，将目标管理所要实现的内容表示出来，图表方式比较直观，目标的分解、对策、责任、标准一目了然，而且还能使人们了解目标体系结构和自己在目标体系中所处的地位。目标展开图公布于众，有利于人们把握实现目标的进度，同时也便于讨论和分析问题。

通过以上工作就形成了自上而下层层展开，自下而上层层保证的目标分解展开图，见图 4.6。

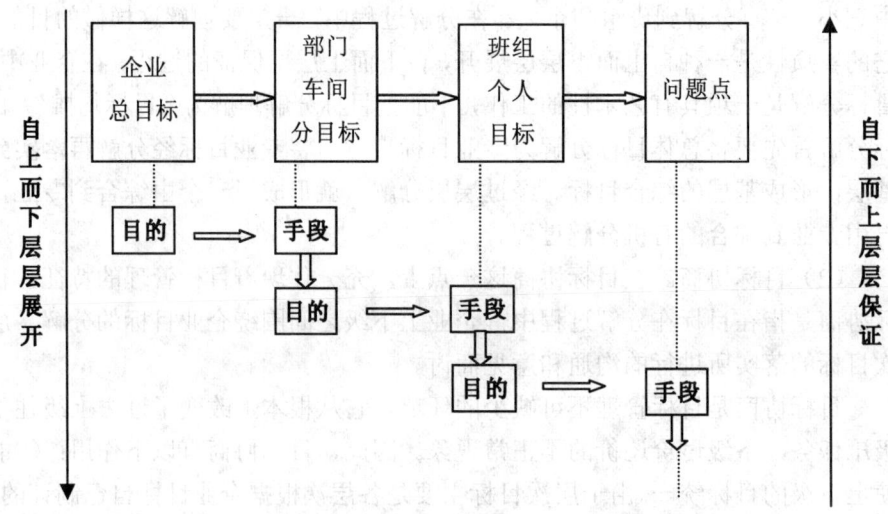

图 4.6　目标分解展开图

3. 目标的实施

目标的实施阶段就是目标实现过程，这一阶段的工作质量直接影响着目标成效。为了保证各层次、各成员能实现目标，必须授予相应的权力，使之有能力调动和利用必要的资源，保证目标实施的有效进行。这一阶段包含的内容如下：

（1）编制计划。经过目标分解和协商之后，各个部门和各个岗位所需完成的目标已经确定下来，目标分解解决的是每个部门应该做什么的问题，而编制计划则是要解决的是什么时候、做什么的问题。因此，在目标分解的基础上还要编制计划。

编制计划实际上就是制订实现目标的措施和确定实现目标的手段，在目标管理中，这一步虽然要由目标执行者自己进行，但决不等于放任自流，而是要求领导者给予必要的协助。如提出各种建议，提供各种信息，组织各种沟通交流活动等。力图使制订出的计划更加严密和切实可行，同时也更加符合总体目标的要求。

（2）自我控制。自我控制是目标管理的一个十分重要的特征。它是员工按照自己所承担的目标责任，按照目标责任的要求，在目标实施过程中进行自主的管理。由于受控于目标，不会出现自由放任的现象。

自我控制采用的主要方法是自我分析和自我检查，而在实现目标的过程中，不断地总结经验与教训，通过一定的反馈方式，把握目标的实现程度；通过将实现程度与目标进行对比，从中找出差距与不足，并研究实现目标的有效方法。自我控制对目标的实现起着积极的作用。

自我控制并不意味着脱离领导，而是要建立新型的上下级协作关系。实现这种类型的关系要做到：第一，要保持一定的沟通，及时汇报目标的实施情况和存在问题，使上级掌握工作进度，以便取得领导的支持和指导；第二，实施的情况要及时反馈给协作部门，以便实现相互间的良好配合，纵向和横向关系要做到制度化。

（3）监督与检查。目标的实施主要是靠员工的自我控制，但并不排斥管理者对目标实施进行必要的监督和检查。这是因为在实施目标的过程中，难免在局部会出现不利于总体目标实现的行为。通过监督和检查，可以对好的行为进行表扬和宣传，对偏离目标的现象及时指出和纠正，对实施中遇到的问题及时给予解决，从而保证目标的最终实现。

监督和检查的内容包括进度、数量和质量等。通过监督和检查可以实现对偏差的调整，并保证完成目标的均衡性，实现有效的协作和信息沟通。

4. 目标成果的评价

目标成果的评价是实施目标管理过程中不可缺少的环节，它可以起到激励先进和教育后进的作用。目标成果评价的步骤大致是这样的：先由执行者进行自我评价，并填入目标卡片中，送交上级主管部门；然后再由上级实事求是地给予评价，确定其等级。

进行评价的依据主要是目标的完成情况。同时，包括目标的困难程度和为完成目标的努力程度。若在执行目标过程中，由于各方面情况的变化对目标进行了必要的修整，则还应包括修正部分，对目标完成情况的考核一定要有说服力，能充分体现职工实际成绩的好坏。而且，考核的具体办法应事先就规定好的，让员工做到心中有数，具体的考核评价办法，可由企业根据自身的实际情况确定，其原则就是要能准确真实地反映员工的绩效。

5．实行奖惩

根据评价结果实行奖惩，评价考核一定要同物质及精神奖励结合起来，体现多劳多得。评价考核工作是否公平、合理、是否照顾到了大家的利益，这对下期工作的影响是很大的。因此，企业领导人一定要谨慎抓好这项工作。

6．新的目标管理循环

目标成果评价与奖惩，既是对某一阶段组织活动效果以及组织成员贡献的总结，也为下一阶段的工作提供参考和借鉴。在此基础上，再制订新的目标，开始目标管理的新一轮循环。

（六）目标管理的应用——PDCA 循环

PDCA 循环的概念最早是由美国质量管理专家戴明提出来的，PDCA 循环又叫"戴明循环"。熟练掌握和灵活运用 PDCA 循环方法，对于提高质量管理体系运行的效果和效率十分重要。PDCA 循环理论可以存在于所有领域，既可以应用于人们的专业工作，也可以应用于日常生活，它被人们持续地、正式或非正式地、有意识或下意识地使用于自己所做的每件事和每项活动。

1．PDCA 循环的内涵

PDCA 方法可适用于所有过程。其模式可简述如下：

P——策划：根据顾客的要求和组织的方针，为提供结果设计建立必要的目标和过程；

D——实施：实施过程；

C——检查：根据方针、目标和产品要求，对过程和产品进行监视和测量，并报告结果；

A——处置：采取措施，以持续改进过程业绩。

2．PDCA 循环的主要步骤

PDCA 循环是现场质量保证体系运行的基本方式，它反映了不断提高质量应遵循的科学程序。以全面质量管理为例介绍一下"P（计划）—D（实施）—C（检查）—A（处理）"的管理循环的主要步骤。它包含四个阶段和八个步骤。

（1）P：计划（Plan）。在开始进行持续改善的时候，首先要进行的工作是计划。计划包括制订质量目标、活动计划、管理项目和措施方案。计划阶段需要检讨企业目前的工作效率、追踪流程目前的运行效果和收集流程过程中出现的问题点；根据搜集到的资料，进行分析并制订初步的解决方案，提交公司高层批准。计划阶段包括四项工作内容：

第一，分析现状。通过现状的分析，找出存在的主要质量问题，尽可能以数字说明。

第二，寻找原因。在所搜集到的资料的基础上，分析产生质量问题的各种原因或影响因素。

第三，提炼主因。从各种原因中找出影响质量的主要原因。

第四，制订计划。针对影响质量的主要原因，制订技术组织措施方案，并具体落实到执行者。

（2）D：实施（Do）。在实施阶段，就是将制订的计划和措施，具体组织实施和执行。将初步解决方案提交给公司高层进行讨论，在得到公司高层的批准之后，由公司提供必要的资金和资源来支持计划的实施。

在实施阶段需要注意的是，不能将初步的解决方案全面展开，而只在局部的生产线上进行试验。这样，即使设计方案存在较大的问题时，损失也可以降低到最低限度。通过试验形式，可以检验解决方案是否可行。

（3）C：检查（Check）。第三阶段是检查，就是将执行的结果与预定目标进行对比，检查计划执行情况，看是否达到了预期的效果。按照检查的结果，来验证生产线的运作是否按照原来的标准进行；或者原来的标准规范是否合理等。

生产线按照标准规范运作后，分析所得到的检查结果，寻找标准本身是否存在偏差。如果发生偏差现象，重新策划，重新执行。这样，通过暂时性生产对策的实施，检验方案的有效性，进而保留有效的部分。

（4）A：处理（Administer）。第四阶段是处理。对总结的检查结果进行处理，成功的经验加以肯定，并予以标准化或制订作业指导书，便于以后工作顺利开展；对于失败的教训也要总结。对于没有解决的问题，应提到下一个PDCA循环中去解决。处理阶段包括两方面的内容：

第一，总结经验，进行标准化。总结经验教训，估计成绩，处理差错。把成功的经验肯定下来，制订成标准；把差错记录在案，作为鉴戒，防止今后再度发生。

第二，问题转入下一个循环。将遗留问题转入下一个管理循环，作为下一阶段的计划目标。

3. PDCA 循环的特点

PDCA 循环有如下两个特点：

（1）大环带小环。如果把整个企业的工作作为一个大的 PDCA 循环，那么各个部门、小组还有各自小的 PDCA 循环，就像一个行星轮系一样，大环带动小环，一级带一级，有机地构成一个运转的体系。见图 4.7。

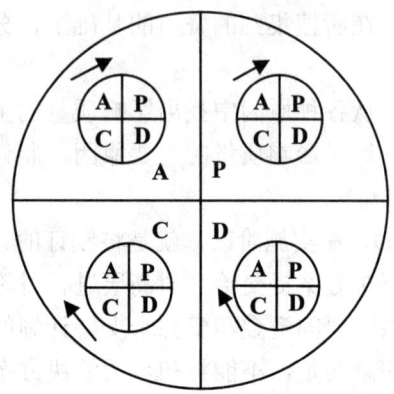

图 4.7 大循环套小循环

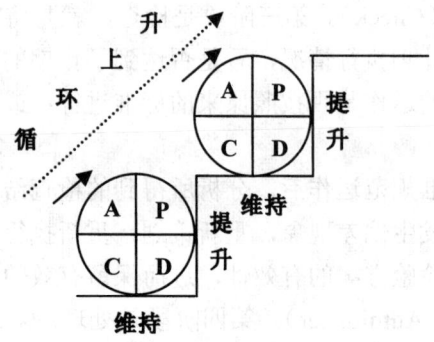

图 4.8 阶梯式上升

应当指出，PDCA 循环中的 A 是关键环节。若没有此环节，已取得的成果无法巩固（防止问题再发生），人们的质量意识可能没有明显提高，也提不出上一个 PDCA 循环的遗留问题或新的质量问题。所以，应特别关注 A 阶段。

（2）阶梯式上升。PDCA 循环不是在同一水平上循环，每循环一次，就解决一部分问题，取得一部分成果，工作就前进一步，水平就提高一步。到了下一次循环，又有了新的目标和内容，更上一层楼。下面图 4.8 表示了这个阶梯式上升的过程。

（七）目标管理的优缺点

虽然目标管理是现在最广泛的实际管理方法之一，但它的效果有时还有问题。管理实践表明，要评价目标管理的真正效果是困难的。原因是，其一，目标管理是由各种各样的组织给它下不同的定义和进行不同的实践。它有的只是指简单地设置目标，而一些则把它看作是一个全面的管理系统。其二，有效性也是不容易下定义的，而且业绩的增减可能是由于目标管理以外的其他因素造成的，要完成一项目标管理计划可能用 2~5 年的时间，在这期间，这个计划以外的许多其他因素也可能对企业的经营有影响。那么，如果一个目标管理方法产生效果，它一定与其特定的环境条件相适应。尽管目标管理方法有很多优点，但也有若干的弱点和缺点。但目标管理在管理过程中是必不可少的一个重要环节。为了进一步认识目标管理的必要性，扬长避短，我们有必要了解目标管理的优缺点：

1．目标管理的优点

（1）有利于提高管理效率。目标管理的全部好处可以扼要地讲，就是目标管理导致管理工作有很大的提高。用目标和预期结果来定向地计划工作，是非常有效的办法。目标管理迫使管理人员去考虑关于计划的效果，而不仅仅是计划本身的工作。为了保证目标的实现，它也需要管理人员去考虑实现目标的方法，考虑必需的组织、人员和物资。

（2）有利于明确组织任务和结构。目标管理可以迫使管理人员弄清组织的任务和结构。在可能的范围内，各个岗位应该围绕所期望的关键目标建立起来，各个岗位应有人负责，从而尽可能地把主要目标所要取得的成果落实到对实现目标负有责任的岗位上。

（3）可以有效地调动人们的积极性、创造性和责任心，鼓励他们专心致志于自己的目标。人们不再只是做工作、执行指示、等待指导和决策的被动行为；他们实际上是参与制订目标，且都是明确规定目标的个人；他们已有机会把自己的想法纳入计划之中了；他们了解自行处理的范围——他们的职权，而且他们还能从上级领导那里取得帮助，以保证他们完成自己的目标。这些都是有助于承担责任感的因素。

（4）更有效地实施控制。控制就是测定工作，就是采取措施以纠正在计划实施中出现的偏差，以确保目标的实现。管理控制系统的一个主要问题是要知道去监视什么，一套明确的考核目标就是进行监视的最好指导。

2．目标管理的缺点

尽管目标管理有很多优点，但它也有若干缺点：

(1) 对目标管理的原则阐明不够。"目标"二字看起来很简单,但是要把它付诸实施的管理人员,必须对它有很好的领会和了解。他们必须依次向下层人员解释目标管理是什么,它怎样起作用,为什么要实行目标管理,在评价绩效时它起什么作用,以及参与目标管理的人能够得到什么好处。但是实际上,许多管理人员对目标管理的基本思想理解不深。

(2) 目标难以确定。真正可考核的目标是很难确定的,为了追求目标的可考核性,人们可能过分使用定量目标,而且不宜用数字表示的一些领域里也企图利用数字,或者对一些项目最终成果用数量表示有困难的重要目标,他们可能降低等级。例如,一个良好的企业形象,可能成为企业的关键目标领域,但它用数字表示是困难的,为了体现目标管理的思想,可能会导致定量化的目标无法充分反映组织的总体要求,甚至会降低标准。

(3) 目标短期化。在大多数的目标管理计划中,所确定的目标一般都是短期的,很少超过一年,常常是一个季度或更短。然而组织强调短期是危险的,会损害长期目标的实现。因此,为防止短期目标导致的短期行为,上级管理人员必须从长期角度提出总目标和制订目标的指导准则。

(4) 不灵活。目标管理要取得成效,就必须保持其明确性和稳定性,如果目标经常改变,就难以说明它是经过深思熟虑和周密计划的结果,这样的目标是没有意义的。计划是面向未来的,而未来存在许多不确定因素,使得必须根据已经变化了的环境对目标进行修正。目标的改变可能导致目标前后不一致,给目标管理带来困难。

即使目标管理在某些情况下有这些困难,但实际上,这种管理方法所强调的是设置目标,人们一直认为那是计划工作和管理工作不可缺少的部分。这就要求组织成员要不断探索,总结经验,以取得最大效果。

第四节 战略管理

组织的成功从战略开始。什么是战略,如何制订一个切实可行的组织发展战略并贯彻实施,是组织持续稳定发展的前提条件,也是组织决策者的重要职责。

一、战略的发展历程及涵义

（一）战略的发展历程

战略概念源于军事实践活动。"战略"一词来自军事术语，是指对战争全局的筹划的谋略。英文的战略"strategy"一词来源于希腊语"strategos"，其含义是将军。到中世纪，这个词演变为军事术语，无论东方或西方，"战略"总是源于军事，意指"为将之道"，其本意是指挥战争全局的计谋。克劳塞维茨在其《战争论》这部巨著中定义："战略是为了达到战争目的而对战斗的应用。"利德尔·哈特在他的《战略论》中定义：战略是一种分配和运用军事工具以达到政治目的的艺术。

中国自古就是一个战略大国，中国古代的许多书籍，如《三十六计》《孙子兵法》《孔明兵法》《三国演义》《易经》等，就孕育着非常丰富的战略智慧。其中，公元前360年孙武所著的《孙子兵法》堪称"兵学圣典"，是将帅必读的"武经"，且在唐朝以后被列为武经七书之首。在军事以外的诸多领域，《孙子兵法》也被广泛应用，从《战国策》《吕氏春秋》《韩非子》《黄帝内经》等著作中，都不难发现《孙子兵法》对其产生的深刻影响。《孙子兵法》实际上是一篇杰出的内容高度概括的"战略论"，把两国相争斗智斗勇阐述得极为深刻。所谓"用兵之道，以计为首""计先定于内，而后兵出境"论述的是运筹定计、对抗谋略的原则和思想，强调计谋、战略和策略的重要性，而"知己知彼，百战不殆"和《孙子·形篇》中的"兵法：一曰度、二曰量、三曰数、四曰称、五曰胜，地生度、度生量、量生数、数生称、称生胜"又给出了用计的程序和方法。为了在战争中克敌制胜，兵法韬略中出现了独立的谋略学，专门研究保证胜利的奇谋方略。兵法作为一部综合性的战略教科书，注重谋略，富于哲理，内容丰富，思想深邃，适用范围广阔，是战略哲学的凝练，是哺育历代将帅的乳汁，是克敌制胜的重要思想武器。

美国学者钱德勒在1962年发表的《战略与结构：工业企业史的考证》，掀起了全球研究企业战略的浪潮。该书阐述了环境、战略和结构三者之间的关系，提出了"结构追随战略"的观点，认为企业经营战略应当适应环境，满足市场需求，而组织结构又必须适应企业战略，随着战略的变化而变化。在此基础上，战略的研究形成了"设计学派"和"计划学派"这两大学派。这两个学派均注重对环境和市场的分析，把企业的经营活动视为在统一战略指导下的相互关联的整体，从而提高了对企业战略问题的认识。

"设计学派"的代表人物是哈佛商学院的安德鲁斯教授，他于1971年发表了设计学派的经典著作《公司战略概念》。他认为战略形成的过程，实际上就是企业内部条件与外部环境相匹配的过程，由此企业战略可分为战略制订和战略实施两个阶段。安德鲁斯的最大贡献，是提出了制订战略的 SWOT 分析框架，即在制订战略的过程中，必须考虑企业自身的优势和劣势，以及外部环境中存在的机会和威胁；要将企业的目标、经营活动和不确定环境结合起来，充分利用外部环境提供的机会，同时避免不确定带来的威胁，通过趋利避害，构建企业的竞争优势。

"计划学派"的代表人物是哈佛商学院的安索夫教授，他在 1965 年出版的《公司战略》一书中，提出了战略构成的四个要素：即产品与市场范围、增长向量、协同效应和竞争优势。其中，协同效应和以此为基础发展起来的协同战略，成为企业兼并、收购以及战略联盟的理论源泉。1972 年安索夫又发表了《战略管理思想》，正式提出"战略管理"的概念；1976 年安索夫在《从战略计划走向战略管理》中，提出了"企业战略管理是一个动态过程"的观点；在 1979 年出版的《战略管理》和 1984 年出版的《植入战略管理》两本书中，安索夫不仅将战略的要素扩大为八个方面：即外部环境、战略预算、战略动力、管理能力、权力、权力结构、战略领导和战略行为，而且还进一步发展和完善了他业已提出的一套广为学术界、企业管理实务界所接受的战略管理理论、方法、程序和范式。安索夫的这些著作被公认为是战略管理的开山之作，他本人也被尊称为"战略管理鼻祖"和"一代宗师"。

20 世纪 80 年代初，以哈佛商学院迈克尔·波特教授为代表的竞争战略理论成为战略管理的主流理论。波特提出的行业竞争结构分析方法和模型（五力模型），受到战略管理学界的普遍认同，并且成为外部环境分析和战略制订最为重要和广泛使用的模型。波特认为，战略的核心是获取竞争优势，而影响竞争优势的因素有两个：(1) 企业所处产业的盈利能力，即产业的吸引力；(2) 企业在产业中的相对竞争地位。因此，竞争战略的选择应考虑以下两点：(1) 选择的产业是否具有潜在利润的吸引；(2) 如何在选择的产业中获取竞争优势。为了正确选择有吸引力的产业以及获取竞争优势，企业必须对将要进入的一个或几个产业结构状况和竞争环境进行分析。波特竞争战略理论的基本逻辑是：(1) 产业结构是决定企业盈利能力的关键因素；(2) 企业可以通过选择和执行低成本或差异化战略，影响产业中的五种作用力量，以改善和加强企业的竞争优势；(3) 价值链活动是竞争优势的来源，企业通过价值链活动和价值链关系的调整来实施其基本战略。波特的著作《竞争策略》《竞争优势》和《国家竞争优势》被称为竞争优势三部曲。波特关于竞争战略要考虑的五种力量具有非常重视的影响。哈佛大学的一位教授曾说过，世界上几乎每一位 MBA 毕业生都记住了波特的五力模型。波特认为，企业在竞争中要考虑的因素不外乎五种力量，应该重点研究之：(1) 新竞争者的加入。(2) 替代品的威胁。(3) 买方讨价还价的力量。(4) 供应商讨价还价的力量。(5) 现有竞争者的对抗力。这五种力量的合力就是企业的竞争能力和赚钱能力。

进入 20 世纪 90 年代，随着信息技术的迅猛发展，市场竞争环境日趋复杂，企业把战略重点从外部环境分析转向企业内部控制，注重自身核心竞争力的形成，强调企业内部条件对于获取并保持竞争优势的决定性作用。1990年普拉哈拉德和哈默尔提出了企业的核心能力理论，该理论假定企业具有异质资源，且资源不能在企业间相互自由流动；对于企业独特的资源，其他企业无法得到或模仿，这些独特的资源形成企业竞争优势的基础。巴尼、科林斯和蒙哥马利被认为是企业资源学派的代表，他们把企业看作是各种资源的集合。所谓企业资源，是企业在向社会提供产品或服务的过程中，能够实现企业战略目标的各种要素组合。其中，那些与企业预期业务和战略相匹配的资源最具价值，企业的竞争优势取决于其拥有资源的价值。资源学派认为，企业应将自身置于所处的产业环境，通过与竞争对手资源的比较，才能发现企业拥有的优势资源。1997 年，梯思、皮萨罗和肖恩把演化经济学的企业模型和资源学派的观点结合起来，明确提出了"动态能力"的战略观和基于"动态能力"的战略分析框架。

20 世纪 90 年代后期出现的战略联盟，强调企业间的"竞合"，即合作中的竞争与竞争中的合作，认为竞争优势是构建在自身优势与他人竞争优势相结合的基础之上，至此，通过创新和创造来超越竞争，开始成为企业战略管理研究的一个新焦点。随着产业环境的日益动态化，技术创新的加速化，竞争的全球化和顾客需求的日益多样化，企业逐渐认识到，无论是为了增强自身能力，还是为了拓展新市场，企业都应努力营造共赢的局面，通过与其他企业共同创造消费者感兴趣的新价值，培养以发展为导向的协作性经济群体，企业才能从中获得比单打独斗或一味竞争所能获得的更多利益。

（二）战略的定义

在《辞海》中战略的定义是：泛指重大的带有全局性和决定全局的计谋。在现代军事科学中，战略是相对于战术而言的。战略是指对战争全局的筹划与指导，战术是指具体作战的原则和方法，是战略的深化和细化。

菲利普·科特勒认为："当一个组织搞清楚其目的和目标时，它就知道今后要往何处去。问题是如何通过最好的路线达到那里。公司需要有一个达到其目标的全盘的、总的计划，这叫做战略。"他还指出"战略是公司如何赢得一场战争的概念，战术是公司如何赢得一场战役的概念"。

哈佛大学的艾尔弗雷德·钱德勒把战略定义为"一个企业长期目标和目的确定，以及为实现这些目标所要采取的行动方案和必要的资源分配方案"。企业战略回答的是企业作为整体为什么能够得到社会的回报从而长期存在下去的根本性问题。

明茨伯格将战略定义为"5P"：

①战略是一种计划（plan），具有超前性和动态性，它立足当前，着眼未来，谋求组织长期的生存与发展；

②战略是一种计谋（ploy），在特定场合，可以作为威胁和战胜竞争对手的一种具体的计策；

③战略是一种模式（pattern），不仅体现为一系列的计划，也体现为一系列的行为；

④战略是一种定位（position），确定自己在市场上的位置；

⑤战略是一种观念（perspective），它体现组织中人们对客观世界固有的认识方式，是组织文化（包括组织的理想、经营理念、推动力等）的反映。

总的来看，明茨伯格的定义较为全面地反映了企业战略的本质及特点，因而最具代表性。

从管理角度讲，战略是指企业为了实现预定目标所做的全盘考虑和统筹安排。如双汇集团在火腿肠市场趋于衰退时，认识到消费者对"放心肉"潜在需求与日俱增，进而决策实行"冷鲜肉"战略，并实行前向一体化战略，进入连锁零售商业领域，采取"冷链生产、冷链运输、冷链销售、连锁经营"的肉类营销模式。

关于战略的概念，可以说是众说纷纭，不同的学者与组织的管理者赋予战略以不同的含义。根据理论界和企业界多数人的意见，战略可定义为：组织为了实现长期的生存和发展目标，在综合分析组织内部条件和外部环境的基础上做出的一系列带有全局性和长远性的谋划。

随着人类社会的发展，"战略"一词后来被引伸到政治、经济、社会等领域，关于战略的概念，已经从传统的狭义的军事领域有了多方面的扩延，出现了诸如国际战略、国家战略、地区战略，以及政治战略、经济战略、外交战略、社会战略、能源战略、教育战略、科技战略、企业战略等用语和概念。战略也就演变为泛指在一定时期内为了实现预定目标，对组织全局的、长远的和重大的问题所做出的运筹规划。

二、战略特征

战略是关于一个组织的长远的、全局的目标，以及组织为实现目标在不同阶段上实施的不同方针和对策。战略的实质就是人们为了促进组织在一定时期内的发展，对其各种根本趋势以及对这些根本趋势起决定作用的因果关系能动反映的结果，是指导人们实现某种根本趋势的行动准则和目标。一般说来，战略具有下列五个基本特征：

（一）全局性

战略是组织在一定时期内发展的全局性的指导思想，从空间上看，它是以全局为对象，即有关组织的整体和全局的问题。战略问题的核心是研究组织发展全局问题的。其着眼点不是局部，而是从全局发展，即谋划组织的总体行动。我们平时所说的战略意识、战略思想和战略眼光，就是要通观全局，掌握总体的平衡发展。

（二）长远性

从时间上看，战略是组织谋求长远发展，是一个较长时期内相对稳定的行动指南，其着眼点不是眼前利益，而是长远利益，即在科学预测基础上，开拓组织未来的前景，实施卓有成效的战略指导。

（三）层次性

组织系统是有层次的，有大系统和小系统之分，也有母系统和子系统之别。相对应不同层次的系统，就有不同层次的战略。从内容上看，战略是对组织的总体设想和统盘筹划，是原则性、概括性的规定，具有行动纲领的导向意义。它必须经过细化、分解、落实等环节，才能转化为具体的行动计划和活动。

（四）竞争性

从本质上看，市场经济必然带来竞争，而竞争需要战略。优胜劣汰是竞争的必然结果，战略带有对抗性。由于战略是决策未来的，所以带有风险性。

（五）风险性

战略着眼于未来，但未来充满不确定性，必然导致战略方案带有一定的风险。

"五性"同在才是战略，否则属战术问题，只有完全理解"五性"，才称得上懂得战略的真正涵义。

三、战略的重要性

以企业战略为例阐述战略的重要性,企业战略之所以重要是因为它要解决影响组织未来发展的最重要、最基本的问题。当一个组织在战略上出现了严重失误时,它可能要承担破产的后果。如果一个组织制订并实施了适宜的战略,那么它将从中受益。

第一,企业战略涉及整个组织。企业战略包括业务的各个领域和各项功能,是通过把业务中各部分最好的实施方法有机结合起来而非简单相加而形成。

第二,企业战略通常把公司某项业务的生存看作最低目标而把创造附加值作为最高目标。

第三,企业战略涉及组织所从事的各项活动。

第四,企业战略指导组织和外界环境间不断变化的关系。

第五,企业战略是形成持续竞争优势的关键。

第六,企业战略有利于企业增值。不仅仅是销售额、盈利能力、市场份额、股份收益率等方面的增长,而且有利于企业无形价值的增值。

企业战略是在第二次世界大战后发展起来的,随着现代科学技术和世界经济的发展,企业经营管理的内部条件和外部环境都发生了巨大变化,市场经济竞争也越来越激烈,迫使企业为了生存发展的需要而争夺市场,在经营管理中将眼光由短期目标转向长期目标、由日常生产经营的专业化职能性经营管理转向综合的全局性决策和管理,将战略思想运用于企业经营管理当中,形成了企业战略和战略计划的概念,我国企业随着改革开放和市场经济体制的逐步建立和完善,出现了"战略管理热",也开始重视长远发展规划。

一般说来,战略具有对抗性,它总是针对竞争对手的优势和劣势及其正在和可能采取的行动而制订的,对一个企业来说,内部的薄弱环节或某方面管理不善的问题通常可以容忍,至少暂时可以容忍。但是,如果企业相对其竞争对手的地位恶化,则将危及企业生存。事实上,一旦企业的市场占有率被竞争对手所控制,那么企业的战略管理就会受到牵制。

我们可以举一个例子——日本汽车成功进入欧美市场,人们往往惊叹于日本的小汽车长驱直入欧洲和美国市场,实际上日本汽车公司早就制订了在石油短缺的情况下的发展战略,同时尽量开发小型节油汽车。而在 20 世纪 60 年代末,美国汽车工业的"三巨头"——通用汽车公司、福特汽车公司和克莱斯勒汽车公司几乎是不约而同地做出集中生产体积大、耗油多的小汽车的决策。然而在不久之后爆发的"石油危机"的侵袭下,这三家企业正在实施的战略计划被冲得支离破碎,根本应付不了市场的突变。欧洲市场也是类似的情况。此时,日本将早已研制好的轻型节油小汽车大量投放欧美市场,一举攻占了欧洲和美国市场,并登上了世界小轿车市场霸主地位。随后,日本企业又相继在家电、摩托车市场等领域以优质低价的产品一举成功地战胜了欧美企业。

又比如,麦当劳快餐店进入我国已经很多年,我们许多中国人已经熟悉麦当劳及它的产品,但是很少有人知道:麦当劳进入中国开第一家店,卖第一个汉堡包之前,它在干什么?它在中国的农村种了整整9年的土豆!没有清晰的战略意图和定位,麦当劳绝对不会有这样的眼光和行动。

像以上这些案例,如果我们仔细分析,就会感受到我国企业和世界优秀企业的差距,所以,管理的最高级别就是战略管理。中外知名企业领导都对战略管理做出了极为重要的评价。

华为总裁任正非:"一个民族需要摄取世界性的精髓才能繁荣昌盛,一个企业需要有世界性的战略眼光才能奋发图强。"

美国通用电气公司前董事长韦尔奇:"我整天没有做几件事,但有一件做不完的工作,那就是规划未来。"

美国 90%以上的企业家认为:"最占时间、最为重要、最为困难的事就是制订战略规划。"

爱默生:"每年我都花一半的时间在战略规划上,雷打不动。"

战略决定着企业的生存与发展。由于战略是关于企业生产经营与发展的指导方针与总体策略,决定着企业行为的长远发展方向与思路,因此,其所发挥的是一种长远性、全局性、根本性的作用与影响,是非常重要的。

四、战略管理与战略管理过程

军队从事战争,企业从事竞争,两者虽然本质不同,但都存在一个"争"字。1965 年,安索夫出版了第一本有关战略的著作《企业战略》,成为现代企业战略管理理论的研究起点。

战略管理是指企业确定其使命,根据组织外部环境和内部条件设定企业的战略目标,为保证目标的正确落实和实现进度谋划,并依靠企业内部能力将这种谋划和决策付诸实施,以及在实施过程中进行控制的一个动态管理过程。

战略实质上是组织的一种"谋划或方案";而战略管理则是对组织战略

的一种"管理",具体说就是对组织的"谋划或方案"的制订、实施与控制。

"战略管理"被称为商业企业运作的《圣经》,战略管理课程是 MBA 和 MPA,即工商管理硕士和公共管理硕士的课程的核心课程,也是大部分现代管理者培训项目中的"保留节目"。众多企业的管理团队运用战略管理的核心理论为自己的企业掌舵护航。

一个规范性的、全面的战略管理过程大体分为三个阶段,即战略分析、战略选择及评价、战略实施与控制,如图 4.9 所示。

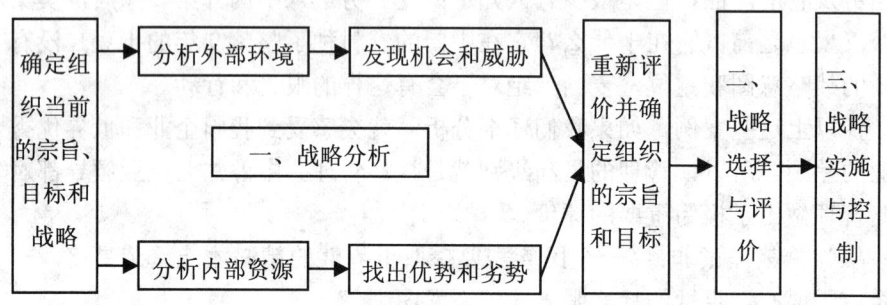

图 4.9 战略管理过程图

下面,以企业为例讨论组织战略管理过程问题。

(一)战略分析

战略分析指对组织的战略环境进行分析,并预测这些环境未来发展的趋势,以及这些趋势可能对组织造成的影响及影响方向,环境分析是为确立组织战略目标做准备的。一般说来,战略分析包括组织内部环境分析和组织外部环境分析两部分。

组织内部环境分析主要是对组织资源及能力条件进行分析。

组织外部环境分析包括一般环境分析(宏观环境分析)和行业环境分析。

1. 企业内部环境分析(波特——价值链分析法)

价值链分析法主要针对企业内部环境进行分析,这需要收集企业的管理、营销、财务、生产作业、人力资源、研发,以及计算机信息系统运行等方面的信息,从中分析企业的优势和劣势。

价值链又称增值链,是指企业创造价值的一系列的经常活动所组成的链条。价值链是由一系列生产经营活动构成的,主要包括两类:一类是基本增值活动,主要有来料储运、生产作用、成品储运、市场营销、售后服务等功能或活动。另一类是辅助增值活动,主要有采购、技术开发、人力资源管理、企业基础管理等。如图4.10所示。

价值链分析的基本原理：企业每项生产经营活动都是其为顾客创造价值的经济活动，那么，企业所有的互不相同但又有相互关联的价值创造活动叠加在一起，使构成了一个链条，创造的价值如果超过了成本，就能盈利；如果超过竞争对手所创造的价值，就会拥有更多的竞争优势。总之，企业是通过比竞争对手更廉价或更出色地开展价值创造活动来获得竞争优势的。

价值链分析是从企业内部条件出发的，把企业经常性活动的价值创造，成本构成同企业自身的竞争能力相结合，与竞争对手经常性活动相比较，从而发现企业是目前及潜在优势与劣势的分析方法。它是指企业战略计划制订与实施所用的有力分析工具。

经过深入的分析。一方面可以对每一项价值活动进行分析，另一方面，可以对各项价值活动之间的联系进行分析。为了诊断和分析竞争优势与劣势，企业有必要根据价值链的一般模型，构造具有企业特色的价值链。

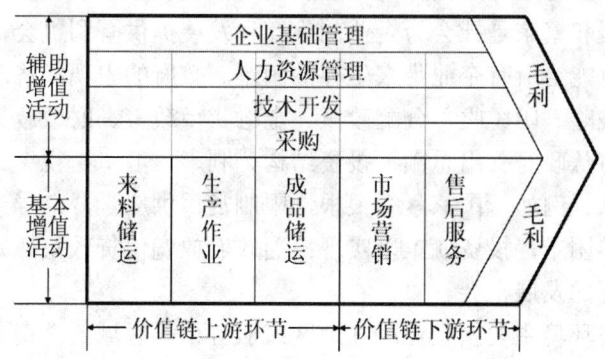

图4.10　波特价值链

2. 企业外部环境分析（一般环境用PESTN分析法，竞争环境用波特五力模型）

（1）一般环境分析（PESTN分析法）

一般环境也就是企业活动所处的大环境，也称宏观环境，是指给企业造成市场机会或威胁的主要环境因素之一。主要由政治环境（Political）、经济环境（Economic）、社会文化环境（Social）、技术环境（Technological）和自然地理环境（Nature）等因素构成，它对所有企业都会产生影响。PESTN分析法就是对这五种环境因素进行分析，是分析一般环境（宏观环境）的主要方法之一。

①政治环境

政治环境泛指一个国家的社会制度，执政党的性质，国家的方针、政策、法规、法令等。不同的国家有着不同的社会制度，不同的社会制度对企业活动有着不同限制和要求。即使在社会制度没有发生变化的同一个国家，政府在不同时期的基本路线、方针、政策也是在不断变化的。企业必须研究分析这些变化。另外随着社会法制体系的不断建立健全和完善，企业也必须了解其活动相关的法制系统及其运行状态。通过政治环境的研究分析，企业可以明确其所在的国家和政府目前允许企业干什么、禁止干什么及其鼓励企业干什么，以便使企业活动符合社会和国家利益。

②经济环境

经济环境主要指构成企业生存和发展的社会经济状况及国家的经济政策。经济环境又分为宏观经济环境和微观经济环境两方面的内容，宏观经济环境主要指一个国家的人口数量及增长趋势、国家收入、国民生产总值及其变化情况，以及通过这些指标能够反映的国民经济发展水平和发展速度。宏观经济的发展和繁荣是社会为企业的生存和发展提供有利机会，而萧条、衰退的形势则可能给所有企业带来生存的困难。政府的宏观经济政策主要指国家经济发展战略、国民收入分配政策、金融货币政策、财政政策、对外贸易政策等。它将从政府支出总额、投资结构、利率、汇率、税率、货币供应等方面反映出来。例如，国家紧缩银根，限制货币供应量，会导致企业流动资金紧张，周转困难，投资就难以实现；而政府放宽信贷政策，则可能给许多企业创造良好的发展机会。

微观经济环境主要指企业所在地区或服务市场区域的消费者水平、消费偏好、储蓄情况、就业程度等因素的变化，这些因素直接决定着企业目标及未来的市场规模及发展空间。

③社会文化环境

社会文化环境所包含的内容十分广泛，如一个国家或地区的人口数量、结构与地理分布、教育程度、文化水平、宗教信仰、风俗习惯、价值观念、行为规范、生活方式、文化传统等。人口数量制约着个人或家庭消费品的市场规模，如我国的移动电话起步较晚，但现在移动电话用户为世界第一位，人口地理的分布决定消费者的地区分布，这就意味着出现多种多样的市场机会。文化水平会影响居民的需求层次；价值观念会影响居民对组织目标、组织活动以及组织存在本身的认可与否；宗教信仰和风俗习惯会禁止或抵制某些活动进行。随着社会经济的不断发展，人们的可支配收入增多了、人口结构的变化、消费观念和习惯的改变等都在对企业的影响起着重要的作用。

④技术环境

技术环境是指与企业生产经营活动相关的科学技术要素总和，它既包括推动社会发展的、革命性的行业技术进步，也包括与企业生产直接相关的新技术、新工艺的发明情况、应用程度和发展趋势，还包括国家和社会的科技体制、科技政策和科技水平。所以，必须了解国家对科技开发的投资和支持重点；行业技术领域发展动态；技术转移和技术商品化速度；专利及其保护等方面的情况。科学技术是第一生产力，现代高新技术，推动了新兴行业的高速发展，同时也对企业管理产生了重大的影响，它可以创造新产品，降低成本，缩短工期，开拓新的市场，提高企业竞争力。

⑤自然地理环境

它包括企业所处地理位置及其气候条件的自然资源环境和生态环境，包括土地、森林、海洋、矿产、河流、生物、水源、能源等自然资源以及环境保护、生态平衡等方面的发展对企业的影响。

(2) 竞争环境分析（波特——五种竞争力分析法（五力模型））

在日趋激烈复杂的市场上，企业要生存和发展，就必须进行充分的行业环境分析，制订有效的战略目标，才能取得竞争优势。

美国著名管理学家迈克尔·波特建立了五种竞争力分析模型。他认为，企业最关心的是其所在行业的竞争强度，而竞争强度又取决于五种基本竞争力量。这五种竞争力量分别来自于：行业中现有企业间的竞争、潜在进入者的威胁、替代品的威胁、购买者的议价能力、供应者的议价能力等。如图4.11所示。正是这些力量的状况及综合强度影响了企业在行业中的最终获利能力。

第一，行业中现有企业间的竞争：一般是指在企业所处的行业之中同行业之间的正面竞争。如美国可口可乐公司与百事可乐之间的竞争。

第二，潜在进入者：即经营同一类产品或服务竞争者进入市场或进入本行业的可能性，这就意味着同一市场上竞争对手的增加，而新进入者往往是在对市场做过充分调研，深知竞争者劣势的情况下有备而来的。

第三，替代品：即其他行业的产品或服务可以与该行业的产品一样满足消费者的相同需求。例如，我国铁路运输业虽然近乎独家经营，但仍要面对公路、航空运输的竞争。替代品虽然不是同一种商品，但在使用上可以相互替代，会降低客户对本产品信赖程度，从而挤压了本产品的市场。

第四，购买者的议价能力：指购买者主要通过要求压低价格，要求较高的产品质量或更多的服务，甚至迫使行业中的企业以互相竞争等方式降低企业的获得能力。对行业中的企业来讲,购买者也是一个不可忽视的竞争力量。

第五,供应者的议价能力:指企业的供应者在向企业提供产品和原材料时的讨价还价能力。当供应商能够确定它所提供的商品的质量、价格、性能、交货期的可靠度,那么这些供应商就会成为一种强大的力量。

除这五种竞争力量外,还应注意高新技术的因素、信息与互联网的影响,特别是各级政府的政策取向等。

波特还提出,除了识别竞争者,企业还要分析竞争者策略、确定竞争者目标、评估竞争者的优势和劣势、判断竞争者的反应模式,即波特竞争对手四因素分析法。

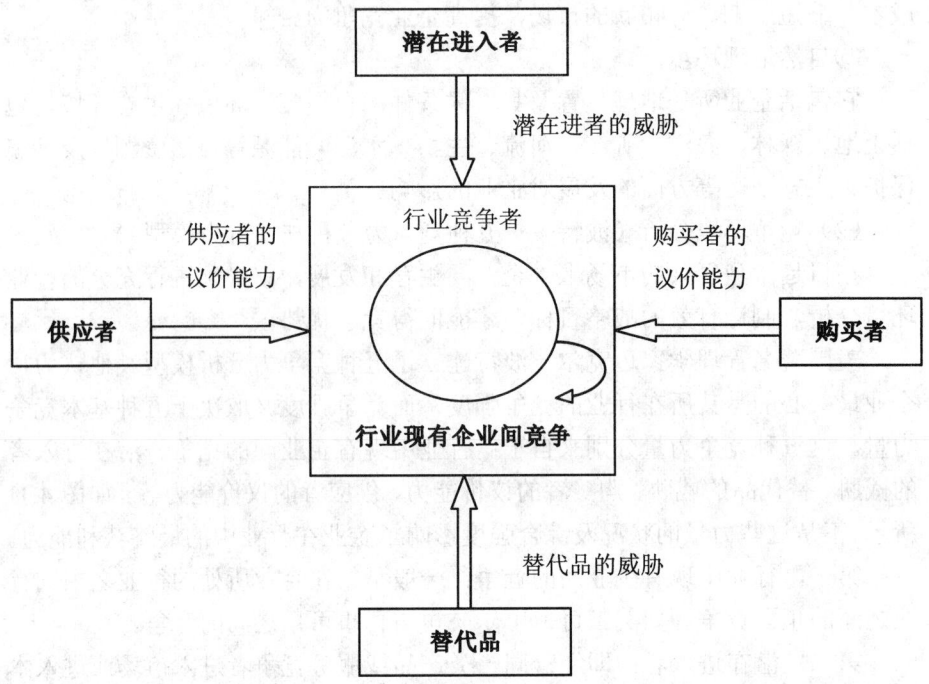

图 4.11　五种竞争力量分析图

3. 企业环境的综合分析(SWOT 分析法)

以上分别对企业的内、外部环境进行了分析,那么如何综合性地来分析企业的总体战略环境呢?国际知名企业、商学院及咨询公司通常采用的是哈佛大学安德鲁斯(Andrews)1971 年在《公司战略概念》中首次提出并于 20 世纪 80 年代初由美国旧金山大学的管理学教授韦里克确立且被世界知名战略咨询公司麦肯锡大加推广 SWOT 分析法(也称 TOWS 分析法、道斯矩阵),

即态势分析法。

分析内部环境条件主要找出是的经营优势和劣势；分析外部环境主要找出经营的机会和威胁。将这四种因素综合起来进行分析，就是 SWOT 分析。

SWOT 分析法为我们提供了企业总体环境分析的基本方法：

优势 S（Strengths）——企业内部经营优势；

劣势 W（Weaknesses）——企业内部存在的劣势；

机会 O（Opportunities）——企业外部经营机会；

威胁 T（Threats）——企业外部的威胁。

SWOT 分析基本思路是：第一步就是通过对内部环境条件的分析，明确企业所具有的优势 S 与劣势 W；第二步就是通过对企业所处的外部环境的分析，发现当前或将来可能出现的机会 O 与威胁 T。

在 SWOT 分析完成，企业所具有或者面临的优势和劣势、机会和威胁都已确定后，管理人员就可以开始战略计划的工作过程，确定企业的战略目标（愿景、使命），制订企业的战略与计划。

（二）战略选择及评价

1. 确立企业愿景与使命

（1）愿景：愿景即所希望、向往、愿意看到的前景。与"愿望"是近义词，该词在港台地区使用较多，目前大陆也使用得越来越多，在某些语言环境中有替代"愿望"的趋势。企业愿景（或称企业远景）是企业对未来的一种憧憬和期望；是企业努力经营想要达到的长期目标；是企业发展的蓝图，体现企业永恒的追求。企业愿景要解决一个问题即"我们未来要成为什么样的企业"，反映了管理者对企业与业务的期望，描绘了未来向何处去，旨在为企业未来定位，它是引导企业前进的"灯塔"。

企业为什么要有愿景？一个清晰的、精心构建的愿景为组织未来发展提供一幅前进蓝图，愿景就像灯塔一样，始终为企业指明前进的方向。激动人心的战略愿景能够创造激情，激励和激发员工，让所有的员工知道每天都在忙什么，为什么而忙，热情从哪里来，让人被认可，觉得在做了不起的事情，而不是只知道每天做细微末节的具体的事。

优秀的企业领袖创立愿景、传达愿景、热情拥抱愿景，并不懈推动，直至实现愿景。杰克·韦尔奇认为：愿景可以团结人，愿景可以激励人，愿景是拨开迷雾指明航向的灯塔，愿景是困难时期或不断变化时代的方向舵，愿景是可用于竞争的有力武器，愿景能建立起一个命运共同体。（马克·利普顿：《愿景引领成长》）

企业愿景举例：

联想集团——未来的联想应该是高科技的联想、服务的联想、国际化的联想；

国美电器——成为全球顶尖的电器及消费电子产品连锁零售企业；

迪斯尼公司——成为全球的超级娱乐公司；

麦当劳公司——控制全球食品服务业；

英特尔公司——致力于成为计算机行业芯片的首席供应商；

微软公司——让计算机进入每个家庭，放在每一张桌子上，都使用微软的软件。

（2）使命：使命又称为宗旨、纲领、目的或任务等，使命表达了"我们要做什么，我们的事业（业务、任务）是什么"，它反映了一个组织之所以存在的理由或价值。企业使命是一个企业在市场经营中的总定位。

【管理名言】

使命是一个组织存在的理由，是一个组织与别的组织区别开来的内在标志。明确的使命会使组织更成功。

——德鲁克

【应用阅读】

没有明确企业的使命，企业将会有怎样的命运？

百龙矿泉壶曾在 20 世纪 90 年代初期喧嚣一时，由于企业发展势头强劲，更多的企业开始生产矿泉壶，矿泉壶市场竞争加剧。令人意想不到的是，消费者的兴趣发生了变化——想得到比矿泉壶更好的净化水的产品。然而，百龙公司的管理者们并没有察觉到这个变化，等到感觉到这个变化时，百龙已经陨落了。百龙总裁孙寅贵在企业失败后所写的《总裁的检讨》一书中，回忆到："我那时给企业定位是'生产矿泉壶'的行业，现在来看，其实我的企业本质是在'生产矿泉水'。如果我能早些认识到我是生产'水'的行业，而不是生产'壶'的行业，我很可能就会是中国最早的矿泉水公司了。"

企业使命所要表达的核心思想，就是产品或服务对顾客功用的承诺。关于这一点，德鲁克早就有非常精辟的论述。他说：是顾客决定了企业应当经营什么。……企业想要生产什么不是最重要的，尤其对企业的未来和成功不是最重要的。决定企业经营什么、生产什么，以及企业是否兴旺的，是顾客想买什么和珍视什么。顾客所购买的和珍视的永远不是产品，而是效用，即产品或服务对他们的功用。顾客是企业的基础，是顾客决定了企业的存在。

企业使命描述举例：

联想集团的使命——为客户利益而努力创新；

腾讯公司的使命——通过互联网服务提升人类生活品质；

迪斯尼公司的使命——使人们过得快活；

沃尔玛公司的使命——天天低价；

阿里巴巴集团的使命——让天下没有难做的生意；

宝洁公司的使命——我们生产和提供世界一流的产品，以美化消费者的生活；

3M公司的使命——永远寻求用创新方法解决未解决的问题。

企业使命是对企业的经营范围、市场目标等概括描述。它比企业的愿景更具体地说明了企业的性质和发展方向。使命是实现愿景的手段，回答的是"我该做什么"、"我如何做"才能实现我的目标。在想做、可做、能做的这三个环节中找到一个真正该你做的事。

愿景与使命的区别与联系：

使命说明一个组织或个人存在的目的和理由，或其存在的独特价值。

愿景则是一个组织或个人将使命付诸实践、为之奋斗不已，而希望达到或创造的理想图景。

对组织或个人来讲，愿景与使命都是企业核心价值观念的体现和提炼，也就是说有什么样的价值观，就会有什么样的愿景与使命。而且，使命应当建立在确认企业愿景的基础之上，它是企业实现愿景的必要手段，而愿景又是将使命付诸实践的动力源泉。

使命是组织或个人凭主观努力就基本可以做到的（虽然可能异常辛劳），而愿景则是组织或个人不懈追求，却可能永远也达不到的一个宏大目标。

2. 选择不同层次的战略

在确定了组织的愿景与使命之后，就可以开始选择企业的战略。一般来说，一个组织的战略可以划分为3个层次，即公司层战略、经营层战略和职能层战略。如图4.12所示，这3个层次的战略具有不同的特征，要解决的战略问题也不相同。

（1）公司层战略（公司总体战略）

公司层战略又叫公司总体战略，是企业最高层次的战略，是指为实现企业总体目标，对企业未来发展方向所做出的长期性、总体性的谋划。总体战略决定企业各战略业务单位在战略规划期限内的资源分配、业务拓展方向，是指导企业在今后若干年总体发展、统率全局的战略，是制订企业各个经营领域战略（或事业部战略）和各职能战略的依据。

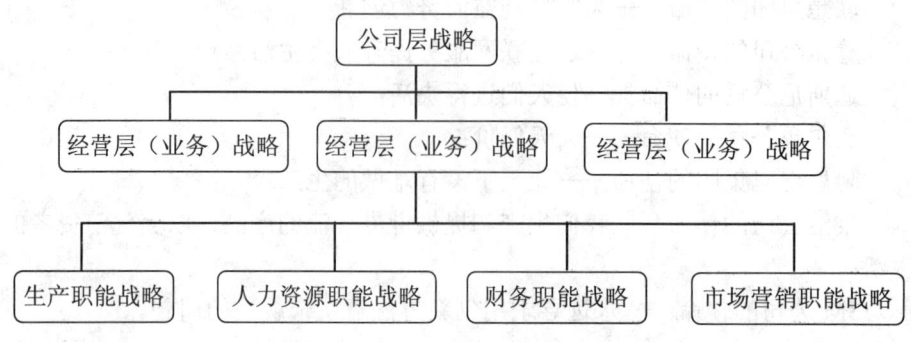

图 4.12 组织的战略层次

企业总体战略包括发展型战略、稳定型战略、紧缩型战略三种基本战略。但现实管理中，一些大型企业因业务单元复杂，经常采取复合型或组合型战略。

①发展型战略

发展战略主要归纳为三种类型：集中生产单一产品或劳务的发展战略、一体化发展战略、多样化发展战略。

A. 集中生产单一产品或劳务的发展战略（又叫密集发展）

这种发展战略是指以快于过去的增长速度来增加企业现有产品或劳务的销售额、利润额或市场占有率。这是企业内部战略经营单位或中小企业最常采用的发展战略之一，并且在社会对该产品或劳务的需求日益增大时最为成功。

B. 一体化发展战略

一体化战略又分为纵向一体化战略和横向一体化战略。

纵向一体化又可分为前向一体化和后向一体化两种类别。

前向一体化是指企业的业务向消费它的产品或服务的行业扩展。例如，自行车公司拥有自己的销售子公司；某印染企业出资新建或收购服装厂。

后向一体化是指企业向为它目前的产品或服务提供作为原料的产品或服务的行业扩展。例如，汽车制造公司拥有自己的钢铁厂和轮胎橡胶厂；肉类加工企业拥有自己的畜牧场。

采用纵向一体化的优点是显而易见的：企业不但能通过规模经济降低成本，而且能以某种垄断来缓解竞争。但是企业一旦走了纵向多样化之路，由于投资巨大，"脱身"也难，并且面对的发展机遇也不多。沃尔玛自己也生产食品。

横向一体化战略又叫水平一体化战略，横向（水平）一体化战略是指与同行业的竞争者进行联合或购并。横向一体化是一种收购企业的竞争对手的发展战略。横向一体化新增加的产品和服务与目前的产品和服务紧密相联，通过收购较为直接的竞争对手企业来获得的。实行横向一体化发展战略的主要问题是行业内竞争的消失及由此引起政府对垄断的干预。

C. 多样化发展战略

多样化战略是指一个企业的经营业务已超出一个行业的范围，并且生产经营多种不同经济用途的产品和劳务的一种经营发展战略。有如下两种形式：

同心多样化：是一种增加与企业目前的产品或服务相类似的新产品或服务的发展战略。这种战略的出发点是充分利用现有资源条件，包括技术、人才、资金、销售渠道和顾客群等。例如，湖南湘窖酒业有限公司原来生产湘窖、邵阳大曲两大系列产品，在推出开口笑这一白酒品牌初获成功后，该厂继续推出营养型开口笑保健酒。

复合多样化：这是一种增加与企业目前的产品或服务显著不同的新产品或服务的发展战略。如白沙集团，以长沙卷烟厂为核心企业，其业务范围涉足物业、商贸、工贸、乳胶酒店、连锁店经营、废品加工处理等。

复合多样化的最大优点在于它能较为有效地分散企业的经营风险，使企业能抗衡较为强烈的行业波动，此外，企业通过复合多样化能把握住更多的机会，使企业能在不同的领域实现非均衡发展，使资源不断向优势行业和市场转移。

②稳定型战略

稳定型战略是企业在内外部环境约束下，准备在战略规划期使企业的资源分配和经营状况基本保持在目前状态和水平上的战略。按照稳定型战略，企业目前所遵循的经营方向及其正在从事经营的产品和面向的市场领域、企业在其经营领域内所达到的产销规模和市场地位都大致不变或以较小的幅度增长或减少。从企业经营风险的角度来说，稳定型战略的风险是相对小的。

实行稳定型战略的前提条件是企业过去的战略是成功的。对于大多数企业来说，稳定增长战略也许是最有效的战略。金融危机下，大部分企业采取了稳定型战略，也有采取逆势增长的发展型战略。采取稳定型战略的企业，一般处在市场需求及行业结构稳定或者较小动荡的外部环境中，因而企业所面临的竞争挑战和发展机会都相对较少。

③紧缩型战略

所谓紧缩型战略是指企业从目前的战略经营领域和基础水平收缩和撤退,且偏离战略起点较大的一种经营战略。与稳定型战略和发展型战略相比,紧缩型战略是一种消极的发展战略。一般地,企业实行紧缩战略只是短期性的,其根本目的是使企业捱过风暴后转向其他的战略选择。有时,只有采取收缩和撤退的措施,才能抵御对手的进攻,避开环境的威胁和迅速地实行自身资源的最优配置。可以说,紧缩型战略是一种以退为进的战略类型。

采取紧缩型战略的企业可能出于各种不同的动机。从这些不同的动机来看,有三种类型的紧缩型战略:即适应性紧缩战略、失败性紧缩战略、调整性紧缩战略。下面分别论述这三类不同动机的紧缩型战略的适用性。

适应性紧缩战略是企业为了适应外界环境而采取的一种战略,这种外界环境包括经济衰退、产业进入衰退期、对企业产品或服务的需求减小等种类。在这些情况下,企业可以采用适应性紧缩战略来度过危机、以求发展。

失败性紧缩战略则是指由于企业经营失误造成企业竞争地位虚弱、经营状况恶化,只有采用紧缩战略才能最大限度地减小损失,保存企业实力。失败性紧缩战略的适用条件是企业出现重大的内部问题,如产品滞销、财务状况恶化、投资已明显无法收回等情况下。

调整性紧缩战略的动机则既不是经济衰退,也不是经营失误,而是为了谋求更好的发展机会,使有限的资源分配到更有效的使用场合。因而,调整性紧缩战略的适用条件是企业存在一个回报更高的资源配置点。

紧缩型战略按照企业发展命运的不同可以分为三种类型,即转变战略、撤退战略和清算战略,下面分别加以论述:

A. 转变战略:转变战略是针对那些暂时陷入危机境地而又值得挽救的经营业务活动而言的战略。企业在采用转变战略时,必须首先考虑以下两个问题:

第一,该经营业务是否还能长期盈利?主要分析评价企业所在的竞争性市场所具有的吸引力,以及企业在该竞争性市场的地位。

第二,如果该项经营业务还能盈利,则需要考虑该项经营业务或企业在长期继续经营中所获得的价值比清算的价值大吗?企业应当尽可能对这两个问题做出一个明确的分析,如果企业去力图挽救一个本该属于清算或关闭的企业,那将浪费时间和资源,显然得不偿失。

实现转变战略,有三种战略模式可供选择:

第一,修订现行战略,如果经营业绩的不善是由原有战略不适宜导致的,则可通过下列途径设法改变现行战略:采取新的竞争手段,重建企业市场地位；改变企业或公司内部的事业部层和职能层的策略，为公司的总体战略提供强有力的支持；同该经营领域内的其他企业实行兼并，以兼并后的公司优势为基础，重新制订战略；与企业能力相匹配，将企业经营的范围压缩为某一主导产品、某一核心市场。

第二，提高收入战略：提高收入战略的目标是通过增加销售总量、增加销售收入来挽救企业经营业务活动。具体说来，有以下几种方法可供选择：削减业务经营活动中的费用；改进促销手段；增强销售力量，如人员、资金的增加；增加为顾客服务的项目；迅速实现产品的改进。

第三，降低成本战略：企业的成本优势是多种竞争优势的综合反映，成本优势决定了价格优势，因此，当企业的成本结构具有弹性、企业经营接近于盈亏平衡点时，降低成本也就成为处在危难之中的企业转变战略的最佳选择。

B. 撤退战略

战略撤退能够保存企业实力，等待时机再进攻。当企业现金流量日趋紧张时，企业从整体战略出发，选择撤退战略。其方法是，出卖部分资产，如工厂、设备、土地、专利、库存品以及某个亏损的子公司，削减支出，削减广告和促销费用，加强库存控制，催收应收账款，削减管理人员；撤出一些产品线或部分市场，将企业资源集中到企业的主导产品、核心市场上。

撤退战略包括两种类型，即放弃战略和分离战略。

第一，放弃战略。企业遇到很大困难、预计难以通过转变战略扭转局面或采用转变战略失败后，企业可以采用放弃战略，把经营资源从某一经营领域中撤出。

第二分离战略。分离战略可以采取两种形式：一是将某一事业部单位从公司中分离出去，让此单位在财务和管理上有其独立性，母公司只保存部分所有权或者完全没有所有权；二是找到愿意进入该事业部领域的买主，将这一事业部单位出售。

C. 清算战略

清算战略也称为清理战略，即企业由于无力清偿债务，只能通过出售或转让企业的全部资产，以偿还债务或停止全部经营业务，而终止企业的生命。

④组合型战略

所谓组合型战略并不是一种基本的公司层战略，而是指发展型战略、稳定型战略和紧缩型战略这三种基本公司层战略的组合，其中组成该组合战略的各战略类型称为子战略。从组合型战略的特点来看，一般是较大型的企业采用较多，因为大型企业相对来说拥有较多的战略业务单位，这些业务单位很可能分布在完全不同的行业和产业群之中，它们所面临的外界环境，所需要的资源条件不完全相同。因而若对所有的战略业务单位都采用统一的战略类型显然是很不合理的，这会导致由于战略与具体战略业务单位的情况不相一致而使企业总体的效益受到伤害。所以，可以说组合型战略是大企业在特定历史发展阶段的必然选择。

值得注意的是，稳定型、发展型、紧缩型和组合型战略这四种战略类型并无优劣之分，在特定场合下，这四种战略类型都有可能是最合适的选择。

（2）经营层战略（竞争战略）

【应用阅读】

竞争战略之父：迈克尔·波特

迈克尔·波特32岁即获哈佛商学院终身教授之职，是当今世界上竞争战略和竞争力方面公认的第一权威。他毕业于普林斯顿大学，后获哈佛大学商学院企业经济学博士学位。目前，他拥有瑞典、荷兰、法国等国大学的8个名誉博士学位。波特博士先后获得过威尔兹经济学奖、亚当斯密奖，3次获得麦肯锡奖，拥有很多大学的名誉博士学位。迈克尔·波特博士获得的崇高地位缘于他所提出的"五种竞争力量"和"三种竞争战略"的理论观点。作为国际商学领域最备受推崇的大师之一，迈克尔·波特博士至今已出版了17本书，发表了70多篇文章。其中，《竞争战略》一书已经再版了53次，并被译为17种文字；另一本著作《竞争优势》，至今也已再版32次。

经营层战略处于组织战略体系的第二层次，它主要解决的问题是企业在选定的每一个业务领域里如何参与市场竞争，以获得超过竞争对手的竞争优势，因此也称为竞争战略。对于只经营一种业务的小企业，或者从事专业化经营的大企业，业务层战略与公司层战略就是一回事。对于拥有多个业务即进行多元化经营的企业，每一个业务部门都会有自己的竞争战略，这种战略主要规划该业务部门提供什么样的产品或服务，以及向哪些顾客提供产品或服务等内容。下面重点介绍迈克尔·波特的三种基本竞争战略，也称为经营战略。

①成本领先战略

这种战略的主导思想是以低成本占据行业中的领先地位，并按照这一基本目标采取有效措施，要求建立起大规模的高效生产设施，全力降低成本，尽量压缩各项管理费用。只有创造低于竞争对手的价格时，才会获得一份应有的市场占有率。随着生产与销售规模的扩大,企业获得的利润逐步增加。

成本领先的优势有利于建立起行业壁垒,有利于企业采取灵活的定价策略,将竞争对手排挤出市场。为了成功地实施成本领先战略,所选择的市场必须对某类产品有稳定、持久和大量的需求,才能大规模组织生产,产品的设计要便于制造和生产,要广泛地推行标准化、通用化和系列化,麦当劳快餐连锁店属典型案例。麦当劳把快餐业夫妻店的经营模式改造成为大批量、标准化的大规模工厂化生产,使每片肉、每片洋葱、每片面包和每根炸薯条看起来都一模一样,并从全自动化的流程中生产出来。同时,为适应大规模生产,在产品质量、服务速度、清洁卫生、服务态度等方面建立了一系列严格的标准,树立了极高的信誉,使麦当劳快餐业发展迅速扩张。

②产品差异化战略

差异化战略是企业提供与众不同的产品或服务,在行业中别具一格,建立起差别竞争优势,以独特的优越性来巩固自身在同行业中的地位,致使竞争者不易模仿,避免造成恶性竞争,最终使企业获取更大的利润。

③市场专一化战略

市场专一化战略是企业主攻某个顾客群或某个特殊的细分市场。这一战略依据的前提是:企业业务的专一化能够以高效率、更好的效果为某一狭窄的战略对象服务,从而超过在较广阔范围内竞争的对手们,企业通过满足特殊对象的需要而实现了差异化,或者在为这一对象服务时实现了低成本,或者二者兼得。尽管专一化战略未能向上述另两类战略那样在整个市场范围内取得优势,但它却在其狭窄的市场目标中获得了一类或两类优势。消费者在不同的时间和地点,就会有不同的需求。因而也就存在着若干专一化战略的候选市场。这就是为什么大型超市和零售商店同时存在的原因,卖的都是同样的东西,虽是在竞争,却都能赚钱。超市在白天提供多种产品和服务,有诸多品牌可选择;而零售店只有少数商品,却都在深夜或清晨营业。同样满足了不同顾客群的需求和愿望。

值得注意的是,企业所选取的目标市场与其他部分市场的差异性始终是专一化战略成功的基础。

(3)职能层战略

职能层战略是在公司层战略和经营层战略的指导下,针对企业各职能部门或专项工作所制订的谋划与方略,是公司层战略和经营层战略的具体实施战略。职能层战略包括市场营销战略、研究与开发战略、生产战略、财务战略、人力资源战略等,它们必须与公司层战略和经营层战略保持一致。如果说公司层战略和经营层战略强调的是"做正确的事",那么职能层战略强调的则是"将事情做好"。与前两个的层次相比,职能层战略具有短期性、具体性和低风险性等特征。

提出多个战略方案以后,这就需要对每种方案进行鉴别和评价,以选出适合企业自身的战略方案。确切地说,首先要明确哪些方案能支持和加强企业的实力,并且能够克服企业的弱点;哪些方案能完全利用外部环境变化所带来的机会,而同时又使企业面临的威胁最小或者完全消除。事实上,战略评价就是要保证所选战略具有适用性、可行性和可接受性。所谓适用性是指所提出的战略对组织所处的环境的适应程度以及与其自身资源的匹配性。换句话说,一个适用的战略应该保持组织目标、资源条件与外部环境的一致性。可行性是指组织有能力成功地实施既定的战略。一个可行的战略应该是组织依靠当前拥有的资源和能力就可顺利实施且能达到既定要求的战略。可接受性意味着所选择的战略能满足人们的期望,不致伤害利益相关者的利益。目前对战略评价已有多种战略评价方法,如波士顿咨询集团的市场增长率——相对市场占有率矩阵法,行业寿命周期法等。

(三)战略实施与控制

1. 战略实施

无论战略制订多么精细,如果不能进行有效实施仍不会取得成功。组织战略实施的能力取决于管理层的领导能力、职能战略、激励机制及其他因素。为了推进战略的有效实施,组织管理层首先应做好以下三个方面的工作。

(1)将战略方案分解。战略方案一般比较笼统,为了方便执行,需要将战略方案从时间和空间两个方面进行分解。时间分解就是将战略方案中的长期目标分解为若干个阶段战略,再将阶段战略分解为年度计划、季度计划等。空间分解就是将战略方案按业务领域和职能进行分解,形成具体的部门战略或职能战略,如市场营销战略、人力资源管理战略等。

(2)编制行动计划。战略只是规划了发展方向、目标和基本措施,为了使战略得以顺利执行,必须编制具体的行动计划。通过编制具体的行动计划,可以进一步规定任务的轻重缓急和行动时机,明确每一个战略阶段或战略项目的工作量、起止时间、资源保证和负责人。

（3）对组织结构进行调整。战略是通过组织来实施的，要有效实施一个新战略，往往需要设计一个新的或者是经过改革或调整的组织结构。根据组织服从战略的原则，新建的组织结构，或者经过调整的部门或机构要能够适应战略的需要，并为战略实施提供一个良好的内部环境。

2. 战略控制

在战略执行过程中，为了达成预期目标，必须对战略实施过程进行控制，即将战略执行中实际表现与预期的战略目标进行比较，如果二者有明显的偏差，就应当采取有效的措施来纠正偏差。战略控制必须以战略目标为控制标准。

在战略控制过程中，如果发现偏差是由于环境发生预想不到的变化而引起的，就需要重新审视环境，修改甚至重新制订战略方案，这就是战略调整。战略调整有被动调整和主动调整两种方式。被动调整，是指对环境的重大变化毫无察觉，而当发现时，组织已陷入严重困难局面，被迫做出调整，但损失已无法挽回。主动调整，就是指当组织预测到环境将发生重大变化时，不失时机地进行调整。主动调整损失较小，甚至不会造成损失。因此，决策层应力求主动，及时进行战略调整。

【应用阅读】

美国安然公司破产

全球著名能源公司——美国安然公司破产案，引起世界石油界广泛关注。很多人认为安然公司破产的一个重要原因是企业的战略决策出了问题，而方向性的错误是很难补救的。

有专家分析认为，安然这样一家在全球拥有3000多家子公司的能源大公司的破产，原因是很多的，其中一个重要原因在于公司盲目放弃了自己的主营业务，而转向了电子交易等新领域，导致公司失控。

启示： 战略管理是企业管理的核心，战略制订、战略实施及战略控制都非常重要，战略决策上的失误是致命的。

有关企业战略三个层级的详细分类如图4.13。

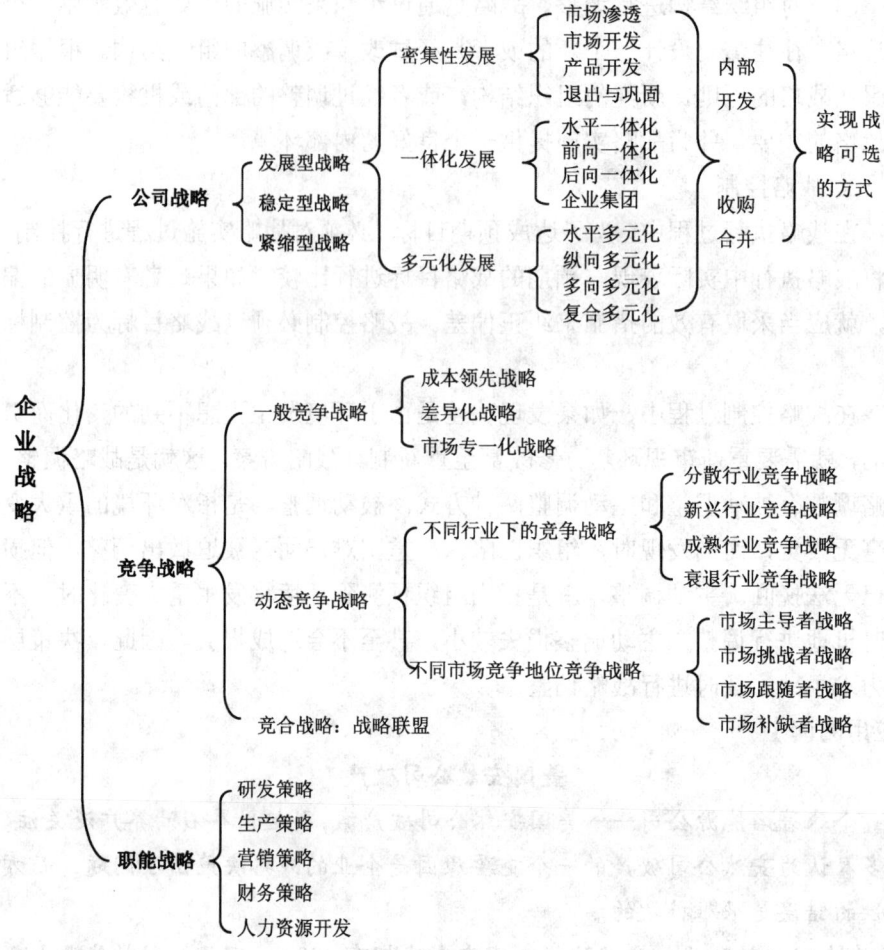

图 4.13 企业战略三个层级

第五节 决 策

【应用阅读】

饿死的小驴

不知是谁写过这样一则寓言：有一头小驴，在一望无际的草原上迷失了方向，走了一天一夜都没有找到回家的路径，眼前是一片枯黄的草地，饥饿使它四肢无力,它不得不坚持着一边朝前走,一边寻找食物,找啊,找啊,终于一块洼地里出现了两堆鲜嫩的青草,草叶在微风中飘动着,叶上的露珠在阳光下闪闪发亮。它高兴极了,朝这两堆救命草狂奔而去……然而,它并没有立即吃掉这两堆草,而是站在草堆跟前,用鼻子嗅了好一阵,又用眼睛瞧了好一阵,却久久难以启齿,为什么?此刻它脑子里突然出现了许多疑问——这里为什么会出现两堆青草?这两堆草有没有毒?这两堆草为什么没有被其他的动物吃掉?经过一番否定之否定,最后,它相信这两堆草是可以给它用来充饥的草。然而,当它准备张开嘴巴吃掉这两堆草的时候,脑子里又出现了一道难题:既然这两堆草都是上等的好草,先吃哪一堆草好呢?……就这样,小驴在长时间的犹豫、徘徊、选择中,最后饿死在草堆旁。时下,不少创业者在选择经营项目时,与小驴的心理有着惊人的相似,他们为寻找项目,整天忙忙碌碌,四处奔波,终于找到了一个项目,然而,在论证是否采纳其项目时,因追求"万全之策",追求"最优方案",最后不得不将到手的项目放弃,而坐失良机。创业者选择项目固然重要,但不能因其重要而过分谨慎。市场经济充满了风险性、偶然性与不确定性,任何项目都有利弊,且前途未卜,智者千虑,必有一失,一个决策的高手,只能在险中求稳,劣中求优,矮中求长,或"两利相衡从其重,两害相权从其轻"。若面对项目优柔寡断,举棋不定,势必走向"小驴之路"。

一、决策的概念与作用

决策是为了实现某一目标而从若干个行动方案中选择一个满意方案的分析判断过程。决策是管理者从事管理工作的基础,是衡量管理者水平高低的重要标志之一,在管理活动中具有重要的地位与作用,具体表现在以下几方面。

(一)决策是管理的核心内容

管理工作是多方面的,都是围绕着决策展开的。管理活动中的每一个具体环节都有具体的决策问题。首先,计划工作的每一环节都涉及决策。例如目标的制订、行动方案的选择等,都离不开决策;其次,组织、领导、人员配备、控制等管理职能的发挥也离不开决策,如采取何种组织结构形式、采用何种领导方式、如何选聘人才、如何进行控制等,都需要通过决策来解决。管理中时时处处会遇到问题,决策就是解决问题。可以说,决策贯穿于管理过程的始终,存在于一切管理领域。

（二）决策是管理者的主要职责

有组织就有管理，有管理就有决策。不论管理者在组织中的地位如何，决策都是管理者的重要职责。管理者管理水平的高低，实际上在很大程度上取决于决策水平的高低。

【应用阅读】

决 策

研究人员曾经做过一次调查，向每一位被调查的管理者提出三个问题："你认为每天最重要的事情是什么？""你每天做什么花的时间最多？""你在履行职责时感到最困难的是什么？"结果显示，90%以上的答案都是"决策"。

1955年，美国《财富》杂志所列出的全球500强企业，到目前为止只剩下1/3了。为什么会出现这种状况呢？根据美国兰德公司统计："世界上每100家破产倒闭的大企业中，85%的破产原因是由于企业高层管理者的决策不慎造成的。"

几乎所有优秀的管理者对于决策的重要性都深有体会。美林美国价值链基金是美林投资顾问公司于1997年1月注册成立的，在北美地区进行投资的大型基金公司。其基金经理人凯文·任迪诺认为，选择投资对象的决定性因素是分析其财务报表及首席执行官的决策行为。投资标准首先是价值导向，但这并不意味着美林仅仅买入价格较低的股票，其所选公司的管理决策水平对于美林的决策过程而言是至关重要的。任迪诺认为，决策是管理过程的核心环节。他表示，千万不要低估管理者做出的决策对于公司运营的影响，一项错误的或一项正确的决策往往是成败与否的致命因素。

启示：管理过程中的决策这一环节无疑是最重要的部分。毛泽东曾经说过，领导无非两部分，除了用人，就是决策。在企业的生存与发展的过程中，决策起着决定性的作用。相同的企业，相同的环境，因为采取了不同的决策，企业的发展情况就会出现巨大的差异。

（三）决策关系到事关工作目标的实现乃至组织生存与发展

决策选择的行动方案的优劣直接影响到目标实现的速度、程度和质量，影响到管理的效率，决策失误，必然会导致管理与经营行为的失败。

【应用阅读】

研制原子弹的决策

1939年，德国物理学家哈恩发现了原子核裂变现象，人们从此预见到利用裂变中的中子链式反应原理，有可能制造出威力巨大的武器。此后不久，第二次世界大战爆发了。德、美、苏三国科学家都想利用此原理试制原子弹，都把这些想法向各国最高当局汇报了。但这三国最高领导人对此持有不同的态度。德国希特勒的回答是："凡6周内不能在战场上使用，并取得战果的武器，一律不准研制。"美国罗斯福开始不同意，后来同意研制，并不惜代价研制几个方案同时上马，期望尽快研制成功。苏联斯大林立刻做出研制原子弹的决策，但由于苏联的经济科学技术总体实力落后于美国，所以美国抢先研制出来了，并将第一颗原子弹投到日本广岛，使日本军国主义投降。

启示：如果原子弹不是美国研制成功，而是苏联或德国，那么战局就很难说了。由此说明决策太重要了。

二、决策的类型

（一）按决策的范围分类

按决策的范围分类，有战略决策和战术决策。战略决策是指与组织发展方向有关的重大问题的决策。如：企业经营目标的确定与改变；技术革新与技术改造；新产品开发计划；多元化经营的发展计划；企业联合或联营的决定，等等。

战术决策又称管理决策，它是为实现战略目标所采取的决策。如：企业组织机构的设计与变更；各种规章制度的建立和改革；企业内部人力、物力、财力的协调与控制，等等。

（二）按决策层次分类

按决策层次分类，可分为高层决策、中层决策和基层决策。高层决策是指组织最高领导层所做的决策。这类决策大多是有关组织全局以及与外界有密切联系的重大问题，如组织的经营方针、市场开拓等。中层决策是指组织中层管理人员所做出的决策。基层决策是指组织中基层管理人员所做的决策，这类决策一般解决日常工作中的问题。一般说来，越往高层的决策，越具有战略性的、非常规型的、非确定型的种种特性；而越往低层的决策，就越具有战术性、常规性、确定性、技术性的特点。

（三）按决策依据分类

【应用阅读】

老农的难题

一位老农和他年轻的儿子到离村6里的城镇去赶集。开始时老农骑着骡子，儿子跟在老农后面走。没走多远，碰到一位年轻的母亲，她指责农夫虐待他的儿子。农夫不好意思地下了骡子，让儿子骑。走了一里地，又碰到一位老和尚，老和尚指责年轻人不孝顺。儿子马上跳下骡子，看着他父亲，两人决定谁也不骑。两人又走了两里地，碰到一位学者，学者见两人放着骡子不骑，走得气喘吁吁的，就说他俩自讨苦吃。农夫听学者这么说，就把儿子拖上了骡子，自己也翻身上了骡子。两人一起骑着骡子又走了1.5公里，遇到一位外国人，这位外国人见他俩骑一头骡子，就指责他们虐待骡子。

启示：骑不骑骡子，谁来骑，老农和儿子说了算，因为他们才是决策者。正因为他俩没有定位于这个角色，一味听别人的指责，使得自己无所适从。另外，决策时要依据自身的具体情况而定。切不可受外界因素支配。

按决策依据分类，可分为经验决策和科学决策。经验决策是依据过去出现的事会重复出现，凭以往的这种经验判断所做出的决策，这类决策只适用于日常的一些事物上。科学决策则是运用运筹学、计算机、管理信息系统等现代决策技术而进行的决策。

（四）按决策的重复程度分类

按决策的重复程度分类，有程序化决策和非程序化决策。程序化决策是指这种决策是常规的、重复的，当某一问题发生时，不必要重新做出新的决策，可以按照原有设立的一定方式进行工作。这种决策属于定型化、程序化或定规化的决策。例如，定货程序、材料与工具出入库制度、工资发放等。由于这些活动经常地、重复地进行，积累了一套经验，把这不断重复的工作方法和顺序，编成固定的工作规则和程序，使这类工作有章可循。对这种经常性的业务工作和管理所做的决策称为程序化决策。这种决策工作主要由企业中、下层管理人员来承担。

非程序化决策又称一次性决策，它是属于非常规的、非定型化、非例行的决策。这类决策活动不是经常重复出现的，它用来解决以往没有经验可依据的新问题。

但是，程序化决策与非程序化决策两者并不是截然不同的，程序化决策也有重复次数多少的不同，非程序化决策也可能包括某些部分曾是过去处理的，也就是说，程序化或重复性是从高到低的一个连续系列。

（五）按决策主体的多少分类

按决策主体的多少分类，可分为集体决策和个人决策。集体决策是指多个人一起做出的决策，个人决策则是指单个人做出的决策。相对于个人决策，集体决策有一些优点：能更大范围地汇总信息；能拟订更多的备选方案；能得到更多的认同；能更好地沟通；能做出更好的决策等。但集体决策也有一些缺点，如花费较多时间、产生责任不明的情况以及"从众现象"等。

（六）按决策的可靠程度分类

按决策的可靠程度分类，可分为确定型决策、风险型决策和不确定型决策。确定型决策是指一个方案只有一种确定的结果。这种决策问题的各种未来的自然状态非常明确，只要将各个方案的结果进行比较，谁好谁坏，确定选择一个最好的方案，即可做出决策。

风险型决策和不确定型决策都是指由于存在不可控制的因素，一个方案有可能出现几种不同的结果。例如，某一企业要生产一定数量的某种产品，由于无法控制市场变化情况，销售难以预测，因此，盈利和亏本这两种可能性都存在。到底生产还是不生产，很难做出决策，需要冒点风险。一般认为，风险型决策和不确定型决策的区别在于，前者对各种可能结果，有个客观的概率可以作为依据，而后者只能靠决策者的经验和心理因素来确定。

三、决策的特征

决策的类型很多且各有特点，但同时也有共同的特征，可以概括为以下几点：

第一，超前性。任何决策都是针对未来行动的，要求决策者具有超前意识，思想敏锐，能够预见事物的发展变化，适时地做出正确的决策。

第二，目标性。决策目标就是决策所要解决的问题，无目标的决策或目标性不明确的决策，往往会导致决策无效甚至失误。

第三，选择性。决策必须具有两个以上的备选方案，通过比较评定来进行选择。

第四，可行性。决策所做的若干个备选方案应是可行的，这样才能保证决策方案切实可行。所谓"可行"，一是指能解决预定问题，实现预定目标；二是方案本身具有实行的条件，比如技术上、经济上都是可行的；三是方案的影响因素及效果可进行定性和定量的分析。

第五，过程性。决策既非单纯的"出谋划策"，又非简单的"拍板定案"，而是一个多阶段、多步骤的分析判断过程。决策的重要程度、过程的繁简及所费时间长短固然有别，但都必然具有过程性。

第六，科学性。要求决策者能够透过现象看到事物的本质，认识事物发展变化的规律性，做出符合事物发展规律的决策。

第七，风险性。决策环境往往是不确定的、复杂的，目标也不很明确。人们不可能做到对未来有完全充分的了解，有时会出现失误。根据直觉、经验决策则更是如此。

【应用阅读】

风险诱惑

主人外出，召来三个仆人，按他们不同的才干分配银子：张仆人五千、王仆人两千、李仆人一千。主人走后，张仆人、王仆人二人用所得银子做生意，分别赚了五千、两千，李仆人胆小慎微，为显示对主人的忠诚，将一千两银子埋了起来。主人回来后，对张、王两仆人赞赏有加，说："好，我要把许多事派你们管理，让你们享受主人的欢乐。"对李仆人，斥其慵懒与胆怯，逐出门外，并将一千两银子奖赏给已拥有一万两银子的张仆人。

启示：现代企业需要的不仅是忠实，更渴求胆识！畏手畏脚，从不冒险的企业家顶多维持不亏本的境地，而取得卓越成功的通常皆是有胆有识，敢冒风险的人。

风险和利益的大小是成正比的。如果风险小，许多人都会去追求这种机会，因此利益也不会很大。如果风险大，许多人就会望而却步，所以能得到的利益也就大些。从这个意义上来说，有风险才有利益。可以说，利益就是对人们所承担的风险的相应补偿。有风险才有诱惑，没有风险的社会，就没有成果可言。

四、决策的程序

决策是一个过程，为了对决策过程有一个更为详细的了解，我们详细考察以下决策过程的每一步骤和程序：

（一）界定问题

问题是决策的始点，决策始于问题的识别，即发现问题，问题就是现实和理想之间的差异。识别和发现问题在决策过程中是比较难的，必须不断地对组织与环境状况进行深入的调查研究和创造性的思考才能做到的。发现问题后还必须对问题进行分析，包括要弄清问题的性质、范围、程度、影响、后果、起因等各个方面，为决策的下一步做准备。

【应用阅读】

漏油的真正原因

马先生的汽车每次装满油能跑500公里，有一段时间，汽车油箱装满油后，只能跑 300 公里，马先生以为要么是油箱漏油要么是引擎有问题费油。为此花大价钱更换了油箱，还对引擎进行了大修，但还是没有改善，最后才发现是"里程表"坏了，花了很少的钱换了个"里程表"，问题都解决了。

启示：没有找到问题的关键原因，投入的资金和劳务都是徒劳的。只有找出问题关键的原因，才能解决问题。

（二）确定决策目标

目标体现的是组织要达到的目的。目标是决策活动的开始，而实现目标，即取得预期的管理效果是决策的终点。

确定目标时，要注意以下几点：

1. 目标应明确具体

决策目标的确定是为了实现它，因而要求决策目标定得要准确，首先要求概念必须明确清晰，即决策目标的理解应当只有一种，能够使执行者明确地领悟含义。如果一个目标的含义，怎样理解都可以，那么就无法做出有效的决策，也无法有效地执行。

2. 目标要分清主次

在决策过程中，目标往往不只一个，多个目标之间既有协调一致的时候，有时也会发生矛盾。例如，要求商品物美价廉就有矛盾，物美往往要增加成本；价廉就得降低成本，有时还会影响质量。在诸多目标中，有的目标是必须达成的，有的目标是希望达成的，这样就可以使实现目标的严肃性和灵活性更好地结合起来。因此，在处理多目标问题时，一般应遵循下列两条原则：第一，在满足决策需要的前提下尽量减少目标的个数，因为目标越多，选择标准就越多，选择方案越多，越会增加选择的难度。第二，要分析各个目标的权重，分清主次，先集中力量实现必须达到的主要目标。

3. 要规定目标的约束条件

决策目标可以分为有条件目标和无条件目标两种，凡给目标附加一定条件者称为有条件目标，而所附加条件称为约束条件；不附加任何条件的决策目标称为无条件目标。约束条件一般分为两类：一类是客观存在的限制条件，如以一定的人力、物力、财力条件；另一类是目标附加一定的主观要求，例如目标的期望值，以及不能违反国家的政策法规等。凡是有关条件目标，只有在满足其约束条件的情况下达到目标时，才算其真正实现了决策目标。

4. 决策目标数量化

就是要给决策目标规定出明确的数量界线。有些目标本身就是数量指标，例如，产值、产量、销售量、利润等。在制订决策目标时要明确规定增加多少，而不要用"大幅度"和"比较显著"之类的词，有些属于组织问题、社会问题、质量问题等方面的决策，目标本身不是数量指标，可以用间接测定方法，例如，产品质量可以用合格率、废品率等说明。

5. 决策目标要有时间要求

决策目标中必须包括实现目标的期限。即使将来在执行过程中有可能会因情况变化而对实现期限做一定修改，但确定决策目标时也必须把预定完成期限规定出来。

【应用阅读】

目标决策中的失误

1985年，由马来西亚国营重工业公司和日本"三菱"汽车公司合资2.8亿美元生产的新款汽车"沙格型"隆重推出市场。马来西亚政府视之为马来西亚工业的"光荣产品"，但自产品推出后，销售量很快跌至低潮。经济学家们经过研究，认为"沙格型"汽车的一切配件都从日本运来，由于日元升值，使它的生产成本急涨，再加上马来西亚本身的经济不景气，所以汽车的销售量很少。此外，最重要的因素是政府在决定引进这种车型时，主要考虑销售目标是满足国内的需要，因此，技术上未达到先进国家的标准，无法出口。由于在目标市场决策中出现失误，"沙格型"汽车为马来西亚工业带来的好梦，只是昙花一现而已。

启示：科学经营决策的前提是确定决策目标。它作为评价和监测整个决策行动的准则，不断地影响、调整和控制着决策活动的过程，一旦目标错了，就会导致决策失败。

（三）拟订备选方案

决策目标确定以后，就应拟订达到目标的各种备选方案。拟订备选方案，要注意：

首先，要分析和研究目标实现的外部因素和内部条件、积极因素和消极因素，以及决策事物未来的变化趋势和发展状况。

其次，将外部环境各不利因素和有利因素、内部业务活动的有利条件和不利条件等，同决策事物未来趋势和发展状况的各种估计进行排列组合，拟订出实现目标的方案。

最后，将这些方案同目标要求进行粗略的分析对比，权衡利弊，从中选择出若干个利多弊少的可行方案，供进一步评估和抉择。

拟订可行方案的过程是一个发现、探索的过程，也是淘汰、补充、修订、选取的过程，应当有大胆设想、勇于创新的精神，又要细致冷静、反复计算、精心设计。对于复杂的问题，可邀请有关专家共同商定。在拟订方案时，可运用"头脑风暴法"、"对演法"等智囊技术。"对演法"就是让相互对立的小组制订不同的方案，然后双方展开辩论，互攻其短，以求充分暴露矛盾，使方案越来越完善。

（四）评估决策方案

备选方案一经确定，决策者必须对每一备选方案进行评估。在评估过程中，要使用预定的决策标准以及每种备选方案的预期成本、收益、不确定性和风险。为了解决决策的困难，通常的方法是根据目标的权重排出先后次序，然后通过加权求和的方式将其综合为一个目标；或者将一些次要目标看作决策的限制条件，使某个主要目标达到最大（或最小）来选择方案。

（五）选择最佳方案

从已列出的并且评估过的备选方案中选择最佳方案这一步骤是决策的关键阶段。通过可行性分析和评估，确定出每个方案的经济效益和社会效益，以及可能带来的潜在问题，按照一定的标准比较各个方案的优劣，从中选择最佳方案。方案选择的具体方法有两种类型：一种是定性方法即决策者根据以往的经验和掌握的材料，经过权衡利弊，做出决断；一种是定量方法即借助于数学和计算机技术进行决策的方法。

（六）方案的实施与反馈

实施决策是指将决策传递给有关人员并得到他们行动的承诺。只有通过付诸实施，才能最终检验出决策是否合理有效，才能发现偏差并做必要的调整。

一个决策方案的实施需要较长时间，在这段期间内，由于组织内部条件和外部环境的不断变化，原来的决策方案可能已经不符合实际情况。因此，管理者要对决策效果评价，及时获得决策方案执行情况的反馈信息，对没有达到预定效果的项目要找出原因，与既定目标发生偏离的，要对原定方案进行修订；对客观情况发生重大变化，原定目标无法实现时，则要重新寻找问题或机会，重新审定目标，按照决策程序，直到选出新的最优化方案时为止。

五、决策的方法

随着决策理论和实践的不断发展，已经创造出许多科学的决策方法。总的归纳起来可以分为两大类：一类是定性决策方法；另一类是定量决策方法。

决策者应当根据决策过程的性质和特点，灵活地运用各种方法，优势互补，才能提高科学决策的水平。

（一）定性决策的方法

定性决策方法又称为"软方法"，也叫主观决策法，是指决策者根据个人或专家的知识、经验和判断能力，充分发挥出专家的集体智慧，进行决策的方法，所以也叫主观决策法，定性决策的优点是方法灵活简便，通用性大，为一般管理者易于采用，有利于调动专家的积极性，激发人的创造力，更适用于非常规型决策。但其缺点是定性决策方法多建立在专家个人主观意见的基础上，未经严格论证，主观性大。定性决策方法主要有以下几种：

1. 德尔菲法

德尔菲法是20世纪50年代由美国兰德公司发明的，最早用于预测，后来推广应用到决策中来。它是一种通过信函向专家征求对未来有关事项意见的一种决策方法。也是目前采用得最普遍的一种现代预测和决策方法。

德尔菲的要点是：①不记名投寄征询意见；②收集各专家意见；③统计、整理专家意见；④将整理后意见进行多次反馈、咨询，直至意见比较集中为止。

由于德尔菲法是以匿名及书信的方式进行的，因此避免了专家们聚集一堂时彼此产生的心理作用，可以最大限度地利用专家资源，获得比较满意的结果。但是，德尔菲法也有不足之处。一方面用书信的方式咨询意见，使问题的讨论受到了很大的限制；另一方面，如果组织者不能很好地理解专家的意见，就有可能在整理和归纳专家意见时出现误差。

2. 头脑风暴法

又名畅谈会法。类似于我们颇为熟悉的"诸葛亮会议"，其思想是邀请有关专家敞开思路，在不受约束的条件下，激发灵感，集中体现自由开放、群策群力、发挥集体智慧，针对某些问题畅所欲言，创造一种自由奔放的思考环境，诱发创造思维的共振和连锁反应，产生更多的创造性解决方案。此方法产生的结果是名副其实的集体智慧的结晶。

该方法的具体操作规则可以用实例来说明，比如：选择5～12人，1人为主持人，1～2名记录员（最好是非正式与会人员），要求人人参与会议，时间以不超过2小时为宜，地点环境不受外界干扰，不允许有质疑和批评，不允许反驳，也不要做结论，建议越多越好，广开思路，不要重复别人的意见，思考、表达创意的气氛和空间应该是完全轻松自由的。这种方法适用于简单问题的决策。

3. 列名小组法

列名小组法是采用函询与集体讨论相结合的方式征求专家意见的方法。这种方法分为两个步骤：第一步请有关专家在互不接触的条件下，用函询的方式提出自己对某一个问题的意见；第二步邀请专家聚会，把第一步收集的意见匿名发表给大家，使大家畅所欲言，深入探讨。列名小组法可以有效地避免头脑风暴法和德尔菲法的弊端，既可以使专家们在第一阶段毫无顾忌地各抒己见，又可以在第二阶段相互启发，取长补短。但是，这种方法如果使用不当，也会失之偏颇。

4. 方案前提分析法

方案前提分析法是通过分析、评估决策方案赖以成立的前提，来进行决策的方法。由于方案前提分析法不是讨论方案本身，而是讨论方案的前提，这样就能较好地避免决策中一些人为因素的消极影响。方案前提分析法的关键在于找出方案的前提。另外，在讨论时对前提成立的条件要尽量刨根究底，以求更详细、透彻地对方案的前提进行了解。

5. 提喻法

提喻法是通过讨论从其他角度提出的与方案有关或类似的其他方案，借助类比达到分析评估方案目的的方法。提喻法是20世纪60年代由美国学者哥顿首创的一种决策方法，因而也称哥顿法。由于运用提喻法可以隐瞒决策问题的真相，因而可以防止与会者因个人利害关系而产生消极影响。同时还有利于与会者从新的角度和侧面探讨问题，进行创造性思维，避免他们囿于成见而束缚思想。

6. 创造工程法

创造工程法是运用创新思维提出问题与解决问题的一种方法。这种方法把决策过程看成是一个有秩序、有步骤的创新过程。包括三个阶段：第一阶段是确定问题阶段；第二阶段是孕育、创新阶段；第三阶段是提出设想和付诸实施阶段。创造工程法的核心是第二阶段，其灵魂是创造性思维。

（二）定量决策方法

定量决策方法又称"硬方法"，是指建立在数学、统计学等基础上的决策方法。它的核心就是把决策变量、变量与目标之间的关系用数学式表示出来，建立数学模型。然后根据决策条件，通过计算（复杂问题要用计算机）求得答案。这种方法既可以适用于决策过程中的任何一步，也特别适用于方案的比较和评价。定量决策方法主要有：盈亏平衡分析法、决策树法、线性规划法、边际分析法、等概率法、小中取大决策法、大中取大决策法、期望值决策法、博弈论等。下面主要介绍一下盈亏平衡分析法和决策树法。

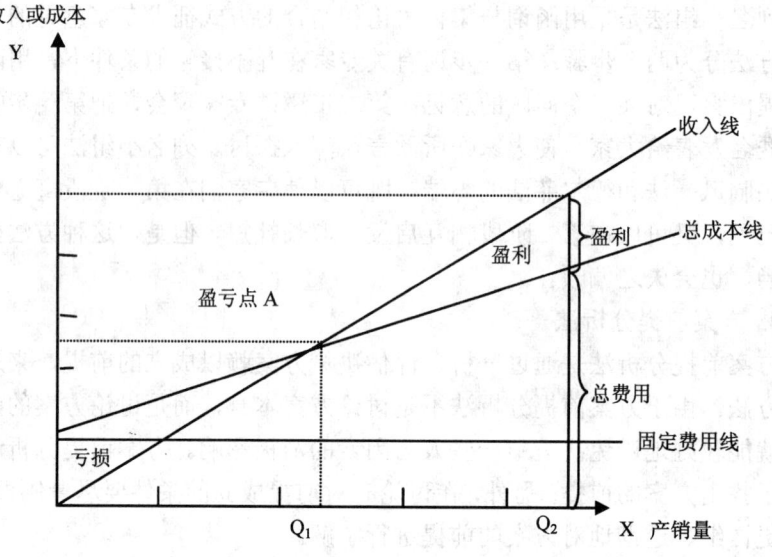

图 4.14 盈亏平衡分析图

1. 盈亏平衡分析法

盈亏平衡分析法又称保本分析法或量本利分析法，是通过考察销售量、成本和利润的关系以及盈亏变化的规律来为决策提供依据的方法。

在运用盈亏平衡分析法时，关键是找出企业不盈不亏时的销售量（称为保本销售量或盈亏平衡销售量，此时企业的总收入等于总成本）。该法常用图形来考察销售量、成本和利润的关系。在应用图解法时，通常假设产品价格和单位变动成本都不随销售量的变化而变化，所以销售收入曲线、总变动成本曲线和总成本曲线都是直线，盈亏平衡分析是一种简单的方法，对管理者而言是很有价值的。

由图 4.14 可以看出，盈亏平衡的产销量为 Q_1 时，在这一点的产销量企业不亏不盈。当产销量低于 Q_1 时，就产生亏损，产销量越少，亏损额越多；当产销量高于 Q_1 时就产生利润，产销量越多，产生利润也就越多。通过公式也可计算出盈亏平衡点 A，决策者需要知道产品销售的单位价格（P）、单位可变成本（V）及总固定成本（C）。盈亏平衡点 A 的产销量 Q_1 计算公式如下：

$$Q_1 = C / (P - V)$$

这个公式告诉我们：①当我们以某个高于可变成本的价格销售产品达到

某个单位时，总收入一定可以等于总成本；②价格与可变成本的差与销售数量的积等于固定成本。由此公式可以推算出有一定利润（L）的产销量 Q_2 的计算公式：

$$Q_2=（C+L）/（P-V）$$

举例，长城股份有限公司生产销售机器，总固定成本 10 万元，单位变动成本 500 元，每台机器售价 1000 元，请计算出保本点销售量。依据公式可得：

$$Q_1=C /（P-V）=100000÷（1000-500）=200（台）$$

若该公司想赚取 5 万元的利润，那么，这时的销售量应是多少？依据公式得：

$$Q_2=（C+L）/（P-V）=（100000+50000）÷（1000-500）=300（台）$$

2．决策树法

决策树法主要应用于风险型决策，所谓风险型决策，就是不确定情况下的决策。风险决策一般有以下特点：①决策目标明确、量化，一般是经济性的，如获得最大利润；②有多个方案可选择，可根据项目条件和市场预测资料对方案收益和损失能比较准确地估计；③未来环境可能存在多种自然状态；④决策者可估算出不同自然状态出现的概率；⑤决策标准是使期望净收益达到最大或损失减至最小。因此，决策者在决策时，无论采用哪种方案，都要承担一定的风险。

决策树法是根据逻辑关系将决策问题绘制成一个树型图，按照从树梢到树根的顺序，逐步计算各结点的期望值，然后根据期望值准则进行决策的方法。

决策树由决策点、方案分枝、自然状态点、概率分枝和结果节点组成。决策点是进行方案选择的点，在图中用"□"表示；方案分枝是从决策点引出的若干直线，每条线代表一个方案；自然状态点是方案实施时可能出现的自然状态，在图中用"〇"表示；概率分枝是从自然状态点引出的若干条直线，每条直线表示一种可能性。结果节点是表示不同方案在各种自然状态下所取得的结果，在图中用"△"表示。

举一个例子，某公司准备生产某种新产品，可选择两个方案：一是引进一条生产线，需投资 500 万元，建成后如果销路好，每年可获利 150 万元，如果销路差，每年要亏损 30 万元；二是对原有设备进行技术改造，需投资 300 万元，如果销路好，每年可获利 60 万元，如果销路差，每年可获利 30 万元。两方案的使用期限均为 10 年，根据市场预测，产品销路好的概率为

0.6，销路差的概率为 0.4，应如何进行决策？

先绘制决策树如下（见图 4.15）：

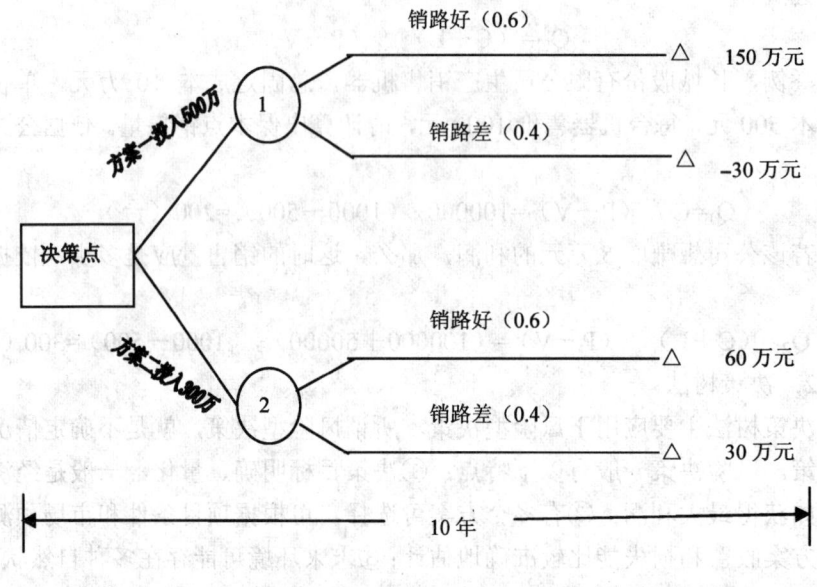

图 4.15 决策树

然后计算两种方案的期望收益值：

方案一：①＝（150×0.6－30×0.4）×10－500=280（万元）

方案二：②＝（60×0.6+30×0.4）×10－300=180（万元）

最后根据期望值选择方案：

比较两种方案的期望收益可知，方案一的期望收益值大于方案二，所以决策者应选择方案一，即引进一条生产线。

本章小结

首先介绍了计划的涵义、特征、种类和计划工作的程序，使学生掌握计划工作的程序并加以灵活应用。

通过环境分析，了解组织环境的构成，熟悉环境分析的方法，为计划和决策提供前提和基础。

介绍了目标与目标管理的涵义、基本思想、基本过程和优缺点，通过讲述 PDCA 循环，使学生更深刻地领会制订目标和目标管理的方法。

介绍了几种常见的计划编制方法，如滚动计划法、运筹学法、整体综合法、预算法和网络计划技术等。

战略是重要的计划表现形式，战略也就演变为泛指在一定时期内为了实现预定目标，对组织全局的、长远的和重大的问题所做出的运筹规划。它具有长远性、全局性和层次性等特征，战略的类型也是多种多样的。

决策是计划工作的基础和核心，本章阐述了决策的概念、种类、特征、程序及几种常见的决策方法。

一、理论训练题

1. 单项选择题

（1）计划职能在企业管理中占有重要位置，计划是关于（　　）。
  A. 今后的生产安排　　　　B. 未来的经营管理安排
  C. 未来的行动安排　　　　D. 今后的工作部署

（2）按计划时间跨度可把计划分为（　　）。
  A. 综合计划、局部计划、项目计划
  B. 长期计划、中期计划、短期计划
  C. 战略计划、战术计划
  D. 指令性计划、指导性计划

（3）在环境分析法中，针对产业环境分析一般运用（　　）。
  A. PEST 法　　　　　　　B. SWOT 法
  C. 五力竞争分析法　　　　D. 价值链分析法

（4）目标管理理论的提出者是（　　）。
  A. 泰罗　　　　　　　　　B. 孔茨
  C. 德鲁克　　　　　　　　D. 波特

（5）用德尔斐法进行预测与决策，对专家人数的确定要视所预测或决策的问题的复杂性而定。人数太少会限制学科的代表性和权威性；人数太多则难以组织。一般为（　　）人。
  A. 5～10　　　　　　　　B. 10～15
  C. 15～20

（6）决策者依据自己的经验和能力进行的决策方法为（　　）。
  A. 定量法　　　　　　　　B. 定性法
  C. 判断法　　　　　　　　D. 经验法

（7）随着电冰箱市场从卖方市场转向买方市场，各冰箱厂家在改进产品设计、增加产品功能、改善售后服务等方面绞尽脑汁，不断推陈出新。这种竞争战略是（　　）。
  A．集中化战略   B．差异化战略
  C．分散化战略   D．成本领先战略

2．思考题

（1）什么是计划职能？其特征是什么？

（2）试述计划工作程序。

（3）简述环境分析方法。

（4）什么是目标管理？其优缺点是什么？

（5）什么是决策？决策的程序有哪些？

（6）简述战略的含义及其重要性。

（7）在日常生活中你是怎样制订自己的各种计划的？请举例说明有哪些方法。

二、实训题

实训项目　4-1　企业环境分析

1．实训目的

培养学生分析内、外部环境的能力。

2．实训内容

（1）实地调查一家企业。

（2）运用"五力"分析法，分析该企业的外部环境。

（3）运用价值链理论与方法，分析该企业的内部条件。

3．考核要求

（1）每个学生都要提供一份企业外部环境分析的简要报告。

（2）每个学生都要提供一份企业内部环境分析的简要报告。

（3）由教师对学生的两个报告评定分数。

实训项目　4-2　网络计划技术应用

1．实训目的

（1）掌握网络计划技术方法。

（2）培养学生解决问题的实践能力。

2．实训内容与要求

（1）由教师提出项目问题：选择一项新产品的开发项目作为计划内容。

（2）按照新产品的开发程序设计阶段。

(3) 绘制网络图,按课程所讲授内容及步骤进行。

3. 考核要求

(1) 由教师下达项目计划任务书。

(2) 每位学生按网络图编制要求绘制网络图。

(3) 由教师对网络图进行全面分析和综合评价。

三、案例分析

案例 4-1 某水泥厂年度经营计划

(一) ××水泥厂概况

××水泥厂为台湾水泥制造厂家之一,建厂生产已经 29 年,历年平均水泥产量为 336400 吨,最低为 318000 吨,工厂职工总数 442 名,该厂的组织系统如图 4.16 所示。

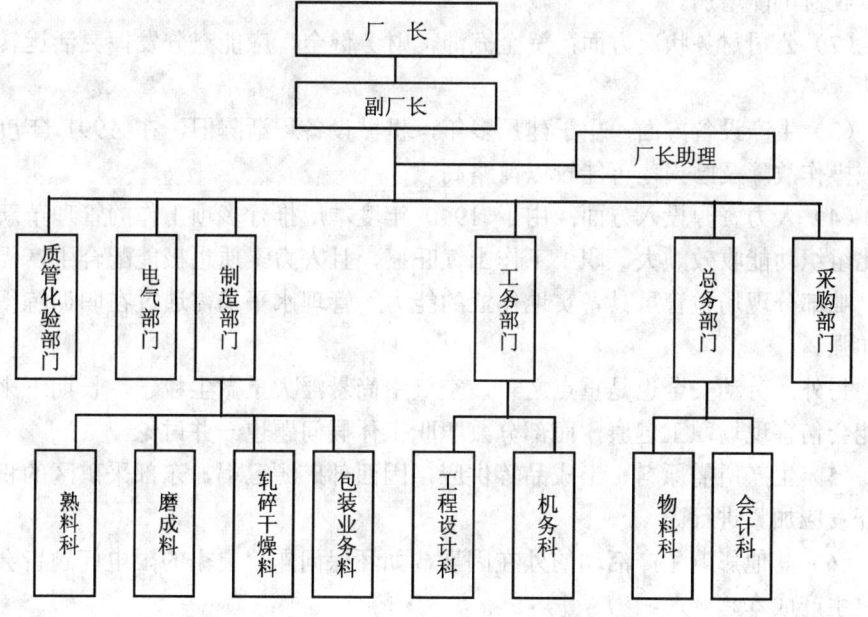

图 4.16 ××水泥厂的组织系统图

(二) 年度工作计划形成步骤

1. 准备阶段

1990 年 10 月中旬,以这一年的生产实际与预测为基础,而对下一年做出展望,由各部门主任向厂长提出报告。

2．主案阶段

1990年10月下旬，由各部门主任召集科长、副科长、科专员及领班人员协助制订部门年度工作计划，并由助理做总体整理。

3．审议及调整阶段

1990年11月下旬由厂长召开会议，由科长级以上人员参加。

4．决定及发表阶段

人员为各部门科长、副科长、科专员及领班人员，并由领班将计划内容告知职工。

（三）年度工作计划内容

1．1991年度展望

（1）市场销售经营方面：台湾业界对水泥需求甚旺，销售方面无丝毫阻力，但是公共建设属于买方市场，政府议价能力高，边际利润可能会有影响，但总收益可能增加。

（2）公司财务状况方面：资金充沛，财务健全，应能充分发挥灵活运转功能。

（3）生产设备方面：由于建厂多年，机械设备逐渐陈旧，在1991年度机械操作故障及磨损率可能较以前略高。

（4）人力资源投入方面：由于1990年度本厂推行多项工作的管理革新强化组织功能收效颇大，职工工作士气旺盛，且人力素质也极能配合生产需求，唯部分现场主管虽具备实地作业的能力，管理水平仍需通过在职训练得以加强。

另外，劳动安全也是重点之一，空气中尚悬浮大量微尘粒子，长期下来可能会伤害现场职工健康，而部分兼职职工休假问题也一并讨论。

（5）生产所需原料、半成品等供应，因西部矿源已竭，东部采矿区的积极开发应加紧进行。

（6）其他影响生产活动的外在因素，如环保问题、夏季的限电问题皆会导致生产成本趋升。

2．1991年度工作方针及目标

（1）积极推行目标管理，发挥总体生产效率，以生产水泥50万吨为目标。

（2）降低生产成本3%，提高产品质量，加强市场竞争能力。

（3）秉持"诚信负责"之厂训，发挥"创造生产、生产创造"及"以厂为家"的企业文化。

3．采运部门工作计划

(1) 开采矿车并运送至厂区总计 50 万吨。

(2) 炸药用量较前 5 年平均量减少 8%以上，以减低成本负担。

(3) 尝试新式阶段开采法开采矿石，节省人工费用。

(4) 控制运石矿车运转时数，节省燃料油量。

4．制造部门工作计划

(1) 石灰石轧碎量，调和土干燥量，主料、熟料，水泥的生产量及水泥包装发货量如表 4.3 所列示，熟料的详细月生产量如表 4.4 所示。

(2) 充分运用人力及发挥组织机能，预计减少契约工 30 名，职工加班妥善控制，以减少加班费 10%。

(3) 生产用燃煤、电力和燃料油节省 3%。

(4) 控制旋窑燃料及减少停窑次数。

(5) 发送配料使易于烧成。

表 4.3 石灰石轧碎量，调和土干燥量，主料、熟料，水泥的生产量及水泥包装发货量

单位　吨

名称月份	石灰石轧碎量	调和土干燥量	生料生产量	熟料生产量	水泥生产量	水泥包装发货量
1	51000	3500	65000	42100	41300	42000
2	61000	3200	61000	39300	40000	36000
3	56000	3300	49000	34200	37000	39000
4	60000	4500	67500	41500	41000	43000
5	62000	3600	65000	41500	47000	46000
6	59000	3400	62000	40400	37500	39000
7	52000	3200	59000	37900	41500	41000
8	94000	3000	64500	41400	42000	38000
9	62000	4200	66200	41900	42500	40000
10	67000	4400	66000	41800	43500	45000
11	66000	4300	67000	41800	43500	44000
12	69000	4300	67000	42100	43500	47000
合计	719000	44900	751700	485000	500000	500000

表 4.4 熟料生产量

单位 吨

月份\名称	1号窑 生产量	1号窑 停机时数	1号窑 每日平均产量	2号窑 生产量	2号窑 停机时数	2号窑 每日平均产量	窑总产量	每月平均产量	水泥磨熟料耗用量 ×0.97	库存量
1	31300	16	688	20800	24	671	42100	1359	40000	4000
2	20000	24	715	19300	14	690	39300	1403	38800	7000
3	13800	140	450	20400	24	660	34200	1103	36900	6600
4	21000	16	750	20500	18	684	41500	1393	38800	4900
5	21100	18	781	20400	24	660	41500	1379	45600	4600
6	20900	24	679	19500	18	650	40400	1347	36400	2300
7	21300	24	887	16600	132	535	37900	1223	40300	6500
8	20600	24	665	20800	18	670	41400	1367	40700	4500
9	20500	20	665	20500	20	644	41000	1352	41200	4100
10	21100	24	660	20800	24	671	41900	1393	42200	4800
11	20200	16	700	20800	16	694	41800	1355	42200	4600
12	21200	24	684	20900	24	671	42000		41700	3300
合计	243900	372		241000	356		495000		485000	4200

注：（1）一号窑预计3月份大修火砖；

（2）二号窑预计7月份大修火砖；

（3）其他停机事项在各月之减除停机时间及产量；

（4）火烟囱在3月份清理顶部出口结块。

5．质量管理化验部门工作计划

（1）开质量管理训练班2班，计40名。

（2）检验仪器采购，计分析仪10台。

（3）成立QC三班。

（4）专题研究，熟料烧成度对质量影响。

6．总务部门工作计划

（1）由会计部门拟订"成本中心"制度，用以评核各部门工作效率，强化"减低成本"目标，并由其成果引导"利益中心"施行。

（2）加强物料管理，减少库存物料以免积压资金。

（3）改进采购，以合理价格购进适合质量要求的物料。

7．工务部门工作计划

（1）确立机械预防保养制度。

（2）制订各月份机械整修计划。

（3）研究旧有配件的修理并尽可能利用可用废料，以节省费用。

（4）尽可能缩短修理机械临时故障的时间。

8．人事制度革新计划

（1）于年初，即可成立人事部门，推行人事制度合理化并综合管理职工福利措施事项，以及处理职工申诉问题，此外与工会联系也为工作要目。

（2）以点数法施行职工"工作评价"制度，确立合理薪金制度，此项办法预计7月1日实施。

（3）建立合理的职工奖惩制度，每月选拔优秀职工3名公开表扬其工作优异事迹，作为其他职工楷模。

（4）已届退休人员分批办理退休手续，其职位由招考青年新秀担任。

9．职工训练工作计划

（1）运用在职训练基金，设立职训教室举办下列训练：领班训练20人，二班次；电工20人，四班次；操作工100人，四班次。

（2）训练内容定为：企业文化教育；专业知识；预防保养；标准操作法。

（3）对各单位主管利用各种聚会施以教育。

（4）遴选科长接班人参加各种职训班次，学习新科技技能，使其返厂后学以致用及担任厂内训练班讲师。

（四）计划的施行与检查

××水泥厂为加强计划可行性，将于执行前再加以检查及修正，每月25日厂务会议将检查当月计划并修正次月预算，此外规定各部门召集领班级人员于周六开检查会，拟订下周工作方向，订出原料预定需求，由此而推进细分化日程计划，各种生产报表填写务求详细，以作为管理者决策参考。

（五）激励措施及计划成果奖励

1．均分"生产奖金"，以每日生产水泥1200吨为准，超过1吨奖金1000元，奖金累积总额于次月初平均分给线上职工。

2．每日生产数量、累积生产奖金、与预定生产量的差距等资料公布于大门进口处布告栏明示职工。

3．于大门进口处树立"发挥团队精神"之立碑，张贴"向100万吨水泥挑战"之标语数联，以激励职工士气。

4．配合7月"工作评价"制度的施行及公教人员物价调薪方案，调整职工待遇10%，视工作实绩再予加码或减码之用。

5．为调剂职工身心，分批举办旅游活动。

分析讨论题：

（1）该年度经营计划方案中运用了我们所学的哪些有关计划职能的理论？

（2）你从该计划和方案制订和实施过程中得到哪些启示？

案例4-2　铱星的悲剧

2000年3月18日，两年前曾耗资50多亿美元建造66颗低轨卫星系统的美国铱星公司，背负着40多亿美元的债务宣告破产。铱星所创造的科技通话及其在移动通信领域的里程碑意义，使我们在惜别铱星的时刻猛然惊醒：电信产业的巨额投资往往使某种技术成为赌注，技术的前沿性固然非常重要，但决定赌注胜负的关键却是市场。

铱星的悲剧告诉我们，技术不能代替市场，决策失误导致铱星陨落。

铱星代表了未来通信发展的方向，但仅凭技术的权威并不能保证市场的胜利。"他们在错误的时间，错误的市场，投入了错误的产品。"这是业务权威对铱星陨落的评价。

第一，技术选择失误。铱星系统技术上的先进性在目前的卫星通信系统中处于领先地位，但这一系统风险大，成本过高，维护成本相当高。

第二，市场定位错误。谁也不能否认铱星的高科技含量，但用66颗高技术卫星编织起来的世纪末科技童话在商用之初却把自己的位置定在了"喷族科技"上。铱星手机价格每部高达3000美元，加上高昂的通话费用，使得通信公司运营最基础的前提——用户发展数目远低于它的预想。在开业的前两个季度，铱星在全球只发展了1万个用户，而根据铱星方面的预计，初期仅在中国市场就要达到10万用户，这使得铱星公司前两个季度的亏损即达10亿美元。尽管铱星手机后来降低了收费，但仍未扭转颓势。

第三，决策失误。有专家认为，铱星系统在1998年11月份投入商业服务的决定是"毁灭性的"。受投资方及签订的合约所限，在系统本身不完善的情况下，铱星系统迫于时间表的压力而匆匆投入商用，差劲的服务是它给用户留下的第一印象，这对于铱星公司来说也是灾难性的。因此，到铱星公司宣布破产保护时为止，铱星公司的客户还只有2万多家，而该公司要实现盈利至少需要65万个用户，每年光维护费就要几亿美元。

第四，销售渠道不畅。铱星系统投入商业运营时未能向零售商们供应铱星电话机；有需求而不能及时得到满足，这也损失了不少用户。

第五，作为一个全球性的个人卫星通信系统，理论上它应该是在全球通信市场开放的情况下，由一个经营者在全球统一负责经营，而事实上这是根本不现实的。

由于以上这些原因造成了铱星的债务累累，入不敷出。

分析讨论题：

结合铱星公司破产的案例，谈谈你对企业决策重要性的认识和体会。

第五章　组织职能

学习目标

通过本章的学习，使学生熟悉组织的含义、实质以及组织职能的工作内容和步骤；掌握典型的组织结构模式并能够识别和绘制组织结构图；掌握组织结构设计的基本知识，了解组织结构变革的动力、阻力、过程和趋势，初步具备组织结构设计的能力；掌握人员配备的原则，学会为不同组织配备人员；了解组织文化的作用，学会构建组织文化。

计划职能是指事先确定目标和确定实现这些目标的手段的管理活动。组织职能的目的是为实现组织既定的目标而选择合适的组织结构和为此进行的组织结构设计，并对组织中的各种关系进行处理，使组织内的人员通过分工合作为实现组织的目标而共同努力。计划所确定的目标和实现目标的途径是开展组织工作的依据和前提，而组织职能的实施则是实现计划目标的重要手段。

【导入案例】

5-1　老鹰喂食的故事

老鹰是所有鸟类中最强壮的种族，根据动物学家所做的研究，这可能和老鹰的喂食习惯有关。老鹰一次生下四五只小鹰，由于它们的巢穴很高，所以捕食回来的食物一次只能喂食一只小鹰，而老鹰的喂食方式并不是依据平等的原则，而是哪一只小鹰抢的凶就给谁吃，在此情况下，瘦弱的小鹰吃不到食物都死了，最凶狠的存活下来，代代相传，老鹰一族愈来愈强壮。

启示：这是一个适者生存的故事，它告诉我们，"公平"不能成为组织中的公认原则，组织若无适当的淘汰制度，常会因小仁小义耽误了进化，在竞争的环境中被自然淘汰。

第一节 组织及组织职能概述

众所周知,在自然科学领域,石墨和钻石都是由碳原子构成的,构成要素一样,但两者的力量和价值简直无法相提并论。钻石为什么会比石墨坚硬?钻石为什么比石墨值钱?造成它们之间差异的根本原因就是原子间结构的差异,石墨的碳原子之间是层状结构,而钻石的碳原子之间是独特的金刚石结构。同样的道理,性能同等优良的机器零件由于组装的经验和水平不同,装出的机器在性能上可能相差很大。一队士兵,数量上没有变化,仅仅由于组织和列阵的不同,在战斗力上就会表现出质的差异。社会化大生产中的管理组织也是如此,由于管理系统内部分工协作的不同,所建立起来的管理组织可能发挥很不相同的效能。一个组织如果内部结构很不合理,指挥失灵,人浮于事,内耗丛生,那么这样的组织势必难以保证组织使命目标的达成。有位管理学家这样评论,高水平的组织就如同原子核裂变一样,可以放射出像蘑菇云一样巨大的能量。由此不难发现组织结构的重要作用。不妨说,组织之于企业,就像人的骨骼系统之于身体一样,是企业生存发展所不可缺少的重要条件。而为了给企业建立起一个合理的、健全的组织结构,管理者就必须有效地开展组织工作。

一、组织

(一) 组织的一般含义

1. 动词形态的组织

动词形态的组织是指组织工作,即为了实现组织的共同目标而确定组织内部各要素及其相互关系的活动过程,也就是设计一种组织机构,并使之有效运转的过程。这一概念包括三层意思:

(1) 组织设计。根据组织目标设计,建立一套资质机构以及职位系统。确定组织关系,建立信息沟通制度。

(2) 人员配备。即为组织机构配备适当的人员。

(3) 组织创新。根据组织外部环境和内部条件的变化以及增值的战略规划,及时进行组织调整和变革,完善组织功能。

2. 名词形态的组织

通常我们认为名词形态的组织有两层含义:

一种含义是一般意义上的组织的含义，它泛指各种各样的社团、机关、学校、企事业单位等，它是人们进行交流合作的必要条件。

另一种是指管理学意义上的组织的含义，它是指为实现已给定目标，按照一定规则和程序建立起来的一种职权结构和系统集合。这一概念包含三层意思：

（1）组织作为一个有机整体，具有共同的目标。

（2）组织必须有分工和协作，这是由组织目标决定的。

（3）组织要有不同层次的权力和责任制度。

3. 有形组织和无形组织

目前，一些学者将组织区分为有形和无形，即组织结构和组织活动。其中，作为组织活动结果的那种无形"组织"的概念，不同于实体存在的"组织"概念。因而，在日常社会生活中，人们常常将有形组织称为组织结构，而将那种无形的作为关系网络或力量协作系统的组织，称为组织活动。无形的组织与有形的组织结构之间的关系是一种手段和目的的关系。

4. 正式组织与非正式组织

根据组织形成方式的不同，可将组织分为正式组织与非正式组织。其中，正式组织一般是指组织中体现组织目标所规定的成员之间职责的组织体系。我们一般谈到组织都是指正式组织。在正式组织中，其成员保持着形式上的协作关系，以完成组织目标为行动的出发点和归宿点。非正式组织是在共同的工作中自发产生的，具有共同情感的团体。非正式组织形成的原因很多，如：工作关系、兴趣爱好关系、血缘关系等。非正式组织常出于某些情感的要求而采取共同的行动。非正式组织对正式组织有非常重要的影响，管理者应高度重视非正式组织的影响。

5. 营利性组织与非营利性组织

根据组织基本性质的不同，可将组织分为营利性组织与非营利性组织。营利性组织是指以经济利益为导向，从事生产和经营活动的组织。它提供各类产品和服务，主要履行经济职能。营利性组织在社会中大量存在，如工厂、商店、银行、酒店等。非营利性组织是指以社会利益为导向，以维持社会秩序和促进社会发展为己任的组织。它提供各种社会服务，主要履行社会职能。非营利性组织在保证整个社会的协调稳定和有序发展方面起着不可缺少的作用，如政府、军队、学校、社团等。

在社会生产和生活中，营利性组织与非营利性组织都是不可缺少的，它们分别承担不同的社会功能，为人们的生存和发展提供相应的服务。由于营利性组织以企业形态存在，具有经济导向特点，更易于考察和评价，因而成为本书研究的重点。

6. 组织的定义

从管理学的角度可将组织定义为：组织是有效配置内部有限资源活动和结构，为了实现共同目标而按照一定的规则、程序所构成的一种责权结构安排和人事安排，其目的是实现预期的目标体系。

随着全球经济一体化、经济发展多元化、国际环境日趋复杂化，这就对组织的生存与发展提出了更高的要求，尤其是随着信息技术的迅速发展，使得某些传统的组织结构与经营观念不再灵验，组织需要随着时代的发展不断进行变革、创新。理解组织的含义，可以从以下三点掌握：

（1）组织是一个人为的系统

任何组织都是由一定数量的单个人及其个人之间的关系组成的。

（2）组织必须有特定目标

组织之所以存在的理由是因为在实际中许多的工作和任务一个人是根本没有办法和能力去完成的，尤其是一些较为复杂的系统工作，需要很多人的团结和协作，共同去完成。分工与协作才能真正体现组织的有效性，只有组织中的人员有着共同的目标才能保证分工和协作的顺利进行，进而保证任务的完成。因此，组织是为了一个目标而存在和发展的，没有一个共同的目标，就不会有相应的组织存在。

【应用阅读】

两头鸟

从前，在某个国家的森林里，有一种叫做"共命"两头鸟。这鸟的两个头"相依为命"。遇事向来两个"头"都会讨论一番，才会采取一致的行动，比如到哪里去找食物，在哪里筑巢栖息等。有一天，一个"头"不知为何对另一个"头"发生了很大的误会，造成谁也不理谁的仇视局面。其中一个"头"，想尽办法和好，希望还和从前一样快乐的相处，另一个"头"则睬也不睬，根本没有要和好的意思。因此，这两个"头"为了食物开始争执，那善良的"头"建议多吃健康的食物，以增进体力；但另一个"头"则坚持吃"毒草"，以便毒死对方才消除心中怒气。于是和谈无法继续，只有各吃各的。最后那两头鸟终因吃了过多的有毒食物而死去。

启示：一个组织内的组织成员应该为了一个目标的存在和发展而努力，若发生什么不愉快的事，大家应该开诚布公地解决，如果没有一个共同的目标，也就不会有相应的组织存在。

（3）组织必须有分工和协作

组织要顺利地实现自身的目标，就必须分工协作，充分调动组织上下的积极性，形成一个分工明确、责权明确的有机整体。这是一个组织整体效率高低的重要标志。

（二）组织的功能

组织是人的协作体，也是配置资源的过程。对人的力量所进行的组织不同，可能导致完全不同的组织功效。组织活动的功能不仅是简单地把个体力量集合在一起，更为重要的是，通过有效的分工和协作，寻求对个体力量进行汇聚和放大的效应。组织主要有以下两个功能。

1. 力量汇聚功能

把分散的个体汇集成为集体，可以实现单独个体无法达到的目标，这就是组织的力量汇聚功能。用简单的数学公式表示，就是"1+1=2"。力量汇聚功能是组织产生和存在的必要前提，由于生理的、物质的、社会的限制，人们为了达到个人的和共同的目标，必须进行合作，于是作为协作群体的组织便应运而生。可见，力量汇聚是组织的基本功能。

2. 力量放大功能

比力量汇聚功能更进一步，通过组织内部有效的分工与协作，个体力量的集合还可以实现个体力量简单加总无法达到的目标，这就是组织的力量放大功能。用简单的数学公式表示，就是"1+1>2"。这种功能是在力量汇聚功能基础上产生的，从某种意义上讲，它比力量汇聚功能更为重要，是组织发展和壮大的根本保障。只有借助力量放大功能，组织才能取得"产出"大于"投入"的经济效果，才能实现进一步的发展壮大。可见，力量放大是组织的核心功能。

二、组织职能

（一）组织职能的作用及原则

1. 组织职能的作用主要表现在以下几个方面：

（1）有效的组织，是进行决策的基础，是实现组织目标的保证。

（2）有效的组织，是综合发挥人力、物力、财力以及技术、信息等资源，以实现管理综合效益的合理结构体系。

（3）有效的组织，会创造一种良好的工作环境，使组织中的每一个人都能为完成群体的目标做出最大的贡献。

2. 组织工作（职能）应遵循以下几个原则：

（1）目标统一原则：目标统一原则，就是指组织中的每一个部门或每一个个人的目标都要与组织的目标一致。这样的组织结构才是合理有效的。

组织结构的作用就是通过把组织目标层层分解，最后落实到具体的部门和个人，来统一组织各部门和人员的业务活动。

（2）分工协作原则：分工协作是指组织中的各部门以及个人有明确的任务分工，并且要相互配合，以共同实现组织的目标。

分工协作原则规定了组织结构中管理层次的分工、部门的分工、职权的分工。管理层次的分工，即分级管理。组织层次一般分上、中、下三层，每一管理层次都有对应的责权，每一管理层次均有相应才能的人与之适应。部门的分工，即部门划分，部门的划分应有利于目标的完成，有利于部门间的协调。职权的分工，传统意义上的组织结构中的职权有三大类：直线职权、职能职权、参谋职权。

（3）管理宽度原则：管理宽度原则，是指组织中主管人员管辖其直接下属的人数越适当，就越能保证组织的有效运行。

管理宽度要根据工作的性质以及主管人员自身的情况确定。

（4）责权统一原则：责权统一原则，是指在组织结构设计中，职位的职权和职责必须对等一致。

在实际中，若职权大于职责，则会使主管人员滥用自己的职权；其职责大于职权，则会挫伤主管人员的工作积极性。这些情况都不利于组织目标的实现。

（5）集权与分权相结构的原则：集权与分权相结合的原则，要求组织结构中的职权的集权与分权关系要处理得当，才能保证组织的有效运行。

集权往往能保证组织内部的统一性和协调性，但集权又有致命的缺点：弹性差，适应性弱。过度的集权往往使一个组织缺乏活动甚至窒息，因此，必须实行局部管理权力的下放和分散。

（6）稳定性与适应性相结合的原则：稳定性与适应性相结合的原则是指，一方面我们要保证组织结构的稳定，以顺利实现组织目标；另一方面我们又必须根据环境的变化对组织结构适时进行调整，以保证组织结构的适应性。

环境条件的变化必定会影响组织的目标，以及人员的态度和士气，因此，我们必须针对这种变化做适应性调整。但同时组织结构过度频繁的调整变化，也会对组织产生不利影响。主管人员必须在稳定与变化之间寻求一种平衡，既保证了组织结构的适应，又有利于组织目标的实现。

（二）组织职能的实质

组织的实质在于它是进行协作的人的集合体。管理的组织职能主要是设计、形成和保持一种良好的、和谐的集体环境，使人们能够相互配合，协调行动，以获得优化的群体效应。

管理的根本动力是充分发挥人的积极性、主动性和创造性。而要做到这一点，就必须通过进行合理的分工，建立机构、分配责权利、沟通联系制度等管理活动，维持一种发挥人的主动性、积极性和创造性的集体士气、气氛、风气，形成每个人的强烈的事业心、进取心，以及为实现组织目标而共同奋斗的集体精神。

管理组织的实质，最明显的是表现为组织成员为实现共同的目标而有效的工作，表现在组织机构运行的高效化上，组织高效化有以下四种衡量标准：

第一，管理效率高，层次简明合理，很少出现扯皮现象。

第二，信息传输迅速而准确，使组织的领导者能及时掌握新的情况，做出相应决策。

第三，任用合理，人人都能在自己的岗位上充分发挥作用，人与人之间关系和谐、协调。

第四，组织的总体目标和计划已被组织工作分配下去，使得目标和计划的完成有了切实保障。

（三）组织职能的基本内容

管理者的组织职能主要包括以下工作内容：

第一，设计合理的组织结构。

第二，组织中的管理幅度与管理层次的确定。

第三，进行组织中部门的划分。

第四，在组织中进行人员及职权配置。

第五，对一个组织来说，决定该集权多一些还是分权多一些的根据有哪些。

第六，根据组织的具体情况和各种组织结构的优缺点采用不同的组织结构形式。

第七，进行组织的变革与发展工作。

第八，构建适合组织长期发展的组织文化。

（四）组织工作（职能）的步骤

各个组织开展组织工作有其不同的具体过程和步骤，但从整体上来看，组织工作的开展有以下几个基本的步骤：

1. 明确组织工作的目标

组织工作的目标是根据计划工作确定的组织整体的目标而确定的。对于一个新建的组织而言，组织工作的目标要根据组织的宗旨，结合组织当前所处的具体环境和组织的发展规划来确定。它的内容要包括组织的发展规模、组织内的分工与协作的程度、组织集权和分权的程度、组织内部的信息沟通方式等。

对于一个已在运转的组织，组织工作的目标要根据组织的计划目标、组织在运转过程中所出现的问题、组织所处的具体环境和组织未来发展的需要来确定。它的内容包括对组织适应外部环境变化之间协作关系的要求、对专业化分工程度的要求等。

2. 确定工作分工

根据组织计划目标和组织工作目标的要求，明确完成组织计划目标所需要的分工，如办医院就要有医生、护士，办工厂就要有工程技术人员、工人，办一所学校就要有教师。这是根据完成组织目标的需要所进行的客观分工。

3. 确定管理幅度和管理层次

根据组织工作目标的要求，在客观分工的基础上，确定组织中的管理幅度，同时也就确定了组织中的管理层次。这是管理者根据提高管理效率的要求所进行的主观设计。

4. 部门的划分

管理幅度的有限性使得组织要按一定的方法把组织中的人和事划分成若干个可管理的单位或部门。它也是管理者根据组织工作目标的要求所进行的主观设计。

5. 确定管理和业务工作的关系

这是根据实现组织目标的要求，找出组织中的各个部门、各个管理层次之间在管理和业务工作上的关系。这是实现组织目标的客观要求。

6. 确定上下左右的工作程序

根据各个部门、各个管理层次之间联系的客观要求，通过职权管理和各种规章制度把这种客观要求具体确定下来，使组织中的各个部门和各个管理层次能围绕着组织目标的实现而成为一个整体，共同运转和工作。

7. 组织调整

这是控制职能在组织工作中的应用，即针对在组织运行过程中所出现的问题进行的调整。组织调整实际上就是进行的新一轮的组织工作。

第二节 组织结构形式

不同的组织有不同的特点,不可能用统一的组织模式,所以,设置组织结构,需要选择适当的组织结构形式。组织结构形式是组织结构框架设置的模式。组织结构框架设计,它包括纵向结构设计和横向结构设计两个方面。通过机构、职位、职责、职权以及它们之间的相互关系,实现纵横结合,组成不同类型的组织结构。常见的组织结构有以下几种类型。

一、直线制组织结构

直线制,又称"军队式组织",是人类社会各种组织存在的最基本形式,也是一种最早的和最简单的组织结构形式,这种组织结构没有管理职能部门,从最高层到最低层实现直线垂直领导,如图 5.1 所示。

直线制组织结构的优点是:结构比较简单,责任分明,命令统一。

缺点是:它对直线主管要求较高,要求直线主管掌握多种知识和技能,亲自处理各种业务。

这在组织规模比较大、业务比较复杂的情况下,把所有管理职能都集中到最高主管一个人身上,显然是难以胜任的。因此,直线制只适用于规模较小、生产技术比较简单的企业,对生产技术和经营管理比较复杂的企业并不适用。

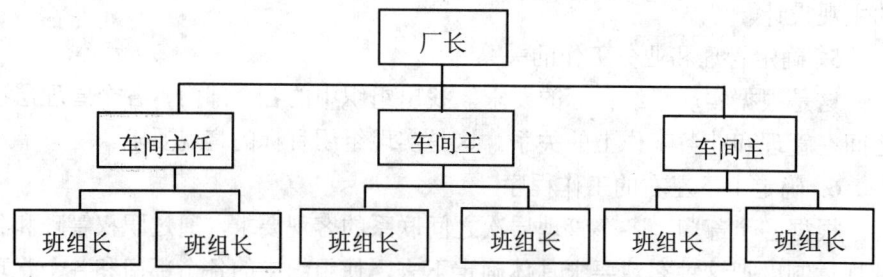

图 5.1 直线制组织结构示意图

二、职能制组织结构

职能制是指设立若干职能机构或人员,各职能机构或人员在自己的业务范围内都有权向下级下达命令和指示，即各级负责人除了要服从上级直接领导的指挥以外，还要受上级各职能部门或人员的领导，如图5.2所示。

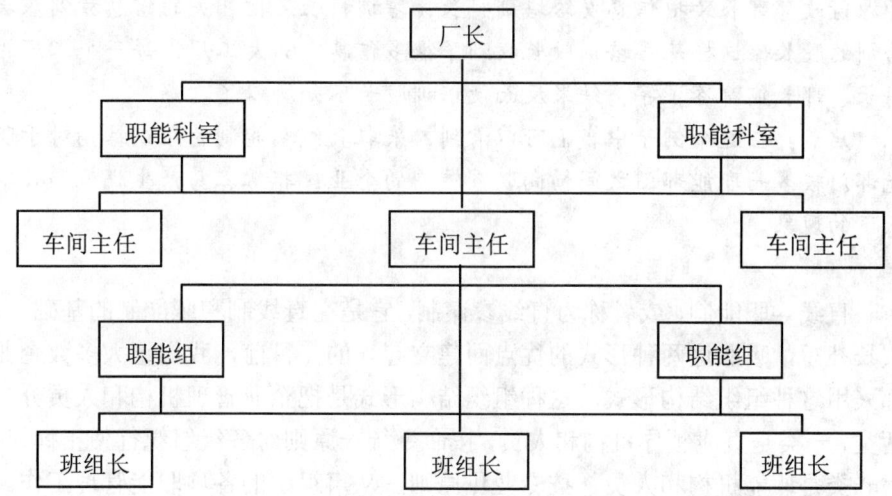

图5.2 职能制组织结构示意图

职能制的优点是：能适应现代化工业企业生产技术比较复杂，管理工作比较精细的特点；能充分发挥职能机构的专业管理作用，减轻直线领导人员的工作负担。

缺点是：它妨碍了必要的集中领导和统一指挥，形成了多头领导；不利于建立和健全各级行政负责人和职能科室的责任制，在中间管理层往往会出现有功大家抢，有过大家推的现象；另外，在上级行政领导和职能机构的指导和命令发生矛盾时，下级就无所适从，由于这种组织结构形式明显的缺陷，现代企业一般都不采用职能制。

三、直线—职能制组织结构

【应用阅读】

组织结构

有一家典型的制造业企业，其拥有5间工厂。工厂在扩大规模的时候招了很多新工人，并安排新工人与老工人一起工作。在工作过程中，工厂的主管们发现了一些问题。这些新工人尽管经过了入职培训，但是工作还是令人不太满意，效率不高。于是很多主管同时向上司反映。5个工厂有很多主管，主管都提出希望对一些下属继续培训，主管向股长反映，股长又向科长反映，科长又向部长反映。生产部一共有5个部，生产一部的部长得到这样的培训需求的时候，层层签字后，他把这个信息传递给人力资源行政部部长，人力资源行政部部长又把信息发给培训科长，培训科长又把相关的信息放到基层培训的股长，这样基层培训股长收到了很多信息。5 大工厂，每一个工厂的科长、部长们都签了字，结果反而使培训股长不知所以了。

启示：在这个例子中我们可以看到，采取直线职能制的组织结构对于职能部门较多而职能部门之间横向联系较差的企业，非常容易产生脱节和效率低下的现象。

直线—职能制，或者称为直线参谋制，它是在直线制和职能制的基础上，取长补短，吸取这两种形式的优点而建立起来的。目前，我们绝大多数企业都采用这种组织结构形式。这种组织结构形式是把企业管理机构和人员分为两类，一类是直线领导机构和人员，按命令统一原则对各级组织行使指挥权；另一类是职能机构和人员，按专业化原则，从事组织的各项职能管理工作。直线领导机构和人员在自己的职责范围内有一定的决定权和对所属下级的指挥权，并对自己部门的工作负全部责任。而职能机构和人员，则是直线指挥人员的参谋，不能对直线部门发号施令，只能进行业务指导。直线—职能制组织结构图如图5.3 所示。

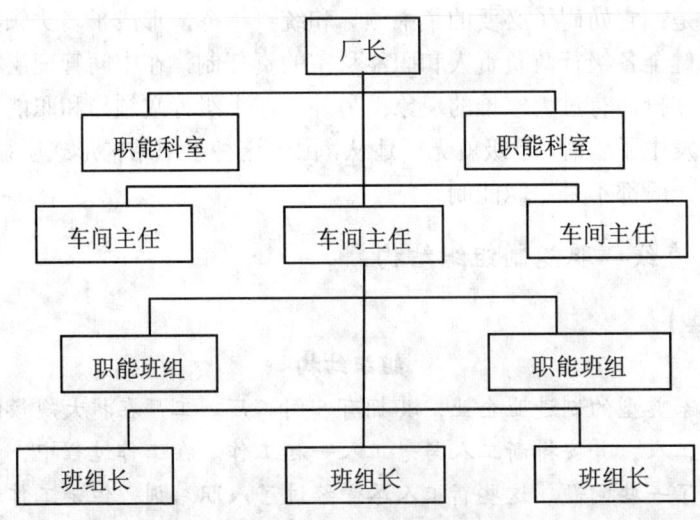

图5.3　直线—职能制组织结构示意图

直线—职能制组织结构的优点是：命令统一，职责明确，专业化管理程度较高，组织稳定。它既保证了管理体系的集中统一，又可以在各级行政负责人的领导下，充分发挥各专业管理机构的作用。

但其缺点是：职能部门之间缺乏交流、协作和配合，职能部门与行政负责人之间容易产生摩擦，组织系统的灵敏度较低，下级的许多工作要直接向上层领导报告请示才能处理，常常造成企业运作效率低下。

四、事业部制组织结构

【应用阅读】

美的集团改制

2002年，美的集团年销售收入达150亿元，总资产达90亿元。但你很难想象，在1968年，美的发起于一个23人集资5000元人民币创办的一家生产塑料瓶盖的街道小厂。1997年美的集团实施事业部制改革，将经营权下放到各事业部，这种经营权包括采购、研发、制造、销售等各方面。总公司将权利下放，各事业部以利润为中心，各事业部下属工厂以成本为中心，总部由此摆脱了平衡各部门利益纠缠，抽身出来，专注集团战略决策。1998年，美的事业部制改革初见成效，这一年的美的空调产销增长80%；风扇高居全球销量冠军宝座；电饭煲稳坐行业头把交椅；电视、小家电产品也名列前茅。

事业部制也称"M型组织"，是欧美、日本大型企业所采用的典型的组织形式，因为它是一种分权制的组织形式。最早是由美国通用汽车公司总裁斯隆于1924年提出的，故有"斯隆模型"之称，也叫"联邦分权化"，是一种高度集权下的分权管理体制。它适用于规模庞大、品种繁多、技术复杂的大型企业，是国外较大的联合公司所采用的一种组织形式，近几年我国一些大型企业集团或公司也引进了这种组织结构形式。在企业组织的具体运作中，事业部制又可以根据企业组织在构造事业部时所依据的基础的不同区分为产品事业部制、区域事业部制等类型，通过这种组织结构可以针对某个单一产品、服务、产品组合、主要工程或项目、地理分布、商务或利润中心来组织事业部。地区事业部制按照企业组织的市场区域为基础来构建企业组织内部相对具有较大自主权事业部门；而产品事业部则依据企业组织所经营的产品的相似性对产品进行分类管理，并以产品大类为基础构建企业组织的事业部门。

事业部制是分级管理、分级核算、自负盈亏的一种形式，即一个公司按地区或按产品类别分成若干个事业部，从产品的设计、原料采购、成本核算、产品制造，一直到产品销售，均由事业部及所属工厂负责，实行单独核算，独立经营，公司总部只保留人事决策、预算控制和监督大权，并通过利润等指标对事业部进行控制，如图 5.4。也有的事业部只负责指挥和组织生产，不负责采购和销售，实行生产和供销分立，但这种事业部正在被产品事业部所取代。还有的事业部则按区域来划分。这里就产品事业部和区域事业部做些简单的介绍。

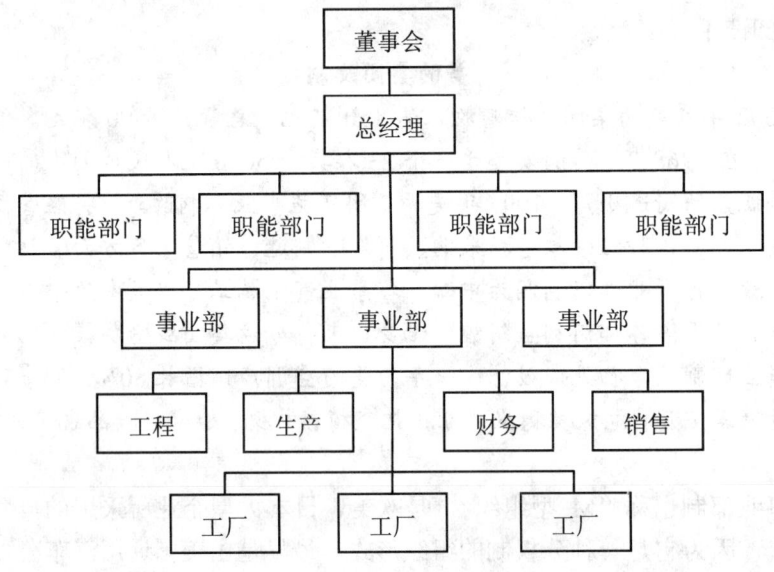

图 5.4　常见事业部组织结构图

（一）产品事业部（又称产品部门化）

按照产品或产品系列组织业务活动，在经营多种产品的大型企业中早已显得日益重要。产品部门化主要是以企业所生产的产品为基础，将生产某一产品有关的活动，完全置于同一产品事业部内，再在产品事业部内细分职能部门，进行该产品的生产、销售等工作。这种结构形态，在设计中往往将一些共用的职能集中，由上级委派以指导各产品部门，做到资源共享。其组织结构见图 5.5。

产品部门化的优点主要有：

第一，有利于采用专业化设备，并能使个人的技术和专业化知识得到最大限度的发挥。

第二，每一个产品部都是一个利润中心，部门经理承担利润责任，这有利于总经理评价各部门的政绩。

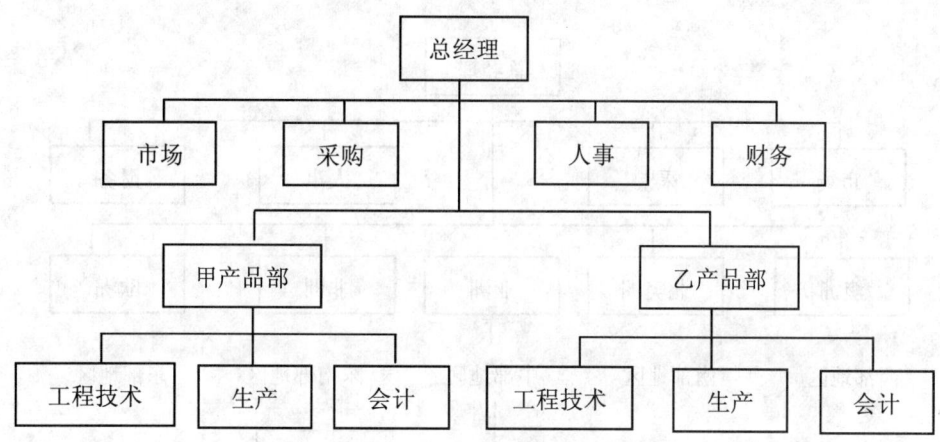

图 5.5　产品部门化组织结构示意图

第三，在同一产品部门内有关的职能活动协调比较容易，比完全采用职能部门管理更有弹性。

第四，容易适应企业的业务扩展与业务多元化要求。

产品部门化的缺点主要是：

第一，需要更多的具有全面管理才能的人才，而这类人才往往不易得到。

第二，每一个产品分部都有一定的独立权力，高层管理人员有时会难以控制；

第三，对总部的各职能部门，如人事、财务等，产品分部往往不会善加利用，以至总部一些服务不能获得充分的利用。

(二) 区域事业部制（又称区域部门化）

对于在地理上分散的企业来说，按地区划分部门是一种比较普遍的方法。其原则是把某个地区或区域内的业务工作集中起来，委派一位经理来主管其事。按地区划分部门，特别适用于规模大的公司，尤其是跨国公司。这种组织结构形态，在设计上往往设有中央服务部门，如采购、人事、财务、广告等，向各区域提供专业性的服务，这种组织结构见图 5.6。

区域部门化的优点主要有：

第一，责任到区域，每一个区域都是一个利润中心，每一区域部门的主管都要负责该地区业务的盈亏。

第二，放权到区域，每一个区域有其特殊的市场需求与问题，总部放手让区域人员处理，会比较妥善、实际，有利于企业高层管理者关注更重要的问题。

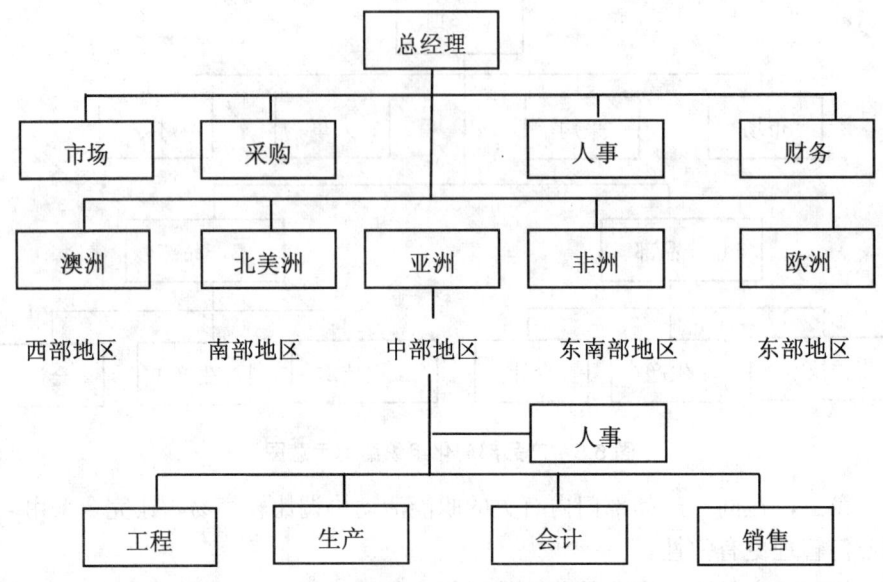

图 5.6　区域部门化组织结构示意图

第三，有利于地区内部协调。

第四，对区域内顾客比较了解，有利于服务与沟通。

第五，每一个区域主管，都要担负一切管理职能的活动，这对培养通才管理人员大有好处。

区域部门化的缺点是：

第一，随着地区的增加，需要更多具有全面管理能力的人员，而这类人员往往不易得到。

第二，每一个区域都是一个相对独立的单位，加上时间、空间上的限制，往往是"天高皇帝远"，总部难以控制。

第三，由于总部与各区域分部相距较远，难以维持集中的经济服务工作。

总体来说，事业部必须具有三个基本要素特征：即相对独立的市场，相对独立的利益，相对独立的自主权。

事业部制的好处是：总部领导可以摆脱日常事务，集中精力考虑全局问题；事业部实行独立核算，更能发挥经营管理的积极性，更利于组织专业化生产和实现企业的内部协作；各事业部之间有比较，有竞争，这种比较和竞争有利于企业的发展;事业部内部的供、产、销之间容易协调,不像在直线职能制下需要高层管理部门过问;事业部经理要从事业部整体来考虑问题,这有利于培养和训练全面的管理人才。

事业部制的缺点是:公司与事业部的职能机构重叠,构成管理人员浪费;事业部实行独立核算,各事业部只考虑自身的利益,影响事业部之间的协作,一些业务联系与沟通往往也被经济关系所替代。甚至连总部的职能机构为事业部提供决策咨询服务时,也要事业部支付咨询服务费。

五、模拟分权制

这是一种介于直线职能制和事业部制之间的结构形式。这种组织结构如图 5.7 所示。

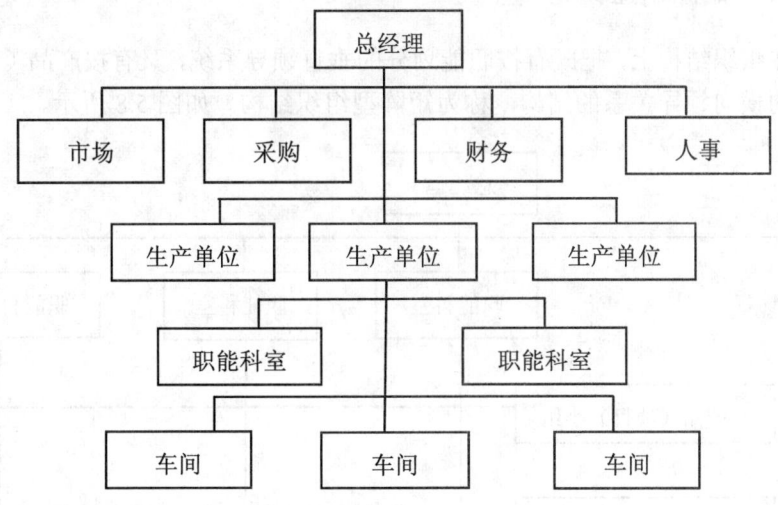

图 5.7　模拟分权制结构示意图

有许多大型企业,如连续生产的钢铁、化工企业由于产品品种或生产工艺过程所限,难以分解成几个独立的事业部。又由于企业的规模庞大,以致高层管理者感到采用其他组织形态都不容易管理,这时就出现了模拟分权组织结构形式。所谓模拟,就是要模拟事业部制的独立经营,单独核算,而不是真正的事业部,实际上是一个个"生产单位"。这些生产单位有自己的职能机构,享有尽可能大的自主权,负有"模拟性"的盈亏责任,目的是要调动他们的生产经营积极性,达到改善企业生产经营管理的目的。需要指出的是,各生产单位由于生产上的连续性,很难将它们截然分开,就以连续生产的石油化工为例,甲单位生产出来的"产品"直接就成为乙单位生产所需的原料,这当中无需停顿和中转。因此,它们之间的经济核算,只能依据企业内部的价格,而不是市场价格,也就是说这些生产单位没有自己独立的外部市场,这也是与事业部的差别所在。

模拟分权制的优点除了调动各生产单位的积极性外,就是解决企业规模过大不易管理的问题。高层管理人员将部分权力分给生产单位,减少了自己的行政事务,从而把精力集中到战略问题上来。

其缺点是:不易为模拟的生产单位明确任务,造成评估上的困难;各生产单位负责人不易了解企业的整体情况,在信息沟通和决策权力方面也存在着明显的缺陷。

六、矩阵制组织结构

在组织结构上,把既有按职能划分的垂直领导系统,又有按产品(项目)划分的横向领导关系的结构,称为矩阵型组织结构。如图 5.8 所示。

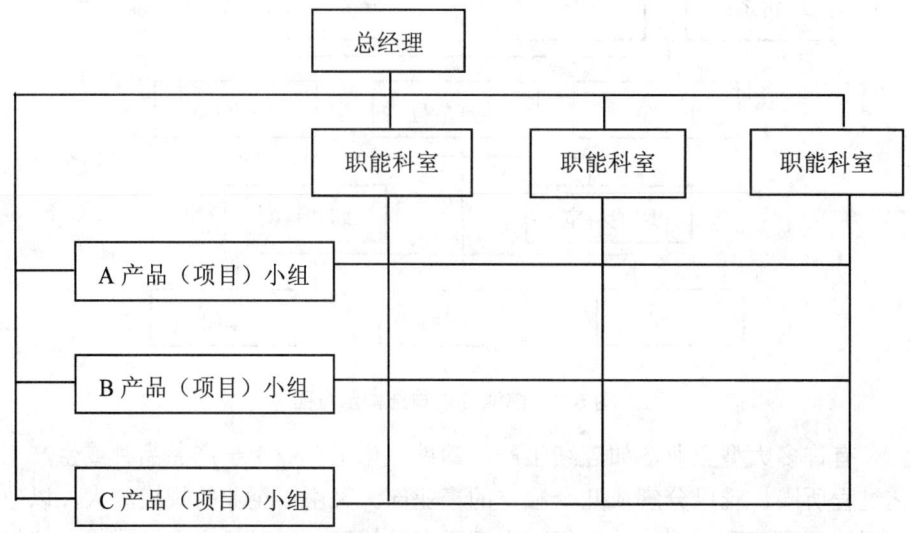

图 5.8 矩阵制组织结构示意图

矩阵制组织是为了改进直线职能制横向联系差、缺乏弹性的缺点而形成的一种组织形式。它的特点表现在围绕某项专门任务成立跨职能部门的专门机构上。例如,组成一个专门的产品(项目)小组去从事新产品开发工作,在研究、设计、试验、制造各个不同阶段,由有关部门派人参加,力图做到条块结合，以协调有关部门的活动，保证任务的完成。这种组织结构形式是固定的，人员却是变动的，需要谁，谁就来，任务完成后就可以离开。项目小组和负责人也是临时组织和委任的。任务完成后就解散，有关人员回原单位工作。因此，这种组织结构非常适用于横向协作和攻关项目。企业可用来完成涉及面广的、临时性的、复杂的重大工程项目或改革任务。特别适用于以开发与实验为主的单位，如科学研究，尤其是应用性研究单位。咨询公司和广告代理商也经常采用矩阵组织设计，以确保每个项目按计划要求准时完成。

矩阵制组织结构的主要优点是：（1）将组织的纵向联系与横向联系很好地结合起来，有利于加强各职能部门之间的协作与配合，及时沟通情况，解决问题；（2）它具有较强的机动性，能根据特定需要和环境活动的变化，保持高度的适应性；（3）把不同部门具有不同专长的专业人员组织在一起，有利于互相启发，集思广益，攻克各种复杂的技术难题，圆满地完成工作任务。它在发挥人的才能方面具有很大的灵活性。

矩阵制组织存在的主要问题是：（1）在资源管理方面存在复杂性。（2）稳定性差。由于小组成员是由各职能部门临时抽调的，任务完成以后，还要回到原职能部门工作，容易使小组成员产生临时观点，不安心工作，从而对工作产生一定影响。（3）权责不清。由于每个小组成员都要接受两个或两个以上的上级领导，潜伏着职权关系的混乱与冲突，造成管理混乱，从而使组织工作过程容易丧失效率性。

七、多维立体组织结构

这种组织结构是近年来随着环境变化而出现的一种新型的组织形式，是从系统的观点出发构建的一种复杂的结构形态。其结构分为三维：（1）按产品划分的事业部，是产品利润中心；（2）按职能划分的专业参谋机构，是专业成本中心；（3）按地区划分的管理机构，是地区利润中心。如图5.9所示。

通过多维的立体组织结构，可以使上述三个方面机构协调一致，紧密配合，为实现企业的总目标服务。多维立体组织结构适用于多种产品开发，跨地区经营的大型跨国公司，为这些公司在不同地区、不同产品增强市场竞争力提供组织保证。

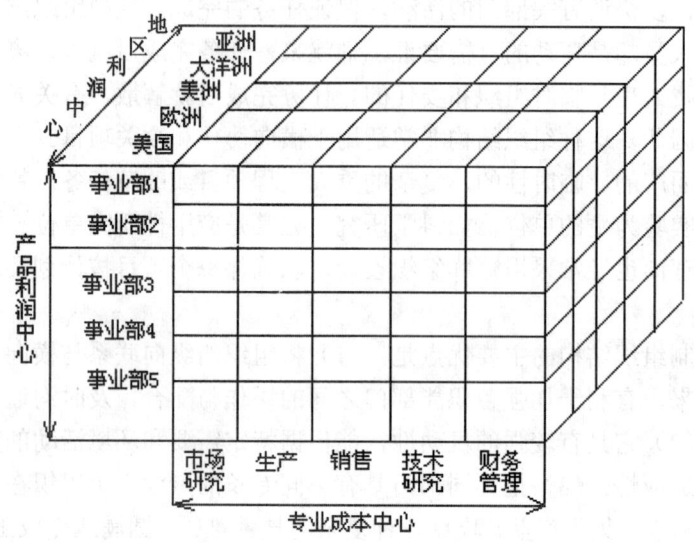

图 5.9　多维立体组织结构

八、团队与委员会组织结构

按照现代经济学的观点，企业的生产方式就是一种"团队生产"。德姆塞茨的"交易费用"理论认为，人的行为有两个重要特征：一是有限性，二是机会主义。因此，企业内部组织结构的不同对于节约交易费用具有重要意义。为了节约交易费用，提高组织效率，就必须有组织结构的不断演化。而随着企业环境的变化，企业的组织结构日益从传统的纵向结构转为面向顾客和业务的横向结构，团队就是一种多职能自我管理型组织结构。

（一）团队概念的由来

所谓"团队"，是指执行相互依存的任务以完成共同使命的群体，它既是一种组织结构，也是一种工作方式。团队既有临时性的，如新产品开发团队、攻关团队，也有永久的或常设的，如过程管理团队。从组织发展的角度看，团队的概念起源于20世纪六七十年代日本的"品管圈"和员工参与活动。"品管圈"一般简称为QC小组，它是一种解决问题式团队，是由七、八名或十来名自愿成员组织到一起，自主开展质量管理和质量改进的小组。QC小组的活动对于提高日本企业的产品质量、改善生产系统、提高生产效率起了很大的作用。同时对于提高工作人员的积极性，改善员工之间、员工与企业之间的关系也起到了很大的作用。QC小组这种做法首先由日本企业带到它们在美国的合资企业中，在当地的美国工人中运用同样取得了成功，因此其他美国企业也开始仿效，进而扩展到其他的国家和企业中，形成了世界性的QC 小组热潮。QC 小组运动对于整个世界的企业管理都产生了巨大的影响。

（二）企业采用团队组织常见的类型

经过几年的发展，团队这种组织形式也经历了由临时组织结构向永久性组织结构的演变，根据企业环境和面临问题的不同，企业在采用团队组织时也有多种选择。

1. 临时性的团队组织

临时性团队大部分是跨职能的团队，其中最常见的形式是所谓的项目团队。这种团队是为了完成某个特定的业务目标，如新产品开发等，在一段特定的时间内组建的跨职能团队，许多企业在管理的实践中认识到，这种跨职能的团队对于实现特定的目标是非常有效的。团队的成员来自组织中的不同职能部门，他们可能是专职的，也可以是兼职的，成员中既包括普通员工、技术人员，也有与问题有关的经营管理人员。大多数情况下，在经过一段特定的时间或完成了预定任务后，团队即告解散，成员回到原部门。

项目团队是一种最普遍的临时性团队组织，项目团队方式已经成为一些工程技术领域的公司的常规运作方式，如建筑行业的项目经理制，即是为完成特定建设任务而组建的团队，建设项目完成后，团队的使命结束即解散。另外，在一些技术服务行业，如咨询、设计和法律事务所等，项目团队形式也具有广泛的应用。许多公司经常依赖项目团队来激发创造性，开发新的产品或新的技术，如 IBM 公司的第一台 PC 机的开发就是由一个非常成功的项目团队来完成的。

项目团队的突出优点是能集中和整合组织的有关资源，从而高效率地完成特定任务。但是，项目团队也有其不足之处，由于它是一种临时性的存在，因此一旦团队解散，它在执行项目过程中形成的关于过程的知识就会被"丢失"，相关的责任也可能无法落实。为了克服这一不足，组织可以采取诸如编制过程文件、使项目团队成员继续参加后继团队等方式来进行弥补，从而使团队成员的能力不断得到提高。

2. 过程性团队

一些组织为了强调在过程整合和过程学习中所要求的知识，特别是提升团队的应变能力，采取了在原有的职能结构上创建永久性团队结构的方式，从而形成了过程性团队。这种团队是为了持续解决某一问题而构建的跨部门的协调组织，但由于这种团队增加了组织结构的复杂性，从而使得职能结构与团队结构之间很容易出现目标的不一致,并导致彼此的冲突,一个突出的问题就是这种横向协调机构将具有组织独立的利益,从而与职能部门发生矛盾。可见,过程团队只是一种过渡,必须有效地界定过程团队与职能部门的职责与分工。为了提高团队管理的有效性,构建真正意义上的永久性团队,实现组织管理方式的高平化,则是组织业务流程管理的根本性变革,这种团队即是自我管理团队。

3. 自我管理团队——水平型组织

自我管理团队是一种最具完整意义的团队工作方式。它是以过程团队取代职能部门的做法,从而导致了所谓"水平型组织"的出现。水平型组织的特点是工作主要围绕少数的业务流程来组织,把雇员的活动,供应商与顾客的需求和能力以一种同时能改善三者绩效的方式联系起来,团队具有真正的管理职责,团队成员的工作与绩效有一套科学、完整的考评体系,团队成员自己承担管理责任。

构建自我管理团队或水平型组织的基础是需要组织对其业务流程进行重新评估,组织应围绕过程而不是职能任务来重构,员工应有充分的授权并承担相应的责任;同时要求管理者要以教练的角色和提供全方位的领导,来取代日常的控制和管理。可见,自我管理团队的出现意味着组织的结构和制度将发生根本性的变化。在这种团队模式下,公司中原有的班组长、部门负责人(科室主任、部门经理)等中间管理层几乎就没有必要存在了,他们的角色由团队成员自行担当,因此整个公司的管理层次变少,组织也就扁平化了。

4. "知识—过程"模式

在实践中,很少有哪个公司能够为纯粹的水平型组织。过程团队很难完全取代职能等级制。因为职能部门决定了职能性技能和知识的发展,而这些技能和知识是所有组织都不可或缺的。因此,综合团队工作方式和职能分工的优点,形成了"知识—过程"组织模式。

这种模式主张职能部门和跨职能的过程团队均有存在的价值,明确承认公司既有创造知识的需要,又有运用这些知识为顾客创造价值的需要。在这种模式中,职能部门负责知识开发,而过程团队负责应用知识为顾客提供服务,为顾客创造价值。在这种模式下,职能部门的"角色"发生了根本性的变化。它不再负责执行和控制,而是成为一个"学校",具有两方面的主要职责。其一是总结当前的知识寻求新知识,并把这些知识传授给公司的所有员工;其二是为团队成员在价值创造过程中运用这些知识提供准则和最佳做法。

"知识—过程"型的组织形式在许多领域都得到了有效的应用。如本田公司就通过"学习—应用—学习"的循环来提高其工程师的技术水平。本田的工程师们交替工作在工程职能部门和开发团队中，他们在工程职能部门训练复杂的工程技能，然后在开发团队中把获得的知识应用于创造价值的过程。许多咨询公司和软件公司也采用这种形式，不断地提升员工的工作技能，并提高为顾客创造价值的水平。

自20世纪70年代以来，由于团队工作方式的突出优点，组织对于团队组织形式的重视程度不断提高。但是，要实现组织结构由传统的职能等级制向水平型的团队演变，必须面对以下几个方面的挑战：（1）公司必须了解顾客的真正需要是什么，哪些因素对顾客是重要的，哪些则是无关紧要的；（2）公司必须真正为顾客创造价值的组织的过程和公司的价值链，重新审视甚至重新整合与设计公司科学合理的业务流程；（3）公司的组织结构和组织制度必须根据新的业务流程进行根本性的变革，同时建立新的，更科学的员工绩效考评制度和奖惩制度，以使组织的各项制度支持组织过程的整合与变革；（4）由于团队组织形式是组织结构上的一场革命性变化，因此必须在组织文化层面进行变革。转变组织成员传统的习惯和观念，使每个成员都能理解和接受新的组织理念，并按其要求方式重新确定自己的角色和行为模式。

（三）委员会管理结构

个人管理指的是整个组织中的最高决策权集中在一个人的手里，由他对整个组织负责，因此称为个人负责制。如果组织中的最高决策权交给两位以上的管理者，也就是把权利分散到一个集体中去，即为委员会管理。

总体而言，委员会管理是一种集体管理形式。委员会是由来自不同背景的一组人所组成的从事执行某些方面管理职能的附加组织，在管理实践中，委员会这种组织方式在组织决策方面扮演着日益重要的角色。

1. 委员会的类型

（1）按时间长短划分

按照时间长短划分，组织中的委员会可以是临时的，为某一特定目的而组织起来的，完成特定任务以后即行解散；委员会也可以是长设的，行使某种经常性职能。

（2）按职能的性质划分

按职能的性质划分可分为两种类型：一种是行使决策职能的直线式的，如董事会，它的决策要求下级必须执行；另一种是行使协调咨询职能的参谋式的，它为直线人员提供咨询建议等。

2. 委员会管理的特点

委员会管理的最突出特点是集体管理，因此这种管理形式在管理实践中既有多方面的优点，也存在一些不足之处，在组织设计中，必须发挥委员会的优点，克服它的缺点，以使委员会管理取得更好的管理绩效。

委员会管理的优点主要表现在：

（1）集思广益，有助于提高决策的科学性。由于委员会的成员来自不同的部门、行业、地区，其有不同的专业背景，因此其知识、经验与判断力都要比其中的任何一个个人高一些。通过集体研究讨论、集体分析判断，可以避免仅凭主管人员个人的知识和经验可能造成的判断失误，从而提高决策的科学性。

（2）协调利益，减少冲突。部门的划分，虽然可以明确职权和职能范围，但也可能产生"职权分裂"，即对一个问题，一个部门没有完全的决策权，只有通过几个有关部门的职权结合，才能形成完整的决策。解决此类问题的途径一般是通过提交上一级主管部门和人员来进行协调、解决，但如果成立一个跨部门的委员会，通过这个委员会把具有决策权的部门召集起来进行协商处理，也可以解决。而且这个委员会既可以减轻上层主管人员的负担，提高管理的效率，还有利于促进部门之间的合作。此外，委员会可以协调各相关部门的工作，而各部门的主管人员能够通过委员会来了解其他部门的情况，使之自觉地把本部门的活动与其他部门的活动结合起来，减少各部门之间的利益摩擦和冲突。

（3）避免权利过于集中，防止出现失误和损失。组织的重大决策对于组织资源的使用方向和组织未来发展，有着非常重大的影响。通过委员会的集体决策，一方面可以发挥集体判断的优点，减少个人决策可能导致的失误；另一方面也可以避免在组织内部主管人员个人的独断专行，以权谋私的弊端，通过委员会之间的相互制衡机制，可以提高决策的民主程度。

（4）激发主管人员的积极性。通过吸收组织的下级主管人员甚至组织的其他成员进入委员会，可以使委员会有更广泛的代表性，并使他们有可能参与组织决策与计划的制订过程，从而使决策更切合组织实际，同时，激发和调动下级人员的积极性，使他们有更高的热情来接受和执行这些决策和计划。

（5）加强沟通联络，使信息传递速度更快。委员会作为一个决策或参谋机构，在处理有关问题时，各成员都能得到该问题的相关信息，都有同等的机会了解所接受的决策，这样就可以大大节省信息传递的时间，并减少信息传递过程中的失真。在决策过程中，委员会的成员通过面对面的交谈与磋商，彼此了解各自的看法与主张，从而减少误解和分歧，容易达成共识，因此可以说，这是一种非常有效的沟通联络方式。

（6）代表各方面的利益。委员会的成员一般由组织中的利益集团的代表组成，因此，在管理的决策过程和执行过程中，各方面的利益都得到了反映并达成某种共识，这样的决策就容易被组织的各个集团理解和接受。

（7）有利于主管人员的锻炼和成长。通过参与委员会的决策和执行过程，下级主管人员能够了解组织的全面情况，了解其他主管人员的意图和思想，同时有机会学习上层主管人员的管理经验。因此，委员会的集体决策模式，是下级主管人员的很好的锻炼平台。对于培养其全局观念和决策能力有十分重要的作用。另一方面，上层主管人员也可以在委员会的各项活动中观察和测评下级人员的管理能力，以作为将来选拔更高层管理人员的依据。

但是，委员会管理方式也存在如下一些缺点：

（1）管理成本较高，费时费力。由于委员会的成员来自不同的部门甚至不同的行业或地区，因此要把各成员集中起来召开会议、讨论问题一般都需要花费很多的金钱，费用很高。同时，委员会花在会议上的时间也相当长，因为在会议上要讨论各种观点，每个成员都有发言权，所以如果成员之间的立场悬殊，利益分歧很大，则需要相当长的时间来进行协调、磋商。如果由一个人能解决好的问题也要提交给委员会讨论，那么在金钱和时间上的花费就会更大，存在相当大的浪费。

（2）妥协折衷，未必形成最好的决策。在委员会进行决策讨论、磋商的过程中，如果议题的分歧意见较大，委员会常常会出于礼貌、互相尊重或屈于权威而采用折衷的办法，寻求利益的妥协，以期获得全体一致的结论。此时的一致只是利益平衡的结果，未必得到真正最优的结论。

（3）优柔寡断，议而不决。由于委员会成员各自的地位、经历、知识和代表的利益不同，因此在决策中往往有较大的争议和分歧。当成员们为某一议题争论不休，难以取得一致意见时，就会陷入无休止的讨论与磋商之中。这样的结果，必然是优柔寡断，错过了决策的最佳时间，甚至议而不决，导致会议无果而终。

（4）职责分离，无法真正落实责任。由于委员会是集体决定、集体负责，因此没有一个人能在实际上对集体的行动负责。这样，无法真正落实具体的责任，造成执行过程的绩效难于监控。

（5）一个人或少数人占支配地位。尽管委员会是一种集体决策和管理形式，但委员会成员在知识、经历等方面的差异性以及掌握的信息不同，在实际的决策中，一个人或少数人可能凭借信息的优势或事业上的权威地位，把个人的意志强加给他人乃至整个集体，这样就会导致集体决策有名无实，把集体决策变成个人独断的工具，无法发挥集体管理的优势。

3. 如何成功的运用委员会管理，提高决策和管理的科学性

为了发挥委员会管理这种组织形式的优点，克服其弊端，从而成功地运用委员会，在管理实践中必须注意下列一些问题：

（1）必须明确不同委员会的权限和职责范围。在组织设计中，对于某一委员会的权限究竟是决策，还是为直线主管人员（部门）提供建议，应该明确加以规定，这有利于委员会成员明确自己的角色，更好地履行自己的职责。对于在委员会会议上要讨论的议题，也必须使与会者明确了解，以免讨论时超出议题范围，造成各种浪费。

（2）委员会的规模应适当。一般来说，委员会要有足够的规模，以吸引来自不同背景的人员，使委员会具有更广泛的代表性并有利于完成委员会任务所需要的各个方面的专家。但是，委员会的规模也不宜过大，否则就会造成各种意见难于统一，开会时浪费时间并可能导致优柔寡断，贻误时机。一些研究显示，委员会成员的适宜规模是5~7人，最多不超过15~16人。

（3）审慎地选择胜任的委员。委员会的成员应该包括哪些人员，其选择的依据与成立委员会的目的、性质和任务密切相关。一般而言，要尽可能选择具有与委员会的相适应的专业管理、技术人员作为委员会的成员，以充分发挥其专业技能，为决策和咨询服务。同时，还应要求成员能够做到广开言路，集思广益，成员的组织级别一般要相接近，这样有利于各成员充分磋商和沟通，对议题做出正确的结论。

（4）合理选择恰当的议题。一般而言，委员会作为附加的机构，不可能要求成员经常在一起磋商、讨论，而应选择对组织有重要影响，与委员会性质相适应的议题供委员会开会讨论。因此，议题必须恰当并让成员事先有所准备，这样举行会议讨论时，才能提高工作效率。

（5）确定一个胜任力强的人员担任委员会的主席。必须慎重地选择委员会的主席，因为他肩负着让委员会能否有效发挥作用的任务。在某种程度上，委员会的绩效取决于主席的领导才能。一个好的主席，通过其科学有效的协调工作，可以使委员会避免很多资金、时间等方面的浪费或不足。为此，主

席应当在以下方面具有很强的胜任力：对会议内容及其重点的筹划和把握能力；科学安排会议议程；通过把握应提供给委员会成员相关信息、材料的能力；有效的主持会议、驾驭会议方向的能力，以使委员会的充分讨论最终能达成共识，从而做出正确的决议。

（6）决议案的审核与完善。委员会的会议完毕时，会议主席应将所做出的决议向大家宣布，以期得到全体与会人员对该决议同意抑或不同意的明确表态。如果决议议案还有不完善的地方，还要对决议进行修正和补充。

4．委员会制与个人负责制的比较

在管理的实践中，委员会制与个人负责制是组织中两种不同的高层次职权分配体制。委员会制是指在组织中，其最高决策权由一个两人以上组成的集体即委员会来行使。如果组织中的最高决策权集中在一个人身上，由他对整个组织负责，这就是个人负责制。

个人负责制的优点是权力集中、责任明确、行动迅速、效率较高。但因为一个人的知识、经验以及管理能力毕竟有限，所以在一个复杂多变的环境下，个人的决策难免有考虑不周之处。虽然在现代管理中都设置有多层次的专家智囊机构来帮助主管人员进行决策分析，但因决策权在一个人手中，并不能完全弥补这一缺陷。特别是由于这种权力缺乏有效的制度性约束，如果权力落在不适合的人选手中，就有可能导致专制和滥用职权，从而给组织带来损失。

从委员会制和个人负责制的特点可以看出，这两种职权分配体制都各有利弊，并非十全十美。那么，在现代组织中，究竟应当如何运用它们，以发挥各自的优势而避免其缺陷呢？在 20 世纪 80 年代末，美国管理协会（American Management Association，AMA）对不同公司的管理、决策活动的实际职权分配状况进行了大规模的调查，并做出了相应的结论。

美国管理协会在调查中把管理活动分为 12 项，并按下列四种情况估算它们所占的比重：（1）可以由委员会有效执行的活动；（2）虽然可以由委员会有效地执行，但是由个人执行却更为有效的活动；（3）需要有委员会的辅助，但由个人执行的活动；（4）只能由个人执行才有效的活动。他们通过进行经理访谈，并分析 20 多家有代表性的公司资料，得出了如表 5.1 的调查分析结果。

表 5.1 委员会制与个人负责制的比较（%）

管理活动 \ 成效	可由委员会有效的执行	可由委员会有效执行，但个人执行更为有效	主要由个人执行委员会辅助	只能由个人执行才是有效的
计划	20	20	25	35
控制	25	20	25	30
确定	35	35	10	20
组织	5	25	20	50
权限争执	90	10	——	
领导	——		10	90
行政	20	25	25	30
执行	10	15	10	65
革新	30	20	20	30
信息沟通	20	15	35	30
咨询	15	25	35	25
决策	10	30	10	50

从上表可以看出，只有处理涉及权限争论时，委员会制的优点才显著表现出来。而在领导中，个人负责制具有十分突出的优势。

尽管有许多人认为该项调查的结论现存仍是正确的，但是，不可否认，近年来国内外的一些组织尤其是大公司中，组织的最高管理层正在逐步向委员会制过渡、发展。如许多大公司都设立了董事会、总经理委员会等各种各样的机构，它们作为决策的中心，负责组织的最高层管理工作，之所以出现这种趋势，主要是由于组织规模越来越巨大，管理工作也越来越复杂，因此最高层的管理者其管理工作即使计划再周密，通过充分授权给下级以开展相应的管理活动，仍然十分繁重，非一个人的时间和精力能够应付。在这种状况下，通过设立委员会，集思广益，可以有效减少失误，做出更好的决策。

总体来看，委员会制在做出决策的科学性方面有明显的优势，而个人负责制在执行决策的效率方面占绝对优势。因此，为了提高管理绩效，就必须兼顾两种职权分配体制的长处，在管理实践中实现二者的结合，在重大决策方面采用委员会制，而在执行中采用个人负责制。

上面介绍的是几种典型的组织结构形式，从其稳定性和适应性角度又可分为两类：一类是机械式组织结构，如职能制、事业部制组织结构；另一类为有机式组织结构，如矩阵式、多维立体式组织结构等。相比较而言，机械式组织结构的正规化程度较高,注重内部的效率和纪律。但灵活性和适应性要差一些。而有机式组织结构则在灵活性和适应性方面要强一些。

应当指出,组织结构和组织设计是为实现组织战略和目标服务的,因此,组织战略的不同,环境的变化,必将使组织结构发生相应的调整。而由于技术的进步,竞争环境的复杂,要求组织特别是企业必须采用灵活的、有机的组织结构形式,团队和委员会管理就是一种普遍采用的有机附加结构。

第三节 组织结构的设计

一、组织结构设计概述

(一)组织结构设计的概念

组织结构设计是指根据组织目标及实际工作需要,确定组织层次划分、各个部门及其工作人员的职责范围和权限,建立合理的组织结构的过程。组织设计包横向设计和纵向设计。组织横向设计主要解决管理与业务部门的划分问题,反映了组织中的分工合作关系;组织纵向结构设计主要解决管理层次的划分问题与职权分配问题,反映了组织中的领导隶属关系。组织结构设计是组织正常运作和责权划分的需要;有利于资源整合,达成组织目标;有利于企业活动中各职能的划分和定位;有利于授权的稳定性;有利于组织成员的职业成长。

(二)组织结构设计的原则

组织结构设计原则是进行组织设计必须综合考虑的准则,不同组织由于其成长历史、规模等不同,在进行组织设计时考虑的准则各有侧重点,但就一般意义上来讲,进行组织设计主要遵循以下一些原则:

1. 目标统一原则

组织是实现组织目标的有机载体,组织的结构、体系、过程、文化等均是为完成组织目标服务的;达成目标是组织设计的最终目的。通过组织结构的完善,使每个人在实现组织目标的过程中做出更大的贡献。

2. 适应创新原则

组织结构设计应综合考虑公司的内外部环境、组织的理念与文化价值观、组织的当前以及未来的发展战略、组织使用的技术等以适应组织的现实状况;并且,随着组织的成长与发展,组织结构应有一定的拓展空间。

3. 效率原则

组织的目标要追求效率，效率原则是衡量任何组织结构的基础。组织结构，如果能使人们（指有效能的人）以最小的失误或代价（它超出了人们通常以货币或小时等计量的指标来衡量费用的含义）来实现目标，就是有效的。

4. 责权利相结合的原则

责任、权力、利益三者之间是不可分割的，而且必须是协调的、平衡的和统一的。权力是责任的基础，有了权力才可能负起责任；责任是权力的约束，有了责任，权力拥有者在运用权力时就必须考虑可能产生的后果，不致于滥用权力；利益的大小决定了管理者是否愿意担负责任以及接受权力的程度，利益大责任小的事情谁都愿意去做，相反，利益小责任大的事情人们很难愿意去做，其积极性也会受到影响。

5. 职能专业化原则

组织整体目标实现需要完成多种职能工作，应充分考虑劳动分工与协作，包括：战略规划、人力资源、控制、审计、资源配置等；对于以事业发展、提高效率、监督控制为首要任务的业务活动，应以此原则为主，进行部门划分。

6. 管理层次原则

管理层次与管理幅度的设置受到组织规模的制约；在组织规模一定的情况下，管理幅度越大管理层次就越少；组织管理层次的设计应在管理有效的控制幅度之下，尽量减少管理层次，以利于精简编制，促进信息流通。

7. 有效控制原则

对组织的有效控制在组织设计时应注意命令统一、权责对等；制订可行的规范、政策、制度；职能部门加强计划、预算、核查等工作，业务部门加强事前的协调、事中的过程控制、事后的经验总结。

8. 集权与分权相结合的原则

在进行组织设计或调整时，既要有必要的权力集中，又要有必要的权力分散，两者不可偏废。集权是大生产的客观要求，它有利于保证企业的统一领导和指挥，有利于人力、物力、财力的合理分配和使用；而分权则是调动下级积极性、主动性的必要组织条件。合理分权有利于基层根据实际情况迅速而准确地做出决策，也有利于上层领导摆脱日常事务，集中精力抓重要问题。

9. 系统运作原则

组织运作整体效率是一个系统性过程，组织设计应简化流程，有利信息畅通、决策迅速、部门协调；充分考虑交叉业务活动的统一协调；过程管理的整体性。

10．分工协作原则

组织任务目标的完成，离不开组织内部的专业化分工和协作，因为当今各类组织工作量大、专业性强，分别设置不同的专业部门，有利于提高管理工作的效率。在合理分工的基础上，各专业部门又必须加强协作和配合，才能保证各项专业管理工作的顺利开展，以达到组织的整体目标。

（三）组织设计的影响因素

一个组织选择什么组织结构，划分多少部门，受多种因素的影响，既有外部环境因素，也有自身战略、规模因素的影响。

1．规模因素

一般认为，组织规模越大，工作量越大，组织结构就越复杂。早在 20 世纪 60 年代初，英国管理学家琼·伍德沃德等人通过对美国 100 多个公司调查研究，认为一个组织结构设计与其规模的关系大体为：(1) 组织规模越大，工作越专业化；(2) 组织规模越大，标准操作化程序和制度越健全；(3) 组织规模越大，分权的程度越高。

2．战略因素

一个组织的战略就是它的总目标，它涉及一定时期内组织的全局设计、主要政策与任务的策划，它决定该组织在一定时期内的活动方向和水平，它是组织制订策略的依据。美国管理学家雷蒙德迈尔斯和查尔斯·斯诺在其著作《组织的战略、结构和程序》中，提出了如表 5.2 所示的关于战略影响组织结构的特点。

表 5.2 战略对组织结构的影响

战略	目标	环境	组织结构特征
防守型战略	追求稳定和效益	相对稳定的	严格控制，专业化分工程度高，规范化程度高，规章制度多，集权程度高
进攻型战略	追求快速、灵活的反应	动荡而复杂的	松散型结构，劳动分工程度低，规范化程度低，规章制度少，分权化
分析型战略	追求稳定效益和灵活相结合	变化的	适度集权控制，对现有的活动实现严格控制，但对一部分部门让其分权或相对自主独立的方式；组织结构采用一部分有机式，一部分机械式

3. 环境因素

组织总是在一定的环境下开展活动，因此，不同的环境对组织结构影响不一样。总体来看，环境的状态可以分为稳定和不稳定两种情况，因而结构也相应有以下两种不同的形式：

(1) 机械式组织，又可称层式组织。它所处的环境是相对稳定的，采用规章制度工作的高度专业化和权威式的领导来安排组织的一切活动。

(2) 有机式组织。它所处的环境是不稳定的，其组织结构具有灵活性，能根据环境的变化迅速做出反应和调整。

4. 技术因素

技术不仅包括生产技术，而且包括管理技术。从技术发展的历程看，生产技术的变化曾经导致流水线的出现,而现代计算机和网络技术的飞速进程，一方面使敏捷制造和柔性制造成为可能,同时也使管理手段相应发生了变化，分权型、灵活型组织机构不断演进。

5. 权力控制因素

美国管理学家斯蒂芬·罗宾斯认为,"规模、战略、环境和技术等因素组织起来，对组织结构会产生较大影响。但即使结合起来，也只能对组织结构产生50%的影响，而对组织结构产生决定性影响作用的是权力控制"。这是由于以下几个原因：

(1) 组织的权力控制者对组织结构模型的选择有最后的决定权。

(2) 任何组织都是由各种利益的代表团所组成，一个组织的结构反映的是最强利益集团的利益，或多个较强集团之间利益的妥协。

(3) 权力控制者总是不愿轻易放弃自己的权利，即使是分权，也以不失去控制为最低限度。

(4) 权力控制者会采用合理的方式，即在组织利益的范围内，寻找组织利益与个人或自己达标的利益集团的利益的结合点，既公私兼顾，又合法合理。

（四）组织结构设计的程序

1. 确定组织目标

组织目标是进行组织设计的基本出发点。任何组织都是实现其一定目标的工具，没有明确的目标，组织就失去了存在的意义。因此，管理组织设计的第一步，就是要在综合分析组织外部环境和内部条件的基础上，合理确定组织的总目标及各种具体的派生目标。

2. 确定业务内容

根据组织目标的要求，确定为实现组织目标所必须进行的业务管理工作项目，并按其性质适当分类。如企业的市场研究、经营决策、产品开发、质量管理、营销管理等。明确各类活动的范围和工作量。进行业务流程的总体设计，使总体业务流程优化。

3. 确定组织结构

根据组织规模、技术特点、业务工作量的大小，参考同类其他组织设计的经验和教训，确定应采取什么样的管理组织形式，需要设计哪些单位和部门，并把性质相同或相近的管理业务工作分归适当的单位和部门负责，形成层次化、部门化的结构。

4. 规定职位职责权限

根据组织目标的要求，明确规定各单位和部门及其负责人对管理业务工作应负的责任以及评价工作成绩的标准。同时，还要根据搞好业务工作的实际需要，授予各单位和部门及其负责人适当的权力。

5. 联成一体

这是组织设计的最后一步，即通过明确规定各单位、各部门之间的相互关系，以及它们之间的信息沟通和相互协调方面的原则和方法，把各组织实体上下左右联结起来，形成一个能够协调运作，有效地实现组织目标的管理组织系统。

6. 反馈与修正

要在组织运行过程中，加强跟踪控制，适时进行修正，使其不断完善。

二、组织的横向设计——部门划分

组织横向设计主要解决管理与业务部门的划分问题，反映了组织中的分工协作关系，主要解决部门划分问题。部门划分是指把工作和人员组成若干管理的单元，并组建相应的机构或单位。不同的管理或业务，是使整个管理系统有机运转起来的细胞与基础。

（一）部门划分的基本原则

（1）确保目标实现。如在生产企业中，除生产部门外，销售、财务、人事、计划部门都是确保企业目标实现所必需的。

（2）精干高效。企业组织机构的数量力求最少，但这是以有效地实现企业目标为前提的。

（3）部门设置应有灵活性。划分部门应按业务的需要，并根据实际情况的变化随时增加新部门，撤销原有部门，或设立临时性部门，成立专门小组来解决临时出现的问题。

（4）各部门职务的指派应达到平衡，避免工作量分摊不均，忙闲不均。

（5）检查部门应具有独立性。执行检查、评估的职能部门应单独设立，不隶属于任何业务部门，从而保证检查人员的公正性和客观性，真正发挥检查、监督的作用。

（二）组织的部门化的基本形式与特征

1. 按职能划分部门

这是应用最广泛的一种部门划分方法，几乎可以在所有类型组织的结构中找到它的踪迹。任何一个企事业组织存在的目的都是要创造某种为他人所需要的物品或劳务，所以，诸如采购、制造、销售等，可以说是所有的企事业单位的基本职能。制造主要创造或增加物品或劳务的效用；销售主要寻找愿意按一定价格购买物品或接受服务的顾客；财务主要指资金的筹措、保管和运作。以这些基本职能为依据，便可以将组织划分为生产部门、销售部门、财务部门等。当然，由于各种组织的活动领域以及同一职能在不同组织中的重要程度不同等原因，现实中这些职能部门在不同类型的组织中会有不同的具体名称。

按照职能划分部门的好处是：（1）有利于确保组织的主要基本活动得到重视；（2）由于遵循了专业化原则，有利于提高人员使用的效率，同时也简化了培训工作；（3）由于最高主管要对最终成果负责，从而为高层实施严格控制提供了手段。

这种划分部门方式的缺点在于：（1）它容易使人们过度局限于自己所在的职能部门而忽视组织整体目标，部门间的协调比较困难；（2）只有最高主管才能对最终成果负责，因而对各部门的绩效和责任很难进行评价；（3）也不利于培养综合全面的管理人才。

2. 按产品划分部门

这是许多开展多角化经营的大企业经常采用的部门划分方式。它实际上是从那些按照职能划分部门的企业中逐步发展起来的。因为随着企业规模的扩大和产品品种的增加，管理工作变得越来越复杂，各部门主管者的工作负担也越来越重，而管理幅度的客观限制又使得他们难以通过增加直接下属的办法来解决问题，因而，此时按照产品或产品系列来重新组织企业活动就成为必要。在这样的结构模式中，组织将有关某产品或产品系列的生产、销售、服务等职能活动方面授予该产品分部的经理，使他们对该产品经营的利润负起责任。

按照产品划分部门的好处是：(1) 有利于企业采用专门设备，促进协调，充分发挥人员的技能和专门知识，也有利于产品和服务的改进；(2) 能够明确利润责任，便于最高主管把握各种产品或产品系列对总利润的贡献；(3) 有利于锻炼和培养独当一面的全能管理人才。

这种划分部门方式的缺点主要是：(1) 它对产品分部主管人员的全面管理能力要求高；(2) 各产品分部的独立性较强而整体观念较弱，分部之间的沟通与协调较差；(3) 各产品分部内都需要保持职能部门或职能人员，从而造成部门重复设置、管理费用增加。

3. 按地域、区域划分部门

这是经营活动在地域上比较分散的企业所常用的一种部门划分方法。其做法是，将某一地区的业务活动集中起来，并委派相应的管理者，形成区域性的部门。

按照地域划分部门，有利于鼓励地方参与决策，促进地区活动的协调；有利于管理者注意当地市场的需要和问题；生产的当地化有利于降低运输费用，缩短交货时间；有利于培养能力全面的管理者。

这种方法的主要缺点是：由于机构重复，使得费用增加；总部对地方控制的难度较大；要求管理者具有全面的管理能力。

4. 按顾客划分部门

有许多组织按照自己所服务的顾客来划分部门。这种方法是将与某一特定顾客有关的各种活动结合起来，并委派相应的管理者以形成部门。

按照顾客划分部门的目的是为了更好地迎合特定顾客群体的要求。采用这种方法有利于重视顾客的需要，增加顾客的满意程度，并有利于形成针对特定顾客的技能和诀窍。不足之处主要是：按照顾客组织起来的部门常常要求特殊对待而造成部门间协调困难，管理者必须要熟悉特定顾客的情况，否则在有些情况下很难轻而易举地对顾客进行区分。

5. 按照技术或设备划分部门

制造业企业中设立的焊接车间、压力加工车间、电镀车间，医院的放射科、CT 室等，就是按照技术或设备组织业务活动的。这种方法有利于充分发挥设备的能力和专业技术人员的特长，便于设备维修和材料供应。不足之处是容易强调局部利益而忽视整体目标。

6. 按照时间划分

根据时间来组织业务活动是最古老的划分部门的方法之一，多见于组织的基层部门。在许多组织中，由于经济的、技术的或其他一些原因，正常的工作日不能满足要求，而必须采用轮班的做法。例如，炼钢炉、医院的集中监护室、消防队等，均采用这种方法来进行组织。采用这种方法有利于连续、不间断地提供服务和进行生产，有利于使设备、设施得到最充分的利用。缺点在于夜间可能会缺乏监督，人员容易疲劳，协调和沟通有时会比较困难。

7. 按照人数划分

单纯地按照人数来安排业务活动是一种最原始、最简单的划分部门的方法。当最终成果只是取决于总人数时，或者说每个人的贡献都是单纯无差别的简单劳动时，采用这种方法是有效的。

三、组织的纵向设计

组织的纵向结构设计，首先要根据组织的具体条件，科学规定设计管理幅度然后在这个数量界定内，再考虑影响管理层次的其他因素，科学地确定管理层次；在此基础上，进行职权配置，从而建立组织的纵向结构。

【应用阅读】

诸葛亮的管理幅度

"出师未捷身先死，长使英雄泪满襟。"诸葛亮一生事必躬亲，积劳成疾，卒于军中，终年54岁，虽业绩彪炳，却始终未能为蜀国培养出一些像样的人才，最后落得"蜀中无大将，廖化做先锋"，国家大业后继无人的结局。

启示：从现代的管理理论来看，诸葛先生的误区就是：作为一名管理人员，究竟能否有效地管理多少下属呢？这就是管理幅度问题。

（一）管理幅度设计

1. 管理幅度与管理层次

管理幅度又称管理宽度或管理跨度，是指组织中每个层次的管理者能有效地直接管理下属员工的数量。从形式上看，管理幅度仅仅表现为上级直接管理下属人员的多少，但由于这些下属人员都承担着某个部门或某个方面的管理业务。因此，管理幅度的大小，实质上反映着管理者直接控制和协调业务活动量的多少。一般情况下，上级直接管理下级的人数多，我们称为管理幅度大或管理跨度宽；反之，我们称为管理幅度小或管理跨度窄。在组织内，管理宽度不宜过宽。如果管理宽度过宽就无法实现有效的管理，因为当管理宽度加宽时，管理者与其直接管理的下属之间的关系会变得更加复杂。

管理层次也称为组织层次，是指组织内部从最高一级管理者到最低一级管理者之间的各个组织等级。从形式上看,管理层次只是组织结构的层次数量,但其实质反映出组织内部的纵向分工情况。因为各个管理层次负担着不同的管理职能,随着管理层次的出现必然产生层次之间的联系与协调。

法国管理学者格拉纳斯在分析上下级之间可能存在的关系后,提出了用来计算在任何管理宽度下可能存在的人际关系数量的模型,他把上下级之间的关系分为三种类型:一是直接的单一关系,指上级和下级之间直接的且个别的关系;二是直接的组合关系,指上级与下级之间各种可能的组合关系;三是交叉关系,指下属之间个别直接的关系。例如,一个管理者 A 有两个直接管理的下属 B 和 C,其存在的人际关系为:直接的单一关系有两个,即 A→B、A→C;直接的组合关系数也有两个,即 A、B→C 和 A、C→B;交叉关系数也有两个,即 B→C 和 C→B。通过对三种关系的分析,他认为,在管理幅度以算术级数增加时,主管人员与下属人员之间可能存在的人际关系数将以几何级数增加,在任何管理幅度下,计算上下级之间人际关系数目的经验公式为:

$$c=n[2n+(n+1)]$$

其中:c 为可能存在的人际关系数;n 为管理幅度。

2. 管理幅度与管理层次的关系

从管理幅度与管理层次的含义可知,它们之间相互制约,并且存在着反比例的数量关系,其中起主导作用的是管理宽度,即管理幅度决定管理层次,或者说管理层次决定于管理幅度。这是由管理幅度的有限性所决定,因为任何管理者的知识、经验和精力都是有限的,管理幅度不可能无限宽;同时,也应看到管理层次对管理幅度也存在一定的制约作用。因为管理层次过多,信息的传递和沟通难度就大,效率就低。

3. 管理幅度的设计思想

英国管理学家厄威克归纳出组织工作的八项原则,其中之一就是"管理幅度原则",厄威克阐明的管理幅度原则,反映了有关管理幅度设计的早期思想,其要点有两个主管人员应该知道自己的管理幅度是有限的;认为管理幅度存在一个固定的具体人数,一般是 5~6 人,应该努力寻求这一普遍适用的有效幅度,在组织设计中推而广之。

然而,以后许多学者为探索管理幅度具体数值所做的大量调查却表明,不同行业、不同企业和企业内部的不同职务,管理幅度千差万别,并不存在固定的、普遍适用的人数。这一探索过程给予人们重要的启发,认识到管理幅度因不同条件而异,因而逐渐把注意力由寻找普遍适用的具体人数,转移到研究管理幅度的各种影响因素上来，陆续提出一些新的见解和方法。

法国管理咨询专家格拉丘纳斯从上下级关系对管理幅度的影响这个方面，进行了深入研究。他指出，管理幅度以算术级数增加时，管理者和下属间可能存在相互交往的人际关系数，将以几何级数增加。格拉丘纳斯认为，上下级关系可分为三种类型：直接的单个关系，如上级 S 和两个下属 A、B 之间直接地、单独地发生联系，即 SA 与 SB；直接的组合关系，指上级与其下属之间各种可能的组合关系，如 S 和 A 谈话时，B 在场，反之亦然，即 SAB、SBA；交叉关系，指下级人员之间相互打交道时发生的关系，也就是横向联系，如 AB、BA。

现代组织设计理论正是吸收了各时期、各学派和各方面的研究成果，确立了关于管理幅度设计的科学指导思想。概括起来说就是：

（1）管理幅度是有限的；

（2）有效管理幅度不存在一种普遍适用的固定的具体人数，它的大小取决于若干基本变量，也就是影响因素；

（3）组织设计的任务就是找出限制管理幅度的影响因素，根据它们影响强度的大小，具体地确定特定企业各级各类职务与人员的管理幅度。

4. 管理幅度设计所应考虑的因素

对于决定管理幅度大小的各种因素，从理论上加以抽象概括，可以归纳为上下级关系的复杂程度。衡量上下级关系复杂程度的标志有三个：关系的数量；相互接触的频率；相互接触所需花费的时间。但是，以上这三个衡量上下级关系复杂程度的标准，在管理幅度设计中，要进行观测和计算是比较难的。为了便于操作，我们可以根据这个原理，去寻找直接影响上下级关系复杂程度，又比较容易进行观察和评价的因素，这些因素主要有以下七个：

（1）领导的能力。这是影响管理幅度的首要因素。如果组织的领导者具有较强的领导能力，能够受到组织成员的尊重和拥护，善于处理各类问题，从而减少上下级关系的频繁接触和接触时间，那么管理跨度可以加大。

（2）下级的素质。如果被管理者训练有素，有较强的独立工作能力和丰富的工作经验，就可以减轻管理者的负担，那么管理幅度也可适当加大。

（3）授权的明确性。领导者对下属进行管理，很重要的一条是授权要明确：一是布置任务要明确、具体，使下属知道干什么、怎么干；二是在下达任务的同时要明确地授予相应的权力；三是授予下级的权力应与其能力相符合。如果这三点都做得好，则管理幅度可以加大。

（4）计划制订与执行。如要计划制订得比较好，对工作的分派、步骤及其衔接中可能出现的问题事先都能有所考虑,那么计划的执行就会比较顺利,协调和控制的工作量就可能减少,管理幅度可以加大。

(5)考核明确。如果有比较明确的考核和评价标准,是非界线分明,则不必事事分析研究,思想认识比较容易统一,可以很快地采取相应的措施,则管理幅跨度可以加大。

(6)增强组织的凝聚力。如要能够设法增强组织的凝聚力,成员之间相互了解,配合默契,同心同德,那么就会提高工作效率,管理幅度也可以适当加大。

(7)政策稳定。政策稳定,就会增强工作的程序性和减少重复,指导工作量就会减少,管理幅度就可以相应地加大。

5. 管理幅度的设计方法

由于有效管理幅度是决定管理层次的基本因素,因此,在进行设计时,就需要首先根据企业的具体条件,正确规定管理幅度;然后,在这个数量界限内,再考虑影响管理层次的其他因素,提出管理层次的设计方案。

(1)经验统计法。这种方法是通过对不同类型组织的管理幅度进行抽样调查,以调查所得的统计数据为参照,再结合组织的具体情况去确定管理幅度。

经验统计法简便易行,但有明显的局限性。这就是它缺少对影响特定组织管理幅度诸因素的具体分析,特别是定量分析,只是简单地搬用其他组织的管理幅度标准,因而主观判断的成分很大,提出的管理幅度建议难免与特定组织的实际条件不符,出现较大的误差。

(2)变量测定法。这种方法是把影响管理幅度的各种因素作为变量,采用定性分析与定量分析相结合的做法来确定管理幅度的一种方法。其具体步骤与方法如下:

①确定影响管理幅度的主要变量。由于组织的具体情况差别很大,影响管理幅度的若干主要变量可能有所不同,因而需要从多种因素中选择,并确定对特定组织影响较大的主要变量。

②确定各变量对上级领导人工作负荷的影响程度。

③确定各变量对管理幅度的影响程度。

④确定具体的管理幅度。

变量测定法同经验统计法相比,由于它全面考虑了影响特定组织管理幅度的主要因素,并进行了定量分析,而不是简单地搬用其他组织的标准,所以,它所规定的管理幅度更为科学、合理。当然,也不可否认,变量测定法在选择主要变量、确定各个变量的影响程度时，设计人员的主观评价仍在起一定作用，这就难免产生误差。

应该指出的是，以上两种方法都要进行大量调查，尤其是变量测定法，调查与验证的工作量更大。因此，它们一般用于企业中、高层管理幅度的设计。这是考虑到中、高层管理幅度合理与否对企业组织的正常运行影响较大，即使多花费一些精力，也是值得的。企业基层管理幅度的设计当然也可采用这两种方法，不过，在一般情况下，因其所需考虑的因素较少，弹性也很大，所以，不必做太详细的定量分析。

（二）管理层次设计

1. 管理层次设计的制约因素

管理层次设计的制约因素主要有：有效管理幅度、纵向职能分工以及组织效率等。

2. 管理层次设计的步骤

管理层次设计的步骤主要是：（1）根据纵向职能分工，确定基本的管理层次；（2）按照有效管理幅度推算具体的管理层次；（3）按照提高组织效率的要求确定具体的管理层次；（4）按照组织的不同部分的特点，对管理层次做局部调整。

3. 管理层次设计常见的类型

在组织结构设计中，由于管理层次与管理幅度之间的对比关系，可能会产生两种典型的组织结构。一是高层结构形式，即管理层次较多，而管理幅度较小；二是扁平结构形式，管理层次较少，而管理幅度较大。

（1）高层结构的优缺点。其优点是：①主管人员的管理幅度较小，能够对下属进行有效控制；②有利于明确领导关系，建立严格的责任制；③因层次多，各级主管职位较多，能为下级提供晋升机会，促使其积极努力工作。高层结构的缺点：①由于层次较多，协调工作增加，造成管理费用大；②信息的上传下达速度慢，并容易发生失真和误解；③最高领导层与基层管理人员相隔多个层次，不容易了解基层现状并及时处理问题。

（2）扁平式组织结构的优缺点。其优点是：①有利于授权，激发下级积极性，并培养下属的管理能力；②信息传递速度快、失真少，能灵活地适应市场，管理费用低；③便于高层领导了解基层情况。扁平式也存在缺点：①管理人员的管理幅度大，负担重，难以对下级进行深入具体的指导和监督；②对领导人员的素质要求较高。

（3）高层结构和扁平结构的选用与现实意义。从高层结构和扁平结构的优缺点分析可以看出，这两种结构形式各有千秋，都不是十全十美的，对它们的评价不能绝对化。关键是要根据组织的具体条件，选用适宜的结构形式，才能扬其长而避其短，取得良好效果。一般地，采用高层结构的适用条件是：人员素质（包括上级领导和下属的素质）不很高，管理工作较为复杂，许多问题的处理不易标准化或者管理基础差，实现日常管理工作科学化与规范化尚需长时间的努力，生产的机械化、自动化水平不高。如果企业的具体条件与此相反，则采用扁平结构形式比较适宜。可以这样说，组织设计人员对不同结构形式的选择过程，实质上就是从企业既定的现实条件出发，权衡不同方案的利弊，谋求总体效果比较满意的方案。但是，在现代企业管理中，注重采用扁平结构是一种普遍趋势。

（三）职权划分

【应用阅读】

子贱放权

孔子的学生子贱有一次奉命担任某地方的官吏。当他到任以后，却时常弹琴自娱，不管政事，可是他所管辖的地方却治理的井井有条，民兴业旺，这使那位卸任的官吏百思不得其解，因为他每天即使起早贪黑，从早忙到晚，也没有把地方治理好。于是他请教子贱："为什么你能治理这么好？"子贱回答说："你只靠自己的力量去进行，所以十分辛苦；而我却是借助别人的力量来完成任务。"

启示：现在企业中的有些领导人，喜欢把一切事情揽在自己身上，事必躬亲，管这管那，从来不放心把一件事交给手下人去做。这样，使得他整天忙忙碌碌不说，还会被公司的大小事务搞得焦头烂额。其实，一个聪明的领导人，应该向子贱那样，正确地利用属下的力量，发挥团队协作精神，不仅能使团队很快成熟起来，同时，也能减轻自己的负担。在公司的管理方面，要相信少就是多的道理：你抓得少些，反而收获就多了。管理者要管头管脚（指人和资源），但不能从头管到脚。

1. 职权分类

（1）职权的涵义。职权，即职务范围内的管理权限。居于组织中某一职位的管理者为了带领下属完成某项工作，必须拥有指挥、命令、协调等各项权力，这是领导者行使职责的工具。职责是指由于占据组织中某一职位而必须承担的责任，职责与职权是一对"孪生兄弟"，职责与职权共存，职权是履行职责的必要条件与手段，职责则是行使职权所要达到的目的。作为一名管理人员，占据了组织中某一职位，就必须承担职位要求的职责，同时也必须拥有完成职责的职权，权责对等，且共存于一体。

在正式组织内部，最基本最主要的信息沟通就是通过职权关系来实现的，通过职权关系上传下达，一方面使下级按指令行事，另一方面，通过下级及时向上级反馈信息，使上级进行有效的控制，做出合理的决策。

（2）职权的种类。组织中的职权有三种基本类型，即直线职权、参谋职权和职能职权。①直线职权是指上级直接指挥下级的权力，表现为上下级之间的命令权力关系；②参谋职权是指参谋人员所拥有的辅助性的职权，是顾问性、服务性、咨询性和建议性的职权，旨在帮助直线权力有效地完成组织目标。参谋人员也可分为两类：即个人参谋和专业参谋。③随着组织规模不断扩展和管理活动日趋复杂，主管人员受时间、精力和专业知识与能力等方面的限制，仅仅依靠参谋人员的建议很难做出科学的决策，为了提高和改善管理效率，主管人员就将一部分本属于自己的直线职权授予给参谋人员，这就产生职能职权。职能职权是指由直线主管人员授予的，参谋人员所拥有的部门决策权和指挥权。职能职权实质上属于直线职权。

2. 授权

【应用阅读】

张处长的困惑

某处张处长毕业于某名牌高校，作风民主，主张在管理工作中分权，让下属充分发挥积极性和创造性，他把绝大多数权力都分配给下属机关，自己只负责最重要的事情。他经常讲，管得越少的领导就是最好的领导，民主才能产生效率。有人找他反映问题，他总是说，这件事不该我管，你去找某某去。他充分信任下属机关，从来不过问他们的具体工作。半年里，他只开了4次会，每次会议上，他都对大家的辛苦表示感谢，并对下一步工作做出具有原则性的意见。后来，上级领导前来检查工作，发现下属机关之间互相扯皮，人心涣散，很多工作都没有落实。张处长非常伤心，觉得下属辜负了自己的信任，决定把所有的权力都收回来，所有的事情都自己一个人说了算。

启示： 从这个故事中我们可以知道，对于一个组织而言，集权与分权并不是完全确定的，是受到多种因素的影响，同时作为组织的领导者要适当把握授权与分权的平衡。

（1）授权的涵义。授权是指由管理者将自己所拥有的一部分权力授予下级而形成的分权，管理者授权是现代管理的一种管理方法与领导艺术。

（2）授权的原则。授权应遵循以下原则：

第一，权力和职责的对等。授权必须具有足够的范围，以使分派的职责得以完成。权力太小，授权形同虚设，往往会使下级在决策之前必须请示上级，延误决策；而授权范围过大，会使权力失控。所以必须根据职责的大小授予权力。

第二，职责绝对性原则。权力与职责可以被分派给下级，但对上级的责任，既不能分派，也不能委任。一个管理者为完成工作负有某些职责，其下属人员也有一部分责任，但该管理者自己不能推卸掉他对该项工作的最后责任。

第三，因事设人，视能授权。在授权前，必须明确本单位的工作任务，仔细分析其难易程度，以使职权授予最合适的人选。一旦发现下属不能胜任时，应及时地收回权力。

第四，明确所授事项。授权时，授权者必须向被授权者明确所授事项的任务目标及权责范围。这样不仅有利于下属完成任务，而且可避免下属推卸责任。

第五，不可越级授权。即主管人员只能对直接下属授权，因为越级授权会造成中层管理人员的被动，以及部门之间的矛盾。

第六，适度授权。授予的职权是上级主管人员职权的一部分，而不是全部，对下属来讲，这是他完成任务所必需的。对于涉及有关组织全局的问题要慎重考虑，不可轻易授权。

第七，有效监控原则。适当控制不是在授权后不断地检查工作，而是在授权之前建立一套健全的控制制度，制订可行的工作标准和适当的报告制度，以便在不同的情况下能迅速采取补救措施。

授权首先要建立健全请示汇报制度，以制度约束下属，其次要体谅下属工作中的困难。监督检查不是简单地打幌子、下评语，而是为了上下沟通，上下一条心，齐心协力，共同履行职责，完成任务。因此，对下属工作中出现的问题领导者要敢于承担责任，同时给下属必要的支持。

3．集权与分权

（1）集权与分权的概念。集权与分权是一个与授权密切相关的内容，如果授权较少，那么就意味着较高程度的集权；如果授权较多，那么就意味着较高程度的分权。

集权意味着职权集中到较高的管理层次，分权则表示职权分散到整个组织中，不过，集权与分权都是相对概念，并不是绝对的。

（2）集权制与分权制。按照集权与分权的程度不同，可形成两种领导方式：集权制与分权制。

第一，集权制。集权制是指管理权限较多的集中在组织最高层。其特点是：①决策权较多地集中于高层主管，中下层只有日常业务的决策权；②对下级的控制较多，下级的决策前都要经过上级的审核，下级的决策后要向上级汇报；集中经营，统一核算。

第二，分权制。分权制就是把管理权限适当分散在组织中下层。分权制的特点是：①中下层有较多的决策权；②上级的控制较少，往往以完成规定的目标为限；③下级有相对的独立经营、独立核算的权力，有一定的财务支配权。

（3）影响集权或分权的因素。对于一个企业，是集权程度高一些好，还是低一些好，这没有普遍适用的标准模式，只能根据影响集权与分权程度的客观因素，实事求是地加以确定，集权与分权的程度可根据以下因素的变化情况来衡量：

第一，产品结构及生产技术特点。这是来自企业内部影响集权与分权程度的基本因素。例如，有的企业产品单一，更新换代速度慢，生产过程连续性强，实行大量生产，由于其生产经营各环节之间的协作和联系十分紧密，客观上要求集中经营、统一管理，企业高层就应集权多些；而有的企业从事跨行业多种经营，产品的生产技术差别大，市场和销售渠道各不相同，在这种情况下，只有加大分权程度，才能使不同产品的生产单位能够根据行业特点灵活经营。

第二，环境条件。环境是从外部影响集权与分权程度的基本因素。由于企业所处的行业、经营资源的供应、面对的市场、使用的技术等存在差异，其环境有的复杂多变，不确定性程度高；有的则相对较为稳定，不确定性程度低。环境越是不确定，决策者越难以获得准确而可靠的环境信息，越难以把握外部条件的变化方向与速度，因而生产经营的风险就越大。显然，为了使企业下属单位能够及时抓住机会，避开风险，促进整个企业的发展，必须加大分权程度才行。而那些环境较为稳定的企业，则可以提高集权程度。在我国，环境条件中还有一个重要因素，这就是国家宏观调控的方式与政策。对于某些企业，国家控制相对较严，过去以指令性计划形式实行直接控制，今后将采取国有独资公司保持绝对控制权，这样的企业，其内部就要有较高程度的集权。

第三，企业战略。战略不同，将对企业集权与分权产生直接影响。例如，从总体上看，企业根据特定环境和自身条件，可以采取稳定型、增长型和收缩型等不同态势的战略。稳定型战略有利于提高企业集权程度。实行收缩型战略，必须加强企业高层的集权，否则，就无法集中力量，保证重点，难以实现较大的战略调整。与这两种战略态势相反，增长型战略则要求扩大分权，以便充分发挥下属单位生产经营的主动性和创造性，为企业开拓更多、更大的市场。

第四，企业规模。企业规模越大，经营管理越复杂，决策数目就越多，决策频率就越高；同时由于管理层次和部门增多，使得横向协调越困难，高层也越不容易及时掌握下层情况。因此，决策权若过于集中，就会延误决策时间，降低决策效率，还会因情况不明而决策失误。所以，规模大的企业，除了那些由产品结构和生产技术特点所决定的、适合高度集权的企业外，一般都需要不同程度地扩大分权。

第五，企业管理水平和管理者条件。有些企业经过长期发展，形成了一整套适合自己情况的管理方式、制度和方法，各方面和各单位的管理水平都较高，这就为增加分权的内容和程度提供了有利条件；反之，由若干企业合并而成的公司，如果它们的管理水平参差不齐，有的单位管理基础较差，为了保证整个公司步调一致、协同作战，就需要加强集权，待情况好转后，再适当分权。控制技术的先进性是反映企业管理水平高低的一个重要标志。在生产自动化和拥有电子计算机管理信息系统的条件下，专业管理和作业管理将大大简化，这就为企业高度集权提供了优越的物质技术条件。同一行业、同等规模的企业，如不具备这种条件，就只能适当分权。企业管理水平的高低最终取决于管理人员的条件。如果企业各级管理人员素质好，既有经验和能力，又有强烈的责任心和进取心，分权程度自然可以加大；假若相反，企业极度缺乏优秀的管理人才，分权就会受到限制。

企业应根据实现组织目标的需要，综合上述影响因素，正确地确定集权和分权的程度，实现科学的职权配置。

第四节 组织变革

【应用阅读】

钓螃蟹的故事

钓过螃蟹的人或许都知道，篓子中放了一群螃蟹，不必盖上盖子，螃蟹是爬不出去的,因为只要有一只想往上爬,其他螃蟹便会纷纷攀附在它的身上,结果是把它拉下来,最后没有一只出得去。

启示:组织中也应该留意与去除所谓的"螃蟹文化"。企业里常有一些人,不喜欢看别人的成就与杰出表现,天天想尽办法破坏与打压,如果不予去除,久而久之,组织里只剩下一群互相牵制、毫无生产力的螃蟹。

一、组织的生命周期

组织具有生命周期,就是说组织也具有随时间的推移而发展变化的规律。这种发展变化是有规律地从一个阶段向下一个阶段的过渡,并不是一种无规律的运动。

在管理学中,生命周期概念被大量应用于营销学中。它被用于表述产品在市场中的生命现象。典型的产品生命周期被划分为四个阶段:产生(或称萌芽)、成长、成熟、衰退。同样地,我们也可以用四个阶段来描述组织的生命周期。但是毕竟组织有着与产品不同的性质,我们把组织生命周期划分为五个阶段来分析组织的生命周期规律。

第一,形成阶段,也称企业家阶段。与产品的导入阶段一样,此时的组织处在它的"婴儿"期。组织的创造力很强,而它的目标却并不明确。它过渡到下一个阶段的前提就是获得稳定的资源供给。

第二,成长阶段,也称集成阶段。这是前一阶段创新的延续。此时该组织的使命已很明晰,但是其内部的信息交流和结构配置基本上仍是非正式的。员工的责任心大为加强。

第三,成熟阶段,又叫规范化阶段。在这个阶段,组织结构趋于稳定。在组织内部形成了规范化的工作程序和规章制度。在强调稳定与效率的同时,对创新的关注下降。处于组织上层的决策者们大权在握,其地位得到大大加强,同时决策也逐渐趋于保守。员工在组织中的角色都十分确定,以至某个成员的离去并不危及整个组织的安危。

第四,创新阶段,又叫结构精细化阶段。此时,该组织的产品与服务市场都发生了分化。管理的重点放在了开发新产品和寻求新的市场。组织结构变得更为复杂、更为精细,相应的决策权更为分化。

第五,衰退阶段,又叫衰亡阶段。此时,激烈竞争的结果是组织产品和服务市场的萎缩。管理上努力寻求新的发展机会。但是仍发生大量的员工流失,组织内部矛盾激化。为了遏制衰亡的势头,组织频繁更换新的领导,决策权相对集中在新领导手中。

所有的管理者都会尽最大的努力使自己的组织避免进入上述的第五个阶段。可是，没有了这第五个阶段，就意味着所有组织都能实现无限的增长，或至少能保持持续的稳定。显然，这是一个非常乐观的"幻想"。事实上没有一个组织能够长生不老，只不过是有些组织能够存在得比别的组织更长一些罢了。也就是说，我们必须正确认识并研究衰亡阶段的特点以及组织衰退的可能性。

二、组织变革原因

组织变革的原因来自组织的外部环境系统和内部环境系统两个方面。

（一）组织的内部力量

这是在组织的内部起作用，并在组织管理部门控制之内的要求改革的力量。属于这方面的因素主要有：

1．组织结构的变化

组织结构方面的变革主要有：通过部门化的划分或单位联合成部门的变革方式使正式组织系统中产生许多分系统；新型结构形式的创建，如混合公司、跨国公司、地区性运输系统等，常引起很多其他的变革；非正式组织的变化也是组织系统变革的一个因素；内部结构中的临时性的部门，如特别委员会、任务小组等，也将为整个组织的变革提供动力。

2．技术的变化

技术系统是组织变革的重大推动力。机械化、自动化、计算机化对于组织有着广泛的影响。某种新技术的采用会导致生产组织的深刻变化、劳动生产率的大幅度提高，并影响到组织结构和员工的心理状态。对于不稳定的动态的环境，技术的因素尤其显得重要。

3．社会心理系统和人的因素

组织变革的动力经常来源于社会心理系统，组织变革及其目标的实现在很大程度上依赖于人的因素。组织内部的群体动力状态、人际关系、信息交流和意见沟通、团体的凝聚力和士气等，还有每个组织成员的士气、态度、行为、意见和要求等对整个组织的变革都有重要的影响。如果组织的变革得不到下级的支持，缺乏必要的社会心理气氛，那么这项变革就很难推行，即使推行了也很难成功。

(二) 组织的外部动力

1. 政治因素

任何组织内部的变革都会受社会政治因素的影响。其影响力量包括政权的更迭、政治体制的改革、国内政治局势的动荡和稳定、民主和法制的健全与破坏、方针政策的正确与偏航、社会风气的好坏、国际政治形势的变化等。

2. 经济因素

生产力水平的提高，劳动生产条件与物质条件的改善，生产方式发生变化等，将推动组织与企业的发展等；社会经济结构的发展，产业结构的变化，经济体制的改革推动各级企、事业单位的改革和调整；经济发展会影响教育、文化、科技及人们思想观念的变化，这些变化对组织改革都有影响。

3. 市场变化因素

市场大致包括金融市场、房地产市场、信息市场、消费品市场、生产资料市场、人才和劳动力市场等。这些市场的变化对组织变革（尤其是企业组织变革）都有重要的影响。

三、组织变革阻力的主要来源

(一) 个体和群体方面的阻力

个体对待组织变革的阻力，主要是因为其固有的工作和行为习惯难为改变、就业安全需要、经济收入变化、对未来未知状态的恐惧以及对变革的认知存在偏差等而引起。群体对变革的阻力，可能来自于群体规范的束缚，群体中原有的人际关系可能因变革而受到改革和破坏，群体领导人物与组织变革发动者之间的恩怨、摩擦和利害冲突，以及组织利益相关群体对变革可能不符合组织或者该团体自身的最佳利益的顾虑等。

(二) 组织的阻力

来自组织层次的对组织变革的阻力包括现行组织结构的束缚、组织运行的惯性、变革对现有责权利关系和资源分配格局所造成的破坏和威胁，以及追求稳定、安逸和确定性的保守型组织文化等，这些都是可以影响和制约组织变革的因素。此外，对任何组织系统而言，其内部各部门之间及系统与外部之间都存在着强弱程度不等的相互依赖和相互牵制的关系，这种联系是组织作为系统所固有的特征。然而，在一定期间内进行的组织变革，一方面出于克服和化解变革阻力的需要，另一方面也由于组织问题本质上错综复杂的，因而很难一蹴而就，全面解决，这样，具有一定广度和深度的组织变革就通常只适宜采取分阶段、有计划地逐步推进的渐进式变革策略。在这种策略下，每一个计划期内的变革都只针对有限的一些组织问题，这就难以避免会导致系统内外尚未予以变革的要素对现有计划范围内的变革构成一种内在牵制和影响力。这种制约力量需要变革管理者在设计组织变革方案时就事先予以周密的考虑，以便安排合适的变革广度、深度和进度。

（三）外部环境的阻力

组织的外部环境条件也往往是形成组织变革力量的不可忽视的来源。比如，与充分竞争的产品市场会推动组织变革相比，缺乏竞争性的市场往往造成组织成员的安逸心态，束缚组织变革的进程；对管理者经营企业之业绩的考评重视不足或者考评方式不正确，会导致组织变革压力和驱动力的弱化；全社会对变革发动者、推进者的期待和支持态度及相关的舆论和行动，以及企业特定组织文化在形成和发展中的所依赖的整个社会或民族的文化特征，这些都是影响企业组织变革成败的重要力量。

四、组织变革的过程

成功的组织变革，通常需要经历解冻、改革、冻结这三个有机联系的过程。

（一）解冻

由于任何一项组织变革或多或少会面临来自组织及其成员的一定程度的抵制，因此，组织变革过程需要有一个解冻阶段作为实施变革的前奏。解冻阶段的主要任务是发现组织变革的动力，营造危机感，塑造出组织改革的浓厚气氛，并在采取措施克服变革阻力的同时，具体描绘组织变革的蓝图，明确组织变革的目标和方向，以形成待实施比较完善的组织变革方案。

（二）改革

改革或变动阶段的任务就是按照所拟订的变革方案的要求具体开展组织变革活动，以使组织从现有的组织结构模式向理想目标模式转变。这是变革的实质性阶段，通常可以分为实验和推广两个步骤。这是因为组织变革的涉及面较为广泛，组织中的联系相当错综复杂，往往"牵一发而动全身"，这种状况使得组织变革方案在全面付诸实施之前一般要先进行一定范围的典型实验，以便总结经验，修正进一步的变革方案。在实验取得初步成效后再进入大规模的全面实施阶段。还有一个优点，就是可以使一部分对变革上有疑虑的组织成员能在实验阶段较早地看到或感觉到组织变革的好处，从而有利于争取更多的支持者，并使其踊跃参与到组织变革的行列，由此实现从变革观望者、反对者向变革的积极支持者和参与者转变。

（三）冻结

组织变革并不是在实施了变革行动后就宣告结束，涉及人的行为和态度的组织变革，从根本上说，后面还需要有一个冻结阶段，在这样条件之下的组织变革才有可能真正实现。现实中经常出现，在实施了组织变革方案之后，个人和组织都有不同程度地退回原有已习惯了的行为方式的倾向。为了避免出现这种情况，变革的管理者就必须采取措施以保证新的行为方式和组织形态能够不断得到强化和巩固。这一强化和巩固的阶段可以视为一个冻结或者重新冻结的过程，缺乏这一冻结阶段，组织变革就有可能趋于流产，而且对组织及其成员也将只有暂时的影响。

五、如何解决组织变革中的冲突

在组织变革过程中，由于组织变革中的阻力，经常会在组织内部产生冲突，虽然适当的冲突可能会激发个人的创造力，会促进组织变革的发展，但更大程度上会阻碍组织变革的发展，那么，如何解决组织变革中的冲突也是组织变革管理者、发动者所要面临和解决的事情。

（一）冲突的来源

在组织内部特别是变革过程中，冲突一般主要来自以下三个方面：第一，个人方面。在工作中，每个人的性格、价值观、目标及对事物的看法不尽相同时，极易产生冲突。第二，组织方面。工作范围没有明确界定，任务与职位不符，缺乏合作意识等都会引起冲突。第三，沟通方面。沟通中出现障碍，如沟通技巧欠佳，或控制的信息失真，也可能产生冲突。

（二）解决冲突的方法

1．施加压力法

由上级主管强行压制冲突，或以"少数服从多数"方式，向持有不同意见的人施加压力。这种方法在短期内效果明显，但是，如处理不当，冲突可能转化为一种潜伏危机。

2．妥协法

妥协，即冲突双方各退一步，均没有明显的输或赢。一般通过第三方从中调解，促成双方妥协。双方愈早妥协，冲突便会愈早解决。

3．探求根源法

从根本上解决冲突的方法是深入研究冲突的根源，然后对症下药。若引起冲突的原因是来自误会或价值观的不同，采用这种方法最为有效。

4. 目标统一法

将目标和眼光放得远大一点，强调只有双方通力合作才能达成共同目标。但如果目标定得遥远，只是一种理想，未必切合实际。这种方法只有建立在相互信任的基础上才能奏效。

5. 重新改组法

将不健全的组织机构重新进行改组，如确立新的管理规则及工作程序，明确责任、权限、业务范围，改善奖惩措施，增强各部门的相对独立性等。

六、组织变革趋势

【应用阅读】

王珪鉴才

在一次宴会上，唐太宗对王珪说："你善于鉴别人才，尤其善于评论，你不妨从房玄龄等人开始，都一一做些评论，评一下他们的优缺点，同时和他们互相比较一下，你在哪些方面比他们优秀？"王珪回答说："孜孜不倦的地办公，一心为国辛劳，凡所知道的事没有不尽心尽力去做，在这方面我比不上房玄龄；常常留心于向皇上直言建议，认为皇上能力德行比不上尧舜很丢面子，这方面我比不上魏征；文武全才，既可以在外带兵打仗做将军，又可以进入朝廷搞管理担任宰相，在这方面，我比不上李靖；向皇上报告国家公务，详细明了，宣布皇上的命令或者转达下属官员的汇报，能坚持做到公平公正，在这方面我不如温彦博；处理繁重的事务，解决难题，办事井井有条，这方面我也比不上戴胄；至于批评贪官污吏，表扬清正廉署，疾恶如仇，好善喜乐，这方面比起其他几位能人来说，我也有一技之长。"唐太宗非常赞同他的话，而大臣们也认为王珪完全道出了他们的心声，都说这些评论是正确的。从王珪的评论可以看出，在唐太宗的团队中，每个人各有所长；但更重要的是唐太宗能将这些人依其专长运用到最适当的职位，使其能够发挥自己所长，进而让整个国家强盛。

启示：未来企业的发展是不可能只依靠一种固定的组织形态而运作，必须视企业经营管理的需要而有不同的团队管理。所以，每一个领导者必须学会如何组织团队，如何掌握及管理团队。企业组织领导应以每个员工的专长为思考点，使组织团队发挥最大的效能。

自20世纪70年代以来兴起了全球性的组织变革潮流，企业在改革组织结构，政府也在改革组织结构。可以说，组织变革已成为提高管理效益和组织竞争力的重要手段。分析和总结组织变革的实践，我们会发现以下趋势：

（一）在组织结构规模上，化整为零，分而治之

这种趋势推动组织结构趋于小型化，提高了管理效率，增强了组织适应能力和生存能力。小型化的规模结构，比大型组织更能适应市场和复杂环境的变化；而且灵活多样，吸收新技术快，善于进行技术创新；它能节省用于沟通协调和决策方面的精力和费用。因此，即使是超大规模的跨国企业，也都采用划小内部核算单位，充分开展内部竞争的方式来激活整个组织的生命力。

（二）在组织结构层次上，化繁为简，减少层次

纵向减少层次，横向削减部门，已成为目前在组织结构改革中一个重要的特点。纵向层次越少，越有利于上下沟通，加强控制和管理；横向部门越少，越有利于抑制扯皮交叉现象，减少官僚主义。总之，尽可能做到简单、精干、高效。

（三）在组织结构内部协调上，由纵向横，纵横交错

不少组织为了适应体制改革的形势要求，在组织里引入了全面计划管理、全面质量管理、全面经济核算、全面人事管理等一系列规范的管理体系；与此同时，组成了相应的横向管理部门，与原有的各职能科室组成纵横交错的管理体制，使组织的职能管理与综合管理、纵向管理与横向管理得到统一和协调。

（四）在组织机构职能上，越来越注重组织系统的整体功能

目前，国外许多大型企业在设计和改革组织机构时，注意把决策、执行、监督三大组织系统独立开来，互相制约，并使信息反馈回路畅通，及时进行自我调节，通过纠正管理中出现的偏差，使管理系统趋于完善。

（五）指挥部门与参谋部门的分设

随着社会化大生产和科学技术的飞速发展，以及市场和环境变得日趋复杂，仅仅依靠个别高层领导的能力已远远不能应对这复杂多变的形势，于是在许多大型企业里建立了类似"智囊团""顾问团"的参谋和咨询部门，为指挥部门提供咨询和建议，协助高层领导做出科学的决策。

第五节　组织文化

每个人都具有独特的个性，每个民族都有独特的价值观和行为方式，同

样，组织也有指导其成员价值和行动的方式，即组织的文化。组织的成功或失败经常归因于组织文化。组织文化是被组织成员共同接受的价值观念、思维方式、工作作风、行为准则等群体意识的总称。组织通过培养、塑造这种文化，来影响成员的工作态度，引导实现组织目标，因此，根据外在环境的变化适时变革组织文化常被视为组织成功的基础。组织文化这一概念最早是美国学者于20世纪70年代末至80年代初提出的，是通过对日本经济飞速发展的实证分析，以及与美国经济发展的比较所提出来的一个崭新的概念。

众所周知，日本的资源几乎等于零，"二战"后千疮百孔，但为什么发展如此之快?美国企业界人士、管理学界的学者纷纷涌向日本，学习、考察和探索日本经济腾飞的奥秘。尽管美国人对日本经济迅猛发展的看法不尽一致，但他们都认为日本的成功得益于自己独特的管理模式。日本人的高明之处就在于重视人的管理，重视人的价值观念及其作用，能够把"硬性"管理与"软性"管理有机地统一起来。因此，文化的本质是人的问题，是人的价值观念问题。"企业（组织）文化"的概念就这样被美国人提出来了。可见，企业（组织）文化是探索企业管理的本质，是属于管理领域的新问题。

有人调查过日本最著名的100多家企业，发现这些企业都很重视企业精神的培育。日立公司有"和、诚、开拓"的日立精神；卡西欧公司有"创造与奉献"的卡西欧精神；丰田公司有"好产品、好主意、彻底节俭"的丰田精神。在美国，托马斯·彼得斯和小罗伯特·沃特曼也认真地分析了美国43家优秀公司，发现优秀企业间的管理风格不同，而决定管理风格的正是优秀的企业文化。

一、组织文化的内涵

组织文化是组织在长期的实践活动中所形成的并且为组织成员普遍认可和遵循的具有组织特色的价值观、团体意识、工作作风、行为规范和思维方式的总和。组织文化是组织中稳定的价值观，以及以此为核心形成的行为规范、道德准则、风俗习惯等。在每个组织中，都存在共同的价值观、信条、仪式、故事和运行的模式，这些决定了组织成员的看法和对周围世界的反应。当遇到问题时，组织文化规定了适当的途径来约束组织成员的行为，对正确的解决方法提供指导。那么，如何描述一个组织的文化呢？现在，还没有一种完善的衡量组织文化的方法。但大量的研究表明，下面的12个方面描述了组织文化的基本特征：

（1）控制的程度。用于监督和控制组织成员行为的规章制度的多少及直接控制的程度。

（2）结果导向程度。组织注重目标实现和业绩，而不是行为过程的程度。

（3）管理者与员工的关系。是否与下属进行沟通，是否帮助和支持下属的工作。

（4）对员工的看法。是否信任员工。

（5）风险承受。是否鼓励员工开拓与创新。

（6）冲突的宽容度。是否允许员工发表不同意见和公开批评。

（7）沟通模式。组织信息传递是否受正式权限的限制。

（8）团队意识。工作活动围绕团队组织还是围绕个人组织。

（9）协作意识。是否鼓励组织成员协调一致地工作。

（10）奖励的指向。奖励是基于员工的业绩，还是其他因素。

（11）整体意识：员工认同组织整体，还是他们各自的专业领域。

（12）系统的开放性。组织是否掌握外界环境变化，并及时对这些变化做出反应。

根据对一个组织以上方面的描述，就可以大致勾画出该组织的文化特征。如通用汽车公司被普遍描述为控制程度高的、正规的组织结构，不愿意冒险和变革、对环境反映迟钝的公司，我国大多数国有企业在10年前也基本上这样。相反，惠普公司是一个非正规的、结构松散的、极富人情味的公司。

二、组织文化的基本特点

组织文化本质上属于"软文化"管理的范畴，是组织的自我意识所构成的文化体系。组织文化是整个社会文化的重要组成部分，既有社会文化和民族文化的共同属性，也有自己的不同特点。

（一）组织文化的核心是组织价值观

任何一个组织总是要把自己认为最有价值的对象作为本组织追求的最高目标、最高理想和最高宗旨，这种最高目标和基本信念成为本组织成员共同遵守的行动指南。因此，组织价值观制约和支配着组织的宗旨、信念、行为规范和追求目的。在这个意义上来说，组织价值观是组织文化的核心。

（二）组织文化的中心是以人为主体的人本文化

人是组织中最宝贵的资源和财富，也是组织活动的中心和主旋律。因此组织只有充分重视人的价值，最大限度地尊重人、关心人、依靠人、理解人、凝聚人、培养人和造就人，充分调动人的积极性，发挥人的主观能动性，努力提高组织全体成员的社会责任感和使命感，使组织和成员成为真正的命运共同体和利益共同体，这样才能不断增强组织的内在活力和实现组织的既定目标。

【应用阅读】

联 想 轶 事

　　联想创业之初，许多创业者都把柳传志叫做"小柳"、"传志"。领导者的威信是有权力、威严与尊重这三部分构成的，如果这样称呼，领导者的威信如何能树立起来，又如何能开展业务呢？所以，联想许多的老同志都经历过一个改称谓的过程，最后柳传志终于被称为了"柳总"，当杨元庆任联想电脑总裁的时候，已经很有规则的联想，将一个29岁的年轻人称为"杨总"便顺理成章了，属下哪个员工如果冒然把他称作"小杨"或"元庆"，就显得很没有规矩。

　　但是，现在联想要回归自然，强调家庭和谐、亲情平等的独特企业文化，这样，才能有利于创造出上下通气、无拘无束的融洽气氛。所以，杨元庆最喜欢他的员工叫他"元庆"，他和副总们经常挂着与所有员工一样仅写着名字的胸卡，在大门口亲切地迎接他的下属："某某你好"，来赚几个"元庆你好"。

　　启示：通过称呼的变化，联想在最大程度上体现出了对员工的尊重，获得了员工的忠诚。

（三）组织文化的管理方式是以柔性管理为主

　　组织文化是以一种文化的形式出现的现代管理方式。也就是说，它通过柔性的而非刚性的文化引导，建立组织内部合作、友爱、奋进的文化心理环境，以及协调和谐的人群氛围，自动地调节组织成员的心态和行动。并通过对这种文化氛围的心理认同，逐渐地内化为组织成员的主体文化，使组织的共同目标转化为成员的自觉行动，使群体产生最大的协同合力。事实证明，由柔性管理所产生的协同力比刚性管理制度有着更为强烈的控制力和持久力。

（四）组织文化的重要任务是增强群体凝聚力

　　组织中的成员来自五湖四海，不同的风俗习惯、文化传统、工作态度、行为方式、目的愿望等都会导致成员之间的摩擦、排斥、对立、冲突乃至对抗，这往往不利于组织目标的顺利实现。而组织文化通过建立共同的价值观和寻找观念共同点，不断强化组织成员之间的合作、信任和团结，使之产生亲近感、信任感和归属感，实现文化的认同和融洽。在达成共识的基础上，使组织具有一种巨大的向心力和凝聚力，这样才有利于组织成员采取共同的行动。

三、组织文化的基本要素

从最能体现组织文化特征的角度来看,组织文化的基本要素包括以下几点。

(一)组织价值观

组织的价值观就是组织内部管理层和全体员工对该组织的生产、经营、服务等活动以及指导这些活动的一般看法或基本观点。它包括组织存在的意义和目的、组织中各项规章制度的必要性与作用、组织中各层级和各部门的各种不同岗位上的人们的行为与组织利益之间的关系等。每一个组织的价值观都会有不同的层次和内容,成功的组织总是会不断地创造和更新组织的信念,不断地追求新的、更高的目标。其主要有以下特点:

1. 调节性

组织价值观以鲜明的感召力和强烈的凝聚力,有效地协调、组合、规范、影响和调整组织的各种实践活动。

2. 评判性

组织价值观一旦成为固定的思维模式,就会对现实事物和社会生活做出好坏优劣的衡量评判,或者肯定与否定的取舍选择。

3. 驱动性

组织价值观可以持久地促进组织去追求某种价值目标,这种由强烈的欲望所形成的内在驱动力往往构成推动组织行动的动力机制和激励机制。

组织价值观具有不同的层次和类型,而优秀的组织总会追求崇高的目标、高尚的社会责任和卓越创新的信任。如美国百事可乐公司认为"顺利是最重要的";日本三菱公司主张"顾客第一";日本 TDK 生产厂则坚持"为世界文化产业做贡献"。

(二)组织精神

作为组织灵魂的组织精神,一般是经过精心培养而逐步形成的并为全体组织成员认同的思想境界、价值取向和主导意识。它反映了组织成员对本组织的特征、地位、形象和风气的理解和认同,也蕴涵着对本组织的发展、命运和未来所抱有的理想和希望,折射出一个组织的整体素质和精神风格,成为凝聚组织成员的无形的共同信念和精神力量。组织精神一般是以高度概括的语言精炼而成的,如日本松下电器公司的七精神是"工业报国、光明正大、团结一致、奋发向上、礼节谦让、适应形势、感恩报国";美国国际商业机器公司的精神是"IBM 就是服务"等。

(三) 组织形象

组织形象是指社会公众和组织成员对组织、组织行为与组织各种活动成果的总体印象和总体评价，反映的是社会公众组织对组织的承认程度，体现了组织的声誉和知名度。组织形象包括人员素质、组织风格、人文环境、发展战略、文化氛围、服务设施、工作场合和组织外貌等内容。其中，对组织形象影响较大的因素有五个：服务（产品）的形象、环境形象、成员形象、组织领导者形象和社会形象。

四、组织文化的结构

曾有西方学者将管理比作漂浮在大海中的冰山，组织结构、规章制度等有形管理仅是露出水面 1／3 的冰山，而企业文化等无形管理则是另外还隐在水中的 2／3。企业文化在管理中扮演着重要角色，不只是占有重要的份额，还是管理的根部。但作为灵魂，这还不够，因为企业文化在企业的各个层面上发挥作用，贯穿于整个企业的经营活动。企业文化主要体现在企业的四个层面上，即企业精神、企业制度和企业行为、企业形象。

从结构上看，组织文化有三个层次：以精神文化为核心的深层次、以制度文化为主的中间层和以物质文化为载体的表层。

（一）深层次的精神文化（MI）——企业文化的根

深层次的精神文化是组织独有的意识形态，其核心内容是企业精神，也即企业经营活动中长期形成的、并为员工所认同的价值观念和群体意识，包括经营信条、精神标语、企业风格、经营哲学和方针策略等，这些内容正是企业文化的精髓。一般包括企业远景、使命、企业精神、经营理念、核心价值观等。

（二）中间层的制度文化（BI）——企业文化的枝干

表层的制度系统又称制度文化，是具有组织文化特色的各种规章制度、道德规范和员工行为准则的总称。制度层是处于组织文化核心层与表层之间的中间层次，是由虚体文化向实体文化转化的中介。

中间层体现着企业精神文化指导下的企业制度及行为准则，它规划企业内部的组织、管理、教育，以及对社会的一切活动。企业精神是抽象的，而企业制度及行为是动态的，通常要物化为具体的形式表现出来。如通过厂容、厂貌、员工对内对外、行为规范、企业内部各种仪式等来体现。人们可通过企业的行为去识别认知这企业。

（三）表层的物质文化（Ⅵ）——企业文化的叶子

表层的组织文化载体又称物质文化，是凝聚着组织文化抽象内容的物质体的外在显现，它既包括组织整个物质和精神的活动过程、组织行为、组织产出等外在表现形式，也包括组织的实体性设施，如企业标志、标准字、标准色和象征图形、吉祥物等基本要素及企业办公用品（信纸、信封、名片、文具）、车辆外观、办公室装饰、户外招牌、员工制服、产品包装、各种广告媒介等。表层文化是组织文化最直观、最易于感知的部分。

上述三个层次相互影响、相互作用，共同构成组织文化的完整结构体系。其中，深层次的精神文化是组织文化的根本，决定着组织文化的其他两个层次。

五、组织文化的功能

组织文化不同于一般的社会文化，它在组织管理中发挥着下列重要功能。

（一）导向功能

组织文化对组织成员的价值与行为取向具有引导作用，通过组织共同价值观向个人价值观的渗透与内化，引导组织成员的行为和活动，使组织目标转化为员工的自觉行动。

（二）发展功能

实践证明，组织的兴旺发达与组织文化的自我完善密不可分。组织在发展过程中所形成的文化积淀，会随时间发展而更新和优化，组织文化的不断深化和完善，会推动组织本身的持续发展，从而形成一种良性循环。

（三）整合功能

组织文化通过培育组织成员的认同感和归属感，建立起员工与组织之间相互信任和依存的关系，使个人的思想、行为与整个组织有机地整合在一起，做出符合组织要求的行为选择，使组织形成相对稳固的文化氛围，凝聚成一股无形的合力，从而激发组织成员的主动性和创造性，为组织的共同目标而努力。

（四）激励功能

组织文化具有使组织成员从内心产生一种高昂情绪和发奋进取精神的效应。组织文化强调以人为中心的管理方法，它对人的激励不是一种外在的推动力而是一种内在的引导，它不是被动消极地满足人们对实现自身价值的心理需求，而是通过组织文化的塑造，使每个组织成员从内心深处产生为组织拼搏的献身精神。

（五）约束功能

组织文化对组织成员的思想、心理和行为具有约束和规范的作用。组织文化的约束不是制度式的硬约束，而是一种软约束，这种软约束表现为组织文化氛围、群体行为准则和道德规范。群体意识、社会舆论、共同的习俗和风尚等精神文化内容，造成使个体行为从众化的强大的群体心理压力和动力，使组织成员产生心理共鸣，继而产生行为的自我控制。

（六）辐射功能

组织文化一旦形成较为固定的模式，将不仅在组织内发挥作用，对本组织员工产生影响，而且会通过各种渠道对社会产生影响。一方面，组织文化的辐射功能有助于树立组织的公众形象；另一方面，组织文化对促进社会文化的发展也有很大影响，组织价值观、组织精神和组织伦理可向社会扩散，并为其他组织所借鉴、学习和采纳。

六、组织文化的形成

企业文化首先是在企业中的主要管理者（或称企业家）的倡导下形成的。同时，只有当企业家倡导的价值观念和行为准则为企业员工广泛认同、普遍接受并自觉地作为自己行为的选择依据时，企业文化才能在真正意义上形成。

（一）管理者的倡导

企业文化首先是企业家文化。企业家倡导某种价值观念和行为准则主要借助两种途径：

其一，在日常工作中，不仅言传，而且身教。不仅提出并促使企业员工接受某种价值观念，而且身体力行，自觉表现出与自己倡导的价值观和行为准则相应的行为选择，以求对身边的人产生影响，进而通过身边的人对企业组织中其他成员的行为产生潜移默化的影响。这种潜移默化通常需要假以时日，因此企业文化的建设通常是一个漫长的过程。

其二，借助重大事件的成功处理，促进企业成员对重要价值观和行为准则的认同。企业生产经营活动中经常遇到一些突发性的重大事件。这些事件处理的妥善与否对企业的持续发展可能产生重要影响：处理得当可能为企业的未来发展提供重要机遇，而处理不当则可能引发企业自下而上的危机。在这些事件的处理过程中，企业主管会自觉或不自觉地依循某些价值观念以及与之相应的行为准则。事件的成功处理则可使这些价值观念和行为准则为企业员工所认同并在日后的工作中自觉模仿。企业文化便可能在这种自觉模仿或认同的基础上逐渐形成。

（二）组织成员的接受："社会化"与"预社会化"

社会学的相关研究中把与一定文化相对应的价值观和行为准则被组织成员接受的过程称为文化的"社会化"过程。从严格意义上说，文化被组织成员的接受包括了"社会化"和"预社会化"两个不同路径。

所谓社会化是指组织通过一定形式不断向员工灌输某种特定的价值观念，比如通过组织培训、宣传和介绍反映特定价值观的英雄人物的事迹，借助正式或非正式渠道传颂体现特定价值观的企业内部的各种"神话"以及企业家在各种场所的言传身教，从而使组织成员逐渐接受这些价值观和行为准则。

所谓预社会化是企业在招募新员工时不仅提出相应的技能和素质要求，而且注意分析应聘者的行为特征，判断影响应聘者外显行为的内在价值观念与企业文化是否一致，从而保证新聘员工接受组织文化，并迅速融入特定的文化氛围中。

七、塑造组织文化的主要途径

（一）选择价值标准

由于组织价值观是组织文化的核心和灵魂，因此，选择正确的组织价值观是塑造组织文化的首要战略问题。

选择组织价值观有两个前提：

（1）要立足于本组织的具体特点。不同的组织有不同的目的、环境、习惯和组成方式，由此构成千差万别的组织类型，因此，必须准确地把握本组织的特点，选择适合自身发展的组织价值观，否则就不会得到广大员工和社会公众的认同和理解。（2）要把握住组织价值观与组织文化各要素之间的相互协调，因为各要素只有经过科学的组合和匹配才能实现系统整体优化。

在此基础上，选择正确的组织价值标准要抓住四点：

（1）组织价值标准要正确、明晰、科学、具有鲜明特点；

（2）组织价值观和组织文化要体现组织的宗旨、管理战略和发展方向；

（3）要切实调查本组织员工的认可程度和接纳程度，使之与本组织员工的基本素质相和谐，过高或过低的标准都很难奏效；

（4）选择组织价值要坚持群众路线，充分发挥群众的创造精神，认真听取群众的各种意见，并经过自上而下和自下而上的多层次反复，审慎地筛选出符合本组织特点又反映员工心态的组织价值观和组织文化模式。

（二）强化员工认同

选择和确立了组织价值观组织文化模式之后，就应把基本认可的方案通过一定的强化灌输使其深入人心。

1. 强化宣传

充分利用一切宣传工具和手段，大张旗鼓地宣传组织文化的内容和要求，使之家喻户晓，人人皆知，以创造和组织文化一致的环境氛围。

2. 树立榜样人物

典型榜样是组织精神和组织文化的人格化身和形象缩影，能够以其特有的感染力、影响力和号召力为组织成员提供可以仿效的具体榜样，而组织人员也正是从英雄人物和典型榜样的精神风貌、价值追求、工作态度和言行表现之中深刻理解到组织文化的实质和意义。尤其是组织文化的关键时刻，组织成员总是以榜样人物的言行为尺度来决定自己的行为导向。

3. 培训教育

有目的的培训与教育，能够使组织成员系统接受和强化认同组织所倡导的组织精神和组织文化。

（三）提炼定格

1. 精心分析

在经过群众性的初步认同实践之后，应当将反馈回来的意见加以剖析和评价，详细分析和仔细比较实践结果与规划方案的差距，必要时可吸收有关专家和员工的合理化意见。

2. 全面归纳

在系统分析的基础上，进行合理的整理、归纳、总结和反思，采取去粗取精、去伪存真、由此及彼、由表及里的方法，删除那些落后的、不为员工认同的内容与形式，保留那些进步的、卓有成效的为广大员工所接受的内容与形式。

3. 精练定格

把经过科学论证的和实践检验的组织精神、组织价值观、组织文化，予以条理化、完善化、格式化，加以必要的理论加工和文字处理，用精练的语言表述出来。

建构完善的组织文化需要经过一定的时间过程。如我国的东风汽车公司经过将近三十年的时间才形成"拼搏、创新、竞争、主人翁"的企业精神。因此，充分的时间、广泛的发动、认真的提炼、严肃的定格是创建优秀的组织文化所不可缺少的。

（四）巩固落实

1. 建立必要的制度

在组织文化演变为全体员工的习惯行为之前，要使每一位员工都能自觉主动地按照组织文化和组织精神的标准去行事，几乎是不可能的。即使在组织文化业已成熟的组织中，个别成员背离组织宗旨的行为也会经常发生。因此，建立某种奖优罚劣的规章制度是十分必要的。

2. 领导率先垂范

组织领导者在塑造组织文化的过程中起着决定性的作用，他本人的模范行为就是一种无声的号召和导向，会对广大的员工产生强大的示范效应。所以任何一个组织如果没有组织领导者的以身作则，要想培育和巩固优秀的组织文化是非常困难的。这就要求组织领导者观念更新、作风正派、率先垂范、真正肩负起带领组织成员共建优秀组织文化的历史重任。

【应用阅读】

宰相教子

有一个宰相的妻子非常重视儿子的前途，她每天不辞劳苦地劝告儿子要努力读书，要有礼貌，要讲信用，要忠于国君等。而宰相却是早上离开家去上朝，晚上回来则看书。爱儿心切的夫人终于忍不住说："你别只顾你的公事和看书本，你也该好好地管教管教你的儿子啊！"这宰相眼不离书地说："我时时刻刻都在教育儿子啊！"

启示： 言教再多也不如身教有效。在一个组织里，领导当然是众人的榜样，你的言行举止众人都看在眼里，只要懂得以身作则来影响下属，管理起来就会得心应手了。

（五）丰富发展

任何一种组织文化都是特定历史的产物，所以当组织的内外条件发生变化时，需要不失时机地调整、更新、丰富和发展组织文化的内容和形式。这既是一个不断淘汰旧文化性质和不断生成新文化特质的过程，也是一个认识与实践不断深化的过程，组织文化由此经过循环往复达到更高的层次。

【应用阅读】

华为狼性文化

对于高科技企业来说，创新是公司的灵魂，对纪律性、执行力的崇拜和强化，严厉苛刻的狼性文化究竟会激励创新还是鼓励创新？

作为一种有争议的企业文化，狼性文化在中国一面招致非议，一面仍广受追捧、大行其道。

2001年，任正非发表《华为的冬天》，他把狼性文化定义为偏执的危机感、拼命精神、平等、直言不讳、压强原则，让公众首次认识了华为的狼性文化。当时正值中国电信行业惨烈竞争的格局，华为作为并不强势的企业，这支狼一样的队伍将进取心发挥得淋漓尽致，突破了一个又一个困境，用这种超乎常规的管理方式和企业文化在竞争中打开了局面，找到了立足之地。

事实上，在欧美电信运营商大幅削减投资预算引发设备商惨烈竞争的今天，华为依然采用的是这一策略，这一策略让华为在战场上几乎战无不胜，并保有了未来市场恢复后的预期份额，而在内部管理上，"狼文化"让华为拥有了一批高素质、吃苦耐劳、做开发比国外同行成本低的人才，这让华为能够更好地推进低成本的竞争策略。

但是，一直在国内互联网搜索引擎市场遥遥领先的百度，现在也要在企业内部提倡狼性文化。

事出有因，百度的掌舵者李彦宏一直信奉"百度离破产永远只有30天"，而百度当前的处境让他危机感加重。

事实上，百度2012年第四季度的收入预期不如往年乐观，百度预计，第四财季收入在61.55亿元人民币至63.45亿元人民币之间，低于市场预期。2012年11月13日，百度股价近两年来第一次跌破100美元，与最高时的154美元一股相比，下跌的幅度接近40%。资本市场担心的是，尽管百度在中国互联网搜索引擎市场上占据垄断性地位，但在移动端市场将遭遇挑战，并且很难复制自己的传统优势。

这种担忧并非无道理。自2010年谷歌退出中国之后，百度突然一下没有了竞争对手，所有有利的条件都在百度优异的业绩中反映出来。但这两年，整个宏观经济比以前慢了，传统产业有了困难，而IT产业，尤其是百度用户，消费习惯和使用习惯迅速发生变化。2012年，中国宏观经济低迷，用户的搜索行为从PC向无线迁移的速度加快，"快于百度的预期"——也就是说百度没跟上这种变化。

而在企业内部，也存在这样一种变化：创业期的百度，平台小很多，但是每当遇到困难时，虽然体量小，但看到了竞争对手没有看到的东西，并把它做成业界第一；而这种做法，今天的百度已经渐渐丧失了。"对于一件事情，一个变化，我们经常是在事前麻木，认为技术领先，不可超越，但事后又妄自菲薄，觉得竞争对手不可战胜。"李彦宏说，随着百度发展，他渐渐发现，百度多个部门普遍蔓延这样的思维模式——"总能为做不好事情找到理由"。

为此,李彦宏适时提出"狼性之说"。在他看来,百度要勇于自我否定,主动引导用户更早往移动业务迁移,而不是拼命维持现状、把用户留在 PC 上,同时要加大在新业务和创新方面的投资。执行上,要鼓励锐意进取、嗅觉敏锐的"狼性"、淘汰悠闲的"小资",减少管理层级和会议,提升效率,让公司的使命和文化高于 KPI。

什么是小资?"我的定义是有良好背景,流利英语,稳定的收入,信奉工作只是人生的一部分,不思进取,追求个人生活的舒适才是全部。"李彦宏说。他提出的"狼性之说",正是要奉行胡萝卜加大棒,让所有员工更明确如果只想有一个稳定工作,不求有功但求无过地混日子,百度只能被拖垮。

在李彦宏看来,狼性有三个定义:敏锐的嗅觉,不屈不挠奋不顾身的进攻精神,群体奋斗。但是,狼性文化真的能激活百度的创新力,真的适合高科技企业吗?一个耐人寻味的变化是,百度在此之后会施行打卡上班了,那些习惯了十点后上班的工程师对此开始报怨了。

本章小结

　　组织是一切管理活动赖以存在的"载体"。无论是静态的组织,还是动态的组织,组织都在管理活动中都起着重要的作用。组织工作就是为了有效地实现组织目标设计职务结构和形成权责关系结构的过程。从实践存在的组织结构形式来看,有直线制、职能制、直线职能制、事业部制、模拟分权制、矩阵制及委员会制。

　　要使组织作用发挥良好,产生良好的效果,必须设计良好的组织结构。设计组织结构就要遵守一些原则和程序,同时还要考虑到影响组织结构的因素。设计组织结构解决横向的部门划分和纵向的层次划分以及职权配置三个问题。

　　部门的划分是按职能、区域、产品、服务对象、时间、人数等划分。每种划分方法都有优缺点,组织经常采用混合的方法来划分部门。

　　管理幅度是指一个上级能有效地管辖的直接下级的人数,管理层次是指组织中从上而下形成的连续等级层数,在组织规模一定的前提下,管理幅度与管理层次成反比关系,管理幅度大而管理层次少的组织是扁平式的组织,反之则是高层组织。授权是一个过程,要遵循一定的原则。可以以一个组织中下级决策的数目多少、决策时上级的控制程度来判断组织的集权与分权程度。

　　组织变革是在动力与阻力的两种力量中逐渐推进的。变革管理者要采取有效措施改变这两种力量的对比关系，促进组织变革的顺利进行。

组织的成功或失败经常归因于组织文化。组织文化是被组织成员共同接受的价值观念、思维方式、工作作风、行为准则等群体意识的总称。组织通过培养、塑造这种文化，来影响成员的工作态度，引导实现组织目标，因此，根据外在环境的变化适时变革组织文化常被视为组织成功的基础。

一、理论训练题

1. 单项选择题

（1）没有实行管理分工的组织结构是（　　）。
  A．多维立体结构　　　　　　B．矩阵型
  C．职能型　　　　　　　　　D．直线型

（2）职能型组织结构的最大缺点是（　　）。
  A．横向协调差　　　　　　　B．不利于培养上层领导
  C．多头领导　　　　　　　　D．沟通困难

（3）无论是机关、学校还是企业，最常采用的一种结构是（　　）。
  A．事业部制　　　　　　　　B．矩阵制结构
  C．直线职能制　　　　　　　D．母子公司体制

（4）责任、权力、利益三者之间不可分割，必须是协调的、平衡的和统一的。这就是组织工作中的（　　）。
  A．责权利相结合原则　　　　B．分工协作原则
  C．目标任务原则　　　　　　D．统一指挥原则

（5）管理层次与管理幅度之间（　　）。
  A．成正比关系　　　　　　　B．成反比关系
  C．互不相关　　　　　　　　D．曲线相关

（6）集中政策，分散经营的组织机构形式是（　　）。
  A．直线制　　　　　　　　　B．职能制
  C．事业部制　　　　　　　　D．矩阵制

（7）企业组织结构的本质是（　　）。
  A．职工的分工合作关系　　　B．实现企业目标
  C．职工的权责利关系　　　　D．一项管理职能

（8）两种基本的管理组织结构形态是（　　）。
  A．扁平结构形态和高层结构形态
  B．环形结构形态和三角形结构形态

　　　　C．链状结构形态和圆形结构形态
　　　　D．四方结构形态和圆形结构形态
　　2．思考题
　　（1）部门划分有哪些方法？
　　（2）怎样理解管理幅度与管理层次的之间的关系？
　　（3）应怎样授权？
　　（4）影响集权和分权的因素有哪些？
　　（5）塑造组织文化的途径有哪些？
　　（6）请利用网络查阅海尔集团组织文化相关资料并回答以下问题：①海尔的组织文化的精髓是什么？②海尔是否进行了组织变革？变革中是否遇到了阻力？阻力是什么？

二、实训题

实训项目　　设计组织结构

　　1．实训目的
　　掌握组织结构的类型，学会设计基本的组织结构。
　　2．实训内容与要求
　　把学生分为若干个小组，每组 5~8 人。
　　（1）要求每组创办一家模拟公司或参观、了解某一实体企业，结合所学组织结构内容，用自己的设想构建该公司组织框架，并制订组织目标和相关行动方案。以实训报告的形式上交，教师在课内组织讨论，并评价各自优劣。
　　（2）在互联网上，搜索典型中外大企业的组织结构形式，并与本章所讲的各种组织结构类型进行比较，找出异同点。
　　3．实训考核
　　教师依据实训报告和讨论课上学生的表现给出成绩。

三、案例分析

案例 5-1　通用公司的组织结构变革

　　当杜邦公司刚取得对通用汽车公司的控制权的时候，通用公司只不过是一个由生产小轿车、卡车、零部件和附件的众多厂商组成的"大杂烩"。这时的通用汽车公司由于不能达到投资人的期望而濒临困境，为了使这一处于上升时期的产业为它的投资人带来应有的利益，公司在当时的董事长和总经理皮埃尔·杜邦以及他的继任者艾尔弗雷德·斯隆的主持下进行了组织结构的重组，形成了后来为大多数美国公司和世界上著名的跨国公司所采用的多部门结构。

在通用公司新形式的组织结构中，原来独自经营的各工厂，依然保持各自独立的地位，总公司根据它们服务的市场来确定其各自的活动。这些部门均由企业的领导，即中层经理们来管理，它们通过下设的职能部门来协调从供应者到生产者的流动，继续担负着生产和分配产品的任务。这些公司的中低管理层执行总公司的经营方针、价格政策和命令，遵守统一的会计和统计制度，并且掌握这个生产部门的生产经营管理权。最重要的变化表现在公司高层上，公司设立了执行委员会，并把高层管理的决策权集中在公司总裁一个人身上。执行委员会的时间完全用于研究公司的总方针和制订公司的总政策，而把管理和执行命令的负担留给生产部门、职能部门和财务部门。同时在总裁和执行委员会之下设立了财务部和咨询部两大职能部门，分别由一位副总裁负责。财务部担负着统计、会计、成本分析、审计、税务等与公司财务有关的各项职能；咨询部负责管理和安排除生产和销售之外的公司其他事务，如技术、开发、广告、人事、法律、公共关系等。职能部门根据各生产部门提供的旬报表、月报表、季报表和年报表等，与下属各企业的中层经理一起，为该生产部门制订出"部门指标"，并负责协调和评估各部门的日常生产和经营活动。同时，根据国民经济和市场需求的变化，不时地对全公司的投入—产出做出预测，并及时调整公司的各项资源分配。

公司高层管理职能部门的设立，不仅使高层决策机构——执行委员会的成员们摆脱了日常经营管理工作的沉重负担，而且也使得执行委员会可以通过这些职能部门对整个公司及其所属各工厂的生产和经营活动进行有效控制，也成为现代大公司的基本特征。

另外，在实践过程中，为了协调职能机构、生产部门及高级主管三者之间的关系和联系，艾尔弗雷德·斯隆在生产部门间建立了一些由三者中的有关人员组成的关系委员会，加强了高层管理机构与负责经营的生产部门之间广泛而有效的接触。实际上这些措施进一步加强了公司高层管理人员对企业整体活动的控制。

分析讨论题：

（1）事业部制为什么能够帮助通用公司成功？

（2）举例说明我国什么样的组织能应用事业部制？在应用事业部制时应注意什么问题？

案例 5-2 山禾公司的组织问题

山禾公司是一家新兴企业，七年前以房地产开发业务起家，公司初创只有几个人，资产 2000 万元，发展到现在的 1500 余人，6 亿元资产。业务以房地产开发为主，集娱乐、餐饮、咨询、汽车维护、百货零售等业务的多角化经营格局。随着公司的不断发展，人员开始膨胀，部门设置日益复杂。如总公司下设五个分公司及一个娱乐中心，娱乐中心下设游泳、餐饮、健身、保龄球、滑雪等项目。另外，总公司所属的房地产开发公司、装修公司、汽车维修公司和物业公司又都自成体系。管理层次也不断增加，总公司有三级，各分公司又各有三级以上的管理层，最突出的是娱乐中心，管理层次多达七级。职能部门重叠设置，总公司有人力资源部，而下属公司也相应设立人力资源部门，管理混乱。事实表明，多角化经营的复杂业务格局，原有的直线职能制已不适应公司的发展了。此外，财务管理也很混乱，各个分部独立核算后，都有自己的账户，总公司可控制的资金越来越少。因此，有必要在财务上实行统一核算。但是，组织变革意味着利益的重新分配，可能引起管理层的波动。因此，山禾公司的领导层面临考验。

分析讨论题：
　　说明管理层次与管理幅度之间的关系，并分析案例中导致管理层次过多的原因。

第六章　人员配备职能

学习目标

　　本章主要介绍了人员配备职能。重点阐述了人员选聘的标准、程序、途径和方法；人员培训的意义、内容、程序及培训方法；人员考核的必要性、考核内容、考核方法。同时，介绍了薪酬制度的基本知识。通过本章内容的学习，使学生掌握人员选聘、人员培训和人员考核的基本程序、基本内容和基本方法，并能够在实际工作中加以灵活的运用。

【导入案例】

6-1　用人之道

　　去过庙的人都知道，一进庙门，首先是弥勒佛，笑脸迎客，而在他的北面，则是黑口黑脸的韦陀。但相传在很久以前，他们并不在同一个庙里，而是分别掌管不同的庙。

　　弥勒佛热情快乐，所以来的人非常多，但他什么都不在乎，丢三落四，没有好好管理账务，所以依然入不敷出。而韦陀虽然管账是一把好手，但成天阴着个脸，太过严肃，搞得人越来越少，最后香火断绝。

　　佛祖在查香火的时候发现了这个问题，就将他们俩放在同一个庙里，由弥勒佛负责公关，笑迎八方客，于是香火大旺。而韦陀铁面无私，锱珠必较，则让他负责财务，严格把关。在两人的分工合作中，庙里一派欣欣向荣的景象。

　　启示：其实在用人大师的眼里，没有废人，正如武功高手，不需名贵宝剑，摘花飞叶即可伤人，关键看如何运用。

【导入案例】

6-2　燕昭王求贤

　　《战国策·燕策一》记载：燕国国君燕昭王一心想招揽人才，而更多的人认为燕昭王仅仅是叶公好龙，不是真的求贤若渴。于是，燕昭王始终寻觅不到治国安邦的英才，整天闷闷不乐的。后来有个智者郭隗给燕昭王讲述了一个故事，大意是：有一国君愿意出千两黄金去购买千里马，然而时间过去了3年，始终没有买到，又过去了3个月，好不容易发现了一匹千里马，当国君派手下带着大量黄金去购买千里马的时候，马已经死了。可被派出去买马的人却用五百两黄金买来一匹死了的千里马。国君生气地说："我要的是活马，你怎么花这么多钱弄一匹死马来呢？"

国君的手下说："你舍得花五百两黄金买死马，更何况活马呢？我们这一举动必然会引来天下人为你提供活马。"果然，没过几天，就有人送来了3匹千里马。郭隗又说："你要招揽人才，首先要从招纳我郭隗开始，像我郭隗这种才疏学浅的人都能被国君采用，那些比我本事更强的人，必然会闻风千里迢迢赶来。"燕昭王采纳了郭隗的建议，拜郭隗为师，为他建造了宫殿，后来没多久就引发了"士争凑燕"的局面。投奔而来的有魏国的军事家乐毅，有齐国的阴阳家邹衍，还有赵国的游说家剧辛等。落后的燕国一下子便人才济济了。从此以后一个内乱外祸、满目疮痍的弱国，逐渐成为一个富裕兴旺的强国。接着，燕昭王又兴兵报仇，将齐国打得只剩下两个小城。

启示：管理之道，唯在用人。人才是事业的根本。杰出的领导者应善于识别和运用人才。只有做到唯贤是举，唯才是用，才能在激烈的社会竞争中战无不胜。

人力资源是一种稀缺的、宝贵的、最富有活力的组织资源，被称作是组织中的第一资源。因此，对人力资源有效开发，合理利用和科学管理，将给组织发展带来巨大动力。

随着知识经济时代的到来，人的因素越来越成为组织实现战略目标的关键因素。不论什么类型的组织，也不管组织的规模大小，人才将决定着组织的兴衰与成败。在现代管理中，人员配备职能已不仅是人事部门的事，也是一项管理职能，人员配备是一个系统的逻辑过程，它将有效推动组织目标的实现。

第一节 人员配备概述

一、人员配备概念

人员配备就是管理者根据组织结构中所规定的职务的数量和要求，对所需人力资源进行选聘、培训和考核等工作,其目的是为了配备合适的人员去充实组织中的各项职务,以保证组织活动的正常进行,进而实现组织目标。

人力资源是指一个管理系统能够拥有和已经拥有的具有一定的体质、智力、知识和技能的人员,是一个管理系统中的人的因素的总和,包括管理者和被管理者。人力资源的开发与管理是人员配备的中心内容,把人作为一种资源来看待,其实质是强调人的因素在管理系统中的作用,重视人的价值,其中包含着对促进人的体力、智力全面发展的规律的探求。在传统的管理中,人们较为重视物的作用,把物作为生产以及管理系统运营的重要资源,而对人的意义较少关注。

人力资源是相对于物质资源的概念而言的,是一种特殊意义上的资源。具有以下特征:①具有时效性。人力资源,储而不用则会荒废和退化,用非所长也会造成极大的浪费。②具有时代性。人力资源本身反映了其所处时代的社会关系、生产力和生产方式的状况,赖以生存的社会必然影响和决定着人的认识能力、创造能力,即决定着人力资源的质量、能力等。③具有能动性。人力资源首先是人,所以具有人的能动性。在现代管理活动中,人的主观能动性是指人具有思想、感情,可以自由地支配自己的体力和智力,有目的地进行活动,能动地改造客观世界。

人员配备目标是确保组织在一定时间里,每一个经过科学设计的岗位都能获得适当的人员,实现人力资源的最佳配置,最大限度地开发和利用人力资源及其潜力,使组织及其组织成员的需要得到充分的满足。管理的首要任务是对人的管理,组织活力的源泉在于劳动者的积极性、智慧和创造力。因此,管理者在考虑管理中人的因素时,应充分重视人的作用,才能把管理活动放在社会政治、经济、文化、教育、科学技术等各种社会关系与人的生理、心理等的综合系统中,去进行人员的招聘、选拔、考评和培训工作。

人员配备的概念包括四个层次的内容:第一,就管理系统而言,不断地从外部环境中发现管理系统所需要的人,并吸纳到管理系统中来;第二,就管理内部而言,存在于管理系统之中的人尚未尽其才,依然是有待开发的人力资源;第三,管理系统人的作用发挥的怎样,通过考核可以了解;第四,就管理系统的发展而言,管理系统在充分发挥了人的作用,还可以在进一步的学习、培训中提高其知识与技能,从而使其发挥更大的作用的同时,

二、人员配备的任务和职责

（一）确定人员配备计划

所谓人员配备计划，就是一个管理系统为实施组织发展战略和实现管理目标，根据内外环境及其变化的情况，运用科学的方法对组织人力资源需求和供给进行预测，并在预测的基础上制订人力资源的选聘、考核、培训等方面的专项计划。制订科学的人员配备计划，既能提高人力资源的利用率，又能使个人的行为与组织目标相一致；既能降低人力资源开发的成本，又能建立起一个人力资源信息系统，实现人力资源配置上的优化。一般地，人员配备计划包含人员选聘计划、职业转移计划、人员培训计划等内容。

（二）职位分类与定编定员

职位分类和定编定员是对管理系统内部情况进行分析，其目的是为人员配备提供科学的、客观的依据。职位分类就是将所有的工作岗位即职位，按其业务性质分为若干职位系列，然后按责任大小、工作难易、所需教育程度及技术高低分为若干职位等级，对每一个职位都做出明确的说明和描述，制成职位说明书，以此作为对人员选聘和考核的重要依据。定编定员也就是人们通常说的编制，主要包括机构内工作人员的数量定额、人员结构和职务的分配等方面的内容。

（三）人员的选聘

人员选聘就是通过内部征召和外部招聘等方式去选择职位需要的组织成员的过程。具体地说，人员选聘是指在职位分类和定编定员基础上，聘用和选拔合适的人员去充实组织中各项职务，以保证组织活动的正常进行，进而实现管理目标。人员选聘满足了组织发展对人员的需求，是确保组织成员具备较高素质的基础，能在一定程度上保证组织的稳定，人员选聘的过程也是组织树立自身形象的过程。

人员选聘会受到许多因素的影响，例如，组织所处的发展阶段不同，会直接影响选聘的人员类型、数量等方面的要求；人力资源供给与需求的状况也对选聘工作的难易及选聘成本的高低带来影响。因此，管理者要采用科学的方法和途径，选聘合适的人才来充实组织。

（四）人员培训

人员培训是培养人才、调动组织成员积极性的重要途径，是增强组织中管理人员能力的重要手段。同时，也是提高组织运作效率和进行组织文化建设的有效方法。就整个组织而言，通过各种不同层次、不同内容的培训，可以提高人力资源的素质，部分地弥补正规教育的不足，从而增强组织的竞争力和活力。切实做好人员培训，应按照组织目标的要求，遵循科学的原则，采用有效的培训方法。

（五）人员考核与薪酬

考核就是考评、评价，是指对组织内部人员进行考评和评价。人员考核是组织对人员选聘结果加以检查的基本依据，是对组织人员进行培训、使用、调配和晋升的前提条件。人员考核，需要依据一定的考核标准，遵循严格的考评程序，运用科学的考核方法来进行。薪酬制度是组织及其成员都非常关心的问题，制订出合理的、有较强吸引力的薪酬制度，是组织吸引人才和留住人才的主要措施之一。

（六）职业生涯规划

职业生涯规划是人员配备管理中一个非常重要而又崭新的问题。职业生涯，又称职业发展，是指一个人在其一生中遵循一定道路（或途径）所从事工作的历程，是指与工作相关的活动、行为、价值、愿望等的综合。职业生涯规划是指通过员工的工作及职业发展的设计，协调员工个人需求和组织需求之间的关系，实现个人和组织的共同发展。这是一种以人为中心的人本管理方法，主要包括职业选择、组织选择、组织内的工作岗位选择、职业生涯通道设计及长期的生涯发展战略与策略，组织应不断帮助员工提高自身素质，改善工作绩效，最终在组织职业生涯中实现个人职业生涯目标和组织目标。

第二节　人才选拔

人才选拔是指从组织内外部应聘者当中，为组织的当前或未来职位挑选最适当人选的过程。为了使这项工作卓有成效，首先必须对空缺岗位进行认真的分析，明确职位要求，同时也要明确该职位人员应当具备的条件或资质。运用各种人员配备工作的方法，从组织内外两个来源进行招聘和选拔，通过对应聘者的认真审查和遴选，决定是否录用。人才选拔主要包括制订人员配备计划、职位分类、定编定员和人员选聘等内容。

一、人员配备计划

编制人员配备计划，就是通过评估和预测现有的人力资源和未来所需要的人力资源，确定组织中所需的职务数量和类型，制订出一套与组织战略目标环境相适应的人员配备计划。通过人员配备的各项活动，使组织的要求和人力资源的基本状况相匹配，确保组织总目标的实现。

（一）人员配备计划的意义

"人无远虑，必有近忧"。处在信息时代的今天，技术突飞猛进，产业结构不断调整，人才流动也跟着加速。所以，人员配备计划越来越显示出其重要作用。

1. 可以避免职业的盲目转移

职业转移（或指劳动转移）是社会生产发展的必然结果。以美国为例，20世纪50年代，美国65%的劳动力在工业部门工作，到80年代已减少到13%，而从事服务业工作的则已占75%。由于新技术的采用许多原有的职业被淘汰新的职业大量出现，"白领"人员比例越来越大。20世纪初，美国"白领"人数占熟练劳动力的17.6%，而到1981年已增到52.7%。在这种情况下，如果不对人力资源进行计划，势必导致盲目性，酿成恶果。

2. 便于改变人员分配不合理状态

人员配备计划着眼于发掘人力资源的潜力，其改善方案不受现有状况的局限，视野开阔，谋求人员结构和人员素质的优化，改变人员分配上的浪费和低效现象。

3. 为组织的发展提供人才的保证

人员配备计划的任务，不仅研究现有人力结构和劳动力在原有规模上的更新，而且还要分析、预测组织未来发展（生产能力的更新和扩大，经营范围和手段的拓展）对人才结构的影响，以及社会人才市场的供需关系发展趋势。因此，可以及时地引进所需人才，调整人员结构，保证组织发展。

4. 有利于促进人力资源的开发

人员配备计划制订过程，是一个发动群众、集思广益的过程，有利于使本单位各级管理人员透彻地了解人力资源开发上存在的问题、努力目标和相应的政策程序和方法，从而更积极更自觉地为挖掘人力资源的潜力，提高人员素质而努力工作。

（二）人员配备计划的内容

1. 人员更新计划

人员更新是组织维持的必要条件。任何一个组织的员工队伍都有新增、成长、减员和淘汰的交替过程。人员更新计划是预测各种被淘汰的人员数量和时机，拟订人员的"纳新"、调整与培训计划。有了计划，就可以做到"先补员后退休"，改变目前的"先退休后补员"状况。

2. 职业转移计划

它包括必须转移的具体岗位、工种和人数，造成转移的原因，预计发生的时间，安置的去向与措施等。

3. 人员发展计划

人员的发展指人员的选聘和人员素质的提高。人员发展计划应包括：

（1）计划期内的人员需要量。

（2）人员选聘计划。

（3）全员培训计划。

（4）专项培训计划。主要是为新产品、新设备、新工艺的采用而必须提前培训的专业、人数、目标措施。

（5）职业转移培训计划。

（6）重点培训计划（高层管理人员、科技人员的深造）。

（7）员工保健与福利计划。目的是维护组织成员有效的工作能力，使之以旺盛的精力和饱满的热情从事工作。

（三）人员配备计划的编制过程

编制人员配备计划的过程一般包括现状分析、未来预测和适时决策三个阶段。

1. 现状分析

主要指对组织现有的人员配备状况进行"盘点"、核查与分析。分析的重点是：人员使用情况的分析、年龄结构分析、业务结构分析等。为编制计划提供依据。

2. 未来预测

预测是编制计划的前提条件。主要包括：组织结构变化预测、组织内产品开发对人员需求的影响预测、设备技术改造与更新对人员结构的影响预测、劳动效率预测、减员预测、人才市场供需预测等。

3. 适时决策

决策是编制计划的核心过程。人员配备计划主要针对以下问题进行决策：确定人员配备目标，各类人员选聘的数量、时间、方式和人员素质的要求，职业转移的规模、类别、时机、政策和去向，人员培训目标、内容、方式、对象和时间，以及培训经费预算，员工健康与福利政策等。

在上述决策基础上要拟订人员配备计划的具体措施与实施方案。

二、职位分类与定编定员

（一）职位分类

1．职位分类的涵义

所谓职位分类是指将所有的工作岗位即职位，按其业务性质、责任大小、工作难易、所需教育程度及技术高低分为若干不同的等级，对每一职位给予准确的定义和描述，制成职位说明书，以此作为对人员选聘的依据。

职位分类是人员配备管理科学化的重要基础，通过职位分类，制订职位说明书，使得工资管理、考试录用、人员考核、人员升降、人员调动、人员培训、人事预算等工作纳入制度化轨道，并成为制订人事法规的基本依据之一。通过职位分类，便于发现组织中存在的各种组织问题，如机构重叠、层次过多、职能交叉、授权不当、人浮于事、责任不清等。

2．职位分类的程序

职位分类涉及从业人员的切身利益，是劳动人事制度的基础工作，所以应按照科学的程序。一般地，职位分类的程序分四个步骤：

（1）职位调查。即对组织现有职位的工作内容、工作量、权责划分情况进行全面调查。主要调查的内容有：什么人可担任此职位？这一职位的工作性质，种类和数量，这一职位的设立目的、待遇与报酬，工作技术程序及使用工具，工作地点、范围和环境，工作时间，该职位的隶属和协作关系，在组织中的地位和责任，等等。调查方法可能会采取访问法、观察法、填表法、会议法和综合法等。

（2）确定工作分类因素。在职位调查后，应确定基本的分类因素，建立分类标准，目的是确保分类工作的公正性和一致性，为各种职位的分析归纳提供良好的基础。

不同的组织有不同的分类标准，例如，美国钢厂采用 15 个分类因素，通用食品厂采用 10 个分类因素，而查理兄弟公司仅采用 4 个分类因素。

一般情况下，分类因素大致可以考虑以下 8 个方面，即工作性质、创造力、职务繁复程度、人际关系、权力范围、劳动强度、工作环境、资格条件。这些分类因素比较接近职位的真实情况。

（3）职位评价。职位评价是在职位调查的基础上，以基本分类因素为标准对职位进行比较评价，区分职位等级的过程。其难点是如何把一项工作或一个职位上的任务和责任等内容量化表述出来，以便评定其职位等级。

（4）制订职位说明书。它是用文字描述一个职位所属职级的书面文件，一般包括下述内容：

第一，职位名称。职位名称应能够反映职务形态；明确指出等级地位；表述尽量简短。

第二，职级定义和特征。概括描述职位的级别和水平。

第三，工作举例。举例说明，使对本职级有一个正确概念。

第四，最低资格。根据职务需要，确定胜任此职级的最低资格，包括受教育程度、专业、性别、体格、经验、专门训练等。

制订职级规范必须以职位调查得到的全部事实为根据进行客观的描述，语言应准确、清晰、通俗易懂。根据职级规范的标准和要求，对职位进行管理和给予相应报酬。

（二）定编定员

1．定编定员的概念

定编定员又叫编制。它分为广义和狭义两种理解，从广义上讲，是指一切法定社会组织内机构的设置，组织形式及其工作人员的数量，结构和职务的分配。从狭义上讲，是指组织机构内人员数量的定额和职务配置。本书讨论的主要是狭义上的，不包括组织的设置。

定编定员是组织实行科学管理的一个重要条件，具有非常重要的意义：

（1）为组织制订人员需求计划提供依据。组织只有根据管理的定员标准，才能正确地决定各类人员的需要量和控制各类人员的比例。定编定员的过程也是合理安排劳动力的过程，当出现人员余缺时，合理的定员为人员的调配提供了依据。

（2）可以充分挖掘人才，节约劳动力。组织内一切节约、节省，归根到底都是时间的节省，劳动时间的节省，在组织内往往通过合理定员、节约劳动力来实现。

（3）有助于不断改善劳动组织，提高劳动生产效率。科学合理的编制订员是以现有的劳动人事组织为基础的，反过来又会促进劳动人事组织的不断改善，合理地设置组织机构，合理地进行劳动组合，克服机构臃肿、纪律松弛、人浮于事、效率低下的弊病，从而有效地提高劳动生产率。

2．定编定员的原则

为了做好定编定员工作，应遵循下述原则：

（1）定员必须以实现组织目标为中心。

（2）坚持精简，高效节约的原则。

（3）坚持劳动分工协作的原则。例如，随着电子计算机的应用，出现了信息分工，即信息处理与信息使用相分离，客观上要求配置专职的信息处理工作人员，同时相应减少老式的信息工作人员。

（4）坚持人员比例适宜的原则。首先，要合理地确定直接生产人员（包括工人、工程技术人员等）和非直接生产人员（包括管理人员、服务人员等）的比例关系，尽量减少非直接生产人员比重。其次，要合理地确定基本生产工人（直接参与产品制造过程的工人）与辅助工人的比例关系，即一线工人与二线工人的比例。在一定的技术装备条件下，扩大一线工人比重是提高劳动生产率的一项重要措施。最后，要合理确定各个工种之间的人员比例关系。在一定的产品结构和一定的生产技术条件下，各个工种在人员配备数量上，存在着一个最佳的比例关系。按这个比例配备人员，工种之间的劳动能力就会大体平衡，减少和消除窝工现象。

3. 定员的方法

组织在一定时期内应该占用的劳动力资源总数，取决于生产、经营、管理、服务等方面的工作量与各类人员的劳动效率。因此，需要根据不同的工作性质，采用不同的计算方法，分别确定各类人员定员。下面介绍几种常用的定员方法。

（1）效率定员计算法。按劳动定额计算定员的一种方法，适用于一切能够用劳动定额表现生产工作量的工种或岗位。

其计算公式：定员人数 $M=[\sum(T \cdot Q)+C+B]/(t \cdot p \cdot a)$

式中：

T——单位产品工时定额；

Q——产品产量；

C——计划期废品工时；

B——零星任务工时；

t——制度工时，指一个工人在一年内制度工作日数与法定工作日长度的乘积；

p——工时利用率（制度规定的工时利用程度，<100%）；

a——工时定额完成率（一般>100%）。

此法关键是合理确定 T（单位产品工时定额）和 Q（产品产量）。

（2）设备定员计算法。根据完成一定的生产任务所必须开动的设备和班次，按照单机设备定员计算编制订员的方法。适用于操纵设备作业工种的定员。

其计算公式：定员人数 $M=\sum(n \cdot m \cdot s)/K$

式中：

n——同型设备开台数；

m——单机定员标准；

s——该型设备平均开动班次；

K——出勤率（<100%，如95%）。

此法的关键是正确确定 n、s。至于出勤率是为了考虑替补率 J，要求 J+K≤100%。尽量培养一专多能的员工，减少替补率。

（3）岗位定员计算法。按岗位定员标准工作班次和岗位数计算定员的方法。适用于大型装置性生产、自动流水线生产的工人以及某些看守性岗位（如门卫、仓库保管员）的定员。一般在石油、化工、钢铁、汽车、家电工厂中，常用此法。

其计算公式：定员人数 $M=E \cdot \sum (m \cdot s \cdot n) / K$

式中：

m——岗位定员标准；

s——班次；

n——同类岗位数；

K——出勤数；

E——轮休系数（一般为 7/5）。

此法关键是合理确定操作岗位数 n 和岗位定员 m，应在确保安全运行和不使操作者过度疲劳的前提下，尽量扩大监护范围，减少 n 和 m 。

（4）标准比例定员计算法。以服务对象的人数为依据，按定员标准比例来计算编制订员的方法。适用于辅助性生产、服务性或教育、卫生等组织的定员，如工具车间、医院、幼儿园、饭店等。

其计算公式：定员人数 $M = F / m$

式中：

F——服务对象的人数；

m——标准比例。

（5）职责定员法。按既定的组织部门和它的职责范围，以及部门内部的业务分工和岗位职责来确定定员的方法。适用于企业管理人员和工程技术人员的定员。

由于管理工作和技术工作比较复杂，弹性较大，其工作定额也难于量化，故多数情况下无法用数学公式表示。一般而言，可根据其职责和工作量，参照效率定员和岗位定员方法进行估算。为了使定员合理，可以在定员前采用工作抽样或工作日志记录方法,对现有工作人员实际承担的管理工作或技术工作及其时间耗费情况进行调查研究,分析其工作量作为定员的依据。待条件具备后,可逐步采用技术测定法、要素分析法、典型比较法等更科学的方法制订科室定员。

以上五种定员方法,在一个组织里是同时使用、互为补充的。

三、人员选聘

(一)人员选聘的标准

人员选聘是落实人员配备计划的一个重要步骤,必须依据一定的标准进行选择,总的来说应该是德才兼备。针对管理人员的选聘标准具体包括以下几点。

1. 优良的人品

优良的人品是每个组织成员都应具备的基本素质。尤其是对管理人员来说,担任管理职务意味着拥有一定的职权,而组织对权力的运用不可能随时进行严密、细致、有效的监督,权力能否正确运用在很大程度上只能取决于管理人员的自觉、自律行为。因此,管理人员必须是值得信赖的,并且要具有正直而高尚的道德品质。对于一般员工来说,良好的品德,意味着坚持真理、实事求是、诚实待人。品行优良意味着脚踏实地的工作。总之,优良的品质应该成为员工的基本要求,特别是在一个学习型的团队组织中,如果员工没有优良的人品就会使团队无法合作。所以,很多企业选人的标准是:人品大于能力,能力大于学历。

2. 职位要求

职位要求应当既满足实现组织目标的要求,也能满足个人的需要。通常,组织结构设计中的职位说明书就是一种关于职位要求的文件,它通过职务分析确定某一职务的具体要求,内容包括:该职位所承担的主要任务,履行的职责,享有的职权和义务,与其他职务之间的关系,有时还包括应达成的目标或预期的成果。所以职务分析明确地指明了每个工作岗位需要什么样的人才,因而可以避免或减少"大材小用"或"小材大用"的现象,在选聘时可以使最适当的人员得到最适当的职位,避免人力资源的浪费。

3. 强烈的事业心

员工要取得良好的工作绩效,不仅取决于他的人品、知识、能力水平,还取决于他做好这项工作的意愿是否强烈,是否有强烈的事业心,即是否有足够的动力促使员工努力工作。员工的工作动力来自于组织的激励机制,例如，组织中将较高的地位、名誉以及与之相对应的报酬，这都具有很强的激励作用。对大多数员工来说，通过自己的知识和技能以及他人的合作来实现自我价值，这将获得心理上的极大满足感。能力低下、自信心不足、事业心不强或对权力不感兴趣的人，自然也就不会负责任地有效地使用权力，这就难以达到理想的工作效果。所以，在人员选聘时有必要对应聘者的敬业精神、事业心进行鉴别和测试。

4．个人素质

个人素质在人员选聘中是一个非常重要的方面，对于管理人员来说，个人素质是很重要的，因为个人素质与管理能力密切相关，它虽然不是管理能力的决定因素，但管理能力的大小是以素质为基础的。个人素质应包括以下几个方面：身体素质、智力素质、道德素质、文化素质、专业素质、创新素质、工作经验等。

5．管理能力

能力通常是指完成一定活动的本领。它是引起个体绩效差异的持久性个人心理特征。能力是在个人素质基础之上，经过教育和培养，并在实践活动中吸取智慧和经验而形成和发展起来的。所谓管理能力，是指完成管理活动的本领。包括三类：第一，与人处事能力。即同员工共事的能力，它是组织协作、配合的能力。第二，决策能力。即遇到问题能从大处着眼，认清形势，统筹规划，果断地做出正确决策的能力。第三，认识、分析与解决问题的能力。

由于管理能力是在实践中形成和发展起来的，因此，我们在以是否具有管理能力这一标准来选聘管理人员时，就必须从管理人员在工作中认识、分析问题以及综合处理问题时表现出来的管理能力来评价他。

（二）人员选聘的原则

【应用阅读】

古木与雁

一天，庄子和他的学生在山上看见山中有一棵参天古木因为高大无用而免遭于砍伐，于是庄子感叹说："这棵树恰好因为它不成材而能享有天年。"晚上，庄子和他的学生又到他的一位朋友的家中做客。主人殷勤好客，便吩咐家里的仆人说："家里有两只雁，一只会叫，一只不会叫，将那一只不会叫的雁杀了来招待我们的客人。"庄子的学生听了很疑惑，向庄子问道："老师，山里的巨木因为无用而保存了下来，家里养的雁却因不会叫而丧失性命，我们该采取什么样的态度来对待这繁杂无序的社会呢？"庄子回答说："还是选择有用和无用之间吧，虽然这之间的分寸太难掌握了，而且也不符合人生的规律，但已经可以避免许多争端而足以应付人世了。"世间并没有一成不变的准则。面对不同的事物，我们需要不同的评判标准。对于人才的管理尤其明显。一个对其他企业相当有用的人对自己来说不一定有用，而把一个看似无用的人摆正地方也许就能为你创造出你意想不到的收益。

启示：聪明的领导人应该学会发现人才的优点，使得人尽其才，尽量避免人才浪费。审慎选聘适当人选是非常重要的，而这必须靠平日不断观察、留意每个人的发展动态。在观察的过程中，不仅要发掘能干的部属，并且还要剔除办事不力的员工。

组织生存与发展关键在于员工的素质，人员选聘是一项重要的管理活动，是为组织选拔优秀人才的关键，在人员选聘过程中，也要遵循以下三项基本原则。

1. 效率优先原则

即力争用尽可能少的选聘费用和时间录用到高素质、适合组织岗位需要的人员。效率优先原则体现在选聘之中，要根据不同的选聘要求，灵活选择适当的选聘形式和方法，在保证被选聘人员质量的前提下，尽可能地降低成本。

2. 双向选择原则

所谓双向选择原则是指组织根据自身的业务要求能自主地选择自己所需的人员，而应聘人员也可以自主地选择是否到该单位或岗位工作，双方都无权强制对方。这一原则，可以促使组织不断地提高工作效率，不断改善自身的组织形象；还能促使劳动者为自己应聘的职业或岗位而努力提高知识和技术业务等方面的素质。

3. 公开竞争、择优录用原则

实行公开竞争时，空缺的职务对任何人都是开放的，它不仅要求所选人员能够胜任空缺职位，而且要求他能比别人更有效地实现该职位对他的要求。只有进行公开公平竞争，组织才能有可能选到最合适的人选。公开竞争无论对组织内部还是外部的人都应一视同仁，机会均等。当然，要进行公开竞争，前提是人才必须能够流动，人才不流动，也就无所谓公开竞争。在人才合理流动的前提下，鼓励组织内外部所有人才进行公开竞争，这时组织有效地进行人员配备具有极其重要的意义。在遵守国家规章制度的条件下，结合各组织的特点，择优录用人才。因为组织经营成功的关键在于其组织成员的素质，组织成员素质的好坏将直接影响组织的经济效益和社会效益。因此组织在选聘的过程中,应吸引优秀人才,增强组织的竞争优势。

(三)人员选聘的程序

人员选聘的过程根据行业的不同会有些变化,结合各种组织的共性特点,大致都有以下五个步骤。具体见图6.1。

1. 对人员需求的预测

当对人员需求进行预测时,要根据组织的特点把组织的主要业务活动放在中心位置,这就要求组织成员具备较高的技能,并能最大程度地满足客人的需求。可以通过上述的定员方法来确定需招聘的员工数并通过各部门的报告来确定的空缺情况。

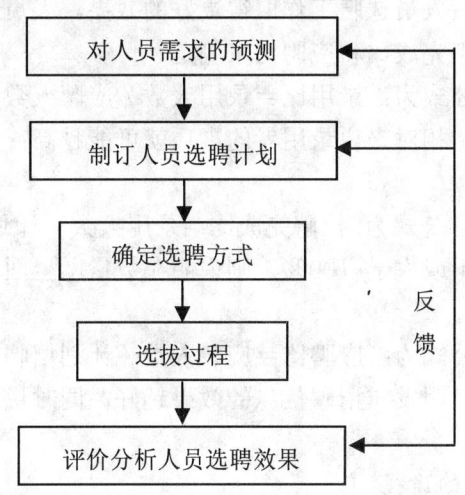

图 6.1 人员选聘的程序

2. 制订人员选聘计划

人员选聘计划是指在人员配备计划的指导下,在对预期设定的职位分类和定编定员的基础上,参考人员需求预测结果,以内部或外部的候选人作为人才库而制订的一个填补未来职位的用人计划。

3. 确定选聘方式

选聘的方式有两种:内部征召和外部招聘,内部征召来源于组织原有的内部员工;外部招聘来源是来自组织的外部,如学校、就业服务机构等。在填补职位空缺时,不论是内部征召还是外部招聘,都各有利弊。其优缺点在本章后面的内容将要讲到。

4. 选拔过程

首先要填写申请表；接着根据具体职位需要对应聘者进行测试，测试的类型有多种，如算术测试、心理人格测试、书写能力测试、管理能力测试、知识测试、职业技能测试等；然后再进行面试，面试的主要目的是能够对应聘者性格和各方面能力有一个综合的评价，面试的效果取决于面试的方式和负责面试人的能力，是一种更深入的测试。通过面试，组织选聘的人员可以获得在笔试中所无法提供的信息；下一步就要对应聘者进行背景考察、体格检查；最后就是确定人选，组织在确定理想的人选后，发出选聘结果通知。

5. 评估人员选聘效果

人员选聘效果好与差，需要进行评价，并把评价分析报告反馈到有关人员，此举有利于以后人员选聘工作取得更好的效果。人员选聘效果的评估一般采用录用比、招聘完成比和应聘比来测定。

（1）录用比。公式为：录用比＝录用人数／应聘人数×100％。

录用比值越小，相对来说录用者的素质就可能越高；反之录用者的素质则可能越低。

（2）招聘完成比。公式为：招聘完成比＝录用人数／计划招聘人数×100％。

招聘完成比等于或大于 100％，则说明在数量上全面或超额完成了招聘计划。

（3）应聘比。公式为：应聘比＝应聘人数／计划招聘人数×100％。

应聘比越大，说明发布招聘信息的效果越好，同时说明录用人员的素质较高。

（四）人员选聘的途径

人员选聘有两种途径：一种途径是从组织内部征召，另一种途径是从组织外部招聘。组织选聘者应将职位分类和编制与人员选聘途径相联系，判定高素质人员来源的途径，从而根据组织发展的需要，来选择合适的人员。

1. 内部征召

内部征召是从组织内部挑选适合的人员加以聘用。具体有内部提升、内部职位转换两种形式。内部征召，通常采用职位公告和职位投标的做法。职位公告是指通过公告或组织的报刊向员工通告组织空缺职位的情况。职位投标是指允许那些自认为具备资格的员工申请公告职位的自荐过程。

内部征召的优点主要有：

（1）内部征召费用较低，手续简便，同时使过去对组织成员的培养成本获得补偿。

（2）组织对应聘的内部人员做长期细致的考察，对其能力和素质、优点和缺点等情况很熟悉，从而判断其是否合适新的工作岗位。

（3）应聘的内部人员对组织的基本情况非常熟悉，能够比较快地胜任新的工作。

（4）内部提升为内部成员提供了良好的发展机会，内部调动有助于丰富组织成员的工作经验。

（5）内部招标提供了组织内公平竞争的机会，有利于调动内部成员的工作积极性。

其缺点：组织内部所能提供的人员有限，尤其是关键的主管人员，不容易找到一流的人才；组织成员习惯了组织内长期积累的行为方式，创新意识不浓，容易造成自我封闭，近亲繁殖；组织内部人员由于竞争可能会造成内部人员之间关系紧张，例如，没有被提升到的人的积极性会受到挫伤等。

2. 外部招聘

外部招聘就是根据组织制订的标准和程序从组织外部选拔符合空缺职位要求的员工。选择员工具有动态性，特别是一些高级员工和专业技术岗位，组织常常将选择的范围扩展到全国甚至全球劳动力市场。外部招聘的渠道很多，主要包括组织内的职工介绍推荐、利用职业介绍机构、从大中专院校选聘、通过广告公开选聘四种渠道。

外部招聘的优点主要有：

（1）扩大了选择的范围，有较广泛的人才来源，有利于获得组织所需的一流人才。同时，覆盖面广，有利于提高组织的知名度。

（2）外部招聘可以吸收外部的"新鲜血液"，为组织发展注入新的活力，防止组织的僵化和停滞。

（3）外部应聘者大都具有较强的实践经验，因而可节约在人员培训方面所花费的大量费用。

（4）可避免组织内没有提升到的人的积极性受挫，避免造成因嫉妒心理而引起的情绪不快和组织成员之间的不团结。

其缺点主要有：对组织内部那些希望得到这一工作的人来说，则是一个较为沉重的打击，会影响他们的积极性和士气；应聘者对组织的情况不了解，并不一定能立即胜任工作；组织对来自外部的应聘者不了解，容易导致选人失当。

由于两种选聘途径各有优劣，所以，现代组织往往把内部征召和外部招聘结合起来，将从外部招聘来的人员先放到较低的职位上，然后根据其表现再进行提升和岗位调整。

(五) 人员选聘的方法

为了保证人员选聘工作的有效性和可行性,应当采取科学的方法来组织选聘工作。人员选聘常采用笔试、面试、心理测试和评价中心等方法对应聘者的知识、素质、能力等方面进行选拔,判断其是否胜任工作岗位。

1. 笔试

笔试是指通过纸笔测验的形式,对应聘者的基本知识、专业知识、管理知识、综合分析能力和文字表达能力进行衡量的一种方式。

根据内容的不同,笔试可以分文化知识考试、专业知识考试和具体业务知识测试。通过笔试,考察专业知识结构是否合理,对应聘者的知识、结构、实践经验和工作熟练程度做出初步判断。

笔试法的优点是一次能够出几十道乃至上百道试题,考试题样较多,对知识、技能和能力的考核的深度和广度都较高,因此花时间少、效率高,应聘者的心理压力较小,较易发挥水平,成绩评定比较客观。缺点主要表现在不能全面地考察应聘者的工作态度、品德修养以及组织管理能力、口头表达能力和操作技能等。因此,笔试虽然有效,但还必须和其他测评方法结合使用。在企业选聘中,笔试成绩往往作为筛选依据,合格者才能继续参加面试或下一轮测试。

2. 面试

面试是通过主考官与应聘者面对面的信息沟通,考察应聘者是否具备与职位相关的能力和个性品质的一种人员甄选技术。面试具有直观、深入、灵活、互动的特点,不仅可以评价出应聘者的学识水平,还能评价出应聘者的能力、才智及个性心理特征等。

面试的要领有以下几点:

(1) 面试准备。主考官应当提前做好面试准备。特别是要审查应聘者的申请表和履历表,设计面试问题,在面试前主考官还要安排合适的面试地点。

(2) 建立和谐气氛。在面试开始时首先营造一个轻松的气氛,极大地降低应聘者的紧张情绪。

(3) 提问。面试的下一步是提问阶段。要提问那些需要应聘者更详尽的做出回答的问题。一定要问开放性的问题,并倾听应聘者的回答,鼓励他们充分表达自己的想法。

(4) 结束面试。在面试结束之际,应留有时间回答应聘者的问题,然后以尽可能诚实礼貌的方式结束面试。如果认为应聘者可以被录用,就告诉他大概什么时间可以得到录用通知，对于不准备录用的应聘者，也告诉他如果录用，会发通知给他。

（5）回顾面试。应聘者离开后，主考官应当检查面试记录，回顾面试的场面。主考官应该根据应聘者现有的技能和兴趣来评价应聘者能够做什么，根据应聘者的兴趣和职业目标来评价申请人愿意做什么，并在申请人评价表上写出主考官的评价。

3．心理测验

心理测验是观察应聘的有代表性的少数行为，依据一定的原则或通过数量分析，对贯穿于人的行为活动中的能力、个性、动机等心理特征进行分析推论的过程。在人员甄选中较常用的心理测试有能力测验、人格测验、职业兴趣测验等。

（1）能力测验。能力测验是直接影响活动效率，使活动、任务得以顺利进行的心理特征。我们通常所说的一个人解决问题速度快、任务完成的质量高、活动效果好等，都是指这个人的能力强。能力总是在具体活动中体现出来。

（2）人格测验。人格测验是用来了解被测试者的情绪、性格、态度、工作动机、品德、价值观等方面。人格是一个人能否施展才能，有效完成工作的基础。一个人如果在人格方面有缺陷，肯定会使其拥有的才能大打折扣。

（3）职业兴趣测验。一个人职业上的成功，不仅受到能力的制约，而且与其兴趣和爱好有密切关系，职业兴趣作为职业素质的一个方面，往往是一个人职业成功的重要条件。了解职业兴趣的主要途径就是采用职业兴趣测验量表或问卷来进行。

4．评价中心

评价中心是在西方企业中流行的选拔和评估管理人员，尤其是中层管理人员中的一种人员素质测评体系。它是一种综合性的人员测评方法，包括前面所介绍的人格测验、能力测验、面试等方法，但评价中心最主要的组成部分也是它最突出的特点，在于它使用了情景性测验方法对被测评者的特定行为进行观察和评价。这种方法通常是将被测试者置于一个模拟的工作情景中，采取多种评价技术，由多个评价者观察被评价者在这种模拟工作情景中的行为表现，用来识别被评价者未来的工作潜能。因此，这种方法有时也被称为情景模拟的方法。评价中心所采用的情景性测验包括多种形式，主要有公文处理（文件测验）、无领导小组讨论、角色扮演、管理游戏、演讲辩论、场景模拟、案例分析等。

第三节　人员培训

人员培训是指组织为适应业务发展和人才培育的需要，对员工进行有计划、有针对性的培养和训练，使其适应新的要求，更能胜任现职工作或将来能担任更重要职务。人员培训适应新技术革命所带来的知识结构、技术结构、管理结构等方面的深刻变化。

人员培训是现代组织人员配备职能的重要组成部分。组织发展最基本，也是最核心的制约因素就是人力资源。适应外部环境变化的能力是组织具有生命力与否的重要标志。要增强组织的应变能力，关键是不断提高人员素质，不断培训、开发人力资源，通过培训与开发的手段，掌握用人的原则，推动组织发展。与此同时，帮助每一位组织成员很好地完成各自的职业发展道路。

一、人员培训的意义

人在生产力诸要素中是最重要、最活跃的因素。一个组织小到家庭、企事业单位，大到国家，其命运如何归根到底取决于人员素质的高低。人的素质的提高，一方面需要个人在实践中不断地学习和修炼，更重要的是需要有组织、有计划的培训。现代的竞争就是人才的竞争，并最终取决于人。技术进步需要人去推动，人的知识会老化需要不断更新，同时员工对自身的成长与发展提出更高的要求。培训的主要意义如下：

（一）人员培训是迎接新技术革命挑战的需要

随着科学技术的迅猛发展，知识更新、技术更新的周期越来越短，而技术在竞争中的地位越来越显得重要。从本质上来讲，新技术革命在改变着社会劳动力的成分，不断增加着对专业技术人员新的需求。技术创新，成为企业赢得竞争的关键一环，而技术创新的关键又在于第一流的技术人才的培养。通过技术培训，使组织的技术队伍不断地更新知识、更新技术、更新观念，才能走在新技术革命的前列。

（二）培训是提高员工素质和增加组织竞争力的根本途径之一

现代社会快速发展的一个重要趋势就是新知识、新技术、新工艺、新产品的不断涌现，特别是知识、技术的更新速度明显加快，导致组织所拥有的人力资本相对贬值，员工不能更好地胜任工作；与此同时，市场竞争激烈，这对员工的素质和职业能力提出更高更新的要求。组织的竞争力来源于四个方面：人才、技术、产品和市场，而人才是最根本的因素。因此，只有通过培训，才能提高员工的素质，使其知识技能、工作态度等跟上时代发展的步伐，适应工作岗位发展变化的新要求，增强自身的人力资本。只有通过培训，才能提高员工整体素质，提高组织竞争力。

（三）人员培训是实现人事和谐的重要手段

随着社会的进步，"事"对人的要求越来越高、越来越新，人与"事"的结合处在动态的矛盾之中。总的趋势是各种职位对人员的智力素质和非智力素质的要求都在迅速提高。比如，我国改革开放以来，十年前你可能是一位很称职的厂长，而在市场竞争异常激烈的今天，可能会变得难当其任，无论在观念、知识和能力上都已不适应厂长职务的新要求。其他人员也是同样。这种人与事的不协调是绝对的，是事业发展的必然结果。怎样才能解决这一矛盾呢？一是人员调动，二是人员培训。人员调动是用"因事选人"的方法来实现人事和谐，而人员培训则是用"使人适应事"的方法实现人事和谐。即通过必要的培训手段，使其更新观念、增长知识和提高能力，重新适应职位要求，显然，这是实现人事和谐的根本手段。

（四）培训是提高效率的重要途径

人员通过有效的培训，在生产过程中，能减少所需工作时间，从而降低人力成本；减少废品或材料的浪费，从而降低了生产成本。由此可见生产的数量、品质和效率都跟员工的知识、技术与能力有密切的关系。而通过培训可增加员工知识，提高其能力，最终体现为劳动生产率和工作效率的提高。

（五）人员培训是调动员工积极性的有效方法

人员在社会中分工不同、层次不同、岗位不同，但都渴望不断充实自己、完善自己，使自己的潜能充分发掘出来，渴望成功。这种自我实现的需要一旦得到满足，将会产生深刻而又持久的工作动力。大量事实证明，安排人员参加培训，到先进企业学习，去外资企业任职，到国外进修，到高等学校深造等，都是满足员工这种需求的途径。经过培训的人员，不仅提高了素质和能力，也改善了工作动机和工作态度及工作动力。所以说，培训是调动人员积极性的有效方法。

（六）培训是员工个人发展的需要

通过培训，一方面使员工具有担任现职工作所需的学识技能；另一方面希望员工事先储备将来担任更重要职位所需的学识和技能，以便一旦高级职务出现空缺即可及时填补，避免延误时间与工作。现代的培训执行的是组织与个人双赢的理念，即组织在谋求整体利益、追求最佳绩效的同时，也要把员工个人的成长、员工自身人力资本增值和员工个人的职业发展放在重要的位置。从员工自身发展来看，随着经济的发展，在组织里工作的员工所追求的目标正在或已经超越生理、安全等低层次需要，逐渐迈向高层次目标，强烈要求实现自我价值。组织的培训工作恰恰能够满足员工自身发展这一要求。员工通过参加培训，自身的知识、技术、能力等得到提升，随着自身素质的提高，员工就能够更好地适应环境变化所提出的挑战，能够跟上时代发展的步伐，从而实现自我价值和自我成长。

二、培训的内容

不论是哪种类型的培训对象，人员培训都是围绕工作需要和提高工作绩效展开的，因此，培训的具体内容主要包括以下三个方面。

（一）思想素质培训

力求通过学习，使员工懂得马克思主义的基本原理，掌握和理解党和国家在某一时期的方针和政策，遵纪守法，爱岗敬业，培养崇高的道德情操，树立远大理想，从而端正工作态度。学习包括马克思主义原理、党和国家方针政策、社会伦理道德、爱国主义和理想教育等。

另外，每个组织都有自身特定的文化氛围及与其相适应的行为方式，如价值观、组织精神和组织风貌等。要想最大限度地提高组织绩效，必须使全体员工认同并自觉融入这一氛围之中。组织必须通过有针对性的培训，使员工个体逐渐融入组织整体，建立起组织与员工之间的相互信任关系，培养员工忠诚于组织的积极的工作态度，增强组织观念、团队意识、责任心和敬业精神。

（二）业务知识培训

这里所讲的业务知识培训包括基础理论知识和业务知识培训。组织应通过培训使员工具备完成本职工作所需要的基本知识，了解与本组织业务活动有关的知识和基本情况，各方面的知识面要尽可能地宽，内容主要包括：经济学、社会学、心理学、文化与伦理学、管理学、市场营销学、战略管理、人力资源管理、财务管理、组织行为学等。因此，组织在进行具体培训时，应针对不同的培训对象和不同的目标在上述内容上有所侧重。同时也要尽可能多地学习一些与以上内容相联系的其他相关知识。

（三）能力培训

能力培训包括管理能力培训和技能培训。管理能力包括管理技巧，是管理知识运用到管理实践中的反映。它主要是针对管理人员而言的。管理既是一门科学，又是一门艺术，具有很强的实践性。因此管理能力的培训就是让管理人员运用管理科学的基本原理和方法，提高在实际工作中认识问题、分析问题和解决问题的能力和技巧。但是不同层次的管理人员，由于他们的工作性质、职责和职权范围等都不一样，因此，所需的管理能力和技巧等也就不一样。所以，培训时还要注意根据层次的不同特点来进行，基层管理人员是第一线的管理人员，在他们的工作中，技术能力是很重要的。此外，他们大多以前没有系统地学习过管理的基本理论，因此，对基层管理人员培训的重点应该是技术培训和管理基本理论及方法的学习。中层管理人员一般是从生产实践的基层当中提升上来的，对于管理基本知识不仅有所了解，而且有了成功的实践。中层管理人员一般是部门负责人，他们有大量的信息沟通、人际交往、组织协调和决策等方面的工作要做，这些工作都要求较高的人事协调能力。因此，中层管理人员培训的重点，应该是人事协调能力的提高。高层管理人员是处于组织的最高层，他们要照顾全局的利益，正确分析环境的变化，为组织未来的发展做出预测和决策。为了做好这些工作，就需要有较多的战略分析和规划决策的能力。因此，上层主管人员培训的重点，是提高综合分析问题的能力。

技能培训是指针对员工从事本职工作需要掌握的技能而进行的培训，具体来说，主要包括：各项业务操作技能即技术能力、人际交往能力、谈判技能、计算机运用技能、外语技能等。其培训目的是使员工掌握从事本职工作的必备技能，并以此培养、开发员工的潜能。

三、培训的程序和方法

（一）培训程序

人员培训通常分为培训需求分析、培训计划的制订、培训计划的实施、培训效果评估等几个阶段，如图6.2所示。

1. 人员培训需求分析

人员培训必须有针对性，否则就是劳民伤财。因此在培训中要确定轻重缓急，根据需求的不同进行培训。培训需求分析通常包括以下步骤：对组织进行检查以确定完整的、有针对性的培训和发展需求；进行工作分析以确定某一工作岗位所包含的任务以及完成这些任务所需要的知识、技能及态度；对员工进行评估，找出他们工作中的不足，以确定培训重点；明确特定的培训需求。

2. 制订培训计划

组织对人员的培训计划是以需求分析为基础的。对现职人员来说,他考虑的是目前职务对主管人员的要求。他的实际工作成绩与要求达到的成绩之间的差距,就是个人的培训需要。职务要求与他们现有的才能之间的差距,就是职务的培训需要,这两方面的培训需要,就构成了组织培训计划的主体。此外,组织还要根据对未来组织内外环境变化和预测,来确定对未来主管人员的要求,这些要求作为未来组织发展的需要,也应纳入培训计划。人员培训计划一般包括:培训目标、时间、地点、内容、对象、经费预算等内容。

3. 实施培训计划

计划制订出来以后,接下来,就是实施培训计划,即对人员进行正式培训。培训的方法有两种,一种是在职培训,另一种是脱产培训。

4. 评估培训效果

培训的评估是培训工作的最后一个环节。评估目的是考察培训计划执行情况如何,即是否实现了培训的目标,从中总结经验,吸取教训,使以后的培训工作做得更加完善和更富有针对性。评估结果要反馈培训需求分析和培训计划。

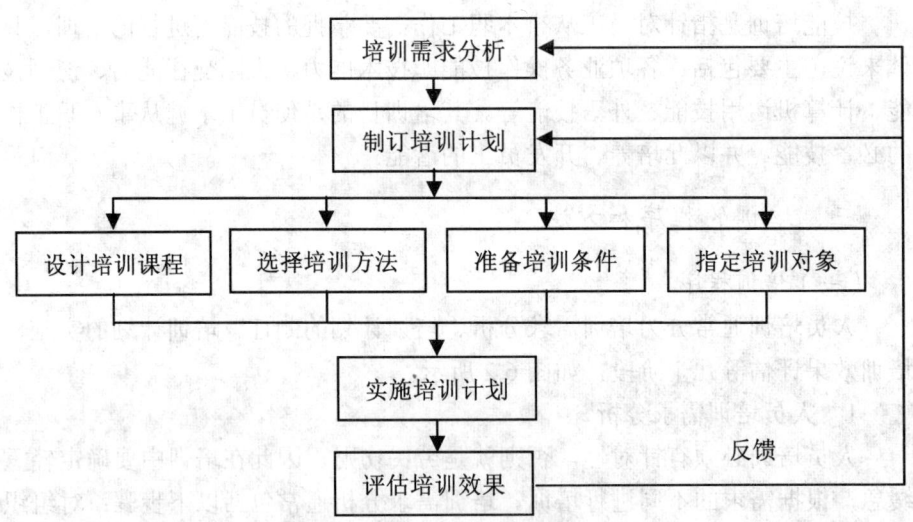

图 6.2 员工培训的基本程序

(二)培训方法

培训的方法多种多样,组织应根据培训的目标选择适用的有效方法。一般地,可分为在职培训和脱产培训。

在职培训是受训人员在实际的工作中进行培训,省时省钱,而且见效快。培训时不脱离岗位,不影响工作。但这种方法往往缺乏良好的组织,不太规范,容易影响培训效果。

脱产培训是在专门的培训场所进行培训。由于培训对象是脱产学习,没有工作压力,时间集中,精力集中,其知识技能水平提高迅速。而且,这种方法可以暂时缓解冗员问题,但这种方法成本较高,所培训的内容常常与实际工作相脱节。

为了克服这两种方法的缺点,集中在职培训和脱产培训两者的优点,可以采用半脱产培训,这是一种兼顾培训质量和费用的一种行之有效的方法。

同时,人员培训也可分为岗前教育、新员工培训、在职员工职业教育、组织全员培训四种类型。岗前教育体现了先培训后就业、先培训后上岗的就业思想。为保证组织新员工的质量,须在就业前就给以适当的教育、培训。也就是说,对于刚被组织引进来的新员工需要经过一段时间的培训,以让其了解组织基本情况,达到相应职位上的基本要求。在职员工的职业教育则是整个社会继续教育、终身教育的重要组成部分,这是组织提高其成员素质的基本途径。为了尽快提高组织的整体素质,有必要进行组织全员培训,即组织全体人员都必须参加的各种层次的培训。

第四节 人员考核与薪酬制度

一、人员考核的必要性

人员考核在人员配备工作中占据重要地位,发挥着巨大作用,人员考核的必要性主要表现在以下几个方面:

(一) 人员考核是管理与控制的有效手段

考核本身是一种管理与控制的有效手段,因为要考核,就要明确工作标准,提供考核手段,科学运用考核结果。例如,考核是人员聘用的依据,只有了解人的能力特长、工作状况等,才能知人善任;考核是人员培训的依据,只有通过考核才能了解个人的优势、劣势,了解工作差距,为培训对象的选择和培训需求计划的确定提供帮助;考核对组织人员调配、职务晋升、薪酬确定等会产生较大的影响。所以,通过考核结果的反馈实现员工绩效的提升和组织管理的改善。也是管理者与员工之间的一项管理沟通活动。

（二）人员考核是选拔管理人员的依据

在进行职务晋升和人员选拔时，为了做到不误用一个庸才，也不埋没一个人才，就必须依靠正确、合理、公正的考核。一方面使管理人员在适合自己的岗位上各尽其职、人尽其才；另一方面，也能够发现组织结构设计中的不合理之处，进一步完善组织工作，调整管理人员岗位，淘汰不称职的管理人员，选拔和聘用那些真正有才能的管理人员。

（三）通过考核可以了解管理人员的工作质量

管理人员的工作绩效很大程度上决定了组织的绩效，而管理人员的工作绩效是由管理人员的工作质量来保证的，同时管理人员工作质量的好坏是由其工作绩效来衡量的。通过对管理人员的考核，就能了解管理人员的工作绩效，从而了解管理人员的工作质量。

（四）人员考核是培训管理人员的依据

只有通过考核才能了解到管理人员的优势、劣势、知识、能力和工作上的差距，针对受训者的不足，选择培训方式，制订培训计划，加强培训，只有这样，才能保证培训工作确有成效。

（五）人员考核是一种有效的激励手段

考核的激励功能一方面表现在考核本身就是一种有效的激励手段。员工有一种了解自己工作成绩的需要，这不仅是为了寻求个人心理满足感，通过考核还可以利于员工认识自己的不足，发现自己的潜力并且在工作中充分发挥这种能力。考核激励的另一方面是要奖优罚劣，改善调整员工行为，激发员工积极性，使员工积极主动地完成组织目标。另外，考核强调部门主管必须制订工作计划目标，与下属充分讨论工作，并帮助下属提高绩效，对激励管理者提高管理水平也是一个有效方法。

二、人员考核的内容

人员考核的目的、对象、范围复杂多样，因此，考核内容也颇为复杂。但就其基本内容，主要包括德、能、勤、绩四个方面。

（一）德

德指人的政治思想素质、道德素质、心理素质。德与才，德是一个人的灵魂，是用于统帅才的，它决定一个人的行为方向——为什么样的人生目的而奋斗；决定了行为活动的强弱——为达到目的所做努力的程度；决定了行为的方式——采取什么手段达到目的。

德的标准不是抽象的，而是随着不同时代、不同行业、不同层级而有所变化。在改革开放的今天，德的一般标准是坚持党的基本路线，坚持集体主义价值观，富有使命感、责任心和进取精神，遵守职业道德，遵纪守法等。

（二）能

能指人的能力素质，即认识世界和改造世界的本领，能力不能抽象地、孤立地存在。因此，对能的考核应以素质为依据结合他在工作中的种种具体表现来判断。一般来讲，能包括一个人的动手操作能力、认识能力、思维能力、研究能力、创新能力、表达能力、组织指挥能力、协调能力、决策能力等。对不同的职位，其能力的要求应有不同的侧重。

（三）勤

勤指勤奋敬业的精神。主要指人员的工作积极性、创造性、主动性、纪律性和出勤率。不能把勤简单地理解为出勤率。出勤率高只是勤的一种表现，但并非内在的东西，他也可能是出工不出力，动手不动脑。真正的勤，不仅出勤率高，更重要的是以强烈的责任感和事业心，在工作中投入全部的体力和智力以及全部的情感。因此，人事考勤工作应将形式的（表面的）考勤与本质的（内在的）考勤结合起来，重点考核其敬业精神。

（四）绩

绩指人员的工作绩效，包括完成工作的数量、质量、经济效益和社会效益。数量、质量、效益之间，经济效益与社会效益之间，都是对立统一的、辩证的关系，在考核和评价人员的成绩时，应充分注意这一点。对不同职位，考核的侧重应有所不同，但效益应该是处于中心地位。在考核"绩"时，不仅要考核人员的工作数量、质量，而且还应考核其工作在满足社会需要方面所带来的经济效益和社会效益。

三、人员考核的分类

通常从以下几个方面对人员考核工作进行分类：

第一，按时间划分。可分为定期考核与不定期考核，定期考核又可分为半年期、一年期和二年期、三年期不等。

第二，按内容划分。可分为工作态度考核、工作能力考核、工作绩效考核、综合考核等。

第三，按目的划分。可分为例行考核、晋升考核、转正考核、评定职称考核、培训考核、新员工考核等。

第四，按考核对象划分。可分为对职工考核和对干部考核。对干部考核，又可分为对领导干部、中层干部、基层管理人员的考核。

第五，按考核主体的划分。可分为上级考核、自我考核、同事考核、专家考核和下级考核，以及综合以上各种方法的立体考核。

第六，按考核形式划分，可以分为口头考核与书面考核；直接考核与间接考核；个别考核与集体考核。

四、人员考核方法

人员考核的方法有很多，但是没有适合一切目的的通用方法。因为不同的组织，有不同的性质，人员也有不同的工作特点，那么也就有不同的考核要素特征。如不同年龄、不同管理层次、脑力劳动者和体力劳动者等都有着不同的考核要素特征。所以，就要设计一种方法，既符合考核目的，又适合每一组织的独特的特点。下面对一些常见的考核方法分别进行介绍。

（一）排序法

排序法是指通过按员工绩效的相对优劣程度，确定每个人的等级或名次，排出全体员工的考核顺序。排序法既可按单项目进行，也可按工作整体状况综合比较。操作上比较简单，最主要的缺点是员工之间差别的程度并无很好的衡量尺度。如果被排列的人数太多，这一排序结果往往缺乏实用性。排序法包括简单排序、交替排序、范例对比法、对偶比较、强制分布法等。

1. 简单排序

简单排序是根据员工的工作状况把员工的工作情况和表现从最好到最坏或从最坏到最好进行排序。

2. 交替分级

交替排序法是简单排序法的一种变形。在操作过程中，考核者先确定最好和最次的，再确定次优次劣，以此类推，直到把所有的员工评价完毕。由于在评级的起初，员工差距比较大，考核者很容易做出正确的决策。越接近中间的员工，由于员工水平比较接近，在考核时就应越谨慎。

3. 范例对比法

按考核的内容不同列出不同的项目，然后从每一项目每一等级选出一名合适的员工为基准，将其他人与之比较对号入座，最终各项目考核的分数总和，即为员工的考核结果。所有员工考核完毕后再行排序。

4. 对偶比较法

该方法是将员工两两相对比，按照对比构成中获取的最优次数的总数来确定次序。这种方法相对科学合理，但主要是对员工整体情况的总体比较，也不适应于员工数量过多的情况。

5. 强制分布法

强制分布法也叫强制正态分布法。该方法就是按照事物的"两头小、中间大"的正态分布规律，首先确定好各等级在被考核员工总数所占的比例。然后按照每个员工绩效的优劣程度，强制列入其中的一定等级。强制分布法有如下优点：

（1）等级清晰，操作简便。等级划分清晰，不同的等级赋予不同的含义，区别显著；并且只需要确定各等级比例，通过简单计算即可得出结果。

（2）强制区分。要求必须在员工中按比例区分出等级，会有效避免在考核过程中过严或过松等一边偏的现象。

（3）刺激性强。这种方法常常与员工的奖惩联系在一起。对绩效"优秀"的重奖，绩效"较差"的重罚，强烈的正负激励同时运用，给人以强烈刺激，以激发员工的潜力和积极性。

强制分布法也有若干缺点：第一，负责考核的人可能不愿将任何人置于最低或最高组。第二，当员工质问考核人自己为何设置于某一等级时，难以很好地解释。第三，考核的员工人数较少时，按正态分布规律分组会与员工的实际情况有所差别。

（二）评定量表法

评定量表法是考核中最常用的一种方法。根据岗位工作分析，将考核岗位的工作内容划分为相互独立的几个模块，在每个模块中用明确的语言描述完成该模块工作内容需要达到的工作标准。同时，将考核结果分为几个等级，如优、良、合格、不合格等，考核可根据被考核人的实际工作表现，对每个模块的完成情况进行评价，总成绩便为该员工的考核成绩。该方法由于简单易操作，所以使用最普遍。在图表为每项职责确定的等级中，考核人员只需在他认为适当的级别上打上标记。更详细的考核评价可以填写在每个被考核因素旁边的用于书写评价的空格内。评定量表法有其缺点，其一，这种方法将不同的特征或要素组合在一起，而考核人员能选择另一个方格来画钩。其二，在这些等级表中，有时使用的说明性文字容易致使不同考核者产生不同的理解，像主动性、合作精神、出色、一般、较差这些考核文字出现时，容易导致五花八门的理解。由于这些考核表设计起来比较容易，在各种各样的考核分级方式中被广泛采用，考核评定量表见表 6.1 所示。

不同的考核对象，考核的结构项目的权重也不一样，这可以体现不同考核对象要求的侧重点不同。如表 6.2 所示。

（三）关键性事件方法

关键事件法又叫考核日志或考核记录，记载与工作绩效密切相关的事项，归纳整理做出结论。需要注意的是，平常记录的是与工作密切相关的素材而非主管人员的评语。按照关键性事件的考核方法，主管人员应对员工表现中最令人赞许和最令人难以承受的行为进行书面的记录。当一个员工与工作有关的"关键性事件"发生时，主管人员便将其记载下来。每个员工的关键性事件清单在整个考核期限内始终予以保留。当关键性事件方法和其他一些方法同时使用时，就可以更充分地说明为什么一个员工被给予一个特定的考核评价。

表 6.1 考核评定量表

部 门		工 号		
入厂日期		主要工作		
项目	内容	评分	出勤记录	
绩效 (25%)	目标达成度			
	工作质量			
	工作方法			
	进度快慢			
	绩效成长率		评分	
能力 (25%)	领导力		奖惩记录	
	业务能力			
	应变能力			
	执行力			
	判断力		评分	
品德 (25%)	人际关系		主管人员的评语	
	协调性			
	守法性			
	是否受下属尊重			
	对公司态度			
学识 (25%)	基本常识		总经理评语	
	专业知识			
	进取心			
	发展潜力			
	一般知识			
合 计				

表 6.2 考核权重表

考核对象 结构	一般工作人员	中层管理人员	高层决策人员
素质结构	25%	25%	20%
智力结构	20%	20%	20%
能力结构	25%	20%	20%
绩效结构	30%	35%	40%

（四）评语法

评语法是指由考核人撰写一段评语来对被考核人进行评价的一种方法。评语的内容包括被考核人的工作业绩、工作表现、优缺点和需努力的方向。评语法在我国应用非常广泛。由于该考核方法主观性强，最好不要单独使用。

（五）目标考核法

考核法是根据被考核人完成工作目标的情况来进行考核的一种绩效考核方式。在考核之前，考核人与被考核人应该对需要完成的工作内容、时间期限、考核的标准达成一致。目标管理考核在制订过程中，让员工参与其中，可增强员工对组织的认同感和工作积极性，员工就会更好地工作以实现理想的结果。在时间期限结束时，考核人就可根据被考核人的工作状况及原先制订的考核标准来进行考核。

（六）小组评价法

小组评价法是指由两名以上熟悉该员工工作的主管人员组成评价小组进行考核的方法。小组评价法的优点是操作简单、省时省力，缺点是容易使评价标准模糊、主观性强。为了提高小组评价的可靠性，在小组评价之前，应该向员工公布考核的内容、依据和标准。在评价结束后，要向员工讲明评价的结果。在使用小组评价法时，最好和员工个人评价结合进行。当小组评价和个人评价结果差距较大时，为了防止考核偏差。评价小组成员应该首先了解员工的具体工作表现和工作业绩，然后再做出评价决定。

（七）情景模拟法

情景模拟法是指将考核对象置于一个模拟的工作环境之中，运用多种评价技术，观察考核对象的工作能力，从而决定该人是否适合于某项工作的一种考核、识别、选拔管理人才的方法。运用情景模拟法可以评价的项目有：计划与组织能力、决策能力、创造能力、应变能力、学习能力、口头与文字表达能力等。情景模拟法可以针对不同层次的管理人员的职务要求和必备能力,设计不同的场景,适应了不同组织的状况和管理层次的需要,具有针对性。常用的工作模拟情景试验有工作情景表演、无领导小组讨论、案例分析等。

五、薪酬制度

薪酬制度涉及国家,单位和个人之间的利益关系,是组织及其成员共同关心的问题,对于个人来说,它直接影响到收入水平和生活质量,对于组织而言,它不仅决定组织成本的高低,而且直接关系到组织成员工作积极性和工作效率。人员配备工作的重要作用可以充分调动人的积极性,所以薪酬制度也是人员配备过程中所面临的不可忽视的问题。

(一)制订薪酬制度的依据

1. 工作绩效考核结果

社会主义市场经济条件下的收入分配原则是按劳分配,"多劳多得,少劳少得,有劳动能力者不劳不得",绩效考核就是组织对组织成员的工作表现所做的评价。科学的绩效考核是奖优罚劣的基本依据。因此,组织成员的收入应与绩效考核的结果相联系,这是薪酬制度制订的基础。

2. 岗位与职位的相对重要性

员工处于不同的工作岗位和工作职位,其价值和重要性是不同的。组织应当系统地评定各个职位的相对价值,依照每一职位的工作性质、所需特殊技能、履行职责的风险、对组织的贡献程度等来评定各个职位的排列顺序,并以此作为收入分配的依据之一,如企业中的营销人员的岗位职位的相对价值就比较大,所以其收入应高一些。

3. 人才市场的供求状况

市场经济条件下,人才的供需状况将影响人才价值。在市场上假如企业中某一类人才(如营销人才、高级管理人才)短缺时,企业为了得到企业发展而急需的这一部分人才就不得不支付更高的薪酬;同样,若某类人才过剩时,企业在其身上的经济成本就会降低。目前就企业而言,我国高级管理人才、营销人才比较缺乏,也决定了他们的收入处于相对较高的水平。

4. 组织的财务状况

组织的财务状况,直接影响到组织成员的收入高低,尤其是奖金、福利等部分,若经济效益好,财务状况良好,则员工的薪酬不但有保障而且可能会较高,但是若组织运行不良,财务状况较差,则员工的收入肯定受到影响。

5. 当地的居民生活水平

客观上，组织成员的收入水平与当地居民收入水平存在着密切的关系，员工的薪酬水平确定在什么标准，与社会居民收入水平和生活水平保持一个什么样的差距，这是组织确定薪酬水平时应考虑的因素。一般而言，组织成员的收入要高于或至少不低于当地居民的平均收入水平。

（二）制订薪酬制度的原则

1. 公平性原则

公平性是制订薪酬制度的首要原则。组织成员对收入分配感到是否公平，会影响到其工作的积极性和主动性。假如组织成员认为组织在收入分配上有失公平，则士气低落，工作消极，造成组织内人际关系紧张，人才外流，影响组织的稳定与发展。

2. 效益性原则

在公平的基础上贯彻多劳多得、按劳分配的原则，破除平均主义和"大锅饭"现象，要奖励优秀者，鼓励中间者，惩罚落伍者。

3. 吸引性原则

组织制订的薪酬标准在社会上和人才市场中要有吸引力，才能够吸引和招聘到组织所需人才。尽管物质利益不是吸引人才的唯一因素，但却是非常重要的因素，在当今社会中，物质激励仍是一种吸引和留住人才的重要手段，组织只有在付给自己所需人才的薪酬与别的组织相比具有竞争力时，才能如愿以偿地吸引和留住人才。

【应用阅读】

两只养蜜蜂的熊

黑熊和棕熊喜食蜂蜜，都以养蜂为生。它们各有一个蜂箱，养着同样多的蜜蜂，有一天，它们决定比赛看谁的蜜蜂产的蜜多。

黑熊想，蜜的产量取决于蜜蜂每天对花的"访问量"。于是它买来了一套昂贵的测量蜜蜂访问量的绩效管理系统。在它看来，蜜蜂所接触花的数量就是其工作量。每过完一个季度，黑熊就公布每只蜜蜂的工作量；同时，黑熊还设立了奖项，奖励访问量最高的蜜蜂。但它从不告诉蜜蜂它是在与棕熊比赛，它只是让它的蜜蜂比赛访问量。

棕熊与黑熊想法不一样。它认为蜜蜂能产多少蜜，关键在于它们每天采回多少花蜜。花蜜越多，酿的蜂蜜也越多。于是它直截了当告诉众多蜜蜂：它在和黑熊比赛看谁产的蜜多。它花了不多的钱买了一套绩效管理系统，测量每只蜜蜂每天采回花蜜的数量和整个蜂箱每天酿出蜂蜜的数量，并把测结果张榜公布。它也设立了一套奖励制度,重奖当月采花蜜最多的蜜蜂。如果一个月的蜜蜂总产量高于上个月,那么所有蜜蜂都受到不同程度的奖励。

一年过去了,两只熊查看比赛结果,黑熊的蜂蜜不及棕熊的一半。

黑熊的评估体系很精确,但它评估的绩效与最终的绩效并不直接相关。黑熊的蜜蜂为尽可能提高访问量,都不采太多的花蜜,因为采的花蜜越多,飞起来就越慢,每天的访问量就越少。另外,黑熊本来是为了让蜜蜂尽可能多地对花去"访问"来搜集更多的采花信息,才让它们竞争,由于奖励范围太小,为搜集更多的采花信息的竞争变成了相互封锁信息。蜜蜂之间竞争的压力太大,一只蜜蜂即使获得了很有价值的信息,比如某个地方有一片巨大的油菜花,它也不愿将此信息与其他蜜蜂分享。

而棕熊的蜜蜂则不一样,因为它不限于奖励一只蜜蜂,为了采集到更多的花蜜,蜜蜂相互合作,嗅觉灵敏、飞得快的蜜蜂负责打探哪儿的花最多最好,然后回来告诉力气大的蜜蜂一起到那儿去采集花蜜,剩下的蜜蜂负责贮存采集回的花蜜,将其酿成蜂蜜。虽然采集花蜜多的能得到最多的奖励,但其他蜜蜂也能捞到部分好处,因此蜜蜂之间远没有到人人自危相互拆台的地步。

启示:激励与报酬是相辅相成的。建立起合理有效的报酬体系对于企业而言是至关重要的。

(三)我国现行的几种工资制度

工资制度是组织薪酬制度的主要内容,目前现行的几种工资制度对于我国工资制度改革具有重要的借鉴与参考价值。

1. 技术等级工资制

技术等级制是根据劳动的复杂程度、繁重程度、精确程度和工作责任大小等因素划分技术等级,按等级规定工资标准的一种制度。其基本思想是:以劳动质量来区分劳动差别,进而依此规定工资差别。这种工资制度适用于技术比较复杂的工种,诸如机械行业的车、钳、铆、锻、焊、插、铣、刨、磨、钻,以及模型、机修等工种。技术等级工资制由工资等级表、技术等级标准和工资标准三方面组成。

(1)工资等级表。工资等级表是确定各级工人的工资标准和工人之间工资比例关系一览表,它包括工资等级数目、工种等级线和工资级差。

制订工资等级表的通常步骤是:分析工种劳动差别;确定等级级数;划分工种等级线;规定最高等级与最低等级工资的倍数;确定各等级之间的工

资级差。

(2) 技术等级标准。技术等级标准就是不同工种、不同级别应该达到的技术水平和劳动技能的标准。它包括：该等级工人应该具备的文化理论知识；该等级工人应该具备的技术操作能力和实际经验；该等级的工人应该能够完成的典型工作实例。

(3) 工资标准。工资标准又称工资率，指对不同等级职工实际支付的工资数额。标准工资与工资标准不同，二者关系可用下式表达：

$$标准工资 = 月工资标准 - 缺勤天数 \times 日工资标准$$

2. 职务等级工资制

职务等级工资制是政府机关、企事业单位的行政人员和技术人员所采用的按职务等级规定工资的制度。这种制度是根据各种职务的重要性、责任大小、技术复杂程度等因素，按照职务高低规定统一的工资标准。在同一职务内，又划分若干等级。各职务之间用上下交叉的等级来区别工资差别线，呈现一职数级、上下交叉的"一条龙"式的工资制度。在20世纪90年代我国政府机关、企事业单位的行政人员和技术人员采用同一个工资等级表，行政人员30级，技术人员分18级，并根据各地物价和生活费用水平划分11类工资区，技术人员除地区分类外，根据产业不同又规定工资标准。职务等级工资制由职务名称表、职务工资标准表、业务标准、职责条件等构成。

3. 结构工资制

结构工资制又被称为分解工资、组合工资或多元化工资。它根据决定工资的不同因素和工资的不同作用而将工资划分为几个部分，通过对各部分工资数额的合理确定，构成劳动者的全部报酬。

一般结构工资由四部分组成：

(1) 基础工资。是保障员工基本生活的部分，乃是维持劳动者劳动力再生产所必需的。对基础工资的发放标准，目前有两种方式：一种是不管你是工人还是干部，统一规定一个相同的基础工资额；另一种是按照本人原标准工资的一定比例作为基础工资，由于标准工资不同，基础工资也就有高有低。实行这种办法，对标准工资过低者，还规定有基础工资的最低额。

(2) 职务（岗位、技术）工资。是按照各个不同职务（岗位）的业务技术要求、劳动条件、责任等因素来确定，即担任什么职务，确定什么工资标准。工作变动，职务工资也随着变动。一般以"一职一薪"为宜。

(3) 工龄工资。又叫年功工资，以工龄为主，结合考勤和工作业绩来确定。

(4) 浮动工资（奖励工资）。也叫做业绩工资，根据企业经营效益的好坏、个人的业绩的优劣来确定。这部分工资在工资构成中所占比例有日益增长之势，但具体计算方法各企事业单位有较大差别。有的是规定几个等级，每个等级有确定的工资额，也有的与个人业绩挂钩，上不封顶，下不保底。

结构工资是一种较好的工资制度，考虑因素较全面，主要有以下优点：

(1) 较好地体现了工资的几种不同功能。劳动有潜在、流动、凝固三种形态。工龄、学历、职务主要反映劳动的潜在形态；劳动态度、劳动条件主要反映劳动的流动形态；劳动成果（贡献）和工龄（积累贡献）主要反映劳动的凝固形态。而职工的最低工资则保障劳动者的基本生活需要。结构工资全面地反映了这些因素，并且选取较为合理的比例。

(2) 有利于促进工资的分级管理，为工资分配制度的改革开辟了道路。

(3) 能够适应各行各业的不同特点。

4. 岗位技能工资制

岗位技能工资就是按照工人的实际操作岗位及技术水平来规定工资标准，它适用于专业化程度较高、分工较细、工种技术比较单一、工作对象等级比较固定的产业或企业。岗位工资将工资、技术和工作成绩三者密切结合起来，能够更好地贯彻多劳多得、同工同酬的原则，特别是有利于调动中青年员工的工作积极性。

在不同行业、企业中，岗位技术工资的等级和标准各有不同，有的一岗一级，一岗一薪，有的一岗多级，一岗多薪，具有一定灵活性，使岗位技能工资制适应性较强。制造业和采掘业中广泛地采用了这种工资形式。

除了上述四种工资制度，还有一些工资制度，如效益工资制等。

(四) 工资形式

我国现行的工资形式主要有两种：一是计时工资，二是计件工资，还有一种是作为补充形式的奖金和津贴。

1. 计时工资制

这种工资形式的特点，一是直接以劳动时间计量报酬，适应性强；二是考核和计量容易实行，具有较强的可行性；三是具有明显的不足，即不能反映劳动强度和劳动效果。如果对计时工资辅以超额计件工资，即可避免上述缺点。计时工资制又可分为小时工资制、日工作制、月工资制三种。

(1) 小时工资制。小时工资标准=月工资标准/月法定工作小时数

(2) 日工资标准。日工资标准=月工资标准/月计算日数

(3) 月工资制。即根据规定的月工资标准来计算工资。

2. 计件工资制

它是指依据工人生产合格产品的数量或完成的工作量,以劳动定额为标准预先规定计件单价来计算劳动报酬的一种形式。计件工资的优点是把工人的劳动成果与报酬直接挂钩,有利于提高劳动生产率,同时增加工人的收入。其缺点是容易导致忽视产品质量等一些短期行为。

3. 奖金和津贴

奖金和津贴是一种辅助的工资形式。

奖金应该是对劳动者提供的超额劳动的报酬,必须从企业的超额利润中提取。奖金的分配以计分法最好,奖金不封顶,但应征收奖金税。奖金分综合奖(月奖、季度奖、年中奖、年终奖等)和单项奖(质量奖、节能奖、安全奖、节约原材料奖、全勤奖、技术革新奖、合理化建议奖等)。

津贴是对劳动者提供特殊劳动所做的额外劳动消耗的一种补偿。它是工资的一种辅助形式。其效用是保护职工的身体健康,稳定特殊岗位、艰苦岗位、户外工作岗位的职工队伍。主要的津贴形式有:地区津贴,野外作业津贴,井下津贴,夜班津贴,流动施工津贴,冬季取暖津贴,粮、煤、副食品津贴,高温津贴,职务津贴,放射性或有毒气体津贴等。

(五)最新的绩效薪酬形式

1. 按功付酬

按功付酬即与员工基础工资挂钩的绩效薪酬形式,要求在评价员工个人绩效的基础上对薪酬进行分配。它是最常用的绩效薪酬形式,其好处在于可以根据企业的战略目标灵活定义绩效概念。如企业在需要提高产品质量时,可以把受投诉案件的数量、顾客满意度调查数量和顾客评分等作为绩效评价的主要项目,并根据需要设定相应的权数;在以降低成本为主要目的时,则把与成本有关的项目作为评价的对象,根据员工在成本降低而做出的贡献决定其薪酬等级。在这种形式下,员工的薪酬取决于其绩效得分,所以,绩效评价的准确性和公正性是很重要的。

2. 销售佣金制

销售佣金制是专门针对企业销售人员设计的一种绩效薪酬形式。实际操作中企业常用的三种销售佣金形式:一是完全佣金制,即完全根据销售额的完成情况决定销售人员的报酬。二是均衡佣金制,由于市场的季节性,完全根据销售额来决定报酬会造成销售人员淡季收入过低,从而影响工作的积极性,为避免这种情况可以制订一个最低佣金水平,当销售人员的佣金低于该水平时可以向企业要求预支以后的部分佣金,使自己本期收入达到最低标准。

企业会从销售人员日后的佣金收入中扣除前期预支部分。三是底薪加佣金制，即在保障销售人员的基本生活的基础上，根据完成的销售额情况发放薪酬。这种销售激励形式在企业中更为普遍。

3．股权分配

这是一种以管理人员为主要激励对象的绩效薪酬形式。它以约定的价格允许管理者在一定时期买入本公司约定数额的股票，这种股票本身不可转让也不能任意变现，但享有分红、配股权，且只有在规定的期限内方可获取。它将企业长期利益与管理者个人利益有效地结合起来，限制了企业经营者的短期行为，有效地吸引和优选管理人才，一定程度上可以留住优秀人才。在我国比较大的企业里可以采用此种方法。

4．动态股权激励计划

动态股权激励计划即是在预先划定每位员工所享有的静态股权比例（或初始股权比例）的基础上，按照其所负责业务给组织带来的贡献率超过其初始股权的部分进行直接计算的激励形式，是一种股权分配与绩效薪酬相结合的方法。这种动态股权分配比例，每年根据每一个员工当年的贡献和股权只计算一次，是一种直接对股权和当年业绩的回馈，而不能延续到下一年。

该激励模型的计算公式如下：

动态股权比例 = [（负责项目的净利润/公司所有项目的净利润－该员工的静态股权比例）×所做贡献的分配率+静态股权比例]/全体员工动态股权比例之和

某员工应享有的净利润=公司净利润×该员工当年的动态股权比例

公司净利润=公司当年各项目的总净利润－当年发生的期间费用

动态股权激励模型是建立在传统按股分红基础上的分配模型，是一种对传统股权分配模式的改良。因此，动态股权激励模型的存在有其广泛的意义。它不光适用于股份制企业等现代意义上的大公司，而且适用于合伙企业、个体企业等传统意义上的小公司；不仅可以对企业管理人员的考核与激励，而且对于企业的其他人员的激励，如技术人员、营销人员也同样适用。

本章小结

人员配备就是管理者根据组织结构中所规定的职务的数量和要求，对所需人力资源进行选聘、培训和考核等工作，其目的是为了配备合适的人员去充实组织中的各项职务，以保证组织活动的正常进行，进而实现组织目标。人员配备工作任务主要是制订人员配备计划、职位分类、定编定员、人员选聘、人员培训、人员考核和薪酬制度以及职业生涯规划等。

选聘工作必须依据人员配备计划，以职位分类和定编定员为基础。人员选聘主要有内部征召和外部招聘两种途径，两者各有利弊。人员选聘主要有笔试、面试、心理测验和评价中心等方法。

人员培训是指组织为适应业务发展和人才培育的需要，对员工进行有计划、有针对性的培养和训练。培训的具体内容主要包括思想素质培训、业务知识培训、能力培训等三方面。培训工作也要遵循一定的程序，采用科学的方法进行开展。

人员考核在人员配备工作中占据重要地位，就其基本内容，人员考核主要包括德、能、勤、绩四个方面。考核方法多种多样，如排序法、评定量表法、关键性事件方法、评语法、目标考核法、小组评价法、情景模拟法等。

薪酬制度也是人员配备过程中不可忽视的重要问题，薪酬制度的设计要遵循一定的原则，正确处理好国家、单位和个人之间的利益关系。现行的工资制度主要有：技术等级制、职务等级制、结构工资制和岗位技能工资制等。

一、理论训练题

1．单项选择题

（1）选拔主管人员时，重点应放在候选人在实践中所表现出来的（   ）。

    A．个人素质　　B．知识结构　　C．组织能力　　D．管理能力

（2）（   ）主管人员的主要任务是协调执行。

    A．上层　　　　B．中层　　　　C．下层　　　　D．基层

（3）人员考核是（   ）的合理依据。

    A．计划　　　　B．奖励　　　　C．控制　　　　D．人员配备

（4）下列不属于内部征召的优点是（   ）。

    A．有利于鼓舞和维持组织成员的士气

    B．误用人才的风险较小

    C．有利于缓和内部竞争者之间的紧张关系

    D．任职者能够较快地开展工作

（5）人员选拔的方式，既可以考虑从内部征召，也可以考虑从外部招聘，但无论哪种方式，都要提倡（   ）原则。

    A．首先搞好群众关系　　　　　　B．毛遂自荐

    C．尽展所能　　　　　　　　　　D．公开竞争

（6）从组织外部招聘管理人员可以带来"外来优势"是指被聘人员

（　　）。
  A．能提高组织成员的士气 B．可以较快地胜任工作
  C．能为组织带来新的观念 D．可以激励组织成员的进取心
（7）下列哪种方法不属于模拟情景训练法（　　）。
  A．角色扮演 B．无领导小组讨论
  C．结构式面谈 D．工作情景表演

2．简答题
（1）人员配备工作内容是什么？
（2）什么叫职位分类和定编定员？
（3）人员选聘的途径有哪些？各有什么优缺点？
（4）人员培训的内容是什么？
（5）简述人员考核的内容和方法。
（6）简述现行的几种工资制度。

二、实训题

实训项目　6-1　模拟招聘

1．实训目的
（1）培养学生招聘工作的能力。
（2）培养与训练学生应聘的能力与心理素质。

2．实训内容与要求
（1）全班可分为两大组作为两个公司，分别担任招聘方与应聘方，以公司为单位组织招聘活动。
（2）招聘方公司要制订招聘计划，包括招聘目的、招聘岗位、聘用条件、招聘程序等，特别是聘用的决定办法。
（3）应聘方学生都要写出应聘提纲或应聘讲演稿，一定要体现出应聘者的竞争优势。
（4）模拟招聘场景：根据招聘公司的战略发展计划建立相应的组织结构和部门，公司招聘由人力资源部经理主持，公司成员均为招聘组成员；招聘程序按课程讲授的内容进行，各公司根据每个应聘者的综合表现决定是否聘任；学生应在教师的指导下进行精心准备，成功地扮演好招聘者和应聘者的角色。

3．实训考核
（1）招聘公司需提供招聘计划书；

(2) 应聘方学生提供应聘提纲或讲演稿；
(3) 评估组织状况和个人能力状况；
(4) 由教师最终做出统计和效果综合评价。

实训项目　6-2　设计一份营销人员考核方案

1．实训目的
(1) 培养学生对人员绩效考核的能力。
(2) 培养学生训练提高自身综合素质的意识。

2．实训内容与要求
(1) 查阅资料——营销人员应具备什么样素质？
(2) 依据营销人员的素质设计一份考核方案。考核方案要包括考核目标、考核原则、考核对象、考核机构或人员、考核期限、考核办法等内容。

3．实训考核
每人写一份营销人员考核方案并上交。教师依据学生的考核方案给每个学生评价打分并在课堂上进行总体评价。

三、案例分析

案例 6-1　北电的"员工推荐"

北电网络公司曾是世界上最大的通讯设备制造商。2000 年，北电网络公司战胜了死对头朗讯，总收入达到 303 亿美元，控制了全球的光纤设备市场的 43%，几乎是市场份额仅为 15%的朗讯的 3 倍。北美和南美互联网流量的 75%，一度都是由北电网络的产品来处理，其股票市值占据了多伦多股票交易市场的三分之一还要多。北电网络能取得这么大的成绩，无不得益于它有一批杰出的专业人才，而这又与其有一套独特的招聘制度密不可分。

像许多公司一样，北电网络公司的招聘途径很多，但在所有招聘方式中，员工推荐是效果最好的方式。

北电网络的总裁兼 CEO 罗世杰说："对于通过推荐招聘的人，我们通常能够知道员工大概情况。例如我们现有的员工很有可能是从竞争对手那里过来的，所以推荐来的人很有可能有这个行业的经历。或者也有一些从比较好的大学毕业的学生，他们在北电工作的同学给他们推荐，这样来的员工素质比较接近。"

在罗世杰的大力支持下，公司建立了一种内部推荐奖金制度，该制度规定，员工推荐来的人如果被北电录用，北电将会给这位员工一定金额的奖励。员工内部推荐的流程是：先由需要用人的经理提出用人需求，人力资源部将此信息进行内部招贴，企业内部的员工知道有这个用人名额，就可以将自己认为合适的人选推荐到公司来，公司的用人经理和 HR 面试人员通过面试，觉得推荐人选合适，就可以进来上班了。这种招聘速度非常之快。但是推荐进来的员工要经过三个月的试用期，经理觉得推荐来的员工适合，该员工的推荐人就可以拿到资金。推荐来的人最大的好处是免去一些背景的考察，这种方法很有效。

北电网络公司对没有被录用的人会给他们建立档案，一些优秀的面试者因为没有相应的位置来录用，人力资源部通常会跟他们保持联络，在合适的时候会请他们进来。从北电网络辞职的人如果不是因为违反公司制度的原因，尤其是那些表现好的员工，公司非常欢迎他们再回来。

为了吸引那些员工回来，北电网络公司专门有个"回归"政策。如果这些离去的员工回来，公司会将他们原来的工龄续起来，所有与原来工作有关的福利都会接上来。

分析讨论题：
（1）北电使用的招聘方法属于哪一种选聘途径？有什么独特性？
（2）你从中得到什么启发？

案例 6-2　狮子重新调整捕猎队伍

森林之王狮子对部属所做的工作很不满意，他们捕获的猎物越来越少了，于是狮子决定召开一次会议商讨如何才能改变目前这种情况。

在会上，狐狸发言道：大王，原来这片树木的猎物很多，像老虎、狼都能够很轻易地获取猎物，现在的情况不同了，因猎物的数量越来越少了，而且猎物也被惊怕了，他们常常藏在深洞里，白天不出来活动，因此获取猎物越来越困难了。

那照你这么说，就没有办法获取更多的猎物了？狮子问狐狸。

也不尽然，我们现在有很多的力量没用上，比如兔子身材虽小，但灵活勤劳，它能够担当发现猎物的重任，野猪虽生性懒惰，但它的奔跑能力无人能及，它可以传递信息，而老虎、狼有擒拿猎物的绝技，眼看到手的猎物绝不会让他们逃脱，只要把每个部属的潜能挖掘出来，并协同作战，猎物一定会越来越多。狐狸说。

就按你说的办吧！狮子说。

果然，由于发挥了各动物的潜能，他们捕获的猎物越来越多。

分析讨论题：

（1）你从案例中悟到什么道理？

（2）你认为自己在组织中应发挥什么作用？

第七章 领导职能

学习目标

通过本章学习,使学生掌握领导的涵义、本质和基本理论,熟悉各种领导方式的特点和领导的三种基本手段即激励、沟通和指挥,了解领导艺术的相关问题。培养学生有效激励、指挥、人际交往与沟通的能力。

【导入案例】

7-1 仇人宰相

春秋时期齐国国君齐襄公被杀。襄公有两个兄弟,一个叫公子纠,当时在鲁国,一个叫公子小白,当时在莒国。两个人身边都有个师傅,公子纠的师傅叫管仲,公子小白的师傅叫鲍叔牙。两个公子听到齐襄公被杀的消息,都急着要回齐国争夺君位。

在公子小白回齐国的路上,管仲早就派好人马拦截他。管仲拈弓搭箭,对准小白射去。只见小白大叫一声,倒在车里。管仲以为小白已经死了,就不慌不忙护送公子纠回到齐国去。怎知公子小白是诈死,等到公子纠和管仲进入齐国国境,小白和鲍叔牙早已抄小道抢先回到国都临淄,小白当上了齐国国君,即齐桓公。

齐桓公即位以后,即发令要杀公子纠,并把管仲送回齐国办罪。

管仲被关在囚车里送到齐国。鲍叔牙立即向齐桓公推荐管仲。

齐桓公气愤地说:"管仲拿箭射我,要我的命,我还能用他吗?"

鲍叔牙说:"那时他是公子纠的师傅,他用箭射您,正是他对公子纠的忠心。论本领,他比我强得多。主公如果要干一番大事业,管仲可是个用得着的人。"

齐桓公也是个豁达大度的人,听了鲍叔牙的话,不但不办管仲的罪,还立刻任命他为宰相,让他管理国政。管仲帮着齐桓公整顿内政,开发铁矿,多制农具,后来齐国就越来越富强了。

启示:领导用人需要度量,因为你用人的时候,不是看谁跟你有过节,谁跟你关系最好,而是看谁最有能力,谁才是你最需要的人才。古有齐桓公用管仲,李世民用魏征,这些优秀的领导者大胆起用"仇人",结果"仇人"帮他们缔造了盛世江山。

【导入案例】

7-2 老虎的孤独

作为森林王国的统治者,老虎几乎饱尝了管理工作中所能遇到的全部艰辛和痛苦。它终于承认,原来老虎也有软弱的一面。它多么渴望,可以像其他动物一样,享受与朋友相处的快乐,能在犯错误时得到哥们儿的提醒和忠告。

它问猴子:"你是我的朋友吗?"

猴子满脸堆笑着回答:"当然,我永远是您最忠实的朋友。"

"既然如此,"老虎说,"为什么我每次犯错误时,都得不到你的忠告呢?"

猴子想了想,小心翼翼地说:"作为您的属下,我可能对您有一种盲目崇拜,所以看不到您的错误,也许您应该去问一问狐狸。"

老虎又去问狐狸。狐狸眼珠转了一转,讨好地说:"猴子说的对,您那么伟大,有谁能够看出您的错误呢?"

启示:和可怜的老虎一样,许多领导也时常体会到"高处不胜寒"的孤独。由于组织结构上的等级制度,领导和属下之间隔着一道深深的鸿沟。所有的属下对你的态度,都像对待老虎一样敬而远之。因为,指出你的错误容易,可万一你恼羞成怒,他们不是自取其祸吗?更何况,由于立场不同,有些属下不仅不会阻止你犯错,反而会等着看你的笑话!尤有甚者,个别员工可能等的就是你倒台的那一天,他正好可以取而代之。

想要属下指出领导的缺点或错误,必须满足三个条件:第一,他能确信自己得到好处;第二,他得足够勇敢;第三,作为领导的你,具有明辨是非的眼力和包容的胸怀。

作为管理的一种职能,领导职能的作用主要是通过有效的领导行为和领导方式,对下属产生影响力,带领和激励组织中的成员去实现组织目标。因此,管理的领导职能主要是通过指挥、激励和沟通等手段,去影响组织成员的行为,提高下属工作的积极性,接受领导的统筹安排,使组织成员为实现组织目标而共同努力。

第一节　领导与领导者

【应用阅读】

领　导

一个人去买鹦鹉，看到鹦鹉前标着：此鹦鹉会两种语言，售价 200 元。另一只鹦鹉前标着：此鹦鹉会四种语言，售价 400 元。该买哪只呢？两只鹦鹉毛色光艳，非常灵活可爱。这个人转来转去，拿不定主意。突然发现一只老掉牙的鹦鹉毛色暗淡散乱，标价 800 元。这个人赶紧把老板叫了过来说：这只鹦鹉是不是会八种语言？店主说："不。"这个人觉得很奇怪，又问：他又老又丑，又没能力，为什么更值钱？店主回答：因为另外两只鹦鹉管这只鹦鹉叫"领导"。

一、领导概念的界定

领导是管理工作的一个重要组成部分，它是任何社会组织共有的一种现象，在任何社会，无论在任何正式组织或是在群体中，都离不开领导。大量事实证明，大到一个国家，小至一个企业、班组，领导者的领导水平决定着组织运行与发展的方向和水平。成功的管理者往往是组织群体中的领导者，他们对企业的生存和成长具有深远的影响。管理学中研究的领导是一种行为过程。

（一）领导的定义

什么是领导？管理学家和心理学家一直存在着不同的看法。到目前为止，没有一个明确的统一的定义，几乎每一个管理学家和心理学家都有一个自己的定义。斯道戈迪尔和巴纳德编辑的领导手册中，在总结各种学派和观点的基础上提出以下的界定：

领导意味着群体过程的中心；领导意味着人格及影响；

领导意味着劝导服从的艺术；领导意味着影响力的运用；

领导意味着一种行动或行为；领导意味着一种说服的形式；

领导意味着一种权力关系；领导意味着一种互动中逐渐形成的效果；

领导意味着一种分化出来的角色；领导意味着结构的创始；

领导意味着一种实现目标的手段。

美国管理学家孔茨、奥唐奈和韦里奇认为,领导是一种影响力,是引导人们行为,从而使人们情愿地、热心地实现组织或群体目标的艺术过程。

管理大师德鲁克则认为:"领导者的唯一定义就是其后面有追随者。"在领导工作中,领导是领导行为的主体。实际上领导者与被领导者是各以对方存在而存在,没有被领导者当然也就无所谓领导了。在领导行为过程中,领导者与被领导者是相互影响的。

综上所述,我们可以把领导定义为:领导是指管理者依靠其影响力,在一定条件下,通过激励、沟通、指挥等手段,带领被领导者或追随者,去实现组织目标的活动过程。

其中,实行指引和影响的人是领导者,接受这种指引和影响的人是被领导者,而一定的条件就是指领导过程所处的环境。领导是一个动态过程,受到领导者、被领导者和环境三因素的制约。这三个要素可用如下数学模型表示:

领导工作=f(领导者,被领导者,客观环境),即 $L=f(l,f,s)$。

领导包括领导行为和领导艺术,二者共同构成了领导的全部内容。

对此定义的理解,其基本涵义可以从以下几个方面理解:

(1) 领导包含领导者和被领导者两个方面。领导者是指能够影响他人并拥有管理的职位权力、承担领导职责、开展领导工作的人。领导者一定要有领导的对象,如果没有被领导者,领导者将变成"光杆司令",领导工作就失去意义,领导职能也就不复存在。在领导过程中,下属都甘愿追随领导者并接受领导者的指导。

(2) 领导者必须有追随者,没有追随者的领导就不能称其为领导。

(3) 领导的本质和基础是影响力。这种影响力能够引导人们的行为。其中的引导是使人们以某种方式或跟随一个特定的过程行动。领导者拥有影响被领导者的能力或力量,它既包括由组织赋予的职位权力,也包括领导者个人所具有的影响力。一个领导者如果一味地行使职权而忽视社会和情绪因素的影响力,就会使被领导者产生逃避或抵触行为。当一个领导者的权力不能使下属跟随领导者时,领导工作是无效的。

(4) 领导是一个动态过程,是引导人们行为的过程,同时,还是一个艺术过程。领导要面临千变万化的组织或群体的内外环境,特别是面对各种各样的人,且处在动态变化之中。因其面对处理的事务的复杂性和不确定性越多,其艺术的成分就越多。

(5) 领导都具有目的性。领导是一项目的性非常强的行为过程,他的目的是使人们心甘情愿地、热心地为实现组织或集体的目标而努力,这也体现了领导工作的水平。不能为了领导而领导,更不能为了体现领导的权威而领导。

(6) 领导施加影响力的方式或手段主要有激励、沟通和指挥。①激励是指管理者通过作用于下属来激发其动机、推动其行为的过程。激励的具体形式包括能满足人的需要,特别是心理需要的种种手段。激励具有自觉自愿性、间接性和作用持久性等特点。激励是管理者调动下属积极性,增强群体凝聚力的基本手段。②沟通是指管理者为有效开展工作而交换信息、交流感情、协调关系的过程。具体形式有:信息的传输、交换与反馈、人际交往与关系融通、说服与促进态度(行为)的改变等。这是管理者保证管理系统有效运转,提高整体效应的经常性手段。③指挥是管理者凭借权力,直接命令或指导下属行事的行为。指挥的形式有:部署、命令、指示、要求、指导、帮助等。指挥具有强制性、权威性、统一性等特点。指挥是管理者最经常使用的领导手段,其前提和条件是权力。

(二) 领导与管理的关系

目前对领导与管理之关系的认识主要有两种,一种认为管理是领导的一部分且是领导的延伸;一种认为领导是管理的一部分但不是全部。事实上这两种意见都不够完整,因为领导是从管理中分化出来的相对独立的组织行为,各自具有不同的功能和特点,二者的高度统一和密切配合,是完成人类群体性社会实践根本的组织保证。领导与管理具有高度的互补性、相容性和复合性。一方面,在一个组织中,领导活动的目标只有通过有效的管理才能实现,而管理也只有在正确的领导之下才能产生效益;另一方面,一个组织的负责人常常是双重身份,既从事领导工作也承担管理工作,对上级他以管理者的角色出现,对下级他以领导者的角色出现。一个组织无论是领导不力还是管理不力,都会产生严重的后果,因此,两种行为和职能的分工与合作是一个组织取得成功的必备条件。

1. 领导与管理的联系

从行为方式看,两者都是一种在组织内部通过影响他人的协调活动,实现组织目标的过程。从权力的构成看,两者也都是组织层级的岗位设置的结果。

领导与管理也有一定的联系:领导通过管理实现目标,管理是一种方法,是一种程序,领导是驾驭在管理之上,管理是领导实现目标、计划、成效的体现,通过管理可以更好地实现生产运作的程序化和效率化。领导就像大脑,通过管理实现各个组织密切协作配合，完成组织预定的目标。

马云在创业的时候，初期的 50 万元是 18 名员工一起凑出来的，9 年过去后，这 18 个人中有做到总裁级的孙彤宇，也有还是经理的麻长炜，但没有任何一个人从阿里巴巴流失。这正体现了马云超凡的领导能力。

领导人大而化之有两种类型，一种是孔雀型的，以个人魅力取胜；一种是老虎型的，以发号施令树威。从这种分类来看，马云属于孔雀型。无论在外界如何被误解、无论公司陷入如何的困境，追随的人始终没有放弃掉对他的信心。马云突出具备的领导力的核心特征是：提出大家都认同的愿景，并使用有效的激励手段。

2．领导（者）与管理（者）的区别

从本质上看，管理是建立在合法的、有报酬的和强制性权力基础上的对下属命令的行为。而领导则既可以是建立在合法的、有报酬的和强制权力基础上，但更多的是建立在个人影响权和专长权以及模范作用的基础上，且两者所担负的工作内容不同。

管理者≠领导者

领导者：是"领头羊"，以（魅）力服人，以身正服人，以情感人。

管理者：是"牧羊犬"，以（权）力服人，以理服人，以利服人。

领导者：务虚者，决策者，策划变革，制订战略，把握方向，目的就是推动改革，举重若轻。

管理者：务实者，执行者，执行领导者的战略部署，目的是完成领导者的战略任务，举轻若重。

领导者在队伍前面示范，管理者在队伍中间控制。

领导者：给出方向做正确的事。

管理者：寻找方法正确地做事。

领导者：可以从一个群体中通过正式途径产生，也可以从一个群体中通过非正式途径产生，且不用正式权力来影响他人活动。

管理者：是被任命的，拥有合法的权力进行奖励和处罚。

（1）从领导学的一般原理来看，领导与管理的区别主要体现在以下三个方面：

第一，领导具有全局性，管理具有局部性。也就是说，领导侧重于战略，管理侧重于战术。领导活动注重对组织内部各个组成部分进行整体性的计划、协调和控制，而管理则是一种技术性较强的工作，其目的在于提高某项工作的效率。

第二，领导具有超前性，管理具有当前性。领导活动致力于整个组织发展方向的规定，这主要体现在决策和目标的制订等方面，而管理则侧重于当前活动的落实。

第三，领导具有超脱性，管理具有操作性。领导要从根本上、宏观上把握活动过程，而管理却必须注意细节问题，要通过对人、财、物、时间、信息的安排与配置，使诸因素得到合理运用。

（2）国内外学者普遍认为领导与管理的差别表现在许多方面，作为两种活动它们的任务、职能和作用是不相同的，作为活动的主体，它们的处事、待人的风格以及做事的眼光、胆略都是不同的。其区别主要表现在以下几个方面：

①含义不同。领导是率领并引导某个组织朝一定方向前进，一般包括引导、导向、带领、率领和指挥等涵义；管理是负责并促使某项工作顺利进行，一般包括管辖、处理、约束、运用和安排等涵义。

②任务不同。领导的主要任务是给组织指引前进方向，为组织确定奋斗的目标；一个组织如果没有奋斗的目标和前进的方向，其一切行为就会成为无源之水、无本之木，都将失去意义，管理的任务在于贯彻落实领导提出的路线、方针和政策，促使目标的实现，推动组织向既定的方向迈进；一个组织如果缺乏强有力的管理，一切目标和指向都将成为空洞的口号。

③对象不同。管理的对象主要是事，虽也包括人但多为物、财、信息及管理系统，通过制订各种规章制度、作业手册等来保证管理对象的正常运转；而领导的对象主要是人及其组织，通过调动部属的热情和积极性，激发下属的潜在需求、价值观和情感，实现组织的目标。

④作用不同。领导的作用主要是统帅和协调全局性的工作；为了有效地指挥一个部门、一个组织的全局活动，领导者要经常协调和解决下属各部门之间的分歧和磨擦，使整个组织和谐发展。管理的作用主要是做好领导安排的局部范围或某一方面工作，管理者经常要处理好具体部门的业务工作，如质量管理、生产过程控制、产品分析等。领导追求的是整个组织乃至整个社会效益，管理侧重于追求某项工作的效益。

⑤途径不同。领导通过决策为组织指明方向，并通过激励促使下属沿着正确方向前进，克服前进中的困难；管理则通过强制的办法将人们置于正确的方向并实现对其控制。领导通过满足人们的基本需要，激励他们实现问题的有效解决，管理则通过各种制度约束来促使问题的解决。

⑥工作重点不同。领导着重于分析研究和解决本部门与外界相关的重大、

长期和广泛的问题,管理工作则注重于解决部门内的一些非重大、短期、策略性和技术性的具体问题。如省、市领导主要是落实中央、国务院制订的方针政策和省委的决定,考虑直属下级的机构设置和重大人事任免,处理影响全面工作的重大问题等,下属部门的日常工作,均属下级管理活动的范围,领导者不应过多干预。正如古罗马法典曾经指明的那样:行政长官不宜过问琐事。领导的效能是通过依靠权威而发挥引导、影响的作用来实现的,管理则要通过对具体资源的安排和配置,来实现管理目标。

⑦时空观不同。领导者着眼于长远,其所确定的目标多在3~5年甚至更长,因为领导者所研究的目标都是一个组织或部门的重要目标,没有足够的时间是无法完成的;管理者在计划和预算中只注重几个月多则一两年,因为管理者要通过完成一个又一个短期目标来支撑领导提出的中长期目标。同时由于领导要统帅全局,因此更加注重系统性问题、宏观性问题和外部联系性问题,而管理则注重于微观问题和细节问题。

⑧风险意识不同。一般而言,领导者经常追求有风险甚至危险的工作,越是机会诱人,冒险工作的决心就越大,他希望通过有挑战性的努力获取更大的效益;管理者更加看重秩序,会本能地回避风险或想方设法排除风险。领导的职责不是维持现状而是推进组织变革,千百年来多少领袖人物概莫能外,有的轰轰烈烈,有的循序渐进,虽然方式不同,但任务都是要确定一个目标,然后带领一批人历尽千辛万苦向这一目标迈进;管理者则更加强调维持秩序,因而更习惯于限制,习惯于恪守长期形成的管理原则和制度,因为没有规矩就没有方圆,不积跬步无以至千里,因此他们总是小心地看待变革,谨慎地对待风险。

⑨用人方略不同。领导者择人的标准是适应,即适应确定岗位的各方面要求,要能统领他所要负责的部门或组织;管理者择人的标准是专业化,选择经过专业培训的人来担任各项工作,这样他的工作才能有条不紊,才能更加周密细致。在人员使用上,领导者注重目标激励,注重通过沟通和激励来调动人的积极性,对有问题的人员注重教育;管理者则注重执行政策,强调员工的服从性,强调通过组织的力量来完成目标,对有问题的员工则注重纪律处分。

⑩处理的问题及方法不同。领导者主要处理变化性问题,通过开发未来前景而确定前进方向,然后把这种前景与组织中的其他员工进行交流,并通过授权、扩展的激励手段,不时创造一些惊喜来鼓舞他们克服困难达到既定目标;管理者处理复杂性问题,常常侧重于抑制、控制和预见性的方法,通

过制订规划、设计规范的组织结构以及监督计划实施的结果,达到有序的状态。对待长期性问题,领导者力图拓展新的思路启发人们新的选择空间;管理者总是习惯于限制性选择,难以给人们提供想象发挥的空间。

⑪情感表现不同。在与他人的关系中,领导者关心的是事情以及决策对参加者意味着什么;管理者关心的是事情该怎样进行下去。因而在工作中和与人交往中领导者与管理者的情感表现是不同的。领导者常常对工作、对人充满热情和感召力,使用的语言常富有感情色彩,会用极大的热情去描绘未来前景,以唤醒人们强烈的情感,自我超越的欲望推动着他们去不断争取心理和社会的变革。他会给组织带来紧张和不安分,因而常常产生意想不到的效果。管理者无论对待工作还是对待他人都较少情绪化,缺乏一种凭直觉感受他人情感和思想的能力,在与他人的相处中,一方面也努力寻求合作,另一方面却又不愿过多投入情感,从而显得缺乏热情和活力,对所处的环境有归属感,认为自己是现有秩序的维护者和监管者,社会赋予了他们指导组织以及平衡现有社会关系的管理能力。

⑫素质要求不同。有人把领导与管理比喻为思想和行为,从某种程度上说明领导者和管理者的素质要求是不同的。如果说管理者是有效地把事情做好,那么领导者则要确定管理者所做的事情是否正确。因此,领导者必须站得更高看得更远,必须能为组织指明前进的方向并告知奋斗目标,必须以敏锐的眼光和超常的智慧寻找到发展的机遇,判定风险所带来的效益。领导者必须投入极大的工作热情才能带动群众工作的热情。管理者是问题的解决者,管理不需要天才也不需要英雄主义,但是要有坚持不懈、持之以恒、勤奋工作的思想品质,有分析能力和忍耐力,特别是忍耐能力对一个优秀的管理者而言是十分重要的。

(3)从管理的基本职能上,领导与管理的基本区别见表7.1所示。

表 7.1 管理和领导的基本区别

	管 理	领 导
从职能上看	管理的范围大	领导行为是属于管理的范围
从岗位上看	管理者未必是领导者	领导者必定是管理者
从制订计划上看	为达成目标,制订出详细的步骤和计划进度,进行资源分配	展现未来的前景与目标,指明达到远景目标的战略
从组织和人员配备思路上看	组建所需组织结构及配备人员,规定权责关系,制订具体政策和规程,建立一系列的制度监督下属的工作体系	重在指导人员。同协作者沟通,指明方向、路线。帮助人们更好地理解目标、战略及实现目标后的效益。引导人们根据需要组建工作组、建立合作伙伴关系

续表

	管 理	领 导
从执行上看	在执行中强调采用控制的方式来解决问题。通过具体的详细的计划监督进程和结果	一般采取鼓动和激励的方式。在思想上动员和鼓励人们克服工作中的障碍与困难，推动各项工作顺利开展
从效果上看	一般只能发挥组织成员的现有能力	可充分挖掘组织成员的潜在能力

综上所述，领导与管理的区别是深刻而广泛的，领导具有务虚性，注重目标和方向；管理具有务实性，注重贯彻和落实。领导具有全局性，注重整个组织和社会的利益；管理具有局部性，注重某一局部和某项工作的利益。领导具有超脱性，不管具体事务；管理具有操作性，必须事无巨细。领导具有战略性，注重组织长期和宏观的目标；管理具有战术性，注重短期内的和具体的任务的完成。领导的功能是推进变革，管理的功能是维持秩序。领导善于激发下属创新，管理习惯告诉下属按部就班。领导者乐于追求风险，管理者则往往回避风险。领导者富于感情，管理者注重平衡。领导者善于授权和扩张，管理者乐于限定和控制。领导者善于思考并产生新的思想，管理者善于行动并进行新的验证性实践。

（三）领导的实质

领导实质上是一种对他人的影响力，即管理者对下属及组织行为的影响力，这种影响力能改变或推动下属及组织的心理与行动，为实现组织目标服务。这种影响力可以称为领导力量或者领导者影响力，管理者对下属及组织施加影响力的过程就是领导的过程。领导者对下属及组织的影响力来自两方面：

一是权力影响力：又称为制度权力，包括法定权力、奖励权力、强制权力。二是非权力影响力：又称为个人权力，包括个人影响力、专长权力。以下是领导者常用的五种权力的解释：

（1）法定权力：法定权力是指领导者拥有领导职位所具有的正式权力，是被组织、法律、传统习惯所认可的。这种权力不一定要领导者本人实施，而可以通过制订、实施政策、规章制度来实施。

（2）奖励权力：奖励权力是指领导者给予或取消奖励或报酬的权力，例如：工资、奖金、表彰等。领导者掌握的奖励手段越多，奖励权力就越大。

（3）强制权力：强制权力是指领导者通过运用精神和物质上的制裁，从而强制下属服从的权力，例如批评、处罚、扣除工资奖金等。领导者对下属采取强制性措施越严厉，强制性权力越大，则下属反抗意识也越强。

（4）个人影响力：个人影响力是指领导者个人的个性魅力对下属的行为所产生的影响力。它是抽象的，往往因为领导者的言谈、行为举止给下属形成一种认同感。

（5）专长权力：专长权力是指领导者拥有某方面的专业知识，或是某一领域的专家，从而对下属拥有相当大的影响力。人们往往愿意听从某一领域有丰富知识人士的忠告，如有名的医生、科学家、律师等，就是因为他们拥有相当大的影响力。知识越重要、掌握的人越少，则相应的专家权力就越大。

前三种权力来源于职位、职务，一般政府官员、组织内的各级主管人员都具有这三种权力。而后两种权力来源于个人的领导水平，领导艺术、素质修养和行为举止等。一位有效的领导者应该同时拥有上述五种权力，而仅仅拥有前三种权力是远远不够的。因此作为一个有效的领导者就应通过各种途径，学习和掌握各种专业知识和管理知识，不断地完善本人各方面的素质，不断地提高领导艺术和领导水平。

1．权力影响力（制度权力）

（1）权力影响力。权力影响力包括法定的权力、奖励的权力、强制的权力。它由组织正式授予管理者并受组织规章的保护。这种权力与特定的个人没有必然的联系。它只同职务相联系。权力是管理者实施领导的基本条件。没有这种权力，管理者就难以有效地影响下属，实施真正的领导。

第一，法定的权力来自于上级的任命。组织正式授予领导者一定的职位，从而使领导者占据权势地位和支配地位，使其有权对下属发号施令。这种支配权，是管理者的地位或在权力阶层中的角色所赋予的。

第二，强制的权力是和惩罚权相联系的迫使他人服从的力量。在某些情况下，领导者是依赖于强制的权力与权威施加影响的，对于一些心怀不满的下属来说，他们不会心悦诚服地服从领导者的指示，这时领导者就运用惩罚权迫使其服从。这种权力的基础是下属的惧怕。这种权力对那些认识到不服从命令就会受到惩罚或承担不良后果的下属的影响力是最大的。

第三，奖励的权力是在下属完成一定的任务时给予相应的奖励，以鼓励下属的积极性。这种奖励包括物质奖励如奖金等，也包括精神的奖励如晋升等。依照交换原则，领导者通过提供心理或经济上的奖酬来换取下属的遵从。

（2）影响权力影响力的主要因素。对权力影响力的影响因素主要有：

第一，传统观念。几千年的社会生活，使人们对领导者形成心理观念，由此产生了对领导者的服从感。由于这种传统观念从小就影响着每一个人的思想，从而加强了领导者言行的影响力。

第二，职位因素。由于领导者凭借所授予的指挥他人开展具体活动的权力，可以左右被领导者的行为、处境，甚至前途命运，从而使被领导者对领导者产生敬畏感。领导者的职位越高，权力越大，下属对他的敬畏感越重，领导者的影响力也越大。

第三，资历的影响。一个人的资历与经历是历史性的东西，它反映了一个人过去的情况。一般而言，人们对资历较深的领导者，心目中比较尊敬，因此，其言行也容易在人们的心灵占据一定的位置。

权力是通过正式的渠道发挥作用的。当领导者担任管理职务时，由传统心理、职位、资历构成的权力的影响力会随之产生，当领导者失去管理职位时，这种影响力将大大削弱甚至消失。

2. 非权力影响力（个人权力）

（1）非权力影响力。非权力影响力包括专长影响力和个人品质的影响力。

第一，专长影响力是指领导者具有各种专门知识和特殊技能或学识渊博而获得同事及下属的尊重和佩服，从而在各项工作中显示出的在学术上或专长上举足轻重的影响力。这种影响力的影响基础通常是狭窄的，仅仅被限于专长范围之内。

第二，个人品质影响力是指由于领导者优良的作风、思想水平、品德修养，而在组织成员中树立的德高望重的影响力。这种影响力是建立在下属对领导者承认的基础之上的，它通常与具有超凡魅力或名声卓著的领导者相联系。

（2）构成非权力影响力的主要因素。对非权力影响力的影响因素有以下几方面：

第一，品格。主要包括领导者的道德、品行、人格等，优秀的品格会给领导者带来巨大的影响力。因为品格是一个人的本质表现，好的品格能使人产生敬爱感，并能吸引人，使人模仿。下属常常希望自己能像领导者一样。

第二，才能。领导者的才干是决定其影响力大小的主要因素之一。才干通过实践来体现，主要反映在工作成果上。一个有才干的领导者，会给事业带来成功，从而使人们对他产生敬佩感，吸引人们自觉地接受其影响。

第三，知识。一个人的才干是与知识紧密地联系在一起的。知识水平的高低主要表现在对自身和客观世界认识的程度。知识本身就是一种力量。知识丰富的领导者，容易取得人们的信任，并由此产生信赖感和依赖感。

第四，感情。感情是人的一种心理现象，它是人们对客观事物好恶倾向的内在反映。人与人之间建立了良好的感情关系，便能产生亲切感；相互的吸引力越大，彼此的影响力也越大。因此，一个领导者平时待人和蔼可亲，关心体贴下属，与群众的关系融洽，他的影响力就往往较大。

由品格、才干、知识、感情因素构成的非权力影响力，是由领导者自身的素质与行为造就的。在领导者从事管理工作时，它能增强领导者的影响力。在不担任管理职务时，这些因素仍会对人们产生较大的影响。

领导工作有效性的核心内容就是领导者影响力的大小及其有效程度。管理者要实施有效的领导，最关键的就是要增强其对下属及组织影响力的强度与有效性。如何提高影响力的机制与途径，一般有最常见的三种手段，即激励、沟通、指挥，将会在本章以后内容具体谈到。

二、领导（者）的作用

领导的作用主要体现在实现组织目标和在满足组织需要的同时尽可能地满足组织成员的需要。具体表现在以下几个方面。

（一）指挥引导

领导者是领导活动的主体，对领导活动的成败起着决定性的作用。领导活动启动的标志是领导目标的确定，而领导目标及其实施方案主要是领导者提出和指导下制订的。有了明确的方向，就可以在领导者的领导下，为实现目标而努力奋斗。领导者作为领导活动的组织者和指挥者。在领导活动启动后，要把领导目标和方案变成现实，必须通过被领导者的实践活动，充分发挥人的能动性和首创精神，这就需要领导者进行组织和指挥，统一思想和行动，形成一股强大的合力，才能顺利实现领导目标。

（二）沟通、协调作用

领导沟通、协调是指领导者为实现领导目标，采取一定的措施和办法，使其所领导的组织同环境、组织内外人员等协同一致，相互配合，高效率地完成工作任务的行为过程。简单地说，领导协调是实现领导活动中的人与人、人与事、事与事之间协调配合，发挥最佳整体效能的活动。领导协调的本质在于解决各方面的矛盾，使整个组织和谐一致，使每个部门、单位和组织成员的工作间既定的领导目标保持一致。

领导协调一般由四个要素构成，即领导者、协调对象、协调手段和协调目标。通过协调可以减少内耗、增加效益；实现组织巩固、人员团结；同时也能有效地调动员工的积极性。

【应用阅读】

协调工作该谁做

协调工作该谁做？简单来说看职责，企业文化是根本，推动要靠经营者。请看下面的情景对话：

运营部余部长吗？我是技术部老梁啊，A型新产品的图纸设计上有点问题，你们是不是应该组织开个会跟各部门协调一下啊？

运营部田主任吗？我是品质部小周啊，上海用户的产品明天就要发货了，但设计部门的规格值表还没有发给我们啊，出厂文件没法做啊，你能不能打电话给催一下啊？

运营部小孟吗？我是大型设备科老刘啊，材料科送来的钢板不平啊，你给帮助解决一下吧？能不能通知外协厂拉走不平的钢板？

在太平公司运营部的办公室内，运营部的电话总是这样此起彼伏，各职能部门总是打电话请运营部进行工作协调，在他们看来，协调是运营部的当然工作，有问题找运营部是最省力的事，那么他们自己部门的职责是什么呢？协调工作到底应该由谁来做呢？

启示：领导者应该在特定的环境下，对企业所拥有的资源进行有效地计划、组织、指挥、协调和控制，以便达成既定的企业目标的过程。

（三）激励作用

领导激励是指领导者通过科学的方法来激发人的动机，开发人的能力，充分调动人的积极性和创造性，使被领导者焕发出旺盛的工作热情的活动过程。

首先，激励是调动人的积极性的重要方法。美国哈佛大学的心理学家威廉·詹姆士在对员工激励的研究中揭示，按时计酬的职工仅能发挥其能力的20%～30%，如果受到充分激励的职工其能力可发挥至80%～90%，其中50%～60%的差距是激励的作用所致。其次，激励是提升人的价值的有效措施，从心理学的一般理论来讲，人的需要和动机是有层次的，一般是由低层次向高层次发展的。领导者的任务，就是通过有效的激励，提升人们的价值观，实现人的价值的最大化。最后，激励是增强组织凝聚力的根本途径。领导者运用正确的激励，可以培养组织成员的集体荣誉感，增强组织的向心力、凝聚力。

领导激励的过程包括：满足需要、激发动机、鼓励行为、引导目标四个方面。

当然，作为领导者在发挥领导的作用时，首先必须坚持原则。最成功的领导者首先是坚持原则的领导者，如人文领域中的公正、服务、平等、正义、诚实、完美和信任等不可违背的规律的遵循。只要一个人或组织坚持原则，他就会成为其他人或组织的典型或模范，才能最大限度地发挥领导的作用。

三、领导方式

领导方式指领导者与被领导者之间发生影响和作用的方式。按照不同的标准可对领导类型进行不同的划分。

（一）按权力控制程度不同划分

按权力控制程度划分，可分为集权型领导、分权型领导和均权型领导。

集权型领导：工作任务、方针、政策及方法，都由领导者决定，然后布置给下属执行。

分权型领导：领导者只决定目标、政策、任务的方向，对下属在完成任务各个阶段上的日常活动不加干预。领导者只问效果，不问过程与细节。

均权型领导：领导者与工作人员的职责权限明确划分。工作人员在职权范围内有自主权。这种领导方式主张分工负责、分层负责，以提高工作效率，更好地达成目标。

（二）按领导者工作重心不同划分

按领导重心所向划分，可以分为"以事为中心"的领导、"以人为中心"的领导、"人事并重式"的领导。

"以事为中心"的领导者认为，是以工作为中心，强调工作效率，以最经济的手段取得最大工作成果，以工作的数量与质量及达成目标的程度作为评价成绩的指标。

"以人为中心"的领导者认为，只有下属是愉快的、愿意工作的，才会产生最高的效率、最好的效果。因此，领导者尊重下属的人格，不滥施惩罚，注重积极的鼓励和奖赏，注意发挥下属的主动性和积极性，注意改善工作环境，注意给予下属合理的物质待遇，从而保持其身心健康和精神愉快。

"人事并重式"的领导者认为，既要重视人，也要重视工作，两者不可偏废。既要充分发挥主观能动性，也要改善工作的客观条件，使下属既有饱满的工作热情，又有主动负责的精神。领导者对工作要求严格，必须按时保质保量地完成工作计划，创造出最佳成果。

（三）按领导者对下属的态度不同划分

按领导者的态度划分，可分为体谅型领导、严厉型领导。

体谅型领导：领导者对下属十分体谅，关心其生活困难，注意建立互相依赖、互相支持的友好关系，注意赞赏下属的工作成绩，提高其工作水平。

严厉型领导：领导者对下属要求十分严厉，重组织、轻个人，要求下属牺牲个人利益服从组织利益，明确每个人的责任，执行严格的纪律，重视监督和考核。

（四）按领导者决策权力大小不同划分

按决策权力大小划分，可分为专断型领导、民主型领导、自由型领导。

专断型领导：领导者把决策权集于一人手中，这种领导方式可以说是权威式的以行政权威推行工作，下属无权参与，没有自主权，完全处于被动的地位；重视行政手段，严格规章制度，缺乏灵活弹性。由于决策错误或客观条件变化，贯彻执行发生困难时，不查明原因，多归罪下级。对下级奖惩缺乏客观标准，只是按领导者的好恶决定。

民主型领导：一种权力集中在集体，重大决策和政策均由集体成员参与讨论决定，共同执行的领导方式。领导者同下属互相尊重，彼此信任。领导者通过交谈、会议等方式同下属交流思想，商讨决策，注意按职授权，注重使下属能自主发挥应有的才能。奖惩有客观标准，不以个人好恶行事。

自由型领导：一种自由放任、各行其是、各自为政的一种领导方式。这种领导方式是领导者对工作关心不多，任其自然，所以，又称放任型领导方式。领导者有意分散领导权，给下属以极大的自由度。

四、领导者素质及领导班子构成

（一）领导者的素质

素质原本是心理学概念，意指人体神经系统及其他各器官的先天特点，它构成后天获得知识、掌握技能的基础。早期的领导理论以探讨领导者的素质为主，称为素质论或伟人论，认为人从出生之日起就已注定了他是治人还是治于人的命运。现代领导理论则认为领导者素质是在先天禀赋的生理素质基础上，通过后天的实践锻炼和学习形成的，在领导工作中经常起作用的诸内在要素的总和。它是领导者进行领导活动的自身基础条件，是潜在的领导能力。我国的有关理论认为，一个领导者应具备的素质包括以下五大方面：

1. 政治素质

政治素质是对企业领导者政治作风和思想品德方面的要求。政治素质包括正确的世界观、价值观与人生观；现代化的管理思想；强烈的事业心、高度的责任感、正直的品质和民主的作风；实事求是，勇于创新。政治素质是其他素质得以正确发挥的前提。在我国特别是指能坚持四项基本原则，坚持改革开放，自觉按党的路线、方针、政策办事，自觉地维护国家和人民的利益。

2. 知识素质

合理的知识结构，是领导干部必备的基本条件。领导者政治素质和业务能力的高低，在很大程度上都与其知识水平的高低有着密切的联系。领导者必须有较广博的科学文化知识、专业知识和合理的知识结构。我国领导者的知识素质应包括以下几条：

（1）要学习和掌握多方面的知识和技能，培养多方面的能力。学习知识主要包括三个方面：一是科学文化的基础知识和市场经济的基础知识，二是与管理工作密切相关的专业技术知识，三是管理工作和领导工作的软科学知识。

（2）要有不断自学、参加学历教育或专业培训，以提高自己的热情，并掌握学习新知识、获取新信息、开发自己潜能的方法。

（3）要注意在实践中运用各种科学知识并善于创新，善于及时总结经验。

（4）要懂得运用多渠道获取相关知识，要善于运用"外脑"，建立专家智囊团，要重视自己组织内人员的再教育、再培训，提高其科学文化素质，努力打造学习型组织。

（5）要相信尊重科学、相信科学、运用科学，提高决策科学性和管理的有效性。

3. 能力素质

领导活动是一种综合的实践活动，因而对领导者能力素质的要求较高。领导者要适应现代化建设的需要，必须具备敏锐的抽象思维能力、统筹兼顾的筹划能力、多谋善断的决策能力、独具慧眼的指挥能力、循循善诱的协调能力、较强的语言文字表达能力、勇于开拓的创新能力等。

4. 心理素质

心理素质是人对外在世界变化的抵御能力的一种表现。心理素质好的人，就能抵御剧烈的环境变化，使自己立于不败之地，而素质较差的人，一遇到较强的环境变化，就会不知所措，以致有可能选择不利于矛盾解决的办法，加剧了矛盾的激化。领导者的心理面貌直接决定着下属员工的精神面貌。

领导者的心理素质应包括：认知正常、思维超群；感情深沉、情绪可控；意志坚强、思维能动；勇对挫折、善于调控；自信律己、勤奋忠诚等。

【应用阅读】

乐观的拿破仑

拿破仑在一次与敌军作战时，遭到敌人顽强的抵抗，队伍损失惨重，形势非常危险，拿破仑也因一时不慎掉入泥潭中，被弄得满身泥巴，狼狈不堪。可此时的拿破仑浑然不顾，内心只有一个信念，那就是无论如何也要打赢这场战斗，只听他大吼一声："冲啊！"他手下的士兵见到他那副滑稽模样，忍不住都哈哈大笑起来，但同时也被拿破仑的乐观自信所鼓舞。一时间，战士们群情激昂、奋勇当先，终于取得了战斗的最后胜利。

启示：在任何危急的困境中，都要保持乐观积极地心态。尤其作为一位领导，你的自信，可以感染到无数你接触到的人。有没有乐观自信的态度也直接影响到一项工作的成败。领导不是只告诉别人怎么干的家伙，而是要激发队伍产生一定抱负，并朝着既定目标勇往直前的人。

5. 身体素质

身体素质即人的身体健康状况。先天的身体条件，是人的身体素质的基础，而后天的锻炼和发育成长则是一个人健康与否的主要决定因素。人要想更好地工作，需要有较好的身体素质，领导者当然也是如此。领导者的工作，一般总是艰巨和繁重的，如果没有良好的身体素质，心有余而力不足，就无法胜任繁重的工作。健康的身体又是领导者具有敏捷思维、旺盛精力的基础。

（二）领导班子的构成

作为领导者的个体应具备一定的素质，然而，领导者通常是在最高领导统率下具有一定结构、一定层次的领导集体，即领导班子。

一个合理的领导班子的构成主要包括心理结构、年龄结构、知识结构与能力结构等方面的内容。

1. 心理结构

健康的心理是领导者和被领导者积极投身于工作的前提。从领导科学的角度看，一项高效率的工作往往是科学、艺术、技巧和人某些心理属性的结合。对领导者而言，领导的过程就是使被领导者心甘情愿地、群策群力地为实现既定目标而努力施加影响的活动过程，通过健康、有效的心理影响、暗示，可以使双方乐意、热情并信心十足地投入到工作中，从而取得工作效果的最佳。被领导者健康的心理状况是使领导者的决策、意图顺利实施的重要保障，若被领导者心胸狭隘或个性张扬，不是想方设法、一心一意与领导者共同完成工作，而是置工作于不顾，视个人利益为至高，处处表现自己，突出自己，不仅会破坏团结，影响工作效率，甚至带来工作的被动，使成员之间心理抵制，工作干不成，心情不舒畅，事业停滞，人格暗淡。而健康的心理有益于人们心情舒畅地工作、学习与生活。

2. 年龄结构

一般而言，不同年龄的人由于阅历不同，显示出不同的能力，各自所拥有的优势和劣势是很不相同的。老年人有丰富的阅历和深刻的观察力，他们经验丰富、视野广阔、深谋远虑、思想周密、处事稳健；中年人年富力强、精力充沛、风华正茂、思想敏锐、反应敏捷、想象丰富、善于畅想、争强好胜、敢做敢为，可以充分发挥其攻坚突出、冲锋陷阵的作用。根据实际需要把老中青三代配置在一起，有利于充分发挥各自的优势，达到优势互补、扬长避短的目的，实现领导群体结构的优化。

3. 知识结构

知识结构指的是一个领导群体中各种不同知识水平的成员的配比组合。知识，既包括书本理论知识，也包括实践经验。人的知识有多有少，知识面有宽有窄，知识水平有高有低，要求所有领导成员都有同样的知识是不可能的，即使这些成员知识水平都相近，这种平面的知识结构，也不是一个优化的结构。合理的知识结构，必须是立体形式的，由不同的知识水平的人按照一定的比例排列组合而成，并随着经济、科技和社会的发展不断地予以调整，使具有不同知识水平的人互相配合，构成一个优化的有机整体。一般而言，职能部门的领导者和中层、基层领导者要涉及大量的业务，因而应有较多的专业知识；综合部门领导者、高层领导者主要从事决策、协调工作，因而应有较多的管理知识和经验。

4. 能力结构

所谓能力结构，就是整个领导班子拥有各种能力的组成比例。领导者应当具备较强的思维能力、决策能力、组织指挥能力、人际关系能力、用人能力和创新能力。这些能力都是履行领导职能所必需的。但是，在这些方面的能力都很强的"全才"型干部，实际生活中是很少的。大部分都在某一两方面的能力比较突出，而其他方面则较差。在组建领导班子时，要按照能力互补的原则，把具有各种能力特长的干部配合在一起，组织成领导能力齐备而又高强的领导班子。

科学地组建结构合理的领导班子，还应做好以下几项工作：

（1）注意选拔主导型人才

在组织领导层的群体中一般有三类人才：主导型人才、依附型人才和主导依附中间型人才。

①主导型人才。主导型人才注重人的本身内在价值体系，对自我认识很深刻，在群体中常常是一位举足轻重的角色。他们具有较强的创造性，并能在工作中证明自己的能力。他们在群体中通过自己的行为影响着其他人的行为。

②依附型人才。依附型人才的行为较多地受到其他人的影响，属于角色的接受者。他们的行为表现为一种顺势行为，在群体中缺乏主见和创造性。

③主导依附中间型人才。现实生活中一般不存在绝对的主导型的依附型人才，多数人属于主导型相依附型兼而有之的中间型，只不过两者的侧重有所不同而已。

一般而言，在组织的不同层次领导层中，高层领导者应启用主导型人才为主，中层领导者应启用主导依附中间型人才，低层领导者应启用依附型人才。

（2）重视领导者群体的智力结构

主领导者群体为了履行职责和使命，必须由不同智力结构的人搭配起来。一般而言，应该由下列几种不同风格和素质的人员组成。

①有思想、有观点，全局观念较强，善于思考、出主意，决策和决断能力很强的人。

②善于行动、沉着、冷静、坚毅顽强，迅速果断，执行能力很强的人。

③善于处理人事关系，协调矛盾，涵养较高，能以沉默态度创造良好气氛的人。

④群众关系十分密切、有事都愿找他谈、能充当群众利益代表的人。

十分清楚，任何一个领导者都不可能同时充当上述四个角色，因此，领导者群体的智力搭配是十分重要的。

（3）加强领导者之间的团结协作

由于领导层是由不同经历、不同学历、不同专业知识、不同性格脾气的人组成的，并且较长时间在一起共同工作，因此，领导层内部的团结协作是组织正常运行、组织目标得以实现的重要保证。要做到这一点，领导层成员之间应当遵循下列几项原则：

①领导层中的任何一员，一旦领导层明确他在某一方面负有基本责任时，即意味着他在这一方面拥有决定权，而且，他的决定也就是整个领导层的决定。

②领导层中的任何一员，绝不允许对自己不负责任的事项做出决定。当

有人找上门时，应将此事转交给对此事负责的成员，并且不发表任何意见和看法。

③领导层中任何成员之间的关系不应带有感情色彩，不应显示出对某人过分热情，面对某人过分冷淡，保持一种正常的工作关系。

④领导层中，必须有一位有才能、有威望的"班长"。他是领导层中的决策人物、核心人物，而不是家长式的独裁者，他应当善于归纳领导成员的智慧和建议，善于解决领导成员之间的矛盾和分歧，拥有最后的决定权或否决权。

⑤当单个领导者无法决策或超出了自己管辖范围时，应请示领导层成员集体讨论，然后再由组织委托某一成员做出决定。这种分工合作的集体原则，必然为高效的领导层所采用。

第二节 领导理论

领导活动要讲究效益，即以较少的投入获得较大的产出，有效性是领导活动的主要衡量标志，它反映了领导的总体水平。在企业管理中，领导有效性是指通过领导活动实现企业预定目标的程度，其反映形式包括：①下级的支持；②相互关系；③员工的评价；④激励程度；⑤沟通的效果；⑥工作效率；⑦目标的实现。领导理论研究的目的就在于探讨什么样的企业领导者素质、领导方式方法更能提高领导工作的有效性。

一、领导理论发展的三个阶段

领导理论是研究领导本质及其行为规律的科学，领导理论是西方的产物，把领导活动纳入到科学的研究程式中，通过一些实证式的研究和逻辑化的推理，得出一些普遍性的结论，是西方领导理论的重要特色。在领导理论的形成和发展中有以下三种对领导的不同理解：

（1）从领导特质的角度去理解领导。以领导者为中心，探讨领导者不同于其他人的特质，成为人们理解领导的历史起点和理论起点。

（2）从人际关系、感情因素的角度去观察领导。持这种观点的人认为，领导是对组织内群体或成员施加影响的活动过程，是一门促使下级满怀信心地完成其任务的艺术，是一种说服他人热心于一定目标的努力。

（3）从组织所处的环境这一角度去观察领导。持这种观点的人认为，领导是如何使行政组织有效地适应外在环境以维持存续和发展的一项活动。

由于对领导的理解不同，形成了领导学理论研究的三种类型，即"特质论"、"行为论"和"权变论"。

（一）领导特质理论

领导素质理论是研究领导者的个人素质与其影响力和领导有效性的关系的理论。早期的领导素质理论假设：不管在什么样的情境下，所有的领导者都具有相同的素质，所以，有效领导者有一定数量的相同素质与特性，在很大程度上是先天的，与生俱来的，不具备天生领导者素质的人是不能当领导的，我们把这个时期的领导素质理论称为"天才论"或"伟人论"。

特质论继承了 20 世纪初出现的"天才论"的许多传统，但它在研究方法上因为拥有心理学的支持，从而超越了天才论。特质论对领导者先天具有和后天养成的独特性给予了充分的研究，以此探讨领导的有效程度。特质论抓住了领导现象中最为基本的要素——领导者，因此，特质论的研究几乎贯穿领导学发展过程的始终。

（二）领导行为理论

领导行为理论是研究领导者的领导行为及其结构、组成要素与领导有效性的关系的理论。

行为论主要体现在美国的俄亥俄州立大学和密执安大学的研究成果之中。其大致观点是，有效的领导者应该是那些适应性强的人，就是那些能考虑到自己的能力、下属的能力和需要完成的任务，而能将权力有效下放的人。

（三）领导权变理论

20 世纪 60 年代之后，进入"权变论"阶段。提出这一理论的菲德勒认为无论领导者的人格特质或行为风格如何，只有领导者使自己的个人特点与领导情境因素相"匹配"，他才能成为一个优秀的领导者。权变论把客观情况与领导行为的相互作用视为领导活动能够成功的关键所在。

对于领导活动来说，并不存在一种永恒的、永远处于决定性地位的要素。领导既是一门科学，又是一门艺术。领导活动的成败取决于多重要素在特定状态下的有机组合。

二、领导理论发展第一阶段——领导特质理论（20世纪30~40年代）

领导特质理论又称领导特性论，该理论以领导者为中心，从不同领导者在领导活动中显示出来的不同特质出发,希望通过领导特质的研究,发现领导者的一般特征,并解释领导现象的发生与变化。

早在 20 世纪 30 年代,心理学家们进行了大量的研究,希望发现领导者与非领导者在生理、心理、素质、能力等个人特质方面的差异,以寻求理想的"伟人"式的领导。如,有人专门对林肯、罗斯福等著名领导人进行研究,得出结论说领导者的特质主要是由先天性的因素所造就的,也就是说领导者必须具备某些天赋,这就是所谓的"伟人说"理论。理论预设即理想的领导是天生的,而非后天造成的。到了 20 世纪 40 年代,西方理论界已经基本上否定了"伟人说"的观点,也就是说领导者的才能主要不是天生的,而是后天形成的。

到了 20 世纪 70 年代,领导特性论的研究出现了一些新的动向,认为领导者确实具有某些共同的特性,但领导者的特性并不是先天具有的,而是后天形成的。他们都是经过非常勤奋的努力学习和在实践中长期艰苦锻炼,才逐渐成为有效领导者的。研究人员列举了成百种领导者应具有的个性特征,这些特征可以大致分为以下几个方面:

(1) 背景特征:包括教育、经历、社会地位、社会关系等。

(2) 身体特征:如领导人的年龄、身高、体重、体格健壮程度、容貌和仪表等。

(3) 社会特征:包括指挥能力、声誉、老练程度、合作、人际关系等。

(4) 个性特征:如领导人的魄力、热情、外向、机警、自信心和感觉力等。

(5) 才智特征:如领导人的知识、智商、判断力、讲话才能和聪敏程度等。

(6) 与工作有关的特征:包括责任心、毅力、事业心、首创性等。

美国管理学家吉赛利在其《管理才能探索》一书中研究了八种个性特征和五种激励特征。

(一) 个性特征

(1) 才智:语言与文辞方面的才能。

(2) 首创精神:开拓新方向、创新的愿望。

(3) 督察能力:指导别人的能力。

(4) 自信心:自我评价较高。

(5) 适应性:为下属所亲近。

(6) 决断能力。

(7) 性别（男性或女性）。
(8) 成熟程度。
（二）激励特征
(1) 对工作稳定的需求。
(2) 对金钱奖励的需求。
(3) 对指挥别人的权力的需求。
(4) 对自我实现的需求。
(5) 对事业成就的需求。

吉赛利的研究结论：首先，才智和自我实现对于取得成功关系重大；其次，要指挥别人的权力的概念并不是很重要；再次，督察能力基本上是指运用管理职能来指导下级的能力；最后，性别这一特征与管理成功与否没有多大关系。

由于对领导特质的研究在很长一段时期内，并没有给出一些确定性的答案。这类利用领导者个性特征来解释或预测领导效能的理论，逐渐被人们放弃。原因是：(1) 它忽视了下属的需要；(2) 它没有指明各种特质之间的相对重要性；(3) 它没有对因与果进行区分；(4) 它忽视了情境因素。因此，20世纪70年代以后对领导特质的研究已经不再成为主流学派，但是许多著名学者认为优秀的领导者必须具备某些素质。

例如：管理学大师德鲁克认为，有效的领导者必须具备五项学习习惯：(1) 善于利用时间；(2) 确定自己的努力方向；(3) 善于发现和发挥别人的长处；(4) 集中精力；(5) 有效决策。

哈佛商学院在其《总经理学》教材里提出，优秀的总经理必须具备以下基本素质：领导能力；决断力；预见力；说服力；创造力；洞察力；体力、魄力；勇气与自信；吸引力等。

美国管理学家皮特则把难以胜任领导者的品质归结为十二点：对别人麻木不仁，吹毛求疵；冷漠、孤僻、骄傲自大；背信弃义；野心过大；管头管脚；缺乏建立一支同心协力的队伍的能力；心胸狭窄，挑选无能之辈当下属；犟头犟脑，无法适应不同的上司；目光短浅，缺乏战略头脑；偏听偏信，过分依赖一个顾问；懦弱无能，不敢行动；犹豫不决，缺乏决断力。

美国普林斯顿大学教授鲍莫尔提出的十条件论认为，企业家应具备的十项性格品质特征是：合作精神；决策才能；组织能力；精于授权；善于应变；勇于负责；敢于求新；敢担风险；尊重他人；品德超人。

日本企业界公认的领导者应具备的性格品质特征是十项品德：使命感；

责任感；依赖感；积极性；忠诚老实；进取心、忍耐性；公平；热情；勇气。
十项能力：思维决定能力；规划能力；判断能力；创造能力；洞察能力；劝说能力；对人理解能力；解决问题能力；培养下级能力；调动积极性能力。

三、领导理论发展第二阶段——领导行为理论（20世纪40～60年代）

领导行为论认为，领导的本质是一种影响力，它是在领导者与被领导者之间的互相作用中形成的，领导者借助这种相互作用来引导被领导者的思想与行为以最终实现组织目标。行为理论在对领导行为的基本倾向进行划分的基础上，分析不同领导风格和领导行为对领导绩效的影响。

（一）坦南鲍姆和施密特的领导连续模型理论

领导连续模型是坦南鲍姆和施密特于1958年提出的一种领导方式理论。这一理论认为，领导方式的基本要素是经理运用权威的程度和下属制订决策的自由权限，在以领导者为中心的专制式领导和以下属为中心的民主式领导的两极之间，存在着以上两个要素各种不同程度组合的多种领导方式，是一个连续模型。

领导连续模型左端是专制型领导，即由上级自行决定一切，对下级实行严密的控制，要求他们完全按照上级的命令行事。这种领导方式无视下属的意见和要求，使下属几乎没有任何自由，很难调动下属人员的积极性，但却能保证领导意图不折不扣地贯彻执行。连续模型右端是民主型领导，即领导很少行使权利直接控制下属，在一定范围内，由下属自行决策并自主行动。这种领导方式能使下属获得较大满足，但不一定会取得较高的生产率。领导连续模型理论认为，在专制型领导与民主领导之间，有多种选择，并非非此即彼，有效的领导者应该根据自己的能力、下属的能力、工作的性质和任务要求等因素，灵活选择最为适当的领导方式。具体地讲，领导方式连续模型示意图（如图7.1）七种有代表性的领导模式是：

1. 经理决定下属执行

这是最集权的模式。经理发现一个问题后，考虑了各种可供选择的解决办法并从中选定一个，决定后就径直向下属宣布，要求执行。这里，不给下级以任何参与决策的机会。

2. 经理说服下级接受决定

这种模式同前一种相似，由经理做出决策并向下级宣布。但增加了一个步骤：在宣布时说服下级来接受这个决策。这样做，表明经理认识到下级中可能有某些反对意见，因而企图通过阐明这种决策的必要性（包括给下级将带来的利益）以消除反对意见。

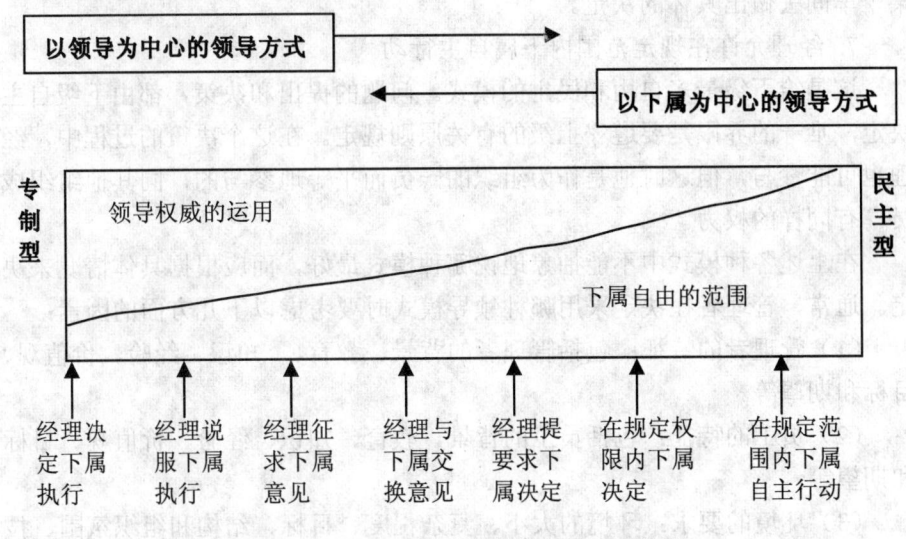

图 7.1　坦南鲍姆和施密特的领导连续模型

3. 经理征求下属意见

经理做出决策并期望下级接受这个决策，但他向下级提供一个有关他的想法和意图的详细说明，并征求大家对计划的意见。这样，既可以使下级更好地了解他的意图和计划，也可以使经理更深入探讨这一决策的意义和影响。

4. 经理提出初步的决策方案，同下级交换意见

在这种模式中，允许下级对决策发挥某些影响作用。经理先提出一个初步的计划，然后同下级交换意见，并在最后确定计划时考虑到下级提出的意见和建议，但经理仍保留着对问题的决定权。他可以按下级的意见修改计划，也可以不接受这些建议和意见。

5. 经理提出问题，征求意见，然后做决定

这种模式同前几种不同之处在于，前几种都是经理先提出自己的解决办法，然后再去征求下级的意见。这一种则是先提出需要解决的问题，然后听取下级关于解决这一问题的意见和办法。最后，才由经理做出决策。这样做的目的是为了更充分地吸收下级人员的知识和经验。

6. 经理规定界限，请下属做决定

在这种模式中，经理先解释清楚需要解决的问题，并给要做出的决策规

定了必要的界限，然后把决策权交给下级全体人员。例如，要对某项设备进行技术改造，为此经理提出这一课题，并规定了这一项目应达到的目标、实现项目的资金限额和完工日期，以及应遵守的原则等。然后授权某一科室或某个车间去做出具体的决定。

7. 经理允许在规定范围内下属自主行动

这是给下级最多自由和民主的模式。问题的提出和决策，都由下级自主决定，唯一的界限是要遵守上级的有关原则规定。在这个决策的过程中，经理也可能参与，但这时他是作为组织的一员而平等地参与的，同其他组织成员享有同样的权力。

在上述各种模式中不能抽象地说哪种模式最好，而应根据具体情况来决定。通常，管理者在决定采用哪种领导模式时要考虑以下几方面的因素：

（1）管理者的特征：包括管理者的背景、教育、知识、经验、价值观、目标和期望等。

（2）员工的特征：包括员工的背景、教育、知识、经验、价值观、目标和期望等。

（3）环境的要求：环境的大小、复杂程度、目标、结构和组织氛围、技术、时间压力和工作的本质等。

根据以上这些因素，如果下属有独立做出决定并承担责任的愿望和要求，并且他们已经做好了这样的准备，他们能理解所规定的目标和任务，并有能力承担这些任务，领导者就应给下级较大的自主权力。如果这些条件不具备，领导者就不会把权力授予下级。

领导行为连续体理论对管理工作的启示：

首先，一个成功的管理者必须能够敏锐地认识到在某一个特定时刻影响他们行动的种种因素，准确地理解他自己，理解他所领导的群体中的成员，理解他所处在的组织环境和社会环境。

其次，一个成功的领导者必须能够认识和确定自己的行为方式，即如果需要发号施令，他便能发号施令；如果需要员工参与和行使自主权，他就能为员工提供这样的机会。

这一理论的贡献在于不是将成功的领导者简单地归结为专制型、民主型或放任型的领导者，而是指出成功的领导者应该是在多数情况下能够评估各种影响环境的因素和条件，并根据这些条件和因素来确定自己的领导方式和采取相应的行动。

但坦南鲍姆和施米特的理论也存在一定的不足，这就是他们将影响领导方式的因素即领导者、下属和环境看成是既定的和不变的,而实际上这些因素是相互影响相互作用的,他们对影响因素的动力特征没有进行足够的重视,同时在考虑环境因素时主要考虑的是组织内部的环境,而对组织外部的环境以及组织与社会环境的关系缺乏重视。

1973年,坦南鲍姆和施密特重新研究其领导连续模型时,又在连续模型外围加上圆圈,以表示领导方式还要受组织环境和社会环境的影响,这样一来,影响领导方式的最重要因素变成了三个:一是领导者的行为力量;二是影响领导者行为的下属力量;三是情势的力量。这一修改,着重强调了领导方式与环境力量的相关性,为此,有人将这一理论归入情势理论。

(二)管理系统理论(利克特的"工作中心"与"员工中心"理论)

美国密西根大学社会研究所的利克特以数百个组织机构为对象,将领导连续流体理论进一步的推演,经过多年的研究,在1961年出版的《管理的新模式》一书中,提出了他的管理模式理论。如表7.1所示,利克特把领导方式归纳为四种基本模式。

表7.1 利克特的管理模式

模式一	模式二	模式三	模式四
专制式的集权领导	温和式的集权领导	询商式的民主领导	参与式的民主领导

1. 专制式的集权领导

在这种领导形态中,管理层对下级缺乏信心,下级不能过问决策的程序。决策由管理上层做出,然后以命令宣布,强制下属执行。上下级之间互不信任。组织中的非正式组织对正式组织的目标通常持反对态度。

2. 温和式的集权领导

在这种领导形态中,管理层对下属有一种谦和的态度,但决策权力仍控制在最高层,下层能在一定的限度内参与,但仍受高层的制约。对职工有奖励也有惩处。上下级相处态度谦和,但下属小心翼翼。机构中的非正式组织对正式组织的目标一般不会反对。

3. 询商式的民主领导

这种领导形态中,上下级有相当的信任,但不完全信任,主要的决策权仍掌握在高层手中,但下级对具体问题可以决策。双向沟通在相当的情况下经常进行。机构中的非正式组织一般对正式组织的目标持支持态度。

4. 参与式的民主领导

在这种领导形态中，管理阶层对下属完全信任，决策采取高度的分权化，随时进行上下沟通和平行沟通。上下级之间在充分信任和友好的状态下交往，分不出正式组织和非正式组织。

在这四种类型的领导方式中，参与式是效率较高的一种领导方式。因为，对人有四种激励形式：经济激励、自我激励、安全激励和创造激励。而参与型领导方式正是按照满足这四种激励的需要而建立起来的领导方式。利克特指出，一个企业的领导者，在管理中如果以职工为中心，即较多地关心职工的需要和愿望等，则该企业的生产效率就高；如果以工作为中心，则该企业的生产效率就较低。企业的领导者同企业职工接触较多，该企业生产效率就高；反之，生产效率就较低。一个企业领导方式愈民主、合理，职工参与程度愈高，生产效率就越高；反之，生产效率就越低。可见，企业领导者的领导方式对生产效率的高低有着极为重要的影响，即领导的效果归因于领导与被领导者之间的"相互支持"。

（三）俄亥俄州大学的领导四分图理论（二维构面理论或二元理论）

领导四分图理论也叫二维构面理论或二元理论，是美国俄亥俄州大学研究小组在大量调查研究的基础上，于1945年提出的一种领导方式理论。他们在研究过程中，将一千多种描述领导行为的因素最终归结为对人的关心——体谅和对组织效率的关心——主动状态两大类。领导的体谅行为主要表现为尊重下属意见，重视下属的感情和需要，强调建立互相信任的气氛。领导的主动状态行为主要表现为重视组织设计，明确职责关系，确定工作目标和任务。这两类行为的不同组合，就构成了四种不同的领导方式，如图7-2所示。

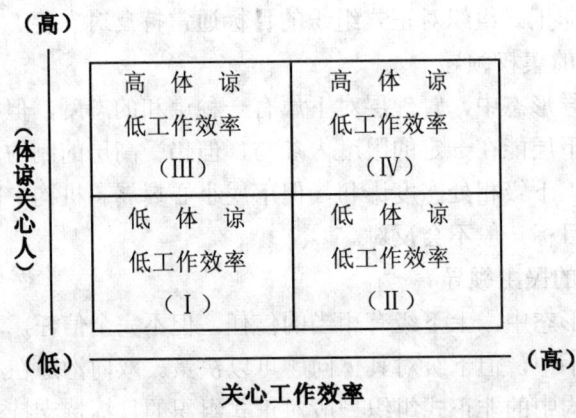

图7.2 俄亥俄州大学的领导四分图

（Ⅰ）型领导既不关心人，又不重视组织工作效率，是最无能的领导方式。

（Ⅱ）型领导对组织的工作效率、工作任务和目标的完成非常重视，但忽视人的情绪和需要，是以工作任务为中心的领导方式。

（Ⅲ）型领导对人十分关切，对组织工作效率却漠不关心，是以人为中心的领导方式。

（Ⅳ）型领导把对人的关心和对组织工作效率的关心放在同等重要的地位，既能保证任务的完成，又能充分满足人的需要，是最为理想的领导方式。

俄亥俄州大学研究小组的研究结果表明，不同的领导方式对工作效率和职工情绪有直接影响。在研究中，他们把不同管理者在体谅和工作两个项目中的得分与其管理效率相对比，发现生产部门的效率与工作成正比，与体谅成反比，最有效的工长工作得分最高，体谅最低。在非生产部门情况恰好相反。同时，他们还发现，无论在生产部门还是非生产部门，高工作低体谅的领导方式都会造成职工的不满情绪和对立情绪，从而无故旷工、事故、职工转厂的现象也较严重，因此从长远的观点来看，这并非是种有效的领导方式，这一结果再次证实行为科学对以泰罗制为代表的科学管理理论的责难。

（四）管理方格理论

美国德克萨斯大学的布莱克和穆顿在1964年提出了管理方格图，他们用一张9×9的方格图，每一个方格表示一种领导风格（见图7.3），纵坐标表示对人的关心程度，分为9级。图中显示了五种典型的领导风格。

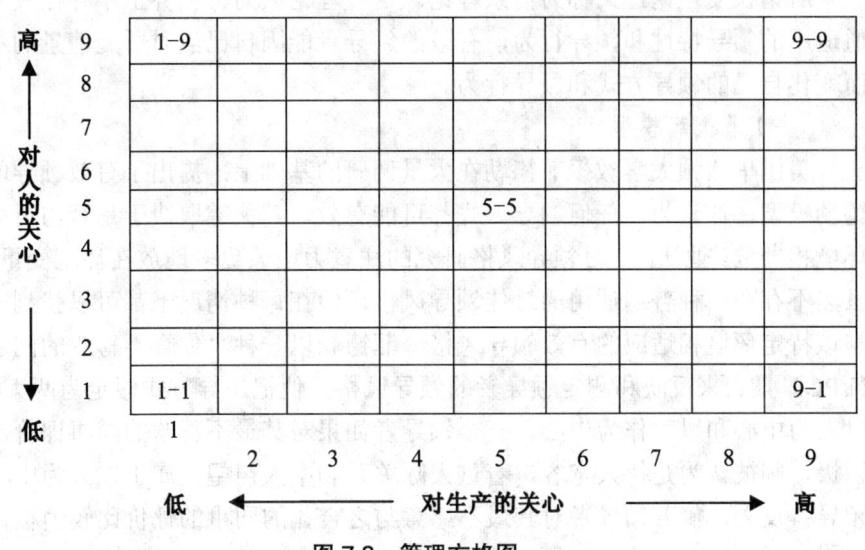

图 7.3　管理方格图

1-1 型又称贫乏型管理：领导者对工作和对人都极不关心，多一事不如少一事，只维持自己职务所必需的最低限度的工作。

9-1 型又称任务型管理：领导者对工作极为关心，但忽略对人的关心，强调有效地控制下属，努力完成各项工作。

1-9 型又称乡村俱乐部型管理：领导者对工作极为关心，重视同下属的关系，强调部属与自己的感情，而忽略工作的效果。

5-5 型又称中庸之道型管理：领导者既对工作关心，也对人关心，但强调适可而止，缺乏强烈的进取心，乐意维持现状。

9-9 型又称团队型管理：领导者对工作和对人都极为关心，既高度重视组织的各项工作，又能通过沟通与激励，使部下自觉自愿齐心协力。这是一种理想的领导风格。

布莱克和穆顿还提出，理论上 9-9 团队型管理是最理想、最有效的领导方式，应当是领导者努力的方向，但实际上哪种领导风格最有效要看实际工作，最有效的领导风格并非一成不变，而要依情况而定。这种管理方格图理论能够使领导者较为明确地认识到自己的领导风格，找到改进领导风格的努力方向，也可以用来有效地培训未来的领导者。

三、领导理论发展第二阶段——领导权变理论（20世纪60~90年代）

所谓权变理论，又称为情景理论。这种理论认为，世界上不存在具有普通适用的领导特性和领导行为，有效的领导者能因自己当时所处情景的不同而变化自己的领导方式和领导行为。

（一）菲德勒模型

美国华盛顿大学教授菲德勒在大量调研的基础上，提出了有效领导的菲德勒模型。他认为，任何领导方式都可能有效，其关键取决于是否与所处的环境相一致。他认为，对领导风格研究的注意力应该更多地放在环境变量上。虽然不存在一种普遍适用的最佳领导风格，但在每种情况下都可以找到一种与该特定环境相适应的有效领导风格。菲德勒以一种"你喜不喜欢的同事"（LPC）量表来反映和测定领导者的领导风格，他把领导方式假定为两大类：以人为中心和以工作为中心。一个领导者如果对其最不喜欢的同事评价比较积极，则被认为是待人宽容，着重人际关系和个人声望，属于以人为中心的领导；反之，倘若领导者对其最不愿意与之合作的同事的评价比较消极，则被认为是惯于命令和控制，是只关心工作的领导。

菲德勒分析了环境因素，发现主要有三个因素影响领导风格的有效性。

一是上下级关系，即领导者能否得到下属的信任、尊重和喜爱，能否使下属自动追随他。领导者与下属之间相互信任、相互喜欢的程度越高，领导者的权力和影响力就越大。

二是职位权力，即领导者所处的职位提供的权力是否明确和充分，是否得到上级和整个组织的有力支持。一个领导者对其下属的雇佣、工作分配、报酬、提升等的直接决定性权力越大，其职位权力就越强，对其下属的影响力也就越大。

三是任务结构，即群体的工作任务是否规定明确，是否有详尽的规划和程序，有无含糊不清之处。如果所领导的群体要完成的任务是例行的、明确的、可以理解的，成员有章可循，则工作质量比较容易控制，领导也可以更加有的放矢。这种情况就属于任务结构明确。反之，任务复杂而又没有先例，工作规定不清楚，没有标准和程序，成员都不知道该如何去做，领导就会处于被动地位。这种情况就属于任务结构不明确。

通过将这三种主要的环境因素加以组合，菲德勒得出八种不同的环境类型，见表 7.2。

表 7.2 不同环境下的有效领导类型

环境是否有利程度	最有利							最不利
上下关系	好				差			
任务结构	明确		不明确		明确		不明确	
职位权力	强	弱	强	弱	强	弱	强	弱
环境类型	1	2	3	4	5	6	7	8
有效的领导风格	任务导向型				关系导向型			任务导向型

菲德勒的研究结果表明，在对领导者有利和最不利的环境类型 1、2、3 和 8，采用任务导向型效果较好；在对领导者环境条件一般的情况下，采用关系导向型效果较好。例如，一架将着陆的飞机，整个机组任务明确，机长上下关系融洽、职权充分，属于环境类型 1，这时机长只要下命令就可以了，根本不用征询机组人员是否要降落，如何降落。又如，一个司机走出驾驶室来指挥混乱的交通，他既不认识其他司机，也无职位权力，如何疏解堵塞又

没有特定的程序，属于最不利的环境因素 8，那位司机只能果断地指挥，如果向大家征询下一步该如何办，每位司机都希望自己的车先开走，那结果就可想而知了。再如，一个外面调来的新任厂长，虽然职权很大，任务明确，但没有良好的上下级关系，属于类型 5，这位厂长最明智的选择是先以关系导向来处理问题，别一上来就发号施令。

菲德勒还强调，领导行为是和该领导的个性相联系的，所以领导风格或领导方式是固定不变的，当一个领导者的风格或方式与情景不相适应时，提高领导者的有效性只有两条途径：一是替换领导者以适应情境，二是改变情境以适应领导者。其后的大量研究对菲德勒模型的总体效果进行了考察，并取得了十分积极的结果，有相当多的证据支持这一模型，但是，该模型也存在一些欠缺，需要增加变量来加以改进和弥补。

许多实践证明菲德勒的模型效果是比较好的，其实际意义有：

（1）这个模型特别强调效果，强调为了领导有效，需要采取什么样的领导行为，而不是从领导人的素质出发强调应具有什么样的领导行为，这无疑为研究领导行为指明了新方向。

（2）这个模型的重要之处是将领导行为和环境的影响、领导者和被领导者之者关系的影响联系起来。它表明并不存在着一种绝对的最好的领导形态，企业领导人必须具有适应力，自行调整和适应环境变化的情况。

（3）这个模型还告诉管理阶层必须依照情况来选用领导人。如果是最好或最坏的情况，应选用任务导向的领导，反之则选用关系导向者。

（4）菲德勒还主张，有必要改造环境以符合领导者风格。

（二）领导生命周期理论

领导生命周期理论，又称"赫塞和布兰查德模型"。该理论是由卡曼首先提出，后经赫塞和布兰查德完善的。它将菲德勒模型向前推进了一步，它把注意力集中放在对下属的研究上，认为成功的领导要根据下属的成熟程度选择合适的领导方式；不管领导者做什么，其有效性取决于下属的行为。

该理论认为，所谓成熟度是指人们对自己的行为承担责任的能力和愿望的大小。它取决于两个方面的因素：任务成熟度、心理成熟度。任务成熟度是相对于一个人的知识和技能而言的，若一个人具有无须别人指点就能完成其工作的知识、能力与经验，那么他的任务成熟度就高，反之则低；心理成熟度和做事的愿望、动机有关，如果一个人能自觉地去做事，而无须外部的激励，则认为他有较高的心理成熟度，反之则有较低的心理成熟度。

用横坐标代表任务行为，纵坐标代表关系行为，在下方再加上一个成熟度坐标，就成了由关系行为、任务行为、成熟度组成的三维领导理论（见图7.4）。

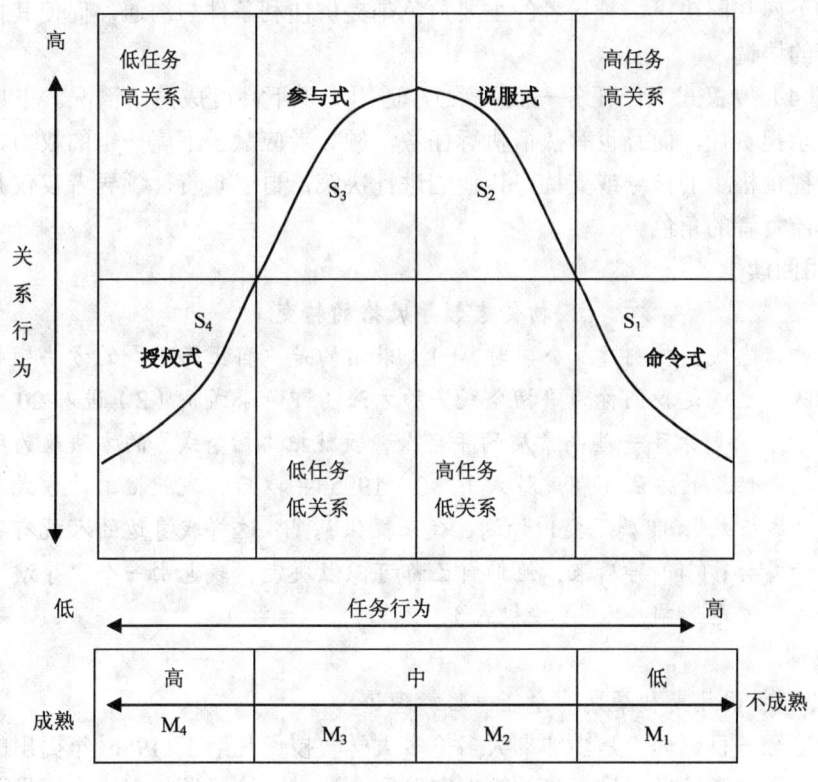

图 7.4 领导生命周期理论

他们更具体地将领导风格分为四种类型：

（1）命令式（高任务—低关系）。适用于下属成熟度低的情况。此时下属不成熟，没有能力承担责任，也不愿意承担责任。领导者定义角色，告诉下属应该干什么、怎么干以及何时何地去干，它强调直接指挥。

（2）说服式（高任务—高关系）。适用于下属较为不成熟的情况。此时下属有承担责任的愿望，但没有承担责任的能力。因此，领导者既要关心任务，给下属一定的指导，又注意保护和鼓励下属的积极性。也就是同时提供指导性的行为与支持性的行为。

（3）参与式（低任务—高关系）。适用于下属比较成熟的情况。因为下属已经比较成熟，基本能胜任工作，而且还不太满意领导者过多的指示与约束。这时，领导者应通过双方沟通和细心听取意见，发挥下属积极性。领导者与下属共同决策，领导者的主要角色是提供便利条件与沟通，促使其搞好内部的协调。

（4）授权式（低任务—低关系）。适用于手下高度成熟的情况。下属有能力承担责任，而且也有热情执行任务，领导者应赋予下属一定的权力，领导者提供极少的指导或支持，让他们进行决策，自己负责，领导者仅仅是起一个监督者的角色。

【应用阅读】

柳传志领导风格的转变

柳传志说：我刚建立公司时，（1）采用的是"自上而下"的方法领导管理团队，也就是我们称为"指令式"的方法（即命令式）；（2）进入20世纪90年代，公司来了一些高素质的年轻人，我就把"指令式"的方法改为所谓的"指导性"的方法（即说服式）；（3）1995年以后，我就把工作方式逐渐改为"参与式"，即属下提出计划，我来提供意见，这样我身边的人就有了非常大的舞台；（4）再后来，他们自己都可以做决定，我也由一个'导演'逐渐变成了"电影制片人"（授权式）。

（三）伊凡斯和豪斯的途径—目标理论

途径—目标理论是由加拿大多伦多大学教授伊凡斯于1986年提出的，并由其同事豪斯做了进一步的补充和发展。这一理论以期望理论和领导四分图理论为基础，指出有效的领导能够帮助下属在达成企业目标的同时，也达成个人目标，包括报酬目标和成就目标，即在完成工作任务的同时，得到满足和激励。为此，领导者的责任是：

（1）为下属明确到达目标的途径，即说明工作的意义、方向、内容、任务等；帮助下属排除实现目标途径上的障碍，即解决工作中遇到的问题；支持下属为实现目标所做的努力。

（2）在工作中给下属以多种多样满足需要的机会，使他们感到满意，从而顺利地通过途径到达目标。

豪斯通过实验和研究认为，究竟采取什么样的领导方式最为有效，应该考虑环境因素，当工作任务模糊不清，职工无所适从的时候，他们希望有高主动状态的领导，为他们做出明确的规定和安排。而对于例行性的工作或内容已经明确的工作，他们则希望有高体谅的领导，使他们的需要得到满足，此时若领导者还在喋喋不休地发布指示，不仅毫无意义，还会使人感到厌烦。

途径—目标理论指出，领导者是使下属获得更好的激励、更高的满足程度和工作成效的关键人物，领导者的效率取决于他能激励下属达成组织目标的能力，和使职工在工作中得到满足的能力。

豪斯等人认为领导者是灵活的，同一领导者可以根据不同的领导环境因素表现出不同的领导风格。他们通过研究，提出了4种领导方式。

（1）指令型：领导者给予下属具体的指导，让下属知道工作的目标，完成工作的时间安排以及如何完成任务。这种领导行为方式的主要特点是领导者发布指令、下属不参与决策、只接受命令。

（2）支持型：领导者在努力建立舒适的工作环境的同时，表现出对员工的健康和需要的关心。当下属处于挫折或不满意时，这类领导行为对下属的行为产生最大的影响。

（3）参与型：领导者允许下属对上级的决策施加影响，即在做某些决策时，领导者与下属共同磋商，并且在实施之前充分考虑下属的建议。

（4）成就指向型：领导者为员工设置富有挑战性的目标，并且相信员工有能力而且愿意实现这些挑战性的目标。

与菲德勒理论不同，途径—目标理论认为，上述领导方式是由同一个领导者不同情况下所采用的。

第三节　领导艺术

【应用阅读】

置身事外

两个人争论、吵架，如有第三者在场，双方都会请他帮忙，或是请他评理。第三者在对峙的双方眼里，既是仲裁者，又盼望他成为共同对敌的友军。这种现象，古今相同。春秋战国时期，韩、赵两国发生战争，双方都派使者到魏国借兵，但魏文侯一口拒绝了。两国使者没有完成任务，怏怏而归。当他们回国以后，才知道魏文侯已分别派使者前来调停，劝告双方平息战火。韩、赵两国国君感激魏文侯化干戈为玉帛的情谊，都来向魏文侯致谢。韩、赵两国力量相仿，都不可能单独打败对方，因此都想借助强国魏国的力量。在这种情形下，魏国的行动直接关系到韩赵之战的胜负。魏文侯没有去介入两国之争，以第三者公平的立场加以调停，战争变成了和平，从而使魏国取得了三国关系中的主导地位。

当双方相争时，第三者越是不介入，其地位越是重要。当他以置身事外态度进行仲裁时，更能显示其权威性。

一个高层的管理者很多时候也需要一种置身事外的艺术。如果你手下的两个部门主任为了工作发生了争执，你已经明显感到其中一个是对的，而另一个是错的，现在他们就在你的对面，要求你判定谁对谁错，你该怎么办？其实一个精明的头儿在这时候不会直接说任何一个下属的不是。因为他们是为了工作发生的争执，而影响他们做出判断的因素有很多，不管对错，他们都是非常出色的人才。当面说一个手下的不是，不但会极大地挫伤他的积极性，让他在竞争对手面前抬不起头，甚至很可能会使你因此失去一个得力助手，而得到表现的那个下属更会趾高气昂，也不利于你的管理。

启示：学会置身事外，你的管理水平当然就上升到了一个更高的档次。

大量的理论与实践经验告诉我们，领导是一种方法，更是一种艺术，需要不断地顺势而变，需要不断创新。领导艺术是管理学的研究重点。特别是处在全球一体化的当今中国，企业的发展，甚至生死存亡都和领导层的领导水平密切相关。对于一个亏损企业，领导班子的更换往往会使企业起死回生。

领导工作是一门科学，表明领导工作是有客观规律性可循的，必须遵循规律，从实际出发，实事求是，开展工作。领导工作是一门艺术，表明领导工作是一项创造性的工作，领导艺术就是一种富有创造性的领导方法的体现。管理工作要求领导者具备灵活运用各种领导方法的能力和技巧，创造性地开展工作，来实现组织的目标。创造性是领导艺术的核心部分。

领导艺术体现领导者驾驭领导工作的高超能力，是领导者学识、智慧、才能、胆略、作风、气质、品格、方法和创造性思维等多种因素的综合体现，它有三个层次，一是悟性层次，是经验的直觉判断；二是理性层次，是对有关理论的灵活运用；三是智慧层次，是高超智慧的艺术表现。领导艺术始终存在于领导工作之中，包含的内容非常广泛、丰富。为了有效地发挥领导的作用，实现组织目标，领导者必须掌握高超的领导艺术，一般主要表现为领导决策艺术、授权艺术、用人艺术、人际交往艺术、时间管理艺术、创新艺术和处理紧急事件的艺术等。

一、领导决策的艺术

著名经济学家赫伯特·西蒙指出："决策是管理的心脏，管理是由一系列决策组成的,管理就是决策。"这充分说明,决策在管理活动中的重要地位和作用,也充分说明决策对领导者的重要意义。

西蒙认为,决策的关键是时机信息和时机。孙子兵法说,知己知彼,百战不殆。对于决策,毛主席也说,决策就是情况明,决心大,方法对。人们通常所说的决策,是指对事情拍板定案,而管理科学中的决策是指管理者为了达到一定的经营宗旨,实现一定的经营目标,从两个或两个以上的方案中选择一个最佳方案的过程。决策已成为现代企业经营管理中一项十分重要的管理职能。管理的关键在于经营,经营的核心在于决策。一旦决策失误,全盘皆输。

决策是人们对未来实践的方向、目标以及使之实现的程序和手段做出的抉择,也就是对未来的方向、目标及手段、方法经过选择和判断做出的决定。决策艺术是领导者综合能力的表现,体现领导者的政治成熟度及业务知识能力多样性的统一。领导者要遵循决策的程序化,决策的过程也要力求科学化,不能简单拍脑袋,凭经验和直觉。决策艺术一般包含以下几个方面:

(一)处理信息的艺术

要进行决策,首先要掌握决策所需要的各种信息。各种决策方案的可行性,在很大程度上取决于信息的及时、准确和完整。因此,能不能有效地获取、利用和加工信息,需要具有高超的艺术。

(二)决策方法选择的艺术

不同的决策应采用相应的决策方法,对于程序性、短期性的决策,管理者凭自己长期积累的知识和经验,以及相关能力,并根据已知情况和现有资料,通常是可以提出比较正确的决策目标、方案和做出最后的抉择。对于战略性的长期决策,一般宜采用集体决策或定量的方法。因为这种决策关系到全局长远的发展,应当发挥集体智慧,广泛听取各方意见,采用科学的决策技术,以防决策失误。

为了使未来的行动能够成功,要求决策者有广博的知识,同时还要有敏锐的观察力、判断力,还要有严格的科学态度,重真理、不浮躁,勇于打破陈旧观念,开创新局面。因此,决策者要不断地努力提高自身的素质。

(三)决策应遵循的原则

1. 系统原则

应用系统论的观点进行决策,是决策科学化、整体化、最优化的首要条件。

2. 可行原则

决策应符合客观事物发展变化的规律，在操作过程中，充分考虑有利条件与不利因素，理性地估量机会，正确地确立决策目标，选择较为合理的、较优的实施方案。

3. 信息原则

信息是决策的前提条件，掌握大量的、可靠的、高质量的信息是决策科学化、最优化的重要条件。

4. 民主原则

与决策科学化紧密联系的是决策民主化。在决策实施的过程中间，领导者充分听取各方面的意见，尤其是专家、学者的意见，是决策科学化、最优化的重要保证。

5. 效益原则

决策必须以提高效益为中心，通过科学决策，实现经济效益与社会效益、长期效益和短期效益、全局效益和局部效益的最佳结合。

（四）在把握领导决策艺术时要注意的五个方面

（1）及时决断，雷厉风行。

（2）弄清实质，抓住要害。

（3）多谋善断，集思广益。

（4）以变应变，抓住时机。

（5）抓好信息，增强预见。

二、授权艺术

面对当前社会科技、经济飞速发展，管理问题越来越复杂化，再高明的领导者都不可能包揽一切，什么事都由自己亲自过问、亲自处理。因此，现代领导者必须采用授权这一分身术，使自己摆脱具体事务的缠绕，而专心致志地处理重大事务。

（一）授权的含义

授权是指上级主管委授给下属一定的权力和责任，使下属在一定的范围内，有相当的自主权、决定权。授权者对被授权者有监督权，被授权者对授权者有报告情况和完成相应工作的责任。

在实际工作中，必须注意授权与代理职务的区别；授权与助理、秘书职务的区别；授权与分工的区别。

（二）如何授权

【应用阅读】

雄 鹰 学 飞

　　一个人在高山之巅的鹰巢里，抓到了一只幼鹰，他把幼鹰带回家，养在鸡笼里。这只幼鹰和鸡一起啄食、嬉闹和休息。它以为自己是一只鸡。这只鹰渐渐长大，羽翼丰满了，主人想把它训练成猎鹰，可是由于终日和鸡混在一起，它已经变得和鸡完全一样，根本没有飞的愿望了。主人试了各种办法，都毫无效果，最后把它带到山顶上，一把将它扔了出去。这只鹰像块石头似的，直掉下去，慌乱之中它拼命地扑打翅膀，就这样，它终于飞了起来！

　　启示：每个人都希望用自己的能力来证明自身价值，手下也不例外。授权给他们，让他们有更大的空间去施展自己的才华，是对他们最大的尊重和支持。不要害怕他们失败，给予适当的扶持和指点，放开你手中的"雄鹰"，让他们翱翔于更广阔的天空。否则他永远是碌碌无为的小鸡。

　　一个领导者在授权过程中，有三种情况：一是授权留责——这是正常的领导者；二是权责授光——这是不正常的领导者；三是只授责，不授权——这是错误的领导者。从以上分析，我们可以看出：授权中一条最重要的原则，就是领导者把一部分权力和责任授于下属后，领导者依然负有责任。除此以外，领导在授权时应注意以下问题：

　　（1）"因事择人，视能授权"。一切以被授权者的才能大小和工作水平的高低为依据。"职以能授，爵以功授"，这是古今中外的历史经验。而"因人设事"、"以功授权"，必然贻误工作。

　　（2）授权之前，应当对被授权者进行严密的考察，力求将权力和责任授予最合适的人。如工作必需，面对被授权者又一时无法考察完毕，则可以先试用一段时间，在使用过程中继续考察。

　　（3）必须向被授权者明确交代任务目标及权责范围，使被授权者在工作中有所遵循。

　　（4）授权者只能对直接下属授权，而不应越级授权。因为越级授权必然导致中层干部的被动，管理陷入混乱之中。

　　（5）凡是涉及有关组织全局的问题，如组织的发展方向和目标、干部的任命和变动等，不可轻易授权，一般应由领导层集体讨论研究，慎重决策。

　　（6）授权者对被授权者应保持必要的监督和控制，建立和掌握一套行之有效的控制方法。

三、用人艺术

【应用阅读】

人才使用的技巧

汉高祖刘邦即位以后，经常举行宴会犒劳那些和他一起出生入死的大臣将领。有一次，刘邦在洛阳南宫大宴群臣。席间，刘邦问众位文臣武将："大家说说看，我刘邦为什么能得到天下，项羽为什么会失去天下？"高起和王陵坐在座位上说："陛下虽然好笑话人，可是只要部下攻下了城池，陛下总会将攻下的城池交给部下去管理。可是，项羽虽有妇人之心，但心眼小，好妒忌人，打了胜仗部下也得不到好处。时间长了，谁也不会愿意替他卖命。这大概就是原因吧。"

刘邦听后哈哈一笑，说道："你们是只知其一，不知其二。若论运筹帷幄，决胜千里之外，我不如张良；若论镇守国家，安抚百姓，供给粮饷，不绝粮道，我不如萧何；若论集结百万雄兵，战无不胜，攻无不克，我不如韩信。这三个人都是人中豪杰，我能任用他们，这就是我得天下的原因。项羽只有一个范增，又不能很好地任用他，这就是他失败的原因"。众人听后，恍然大悟，纷纷点头称是。

马克思主义历来认为，人是世界上最可贵的。而在人中，人才更为重要，尤其是领导人才。当今世界各国综合国力的竞争归根到底是人才的竞争。用人是领导者的重要职责和基本职能，也是领导活动自身的要求，在用人上，领导者要掌握有效激励的艺术，选人的艺术，科学用人的艺术，表扬和批评的艺术。

（一）有效激励的艺术

激励方法主要是：物质激励法、精神激励法、工作激励法等。有效激励要遵循一定的原则，有的放矢地进行。

（二）选人的艺术

选用什么样的人才，作为领导者应掌握以下几个方面的原则：

（1）坚持德才兼备，切勿求全责备。"德才兼备"和领导者"四化"方针是选才总的原则精神。一般来说以德为主，但有德无才也不行。一个成功的领导者在选拔人才时应做到兼容宽人，不以己律人，不强人所难，应能正确地自我认识和认知他人。要合理地确立人才标准，使组织内部人人都能各得其所，各得其用，各尽职守。

（2）大胆选拔新人，切忌论资排辈。领导者在选才时，要正确处理德才与资历的关系，以德才为准，在同等的条件下，以选拔新生力量为准。

（3）举荐有胆有识之才，戒唯顺唯亲之风。我们要选拔大批胆识过人、人格健全、个性鲜明的开拓型人才。这些人往往有独立见解，不以领导者的眼色为准，而以是否有利于组织目标的实现为行为准则。

（三）科学用人的艺术

科学用人的艺术主要表现在：一是知人善用的艺术。也就是用人用其德才，要用人所长，避人所短。二是量才适用的艺术。要帮助职工找到自己最佳工作的位置。三是用人不疑的艺术。对安排在与自己才能品德相适应岗位上的员工，就应当放手使用，合理授权，使他们能够对所承担的任务全权负责。四是用养并重的艺术。有眼光的领导，不仅善于选拔和使用人才，而且重视培养和造就人才，能坚持用养并重。

（四）表扬和批评的艺术

表扬、奖励人和批评、指责人，也需要有良好的技巧。一是要弄清需要表扬、批评的原因。即掌握事实的真实情况，确保批评的准确性。二是要选择表扬、批评合适的时机。三是要注意表扬、批评的场合。四是要讲求表扬、批评的态度。五是要正确运用表扬、批评的方式。

（五）把握合理用人艺术

在把握合理用人艺术方面就注意以下几点：

（1）善于识人，善于知人。识人要有伯乐之眼、霸王之胆，敢于开拓、善于发掘。

（2）各得其所，各扬其志。人尽其才，才尽其用。工作和才能要适应，专业对口、特长对口，尽量照顾个人的兴趣和爱好。工作和性格也要相适应。

（3）有效激励，科学实施。

（4）用人不疑，疑人不用，言过其实，不可大用。

（5）用人之道讲究信、赏、罚。信即信任，信得过被用之人。赏罚要分明，该奖则奖，当罚则罚。

（6）重视人才的培养教育。育人在长期规划，肯下本钱。重视能力提高、能力保持、能力活用。

总之，用人要做到任人唯贤、选贤任能、不计恩怨，不拘一格，量才使用，充分信任，大胆放手，因人适用。

四、人际交往的艺术

凡是有人进行生产和生活的地方都存在着复杂的人际关系。组织实际上是由众多员工组成的集合体，必然会发生各种各样的人际关系。组织人际关系的好坏，直接关系到组织凝聚力的强弱和活力的大小。因此，讲究处理人际关系的艺术，是强化管理和激发职工积极性的一项必不可少的内容。组织经营成功是建立在员工相互信任和人际关系融洽和谐基础之上的。

影响人际关系的因素主要有四个方面：人们之间空间距离的远近；人们彼此交往的频率；人们观念态度的相似性；人们彼此需要的互补性。除此之外，人们的性格、品德、气质各异也是影响人际关系的重要方面。

基于人际关系的复杂性和微妙性，其处理的方法也是多种多样的，没有一套能适用于不同素质的职工和不同环境的通用方法，应当随机制宜，随人而异。常用的方法有经营目标协调法、制度规则协调法、心理冲突协调法、随机处事技巧法等。

1. 经营目标调适法

每个职工都是为了某个具体的目标而来到企业的，如何用企业发展的总目标把所有职工组织起来，是一种很重要的技巧。目标既是职工共同奋斗的方向，也是有效协调人际关系的出发点。

2. 制度规则调适法

中国有句古语，没有规矩不成方圆。建立健全企业内部各种生产技术标准、流程和经营管理制度，使领导和职工、职工和职工之间都能依照规章制度进行自我约束、自我调整，减少职工之间的摩擦和冲突。

3. 心理冲突调适法

尽管目标、制度对调适职工之间的关系有重要的作用，但职工之间的心理冲突对人际关系的影响往往是看不见，摸不着的，潜在性强，又不易很快消除，因此，必须注意职工心理的调适艺术。

4. 随机处事技巧法

作为一个企业管理者，要有随机处事的技巧。处理事情既积极又稳妥，有利于正确调适领导者与职工、管理者与职工之间的关系。

此外还要重视合理利用非正式组织的润滑作用，在企业中，职工因理论、爱好、兴趣、态度等的趋向，或者因是老上下级、老同学、老乡亲、老朋友，往往容易形成某些没有明确组织目标的非正式组织。在这些非正式组织中，职工之间倾吐衷肠，交流看法，不受约束，具有一定的吸引力和凝聚力。非正式组织在疏通人际关系、贯彻企业目标等方面，有非常重要的作用，一定要善加利用。

五、时间管理的艺术

时间是管理中的稀有资源，时间同人、财、物一样是管理中的重要资源，而且是一种稀有资源。这是因为时间具有以下三种特性：

（1）不变性。时间是物质存在的一种形式，是一个常数，是固定不变的。我们可以想方设法来筹集资金，物色人才，但是，谁也无法租、借和买到时间，谁也不能以任何方法去取得更多的时间。

（2）无贮存必一。时间是无法贮存的，昨天的时间过去了，就永远不再回来，所以，时间是最短的。"一寸光阴一寸金，寸金难买寸光阴"，说明时间过去了就不会再回来，再多的金钱也买不回来最珍贵的时间。

（3）无替代性。当某种资源缺少时，可以用另一种资源来替代，但是，时间就完全没有替代品。一时浪费了时间，既追不回来，也不能用其他东西来替代与补偿，这就到了"悔之晚矣"的时刻。

由此可见，任何工作、任何事情都少不了时间，都是在时间中进行的。为此，管理者应该合理地使用时间、珍惜时间，充分认识时间是最稀有的资源。我国古代诗人陶渊明诗云："盛年不再来，一日难再晨，及时当勉励，岁月不待人。"这也是对领导者的一种告诫。

时间也是管理过程中重要的资源，时间管理也是有效管理的重要方面，时间管理的艺术主要包括时间分配艺术和时间节约艺术。

（一）时间分配的艺术

这主要有以下几种：一是重点管理法。即分清事情的主次及任务的缓急，集中时间和精力把它做好，即能把有限的时间分配给最重要的工作。二是最佳时间法。把最重要的工作安排在一天中效率最高的时间去完成，而对于零碎事务或次要工作放在精力较差的时间去做。三是可控措施法。把自己不可控的时间转化为可控时间，以提高管理效率。

（二）时间节约艺术

1. 坚持时间记录

许多有效的管理者经常持有一个时间记录簿，并且定期拿出来看看，进行研究和调整。

2. 学会集中利用时间

管理者应尽可能地集中时间，以处理重要的事务，产生更大的效益。

3. 找出浪费时间原因加以解决

时间浪费常见的两个原因：其一是自己时间管理不当，或不明事情性质都躬亲处理；其二是组织缺陷。对于第一类原因，管理者在进行活动之前，必须要问以下几个问题，从而决定最需要自己处理的事情。对于第二类原因，管理者要检查：

（1）组织工作缺乏系统观点或缺乏远见。其症状往往是反复出现同样的危机，往往预示着工作安排或制度安排有问题。

（2）组织员工过多或管理幅度过大。

（3）组织机制有毛病。其症状往往是会议太多或上级主管忙于协调的时间太多。

（4）信息功能不灵。往往表现为信息内容不能准确地表达管理决策的目的，信息表达方式不易于管理者理解。

六、创新艺术

创新是指人们发现了新方法、新技术或提供了新观点、新思想。创新是按照自然和社会发展的规律，提出改造自然、改造社会的新设想、新方案。创新应贯穿于整个领导活动之中，作为一个合格的领导者应具备开拓创新能力。所以合格的领导者观察事物时具有独特的细致的敏锐性。能根据形势的发展变化，结合新的实践经验和时代条件，在思路的选择上、思考的技能技巧上、思维的结论上有独到之处。与众不同，又合乎情理，比别人想得更深入、更透彻，提出人们想象不到、表达不出的新见解。同时也善于从生活的细微之处，从常人司空见惯、习以为常或熟视无睹的事情上发现问题，开动脑筋，引发思考，获得思维成果，这也是创新领导者应具备的一种思维特征。

【应用阅读】

没有靠背的椅子

麦当劳快餐店创始人克罗克，是美国社会最有影响的十大企业家之一。他不喜欢整天坐在办公室里，大部分工作时间都用在"走动管理"上，即到所有各公司、部门走走、看看、听听、问问。麦当劳公司曾有一段时间面临严重亏损的危机，克罗克发现其中一个重要原因是公司各职能部门的经理有严重的官僚主义，习惯躺在舒适的椅背上指手画脚，把许多宝贵的时间耗费在抽烟和闲聊上。于是克罗克想出一个"奇招"，将所有的经理的椅子背锯掉，并立即照办。开始很多人骂克罗克是个疯子，但后来不久大家就体会到了他的一番"苦心"。他们纷纷走出办公室，深入基层，开展"走动管理"，及时了解情况，现场解决问题，终于使公司扭亏转盈。

启示：看似简单，却蕴含着管理创新的哲理。

七、指挥处理紧急事件的艺术

在管理活动中，经常会发生一些突发、紧急和棘手事件，因而领导者也要掌握处理这种事件的艺术。

（一）迅速控制事态

紧急事件发生后，能否先控制住事态，使其不扩大，不升级，不蔓延，是处理整个事件的关键。这既是关系整个事件处理成败的基础和前提，又是寻找更好的、彻底的处理方法的重要条件。突发事件发生后，面临紧急事件的组织成员，大都情绪激动，一触即发。领导者进行心理控制，运用弱化员工的激动情绪、舒缓紧张气氛等具体的技巧；减轻群众的心绪不稳，思想混乱，不知所措等心理压力。迅速地在组织内部和广大群众中开展正面教育，使大多数人认清形势，稳住阵脚，以防局面失去控制；迅速查清紧急事件的重要人物和地点，予以重点控制。

（二）收集事实材料，分析紧急事件产生的原因

紧急事件产生的原因可能是难于控制的自然灾害；复杂多变的政治、经济环境；变化多端的市场竞争；组织的内部管理不善；主观人为的因素等。领导者要带领下属，动用一切可行的手段，准确地掌握大量的现象和事实材料。在掌握全面材料的基础上分析各种现象背后的联系，找到造成整个事件的根本症结，确认事件的性质，然后，迅速地制订处理事件的总体方案。

（三）果断实施方案，处理事件

领导者必须果断决策，周密组织，统筹安排，层层落实责任，人人承担责任，各司其职，各负其责，找准突破口，集中优势兵力去攻克关键环节和难关。

（四）总结工作

领导者要深入群众，做好善后的思想稳定工作；要总结紧急事件的教训，查找原因，堵塞漏洞，提高认识，避免类似事件再次发生；对于紧急事件处理过程中的工作失误也要及时总结。

八、会议艺术

作为领导者，因为工作需要，经常召集各种大大小小的会议来研究、讨

论许多问题，做出许多决定，指导下属的工作。

（一）会议的重要功能

随着科学技术的发展，社会生产力水平的提高，人类社会进入"信息社会"，各种先进的通信手段如电话、电传、电子计算机等进入人们日常生活领域，人们相互之间的信息交流、意见交换变得方便、快捷。尽管如此，开会还是无法被取而代之，这主要是会议还有十分重要的功能。

（1）会议是整个社会或整个组织活动的一个重要反映，也是与会者在组织中、在社会上的身份、地位、影响力及所起作用的表示。会议的信息往往对人们的心理产生较大的影响。如组织年度工作会议，组织人事、表彰会议等等。

（2）会议是集思广益的重要场所。与会者通过充分交换意见，深入讨论研究，往往会产生一种相同的见解、价值观和行动指南，从而保证组织目标的实现。

（3）会议对每一个与会者将产生一种约束力。会议经过大会发言，小组讨论，最后形成的决议，一旦被会议通过，将对全体与会者产生约束力，包括原来持有不同意见者。

（4）会议是显露人才、发现人才的场所。许多政治家、理论家，往往是在各种会议上使大家发现他的才华，从而走上领导岗位，成名成家的。

（二）会议应注意的问题

会议应注意的问题有以下几点：

（1）不开无准备之会。开会以前必须充分准备，确定开会的议题和出席的对象，议题不宜多，参加会议的人也不宜太多。一个会议解决一两个重大的问题，形成决议就是非常成功的会议。

（2）开短会，不开长会。会议时间不宜太长，否则会引起与会者的反感。发言者发言的时间应有限制，禁止夸夸其谈，做无准备的"随便讲几句"之类发言。

（3）准时开会，不拖拉。不少人开会经常迟到，而会议主持者不批评，还等待他们，久而久之，准时到会者也不准时，会风渐差。

（4）注意合理安排议题的先后次序。根据人的心理、生理、精力等特点，会议的前半部分，宜讨论需要与会者开动脑筋、集中精力的议题，便于提高会议决议的质量。

以上几点，虽然是小问题，却是保证会议开得成功、有效的重要因素。

第四节 激 励

【应用阅读】

为"赞赏者"死

韩国某大型公司的一个清洁工，本来是一个最被人忽视、最被人看不起的角色，但就是这样一个人，却在一天晚上公司保险箱被窃时，与小偷进行了殊死搏斗。事后，有人为他请功并问他的动机时，答案却出人意料。他说：当公司的总经理从他身旁经过时，总会不时地赞美他"你扫的地真干净"。

你看，就这么一句简简单单的话，就使这个员工受到了感动，并"以身相许"。这也正合了中国的一句老话，"士为知己者死"。

美国著名女企业家玛丽·凯经理曾说过："世界上有两件东西比金钱和性更为人们所需要——认可与赞美。"

激励是管理工作中一个十分重要的职能。作为领导者、管理者都会面临这样一个问题，他们对某项任务的完成负有责任，但个人无法把一切工作都承担下来并将其做好，他必须依靠其下属人员，借助别人的努力来完成任务。因此，就需要激励全体成员，以充分调动他们的积极性和创造性。激励不仅仅是领导职能的一部分，激励也被认为是贯穿于管理过程的始终，是管理过程不可或缺的要素，同时也被认为是一个世界性的难题。

一、激励概述

（一）激励的涵义

在英文中，激励（Motivate）作为动词，来自于拉丁语，有两个含义：一是提供一种行为的动机，即诱导、驱使之意；二是通过特别的设计来激发学习者的学习兴趣，如教师可以通过一系列教学管理措施来引导学生的学习行为。相应地，作为名词的"Motivation"则含有三层意思：一是指被激励（Motivated）的过程；二是指一种驱动力、诱因或外部的奖酬（Incentive）；三是指受激励的状态，比如说受到激励的程度比较高。而在目前的中文版或英文版教材中，激励一般是兼具动词和名词词性的，既可视为动词，又可视为名词，需要相机而定。

总之，激励就是管理者运用各种管理手段，刺激被管理者的需要，激发其动机引导并促进被管理者产生有利于管理目标行为的过程。可以从以下七个方面来理解激励这一概念。

（1）激励是一个过程。人的行为都是在某种动机的推动下完成的。对人的行为的激励，实质上就是通过利用能满足人需要的诱因条件，激发行为动机，从而推动人采取相应的行为，以实现目标，然后再根据人们新的需要设置诱因，如此循环往复。

（2）激励过程受内外因素的制约。各种管理措施，应与被激励者的需要、理想、价值观和责任感等内在的因素相吻合，才能产生较强的影响力，从而激发和强化工作动机，否则不会产生激励作用。

（3）激励具有时效性。每一种激励手段的作用都有一定的时间限度，超过时限就会失效。因此，激励不能一劳永逸，需要持续进行。

（4）激励具有目的性。激励的目的在于从既定的组织目标出发，着眼于成员个人或群体，通过运用某种手段，寻求组织与个人在目标、行动上的内在一致性，从而达到两者之间在行动与效果上的良性循环。

（5）就个体而言，激励是一种精神力量或状态，对人的行为起加强、激发和推动作用，并指导和引导行为指向目标。

（6）就组织而言，激励是组织通过设计适当的奖励措施和工作环境，以一定的行为规范和奖罚性措施，来激发、引导、保持和归化组织成员的行为，以使得组织成员或群体为达成组织目标而积极行动、努力工作，有效实现组织目标的系统活动。

（7）就管理者而言，激励是一种由管理者所实施的，意在引发、维持和促进组织成员或群体产生组织所预期的行为的管理活动过程。

（二）激励的特点

激励作为一种领导的手段，最显著的特点是内在驱动性和自觉自愿性。由于激励是起源于人的需要，是被管理者追求个人需要满足的过程，因此，这种实现组织目标的过程，不带有强制性，而完全是靠被管理者内在动机驱使的、自觉自愿的过程。

激励在组织管理中具有十分重要的作用，有利于激发和调动职工的积极性，有利于满足职工在物质、精神、尊重、社交等多方面的需要；有助于将职工的个人目标与组织目标统一起来。

（三）激励的原则

在管理活动中，激励必须因时、因地、因人、因事而异，但这并不等于说激励就没有一定规律可循。以下是激励工作中应坚持的原则：

1. 物质激励与精神激励相结合的原则

按激励的内容划分可分为物质激励与精神激励。物质激励作用于人的生理方面，着眼于满足人们的物质需要；精神激励作用于人的心理方面，着眼于满足人们的精神需要。物质激励的形式主要是颁发奖金和实物，精神激励则有授予称号、颁发奖状或奖章、记功、开会表扬、宣传事迹等多种形式。

人既有物质需要，也有精神需要。相应地，激励方式上就应该坚持物质激励与精神激励相结合。因为物质需要是人类最基本的需要，也是最低层次的需要，所以，物质激励是一种基本的激励形式，但其激励作用也是有限的。随着生产力水平和人的素质的提高，人们的精神需求增强，激励的形式就应该更加强调精神激励。物质激励是基础，精神激励是根本，应在两者结合的基础上，逐步过渡到以精神激励为主。

2. 外激励与内激励相结合的原则

按照激励的方式，可以把激励分为内激励和外激励。内激励是通过启发诱导的方式，激发人的主动精神，使他们的工作热情建立在高度自觉的基础上，充分发挥内在的潜力。外激励则倚重外因，具有一定程度的强迫性。人的行为既受到内因的驱动，又受到外因的影响；内因的作用是根本的，外因必须通过内因而起作用。这就要求领导者要善于将外激励和内激励相结合，并要以内激励为主；着眼于激发职工的高层次需要和深层次动机，使其内心深处焕发出工作的热情和动力，这种工作动力比外激励所引发的动力要深刻和持久得多。

3. 正激励与负激励相结合的原则

从激励的性质划分，激励可分为正激励和负激励。所谓正激励，就是当一个人的行为表现符合社会需要和组织目标时，通过表彰和奖励来保持和巩固这种行为，更加充分地调动成员的积极性。所谓负激励，就是当一个人的行为不符合社会需要或组织目标时，通过批评和惩罚来抑制这种行为并使其不再发生，同时引导组织成员的积极性向正确的方向转移。正激励和负激励都是对人的行为进行强化，所不同的是取向相反。正激励起正强化作用，是对行为的肯定；负激励起负强化的作用，是对行为的否定。正激励和负激励各自针对不同的行为，而这两种行为在组织中都是常见的，所以，正激励和负激励都是必要而有效的。它们不仅作用于当事人，而且会间接地影响周围的其他人。只有将二者结合运用，才能树立正面的榜样和反面的典型，形成一种好的风气，产生无形的压力，使整个群体或组织的行为更积极、更有生气。但鉴于负激励有一定的消极作用，容易产生挫折心理和挫折行为，应该慎用。领导者在坚持正激励与负激励相结合的同时,应坚持以正激励为主。

4. 个人目标与组织目标相结合的原则

在激励机制中,设置目标是一个关键环节。目标设置一方面必须体现组织目标的要求,否则激励就会偏离正确的方向;另一方面,目标设置也必须能够满足职工个人的需要,否则无法达到满意的激励强度。只有将组织目标与个人目标结合好,使组织目标包含较多的个人目标,使个人目标的实现离不开为实现组织目标所做的努力,才能收到良好的激励效果。

5. 按不同需求灵活激励的原则

激励的起点是满足职工的需要,但职工的需要存在着个体差异性和动态性,因人而异,因时而异,并且只有满足最迫切需要(即主导需要)的措施,其激励强度才大。因此,领导者在进行激励时,必须进行深入的调查研究,不断了解职工需要层次和需要结构变化趋势,了解员工的真实需求和动机。马斯洛把人的需求分为五个层次,对每个个体而言,各种需要的强度在不同时期和不同发展阶段是不尽相同的,组织管理者应对所属员工的需要进行细致分析和划分,从而找到激励的切入点。有效的激励必须有针对性,否则就会事与愿违。只有有针对性地抓住员工需求的特点,对其最强烈的需求进行激励,才能使员工产生最强的动机,解决激励不足的问题。为此,组织内部应实施有弹性的激励机制,根据本组织实际情况,针对不同员工的需要和动机,制订分类激励的措施。

6. 以人为本的原则

激励的根本目的是要调动人的积极性。与其他管理职能相比,激励是做人的工作的艺术。激励得当,人们的工作热情高涨;反之,人们的情绪低落,组织目标就难以实现。做好人的工作,前提必须理解人、尊重人。

人的行为具有多变性、多样性、创造性,但又遵循一定规律。管理者必须认识这种规律。首先,一个人的工作态度好,热情高,或者恰恰相反,工作积极性不高,效率低,都有一定的原因。了解人就是要认识人,抓住这种原因。其次,做好激励工作还应该站在当事人的立场上考虑问题,由此才能找到解决问题最有效的方法。最后,激励还必须尊重人。无论是正激励的表扬,还是负激励的批评,都必须考虑受激励者所处的情境,采取合适的方式,只有真正地尊重他人,激励才会为人们所接受,奖励不被人们看成是恩赐的,批评不被当作是打击。

7. 时效原则

时效原则是指奖励必须及时,不能拖延。一旦事过境迁激励就会失去作用。把握好激励的时效是一门艺术,但并非记住了这一原则就能做好激励。一般来说,正激励多在行为已发生就给予表扬,以示支持。对错误的行为,应及时制止,不让其延续下去。

8. 功过分开,一视同仁的原则

我国传统上有一种将功抵过的主张。这是不符合现代管理的要求的。奖励与惩罚应该分明。这不仅指对该奖的人给予奖赏,对该罚的人进行惩罚,还包含着对同一个人的功过应该严格区分,分别处理,不能将功抵过,扯平完事。

9. 短期激励与长效激励相结合的原则

企业在发挥员工的积极性、注重工资加奖金的短期激励的同时,不要只顾眼前利益而忽视了他们的长远发展,还要重视他们的长期性培养,为长期发展准备力量和资源。这也是一个两难的问题。强调现时的表现和业绩,会使员工产生短期行为;强调长期的积累和蓄积,又会导致对现时业绩的轻视和忽略。因此,企业应考虑运用适当的长期激励措施,将员工的切身利益与企业的经营业绩联系起来。一些企业推行股票期权、职工持股和参股计划,使员工具有劳动者和投资者的双重身份,更加具有关心和改善企业经营成果的积极性,激励效果明显。

(四)激励的作用

1. 激励有利于调动人的积极性和创造性

激励是调动员工创造性和积极性,使他们始终保持高昂的工作热情的重要关键。它的主要作用是通过动机的激发,调动被管理者工作的积极性和创造性,自觉自愿地为实现组织目标而努力,其核心作用是调动人的积极性。

激励的过程直接涉及员工的个人利益,直接影响到能否调动员工的积极性。一般来说,每一位员工总是由一种动机或需求而激发自己内在的动力,努力去实现某一目标。当达到某一目标后,他就会自觉或不自觉地衡量自己为达到这个目标所做的努力是否值得。因此,绝大多数人总是把自己努力的过程看作是为获得某种报酬的过程。如果他的努力得到了相应的报酬,那么,就有利于巩固和强化他的这种努力。因此,激励的目的就是要调动员工的积极创造性,并使这种积极创造性保持和发挥下去。

2. 激励有利于发挥人的能动作用

激励作为一种管理手段,其最显著的特点就是内在驱动性与自觉自愿性。由于激励是起源于人的需要,它的功能就在于以个人利益和需要的满足为基本作用力,是被管理者追求个人需要满足的过程,因此,激励不仅可以提高人们对自身工作的认识，还能激发人们的工作热情和兴趣，使成员对本职工作产生强烈的积极的情感，并以此为动力，以自己全部精力为达到预定的目标而努力，有利于充分发挥员工的能动性。

3. 激励有利于挖掘人的潜力，提高工作效率

员工的积极性与组织的绩效密切相关，在组织行为学中有这么一个公式：

$$绩效=f（能力，激励，环境）$$

从这个公式中可以看出，组织的绩效本质上取决于组织成员的能力、被激励的情形和工作环境条件。由此可见，激励是提高绩效的一种很重要的有利因素，当然，能力和环境也都是不可或缺的。

4. 激励有利于增强企业凝聚力

组织是由若干员工个体、工作群体组成的，为保证组织作为一个整体协调运行，除了用严密的组织结构和严格的规章制度进行规范外，还需通过运用激励方法，满足员工的多种心理需求，调动职工工作积极性，协调人际关系，进而促进内部各组成部分的协调统一，增强组织的凝聚力和向心力。

二、激励与人性假设

对组织中人的不同假设，将直接影响到主管人员的管理行为。道格拉斯·麦格雷戈是美国著名的行为科学家，在他的代表作《企业的人性方面》（1957），提出了著名的 X—Y 理论；美国的心理学家和行为科学家谢恩归纳分类了人性的四种假设，即经济人、社会人、自我实现人和复杂人的假设。在此基础上我们结合西方其他一些行为学家关于人性的论述进行归纳，大致可以分为以下五种人性假设：

（一）"工具人"假设

"工具人"的人性假设产生于管理学尚未正式形成的时期。"工具人"的人性假设，严格地讲，还未形成系统的人性理论，它只是在当时绝大多数管理者思想中普遍存在的一种观念。"工具人"的人性观认为，人在生产活动中所起的作用和机械的作用没有多大的区别，管理的任务，就在于迫使工人像机械一样去工作。因而，被管理者成了被动的生产工具。在这种观点指导下的管理方式，就是"大棒式"的管理，这种"大棒式"的管理主要是应用各种各样的处罚手段进行强制性管理。在这样的管理下，工人生产劳动积极性和效率是有限的。

（二）"经济人"假设（X理论）

"经济人"又称为"理性—经济人"，也称为实利人。这种理论认为人的一切行为都是为了最大限度地满足自己的利益，工作的动机是为了获取经济报酬。

麦格雷戈提出的X理论就是对经济人假设的概括。其基本观点如下：

（1）多数人天生是懒惰的，他们总是尽可能地逃避工作；

（2）多数人没有雄心大志，不愿意负任何责任，而心甘情愿地接受别人的指导；

（3）多数人的个人目标与组织目标是相矛盾的，因此，必须用强制、惩罚的方法才能迫使他们为了达到组织的目标而工作；

（4）多数人干工作都是为了满足基本的生理需要和安全需要，只有金钱和地位才能鼓励他们努力工作；

（5）人大致可以分为两类，多数人是类似上述设想的人；另一类是能够自己鼓励自己，能够克服感情冲动的人，这些人才能负起管理的责任。

基于以上的人性假设，X理论认为应采取的管理措施有：

（1）管理工作的重点是在提高生产率，完成生产任务方面。而对于人的感情和道义上的责任不是管理者考虑的问题。管理就是计划、组织、经营、指挥、监督和控制等；

（2）管理工作是少数人的事，工人只能听从管理者的指挥而无权参与管理；

（3）制订具体、严密的规章规范、技术规程要求员工执行，严格制订定额，实行计件工资，以金钱报酬换取员工的服从；同时对消极怠工者采用严厉的惩罚措施。即采取"胡萝卜加大棒"的管理方式。

（三）"社会人"假设

"社会人"的理论基础是人际关系学说，这是梅奥教授在霍桑实验中得出的实验总结。社会人的基本假设就是：

（1）从根本上说，人是由社会需求而引起工作动机的，并且通过与同事的关系而获得认同感；

（2）工业革命与工作合理化的结果，使工作本身失去了意义，因此，只能从工作上的社会关系去寻求意义；

（3）员工对同事们的社会影响力要比管理者所给予的经济诱因及控制更为重视；

（4）员工的工作效率随着上司能满足他们的社会需求的程度而改变。

在管理措施上,"社会人"的假设重视以下几方面:

(1) 管理人员不应只注意完成生产任务,而应把注意重点放在关心人,满足人的需要上;

(2) 管理人员不能只注意指挥、计划、监督、控制和组织等,而应更重视员工之间的关系,培养和形成员工的归属感和整体感;

(3) 实行奖励时,提倡集体的奖励制度,培养集体精神。

(四)"自我实现人"假设(Y理论)

自我实现人是马斯洛提出来的。所谓自我实现,指的是人都需要发挥自己的潜力,表现自己的才能,只有人的潜力充分发挥出来,人的才能充分表现出来,人才会感到最大的满足。麦格雷戈总结借用了这个名词,总结并归纳了马斯洛与其他类似的观点,提出了Y理论:

(1) 工作于人而言可能是种享受,也可能是种惩罚,因此,人并非天生一定就不喜欢工作,而是要看环境而定;

(2) 没有人喜欢外来控制和惩罚,人们希望实行自我管理和自我控制;

(3) 人在解决组织难题的时候,大都充满活力、想象力和创造性;

(4) 在适当的条件下,一般人不仅不逃避责任,反而会谋求重任;

(5) 人和组织的目标在适当的机会,会融合为一,有自我实现需求的人往往以达到组织目标作为自己致力于实现目标的最大报酬。

因此,Y理论条件下管理人员应采取的管理方式是:

(1) 创造使人发挥才能的工作环境,使员工在为实现组织的目标贡献力量时,能实现自己的个人目标;

(2) 管理者的角色是辅助者、帮助者、训练者;

(3) 激励方式:给员工更多的信任、更多的职责和自主权,实行员工的自我控制、自我管理、参与决策、分享权力。

(五)"复杂人"假设(超Y理论、Z理论)

约翰·莫尔斯和杰伊·洛希在1970年发表《超Y理论》对上述三种假设进行总结,提出了复杂人的假设。上述三种假设虽说各有一定的合理性,但是不能适用于一切人。因为人是复杂的,不仅因人而异,而且一个人本身在不同的年龄、地点、时期也会有不同的表现。人的需求随各种变化而改变,人与人之间的关系也会改变。复杂人的假设认为:

(1) 人的需要是多种多样的,而且这些需要随着人的发展和生活条件的变化而发生改变。每个人的需要都各不相同,需要的层次也因人而异;

(2) 人在同一时间内有各种需求和动机,它们会发生相互作用并结合成

为统一的整体,形成错综复杂的动机模式;

(3) 人在组织中的工作和生活条件是不断变化的,因而会产生新的需要和动机;

(4) 一个人在不同的组织或同一个组织的不同部门工作,会产生不同的需要;

(5) 由于人的需要不同,能力各异,对不同的管理方式会有不同的反应,因此,没有适合于任何组织、任何时间、任何个人的统一的管理方式。

Z 理论是由美国日裔学者威廉·大内在 1981 年出版的《Z 理论》一书中提出来的,其研究的内容为人与企业、人与工作的关系。

在 Z 理论的研究过程中,大内选择了日、美两国的一些典型企业进行研究。这些企业都在本国及对方国家中设有子公司或工厂,采取不同类型的管理方式。大内的研究表明,日本的经营管理方式一般较美国的效率更高,因此提出,美国的企业应该结合本国的特点,向日本企业管理方式学习,形成自己的管理方式。他把这种管理方式归结为 Z 型管理方式,并对这种方式进行了理论上的概括,称为"Z 理论"。

Z 理论是综合了美日两国企业管理特点的领导理论。该理论认为:

(1) 要长期雇用职工,只有这样才能使职工的职业有保障,从而使职工更关心企业的利益和长远的发展;

(2) 企业进行重大决策时,应采取启发、鼓励、支持的态度集中工人的建议,经由上下协商后由上级做出决策;

(3) 上级不轻易向下级发布硬性指令,下级在向上级汇报前,应先同有关部门拿出自己的解决方案;

(4) 领导者对职工要全面关心,要防止上下级之间闹矛盾;

(5) 要把对生产或工作的要求,同对职工的劳动条件和生活改善结合起来;

(6) 要重视职工业务技能的提高,加强业务技能培训和多方面经验的积累;

(7) 对职工的考察也应该是长期和全面的,而不只是考察其生产技术水平。

(六) 人性假设理论对管理者的启示

1. 领导者应树立正确的人性观念

改革开放以来,随着经济的发展和向国际惯例的靠拢,中国人的人性观念也在不断地变化。现阶段的中国人性,其实质仍然是市场经济范畴属性的反映。人们的价值观、思想和行为免不了被打上市场经济的烙印，人的利益首先是经济利益。因此，正确认识中国现阶段的人性，必须从个人的独立经济利益角度出发。现阶段除了个人的利益关系之外，我国的经济制度是以公有制为主导的多种经济成分并存制度，其本质上决定了现阶段存在着国家、集体、个人之间的相互关系。如何将公共利益内在化，进而变为个人行为的动力，是目前关心的焦点问题。中国传统文化的精髓集中表现为个人对社会和集体的依赖，把握中国的人性问题不能离开中国的传统文化。在与国际惯例靠拢上，在人性方面，人们更注重如何激发人的潜能，以个人利益为诱导，进而达到为社会公共利益服务的目的。

2. 在充分考虑人性的基础上制订组织管理制度

研究人性，是为了指导我们的企业管理工作，对企业而言，制度是企业的生命。制订科学合理的制度，严格执行制度，是保证企业有序、高效运转的前提。任何制度都是人定的，但要使制订的制度科学合理，必须尊重人性，满足人的需求；只有这样，制度才有生命力，才能促进人的发展，并进而促进企业的发展。

3. 形成独特的组织文化

组织文化，就是一个组织思维和行动的习惯，是一个组织的灵魂。组织要塑造核心竞争力，把职工的积极性和才干与企业的目标结合起来，归根到底就是要塑造组织独特的组织文化。而组织文化中最重要的内涵就是对人的态度。如果组织把人的利益看作第一利益，把人的满足、发展、成就看作第一需要，就会得到员工、顾客和社会各阶层的赞同，就会在组织运营过程中自觉不自觉地得到支持与肯定，进而有利于组织文化的形成和传播。

4. 树立正确的人生信念，培养良好的工作态度

人与人是有差别的，从内心的期望到外在的表现各不相同。不同的内心期望导致不同的信念，信念决定态度，态度导致行为，行为形成习惯并导致结果。按照系统理论，要想改变系统的输出，就必须改变系统的结构和输入。人要改变外在的现状，就必须改变内在的自我，树立积极的人生信念。

三、主要激励理论

自 20 世纪二三十年代以来，国外许多管理学家、心理学家和社会学家从不同的角度对怎样激励人的问题进行了研究，并提出了相应的激励理论。通常我们把这些激励理论分为三大类：内容型激励理论、过程型激励理论和行为改造型激励理论。

（一）内容型激励理论

需要和动机是推动人们行为的原因。内容型激励理论是着重研究需要的内容和结构及其如何推动人们行为的理论。其中有代表性的理论有：需要层次理论、双因素理论等。

1. 需要层次理论

这一理论是由美国社会心理学家亚伯拉罕·马斯洛提出来的，因而也称为马斯洛需要层次理论，如图 7.5 所示。

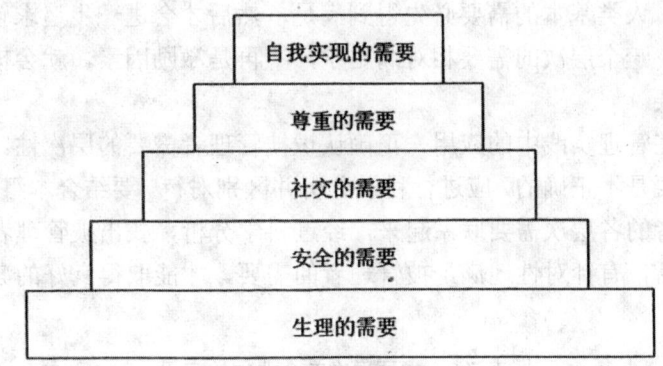

图 7.5 马斯洛需要层次论

（1）需要层次理论的主要内容。需要层次理论的主要理论要点有以下几个方面：

第一，人是有需要的，并且是有层次性的。

第二，每个人都有五个层次的需要，由低到高依次是：生理的需要、安全的需要、社交的需要、尊重的需要、自我实现的需要，见图 7.5。

生理的需要指人类生存最基本的需要，如食物、水、住房、医药等。这是动力最强大的需要，如果这些需要得不到满足，人类就无法生存，也就谈不上其他的需要。

安全的需要是指不受身体危害，以及不受失业、财产、食物或居住损害的恐惧的需要，包括劳动安全、职业安全、生活稳定、劳动保险、老有所养、免于灾难、未来保障等。

社交的需要包括友谊、爱情、归属、信任与接纳的需要。人们一般都愿意与他人进行社会交往，想和同事们保持良好的关系，希望给予和得到友爱，希望成为某个团体的成员等。这一层次的需要得不到满足，可能会影响人的精神上的健康。

尊重的需要包括自尊和受到别人尊重两方面，前者是对地位、成就、权威、面向世界的自信心、独立和自由的渴望，后者来自别人的尊重、赏识、注意或欣赏等名誉和声望的渴望。这一层次的需要一旦得以满足，必然信心倍增，否则就会产生自卑感。

自我实现的需要是需要层次中最高层次的需要，指个人成长与发展、发挥自身潜能、实现理想的需要。也就是说人们希望完成与自己能力相称的工作，使自己的潜能能够充分发挥。

第三，人类基本的需要必先得到满足，然后才会进一步追求较高层次需要的满足；一个层次的需要相对满足了，不再是激励因素，就会提出更高一层次的需要。

（2）在管理实践中的应用。正确认识被管理者需要的层次性。片面看待下属的需要是不正确的，应进行科学分析并区别对待。要结合本组织的特点，同被管理者的各层次需要联系起来，经过科学分析，找出被管理者需要及其差别，然后，有针对性地满足被管理者的需要，才能取得良好的激励效果。见表 7.3。

表 7.3　需要层次在企业中的应用

需要层次	激励因素（追求的目标）	应　用
生理需要	工资和奖金、各种福利和工作环境	较高的薪金、舒适的工作环境、合理的工作时间、住房和福利设施、医疗保险等
安全需要	职业保障、意外事故的预防	雇佣保证、退休养老金制度、意外保险制度、安全生产制度、危险工种营养福利制度
社交需要	友谊、团体的接纳、组织的认同	建立和谐的工作团队、建立协商和对话制度、互助金制度、联谊小组、教育培养制度
尊重需要	名誉和地位、权力和责任	人事考核制度、职衔、表彰制度、责任制度、授权
自我实现需要	能发挥个人特长的环境、具有挑战性的工作	决策参与制度、提案制度、破格晋升制度、目标管理、工作自主权

2. 双因素理论

这一理论是美国心理学家赫兹伯格在 1959 年发表的《工作的激励因素》和 1966 年的《工作与人》等著作中提出的，全名叫"激励—保健因素理论"。20 世纪 50 年代后期，他和他的同事在匹茨堡地区对九个企业中的 203 名会计师和工程师采用"关键事件法"进行调查访问，要会计师和工程师们回答两个问题：第一，什么原因使你愿意干你的工作？第二，什么原因使你不愿意干你的工作？赫兹伯格在研究了调查结果后提出了双因素理论。

（1）双因素理论的内容

赫兹伯格发现对上述两个问题有两类明显不同的反映。经过分析，他认为企业中影响人的积极性的因素可按其激励功能不同，分为保健因素和激励因素。

①保健因素。保健因素是指和工作环境或条件相关的因素。这类因素处理不当或者说这类需要得不到满足，会导致职工的不满，甚至会严重挫伤职工的积极性；反之，这类因素处理得当，能防止工人产生不满情绪，但不能使职工有更高的积极性。由于这类因素带有预防性，只起保持人的积极性、维持工作现状的作用，因此这类因素被称为"保健因素"。赫兹伯格发现保健因素主要有10个：公司的政策和行政管理、技术监督系统、与监督者个人之间的关系、与上级的关系、与下级的关系、工资、工作安全性、个人的生活、工作环境、地位。

②激励因素。激励因素是指和工作内容联系在一起的因素。这类因素的改善，或者使这类需要得到满足，往往能给职工以很大程度上的激励，产生工作的满意感，有利于充分、持久地调动职工的积极性；即使不具备这些因素和条件，也不会引起职工太大的不满意。由于这类因素能够激发人们做出最大的努力，所以称之为激励因素。赫兹伯格认为激励因素主要有6个：工作本身具有挑战性、奖励、晋升、成长、负有较大的责任、成就感。

赫兹伯格认为保健因素不能直接起到激励人们的作用，但能防止人们产生不满的情绪。保健因素改善后，人们的不满情绪会消除，并不会导致积极后果。而激励因素才能产生使职工满意的积极效果。

赫兹伯格认为，传统的满意—不满意的观点（认为满意的对立面是不满意）是不正确的。满意的对立面应该是没有满意，不满意的对立面是没有不满意。

（2）对双因素理论的简要评价

赫兹伯格的双因素理论在现代工作激励理论中有着重要地位。他的研究提醒人们必须充分注意工作本身的满足对激励的重要意义，使得人们对工作激励的内容有了新的认识，赫兹伯格的双因素理论在国内外有很大影响。

但是，双因素理论自产生起，也有人对它提出了批评，这也是该理论的缺陷之处。其主要有以下四点：

①赫兹伯格调查取样的数量和对象缺乏代表性。样本仅有203人，数量

较少，而且对象是工程师、会计师，他们在工资、安全、工作条件等方面都比较好，因此，这些因素对他们自然不会起激励作用，但不能代表一般职工的情况。

②赫兹伯格在调查时，问卷的方法和题目有缺陷。其一，把好的结果归结于自己的努力，而把不好的结果归罪于客观的条件或他人身上是人们一般的心理状态，人们的这种心理特征在他的问题上无法反映出来。其二，赫兹伯格没有使用满意尺度的概念。人们对任何事物总不是那么绝对，要么满意，要么不满意，一个人很可能对工作一部分满意一部分不满意，或者比较满意，这在他的问题中也是无法反映的。

③赫兹伯格认为，满意和生产率的提高有必然的联系，而实际上满意并不等于劳动生产率的提高，这两者并没有必然的联系。

④赫兹伯格将保健因素和激励因素截然分开是不妥的。实际上保健因素和激励因素、外部因素和内部因素都不是绝对的，他们相互联系并可能互相转化。保健因素也能够产生满意，激励因素也能够产生不满意，例如奖金既可以成为保健因素，也可以成为激励因素，工作成绩得不到承认也可以使人闹情绪，甚至消极怠工。

（3）双因素理论的应用

赫兹伯格的双因素理论，强调内在激励，在组织行为学中具有划时代意义，为管理者更好地激发职工工作的动机提供了新思路。

①管理者在实施激励时，应注意区别保健因素和激励因素，前者的满足可以消除不满，后者的满足可以产生满意。

②管理者在管理中，一方面，不应忽视保健因素，如果保健性的管理措施做得很差，就会导致职工产生不满情绪，影响劳动效率的提高。另一方面，也没有必要过分地改善保健因素，因为这样做只能消除职工对工作的不满情绪，不能直接提高工作积极性和工作效率。

③管理者若想持久而高效地激励职工，必须改进职工的工作内容，进行工作任务再设计，注意对人进行精神激励，给予表扬和认可，注意给人以成长、发展、晋升的机会。用这些内在因素来调动人的积极性，才能起更大的激励作用并维持更长的时间。

但是，在不同的国家、不同地区、不同时期、不同阶层、不同组织甚至是每一个人，最敏感的激励因素是各不相同的，有时差别还很大。因此，必须在分析上述因素的基础上，灵活地加以确定。例如，工资在发达国家的一些企业中，不是激励因素，但在我们国家的许多企业员工中仍是一个非常重要的激励因素。

表7.4 常见的保健因素与激励因素内容

保健因素	激励因素
金钱	工作本身
监督	赏识
地位	进步
安全	成长的可能性
工作环境	责任
政策与行动	成就
人际关系	

（二）过程型激励理论

过程型激励理论是着重研究人们选择其所要进行的行为的过程。即研究人们的行为是怎样产生的，是怎样向一定方向发展的，如何能使这个行为保持下去，以及怎样结束行为的发展过程。它主要包括弗鲁姆的期望理论和亚当斯的公平理论。

1. 期望理论

弗鲁姆认为，人们采取某项行动的动力或激励力取决于其对行动结果的价值评价和预期达成该结果可能性的估计。换言之，激励力的大小取决于该行动所能达成目标并能导致某种结果的全部预期价值乘以他认为达成该目标并得到某种结果的期望概率。用公式可以表示为：

$$M = V \times E$$

其中：M——激励力量，是直接推动或使人们采取某一行动的内驱力。这是指调动一个人的积极性，激发出人的潜力的强度。

V——目标效价，指达成目标后对于满足个人需要其价值的大小，它反映个人对某一成果或奖酬的重视与渴望程度。

E——期望值，这是指根据以往的经验进行的主观判断，达成目标并能导致某种结果的概率，是个人对某一行为导致特定结果的可能性或概率的估计与判断。

显然，只有当人们对某一行动成果的效价和期望值同时处于较高水平时，才有可能产生强大的激励力。

弗鲁姆的期望理论辨证地提出了在进行激励时要处理好三方面的关系，这些也是调动人们工作积极性的三个条件。

(1)努力与绩效的关系。人们总是希望通过一定的努力达到预期的目标，如果个人主观认为达到目标的概率很高，就会有信心，并激发出很强的工作力量，反之如果他认为目标太高，通过努力也不会有很好绩效时，就失去了内在的动力，导致工作消极。

(2)绩效与奖励的关系。人总是希望取得成绩后能够得到奖励，当然这个奖励也是综合的，既包括物质上的，也包括精神上的。如果他认为取得绩效后能得到合理的奖励，就可能产生工作热情，否则就可能没有积极性。

(3)奖励与满足个人需要的关系。人总是希望自己所获得的奖励能满足自己某方面的需要。然而由于人们在年龄、性别、资历、社会地位和经济条件等方面都存在着差异，他们对各种需要要求得到满足的程度就不同。因此，对于不同的人，采用同一种奖励办法能满足的需要程度不同，能激发出的工作动力也就不同。

对期望理论的应用主要体现在激励方面，这启示管理者不要泛泛地采用一般的激励措施，而应当采用多数组织成员认为效价最大的激励措施，而且在设置某一激励目标时应尽可能加大其效价的综合值，加大组织期望行为与非期望行为之间的效价差值。在激励过程中，还要适当控制期望概率和实际概率，加强期望心理的疏导。期望概率过大，容易产生挫折，期望概率过小，又会减少激励力量；而实际概率应使大多数人受益，最好实际概率大于平均的个人期望概率，并与效价相适应。

2．公平理论

公平理论又称社会比较理论，它是美国行为科学家亚当斯提出来的一种激励理论。该理论侧重于研究工资报酬分配的合理性、公平性及其对职工工作积极性的影响。

公平理论的基本观点是：当一个人做出了成绩并取得了报酬以后，他不仅关心自己的所得报酬的绝对量，而且关心自己所得报酬的相对量。因此，他要进行种种比较来确定自己所获报酬是否合理，比较的结果将直接影响今后工作的积极性。

(1)横向比较。即他要将自己获得的"报酬"（包括金钱、工作安排以及获得的赏识等）与自己的"投入"（包括教育程度、所作努力、用于工作的时间、精力和其他无形损耗等）的比值与组织内其他人做比较，只有相等时他才认为公平，如下式所示：

$$O_P / I_P = O_C / I_C$$

其中 O_P 表示自己对所获报酬的感觉；O_C 表示自己对他人所获报酬的感

觉；Ip 表示自己对个人所做投入的感觉；I_C 表示自己对他人所做投入的感觉。

但是，在现实中，还可能出现以下两种情况：

第一，前者小于后者，他可能要求增加自己的收入或减少自己今后的努力程度，以便使左方增大，趋于相等；第二种办法是他可能要求组织减少比较对象的收入或让其今后增大努力程度以便使右方减少，趋于相等。此外他还可能另外找人作为比较对象以便达到心理上的平衡。

第二，前者大于后者，他可能会在开始时积极主动地多做些工作，但是，久而久之他会重新估计自己的技术和工作情况，终于觉得他确实应当得到那么高的待遇，于是产量便又会回到过去的水平了。

（2）纵向比较。即把自己目前投入的努力与目前所获得报偿的比值，同自己过去投入的努力与过去所获报偿的比值进行比较。只有相等时他才认为公平。用公式表示：

$$O_P / I_P = O_H / I_H$$

其中 O_H 表示自己对过去所获报酬的感觉；I_H 表示自己对个人过去投入的感觉。当出现这种情况时，人不会因此产生不公平的感觉，但也不会感觉自己多拿了报偿从而主动多做些工作。当上式为不等式时，人也会有不公平的感觉，这可能导致工作积极性下降。调查和实验的结果表明，不公平感绝大多数是由于经过比较认为自己目前的报酬过低而产生的；但在少数情况下也会由于经过比较认为自己的报酬过高而产生。

我们看到，公平理论提出的基本观点是客观存在的。公平理论要求我们：首先影响激励效果的不仅有报酬的绝对值，还有报酬的相对值。其次，激励时应力求公平，使等式在客观上成立，尽管有主观判断的误差，也不致造成严重的不公平感。最后，在激励过程中应注意对被激励者公平心理的引导，使其树立正确的公平观，一是要认识到绝对的公平是不存在的，二是不要盲目攀比，三是不要按酬付劳，按酬付劳是在公平问题上造成恶性循环的主要杀手。例如为了避免职工产生不公平的感觉，企业往往采取各种手段，在企业中造成一种公平合理的气氛，使职工产生一种主观上的公平感。如有的企业采用保密工资的办法，使职工相互不了解彼此的收支情况，以免职工相互比较而产生不公平感。

【应用阅读】

三则奖励

某厂奖励了一位看起来最忙碌、日工作时间最长的员工，却收到一封自称是"愤愤不平者"的来信，说是获奖者一天的工作量，他两个小时就可以完成，而且工作质量更胜一等。

某企业为了留住一位欲"东南飞"的"孔雀"，连续 3 次奖励其万元以上，然而，换来的却是不绝于耳的"早晚还得走"，这就伤了那些忠诚于企业、安心于岗位者的心，他们憋不住地说：该奖的不奖，不该奖的大奖，再这样，我们不干了。

某经营陷入困境的公司，为了安定人心，给予十名坚守岗位的员工千元奖金，这一奖，让另一些人受了伤害，一位虽偶然脱过岗但却事业有成的广告创意人员因此不辞而别。

思考： 这三则奖励为什么会带来如此的负面反应？

（三）行为改造型激励理论

行为改造型激励理论主要研究如何改造和修正人的行为。主要有：斯金纳的"强化理论"，海德、韦纳的"归因理论"及"挫折理论"等。

1. 强化理论

强化理论是由美国心理学家斯金纳提出的，该理论认为人或动物为了达到某种目的，会采取一定的行为作用于环境，当这种行为的后果对他有利时，这种行为就会在以后重复出现；不利时，这种行为就减弱或消失。人们可以用这种正强化或负强化的办法来影响行为的后果，从而修正其行为，这就是强化理论，也叫做行为修正理论或操作条件反射理论。

斯金纳认为，强化指的是对一种行为的肯定或否定的后果（报酬或惩罚），它至少在一定程度上会决定这种行为在今后是否会重复发生。

这一理论运用于管理工作中，可通过如下四种方式进行：

（1）正强化

正强化就是奖励那些符合组织目标的行为，如增加薪金、提升职位、对其工作成果的承认和赞赏等，以便使这些行为得到进一步加强，这样，就会促使其类似情况下，重复此种行为，从而有利于组织目标的实现。

【应用阅读】

你是一个生意人

有一个人经过热闹的火车站前，看到一个双腿残障的人在摆设卖铅笔小摊，他漫不经心地丢下了一百元，当作施舍。但是走了不久，这人又回来了，他抱歉地对这残障者说："不好意思，你是一个生意人，我竟把你当成一个乞丐。"

过了一段时间，他再次经过火车站，一个店家的老板在门口微笑地喊住他。"我一直期待你的出现，"那个残障的人说，"你是第一个把我当成生意人看待的人，你看，我现在算是一个真正的生意人了。"

启示：你怎么看一个人，那人可能就会因你而有所改变，你看他是宝贵的，他就是宝贵的。一份尊重和爱心，常会产生意想不到的善果。所以，朋友们不妨用心去看待这个世界，用心去尊重每一个人及自己。你将会发现，自己及周围的人都有着无穷的潜力。

（2）负强化

负强化是指预先告知人们某种不符合要求的行为可能引起的不良后果，以使人们采取符合要求的行为或回避不符合要求的行为，从而避免或消除不良后果。通过这种强化方式能从反面促使人们重复符合要求的行为，达到与正强化同样的目的。

（3）自然消退

这是指对行为取消正强化，以表示对该种行为的某种程度的否定。一种行为如果长期得不到正强化，就会逐渐自然消退。

（4）惩罚

这是指以某种强制性和威胁性的后果来表示对某种行为的否定，借以消除此种行为重复发生的可能性。惩罚的方式有多种多样，如批评、降职、降薪、解雇等。但是，惩罚往往会带来不满、反抗甚至敌意，因此，正强化要比惩罚有效得多，管理者应尽量避免采用惩罚的手段。

斯金纳认为，强化理论的具体应用应遵守原则如下：

①要选准强化物，依照强化对象的不同采用不同的强化措施。每个人的需要不同，因而对同一种强化物的反应也各不相同。这就要求具体分析强化对象的情况，针对他们的需要特点确定强化物。只有这样，才能达到强化的目的。

②小步子前进，分阶段设立目标，并对目标予以明确规定和表述。要确定强化的目的或目标，明确预期的行为方向，使预期的行为方向同组织的目的或目标一致。同时，强化的目标应尽量明确、具体，使人易于理解，又便于衡量，才能激发起人的行为动机，起到强化的作用。从企业拟订目标来讲，既要制订一个切合实际的总目标，又要把这个总目标分解成一些阶段性的目标，在完成每一阶段性的目标后即予以正强化，促使逐步实现总目标。

③及时反馈。为了实现强化的目的，就必须通过反馈的作用，使被强化者及时地了解自己的行为后果，并及时兑现相应的报酬或惩罚。

④正强化比负强化更有效。斯金纳发现,"惩罚不能简单地改变一个人按原来想法去做的念头,至多只有都教会他们如何避免惩罚。"过多地运用惩罚,往往会形成被惩罚者心理上的创伤,引起对抗情绪,甚至采取欺骗等手段来逃避惩罚。但是,有时又必须运用惩罚的方式。为了尽可能避免惩罚所引起的消极作用,应把惩罚与正强化结合起来。

强化理论有助于对人们行为的理解和引导。因为,一种行为必然会有后果,而这些后果在一定程度上会决定这种行为在将来是否重复发生。那么,与其对这种行为和后果的关系采取一种碰运气的态度,就不如加以分析和控制,使大家都知道应该有什么后果最好。但是强化理论只讨论外部因素对行为的影响,忽略人的内在因素和主观能动性对环境的反作用,具有机械论的色彩。

2. 归因理论

归因,字面含义是指"原因归属",即将行为或事件的结果归属于某种原因。通俗地说,归因就是寻找导致结果的原因。归因是指根据行为或事件的结果,通过知觉、思维和推断等内部信息加工过程而找到造成该结果的原因的认知活动。

归因理论是关于人们如何解释自己或他人的行为,以及这种解释如何影响他们的情绪、动机和行为的心理学理论。归因理论是美国心理学家海德于1958年提出的,后由美国心理学家韦纳及其同事的研究而再次活跃起来。归因理论告诉我们,对行为归因的不同,会影响个体完成任务、解决问题时的行为动力。这一结论在管理工作中有较大的指导意义。

韦纳认为:能力、努力、任务难度和运气是人们在解释成功和失败时常见的四种主要原因。

(1) 努力程度(相对不稳定的内因)。

(2) 能力大小(相对稳定的内因)。

(3) 任务难度(相对稳定的外因)。

(4) 运气和机会(相对不稳定的外因)。

而每一种原因又可以从控制点、稳定性和可控性三个维度进行分析:

(1) 控制点(原因源):是外在归因,还是内在归因。

(2) 稳定性(稳定程度):是稳定原因(领导的原因或个人能力的原因),还是不稳定的原因(运气、心境)。

(3) 可控性(可控程度)是可以控制的原因(如努力工作),还是不可控制的原因(任务太难)。

韦纳的归因模型指出：在一个成就情境中，一个人总是要评价自己是成功或失败，并以一般情绪方式（肯定或否定）对这一判断做出反应。这些情绪使人在三个维度（原因源、稳定与不稳定、可控与不可控）上，寻找导致结果的原因，也就是说导致了因果归因。然后产生未来成就期望和更加特殊的情绪反应，如骄傲或羞愧，然后期望和情绪共同决定后继的成就行为。

归因理论认为：一个人解释自己行为结果的原因会反过来影响他的行为动机，导致他的行为、期望和情感反应产生变化。这一模式更多地集中在归因如何影响未来的期望、情绪和实际操作等，它既有动力性的一面，又重视了时间的变化。在这一典型的成就情绪中，人们首先判断自己是成功了还是挫败了，并相应地感到愉快或不愉快，然后对结果进行归因，并由此产生了具体分化的情绪。例如，把成功归结为内部原因，会使员工感到满意和自豪；归结为外部原因，会使员工产生惊奇和感激的心情。把失败归于内部原因，会使员工产生内疚和无助感；归于外部原因，会产生气愤和敌意。把成功归因于稳定因素，会提高工作的积极性；归因于不稳定因素，工作的积极性可能提高也可能降低。把失败归因于稳定因素，会降低工作的积极性；归因于不稳定因素，则可能提高工作的积极性。

在很多情况下，归因总是有意识地进行的。归因的目的，并不只是为了追究事情为什么会产生，更重要的是为了激发员工的工作积极性或控制未来事件的发生。

3. 挫折理论

挫折是指人类个体在从事有目的的活动过程中，指向目标的行为受到障碍或干扰，致使其动机不能实现，需要无法满足时所产生的情绪状态。挫折理论主要揭示人的动机行为受阻而未能满足需要时的心理状态，并由此而导致的行为表现，力求采取措施将消极性行为转化为积极性、建设性行为。

个体受到挫折与其动机实现密切相关。人的动机导向目标时，受到阻碍或干扰可能有四种情况：（1）虽然受到干扰，但主观和客观条件仍可使其达到目标；（2）受到干扰后只能部分达到目标或使达到目标的效益变差；（3）由于两种并存的动机发生冲突，暂时放弃一种动机，而优先满足另一种动机，即修正目标；（4）由于主观因素和客观条件影响很大，动机的结局完全受阻，个体无法达到目标。第四种情况下人的挫折感最大，第二和第三种情况次之。挫折是一种普遍存在的心理现象，在人类现实生活中，不但个体动机及其动机结构复杂，而且影响动机行为满足的因素也极其复杂，因此，挫折的产生是不以人们的主观意志为转移的。

引起挫折的原因既有主观的，也有客观的。主观原因主要是个人因素，如身体素质不佳、个人能力有限、认识事物有偏差、性格缺陷、个人动机冲突等；客观原因主要是社会因素，如企业组织管理方式引起的冲突、人际关系不协调、工作条件不良、工作安排不当等。人是否受到挫折与许多随机因素有关，也因人而异。归根结底，挫折的形成是由于人的认知与外界刺激因素相互作用失调所致。

对于同样的挫折情境，不同的人会有不同的感受；引起某一个人挫折的情境，不一定是引起其他人挫折的情境。挫折的感受因人而异的原因主要是由于人的挫折容忍力不同。所谓挫折容忍力，是指人受到挫折时免于行为失常的能力，也就是经得起挫折的能力，它在一定程度上反应了人对环境的适应能力。对于同一个人来说，对不同的挫折，其容忍力也不相同，如有的人能容忍生活上的挫折，却不能容忍工作中的挫折，有的人则恰恰相反。挫折容忍力与人的生理、社会经验、抱负水准、对目标的期望以及个性特征等有关。例如，企业中有的员工有骄娇二气，眼高手低，其挫折容忍力一般较低；再如，企业员工的价值观不同，追求达到目标的自我标准不同，即使客观上挫折情境相似，每个人对挫折的感受也会不同，所致的打击程度也就不同。

挫折对人的影响具有两面性：一方面，挫折可增加个体的心理承受能力，使人猛醒，汲取教训，改变目标或策略，从逆境中重新奋起；另一方面，挫折也可使人们处于不良的心理状态中，出现负向情绪反应，并采取消极的防卫方式来对付挫折情境，从而导致如不安、焦虑、愤怒、攻击、幻想、偏执等的行为反应。在企业管理中，有的人由于工作中的某些失误，受到领导批评或扣发奖金，由于其挫折容忍力小，可能就会发泄不满情绪，甚至采取攻击性行动，在攻击无效时，又可能暂时将愤怒情绪压抑，对工作采取冷漠的态度，得过且过。人受挫折后可产生一些远期影响，如丧失自尊心、自信心，自暴自弃，精神颓废，一蹶不振等。

在企业活动中，员工受到挫折后，所产生的不良情绪状态及相伴随的消极性行为，不仅对员工的身心健康不利，而且也会影响企业的正常运转，甚至易于导致事故的发生。因此，应该重视管理中员工的挫折问题，采取措施防止挫折心理给员工本人和企业正常运转带来的不利影响。对此，可以采取的措施包括：（1）帮助员工用积极的行为适应挫折，如合理调整无法实现的行动目标；（2）改变受挫折员工对挫折情境的认识和估价，以减轻挫折感；（3）通过培训提高员工工作能力和技术水平，增加个人目标实现的可能性，减少挫折的主观因素；（4）改变或消除易于引起员工挫折的工作环境，如改进工作中的人际关系、实行民主管理、合理安排工作和岗位、改善劳动条件等，以减少挫折的客观因素；（5）开展心理保健和咨询，消除或减弱挫折心理压力。

四、有效激励手段

在管理实践中，常用的激励手段主要有两类：物质激励、精神激励。

（一）物质激励

物质激励是指以物质利益为诱因，通过调节被管理者物质利益来刺激其物质需要，以激发其动机的方式与手段。它的主要表现形式有正激励（如发放工资、奖金、津贴、福利等）和负激励（如罚款等）。物质激励的方法有许多，这里着重讲述以下几种。

1. 奖酬激励

金钱并不是唯一能激励人的力量，但在现实生活中，金钱作为一种很重要的激励因素是不可忽视的。无论采取工资的形式，还是采取其他鼓励性报酬、奖金、优先认股权、红利、公司支付的保险金等形式，金钱都是重要的因素。虽然在知识经济时代的今天，人们生活水平已经显著提高，金钱与激励之间的关系渐呈弱化趋势，然而，物质需要始终是人类的第一需要，是人们从事一切社会活动的基本动因，所以，物质激励仍是激励的主要形式。

奖酬激励主要包括：

（1）以金钱为主的：工资、奖金、补贴、股票、福利、保险等。

（2）除了货币性的奖励外：常见的还有住房、汽车、带薪休假等。

要使物质奖酬能够成为一种有效的激励因素，管理者应该注意下面几点：

（1）对于不同的人，对金钱的需求程度不同。相同的金钱，对不同收入的员工有不同的价值。作为金钱，对于需要抚养家庭、生活负担重的人来说，金钱总是很重要的，这是他们满足低层次需求的主要手段；而对另外一些在金钱方面需要已不再是很迫切的人来说，对金钱不那么看重。

（2）奖酬激励必须公正。用奖酬作为激励手段，必然涉及刺激量的问题。奖酬刺激量一是表现为绝对量，即工资、奖酬的绝对数量的大小；二是表现为相对量，即工资奖金同一时期不同人的差别以及同一个不同时期的差别。一个人对他所得的报酬是否满意不是只看其绝对值，而更主要的是看其相对刺激量，即要进行社会比较或历史比较，通过相对比较，判断自己是否受到了公平对待，从而影响自己的情绪和工作态度。这正体现了公平理论的要求。

在实际工作中，既要有选择地进行重奖，以期引起奖励效应，同时又要防止引起员工产生不公平心理。

（3）奖酬激励必须反对平均主义，平均分配等于无激励。要使金钱成为一种有效的激励因素，则对于在各种职位上的人们，即使是级别相当，给予他们的薪水和奖金也必须能反映出他们个人的工作业绩。在现实中，除非员工的奖金主要是根据个人业绩来发给，否则企业尽管支付了奖金，对他们也不会有很大的激励。据调查，实行平均奖励，奖金与工作态度的相关性只有20%，而进行差别奖励，则奖金与工作态度的相关性能够达到80%。

（4）物质激励应与相应制度结合起来。制度是目标实现的保障。因此，物质激励效应的实现也要靠相应制度的保障。企业应通过建立一套制度，创造一种氛围，以减少不必要的内耗，通过利益驱动引导下属朝工作目标努力，使组织成员都能以最佳的效率为实现组织的目标多做贡献，以实现组织目标。例如，物质奖惩标准在事前就应制订好并公诸于众且形成制度稳定下来，而不能靠事后的"一种冲动"，想起来则奖一下，想不起来就作罢，那样是达不到激励目的的。

2. 处罚

激励并不全是鼓励，它也包括许多负激励措施，在经济上对员工进行处罚，是一种管理上的负激励，属于一种特殊形式的激励。按照激励中的强化理论，激励可采用处罚方式，即利用带有强制性、威胁性的控制技术，如批评、降级、罚款、降薪、淘汰等来创造一种令人不快或带有压力的条件，以否定某些不符合要求的行为。

现代管理理论和实践都指出，在员工激励中，正面的激励远大于负面的激励。越是素质较高的人员，处罚对其产生的负面作用就越大。它易给员工造成工作不安定感，同时还会使员工与上级主管之间的关系紧张，同事间关系复杂等。因此在应用这种方式时要注意，在进行处罚时必须有可靠的事实根据和政策依据，做到令人信服；处罚的方式与处罚量要适当，既要起到教育作用，又不能激化矛盾；同时要与思想政治工作相结合，注意疏导，尽可能减少其负作用，化消极为积极，真正起到激励作用。

（二）精神激励

与物质激励相比，精神激励是在较高层次上调动职工的工作积极性，其激励深度大，维持时间也较长。精神激励的方法有许多，这里着重讲述以下几种：

1. 目标激励

企业目标是企业凝聚力的核心,它体现了职工工作的意义,能够在理想和信念的层次上激励全体职工。实施目标激励,一方面,企业应将自己的长远目标、中期目标和近期目标进行宣传,使职工更加了解企业,了解自己在目标的实现过程中应起到的作用。另一方面,应注意把组织目标和个人目标结合起来,宣传两者的一致性,使大家了解到只有在完成企业目标的过程中,才能实现个人的目标。个人事业的发展、待遇的改善与企业事业的发展,效益的提高息息相关。这样,职工就会对企业产生强烈的感情和责任心,平时用不着别人监督就能自觉地把工作搞好,就能自觉地关心企业的利益和发展前途。

2. 工作激励

自我实现人假设,它是指人们力求最大限度地将自己的潜能发挥出来,只有在工作中充分表现自己的才能,才会感到最大的满足。依据这种假设,为了更好地发挥职工工作积极性,管理者要较多地考虑如何才能使工作本身变成更具有内在意义和更高的挑战,给职工一种自我实现感。因此,工作本身也具有激励力量。

3. 参与激励

现代人力资源管理的实践经验和研究表明,现代的员工都有参与管理的要求和愿望,创造和提供一切机会让职工参与管理是调动他们积极性的有效方法。通过参与,形成职工对企业的归属感、认同感,可以进一步满足职工自尊和自我实现的需要。支持下级和职工参与管理时,一方面要增强民主管理意识,建立科学合理的参与管理机制;其次要真正授权于下级或职工,使其能真正地参与决策和管理过程;最后就有效地利用多种参与形式,鼓励全员参与。

事实证明,参与管理会使多数人受到激励。正确的参与管理既对个人产生激励,又为组织目标的实现提供了保证。

【应用阅读】

把信送给加西亚

当美西战争爆发后,美国必须立即跟西班牙的反抗军首领加西亚取得联系。加西亚在古巴丛林的山里,没有人知道确切的地点,无法带信给他。美国总统必须尽快地获得他的合作。这时有人对总统说,有一个名叫罗文的人,有办法找到加西亚,也只有他才能找得到。他们把罗文找来,交给他一封写给加西亚的信。关于那个"名叫罗文的人",如何拿了信,把它装进一个油布制的袋里，封好，吊在胸口，划着一艘小船，四天之后的一个夜里在古巴上岸，消失于丛林中，接着在三个星期后，从古巴岛的那一边出来，已徒步走过一个危机四伏的国家，把那封信交给了加西亚——这些细节都不是重点，重点是：麦金利总统把一封写给加西亚的信交给了罗文，而罗文接过信之后，并没有问"他在什么地方"，就出发了。

启示： 对于这个故事，每个人都有自己不同的感悟。但一些培训大师的主流观点是，这体现了罗文作为下属的一种主动参与工作的集体荣誉感及敬业精神和一种由主动性通往卓越的超强的执行力。

4．荣誉激励

荣誉是众人或组织对个体或群体的崇高评价（如发奖状、证书、记功、通令嘉奖、表扬等），是满足人们自尊需要，激发人们奋力进取的重要手段。它可以调动人们的积极性，形成一种内在的精神力量。从人的动机看，人人都有荣誉感，具有自我肯定、光荣、争取荣誉的需要，因此，管理者要设法让员工们感觉到、认识到荣誉感的崇高性。荣誉激励成本低廉，但效果很好。美国 IBM 公司有一个"百分之百俱乐部"，当公司员工完成他的年度任务，他就被批准为"百分之百俱乐部"成员，他和他的家人被邀请参加隆重的集会。结果，公司的雇员都将获得"百分之百俱乐部"会员资格作为第一目标，以获取那份光荣。这一激励措施有效地利用了员工的荣誉需求，取得了良好的激励效果。当然我们在荣誉激励上，存在着评奖过滥过多的不正确现象。如评优中的"轮庄法""抓阄法"等，都使荣誉的"含金量"大大降低，使典型的榜样示范作用大打折扣，这是必须要大力加以纠正的。

5．赏识激励

赏识是任何物质奖励都无法可比的。赏识激励是激励的最高层次，是领导激励优势的集中体现。社会心理学原理表明，社会的群体成员都有一种希望能得到领导的承认和赏识的心理。赏识激励能较好地满足这种精神需要。

6．榜样激励

榜样的力量是无穷的，发挥榜样的激励作用，能够促中间带落后，推动各项工作的开展。榜样激励首先要求领导人以身作则。现代制度下的组织领导者在企业中居于独特的地位，既是组织的经营者又是企业的所有者，是组织的中坚力量。他们的行为对于整个企业行为占有重要地位。其一举一动，往往是影响员工积极性的重要因素。一个廉洁奉公、积极向上的领导者，会给员工留下值得信赖的良好形象。榜样激励还要求树立好先进典型。在具有优秀组织文化的组织中，最受人敬重的是那些集中体现了组织价值观的企业模范人物。这些模范人物使组织的价值观"人格化"，他们是组织员工学习的榜样，他们的行为常常被组织员工作为仿效的行为规范。

7. 考评激励

考评是指各级组织对所属成员的工作及各方面的表现进行考核和评定。通过考核和评比，及时指出员工的成绩、不足及下一阶段努力的方向，从而激发员工的积极性、主动性和创造性。

8. 尊重激励

尊重激励法就是通过尊重下级的意见、需要及尊重有功之臣的做法来使职工感到自己对于组织的重要性，并促使他们向先进者学习的一种激励方法。

9. 危机激励

当组织面临的环境或对手的力量危及自身的生存时，就可以用"不死即生"的方法来激励员工，这就是危机激励法。

具体做法是：其一，必须将目前的危机状况告诉全体员工，目的在于使员工有大难临头的危机感。其二，必须有不战即亡的表示，断绝员工的其他念头。其三，激发员工的情绪，使大家无所畏惧，同时也便于大家能齐心协力，爆发出平时没有的力量。其四，寻找危机突破口，将力量集中于此，让大家憋足了劲，一举爆发出来，定能突破难关。尽管危机激励法很特殊不经常用，但使员工有危机意识，不满足组织在本地、本行业中的现有地位都是十分必要的。此外，还有参与激励、表扬激励和荣誉激励等都是常用的激励方法。

10. 竞争激励法

人的天性之一是好胜，竞争激励方法就是利用人类的好胜心理，通过创造公平、合理、适当的竞争环境，刺激和调动下属的积极性。一些人偏爱具有挑战性、富于刺激性的工作，对这些下属，运用竞争激励法将十分有效。竞争激励的要义，一是竞争的环境要公平、公正，任何人都有权参与竞争；二是竞争的标的要公开并且具体，目标是什么，什么时候完成目标任务，完成或不完成目标任务的奖惩措施有哪些，都要十分具体明了，并向所有下属公开；三是奖惩一定要兑现，领导者言必信，行必果。

11. 升降调迁激励

升降调迁激励法指通过职务和职位的升降、调动来激励员工进取精神的方法。但升降要注意：晋升，要坚持任人唯贤、唯能是用、德才兼备的原则；降职，要按照负激励的原则，实事求是、慎重处事。职位调迁是组织内部岗位调动、部门调动、任务调动、地区调动和入学深造等形式。通过这些手段，使组织成员有一种信任感、尊重感、获得成就需要的满足，从而激发更大的工作积极性。

12. 情感激励

情感，是人们情绪和感情的反映。情感激励既不是以物质利益为诱导，也不是以精神理想为刺激，而是指领导者与被领导者之间的以感情联系为手段的激励方式。领导者和被领导者的人际关系既有规章制度和社会规范的成分，更有情感成分。人的情感具有两重性：积极的情感可以提高人的活力；消极的情感可以削弱人的活力。一般来说，下属工作热情的高低，同领导者与下属的交流多少成正比。古人云"士为知己者死"，"感人心者，莫过于情"。有时领导者一句亲切的问候，一番安慰话语，都可成为激励下属行为的动力。因此，现代领导者不仅要注意以理服人，更要强调以情感人。要舍得情感投资，重视与下属的人际沟通，变单向的工作往来为全方位的立体式往来，在广泛的信息交流中树立新的领导行为模式，如家庭、生活、娱乐、工作等。领导者可以在这种无拘无束、下属没有心理压力的交往中得到大量有价值的思想信息，交流思想感情，从而增进了解和信任，并真诚地帮助每一位下属，使团体内部产生一种和谐与欢乐的气氛。情感激励就是加强与职工的感情沟通，尊重职工，使职工始终保持良好的情绪以激发职工的工作热情。人们都知道，在心境良好的状态下工作思路开阔、思维敏捷、解决问题迅速。因此，情绪具有一种动机激发功能。

创造良好的工作环境，加强管理者与职工之间以及职工之间的沟通与协调，是情感激励的有效方式。古人云"感人心者莫先于情"。激励工作必须注重情感投资，关心员工，动之以情，从而打动员工。

通用电器的情感管理：

（1）公司各层领导都实行"门户开放"政策，欢迎本厂员工随时可以进入他们的办公室反映情况，对于员工的来信来访能负责妥善处理。

（2）从上到下直呼其名，无尊卑之分，相互尊重，彼此信赖，人与人之间关系融洽、亲切。公司像一个和睦、奋进的大家庭。

（3）公司总裁亲自到医院探望一位销售员生病住院的妻子。后来这位销售员知道这件事后，感激不已，每天工作达16小时，以此来报答总裁的关怀。

【阅读并讨论】

一、如何让驴拉好磨

让驴拉磨的方式有两种：一是蒙上它的眼，牵着它转几圈，然后驴就自己一直转；二是在驴的额头前吊一根萝卜，驴为了吃着萝卜就拼命往前走，但始终吃不着，只有在拉完磨之后才能吃到（类似于在狗额头上挂根骨头让狗赛跑）。

请讨论：

1. 第一种方式与第二种方式有什么不同？
2. 哪一种方式能运用于人身上？为什么？
3. 回答完上述问题后再对第二种方式进行分析：

（1）能不能在驴前面吊一根骨头？

（2）不把萝卜挂在前面行不行？

（3）在驴拉完磨之后不把萝卜给驴吃行不行？

二、渔夫、蛇与青蛙

一天，渔夫在船边俯视时，发现一条蛇咬着一只青蛙。他可怜那只青蛙，就俯下身来，轻轻地拿走青蛙。但是，回过头来，他可怜这条饥饿的蛇。因为没有食物，他只好拿出一瓶威士忌酒，朝蛇的嘴里倒了几滴。蛇快乐地游走了，渔夫也为自己的善行感到快乐。他认为一切都很好，直到几分钟以后，他听到有东西在撞击他的船，朝下一看，渔夫简直不敢相信，原来蛇又回来了——还咬了两只青蛙。

请讨论：

1. 为什么蛇会回来？
2. 渔夫把酒给蛇喝是不是他的初衷？这一行为带来了什么后果？
3. 渔夫的实际行为与原本真正用意之间的偏差在哪里？
4. 你认为渔夫怎样做才符合他的初衷？

第五节 沟 通

【应用阅读】

犹太人的选择

有3个人要被关进监狱3年，监狱长给他们3个人一人一个要求，美国人爱抽雪茄，要了3箱雪茄，法国人最浪漫，要一个美丽的女子相伴。而犹太人说，他要一部与外界沟通的电话。3年过后，第一个冲出来的是美国人，嘴里鼻孔里塞满了雪茄，大喊道："给我火，给我火！"原来他忘了要火了。接着出来的是法国人。只见他手里抱着一个小孩子，美丽女子手里牵着一个小孩子,肚子里还怀着第3个。最后出来的是犹太人,他紧紧握住监狱长的手说:"这3年来我每天与外界联系,我的生意不但没有停顿,反而增长了200%,为了表示感谢,我送你一辆劳斯莱斯!"

启示:信息的畅通是所有企业发展的前提,特别是在我们现今这个信息时代,丧失了通畅的信息沟通也就意味着丧失了对顾客以及竞争对手的了解,丧失了企业竞争与发展的先机,这是万万不可的。

一、沟通的涵义、目的和作用

(一)沟通的涵义

沟通是指为达到一定的目的,将信息、思想和情感在个人或群体间进行传递与交流的过程。要理解沟通的涵义,必须从以下三点入手:

1. 沟通有四大要素(如图7.6)

(1)沟通主体。又称为信息沟通的发送者。在一个沟通的过程中,总有一方是信息的主动发送者。

(2)沟通对象。又称为信息的接受者,即在信息沟通过程中被动地接受信息的一方。不过,在沟通的不断循环过程中,信息的发送者和信息的接收者的身份会不断改变,特别是在双向沟通中,无论是哪一方,都既要充当信息发送者,又要充当信息的接受者。

(3)沟通内容。在沟通的过程中,所传递的信息包含的内容是多种多样的,可分为:事实、情感、价值观、意见、观点等。

(4)沟通渠道。渠道是由信息发送者选择的,借以传递信息的媒介物。不同的沟通渠道其沟通效果是不同的,不同的信息内容应当选用不同的沟通渠道。

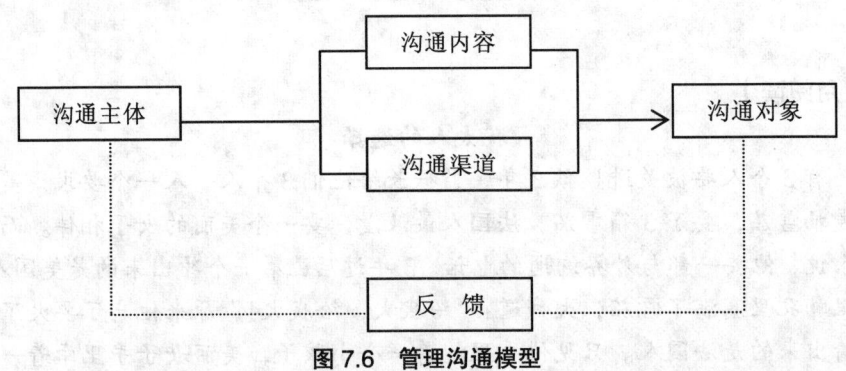

图7.6 管理沟通模型

【应用阅读】

我还要回来

美国知名主持人林克莱特一天访问一名小朋友，问他说："你长大后想要当什么呀？"小朋友天真地回答："我要当飞机的驾驶员。"林克莱特接着问："如果有一天，你的飞机飞到太平洋上空所有引擎都熄火了，你会怎么办？"小朋友想了想说："我会先告诉坐在飞机上的人都绑好安全带，然后我挂上我的降落伞跳出去。"当在现场的观众笑的东倒西歪，如果这时结束对这个小朋友的访问，您一定会做出判断：这是个贪生怕死，毫无责任心的孩子。但林克莱特没有这么做，他继续注视着这孩子，想了解他为什么这么做。没想到，接着孩子的两行热泪夺眶而出，这才使得林克莱特发觉这孩子的悲悯之情远非笔墨所能形容。于是林克莱特问他说："为什么要这么做？"小孩委屈地说："我要去拿燃料，我还要回来救大家！"

启示：你真的听懂了手下的话了吗？你是不是也习惯性地用自己的权威打断手下的语言？我们经常犯这样的错误，在手下还没有来得及讲完自己的事情前，就按照我们的经验大加评论和指挥。反过头来想一下，如果你不是领导，你还会这么做吗？打断手下的语言，一方面容易做出片面的决策，另一方面使员工缺乏被尊重的感觉。时间久了，手下将再也没有兴趣向上级反馈真实的信息。反馈信息系统被切断，领导就成了"孤家寡人"，在决策上就成了"睁眼瞎"。与手下保持通畅的信息交流，将会使你的管理如鱼得水，以便及时纠正管理中的错误，制订更加切实可行的方案和制度。

2．沟通是一个过程

信息沟通过程是指一个信息发送者通过选定的渠道把信息传递给接受者，这个过程如图7.7所示由以下几个步骤组成：

（1）明确要沟通的内容。信息发送者发出信息是因为某种原因希望接受者了解某种事情，因此，首先要明确信息内容。

（2）编码。即把信息译成一种双方都能理解的符号，如语言、文字、手势等。要发送的信息只有经过编码，才会有准确的信息沟通。

（3）选择信息传递手段。信息的传递有多种手段可供选择，如口头交谈、书面文件、电话、网络等。

（4）译码。接受者对收到的信息需要进行译码，即研究和理解所收到的信息的内容和含义。这个译码过程关系到接受者是否能正确理解信息，处理不好信息就会被误解。

（5）反馈。接受者把所收到的或理解的信息反馈到发送者那里，供发送者核查。信息的沟通过程中经常受到"噪音"的干扰。所谓噪音就是妨碍信息沟通的任何因素，它可能来自发送者、接受者或传递中各方面。为了检验信息沟通的效果如何，反馈是必不可少的。因为，在没有信息反馈证实之前，无法肯定信息是否已经得到有效的编码、传递、译码和理解。

（6）再传递。发送者根据所接受到的反馈信息而再次发出信息，肯定原有的信息传递，或指出已发生的某些偏差并加以纠正。

（7）再反馈。接受者根据所接受到的信息采取行动，或做出自己的反应。信息传递的目的是发送者要看到接受者采取发送者的所希望的正确行动。

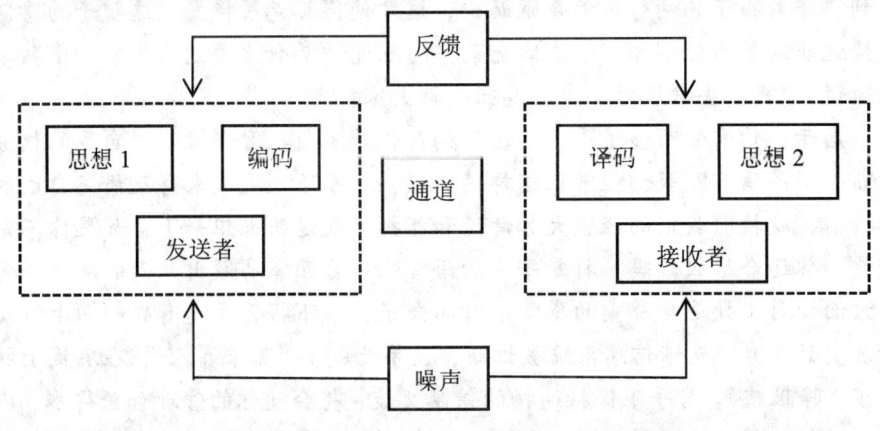

图 7.7　沟通过程图

3．管理沟通主要发生在人与人之间

人与人之间沟通有许多独特之处，例如，人与人之间的沟通主要是通过语言或文字形式进行的；在沟通中，信息交流的同时包含着情感、思想、态度的交流，沟通双方的心理、态度、知识及价值观都对沟通的结果有重要影响；由于受沟通双方心理、态度、知识等的影响，在沟通中经常出现一些特殊的沟通障碍。

（二）沟通的目的

组织中的沟通的目的是信息分享，使组织的所有行为在既定目标上保持一致。随着组织内外部环境的变化，使得组织必须迅速、准确、及时地掌握组织内外部的各种信息，在充分分析的基础上，重新思考和确定组织的使命和战略目标等，并且在组织内进行激励和部署，使得每名员工都能够分享，并转化和落实到日常工作中，保证组织内部的所有行动与活动与组织的使命和目标保持一致。还要对组织中的各种活动结果等信息进行测量、监控,为采取纠正措施和改进等决策提供依据。显然组织成员对组织目标了解越是清楚,越能够采取正确的行动,如果没有组织内外畅通的沟通和信息分享是难以实现的。

(三)沟通的作用

1. 沟通是管理者正确决策的前提和基础

管理者是根据汇总的信息做出决策的,而及时、有效、全面、真实的信息能够极大地改进管理者获取信息的数量、质量和速度。因此,我们可以得出结论,成功的信息可以提高管理者的决策能力。

2. 协调组织行动,解决冲突,建立良好的人际关系

沟通的目的之一就是解决冲突。冲突广泛存在于组织中的各项活动中,影响和制约着组织和个体的行为倾向和行为方式,影响着组织目标的实现。通过沟通,使个体了解组织、了解形势、认识到只有实现了组织目标,个人目标才能全面的实现,从而引导个体努力使自己的行为与组织目标相一致。

3. 有效沟通可以提高组织效率,促进组织的变革、创新

领导者的决策要得到及时地贯彻、执行,必须通过沟通将决策的意图完整地传达到执行者那里。信息传递不及时,执行者不能正确理解决策意图,就会影响决策执行的效果,人与人之间、部门与部门之间的有效沟通同样可以促进效率的提高。

此外,组织变革方案需要通过沟通传递给基层群众,取得群众的支持并促进变革的成功;同样,基层的一些好的想法和建议,也需要通过沟通传达给有关领导,取得领导的认可并得以实现。

二、沟通的种类

在组织内部,沟通的方式和类型多种多样,按照不同的标准可以划分出不同的类型。

(一)按沟通的组织系统划分

按沟通的组织系统划分,可以分为正式沟通和非正式沟通。

1. 正式沟通

它是以正式组织系统为沟通渠道的信息沟通。如组织中各层次之间的联系,横向协作关系进行的沟通。正式沟通是组织内部信息传递的主要方式。大量的信息都是通过正式沟通渠道传递的。正式沟通的优点是:沟通严肃、可靠、约束力强、易于保密、沟通信息量大并且具有权威性。缺点是:沟通

速度一般较慢。

正式沟通的方式主要有上行沟通、下行沟通、平行沟通。正式沟通依赖正式沟通网络来进行。正式沟通网络是根据组织结构、规章制度来设计的，用以交流和传递与组织活动直接相关的信息的沟通途径。正式沟通有五种基本的信息沟通网络形式，分别为：

（1）链式沟通。这种模式发生在一种直线型的层级结构中，沟通只能向上或向下进行，且每一个上级只有一个下级向他报告，而每一个下属也只能接受一个上级的指示。在这种模式下，信息层层传递，路线长，速度慢，且容易发生信息的篡改和失真。

（2）轮式沟通。在这种模式下，多个下属都向同一个上级报告，但下属之间不能沟通。这种模式，由于结构层次少，因此，信息传递速度快且不容易发生信息失真。组织集中程度高，但下属可以沟通的渠道只有一个，成员满意度较低，组织士气低落。

（3）圆周式沟通。此种模式中，组织成员只能与相邻的成员沟通，而不能与其他人交流，即沟通只能发生在同一部门成员之间或直接上下级之间，不能跨部门沟通，也不能越级沟通。在这种模式下，组织成员往往可以达到比较一致的满意度，组织士气高昂；但由于信息也是层层传递，因此速度较慢并且容易出现信息失真。

（4）全通道式沟通。这是一种开放型的模式。在这种模式下，每一个组织成员可以自由地与其他成员沟通，因此沟通快；但由于沟通渠道太多，易造成混乱并降低信息的准确度。这种模式组织集中化程度低，成员士气旺盛，合作精神强，适合人才聚集的高新技术企业。

（5）Y式沟通。这也是一种只能纵向沟通的模式，表示信息层层传递。在这种模式下，信息传递速度慢且信息容易失真。这种组织的权力集中度高，解决问题快，但成员士气一般。

2．非正式沟通

非正式沟通是指以组织中的非正式组织体系或以个人为渠道的信息沟通。非正式沟通的优点：传递信息的速度快，形式不拘一格，并能提供一些正式沟通所不能传递的内幕消息。缺点是：传递的信息容易失真，容易在组织内部引起矛盾，并且较难控制。

（二）按沟通中信息流动的方向划分

按沟通中信息流动的方向可分为：

1. 上行沟通

上行沟通是指下级向上级进行的信息传递。如下级向上级请示汇报工作、反映意见等。上行沟通是领导了解实际情况的重要途径。

2. 下行沟通

下行沟通是指上级向下级进行的信息传递。如一个组织的上级管理者将工作计划、任务、规章制度向下级传达。下行沟通是组织中最重要的正式沟通方式。通过下行沟通才可以使下级明确组织的计划、任务、工作方针和步骤。

3. 平行沟通

平行沟通是指正式组织中同级部门之间的信息传递。平行沟通是在分工基础上产生的，是协作的前提。做好平行沟通工作，在规模较大、层次较多的组织中尤为重要，它有利于及时协调各部门之间的工作，减少矛盾。

4. 斜向沟通

斜向沟通指的是发生在组织内部既不属于同一隶属关系的，又不属于同一层级之间的信息沟通。这样做可以加快信息的交流，谋求相互之间必要的通报、合作和支持，这种沟通往往带有协商性和主动性。

（三）按沟通所使用语言的方式划分

按沟通所使用语言的方式可分为：

1. 口头沟通

口头沟通是指采用口头语言进行的信息沟通。口头沟通是最常用的沟通方式。其优点：沟通过程中，信息发送者与信息接受者当面接触，有亲切感，并且可以运用一定的体语、手势、表情和语气等增强沟通的效果，使信息接受者能更好地理解、接受所沟通的信息。其不足之处在于：沟通范围有限；沟通过程受时间和空间的限制；沟通完成后缺乏反复性；同时对信息传递者的口头表达能力要求比较高。

【应用阅读】

谁的责任

某日上午，公司经理给新来的助理曹小姐布置了一个任务，要求她向各个部门下发岗位职责空白表格，并要求各个部门在当天下午两点之前上交经理办公室。经理问曹小姐是否明白此任务？她说完全明白，于是就去执行了。

结果到了下午规定时间，技术部没有上交表格。经理问曹小姐："你向技术部怎么转达的？"曹小姐说"完全按正确的意思传达的。"经理又问："为什么技术部没上交？"曹小姐说："技术部就是没上交，不知道为什么。"

于是经理把曹小姐和技术部负责人都召集到经理办公会议室，问这个事情。技术部负责人回答说，当时他没有听到曹小姐传达关于上交时间的要求。而曹小姐说，自己确实传达了，为什么公司12个部门就技术部没听清楚？到底是曹小姐没传达，还是技术部没听到？没有书面的东西，谁都说不清楚。

启示： 在实践中，一些管理者往往习惯于电话交谈完就完事，或过分相信口头沟通的功能，结果往往耽误事情，造成损失。出现上述情况，既耽误了工作，又难以说清责任。因此，无论是企业内部部门之间互相协调、支持、沟通，还是企业和供应商、客户等外部部门之间互相协调、支持、沟通，都应当有书面沟通函件，既能保证沟通到位，也便于核实。

2．书面沟通

书面沟通是指采用书面文字形式进行的沟通，如各种文件、报告等。其优点是：严肃、准确、具有权威性、不易被歪曲；信息接受者可以反复阅读以增强理解，信息传递者对要传递的信息所采用的语言可以认真推敲，以便用最好的方式表达出来。不足之处是：应变性较差，只能适应单向沟通。

3．书面口头混合沟通

它是指在沟通过程中，即有书面表达的信息，同时又以口头沟通的方式加以阐述、强调，以使信息接受者加强理解。如一些重要会议中，报告人的报告既以书面形式印发给与会者，报告人又亲自做口头报告，同时还召开有报告人参加的座谈会，以加强信息沟通。书面口头沟通方式兼顾了口头沟通与书面沟通的优点。其不足之处是沟通费用较高，只有一些特别重要的信息，才采用这种沟通方式。

4．非语言沟通

有一些沟通既不是通过口头交谈，也不是通过书面文字形式进行的，它们采取的是非语言的信息沟通形式。非语言沟通一般可以区分为动态和静态两种。

（1）静态非语言沟通包括容貌、体态、声调、衣着、服饰以及仪表。

（2）动态非语言沟通可根据所使用的符号系统分为四类：①动觉系统：手势、表情、体态等；②超语言（额外语言）：音质、振幅、音调、停顿、流畅、语气、速度等；③时空接近：时间、空间、朝向、距离等；④视觉沟通：目光接触等。

研究表明，在面对面交流中，55%的信息来自于面部表情和身体语言，38%的信息来自语调，只有7%的信息来自于词汇。因此，在某种意义上，怎么说比说什么更重要，恰当地使用非语言沟通形式可以更好地提高沟通的效果。

非语言沟通的优点是内涵丰富。其缺点在于：由于人的个体差异、文化差异，非语言沟通有时会造成误解；此外，非语言沟通的范围有限，仅限于面对面沟通中使用。

【应用阅读】

手势的含义

手势语是体态语的一种。体态语包括眼神、走路姿势、站立的姿势以及手势等。体态语十分丰富，可以表达各种思想感情，并且不同的文化有着不同的体态语。下面是一些常见的手势语在不同国家文化中的含义：

1. 翘大拇指。在中国，翘大拇指表示"好"，用来称赞对方干得不错、了不起、高明，这个意思在世界上许多国家都是一样的。英美人伸大拇指，向上翘，意为"It's good."或"It's OK."。伸大拇指，向下翘，意为"It's bad."或"I don't agree it."。但是在一些国家还有另外的意思。比如，在日本，它还表示"男人"、"你的父亲"、"最高"；在韩国，还表示"首领"、"自己的父亲"、"部长"和"队长"；在澳大利亚、美国、墨西哥、荷兰等国，则表示"祈祷命运"；到了法国、印度，在拦路搭车时可以使用这一手势；在尼日利亚，它又表示对远方亲人的问候。此外，一些国家还用这一手势指责对方"胡扯"。

2. 将拇指和食指弯曲合成圆圈，手心向前。这个手势在美国表示"OK"；在日本表示钱；在拉丁美洲则表示下流低级的动作。

3. 用食指点别人。这在欧美国家是很不礼貌的责骂人的动作。英美人把大拇指和食指组成圆，其余三指伸直，意为"Excellent."

4. 伸出食指。在美国表示让对方稍等；在法国表示请求对方回答问题；在缅甸表示请求，拜托；在新加坡表示最重要的；在澳大利亚则表示"请再来一杯啤酒"。

5. 伸出食指和中指做V字状。"V"是英文victory和法文victore（胜利）的第一个字母，故在英国、法国、捷克等国此手势含有"胜利"之意。但在塞尔维亚语中这一手势代表"英雄气概"，在荷兰语中则代表"自由"。

6. 食指弯曲：这一手势在中国表示"9"；在日本表示小偷，特别是那些专门在商店里偷窃的人及其偷窃行为；在泰国、新加坡、马来西亚表示死亡；在墨西哥则表示钱或询问价格及数量的多少。

7. 将手掌向上伸开，不停地伸出手指。这个动作在英美国家是用来招呼人的，意即"Come here."。

8. 伸出中指：这个手势在法国、美国、新加坡表示"被激怒"和"极度不愉快"；在墨西哥表示"不满"；在澳大利亚、美国、突尼斯表示"侮辱"；在法国还表示"下流行为"。

5. 电子沟通

电子沟通也有研究将之定义为计算机网络沟通，系指利用计算机作为信息传送的设备，透过网际网络将数字化的资料与信息在使用者之间自由地传递与交换，即由计算机中介沟通的应用系统软件让使用者彼此产生实质的互动，使单向、双向、甚至多向的沟通顺利进行。一般而言，常见的电子中介沟通工具如下：电子邮件（E-mail）、电子布告栏（BBS）、全球信息网（WWW）、QQ、微信、短信等。随着科技日益进步，各项新中介沟通媒介在不断蔓延中。一般来说，此类电子中介沟通具有下列特性：

（1）互动性：指沟通者双方对话间的响应性，使用双方可信息内容经由网络传到计算机内并留存记录，让使用者可以自行决定所要接收的信息及响应的时间，协调双方的沟通活动，达到个别化的效果。

（2）非线性：沟通不只线性的单向模式，沟通双方可同时扮演多重角色，可是主动沟通的发讯者，也可为被动的接讯者；且沟通进行时是可多向性的，即同一发信者可同时传讯于多位对象。

（3）弹性同步：沟通进行时相当弹性化，沟通双方不需静待于计算机前，彼此可掌控收发信息之时间，增进使用者间的运用弹性。

（4）移除时间与地理限制：穿透空间和时间限制，穿越等级和部门，改变传统标准化的组织运作程序，再造组织新规范。凝聚组织成员间的关系并增进组织信息交流的时效。

就目前社会体系的组织中，不论是营利性或非营利性，在沟通媒介的类型使用上，还是以传统面对面沟通较为普遍，在电子中介沟通的使用类型上以电子邮件最为常，但整体而言，近年来以微博、微信、QQ等为代表的新电子中介沟通方式有后来居上的趋势，应引起管理者的高度重视。

（四）按沟通过程中信息发送者与信息接受者的地位是否改变划分

按沟通过程中信息发送者与信息接受者的地位是否改变可分为：

1. 单向沟通

这是指信息的发送者与接受者的地位不改变地沟通，在这种沟通中，不存在信息反馈。其优点是：沟通比较有秩序，速度较快。不足之处是接受者不能进行信息反馈，容易降低沟通效果。

2. 双向沟通

这是指在沟通过程中信息的传递与接受者经常换位的沟通。在这种沟通中，存在着信息反馈，发送者可以及时知道信息接受者对所传递的信息的态度、理解程度，有助于加强协商和讨论，提高沟通效果。但双向沟通一般费用较高，速度慢，易于受干扰。

【应用阅读】

分橙子

有一个妈妈把一个橙子给了邻居的两个孩子。这两个孩子便讨论起来如何分这个橙子。两个人吵来吵去，最终达成了一致意见，有一个孩子负责切橙子，而另一个孩子选橙子。结果，这两个孩子按照商定的办法各自取得了一半橙子，高高兴兴地拿回家去了。

第一个孩子把半个橙子拿到家，把皮剥掉扔进了垃圾桶，把果肉放到果汁机上打果汁喝，另一个孩子回到家把果肉挖掉扔进了垃圾桶，把橙子皮留下来磨碎了，沉在面粉里烤蛋糕吃，从上面的情形，我们可以看出，虽然两个各自拿到了看似公平的一半，然而，他们各自得到的东西却没有物尽其用，各自少享用了一半资源。

启示：这说明，他们在事先并未做好有效沟通，也就是两个孩子事先并没有沟通各自拿橙子的用途，这就导致了双方盲目追求形式上和立场上的公平。结果，双方各自的利益并未在谈判中达到最大化。在商务谈判中，双方要想取得利益最大化，也必须进行充分有效的沟通。

三、有效沟通

（一）管理中的沟通障碍

阻碍管理沟通的因素是十分复杂的，但大致可以分为以下几个方面：

1. 环境方面的沟通障碍

这是指自然环境方面的某些要素可能会减弱或阻断信息的发送或接受。例如，信息传递的空间距离较远、传递中的噪声与干扰、所用沟通工具的运行故障等。

2. 制度方面的沟通障碍

这是指在管理沟通观念、领导方式、沟通体制与制度、与沟通相关的权限、职责设置等方面影响沟通的因素。例如，一位专制型、独裁的管理者是很难与下级进行很好的沟通。

3. 心理方面的沟通障碍

沟通主体与沟通对象在个性、心理等方面的因素也会影响管理沟通的顺利进行。例如，一位对管理者心存排斥和偏见的下级就是很难接受管理者的正常沟通信息。

4. 语言方面的沟通障碍

语言是管理沟通中最基本的工具。信息发送者如果口齿不清，词不达意或者字体模糊，就难以把信息完整地、准确地表达出来；如果使用方言、土语，会使接受者无法理解。在不同国籍的之间的交流中这种障碍更明显。受主观理解的影响，接受者在接受信息时，会根据自己的知识经验去理解，按照自己的需要对信息进行选择，从而可能会使许多信息内容被丢失，造成信息的不完整甚至失真。

【应用阅读】

语义的歧义

有一个笑话，主人请客吃饭，眼看约定的时间已过，只来了几个人，不禁焦急地说："该来的没有来。"已到的几位客人一听，扭头就走了两位。主人意识到他们误解了他的话，又难过地说："不该走的走了。"结果剩下来的客人也都气呼呼地走了。

启示：语言语义的表达应尽量准确，以免使不同的人产生不同的想法，结果会产生不同的结局。

（二）有效沟通要注意的问题

1. 信息传递要贯彻多快好省的原则

所谓"多"，是就数量而言，即在单位时间内传递的信息数量要多；"快"是就速度而言，即信息传递要迅速、及时，一条很有价值的信息，如果传递速度过慢，就可能变得毫无价值；"好"是就质量而言，即要消除信息传递中的种种干扰，保持信息的真实性；"省"是就效益而言，要求在较短的时间内，花较少的费用，达到良好的沟通效果。在信息传递中，这几方面互相联系，互相制约，要加以协调。

2. 传递信息要区分不同的对象

这一方面是指在传递信息时的目的性，另一方面又指信息传递的保密性。信息是有价值的，但是，价值的大小却因人而异，同一信息对不同的人价值不同。因此，要研究不同对象的不同需要，要注意信息传递的目标，确保信息的效用。此外，在提高信息传递的针对性时，也要注意信息的适用范围，考虑到信息的保密度，防止信息大面积扩散、泛滥，给员工造成不必要的心理负担，影响组织成员士气。

3. 要适当控制信息传递的数量

在管理中，由于各级主管部门的角色不同，每个组织成员所考虑的问题不同，因此，在信息传递时，要适当注意量的控制。这就是说，应该让下级知道的信息必须尽快传递，适用范围有限的信息则力求保密。在这方面，要注意两种倾向：一是信息过分保密的倾向。同行各企业、各部门或同班组的员工之间相互保密，妨碍了彼此了解和相互协调。有些本应共有的信息材料，没有向下级部门及时传达，从而使信息阻塞，出现了无端猜疑，影响了个人社会需求的满足。另一个是随意扩散信息的倾向。在传递信息时，不考虑信息的保密程度，不选择信息传递的对象，将所收集的信息随意扩散，导致信息混乱。对于管理者来说，也要注意信息的审查与清理，不能将所有信息全部捅到会议上，增加会议负担，引起心理疲劳。总之，这两种倾向都会导致谣言和小道消息，不利于组织的团结，影响团队士气和工作效率。

4. 要控制使用越级传递

所谓越级传递，撇开管理信息系统的层级关系，使沟通双方直接交流。在管理中，不能过多采用这种方式，但在某些特殊情况下可以控制使用。比如：上级想了解下属的情况；为了迅速处理管理中的重大问题；由于上级主管部门官僚主义严重，会妨碍时效；时效性特别强的信息需要立即向决策者汇报；涉及个人隐私，需要保密的材料，等等。例如，有些企业设立总经理接待日、总经理信箱就是为了了解下属的情况，减轻沟通者的心理压力，以便对信息传递进行控制。

5. 合理利用非正式沟通

非正式沟通对于组织活动有有利的一面，也有不利的一面，在一些情况下，非正式沟通往往能够达到正式沟通难以达到的效果，但是，它也可能成为散布谣言和小道消息的渠道，产生副作用。对于非正式沟通，管理者应合理利用，实施有效的控制。例如，组织重要决策要使用正式渠道传递，不能用非正式渠道传递，否则会造成混乱；而宣传理念、相互了解等则可以充分利用非正式渠道。

6. 在信息加工处理过程中也需要信息反馈

这是确保信息准确性的一条可靠途径。这种反馈要求是双向的，即下级主管部门经常给上级领导提供信息，同时接受上级领导的信息查询；上级领导也要经常向下级提供信息，同时对下级提供的信息进行反馈，从而形成一种信息循环流。一般来说，无论什么信息，在加工处理后，都需做出反馈，只是方式可以不同。有实际价值的信息可以进行决策，采取行动；没有实际价值或暂时用不上的信息必须及时答复，加以反馈。一条简单有效的控制办法是要把信息加工处理的情况定期反馈给信息提供者。这样做，一方面可以提高针对性，减少信息提供部门的盲目性；另一方面可以加强信息发送者和接收者之间的心理沟通，提高团队士气，调动员工参与管理的积极性。

（三）有效沟通的技巧

1. 选择合适的沟通方式

根据沟通的内容和特点，选择不同的沟通方式。如果所要沟通的内容是上级的命令、决策或者是规章制度，则适宜选择正式沟通和书面沟通。若沟通内容属于规章制度以外的问题，或属于组织成员的琐碎小事，则选择非正式沟通或口头沟通效果可能更好。有些人看重制度和程序，与这些人进行沟通，最好选择正式的和书面的沟通方式。而有的人比较注重目的和结果，如能达到目的，可以不顾制度和程序的约束，这些人在进行沟通时，倾向于采取非正式和口头的沟通方式。

2. 有效沟通的行为准则

在长期的管理实践中，成功的管理者为我们提供有效沟通的行为法则，主要有：

（1）自信的态度。成功的领导者，他们不随波逐流或唯唯诺诺，有自己的想法与作风，但却很少对别人吼叫、谩骂，甚至连争辩都极为罕见。他们对自己了解相当清楚，并且肯定自己，他们的共同点是自信，日子过得很开心，有自信的人常常是最会沟通的人。

（2）体谅他人的行为。这其中包含"体谅对方"与"表达自我"两方面。所谓体谅是指设身处地为别人着想，并且体会对方的感受与需要。在与人交流过程中，当我们想对他人表示体谅与关心，唯有我们自己设身处地为对方着想。由于我们的了解与尊重，对方也相对体谅你的立场与好意，因而做出积极而合适的回应。

（3）适当地提示对方。产生矛盾与误会的原因，如果出自于对方的健忘，我们的提示正可使对方信守承诺；反之若是对方有意食言，提示就代表我们并未忘记事情，并且希望对方信守诺言。

（4）有效地直接告诉对方。一位知名的谈判专家分享他成功的谈判经验时说道：我在各个国际商谈场合中，时常会以"我觉得"（说出自己的感受）、

"我希望"(说出自己的要求或期望)为开端,结果常会令人极为满意。其实,这种行为就是直言无讳地告诉对方我们的要求与感受,若能有效地直接告诉你所想要表达的对象,将会有效帮助我们建立良好的人际网络。但要切记"三不谈":时间不恰当不谈;气氛不恰当不谈;对象不恰当不谈。

3. 学会积极倾听

积极主动的倾听可以使人们在沟通过程中帮助你获取重要的信息;可以掩盖自身的弱点;善听才能善言;可以使你获得友谊和信任。所以在倾听时,要注意以下几点:

(1) 鼓励对方先开口。首先,倾听别人说话本来就是一种礼貌,倾听表示我们愿意客观地考虑别人的看法,这会让说话的人觉得我们很尊重他的意见,有助于建立融洽的关系,彼此接纳。其次,鼓励对方先开口可以降低谈话中的竞争意味。我们的倾听可以培养开放的气氛,有助于彼此交换意见。说话的人由于不必担心竞争的压力,也可以专心掌握重点,不必忙着为自己的矛盾之处寻找遁词。最后,对方先提出他的看法,你就有机会在表达自己的意见之前,掌握双方意见一致之处。倾听可以使对方更加愿意接纳你的意见,让你再说话的时候,更容易说服对方。

(2) 使用并观察肢体语言。当我们在和人谈话的时候,即使我们还没开口,我们内心的感觉,就已经通过肢体语言清清楚楚地表达出来了。听话者如果态度封闭或冷淡,说话者很自然地就会特别在意自己的一举一动,比较不愿意敞开心胸。从另一方面来说。如果听话的人态度开放、很感兴趣,那就表示他愿意接纳对方,很想了解对方的想法,说话的人就会受到鼓舞。而这些肢体语言包括:自然的微笑,不要交叉双臂,手不要放在脸上,身体稍微前倾,经常看对方的眼睛,并时时点头示意。

(3) 非必要时,避免打断他人的谈话。善于听别人说话的人不会因为自己想强调一些细微末节、想修正对方话中一些无关紧要的部分、想突然转变话题,或者想说完一句刚刚没说完的话,就随便打断对方的话。经常打断别人说话就表示我们不愿意听人说话、个性激进、礼貌不周,很难和人沟通。虽然说打断别人的话是一种不礼貌的行为,但是如果是"乒乓效应"则是例外。所谓的"乒乓效应"是指听人说话的一方要适时的提出许多切中要点的问题或发表一些意见和感想,来响应对方的说法。还有一旦听漏了一些地方,或者是不懂的时候,要在对方的话暂时告一段落时,迅速地提出疑问之处。

(4) 反应式倾听。反应式倾听指的是重述刚刚所听到的话,这是一种很重要的沟通技巧。我们的反应可以让对方知道我们一直在听他说话,而且也听懂了他所说的话。但是反应式倾听不是像鹦鹉一样,对方说什么你就说什么,而是应该用自己的话,简要地述说对方的重点。比如说"你说你住的房子在海边?我想那里的夕阳一定很美"。反应式倾听的好处主要是让对方觉得自己很重要,能够掌握对方的重点,让对话不至于中断。

(5)弄清楚各种暗示。很多人都不敢直接说出自己真正的想法和感觉,他们往往会运用一些叙述或疑问,百般暗示,来表达自己内心的看法和感受。但是这种暗示性的说法有碍沟通,有时他们话中的用意和内容往往被人所误解,最后就可能会导致双方的失言或引发言语上的冲突。所以一旦遇到暗示性强烈的话,就应该鼓励说话的人再把话说清楚一点。

(6)暗中回顾,整理出重点,并提出自己的结论。当我们和人谈话的时候,我们通常都会有几秒钟的时间,可以在心里回顾一下对方的话,整理出其中的重点所在。我们必须删去无关紧要的细节,把注意力集中在对方想说的重点和对方主要的想法上,并且在心中熟记这些重点和想法。

(7)接受说话者的观点。如果我们无法接受说话者的观点,那我们可能会错过很多机会,而且无法和对方建立融洽的关系。尊重说话者的观点,可以让对方了解,我们一直在听,而且我们也听懂了他所说的话,我们还是很尊重他的想法。即使说话的人对事情的看法与感受,甚至所得到的结论都和我们不同,他们还是坚持自己的看法、结论和感受,我们也应该理解他们。若是我们一直无法接受对方的观点,我们就很难和对方彼此接纳,或共同建立融洽的关系。除此之外,也能够帮助说话者建立自信,使他更能够接受别人不同的意见。

第六节 指 挥

指挥,是指通过下达命令、指示等形式,使系统内部个人的意志服从于一个权威的统一意志,将意志变成全体成员的统一行动,使全体成员履行自己的职责,全力以赴地完成所担负的任务。它是管理者运用权威最基本的形式,而且,也是管理者实施领导的最基本的手段。

一、指挥的概念

所谓指挥,就是管理者凭借自身的权力,直接命令或指导下属为实现组织目标而展开活动的行为。

指挥具有以下特点：第一，权威性。权威是指挥的主要依据，没有权威的指挥是无效的指挥，任何指挥活动都离不开权威。第二，强制性。指挥要求下属部门与人员无条件地服从上级的命令与指示，不得对命令和指示提出异议，更不允许抵抗。第三，统一性。指挥要求命令和指示自上而下严格按照直接隶属关系层层传达；要求指令内容反映的是指挥者的意志，下属不得对命令和指示随意解释和更改，更不允许歪曲；一个部门只能接受一个上级的指挥。第四，明确性。指挥者要明确下属的思想状况；向下属明确指挥的方向、目标及实现目标的方法；明确权责关系。

二、指挥的内容

（一）下达目标和任务

任何管理部门及人员都承担各自应承担的目标和任务，指挥者通过下达目标任务让承担的部门和人员明确这些目标和任务。具体有以下要求：把各项目标任务落实到具体的承担部门或人员，使他们明确努力方向；使下属明确实施目标的时间界限、空间范围、有效方法等。

（二）规定权责关系

指挥者要根据需要，明确、合理确定权责关系。具体包括：第一，赋予责任，具体地讲，责任主要包括实施目标过程中应承担的政治责任、法律责任和工作责任。第二，授予权力，承担目标所需要的权力包括：在目标实施过程中的决策权；对目标实施措施的选择权；对活动过程的控制权；对目标实施过程中的用人权；对一定资源的支配权；对上级的建议权。第三，坚持职、权、责的统一，从职、权、责三者的相互关系与作用看，职位与权力、责任是成正比的；职位是基础，责任是本质、是核心，权力是手段。

（三）发布行为指令

行为指令的内容包括"行"与"止"两个基本方面。"行"即组织提倡或允许的管理与操作活动。"止"即限制或制止的管理与操作活动。指令可以为部门和人员提供明确而具体的行为准则，在计划不周条件下，指令可以及时调整人员行为，确保工作的有效性。

（四）对组织内的资源进行合理配置

组织内各种资源的合理配置与调整是有效发挥其作用的前提和基础，也是指挥的一项重要内容。具体包括：人员调整；财物资源配置；对完成任务的时间界限调整；信息资源调整；活动空间范围的调整；各种资源之间比例的调整等。

三、有效指挥

（一）影响有效指挥的因素

指挥者的行为是否有效，直接关系到领导效果的高低。其指挥的有效性主要受以下因素影响：

1. 权力的大小和重要程度

权力是指挥的基础，只有凭借权力，才能进行指挥。而且，权力越大，指挥的效果越明显。权力是指挥有效性的首要决定因素。

2. 指挥内容

符合客观规律和实际情况的指挥，才是科学的指挥。只有指挥内容科学、正确，才能产生良好的指挥效果。

3. 指挥形式的选择

指挥的有效性，在很大程度上取决于指挥形式选择是否恰当。内容科学的指挥，还要靠科学、合理、恰当的指挥形式来实施，才能收到好的指挥效果。

4. 指挥对象的素质

指挥要对一定的对象实施，指挥对象的特点也会影响指挥的效果，为此，指挥者要注意指挥对象的特点，指挥内容和形式才能为指挥对象所接受，自觉服从指挥，从而达到指挥目的。

5. 环境的影响

指挥的实际效果还受环境的影响，例如，指挥时机、地点、群体情绪、工作性质等。

（二）有效指挥的原则

在现代科学管理中，指挥者的指挥活动应尽可能避免主观随意性，有效的指挥应坚持以下五个原则：

1. 权威原则

权威原则是指在指挥中必须用指挥员的权威使被管理者服从管理者的意志。指挥者的权威主要由两方面来决定，一是组织赋予的个人的职权；一是个人的知识、技术、能力、品德等。通常情况下，组织所赋予的权利所决定的权威，比个人的知识、品德所形成的权威，具有较大的强制性，它强迫被管理者服从管理者的意志，这种强制性的权威在管理中是必不可少的。但是，现代管理中指挥的权威原则要求管理者不仅要注重组织赋予的权力，而且必须重视个人的知识、品德所决定的权威，努力增强自己这方面的权威。

2．统一原则

统一原则是指在指挥中必须统一目标、统一思想、统一纪律、统一指挥、统一行动。统一目标就是局部的目标要服从全局的目标，个人目标服从组织的共同目标；统一思想就是要统一认识；统一纪律就是要少数服从多数，下级服从上级，个人服从组织；统一指挥就是一个下级只能接受一个上级领导人的直接指挥，下级也不越级上报工作；通过以上四个统一，达到统一行动的目的。

3．首长负责制原则

首长负责制原则，是指在指挥中，组织内部各层次主要负责人对其职权管辖范围内的各项事务有最后的决定权，并负管理责任。实行首长负责制，可以对部属实行统一指挥，根据任务的需要，授予下属组织和人员一定的权力，使各级组织和个人都有明确的责任。

4．强制与说服相结合

为了充分调动人员的积极性，指挥者在下达指令过程中，除了要用强制性下达指令，还必须运用启发、诱导等说服教育的措施，使下属真正理解指挥的内容，化被动行为为主动行为。

5．坚定果断原则

坚定果断原则，是指在指挥中，指挥者对规定的目标或规划以及自己的行动方案，要有坚定的立场、必胜的信念，对于随机事件的处理要勇敢决断，勇于负责。指挥者只有对自己从事的事业，对自己执行的目标或规划立场坚定，充满信心，才能有力地说服和影响下属百折不挠地去争取成功。

（三）灵活运用不同的指挥形式

指挥形式，按所采用的载体不同，可划分为口头指挥、书面指挥和会议指挥三种。

1．口头指挥

管理者用口头语言的形式直接进行指挥。口头指挥是最经常、最基本的形式。它具有直接、简明、快速、方便等特点。运用口头指挥形式，要注意：内容表达要清晰、准确；用语简洁有力，详略得当；讲究语言艺术。

国外一些管理学家为了帮助各级领导掌握下达命令的指挥方式，根据不同对象的具体情况，提出了一些下达命令的指导方针，对我们有一定的参考价值。

（1）用请求的口吻下达命令不会使反应敏感的下属反感，而直截了当下达命令可能会引起对立情绪。

（2）直截了当的命令，如果不是经常下达命令的话，就会显得非常有力，常常能促使下属克服懒惰情绪。

（3）请求的口吻可以部分地软化死硬的人，在直接下达命令前，值得一试。

（4）对可靠的下属通常婉转地下达命令效果最好，但是对于缺乏经验或不可靠的下属则不能这样做。

（5）对初次犯错误的人，用请求的口吻要求他纠正错误，这会增进友谊，使他站在你这一边。但是，对累犯错误的人，直截了当地下达命令，也许是可取的。

（6）在下属对工作不称心或者需要做特别努力乃至需要实行不得人心的加班加点时，采取自愿参加的办法常常是一种挑战并能产生良好的效果。但是，不要以此来逃避按最有利于生产的方式分派任务的职责。

（7）为了培养有前途的员工的工作能力和判断力，婉转的或建议式的命令，是考验和培养其独立工作能力的好方式。当然，还需要进行严格的督促检查。

（8）紧急情况通常需要直截了当地下达命令。

在利用口头指挥时还要注意，在指挥较大范围内的重大事件时，除了口头方式外，同时要用书面的方式进行指挥。

2．书面指挥

即采用书面文字形式进行指挥。它具有准确性、规范性、确定性和可储存性的特点。正因为如此，许多重要的、正规的、要求在较大范围和较长时期内起作用的指挥一般都采取书面形式。

书面指挥的具体形式多种多样。以行政机关的文件形式最为规范，主要包括命令、指令，决定、决议，指示，布告、公告、通告，通知、通报，报告、请示，批复等。书面指挥的特点有以下几点：

（1）针对性。书面指挥在易接受性和成本等方面一般不如口头指挥。因此，书面指挥要针对所要解决的管理问题，紧紧围绕指挥目标，既要表达完整、准确，又要文字精练，重点突出。

（2）规范性。书面文件最显著的特点是其规范性。要注意文件体例和文件内容的规范性，还包括文件用语的规范化。

（3）提高写作质量。

3．会议指挥

这是一种通过多人聚集，共同研究或即时布置工作的指挥形式。在实际领导工作中，会议是一种经常使用，而又行之有效的形式。会议指挥主要把握好以下要领：

（1）控制会议的议题与规模、次数。

（2）必须做好充分的会前准备。主要包括：会议议题、程序、参加人员、时间、场所等方面的准备，其中最重要的是对议题本身的准备。

（3）科学地掌握会议。主持会议过程中，要始终抓住会议议题，确保会议围绕中进行；主持者要有效引导与控制与会者，需要讨论问题时，启发、激励与会者要掌握好会议进程，顺利进行与按时结束。

（4）与会人员必须和会议内容有关，避免无关人员与会或为提高会议级别而邀请高层领导出席。

（5）做好会议讨论的组织工作。

（6）狠抓会议内容的落实和反馈。会议指挥，要防止"议而不决"，但更要防止"决而不行"。会议过后，对于管理者来说，并不是完事大吉，而必须责成专人或亲自检查落实会议精神的执行情况，并及时搜集有关反馈信息，以保证会议目标落到实处，并做出必要的调整与完善。

本章小结

领导是一种活动过程，领导者是领导行为的主体，领导的实质在于影响力，通过领导职能的发挥，影响下级追随其实现组织目标。

从 20 世纪初，西方国家就开始了对领导理论的研究，这些研究主要集中于领导行为模式方面。其发展过程大致经历了领导特性理论、领导行为理论和领导权变理论三个阶段。其中，较有影响的领导理论有：领导行为连续论、四分图理论、管理方格理论、权变理论等。

领导者必须掌握高超的领导艺术，一般主要表现为：领导决策艺术、用人艺术、人际交往艺术、时间管理艺术、创新艺术和处理紧急事件的艺术等。

领导对其下属及组织施加影响力的手段有激励、沟通和指挥三大手段。激励指管理者运用各种管理手段，刺激被管理者的需要，激发其动机，使其朝向所期望的目标前进的心理过程。代表性的激励理论有需要层次论、双因素理论、期望理论、公平理论、强化理论等，对实践的管理提供了很好的理论依据。沟通是指为达到一定的目的，将信息、思想和情感在个人或群体间进行传递与交流的过程。在沟通的过程中要遵循有效沟通的原则，并克服沟通中出现的沟通障碍，通过正式沟通和非正式的沟通以及其他沟通形式达到信息传递的目的。为了达到有效沟通的效果，就要掌握一定的沟通技巧，包括选择合适的沟通方式，遵守有效沟通的行为准则，以及掌握积极倾听的技巧。指挥是领导者发挥领导职能的最经常的和最基本的手段，而要有效指挥的前提就必须有权力。领导者的权力分为组织性的权力即职权和个人性权力。在正确分析和研究下级服从上级指挥的心理的基础上，合理地科学地运用权力加大奖惩力度来达到指挥的目的。在指挥的过程中，指挥者必须要了解影响指挥的因素，灵活掌握不同的指挥形式，明确强度不同的指挥方式以及处理突发事件的能力。

一、理论题

1. 单项选择题

（1）把权力定位于组织群体的领导作风称（　　）。
　　A．专制作风　　　　　　　B．放任自流作风
　　C．独断专行作风　　　　　D．民主作风

（2）下列属于激励因素的是（　　）。
　　A．薪金　　B．提升　　C．住房　　D．养老保险

（3）一些人对权力、地位的追求，是人类需求层次论中（　　）。
　　A．第二个层次的需求　　　B．第三个层次的需求
　　C．第四个层次的需求　　　D．第五个层次的需求

（4）赫茨伯格提出了著名的理论是（　　）。
　　A．人际关系理论　　　　　B．组织理论
　　C．双因素理论　　　　　　D．期望理论

（5）期望理论认为，对人能产生最大激励作用的情况是（　　）。
　　A．期望值高，效价也高　　B．期望值高，效价低
　　C．期望值低，效价高　　　D．期望值低，效价也低

（6）管理方格图理论认为，最好的领导方式是（　　）。
　　A．1-1型　　B．1-9型　　C．5-5型　　D．9-9型

（7）构成领导者非权力性影响力的因素包括这样几个方面是（　　）。
　　A．品德、学识、能力、情感　　B．品德、学识、能力、资历
　　C．品德、学识、资历、情感　　D．品德、威信、能力、情感

（8）双因素理论属于（　　）。
　　A．内容型激励理论　　　　B．过程型激励理论
　　C．行为改造型激励理论　　D．内容与行为结合型理论

(9)"士为知己者死"这一古训反映了有效的领导始于（　　）。
　　　A．为了下属的利益不惜牺牲自己　　B．了解下属的欲望和需要
　　　C．上下级之间的友情　　　　　　　D．为下级设定崇高的目标
2．思考题
（1）怎样理解领导的实质与手段？
（2）不同时期人性假设的主要观点是什么？
（3）主要的领导理论有哪些？
（4）主要激励理论的要点有哪些？
（5）沟通的障碍与有效沟通的原则是什么？

二、实训题
实训项目　7-1　伟人和著名企业家的领导风格
1．实训目的
　　熟悉各种伟人和知名企业家的领导方式的特点。
2．实训要求
　　要求每个学生阅读至少一位伟人和一位著名企业家传记或资料，总结其领导风格与特点，结合课堂所学领导理论说明他们为何能取得成功。写出实训报告，在课内进行交流。
3．实训考核
　　教师根据学生的实训报告和讨论课上的表现给予评价。

实训项目　7-2　管理游戏
1．实训目的
　　锻炼学生的基本沟通技能及指挥能力。
2．需要的材料
　　眼罩 50 个（假定班级人数为 50 人），手指粗尼龙绳 50 米。
3．实训组织与要求
　　以全班学生为单位组成一组（假定 50 人），找一篮球场大小的开阔地，将大家集合到场地的某一边，所有人只准听不许说话交流。老师首先宣读游戏规则：(1)首先所有人先戴上眼罩。(2)戴好眼罩后告诉大家他们前方有一团 50 米尼龙绳。(3)大家的任务是找到尼龙绳并将其组成正方形且大家尽量均匀地站在四条边上。(4)老师宣布游戏开始后可以说话，但绝不能触动蒙眼的眼罩。(5)游戏限时十分钟。(6)时间一到，无论是否完成任务，均

宣告游戏结束。

4．实训考核

游戏结束后，全班分为 4 个小组，每小组结合所学的领导、决策、沟通知识写出实训体会，找出成功或失败的原因，并在课堂上展开讨论。

教师根据各组学生的实训报告及课堂讨论表现给予评价。

三、案例分析

案例 7-1　哪种领导类型最有效

A 公司是一家大型汽车配件生产集团。最近，对该公司的三个重要部门经理进行了一次有关领导类型的调查。三人分别持不同的观点。

1．约翰

约翰是生产部经理，他对本部门的产出感到自豪。他总是强调对生产过程、产出量控制的必要性，坚持下属人员必须很好地理解生产指令以得到迅速、完整、准确的反馈。当他遇到小问题时，会放手交给下级去处理，当问题很严重时，他则委派几个有能力的人去解决问题。通常情况下，他只是大致规定下属人员的工作方针、完成怎样的报告及完成期限。约翰认为只有这样才能更好地合作，避免重复工作。

约翰认为对下属人员采取敬而远之的态度对一个经理来说是最好的行为方式，所谓的"亲密无间"会松懈纪律。他不主张公开谴责或表扬某个员工，相信他的每一个下属人员都有自知之明。

据约翰说，在管理中的最大问题是下级不愿意接受责任。他讲到，他的下属人员可以有机会做许多事情，但他们并不是很努力地去做。

他表示不能理解在以前他的下级如何能与一个毫无能力的前任经理相处，他说，他的上司对他们现在的工作运转情况非常满意。

2．波特

波特认为每个员工都有人权，他偏重于管理者有义务和责任去满足员工需要的学说，他说，他常为他的员工做一些小事，如给员工两张艺术展览的入场券。他认为，每张门票才 15 美元，但对员工和他的妻子来说却远远超过 15 美元。通过这种方式，也是对员工过去几个月工作的肯定。

波特称，他每天都要到工场去一趟，与至少 25% 的员工交谈。波特不愿意为难别人。他已经意识到在管理中有不利因素，但大都是由于生产压力造成的。他的想法是以一个友好、粗线条的管理方式对待员工。他承认尽管在生产率上不如其他单位，但他相信他的雇员有高度的忠诚与士气，并坚信他们会因他的开明领导而努力工作。

3. 查利

查利说他面临的基本问题是与其他部门的职责分工不清。他认为不论是否属于他们的任务都安排在他的部门，似乎上级并不清楚这些工作应该谁做。

查利承认他没有提出异议，他说这样做会使其他部门的经理产生反感。他们把查利看成是朋友，而查利却不这样认为。

查利说过去在不平等的分工会议上，他感到很窘迫，但现在适应了，其他部门的领导也不以为然了。

查利认为纪律就是使每个员工不停地工作，预测各种问题的发生。他认为作为一个好的管理者，没有时间像波特那样握紧每一个员工的手，告诉他们正在从事一项伟大的工作。他相信如果一个经理声称为了决定将来的提薪与晋职而对员工的工作进行考核，那么，员工则会更多地考虑他们自己，由此而产生很多问题。

他主张，一旦给一个员工分配了工作，就让他以自己的方式去做，取消工作检查。他相信大多数员工知道自己把工作做得怎么样。

如果说存在问题，那就是他的工作范围和职责在生产过程中发生的混淆。查利的确想过，希望公司领导叫他到办公室听听他对某些工作的意见。

分析讨论题：

（1）你认为这三位经理各采取什么样的领导方式？这些模式都是建立在什么假设的基础上的？

（2）每一种领导方式在特定的环境下是否都有效？为什么？

案例 7-2　职业生涯开始前的思考

苏，今年 22 岁，即将获得哈佛大学人力资源管理专业的学士学位。在过去的两年里，她每年暑假都在一家保险公司打工，填补去度假员工的工作空缺，她在这里做过许多不同类型的工作，工作很积极，很有成效。现在，她已接受该公司的邀请，毕业之后将加入互助保险公司成为保险单更换部的主管。

这家保险公司是一家大型企业，仅苏所在的总部就有 5000 多名员工。公司的经营哲学是鼓励开发员工的能力，公司自上而下对所有员工都十分信任。

苏将要承担的工作要求她直接负责 20 名职员。他们的工作不需要什么培训但具有高度的程序化，需要员工有高度责任感，因为更换部的每一个员工的工作稍有差池，将给公司带来几十万美元的损失。

苏工作的群体成员全部为女性，年龄跨度从 20 岁～60 岁，平均年龄为 24 岁。其中大部分人是高中学历，以前没有过工作经验，她们的薪金水平为每月 1500 美元到 2100 美元不等。玛利亚原是保险单更换部的主管，玛利亚为公司工作了 37 年，并在保险单更换部做了 17 年的主管工作，现在她退休了。苏将接替玛利亚的职位。苏去年夏天曾在玛利亚的群体里工作过一段时间，因此，比较熟悉她的领导风格，玛利亚与部门成员保持着良好的关系。苏预计，除了丽莲之外，其他将成为她下属的成员都不会有什么问题。丽莲今年 50 多岁，在保险单更换部工作了 10 多年，而且作为一个"老太太"，她在员工群体中很有分量。苏断定，如果她的工作得不到丽莲的支持，将会十分困难。

苏决心以新的面貌开始她的职业生涯。因此，她一直在认真思考一个问题："一名有效的领导者应具备什么样的素质？"

分析讨论题：

（1）领导方式有哪几种？各有什么特点？

（2）你认为苏能够选择领导方式吗？如果可以，请为她描述一个你认为有效的方式。如果不可以，请说明原因。

第八章　控制职能

学习目标

通过本章的学习，学生应能够了解管理控制职能的涵义、特点和意义；掌握控制职能的工作程序；熟悉控制的分类；掌握几种常见的控制方法。

一般地讲，控制过程是管理过程的最后一个阶段，对组织实施的活动能否与计划方案相一致起保证和监督作用。它和计划、组织、领导等职能一起，构成有效管理的四大职能。

【导入案例】

8-1　谁是名医

某日，魏文王问名医扁鹊说："你们家兄弟三人，都精于医术，到底哪一位医术最好呢？"扁鹊回答说："大哥最好，二哥次之，我最差。"文王再问："那么为什么你最出名呢？"扁鹊答说："我大哥治病，是治病于病情发作之前。由于一般人不知道他事先能铲除病因，所以他的名气无法传出去，只有我们家里的人才知道。我二哥治病，是治病于病情刚刚发作之时。一般人以为他只能治轻微的小病，所以他只在我们村子里才小有名气。而我扁鹊治病，是治病于病情严重之时。一般人看见的都是我在经脉上穿针管来放血、在皮肤上敷药等大手术，所以他们以为我的医术最高明，因此名气响遍全国。"文王连连点头称道："你说得好极了。"

启示：从医术上来说，事后控制不如事中控制，事中控制不如事前控制。但现实生活中，人们更多的是注重事后控制，而很少注重事中、事前控制。

【导入案例】

8-2　谁弄垮了巴林银行

英国巴林银行自创建以后由于其经营灵活变通、富于创新，很快就在国际金融领域获得了巨大成功。英国女王伊丽莎白二世也曾经是它的顾客之一。1994年巴林银行的税前利润仍然高达1.5亿美元，银行曾经一度希望在中国拓展业务。然而，次年巴林银行却宣告破产，此次事件震惊了全世界。巴林银行破产的直接原因是巴林公司期货经理里森，因为错误地判断了日本股市的走向投资失误，为了掩盖金额缺失，他动用了银行的投资错误账户"88888"。"88888"号账户损失的金额随着经济日趋的萧条由2000万英镑、3000万英镑，到7月时已达5000万英镑；1995年1月17日突发的日本阪神地震彻底打击了日本股市，股价持续下跌。1995年2月23日，在巴林期货的最后一日，里森对影响市场走向的努力彻底失败，"88888"号账户的损失金额达到了86000万英镑的高点，巴林银行因此损失高达14亿美元，这几乎是巴林银行当时的所有资产，无奈之下只能宣告破产。

启示：正是巴林银行内部控制的缺失，使得里森的"错误"的影响被无限度地放大了，最终成为"撬动巴林根基的杠杆"。

第一节 控制职能概述

一、控制的涵义

管理控制是管理者监视组织的各项活动，保证组织计划与实际运行状况动态适应的管理职能。作为一种管理职能，管理控制指所谓控制就是指为了实现组织目标，以计划为标准，由管理者对组织活动过程进行监测，将监测结果与计划目标相比较，找出偏差，分析其产生原因，并予以纠正的一系列活动过程。简单地说，控制就是管理者监督各项活动，以保证这些活动按计划进行，并纠正各种重要偏差的过程。

控制的概念可以从以下三个方面理解：第一，控制有很强的目的性，即控制是为了保证组织中的各项活动按计划进行；第二，控制是通过"监督"和"纠偏"来实现的；第三，控制是一个过程。

由此可见，控制既是一次管理循环的终点，是保证计划得以实现和组织按既定的路线发展的管理职能，又是新一轮管理循环的起点，要保证组织的活动按照计划进行，控制是必不可少的。在现代管理活动中，管理控制的目的主要有两个。

第一个目的是维持组织活动正常运行。主要解决经常发生变化的迅速而又直接影响组织活动的"急性问题"，控制应随时将计划的执行结果与标准进行比较，若发现有超过计划允许范围的偏差时，则及时采取必要的纠正措施，使组织内部系统活动趋于相对稳定,实现组织的既定目标。

第二个目的是在维持组织活动正常运行的基础上打破现状,实现管理创新。解决长期存在着的影响组织素质的"慢性问题"。控制要根据内外环境变化对组织新的要求和组织不断发展的需求,打破执行现状,重新修订计划,确定新的现实和管理控制标准,使之更先进、更合理。

二、控制职能的特征

(一)管理控制具有目的性

在进行管理控制的时候,必须先明确控制的目的性,这样在才能进行针对性的控制,及时发现问题。

(二)管理控制具有整体性

这包括两层含义:一是管理控制是组织全体成员的职责,是指完成计划是组织全体成员共同的责任,参与控制是全体成员的共同任务;二是控制的对象是组织的各方面,为了确保各部门和各单位工作上能协调一致,所以,这需要了解各部门和各单位的工作情况并予以控制。

(三)管理控制具有动态性

管理工作中的控制过程不同于其他商品生产的控制过程,其他商品就像电器类,它的控制过程是高度程序化的,具有稳定性。而组织不是这样的,它很容易受到内部条件和外部环境的影响,因为内部条件和外部环境具有不稳定性,随时都有可能发生变化,从而决定了控制标准和方法不可能永远不变。管理控制应具有动态性,才能提高管理活动的适应性和有效性。

(四)管理控制是作为人的控制并有人来控制

管理控制是保证组织工作按计划进行并实现既定目标的管理活动。而组织中的各项工作都是由人来完成的,各项控制活动也是要靠人来完成执行的。

(五)管理控制是提高职工能力的重要手段

控制不仅是监督,更重要的是指导和帮助。管理者可以通过控制发现员工在工作中的偏差,并帮助员工分析偏差产生的原因,端正员工态度,指导他们。这样,既达到了控制的目的,又提高了员工的工作能力和自我控制能力。

【应用阅读】

肯德基的"特殊顾客"

肯德基用"特殊顾客"监督分公司的创新控制体制。美国肯德基国际公司的子公司遍布全球80多个国家，达17000多个门店（截至2012年）。然而，肯德基国际公司在万里之外，又怎么能相信他的下属能循规蹈矩呢？一次，上海肯德基有限公司收到了3份总公司寄来的签订书，对他们外滩快餐厅的工作质量分3次鉴定评分，分别为83、85、88分。公司中外方经理都为之瞠目结舌，这3个分数是怎么评定的？原来，肯德基国际公司雇用、培训一批人，让他们佯装顾客潜入店内进行检查评分。这些"特殊顾客"来无影，去无踪，使得快餐厅经理、雇员时时感到某种压力，丝毫不敢疏忽。

启示： 肯德基的"特殊顾客"监督控制的创新型体制，使管理人员在管理过程中能掌握第一手真实资料，并且可以在第一时间采取管理措施和纠偏行为，取得很好的效率和效果。

三、有效控制的原则

控制是一项重要的管理职能，也是常常出现问题的职能。在许多情况下，人们制订了良好的计划，也有了适当的组织，但由于没有把握住控制这一环节，最后还是达不到预期的目的。所以，我们必须认真思考和研究如何有效地进行控制工作。有效的控制必须具备一定的条件并遵循科学的控制原则。下面介绍几种主要的控制原则。

（一）未来导向原则

未来导向的原则，是指控制工作应当着眼未来，而不是只有当出现了偏差才进行控制。由于在整个控制系统中存在着时滞，所以管理人员应该能够有效地预防偏差或及时地采取措施纠正偏差。也就是说，控制应该是面向未来的。实际上这条原则往往被忽视。主要原因是现有的管理工作水平不太容易预测未来的不肯定因素，管理人员一般仍依赖历史数据。但我们要投入更大的精力来从事面向未来的控制，对于增强工作的主动性具有重要的意义。

（二）关键点原则

所谓关键点原则，是指控制工作要突出重点，不能只从某个局部利益出发，要针对重要的、关键的因素实施重点控制。事实上，组织中的活动往往错综复杂，管理者根本无法对每一个方面实施完全的控制，应该将注意力集中于计划执行中的一些关键影响因素上。因此，找出或确定这些关键因素，并建议重点控制，是一种有效的控制方法。控制住了关键点，也就基本上控制了全局。

选择关键控制点的能力是管理工作的一种艺术，有效控制在很大程度上取决于这种能力。目前,已经存在一些有效的方法,能帮助管理人员在某些控制工作中选择关键点。例如,计划评审技术就是一种在有多种平行作业的复杂管理活动网络中寻找关键活动和关键路线的方法。这是一种强有力的系统工程方法。

(三)例外原则

所谓例外原则,是指控制工作应着重于计划实施中的例外偏差(超出一般情况的特别好或特别坏的情况),这可使管理者把精力集中在重要问题上。但是,只注意例外情况是不够的,对例外情况的重视程度不应仅仅依据偏差的大小而定,同时需要考虑客观实际情况。在偏离标准的各种情况中,有一些是无关紧要的,而另一些则不然,某些微小的偏差可能比某些较大的偏差影响更大。因为在一个特定的组织中,不同工作的重要程度各不相同。例如,在某一企业中,对"合理化建议"的奖励超出20%可能无关紧要,而产品的合格率下降1%却可能使所有产品滞销。

因此,在实际工作中,控制的例外原则必须与关键点原则相结合,把注意力集中在对关键点的例外情况的控制上。关键点原则强调选择控制点,而例外原则强调观察在这些控制点上所发生的异常偏差。

(四)及时性原则

控制的及时性是指在控制工作中及时发现偏差,并能及时采取措施纠正。一个有效的控制系统必须能够提供及时的信息。信息是控制的基础。为提高控制的及时性,信息的收集和传递必须及时。如果信息的收集和传递不及时,信息处理的时间又过长,则偏差就不能及时纠正。当采取纠正措施时,如果实际情况已经发生了变化,这时采取的措施如果不变,不仅不能产生积极作用,反而会带来消极影响。

控制信息滞后往往会造成不可弥补的损失。时滞现象是反馈控制系统一个难以克服的困难。较好的解决办法是采用前馈控制,使管理者尽早发现乃至预测到偏差的产生,采取预防性措施,使工作的开展在最初阶段就能够沿着目标方向进行。即使有了偏差,也能及时纠正,把损失降到最低程度。控制要做到及时性,必须依靠现代化的信息管理系统,随时传递信息,随时掌握工作进度,如此才能尽早发现偏差,进而及时采取措施进行控制。

(五)客观性原则

控制的客观性是指在控制工作中,管理者不能凭个人的主观经验或直觉判断,而应采用科学的方法,尊重客观事实。

控制工作的客观性要求控制系统应尽可能提供和使用无偏见的、详细的、可以被证实和理解的信息。同时，还要求必须具有客观的、准确的和适当的控制标准。管理难免有许多主观的因素在内，但是对于下属工作的评价，不应仅凭主观来决定。在整个控制过程中，主观判断不仅可能使绩效的衡量得不出明确的结论，而且还会使纠正偏差的力度难于把握，从而使现实工作更加混乱。

为了保证控制的客观性，就要求尽可能将衡量标准加以量化。量化程度越高，控制越规范。但是，在诸多衡量标准中总有一些是定性的和难于量化的。总之，客观标准可以是定量的，也可以是定性的，但要做到客观，关键问题是使标准在任何情况下都是可测定和可考核的。

（六）准确性原则

一个控制系统要想行之有效，必须具备准确性。一个提供不准确信息的控制系统将会导致管理者在应该行动的时候没有行动，没有出现问题反而采取了行动。基于不准确信息的种种决策，往往是错误的决策，会使整个组织蒙受损失。

现实中由于各种因素的影响，常常将不准确性带入控制系统之中。有时可能是因为衡量绩效的工具精确度不够，使衡量结果的误差过大；有时则可能是工作人员出于个人利益，人为地虚报数据。因此，管理者需要选择适用的、精确的绩效衡量方法和工具来避免产生误差，同时还要采取预防措施，运用先进的管理技能避免出现弄虚作假行为。

（七）经济性原则

控制活动需要经费。是否进行控制，控制到什么程度，都要考虑费用问题。应将控制所需的费用同控制所产生的结果进行比较。当通过控制所获得的价值大于它所需费用时，才有必要实施控制。所以，从经济性的角度考虑，控制系统并不是越复杂越好，控制力度也不是越大越好。控制系统越复杂，控制工作力度越大，意味着控制的投入也越大。而且在许多情况下，这种投入的增加并不一定会导致计划能更顺利地实现。管理者应尝试使用能产生期望结果的最少量的控制。如果控制能够以最小的费用或其他代价来实现预期的控制目的，那么这种控制系统就是最有成效的。

四、控制的内容

美国管理学家斯蒂芬·罗宾斯认为控制的内容包括对人员、财务、作业、信息和组织绩效等五个方面的控制。

（一）对人员的控制

组织的目标任务是由人来完成的，为了使员工按照管理者所制订的计划去实现组织的目标任务，就必须对人员进行有效的控制。对人员进行控制最常用的方法之一就是直接巡视，及时发现问题及时解决；另一方法是对员工工作表现进行评估。通过评估，针对员工的工作表现，进行奖励或惩罚，并对员工存在的问题进行指导、帮助和解决。

【应用阅读】

法国斯太利公司：工人自我管理

法国斯太利公司是一家大型的农产品公司。该企业把控制职能作为实现生产目标及改进生产工作的有效手段，在提高生产效率的同时还降低了生产成本。具体做法是：企业根据生产经营的要求和轮换班次的需要，把职工以15人为一组，分成16个小组，每组选出两名组长，一位组长专抓生产线上的问题，另一位组长负责培训、召集讨论会和做生产记录。公司只制订总生产进度和要求，小组自行安排组内人员工作。小组还有权决定组内招工和对组员奖惩。该企业实行"自我管理，全员参与"的政策后，生产力大大增强，成本低于其他企业。

启示：法国斯太利公司的"工人自我管理"充分体现了控制职能在组织管理过程中的普遍性、整体性、全程性、全员性（人本性）等特点以及控制工作在企业中所发挥的重要作用。

（二）对财务的控制

利润是许多组织尤其是企业追求的主要目标之一，为了实现企业的利润目标，必须对财务进行控制。这主要包括审核自身的财务报表，以保证有一定的资金支付各种费用。当然，我们也应对费用进行控制，以保证成本不会提高和各项资产都得到充分有效的利用。

（三）对作业的控制

作业控制就是对企业从生产要素投入到最终产品和服务产出的转换过程的控制。典型的作业控制包括监督生产活动以保证其按计划进行；评价购买能力，以尽可能低的价格提供所需要的一定质量和数量的原材料；监督企业的产品或服务的质量，以保证满足预定的标准；保证所有的设备得到良好的维护。

（四）对信息的控制

知识和信息在现代的知识经济时代中是重要的资源。准确、及时、适量、经济的信息，会大大提高企业的效率。因此，在企业中对信息的控制显得尤为重要。

（五）对绩效的控制

在企业内部，绩效是高层管理者的控制对象，企业目标是否实现都从这里反映出来。在企业外部，证券分析人员、潜在的投资者、贷款银行、供应商、消费者以及政府部门也十分关注企业的绩效。要有效实施对绩效的控制，关键在于科学地衡量和评价企业绩效。

五、控制的重要性

法约尔曾经指出，控制必须施之于一切的事、人和工作。这是因为即使有完善的计划、有效的组织和领导，都不能保证组织目标的自然实现，而需要进行强有力的控制与监督。罗宾斯指出，有效的管理始终是督促他人、控制他人的活动，以保证应该采取的行动得以顺利进行，以及他人应该达到的目标得以实现。控制的重要性可以从以下三个方面来理解：

（一）控制职能普遍存在于任何组织、任何活动当中

这反映了控制的普遍性。因为在现代管理系统中，人、财、物、信息等要素的组合关系是多种多样的，外部环境的影响很大，内部运行机制和结构有时变化也很大，加上组织关系错综复杂，不确定因素很多，预测不可能完全准确，制订出的计划在执行过程中不仅可能会出现偏差，而且还会发生未曾预料到的情况。这时，控制工作就起到了执行和完成计划的保障作用以及在管理控制中产生新的计划、新的目标和新的控制标准的作用。所以说，控制是一项普遍而广泛的管理职能。

（二）控制职能存在于管理活动的全过程

控制职能作为实现目标及改进工作的有效手段存在于管理活动的全过程中。尽管计划可以制订出来，组织结构可以调整得非常有效，员工的积极性也可以调动起来，但是这些仍然不能保证所有的行动能按计划执行，不能保证管理者追求的目标一定能达到，必须依靠控制工作在计划实施的各个阶段通过纠正偏差的行动来实现。因此，控制职能存在于管理活动的全过程中，它不仅可以维持其他职能的正常活动，而且在必要的时候可以改变其他管理职能的活动。这种改变有时可能很简单，只在指导中稍做些变动即可。但在许多情况下正确的控制工作可能导致确立新的目标，提出新的计划，改变组织结构，改变人员配备以及在指导和领导方法上做出重大改革，使组织的工作得以创新和提高。

（三）控制职能有利于适应组织环境的不确定性

组织的目标计划是组织对未来一定时期内的奋斗方向和行动步骤的描述，任何组织的目标和计划都是在特定的时间、环境下制订的，如果组织实际活动能按计划进行，那么也就无须进行控制。但这种情况只会发生在静态环境中。变化是永恒的，静止是相对的，现代组织所面临的环境大都是复杂多变和不确定的。在计划实施过程中，组织内部相关因素都有可能发生变化。为了保证目标、计划更符合实际的组织环境，适应变化了的环境，保证组织目标、计划的实现，组织就必须通过控制来及时了解环境变化的程度和原因，通过控制来准确把握计划与实际发生差异的程度和原因，从而采取有效的调整和修正措施。

（四）控制职能可以避免管理失误

任何组织在其发展中，都不可避免地会犯一些错误。认识并纠正错误是管理水平提高的重要标志，也是组织发展的必要前提，而控制是任何组织发现错误、纠正错误的有效手段。通过对实际活动的反馈，管理者可以及时发现失误；通过对产生偏差的原因进行分析，可使管理者明确问题之所在，从而采取措施纠正偏差。因此，控制是改进工作、推动工作不断前进的有效手段。

（五）保证组织活动顺利进行

随着社会生产力的不断发展，现代各种组织的规模和内部结构也日趋庞大与复杂。每一个组织要实现自身的目标，都必须从事一系列艰巨的工作，而每一项工作又都可能涉及组织的各个部门，因此组织不仅要制订明确的目标并把总目标分解，而且在实施过程中要进行大量的组织协调工作。为了避免本位主义，使各部门的活动紧紧围绕着组织目标，保证每一项具体活动或工作的顺利进行，组织就必须进行大量的控制工作。

总之，控制是管理工作的最重要职能之一，是保证组织计划与实际运作动态相适应的管理职能。控制是保证一个组织的目标实现而采取的各种必要的活动所不可缺少的措施。如果没有有效的控制系统，一个社会、一个组织就会杂乱无章，就会离开正确的轨道。通过控制，既可检验各项工作是否按预定计划进行，并检验计划的正确性和合理性，又可调整行动或计划，使两者协调一致。

六、控制与其他管理职能的关系

控制是管理职能环节中的重要一环。控制以计划、组织、人员配备、领导等职能为基础,并对其有积极的影响。

(一)控制与计划的关系

计划为控制工作提供标准,没有计划,控制也就没有依据。计划起指导性的作用,而控制是为了保证组织的产出与计划相一致,控制到什么程度、怎么控制都取决于计划的要求;计划预先指出了所期望的行为和结果,而控制是按计划指导实施的行为和结果,有时会导致计划的改变;制订有效的计划需要信息,而这些信息多数是通过控制得到的;一些有效的控制方法,如预算、政策、程序、规则等,同时也是计划方法或计划本身。所以,计划越周密、全面,标准越清晰、具体,控制就越容易;而控制工作越合理、高效,计划的实现就越有保障。如果只编制计划,而不对其执行情况进行控制,计划目标就很难得到实现。

(二)控制与组织的关系

管理者在设计组织结构时面临的首要问题是建立组织结构和权责关系,以使组织成员最有效地运用资源。管理的组织职能和控制职能是不可分割的,有效的管理者必须学会使它们协调地发挥作用。通过控制,管理者监督和评估组织战略和结构是否在按自己的意图发挥作用,如何改进它们,以及如果它们不能发挥作用,应该如何改变它们。所以从组织控制的角度来说,控制是管理者监督和规范组织的各项活动以保证它们按计划进行并纠正各种重要偏差的过程。然而,控制并不意味着只在事情发生后做出反应。它还意味着将组织保持在正常的运行轨道并预测可能发生的事情。由此可见,管理的控制职能是对组织的管理活动及其效果进行衡量和纠正,以确保组织的目标以及为此而拟订的计划得以实现。

(三)控制与人员配备的关系

人员配备职能的发挥不但为组织计划的贯彻执行提供了充足的人力资源,还为控制职能的发挥奠定了基础。人员选聘、培训和考核工作本身就是人员控制的重要内容,而控制职能则通过对计划执行过程中产生偏差的原因进行分析,对由于人员配备职能的原因造成的偏差采取措施进行纠正。

(四)控制与领导的关系

领导职能的发挥既反映在计划方案的编制中,也反映在组织结构的建立上,同时还反映在控制职能的发挥中。这意味着领导职能的发挥影响到组织控制系统的建立和控制工作的质量。相应地,控制职能的发挥又有利于改进领导者的领导工作,提高领导者的工作效率。

总之,计划、组织、人员配备、领导职能是控制的基础,控制是在此基础上对具体组织活动的实施进行检查和调整,离开了一定的计划、组织、人员配备和领导,控制就无法正常进行。反过来讲,控制是计划、组织、人员配备、领导有效进行的必要保证,离开了适当的控制,计划、组织、人员配备、领导等职能都可能流于形式,得不到有效执行。因此,控制与其他职能之间的关系密不可分。明确的目标与计划,合理的组织机构与形式,科学的人员配备,英明的领导,这一切是实施控制的基础和保障。同时,控制也会影响到目标与计划的修改、组织机构的设计、人员的调整以及领导方式的改变。

七、管理控制系统的组成

任何组织,如果没有一个适合组织发展的管理控制系统,都无法有效地贯彻它的计划。组织中的控制活动是通过组织的控制系统来完成的,而控制系统主要包括以下几个方面:

第一,控制的目标,即进行控制活动的目的取向,也是进行控制活动的依据。组织中的控制必须有一个目标,但这个目标必须服从组织发展的主要目标。

第二,控制的主体,即各级管理者及其所属的各职能部门。

第三,控制的对象,控制系统控制的对象应是组织的整个活动。

第四,控制的方法和手段,即为达到有效的控制,所采用的各种科学方法和手段。

比如,控制系统就企业管理系统内的一个重要的子系统,其实,企业管理系统本身也是一个控制系统。企业管理系统是由决策领导层及计划编制者组成的控制主体,以及分厂或车间生产者组成的控制对象。计划部门根据决策领导层确定的经营目标,经过分解将指标下达到各个生产单位,即控制主体作用于控制对象,这就是控制作用。各个分厂、车间生产的产品是否按质、按量、按期实现了计划,在市场上销售状况如何,顾客有何反映,情况有何变化,这些信息需要反馈到计划部门,同计划目标进行对比,找出偏差加以调整或纠正,即控制对象反作用于控制主体,这就是反馈作用。同时,系统存在于环境之中,它与环境相互作用、相互制约。管理控制系统的基本结构见图 8.1。

在具体研究一个管理控制系统时,还应当明确控制对象是什么,控制对象有哪些变化。如库存控制系统的控制对象是仓库,而控制对象仓库的存货变化就是库存量。能根据控制对象变化的实际值和预期值之间的偏差,对控制对象施加控制作用以减少偏差,控制机构由偏差测量机构、决策机构和执行机构组成。偏差测量机构可以是计算测量的装置,它应能连续不断地测定实际值与预期值之间的偏差。决策机构是核心机构,它能根据偏差做出控制决策。执行机构用以执行纠正偏差的决策命令,作用于控制对象。

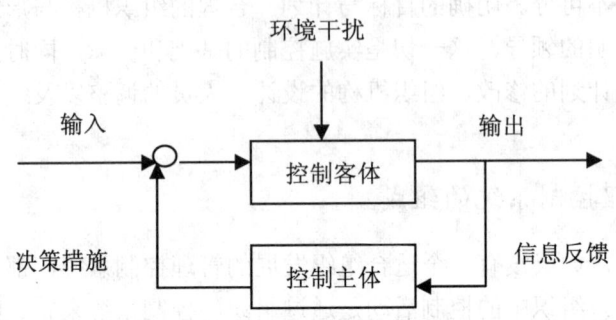

图 8.1　管理控制系统的结构

上面考察的控制形式是将控制对象与控制机构明确地区别开来,在这种情况下,所涉及的是外部对于对象的控制。但是,控制并不总是由外部机构来实施的。在管理中,很多控制是自我控制,即人们以自己的方式行事。自我控制是一种内部控制,因为在同一个人身上集中了控制的原因和理由。就管理控制而言,在大部分情况下内部控制与外部控制相配合。管理控制的负责人也被视作其希望控制的对象的一部分:他实施的是一种自我控制。而且,从本质上来说,管理控制更倾向于让管理负责人自己来组织已经发生偏差形势的纠正。

第二节　控制程序

【应用阅读】

煮鸡蛋的学问

一个中国人和一个德国人每天早餐都是一杯牛奶和一个鸡蛋,中国人把鸡蛋往锅里一放,然后出去洗漱或干点别的事情,等再回来鸡蛋就煮好了。但是德国人会用一个差不多刚好装得下一个鸡蛋的专门容器,下面焊一托盘,然后加满水,1分钟水就开了,3分钟就关火。关火之后他们利用余热再煮3分钟,把鸡蛋煮到刚刚达到营养价值最高的状态。接下来用凉水泡3分钟,使这个蛋很好剥皮,德国人认为这样做很标准。跟中国人相比,他们节约了4/5的水、2/3的热,同时还让鸡蛋达到了最佳的营养状态。

启示:故事里的德国人在煮鸡蛋的过程中摸索出了一套非常适用的煮鸡蛋程序和控制方法,并严格执行,结果每次用水、耗热最少,鸡蛋营养价值还最大。而中国人只求鸡蛋煮熟,没有注意观察并认真总结煮的学问,在煮的方式方法中较之德国人有明显的"水"和"热"的浪费现象,而且破坏了鸡蛋的营养价值。

一、进行控制的前提条件

任何形式的控制都需要一定的前提条件。这些条件影响控制过程的顺利进行,控制的基本前提条件有以下几方面:

（一）要有一个科学的、切实可行的计划

控制就是保证目标和计划的实现,如果没有计划,就无法进行控制。因此,有效控制是以科学的计划为前提的。

（二）要有专门从事控制职能的组织机构

控制工作主要是根据各种信息,纠正计划执行中出现的偏差。要做到这一点,就要有专门控制工作的组织机构,建立健全与控制工作有关的规章制度,明确由何部门、何人来负责何种控制工作。如果没有控制机构,而由各部门自行控制,就难以防止执行部门由于自己的切身利益而出现的掩盖真相、报喜不报忧等情况。或由于忙于贯彻指令,无暇顾及调查研究,分析评价难以反映真实情况。因此,有了控制机构的健全和相应的规章制度,控制工作就能收到预期的效果。

（三）要有反馈渠道

控制工作中的一个重要步骤就是将计划执行后的信息反馈给管理者,以便使管理者对预期目标与达到的目标水平进行比较分析。这种信息反馈的速度、准确性如何,直接影响到控制指令的正确性和纠偏措施的有效性。因此,订好了计划,明确了各部门和个人在控制中的职责以后,还必须设计和维护畅通的信息反馈渠道。有了畅通的信息反馈渠道,控制工作才能卓有成效地进行下去。信息反馈渠道的设计要注意两个问题:一要注意与控制工作有关的人员在信息传递中的任务与变化;二要事先规定好信息的传递程度、收集方法和时间要求等事项。

二、控制的步骤

各种不同组织的控制系统都有自己的运行程序,控制的基本程序一般包括确定控制标准、衡量实际业绩和采取纠偏行动三个步骤。

(一) 确定控制标准

控制主要是对组织活动加以监督和约束,以求实现所期望的目标,为此必须首先确定一些标准,作为共同遵守的衡量尺度,作为比较的基础。没有科学合理的控制标准,就无法对管理活动进行控制。控制标准的制订要以计划和组织目标为依据,综合考虑控制对象的特点等多种因素,找到关键的控制环节,同时,也离不开制订标准的科学方法。

1. 选择控制目标

管理者在管理过程中一般都会对影响组织实现成果的因素进行全面的控制,但这种全面控制往往是不现实的,也是不经济的。所以,管理者应确定控制的目标,选择那些对实现组织成果有重大影响的因素作为重点控制的对象。

2. 制订控制标准

(1) 控制标准的要求。能在控制过程中发挥应有作用的控制标准需要满足如下基本要求:①关键点控制。②前瞻性。③对标准的量值、单位、可允许的偏差范围要有明确说明,对标准的表述要通俗易懂,便于理解和把握,即简明性。④建立的标准要有利于组织目标的实现,要对每一项工作的衡量都明确规定有具体的时间幅度和具体的衡量内容与要求,以便能准确地反映组织活动的状态。即适用性。⑤管理控制工作覆盖组织活动的各个方面,制订出来的各项控制标准应该彼此协调,不可相互冲突,所以建立的标准应尽可能地协调一致、公平合理,即一致性。⑥因为建立标准的目的,是用它来衡量实际工作,并希望工作达到标准要求,所以,控制标准的建立必须考虑到工作人员的实际情况,包括他们的能力、使用的工具等。如果标准过高,人们将因根本无法实现而放弃努力;如果标准过低,人们的潜力又会得不到充分发挥,即可行性。⑦标准要便于对实际工作绩效的衡量、比较、考核和评价,要使控制便于对各部门的工作进行衡量,当出现偏差时,能找到相应的责任单位,即可操作性。⑧控制标准应该具有足够的灵活性,以适应各种不利的变化,或把握各种新的机会。

(2) 制订控制标准的过程。控制标准的制订是一个科学决策过程。这一过程的展开,首先要明确控制对象,然后选择好控制点,再确定具体的控制标准。

第一，确立控制对象。进行控制首先遇到的问题是"控制什么"，这是在决定控制标准之前首先需要解决的问题。组织活动的成果应该优先作为管理控制工作必须考虑的重点对象。对此，管理者需要明确分析组织活动想要实现什么样的目标，提出详细规定组织中各层次、各部门人员应取得什么样的工作成果。按照该目标体系的要求，管理者就可以对有关成果指标的完成情况进行考核和控制。

第二，选择关键控制点。关键控制点一般有以下特征：会影响整个工作运行过程的重要操作与事项；能在重大损失出现之前显示出差异的事项；能反映组织主要绩效水平的时间与空间分布。

第三，制订控制标准。由于控制的对象不同，控制标准的类型很多。因此，以计划过程中形成的可考核的目标直接作为控制标准。通过一些科学的方法将某一计划目标分解为一系列具体可操作的控制标准。

【应用阅读】

麦当劳食品生产的标准化

麦当劳坚持在食品本身的品质上做文章，公司将食品的做法、种类、份量都标准化，并采用电脑控制和标准操作进行生产。同时，麦当劳还制订严格精细的操作标准和工艺流程，使用统一的标准，在麦当劳的面包供应生产厂内，会经常看到这样一个场景：麦当劳的品质控制人员把面包放到一个特制的量具卡尺下，抽测每批面包的长、宽、高和直径是否合乎标准；同时，为了保持面包松软适度的口感和金黄色的外观，麦当劳还对面包的气孔大小、切割度、糖分、色泽和各种营养成分都进行精确的测量。即使是面包上的粒粒芝麻，麦当劳也不轻易放过；对于如何均匀地播撒芝麻和芝麻的数量，也都有明确的规定。为了保证食物安全卫生，麦当劳还对供应商在生产过程中的每个环节都做到非常"苛刻"的规定。比如，面粉在使用前一定要先过筛子；糖在使用时一定要先化成糖水，过滤掉其中的杂质后再使用；装面粉的桶要求必须要有盖子，而且盖子要有颜色，不能是白色的，这是为了避免意外破损时碎屑混入面粉中不宜分辨。在面包送入麦当劳餐厅之前麦当劳还会让包装好的面包经过HACCP程序，即"危害分析及关键控制点程序"的检查，这是检验面包中是否含有金属类物质，一旦面包里含有此类物质，金属探测器就会发出警报。此外，麦当劳还对清洁用品进行了严格的规定，麦当劳规定清洁、清洗设备时不能用钢丝球，这是为了防止钢丝掉进食物中；清洗设备的刷子不能用白色，要使用除白色以外的颜色，刷子也要定期更换；

在各工序间运输用的塑料筐不能有破损，以防塑料碎片进入食物中等。这种高品质不仅表现在生产的环节上，还体现在销售环节上。即使是制作好的产品，麦当劳也要保证其品质和最佳口感，这就是为大众所熟悉的麦当劳的"过时报废"制度，即规定：食品一旦出炉或制成，超过一段时间无法售出就必须毫不犹豫地丢掉。正因为麦当劳坚持不卖品质不达标的食品，所以麦当劳才会在全球范围内"畅行无阻"。

启示：标准化的执行操作方法为麦当劳带来的是标准化的高品质食品，也给麦当劳带来高利润的回报。

3．制订标准的方法

（1）统计方法。根据组织的历史资料和其他单位的资料来确定控制标准。根据历史资料确定标准，需要有比较系统的、准确的统计资料，并充分考虑到各种因素变化的情况。所采用的统计资料越全面、系统，准确度越高，各种变动因素考虑得越周到，制订出来的标准就越合理。历史的统计资料作为某项工作确定标准的依据，具有简便易行的好处，但是据此制订的工作标准可能低于同行业的先进水平。

（2）工程技术方法。在客观分析工作状况的基础上，利用准确的技术参数和实测数据来制订工作标准。这种方法比较科学，测定的标准也较为可靠，但需要的工作量较大，也比较复杂。

（3）经验估计法。根据经验和判断来估计预期结果，建立标准的方法。这种方法比较简单，它主要是根据管理者的经验和主观判断来确定标准，因而又称为主观标准。越是复杂的任务，采用主观标准就越多。因此，要注意利用各方面的管理人员的知识和经验，综合大家的判断，列出一个相对先进合理的标准。

（二）衡量实际业绩

为了确定实际业绩，管理者必须得到有关的信息。所以控制的第二步就是衡量。衡量的结果一般来说有两种，或者事情正在按计划进行，或者事情的进程与计划存在着差距。假如事情正在按计划进行，保持继续进行就可以了。假如事情没有按计划进行，就意味着实际的进程与计划之间存在着偏差，就要分析偏差产生的原因，然后进行第三步工作。

衡量实际业绩，就是要采集实际工作的数据，了解和掌握工作的实际情况。在衡量的过程中，管理者应注意以下三个问题：一是通过衡量业绩，检验标准的客观性和有效性，分析通过对标准执行情况的测量能否符合控制需要的信息。二是确定适宜的衡量频度控制过多或不足都会影响控制的有效性。一般情况下，需要控制的对象可能发生重大变化的时间间隔是确定适宜的衡量频度所需考虑的主要因素。三是建立信息反馈系统应该建立有效的信息反馈网络，使反映实际工作情况的信息适时地传递给适当的管理人员，使之能与预定标准相比较，及时发现问题。

1. 确定衡量方式

（1）衡量的项目。衡量什么是衡量工作的起点和前提，管理者应该针对决定实际工作成效好坏的重要特征项目进行衡量。但实际中容易出现一种趋向，即侧重于衡量那些易衡量的项目，而忽视那些不易衡量、较不明显但实际相当重要的项目。实绩衡量应该围绕好绩效的主要特征项来进行，而不能够偏向那些易衡量的项目。

（2）衡量的方法。要获得实际工作绩效方面的资料和信息，管理者可通过如下几种方法：观察、报表与报告、抽样调查、召开会议、推断等。以上几种方法各有利弊，在运用时应该多种方法结合使用，以保证所获信息的准确性。

（3）衡量的频度。也即衡量实绩的次数或频率，通俗地说就是间隔多长时间衡量一次。当然，对不同的衡量对象，应该有不同的衡量频率。适宜的衡量频率是有效控制的体现，衡量频率过高，不但会增加成本，而且还可能影响有关人员的积极性；但控制频率过低，则可能无法及时发现重大偏差，从而影响组织目标的实现。

（4）衡量的主体。衡量实际工作成效的人可以是工作者本人，还可以是同一层级的其他人员、上级主管人员或职能部门的人员等。衡量的主体不同，会对控制方式和效果产生不同影响。有效的控制应该是采取三者结合并以自我控制为主的方法。

（5）建立信息反馈系统。斯蒂芬·罗宾斯认为在衡量实际业绩时有四种最常用的信息来源：亲自观察、统计报告、口头报告和书面报告。上述的四种信息来源最好能把它们进行综合使用。这样，既能增加输入信息来源的数量，又能提高获得可靠信息的可能性。管理控制工作的有效性对信息有如下要求：①信息的及时性。一是对那些事过境迁后不能追忆和不能再现的重要信息要及时记录；二是信息的加工、检索和传递要快。②信息的可靠性。它除了与信息的精确程度有关外，还与信息的完整性成正比关系。通常要求在信息的可靠性与及时性之间做出折衷选择。③信息的适用性。应提供尽量精炼而又能满足控制要求的有用信息。

2. 通过衡量成绩，检验标准的客观性和有效性

衡量工作成效是以预定的标准为依据来进行的。如果偏差是在标准执行中出现的问题，那么需要纠正执行行为本身；如果是标准本身存在的问题，则要修正和更新预定的标准。这样利用预定标准去检查各部门、各阶段和每个人工作的过程就同时也是对标准的客观性和有效性进行检验的过程。

（三）采取纠偏行动

对实际工作成效加以衡量后，下一步就应该将衡量的结果与标准进行对比。如果有较大的偏差，则要分析造成偏差的原因并采取纠正措施；如果没有偏差，则宜首先分析控制标准是否有足够的先进性，在认定标准水平合适的情况下，将之作为成功经验予以分析总结，以用于今后的或其他方面的工作。这一步骤是控制过程的关键。

我们还可把纠偏行动分为立即纠偏行动和根本性纠偏行动。立即纠偏行动又称补救性纠偏行动，是指立即纠正出现的问题，使业绩回到设定的轨道上来。根本性纠偏行动是指找出偏差是如何出现的、为何出现等问题的答案，然后采取行动纠正偏差的根源。

采取纠偏行动这一步骤反映了控制的强制性。为了保证纠偏措施的针对性和有效性，必须在制订和实施纠偏措施的过程中注意下述问题：

1. 找出偏差产生的主要原因

实际上并非所有的偏差都会影响企业的最终成果，有些偏差可能是由于计划本身和执行过程中的问题造成的，而另一些偏差则可能是由于某些偶然、暂时、局部性的因素引起的，从而不一定会对组织活动的最终结果产生重要影响。因此，在采取纠偏措施之前，必须首先对反映偏差的信息进行评估和分析。一方面，要判断偏差的严重程度，是否构成对组织活动效率的威胁，从而值得去分析原因，采取纠正措施；另一方面，要探寻导致偏差产生的主要原因。纠正措施的制订是以偏差原因的分析为依据的。

2. 确定纠偏措施的实施对象

在管理控制过程中，需要予以纠偏的可能不仅是企业的实际活动，也包括指导这些活动的计划或事先确定的衡量这些活动的标准。纠偏措施的实施对象可能是组织所进行的活动，也可能是衡量的标准，甚至是指导活动的计划。预定计划或标准的调整是由两种原因决定的：一是原先的计划或标准制订的不科学，在执行中发现了问题；二是由于内外部环境发生了变化，原来正确的计划和标准，不再适应新形势的需要。

第三节 控制的类型

一、前馈控制、同步控制和反馈控制

控制可以发生在活动开始前、活动进行过程中、活动完成之后。按控制点的位置不同可分为前馈控制、同步控制、反馈控制。如图8.2所示。

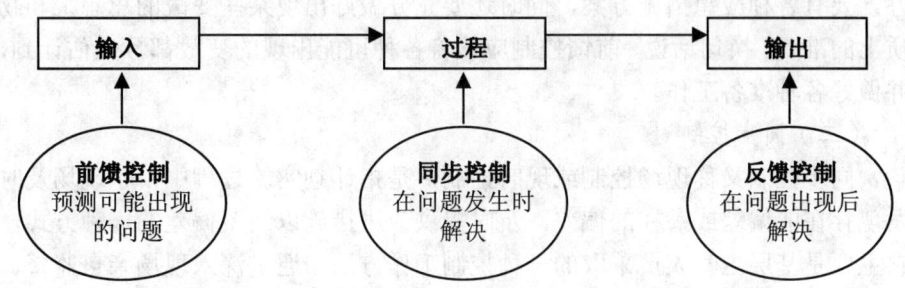

图 8.2 前馈控制、同步控制和反馈控制

（一）前馈控制

在活动开展之前就认真分析研究进行预测并采取防范措施，使可能出现的偏差在事先就可以筹划和解决的控制方法，叫做前馈式控制，又称预先控制或事前控制，它是最理想的控制类型。

1. 前馈控制的优点

（1）防患于未然。前馈控制是在工作开始之前进行的，可以防患于未然，以避免事后控制对已铸成的差错无能为力的弊端；

（2）适用于一切领域所有工作；

（3）针对条件的控制，不对人，易于被接受并实施，不易与员工发生冲突。前馈控制是在工作开始之前针对某项计划行动所依赖的条件进行控制，不针对具体人员，因而不易造成面对面的冲突，易于被员工接受并付诸实施。

2. 前馈控制的缺点

由于未来许多不确定因素很难预测，所以，及时、准确的信息难以保障。前馈控制需要及时和准确的信息，并要求管理人员充分了解前馈控制因素与计划工作的影响关系。管理者获取大量准确信息，对控制过程充分了解，并及时掌握新情况和新问题，从现实来看，是很难做到的。因此，组织也必须

依靠其他方式的控制。

前馈控制可以针对人力资源、原材料、资金等的控制。比如，人力资源必须适应任务要求，数量和素质方面有能力完成指派的任务，并控制机构臃肿、人浮于事的现象，利用统计抽样来控制原料质量，根据抽样不合格率决定接受或退货，根据库存理论控制库存储备量等。

前馈控制的方案应当是一个动态的方案。其一，要将所有可能的输入信息以及它们的影响因素，还有在实施过程中可能出现的干扰都预先加以详尽分析，并以此制订实施方案。其二，方案要考虑若出现某些干扰时应该怎么办，要有各种应急措施方案，同时还要充分做好出现某些变故的思想上和物质上的准备。换句话说，前馈控制应该将各种可能出现的变故都预先估计到，并做好各种准备工作。

（二）同步控制

同步控制又称现场控制或现时控制，是指计划实施过程中，于现场及时发现存在的偏差或潜在的偏差，及时提供改进措施以纠正偏差的一种方式，它主要是基层主管人员采取的一种控制工作方法。通过深入现场亲自监督、检查、指导来控制下属人员的活动，其内容有：向下级指示恰当的工作方法和工作过程；监督下级的工作以保证计划目标的实现。

同步控制的主要发挥两大作用：一是监督作用，即按照预定的标准检查正在进行的工作，以保证目标的实现；二是指导作用，即管理者针对工作中出现的问题，根据自己的经验指导下属改进工作，或与下属共同商讨纠正偏差的措施以便工作人员能正确地完成所规定的任务。

1. 同步控制的优点

同步控制具有工作监督和技术指导的职能，可以防微杜渐，有助于提高员工的工作能力和自我控制能力。

2. 同步控制的缺点

（1）运用同步控制受管理者的时间、精力和业务水平的限制。管理者不可能每时每刻对所有项目都进行现场控制，只能在关键时间或在关键项目上使用这种控制方式。

（2）同步控制的应用范围较窄。一般来说，对于便于计量的工作一般运用现场控制，而对一些难以计量的工作，就很难进行现场控制。

（3）同步式控制容易在控制者与被控制者之间形成对立情绪，在控制管理的过程中使控制者或被控制者受到伤害。

（三）反馈控制

反馈控制是在工作结束或行为发生之后进行的控制，故常称作事后控制。这种控制把注意力主要集中于工作或行为的结果上，通过对已形成的结果进行测量、比较和分析，发现偏差情况，依此采取措施，对今后的活动进行纠正。比如，企业发现不合格产品后追究当事人的责任且制订防范再次出现质量事故的新规章，发现产品销路不畅而相应做出减产、转产或加强促销的决定，以及学校对违纪学生进行处罚等，这些都属于反馈控制。

1. 反馈控制的优点

（1）在周期性重复活动中，反馈控制可避免下一次活动发生类似的问题。

（2）反馈控制可以消除偏差对后续活动过程的影响，如产品在出厂前进行最终的质量检验，剔除不合格品，可避免这些产品流入市场后对品牌信誉和顾客适用所造成的不利影响；人们可以总结经验教训，了解工作失误的原因，为下一轮工作的正确开展提供依据。

（3）反馈控制可以通过信息反馈及纠偏行动来保证组织系统的稳定性，为组织员工的奖惩提供依据。

反馈控制可以总结规律，为进一步实施创造条件，实现良性循环，提高效率。因此，在实际工作中，反馈控制得到了相当广泛的应用。

2. 反馈控制的弊端

反馈控制的缺点是，当管理者获得有关信息时，损失已经造成了，这就好比"亡羊补牢"一样，只能在以后的工作中加以改进，所以，反馈控制是控制工作中被动选择的一种控制方式。

二、直接控制和间接控制

根据控制手段进行分类可分为间接控制和直接控制。

（一）间接控制

间接控制是指根据计划和标准考核工作的实际结果，分析出现偏差的原因，并追究责任者的个人责任以使其改进未来工作的一种控制方法，多见于上级管理者对下级人员工作过程的控制，运用这种控制方式需要明确几个前提条件：（1）工作成效可以相互比较，并且也可以计量；（2）员工对工作任务负有明确的、可以分割的责任，这种责任和员工之间的尽责程度可以相互比较；（3）分析偏差和追究责任所需的时间、费用等是有充分保证的；（4）出现的偏差可以预料并能及时发现；（5）有关责任单位和责任人对出现的偏差会采取纠正措施。

事实上，由于管理活动的复杂性，很多管理部门或职位的绩效是很难计量和相互比较的；很多活动的责任是多个部门共同承担的，而且工作绩效也可能与个人责任无关；有时上级主管人员可能不愿意花时间和费用去分析引起偏差的事实真相；另外，推卸责任是很普遍的现象。因此，间接控制并非普遍有效的控制方法，它尚存在着许多不完善的地方。

（二）直接控制

直接控制是相对于间接控制而言的。它是指通过提高管理人员素质，使他们改善管理工作，从而防止出现因管理不善而造成的不良后果的一种控制方式。这种控制方式的特点是通过培训等形式，着力提高管理人员的素质和责任感，并在控制过程中实施自我控制。其核心思想着眼于培养更好的管理人员，使管理人员能熟练地应用管理的概念、原理和技术，能以系统的观点来进行管理。因此，主管人员及其下属的素质越高，就越不需要进行间接控制。

直接控制的优点：管理人员的质量可以得到提升，避免用人不当，从而使出现偏差的机会得到控制；可加速采取纠正偏差的措施并使其更加有效；由于提高了管理人员的素质，减少了偏差的发生，也就有利于减轻间接控制的负担，节约经费开支；直接控制的心理效果也给人以深刻的印象，管理人员的质量提高了，他们的威信也就得到了提高，下级人员对他们的信任和支持也会增加，这样就有利于整个组织目标的顺利实现。

三、预防控制和更正控制

根据控制活动的性质划分控制的种类，可以把控制划分为预防性控制和更正性控制。采取预防性控制措施是为了防止人、财、物等资源的损耗。使用这种控制措施要求对整个运行活动的关键点有比较深刻的理解，要能预见问题。采用更正性控制往往是由于管理者没有预见问题，或者管理者认为某些事情出现错误之后，更正性控制要比预见问题的预防性控制更容易些。

（一）预防性控制

使用预防性控制是为了避免产生错误又尽量减少今后的更正活动。例如，国家加强法制工作，制订较详细的法律条文并大力宣传，这就是预防性控制措施。人人执法，人人懂法，就可以最大限度减少那些由于不执法、不懂法而导致的违法行为。一般说来，规章制度工作程序、人员训练和培养计划都起着预防控制的作用。在设计预防性控制措施时，人们所遵循的原则都是为了更有效地达成组织目标。然而，要是这些预防性的规章制度等能够真正被执行，必须有良好的监控机构作为保证。

（二）更正性控制

在实际管理工作中更正性控制使用的更普遍一些，其目的是，当出现偏差时，是行为或实施进程返回到预先确定的或所希望的水平。例如，国家发现某些地区走私现象严重，为了改变这种现象，在交通要道和关口设立了一些检查站，以希望减少走私活动。再例如，审计制度增加了管理部门采取迅速更正措施的能力，因为定期对企业进行检查，有助于及时发现问题并及时采取措施解决问题。

四、正式组织控制、群体控制和自我控制

根据控制来源可以把控制划分为三种类型，即正式组织控制、群体控制和自我控制。

（一）正式组织控制（他控）

正式组织控制是对管理人员设计和建立起来的一些正式机构或规定来进行控制。像规划、预算和审计等部门是正式组织控制的典型例子。组织可以通过规划指导组织成员的活动，通过预算来控制消费，通过审计来检查各部门或个人是否按照规定进行活动，并提出更正措施。例如，按照规定对在禁止吸烟的地方抽烟的职工进行罚款，以及对违反操作规程者给予纪律处分等，都属于正式组织控制的范围。

（二）群体控制（互控）

群体控制基于群体成员们的价值观念和行为准则，它是由非正式组织发展和维持的。非正式组织有自己的一套行为规范。尽管这些规范并没有明文规定，但非正式组织中的成员都十分清楚这些规范的内容，都知道如果自己遵循这些规范，就会得到奖励。这种奖励可能是其他成员的认可，也可能是强化了自己在非正式组织的地位。如果违反这些行为规范就可能遭到惩罚，这种惩罚可能是遭受排挤、讽刺，甚至是被驱逐出该组织。例如，建议一个新来的职工自动把产量限制在一个群体可接受的水平，就是群体控制的一个例子。群体控制在某种程度上左右着职工的行为，处理好了，有利于达成组织目标；如果处理不好，将会给组织带来很大危害。

（三）自我控制

个人自我控制是个人有意识地去按某一行为规范进行的控制活动。例如，一个职工不愿意把公家的东西据为己有，可能是由于他具有诚实、廉洁的品质，而不单单是怕被抓住遭惩罚。这是有意识的个人自我控制。

自我控制能力取决于个人本身的素质。具有良好修养的人一般自我控制能力较强,顾全大局的人比仅看重自己局部利益的人有较强的自我控制能力;具有较高层次需求的人比具有较低层次需求的人有较强的自我控制能力。

　　以上三种控制（正式组织控制、群体控制和个人自我控制）有时是互相一致的,有时又是互相抵触的。这取决于组织对其成员的教育和吸引力,或者取决于组织文化。有效的管理控制系统应该综合利用这三种控制类型并使它们尽可能和谐,防止它们互相冲突。

五、集中控制、分散控制和分级控制

　　按控制组织结构的不同,控制可分为三大类：集中控制、分散控制和分级控制。

　　（一）集中控制

　　集中控制是指全系统的控制活动由一个集中的控制机构来完成,这种形式的特点是：所有信息（包括内部、外部）都流入控制中心,由控制中心集中加工处理,并且所有的控制指令也全部由控制中心统一下达。集中控制是一种较低的控制,只适合于结构简单的系统,例如,小型企业、家庭作坊。

　　集中控制的优点：信息完整、集中；控制目标易协调、统一。它的缺点：信息传输效率低；控制滞后性强；系统适应性差。

　　（二）分散控制

　　分散控制是指系统中的控制部分表现为若干个分散的、有一定相对独立性的子控制机构,这些机构在各自的职责范围内各司其职,各负其责,互不干涉,各自完成自己的目标。当然,这些目标是整个目标体系中的分目标。

　　分散控制的特点与集中控制相反,不同的信息流入不同的控制中心,不同的控制指令由不同的控制中心发出。分散控制适应于结构较松散的组织系统,如城市各交叉路口的交通管理、企业集团公司对其下属企业的管理等。

　　分散控制的优点：针对性强,信息传递效率高,控制效率高；操作简单,系统适应性强。它的缺点：信息不完整,整体协调性较差。

　　（三）分级控制

　　分级控制又称等级控制,是指系统的控制中心分解成多层次、分等级的控制体系,一般呈宝塔型,同系统的管理层次相呼应。分级控制的特点：综合了集中控制和分散控制的优点,其控制指令由上往下传,越往下越详细,反馈信息由下往上传,越往上越精练,各层次的监控机构有隶属关系,分级控制的职责分明,分工明确；分级控制中心传递的信息有详有略,使各级部

门能快速了解情况,迅速做出反应;整体目标易协调;系统组织适应性强。

第四节 控制的方法

管理控制的方法一般可分为预算控制和非预算控制。

一、预算控制

(一)预算控制的概念

1. 预算控制的涵义

预算是一种预测,它是对未来一段时期内将组织的决策目标及其资源配置规划加以定量化并使之得以实现的内部管理活动或过程,简单地说,是某一个时期具体的、数字化的计划。确定预算数字的方法可以采用统计方法、经验方法或工程方法。因此,它或是按财务项目(如收入和费用及资金等),或是按非财务项目(如直接工时、材料、实物销售量和生产量等)来表明组织的预期成果。

2. 预算的作用

预算是各种领域的管理者最基本的一种控制工具。无论是企业还是政府机关、文化组织等,都需要运用预算来进行控制。

(1)预算是一种计划的工具,编制预算能使确定目标和拟订标准的计划工作得到改进。预算是主要控制手段之一。编制预算实际上就是控制过程的第一步——建立标准。由于预算是以数量化的方式来表明管理工作的标准,从而本身就有可考核性,因而有利于根据标准来评定工作的成效,衡量业绩(控制过程的第二步),并采取纠正措施,纠正偏差(控制过程第三步)。

(2)预算也是一种控制手段,有利于改进组织的协调和控制工作。当为组织的各个职能部门都编制了预算时,就为协调组织的活动提供了基础。同时,由于对预期结果的偏离将更容易被查明和评定,预算也为控制工作中的纠正措施奠定了基础。

(二)预算的种类

预算的种类很多,对企业而言,主要有:(1)收支预算,这是一最基本的预算形式,使用金额表示,如销售及相应费用预算;(2)现金预算,主要反映计划期间预计的现金收支的详细情况,在完成了初步的现金预算后,就可以知道企业在计划期间需要多少资金,财务主管人员就可以预先安排和筹措,以满足资金的需求,如现金流量表;(3)投资预算是对企业的固定资产的购置、扩建、改造更新等,在可行性研究的基础上编制的预算,它具体反映在何时进行投资、投资多少、资金从何处取得、何时可获得收益、需要多少时间回收全部投资等,如基本建设预算;(4)资金平衡预算,是控制企业经济活动的一种重要手段,主要对企业的资产、负债、所有者权益及其相互关系进行预测,如企业的资产负债表。除此之外,还有一些反映物资设备、人事规划、市场开发等方面支出的各种专项预算。

随着社会的发展,出现了许多现代预算控制方法,如弹性预算、零基预算等。

1. 弹性预算

(1)弹性预算的概念。所谓弹性预算就是按不同的生产量编制不同的预算。企业按照预算期内不同经营活动水平,考虑了固定成本、变动成本与经营活动水平的关系而编制的一种预算,这种预算方法比较符合实际,能有效地控制费用支出。以生产企业为例介绍一下:制造费用等间接费用包含有固定成分,也有变动成分,它会随产量而变,但又不与产量成正比。所以编制制造费用预算,确定制造费用标准时就应该考虑到这个因素,通常采用弹性预算来处理这个问题。选择适当的生产量计量单位来衡量制造费用是很重要的。否则,费用的变动性不易掌握,预算费用就不可靠。一般而言,产品单一的车间可用生产量;多品种车间因产品加工不同,可选用劳动定额工时;动力车间供应能源,可使用电度量或煤炭量、蒸汽量等;修理车间提供劳务,可用修理工时;服务部门,可用企业共同的工作量计量单位。

(2)弹性预算编制步骤。弹性预算的具体编制步骤是:第一,选择和确定与预算内容相关的业务量计量标准和范围。如产销量、材料消耗量、直接人工小时、机器工时和价格等。第二,计算、确定各经济变量之间的数量关系,预测计划期或预算期可能达到的各种经营活动业务量。第三,计算各种业务量的财务预算数额,并以列表、图示或公式等方式表示。弹性预算方法实际上仅指出变动成本具有弹性。

弹性预算一方面能够适应不同经营活动情况的变化,扩大了预算的适用范围,更好地发挥预算的控制作用,避免在实际情况发生变化时需要重编预算或作修改。另一方面,能够使预算的实际执行情况的评价和考核,建立在更加客观的基础上。为了加强预算控制,企业应根据自身情况选择相应的项目编制弹性预算。

2. 零基预算

（1）零基预算的含义。零基预算，是指以零点为基础而制订的预算。也就是排除过去和现实中存在而又可以避免的种种消极因素的影响，把各项生产经营业务视为从头开始的新工作加以安排，客观考虑其获取收益、发生开支和实现利润的可能性，并据以制订预算。

（2）零基预算的优势。第一，零基预算作为一种预算模式，能提高费用使用效益，每项费用数额要依据成本——效益分析确定，这就要求合理分配资金，充分发挥每项费用的使用效益。第二，采用零基预算可以调动各级管理人员的积极性，零基预算不受原有开支水平的限制，没有框框，需要各级管理人员充分发挥主观能动性和创造性，根据具体情况制订方案。

（3）零基预算的编制程序。第一，拟订方案。根据企业的预算总目标和总方针，制订本部门每一项独立的生产经营业务活动的拟订方案，确定活动目标，计算需要支出和费用。第二，评定方案。对每一项业务活动所需要的费用进行成本—效益分析，计算每一项支出和费用可能取得的效益，根据费用项目的性质来权衡轻重、排列顺序、区别等级。第三，落实方案。根据可动用的资金或企业分给本部门所能使用的资金，结合对每项费用的评价，按照排列顺序分配资金、落实方案。

（4）零基预算编制的缺点。在编制零基预算时，其目的仍与上一年相同，并在此基础上对增量进行调整。因此，企业管理人员只会关注其中与上一年不同的地方，这等于又回到增量预算上了。第二，从企业内部选择管理人员多是基层提拔上来的，他们掌握着以前所从事工作方面的知识和信息，对基础预算已经非常了解，所以现在只需熟悉基础预算的变动就可以了。因此，在实际工作中，零基预算很可能犹如画圆，费了半天劲，由终点又回到了起点。

（三）预算的优缺点

1. 预算的优点

（1）它对组织中复杂纷繁的业务大都采用货币来加以控制，便于对各种不同业务进行综合比较和评价。电视广告、原材料数量以及债务和保险等都可以用成本与收益在预算中反映出来。货币语言有其局限性，但是，它却是适于进行总结和比较。货币，与企业、政府或甚至于军事部门管理中的任何其他衡量手段相比，更能被应用在广泛的领域内。财政预算正是利用了货币单位的这种独特性质。

（2）预算方法使用有利于日常的工作记录和信息系统的改善。例如，为了进行税款申报、财政报告以及内部管理，必须保持精细的会计记录。在进行预算中我们利用这一系统，而不是另用一套新的记录。有关过去情况的数字很可能早已有了，可能会附加一些新的核算或报告，但是基本的情报系统已经存在而且很易于利用。

（3）预算有利于节约成本。预算内所列的都是会影响到所记录的利润或亏损的东西。因此，在预算中受到控制的项目很容易地节约费用，获取更多的利润。

（4）可以有效地激励管理人员。作为对其他有效的管理活动的激励因素，预算具有重大的作用。采用了预算控制，这些活动的管理人员的积极性和主动性可以充分地调动起来。

2．预算的缺点

预算是一种有效的控制手段，但是，预算工作中存在着一些使预算控制失效的危险倾向，这就是预算的缺点。主要表现在以下几个方面：

（1）预算过繁。由于对细微的支出也做了琐细的规定，致使管理人员管理自己部门所必要的自由都丧失了。所以，预算究竟应当细微到什么程度，必须联系授权的程度进行认真酌定。过细过繁的预算等于使授权名存实亡。

（2）预算工作存在让预算目标取代组织目标的危险。在这种情况下，管理人员只是热衷于使自己部门的费用尽量不超过预算的规定，但却忘记了自己的首要职责是千方百计地去实现企业的目标。例如，某个企业的销售部门为了不突破产品样本的印刷费预算，在全国的订货会上只向部分参加单位提供了产品样本，因此丧失了大量的潜在用户，失去了可能的订货。预算目标取代组织目标通常是由两个方面的原因引起的。第一，没有恰当地控制预算的度，如预算编制的过于琐细，或者是制订了过于严厉的制裁规则以保证遵守，还可能制订了有较大吸引力的节约奖励措施，以刺激管理人员尽可能地压缩开支；第二，为职能部门或作业部门设立的预算标准，没有很好地体现计划的要求，与企业的总目标缺乏更直接的、更明确的联系，从而使得这些部门的管理人员只是考虑如何遵守预算和程序的要求，而不是从企业的总目标出发来考虑如何作好自己的本职工作。

（3）预算工作存在鼓励虚报、保护落后的危险。预算有一种因循守旧的倾向，过去所花费的某些费用，可以成为今天预算同样一笔费用的依据；如果某个部门曾支出过一笔费用购买物料，这笔费用就成了今后预算的基数。此外，管理人员常常知道在预算的层层审批中，原来申请的金额多半会被削减。因此，申报者往往将预算费用的申请金额有意扩大，远远大于实际需要，所以必须有一些更有效的管理方法来扭转这种倾向，否则预算很可能会变成掩盖效率低下的管理人员的保护伞。

二、非预算控制

非预算控制是采用非预算方式进行的控制方法，主要有：人员行为控制，经济分析、报告与视察、审计法、时间网络分析、市场控制、目标管理和价值工程等方法。现主要介绍以下几种：

（一）人员行为控制

管理控制中最主要的方面就是对人员的行为进行控制，这是因为任何组织当中最关键的资源都是人，任何高效的组织都配备着有能力高效地完成指派任务的优秀人才，这可以从周围许多组织的情况得到证明。怎样选择人员、怎样使职工的行为更有效地趋向组织目标，这就涉及人员行为的控制问题。常用的绩效评定方法有如下几种：鉴定式评价方法、实地审查方法、强选择列等方法、成队列等比较法以及偶然实践评价法。

（1）鉴定式评价法

这种方法是最简单最常用的绩效评价办法。具体做法是，评价人写一篇针对被评价者长处和短处的鉴定，管理者根据这种鉴定给予被评价者一个初步的估计，这种方法的基本假设是评价人确切地知道被评价者的优缺点，对他有很好的了解，并且能够客观地撰写鉴定。然而。在实际工作当中，上述基本假设有时并不完全满足。况且，由于鉴定的内容不同，标准也不一致，所以用此种方法只能给人一种初步的估计，完全依赖这种办法往往会造成评价的失误。这种方法适用于调换或任免等人事方面的决策工作。

（2）强选择列等方法

这种方法是为了克服偏见和主观意念，建立比较客观的评价标准。做法是管理者列出一系列有关被评价者的可能情况，然后让评价者在其中选择最适合被评价者的条目，并打上标记。管理者据此加权评分，得分高者就是好的，得分低者就是差的。这种方法比较准确，但它只限于应用在性质类似或标准的工作，超出这个范围其准确性将大为降低。

（3）成队列等比较法

这种方法基点是把要评价的人员两两进行比较，即每个人都同所有的人比较一次，然后按照某中评价标准进行选择。比如，被评价的人员一年来对企业的贡献，或在工作中的开拓和进取精神等。在两两比较时，选择较好的一个打上标记。当全部比较完毕，标记最多者就是根据所定标准最出色的一人，而无标记者则是最差的一人。但是，这种方法有一个缺陷，就是比较标准只是单一项。如果要有多种标准进行综合衡量，只能对每种标准都进行一次比较，然后给出每个标准一个权数，然后再进行加权比较来确定次序。这样就使工作量进一步加大，特别是在要被评价的人数较多时更是如此。此外这种方法由于是依据主观的判断进行，有时能产生较大误差，这时最好有几个人同时单独进行评价工作，最好取平均值以减少这种误差。这种方法同强列等方法都适用于评定工资、奖金等方面。

（4）偶然事件评价法

采用此种方法时，管理人员要持有一份记录表，随时记录职工积极或消极的偶然事件，根据这种记录以便定期对职工的工作绩效进行评价。根据这种偶然事件进行评价比较客观，但关键是能否把职工的所有偶发事项全部记录下来。另外，对职工来说都有各种责任制，如果责任制所规定的工作标准得到职工的赞同，这种方法就能有效地调动职工的积极性，否则职工还会有不公平感。这种方法和目标管理配合起来使用，可以有效地监控职工的工作。

上述方法的基本原则都是要尽量客观，准确地对人员绩效进行评价，以满足组织各方面工作对人的要求。然而，由于人的行为是由人的思想、性格、经验、社会背景等多种因素综合作用的结果。而这些因素本身又很难用精确的方法加以描述，这就使对人员的行为控制成了管理控制中相当复杂和困难的一部分，在这部分控制过程中，对人的行为和绩效进行评价最为困难。

对人员的行为和绩效进行评价之所以如此困难，主要因为对许多人员来说很难既客观又简明地建立起绩效判断的标准。对于生产物质产品的人，如装配工人、机械加工工人可以按照他们所生产的产品数量和质量来衡量他们的绩效。但对于生产精神产品的人，如企业的管理人员、大学教师、政府工作人员等有时候就无法对他们的工作规定十分清楚，因而，相当大的一部分评定过程几乎完全根据评定者的主观判断，这种判断极易产生评定偏差，最后导致人员行为的失控。

对绩效评定的另一个困难，是多数工作都需要有两个或两个以上的标准来衡量。比如一个工人生产的产品数量可能超过了标准，但有些产品质量不合格；大学教师要做三方面的工作：教学、科研和育人。某人在某些方面可能相当出色，而在其他方面又逊色较多，而且他的成绩随时间变化。这一段时间好些，那一段时间又可能差些。因此，对人员的控制，应考虑许多方面的因素，综合运用多种方法。

（二）经济分析

利用经济学方法对组织活动进行经济分析，是管理控制的重要手段。损益平衡分析、贴现收益分析法和财务报表分析是常用的经济分析方法。

1．盈亏平衡分析

盈亏平衡分析，既是一种决策方法，又是一种控制方法。它能用来控制在不同的生产和销售水平下将会实现的利润额，也可应用于测定各种产品的成本和产销量的关系，为控制各种产品的成本和赢利能力提供标准。

任何产品的成本都是由两部分组成的，一部分为固定成本，一部分为变动成本。固定成本包括生产这种产品所需要的管理费用、工人基本工资、设备的折旧费用，这些费用基本上是不变的，不随着产量的变化而变化。变动成本包括原材料费用、能源费用等，这些费用随着产量变化而变化。而在完全竞争的市场上，产品的价格不能由一个企业自己控制，只能根据市场的价格来销售产品。由此就产生一个问题，即当产量很少时，该企业单个产品的成本就很高。这是因为固定成本不随产量变化，产量少，固定成本占总体成本的比重就大。这时的成本可能高于市场价格，企业发生亏损。只有当产量达到一定水平时，才能收支相抵，超过这个水平企业方可获利。总成本与总收入相等的点被称为损益平衡点，此时对应的产量被称为临界产量。

盈亏平衡分析在管理中有许多用途，比如：确定临界产量，以便管理者决策是发展还是收缩产品的生产；确定不同的产量水平时其盈亏情况，要达到何种产量和销售量才能达到预定的利润；帮助制订价格政策；帮助选择不同行动方案，如销售方法、开发新产品决策和设备更新等方案的选择。

2．贴现收益分析法

贴现是企业向银行取得贷款的一种形式。企业或者个人为了早日取得现金，持未到期的票据向银行请求贴现，银行按市场利息率照票面金额扣除自贴现日起至票据到期日止的利息后，将现金付给请求贴现的企业或个人。具体贴现值计算如下：

$$贴现值 = 票据到期金额 / (1+利润率)^n$$

其中，n——单位时间（一般以年为单位）。

按贴现计算收益率方法是把上式中的利润率改成收益率，然后经过变换，使式子左边为收益率，即变成下式：

$$收益率 = [(票据到期金额 \div 贴现值) \times 100\%]^{1/n} - 1$$

利用上式可以对投资进行控制。例如，目前有现金 10 万元，如果对某项目投资，预计一年后能收回 20 万元，利用上式计算出的收益率为 100%。

然后把这个收益率同正常情况下的收益率进行比较,如果这个收益率高于正常情况下投资的收益率,这项投资就是有利的,否则就不应该投资。这种控制投资的方法是比较科学的,它包括了资金使用的时间价值。

3. 财务报表分析法

财务报表是用于反映企业经营的期末财务状况和计划期内的经营成果的数字表。财务报表分析,又称经营分析,就是以财务报表为依据来判断企业经营好坏,并分析企业经营的长处和短处。它主要包括三种分析:第一,利润率分析,指分析企业收益状况好坏;第二,流动性分析,指分析企业负债与支付能力是否相适应、资金的周转状况和收支状况是否良好等;第三,生产率分析,指分析企业在计划期间内生产出多少新的价值,又是如何进行分配将其变为人工成本、应付利息和净利润的。财务报表分析的控制方法主要有实际数字法和比率法两种,前者是用财务报表中的实际数字来分析,后者是求出实际数字的各种比率再进行分析。由于后者更加容易辨识,所以较常采用。

在比率法中,还可以分为构成比率法、趋势比率法以及相关比率法等,现分述如下:

第一,构成比率法。它的具体做法是,把经济项目中的各个单项占总项目的。比率求出来,然后进行分析。比如资产负债率,就是求出流动资产和固定资产占总资产的比率,流动资金和固定资金占企业资金总额的比率等。

第二,趋势比率法。这种方法需要把某一年度作为基础期,并把该年度的各项目金额作为基数,根据这种标准求出以后年度各项目金额的百分比。这种方法可以从前后联系中来分析企业的经营状况。

第三,相关比率法。这种方法是先从资产负债表或损益表中挑选出相关的特定项目,然后计算出相关比率进行分析。这是最常见的分析方法。比如选出净利润和总资金这两个相关项目,然后就可求出总资金利润率。

$$总资金利润率=(净利润/资金总额)\times 100\%$$

对于各种资本项目都可以按照此法计算出相关比率,比如在流动性分析中,可以计算流动资产对负债的比率;现金、应收款项及流动资金和流动负债的比率。此外,还可以把总资产、应收款项、库存资产、固定资产作为分母,求出这几种周转比率,以掌握资金活动状况。

(三)报告与视察

1. 报告

报告是指管理者搜集阅读关于组织系统运行信息的各种分析报告,了解情况，以控制系统正常运行的一种控制手段。主要目的是提供一种必要的、可用于纠正措施依据的信息。实践中人们常采用专题报告来揭示非例行工作的情况。

完善的控制报告应体现有效控制的所有特性。这种报告应当是客观的、公正的、适时的、经济的，必须包括需要的资料，如实反映组织当前的情况和发展趋势，突出有重要价值的关键问题，遵循组织的宗旨、目标和方针，提出改善和纠正的措施。

2．视察

视察是管理者亲自到工作现场，对组织活动进行直接的巡视、查看、了解组织系统运行状况，衡量工作业绩，发现偏差，立即予以纠正。这种方法适用于从组织中一些关键领域获取控制信息，它是管理人员进行控制、判断和调整措施的一种手段。亲自视察作为获得信息的手段是耗费时间的，而且从个人接触中所获得的第一手信息的价值，还要受到观察者的感知技能和理解能力的限制。尽管如此，亲自视察有利于拉近管理者与被管理者之间的距离，仍然是证实从其他来源所获得的信息的唯一方法。因此，它是其他控制方法所不能替代的。

（四）审计法

审计是常用的一种控制方法，它包括财务审计与管理审计两大类。

1．财务审计

所谓财务审计是以财务活动为中心内容，以检查并核实账目、凭证、财物、债务以及结算关系等客观事物为手段，以判断财务报表中所列出的综合的会计事项是否正确无误，报表本身是否可以信赖为目的的控制方法。通过这种审计还可以判明财务活动是否合法，即是否符合财经政策和法令。

财务审计的主要方法有：

（1）监督性盘存。监督性盘存是指审计人员监督财产、物资和货币的实际盘点。在盘点过程中，审计人员还应该抽查某些事物的数量和质量。

（2）抽样。在为数众多的审计对象中，抽选某些样本进行审核。

（3）发函询证。向与被审计对象有往来的单位或个人发函询问，来核对应收付款项的余额。

（4）反复对证。以原始凭证为依据，将其同有关实物、单位、个人和其他原始凭据相互对证，而有关的其他原始凭据、实物、单位和个人之间还可以再相互对证。

（5）凭证检查。凭证检查是指对会计凭证、账簿记录和会计报表的检查。

管理审计的方法与审计的一般方法基本一致。

2．管理审计

所谓管理审计是检查一个单位或部门管理工作的好坏，评价人力、物力和财力的组织及利用的有效性。其目的在于通过改进管理工作来提高经济效益。此外，审计还有外部审计和内部审计之分，外部审计是指由组织外部的人员对组织的活动进行审计，内部审计是组织自身专门设有审计部门，以便审计本组织的各项活动。

查明事实真相是管理审计工作中最基本的任务，它一般包括以下几个方面：第一，熟悉被查单位或部门的组织、人事、业务性质、管理制度、业务操作程序以及领导关系等。第二，确定需要取得的资料。第三，查明各种业务记录，如单据、合同、函电、账册、会议记录、总结报告等。第四，向各级管理人员和职工调查，完成书面记录。第五，核实所得材料并进行分析，形成清楚的调查记录。接着就要考虑如何确定客观的评价标准。制订标准要符合审计对象的实际情况，不能太低，也不能太高，最好是处于中上水平，这样被审计对象才有提高管理水平的动力。在具体评价被查对象的管理水平时，可采用比较法，即以查明的实际情况和标准进行比较，利用评分方法表述评价结果。最后综合评价结果提出审计结论。审计结论应在成本效益分析的基础上提出解决管理问题、提高管理水平的具体建议。

（五）网络分析技术

网络分析技术不仅是一种计划编制方法，而且它也可以作为一种控制方法有效地对项目所使用的人力、物力、财力资源进行平衡，能够控制项目的时间，能够在实施出现偏差时找出原因和关键因素，并能从总体上进行调整，以保证按质按量达成目标。具体详细情况，参考本书第四章的"网络计划技术"的相关内容。

本章小结

控制职能是管理的一项重要职能，是监督各项活动、保证它们按计划进行并纠正各种重要偏差的过程。有效的控制要遵循坚持一定的原则，按照一定的步骤进行，控制的基本程序包括确定控制标准、衡量实际业绩和采取纠偏行动三个步骤。

控制有多种类型，按控制点的位置不同可分为前馈控制、同步控制和反馈控制；根据控制手段进行分类可分为直接控制和间接控制；根据控制活动的性质划分控制的种类，可以把控制划分为预防性控制和更正性控制；根据控制来源可以把控制划分为三种类型，即正式组织控制、群体控制和自我控制；按控制组织结构的不同，控制可分为三大类：集中控制、分散控制和分级控制。

管理控制的方法可分为预算控制和非预算控制。预算是某一个时期具体的、数字化的计划，弹性预算和零基预算是两种有效的控制方法；非预算控制是采用非预算方式进行的控制方法，主要有：人员行为控制、经济分析、报告与视察、审计法、时间网络分析等。

一、理论训练题

1. 单项选择题

（1）控制工作得以展开的前提是（　　）。
　　A. 建立控制标准　　　　　　B. 分析偏差原因
　　C. 采取纠正措施　　　　　　D. 明确问题性质

（2）①股东们召开大会对董事和监事人选进行投票表决；② 董事会对经理人员的行为进行监督和控制；③监事会对董事会和经理人员上报的财务报表进行审查；④要强化审计监督，如此等等。这些措施是（　　）。
　　A. 均为事前控制
　　B. 均为事后控制
　　C. ①事前控制，②同步控制，③、④事后控制
　　D. ①、②事前控制，③、④事后控制

（3）"治病不如防病，防病不如讲究卫生"根据这一说法，以下几种控制方式中，（　　）方式最重要。
　　A. 预先控制　　B. 实时控制　　C. 反馈控制　　D. 前馈控制

（4）管理控制工作的一般程序是（　　）。
　　A. 建立控制标准、分析差异产生原因、采取纠正措施
　　B. 采取纠正措施、分析差异产生原因、建立控制标准
　　C. 建立控制标准、采取纠正措施、分析差异产生原因
　　D. 分析差异产生原因、采取矫正措施、建立控制标准

（5）管理控制通过（　　），可以发现管理活动中的不足之处。
　　A. 拟订标准　　　　　　　　B. 衡量绩效
　　C. 纠正偏差　　　　　　　　D. 信息反馈

（6）统计分析表明，"关键的事总是少数，一般的事常是多数"，这意味着控制工作最应重视（　　）。

A. 突出重点，强调例外　　　B. 灵活、及时和适度
　　　C. 客观、精确和具体　　　　D. 协调计划和组织工作
（7）控制工作使管理过程形成了一个（　　）的系统。
　　　A. 相对封闭　　B. 绝对封闭　　C. 相对开放　　D. 绝对开放
（8）种庄稼需要水，但这一地区近年老不下雨，怎么办？一种办法是灌溉，以弥补雨水的不足。另一种办法是种耐旱作物，使所种作物与环境相适应。这两种措施分别是（　　）。
　　　A. 纠正偏差和调整计划　　　B. 调整计划和纠正偏差
　　　C. 反馈控制和前馈控制　　　D. 前馈控制和反馈控制
（9）某企业为强化重大决策贯彻落实工作的质量与效益，建立了一个旨在能全面、迅速、准确地反映各有关部门、个人工作进展情况的信息系统。但该系统投入使用一段时间后发现，必要的信息总不能按时输入。当事人抱怨说，输入这些信息对他们来说很麻烦、没有时间输入。他们的工作开展情况表明（　　）。
　　　A. 为顺利开展管理控制工作，必须把信息系统的性能提高到一个起码的水平
　　　B. 为顺利开展管理控制工作，企业还必须进行必要的工作流程与规范的调整，并通过严格制度和文化改进等措施来巩固这种调整
　　　C. 为顺利开展管理控制工作，必须尽量减少对信息系统的依赖
　　　D. 为顺利开展管理控制工作，企业必须经历一个混乱的时期
（10）按控制组织结构的不同，控制可分为三大类：集中控制、分散控制和（　　）。
　　　A. 群体控制　　B. 分级控制　　C. 自我控制　　D. 更正式控制

2. 简答题

（1）现场控制的弊端有哪些？
（2）管理人员获得控制信息的途径有哪些？
（3）试述控制的程序。
（4）简要介绍两种控制方法，并分析它们各自的优缺点。

二、实训题

（一）实训项目　　会议控制措施

1. 实训内容

针对一则会议控制案例进行分析。

2. 实训目的

培养学生管理控制能力。

3. 实训形式与组织

针对上述案例，教师在课内组织学生讨论后提出有效的控制措施。学生要写出案例分析报告并上交。

4. 实训考核

教师根据学生上交的案例分析报告给予评价。

5. 实训材料

周五下午是某研究所例行办公会议时间。每次会议从下午2点开始，讨论和处理近期需要做的工作，对一些需要做出决策的问题形成决议。每次会议的议题数量平均在5~7个之间。开始，会议要开到很晚，到7点多钟才会结束。后来，所长要求会议秘书会前向每一位与会人员征集会议议题，由所长确定议题数量并排序，结果会议还是开到很晚。再后来，所长规定例会必须在6点前结束，结果排在前面的议题讨论占用了很多时间，后面的议题没有时间处理，赶上议题紧迫，便无奈又得延长时间。再后来，一些与会者故意把给研究生上的课程挪到周五晚上，到点回家吃饭，晚上上课，会议可以按时结束了，但许多事情被迫推迟到下周或增加会议次数。

（二）课外思考实践题

1. 利用节假日，调查一家企业或您所在学校，了解其控制的重点主要集中在哪些方面，并说明各方面分别是如何进行控制的。

2. 请找一个成功控制的实例，描述控制的基本过程，并总结其经验。

三、案例分析

案例 8-1 客户服务质量控制

美国某信用卡公司的卡片分部认识到高质量客户服务是多么重要。客户服务不仅影响公司信誉，也和公司利润息息相关。比如，一张信用卡每早到客户手中一天，公司可获得33美分的额外销售收入，这样一年下来，公司将有140万美元的净利润，及时地将新办理的和更换的信用卡送到客户手中是客户服务质量的一个重要方面，但这远远不够。

决定对客户服务质量进行控制来反映其重要性的想法，最初是由卡片分部的一个地区副总裁凯西·帕克提出来的。她说："一段时间以来，我们对传统的评价客户服务的方法不大满意。向管理部门提交的报告有偏差，因为它们很少包括有问题但没有抱怨的客户，或那些只是勉强满意公司服务的客户。"她相信，真正衡量客户服务的标准必须基于和反映持卡人的见解。这就意味着要对公司控制程序进行彻底检查。第一项工作就是确定用户对公司的期望。对抱怨信件的分析指出了客户服务的三个重要特点：及时性、准确性和反应灵敏性。持卡者希望准时收到账单、快速处理地址变动、采取行动解决抱怨。

了解了客户期望，公司质量保证人员开始建立控制客户服务质量的标准。所建立的180多个标准反映了诸如申请处理、信用卡发行、账单查询反应及账户服务费代理等服务项目的可接受的服务质量。这些标准都基于用户所期望的服务的及时性、准确性和反应灵敏性上。同时也考虑了其他一些因素。

除了客户见解，服务质量标准还反映了公司竞争性、能力和一些经济因素。比如：一些标准因竞争引入，一些标准受组织现行处理能力影响，另一些标准反应了经济上的能力。考虑了每一个因素后，适当的标准就成型了，所以开始实施控制服务质量的计划。

计划实施效果很好，比如处理信用卡申请的时间由35天降到15天，更换信用卡从15天降到2天，回答用户查询时间从16天降到10天。这些改进措施给公司带来的潜在利润是巨大的。例如，办理新卡和更换旧卡节省的时间会给公司带来1750万美元的额外收入。另外，如果用户能及时收到信用卡，他们就不会使用竞争者的卡片了。

该质量控制计划潜在的收入和利润对公司还有其他的益处，该计划使整个公司都注重客户期望。各部门都以自己的客户服务记录为骄傲。而且每个雇员都对改进客户服务做出了贡献，使员工士气大增。每个雇员在为客户服务时，都认为自己是公司的一部分，是公司的代表。信用卡部客户服务质量控制计划的成功，使公司其他部门纷纷效仿。无疑，它对该公司的贡献将是非常巨大的。

分析讨论题：

1. 该公司控制客户服务质量的计划是前馈控制、反馈控制还是同步控制？
2. 找出该公司对计划进行有效控制的三个因素。
3. 为什么该公司将标准设立在经济可行的水平上，而不是最高可能的水平上？

案例 8-2 马格纳国际公司

马格纳国际公司（Magna Co International）是北美十大配件厂之一。这家加拿大公司生产有 4000 种零配件，从飞轮到挡泥板一应俱全。它为几乎所有在美国设有工厂的大汽车制造商提供配件。比如，它是克莱斯勒汽车公司的最大配件供应商。马格纳的高层管理当局长期以来力求使公司保持一种松散的结构，并给予各单位管理者充分的自主权。在 20 世纪 80 年代中期，该公司拥有 10000 多名员工，年销售额近 10 亿加元。员工们被组织到 120 个独立的企业中，每个企业都以自己的名义开展活动，但只设有一个工厂。马格纳公司的宗旨是，使各单位保持较小规模（不超过 200 人）以鼓励创新精神并将责任完全落实到工厂经理身上。当某个工厂争取到了超过其生产能力的业务时，马格纳公司不是扩大该工厂的规模，而是重新配置同样的生产设施，开办一个新的工厂。

这种结构在 20 世纪 80 年代运作得相当好，10 年内总销售额增长了 13 倍。工厂经理们以接近完全自治的方式，大胆地扩展他们的业务。他们不仅获得工厂的盈利，而且可以分享从他们的业务中分离出去的新建工厂的盈利。这样，不用公司出面干预，工厂经理们就会主动设立新厂，向外举债，并与汽车制造商签订供货合同。

但 1990 年经济泡沫破灭。那时，汽车的销售量大幅度下降。受扩张动机驱使的马格纳管理者给公司带来了十亿美元的新债务。1990 年，马格纳公司的销售额为 16 亿美元，而亏损达到 1.91 亿美元。公司陷入了严重的经营危机。

分析讨论题：
1. 马格纳公司陷入困境的原因是什么？
2. 你认为马格纳公司应采取何种措施以走出困境？

第三篇 管理发展篇

第九章 创新职能

学习目标

"事物与日俱进，不创新即死亡"。没有创新就没有竞争力，就没有发展，就没有立足之地，所以，创新是任何组织可持续发展的灵魂。认识创新这一职能，对任何一个管理者来说都是必不可少的。通过本章的学习，学生应了解创新对企业的作用，掌握创新的涵义及分类、特点，熟悉创新理论的发展历史和现有的各种学派、新观点，懂得如何管理创新的过程，明确一个企业是否具有创新性的判断的标准，为提高创新能力打下基础。

技术创新是企业创新的重要内容。通过本章学习，学生应掌握技术创新的定义、内容及源泉，了解技术创新过程的模式演变、实施技术创新的有效模式等，对提高技术创新的水平，增强企业的市场竞争力，都是非常关键的。

管理的发展实为管理创新实践的发展，管理创新贯穿于管理的全过程。通过本章的学习，学生应掌握管理创新的定义、内容及作用，了解如何建立健全一个一流的管理创新系统，熟悉在新时代环境下管理创新发展的新趋势。

【导入案例】

9-1 打开另一扇门

浙江有一个村子，每家每户都种植甘蔗。这一年，甘蔗卖不动了，村民们怨天尤人，表示明年不会再种甘蔗了。这时，有个小伙子把眼光看向了城里。早年曾有人到城里去卖过，但不是特别好卖，超市里都嫌甘蔗脏，街边的小贩也不愿意卖甘蔗，因为甘蔗是要刨皮的。

他来到城里之后，找到了水果批发市场，水果批发商的说法和村民们的说法是一样的，甘蔗的销售不好！小伙子走得又累又渴，就在公园里休息。

这时有个做生意的人捧着一箱切好的西瓜来这里叫卖，他花两块钱买了一块解渴。在撕去外面包着的那层保鲜膜后，他忽然心想："假如这是个整个的西瓜，我会买吗"。一定不会，因为买来之后首先面临好几个问题：用什么来切，切开后一个人吃得掉吗？扔西瓜皮方便吗？而这一小块切好的西瓜，就将那些后顾之忧全都省掉了。

把所有让买卖双方觉得不舒服的因素都去掉！他忽然间意识到这一点，这样他的灵感顿时来了：如果将甘蔗刨皮后再用真空保鲜袋装起来，那无论是卖的人还是买的人都不会嫌脏了！他忽然触一及百地想到了许多：将甘蔗去皮后砍成一截截，用真空袋子包装起来，分为即食袋和礼品装两种，另外在礼品装中再分出一种存放期更长的甘蔗：把甘蔗砍成一截一截却不刨皮，在甘蔗的两端切口包上保鲜膜装进礼品盒中，这样一来就把甘蔗的档次给提高了，而且卖的人不会嫌脏，买的人拿起来也方便，送人也体面了许多。

半个月之后，他的甘蔗几乎遍布了城里的大街小巷，而他的加工作坊也到了供不应求的地步，就连外地的客商也纷纷来订货，镇上的一家企业主动找上门来与他合作，规模扩大了，订单接踵而至，原本无人问津的甘蔗顿时成了市场上的抢手货。

启示："当上帝为你关上一扇门的时候，总会在别处为你打开一扇门！"最重要的就是运用创新的思维去寻找到另外那扇打开着的门！

【导入案例】

9-2 一个和尚没水吃，三个和尚有水吃

一座山顶上有三个离的很近的庙，第一个庙里有一个和尚，另外两个庙里各有三个和尚。三个庙离取水的河边都比较远，怎么解决吃水的问题呢？

第一个庙，只有一个和尚，因挑水路比较长，一天挑一缸就累了，所以经常不去挑水。没水用就到其他两个庙里去借，搞得另外两个庙里对他意见很大。

第二个庙，三个和尚商量，每天轮流一个人去挑水，都感觉太累。于是他们决定想想办法：山上有竹子，把竹子砍下来连在一起，竹子中心是空的，然后买了一个轱辘。第一个和尚把一桶水摇上去，第二个和尚专管倒水，第三个和尚在地上休息，三个人轮流换班，一会儿水就灌满了，这叫"技术创新"。

第三个庙，年龄大的和尚把两个小和尚都叫过来，说我们立下了新的庙规，要引进竞争机制。三个和尚都去挑水，谁挑得多，晚上吃饭加一道菜；谁水挑得少，吃白饭，没菜。三个和尚拼命去挑，一会儿水就挑满了。这个

办法叫"管理创新"。

思考：俗语说"一个和尚有水吃，三个和尚没水吃"，而本案例中出现"一个和尚没水吃，三个和尚有水吃"，为什么？

第一节 创新及其理论发展

一、创新的涵义

创新在中国古代哲学经典《易经》中，包含着世界万物"生生不息"的思想，《易经》更明确提出"日新，日日新"的命题。"创"，在古代汉语中是"创法造业"的意思，即创造前所未有的制度和事业。"创"与"新"组合为"创新"这个词汇，据《现代汉语词典》解释，即为"抛开旧的，创造新的"的意思。

西方早在 1800 年，法国著名经济学家萨伊曾对"创业家"做了一番描述，从中我们可以看出关于创新涵义的萌芽。他说："创业家能将经济资源从生产力低的地方转移到生产力高，产出多的地方。"

到了 1912 年，美籍奥地利经济学家约瑟夫·熊彼特在早期成名作《经济发展理论》一书中首先使用了创新一词。他认为，所谓"创新"，就是"建立一种新的生产函数"。也就是说，把一种从来没有过的关于生产要素和生产条件的"新组合"引入生产体系，它是一个"内在的因素"。而作为资本主义"灵魂"的"企业家"的职能就是实现"创新"，引入新的组合，这样就能推动资本主义经济的不断发展。由于熊彼特把"创新"—"新组合"看成是经济发展的内在推动因素，因此其经济发展理论又称为"创新理论"。他所指的"生产要素的新的组合"，包括以下五个方面：

（1）采用一种新的产品或一种产品的新的特性。
（2）采用一种新的生产方法。
（3）开辟一个新的市场。
（4）获取或控制一种原材料或半成品的新的供给来源。
（5）实现一种新的工业组织。

美国著名管理学家德鲁克则首开管理领域中创新研究之先河。在其名著《创业精神与创新》一书中，德鲁克把创新与创业精神看成是一种管理的实践与学问。他试图通过对创业家的创新实践的研究,来说明创新的"一个观点""一条规律"。他指出,"创新与创业精神"不是"一种'天赋''灵感'或'智慧的闪念'",它们是"一种可以组织,并需要组织的系统性工作",是"一种需要知识积累作为后盾的实践",它是可以学习的。按照德鲁克的观点,创新"是一种赋予资源以新的创造财富能力的行为",它不仅是一个技术概念,更是一个社会学或经济学的词汇,是一种系统性的活动。

迈克·波特也曾把创新宽泛地定义为包括技术改进和更好地做事的方式与方法。根据他的概念,创新可以表现为产品变化、工艺变化、新的市场营销方法、新的销售形式和新领域的概念。

奥托·卡尔特霍夫等则把创新视作旨在产生和应用新知识的一种活动。他们认为创新的主要含义在于技术,但也不一定必须依赖于技术,而是很可能具有艺术性,如改进某一现有产品的美学特征,或是从头开始设计一种产品,从而确定一种美学标准。

总之,国外的研究表明,创新一词的涵义一般属于下述范畴中的一种。

(1) 开发一种新事物的过程。如霍特(Holt)将创新定义为:创新是指运用知识或相关信息创造和引进某种有用的新的事物的过程。这是从开发者的角度来定义创新的。

(2) 采用新事物的过程。如奈特(Knight)将创新定义为:创新是指对一个组织或相关环境的新变化的接受。这是从接受者的角度来定义创新的。

(3) 新事物本身。如扎特曼将创新定义为:创新是指被相关使用部门认定的任何一种新的思想、新的实践和新的制造物。这是从使用者的角度来定义创新的。

近年,我国对创新一词的使用频率也愈来愈高,归纳起来,对创新涵义的理解主要有以下几种:

(1) 认同曼斯菲尔德(Mansfield)的定义,认为创新是指一种发明的首次应用。这种定义比较严格,但范围狭窄。

(2) 认同熊彼特的定义,认为创新是指建立一种新的生产函数,也就是说,把一种从来没过的关于生产要素和生产条件的新组合引入生产体系。

(3) 认为创新是指人们的破旧立新并求得综合效益的活动。这种定义对"创新"与"技术创新"做了区分,反映了创新发展的新内容。

(4) 创新首先是一种思想及在这种思想指导下的实践,是一种原则以及在这种原则指导下的具体活动,是管理的一种基本职能。这种职能是为适应系统内外环境的变化而对取得和组合资源的方式、方向和结果进行的局部和全局的调整，以为社会做出新的贡献。

值得注意的是，创新实际上是一个动态、历史的范畴，随着时代的发展其涵义也在不断地创新。"不创新则死亡"，已成为人们亘古不变的共识。

结合时代发展和创新实践，在当代社会，创新一词的涵义可作以下两种理解：（1）广义上的创新：是指创造新的东西。这种认识比较宽泛，但能包含较多的东西。

（2）狭义上的创新：即创新作为管理的职能而言，是指人们首次采用一种或多种创造对现有资源或工作进行新的有机整合，以获得综合效益的活动。它包含三层含义：

①创新是任何人都可以进行的活动，并非创业家或企业家所特有的行为；
②创新的目的是获得综合效益，它既指经济利益，也包含社会利益；
③创新的工具是创造，创造是指人类认识世界和改造世界的所有成果。

二、创新对企业的重要性

在当前日趋激烈的竞争中，我国企业必须在充分利用现有优势谋求生存的同时，不断地进行一系列的创新行为，创造新优势以谋求发展，赢得市场竞争中的有利地位。

（一）创新是企业改善市场环境的重要手段

第一，通过产品创新，企业能加速新技术、新材料在产品生产中的应用，提高产品质量，使产品功能更好地满足用户需要，使企业产品的竞争力提高，改变用户对企业产品的看法，从而改善现有市场条件；第二，当企业技术创新成果是适销对路的新产品时，它会给企业带来新的用户，形成新的市场，从而使企业可以在更广泛的市场中进行选择；第三，不断创新并获得成功的企业，一般是首次进入新的市场领域，它具有领先者的优势，在很大程度上决定着产品的价格、市场规模等。

（二）通过工艺创新，企业能加速新工艺在企业中的应用，降低产品成本，提高生产效率

由于改进产品或工程设计，开发或推广新工艺、新技术或更新服务，提高工具系统的寿命等途径，可以节约原材料消耗，也可能缩短生产周期或在相等的时间内生产更多产品，用较少劳动力生产更多产品或减少工人劳动时间而生产同样多数量的产品。

（三）创新是企业全方位提高企业素质的最有效方式之一

第一，通过技术创新，可以改善研制条件，提高研制能力，提高基本素

质（包括要素素质和企业内部结构素质）；第二，通过组织创新和管理创新，可以提高对外适应能力，并通过对外部环境的有效影响，改善企业行为素质（即企业系统内部要素对环境变化的适应性和与外部因素交互作用的特性）。

（四）创新是提高企业竞争力的根本途径

企业要发展，其产品就必须占领市场并提高市场占有率。市场运行的法则是优胜劣汰。企业只有通过产品创新，才能生产出物美价廉的产品；只有通过市场营销创新，才能在市场中赢得顾客，占领市场，成为竞争的优胜者。

（五）创新的作用具有连动效应

当通过产品创新使一种新产品成功进入市场后，随着该产品销售量的增加，该企业其他相关产品的销售量也随之增加。创新的连动效应，已成为企业进行创新的重要原因。

（六）通过创新，可利用企业剩余的生产能力

目前，中国经济整体上呈现出供大于求，不少企业的生产能力过剩，企业资源利用率低。但是，只要结合企业实际，深入了解市场，进行积极大胆的市场创新和技术创新，就完全有可能充分利用现有的过剩能力，生产出用户需要的新产品，提高企业的经济效益。

综上所述，创新既是现代企业发展的动力，也是企业赖以生存的基础。一个企业如果想在激烈的市场竞争中占据一席之地，就必须努力提高自己的创新能力，尤其是中国加入 WTO 后，面对外资企业大量涌入，中国企业无可避免地要进入与狼共舞的时代。面对严峻的挑战，企业只有勇于创新，才能生存下去。正如福特汽车公司前总裁享利·福特的话，"不创新，就灭亡"。

三、创新的类型

要科学地把握创新的概念，仅仅明确其内涵是不够的，还要明确其外延。通常，明确概念外延的方法就是对其进行类型划分。对于创新，人们为了研究的需要也经常从自己的研究角度出发对其进行分类，由于研究角度的差异，创新也就被划分为几种不同的类型。

（一）从制度状态来划分，创新可划分为程序化创新和非程序化创新

程序化创新事先有计划，开发活动遵循既定的路径和程序；非程序化创新又可划分为两类：一类是消极性创新，它是指创新之所以开展起来主要是因为企业偶尔有资金来支持；另一类是痛苦型创新，它是由企业失败引起的。这种划分法可以说明创新的主动性。

（二）从创新的结果和效应来划分，创新分类的结果是两个极端，即彻底型创新和日常型创新

这里的核心变量是创新的彻底性。通常认为，创新的结果与现行正在使用的方法或手段相比，如果差异程度越大，则彻底性程度越高。这种划分法便于了解创新的程度。

（三）从节约资源的种类来划分，可将创新分为节约劳动的创新、节约资本的创新和中性的创新

这种划分法被很多经济学家所看重，可以说明新技术在经济增长中的作用并为政策制订提供参考。

（四）从创新的规模及创新对系统的影响程度来划分，可将创新分为局部创新和整体创新

局部创新是指在系统性质和目标不变的前提下，系统活动的某些内容、某些要素的性质或其相互组合的方式，系统的社会贡献的形式或方式等发生变动；整体创新则往往改变系统的目标和使命，涉及系统的目标和运行方式，影响系统的社会贡献的性质。

（五）从创新与环境的关系来划分，可将创新分为消极防御型创新与积极攻击型创新

防御型创新是指由于外部环境的变化对系统的存在和运行造成了某种程度的威胁，为了避免威胁或由此造成的系统损失扩大，系统在内部展开的局部或全局性调整；攻击型创新是在观察外部世界运动的过程中，敏锐地预测到未来环境可能提供的某种有利机会，从而主动地调整系统的战略和技术，以积极地开发和利用这种机会，谋求系统的发展。

（六）从创新的对象或内容来划分，可将创新分为观念创新、目标创新、技术创新、制度创新、组织创新等

1. 观念创新

观念创新，是指形成能够比以前更好地适应组织内外部环境的变化并更有效地利用资源的新概念、新看法或新构想的活动。观念、认识是人行动的指南，组织的管理者只有根据内外环境的变化和组织自身发展的要求不断更新自己的观念，转变自己的认识，才能做出正确的管理决策并付诸组织管理及运作实践，引导组织健康发展。所以，观念创新是其他一切创新活动的先导或基础。观念创新要求人们根据实事求是、一切从实际出发的原则，果断地抛弃各种陈见，摒弃教条主义的影响，与时俱进，不断转变对新事物的认识，用体现事物发展客观规律的新思想、新观念去看待组织发展过程中出现

的新情况、新问题，并指导组织的发展。

2. 目标创新

我们知道，知识经济时代的到来导致了企业经营目标的重新定位。为什么呢？原因很简单：一是企业管理观念的革命，要求企业经营目标重新定位；二是企业内部结构的变化，促使企业必须重视非股东主体的利益；三是企业与社会的联系日益密切、深入，社会的网络化程度大大提高，企业正成为这个网络中重要的联结点。因此，企业经营的社会性越来越突出，从而要求企业高度重视自己的社会责任，全面修正自己的经营目标。众所周知，美国曾经最为推崇利润最大化，盈利能力曾经是评价美国企业好坏成败的唯一标准。可是同样在美国，今天评价企业的标准已经发生了巨大的变化。适应知识经济时代的多元目标相互协调的企业经营目标观念被广为接受。例如，在全世界享有盛誉的美国《财富》杂志最近评选最优秀企业时，采用了创新精神、总体管理质量、财务的合理性程度、巧妙地使用公司财产的效率以及公司做全球业务的效率等九项指标。从这些带有导向性的指标中我们看到，企业对员工、对社会、对用户的责任等指标在整个指标体系中占了相当分量。所以，在新的经济背景下，我国企业要生存，目标就必须调整为"通过满足社会需要来获得利润"。

【应用阅读】

"砸出的 3000 万元"

浙江省临安市是山核桃的主产地，近年来通过推广"山核桃丰产稳定综合栽培技术"，山核桃种植面积和平均年产量分别占全国的 60%和 70%，但消费者普遍反映"山核桃好吃壳难咬"。为解决这一难题，临安市农业龙头企业东林绿色食品有限公司想出一妙招，即在山核桃深加工的基础上，将其适度砸开，消费者只需用手掰开就可食用，这种手剥山核桃一经面世，立即受到了消费者欢迎，而加工一公斤手剥山核桃，比普通山核桃可增值 9 元，仅此一项，临安市就增收 3000 余万元。

启示：企业只有迎合消费者的需求，不断地调整经营目标，适宜地开展目标创新活动，就会获得巨大的收益。

3. 技术创新

技术创新是企业创新的重要内容，现代工业企业的一个主要特点是在生产过程中广泛运用先进的科学技术，技术水平是反映企业实力的一个重要标志。

技术创新的进行、技术水平的提高是企业增强自己在市场上竞争力的重要途径。由于一定的技术都是通过一定的物质载体和利用这些载体的方法来体现的，因此，企业的技术创新主要表现在要素创新、要素组合方法的创新以及产品的创新三个方面。

(1) 要素创新

企业的生产过程是一定的劳动者利用一定的劳动手段作用于劳动对象使之改变物理、化学形式或性质的过程。参与这个过程的要素包括材料、设备以及企业员工三类。

①材料创新

材料是构成产品的物质基础，材料费用在产品成本中占很大比重，材料的性能在很大程度上影响产品的质量。材料创新的内容包括：开辟新的来源，以保证企业扩大再生产的需要；开发和利用大量廉价的普通材料（或寻找普通材料的新用途），以降低产品的生产成本；改造材料的质量和性能，以保证和促进产品质量的提高。

②设备创新

现代企业在生产过程中广泛地利用了机器和机器体系，劳动对象的加工往往由机器设备直接完成，设备是现代企业进行生产的物质技术基础，设备的技术状况是企业生产力水平的主要标志。设备创新主要从以下几个方面进行：一是通过利用新的设备，减少手工劳动的比重，以提高企业生产过程的机械化和自动化的程度；二是通过将先进的科学技术成果用于改造和革新原有设备，延长其技术寿命，提高其效能；三是有计划地进行设备更新，以更先进、更经济的设备来取代陈旧的、过时的老设备，使企业生产建立在先进的物质技术基础上。

③人事创新

任何生产手段都需要依靠人来操作和利用，企业在增加新设备、使用新材料的同时，还需不断提高人的素质，使之符合技术进步后的生产与管理的要求。企业的人事创新，既包括根据企业发展和技术进步的要求，不断地从外部取得合格的新的人力资源，而且更应注重企业内部现有人力的继续教育，用新技术、新知识去培训他们，使之适应技术进步的要求。

(2) 要素组合方法的创新

利用一定的方式将不同的生产要素加以组合，这是形成产品的先决条件。要素的组合包括生产工艺和生产过程的时空组织两个方面。

①生产工艺是劳动者利用劳动手段加工劳动对象的方法，包括工艺过

程、工艺配方、工艺参数等内容。工艺创新既要根据新设备的要求，改变原材料、半成品的加工方法，也要求在不改变现有设备的前提下，不断研究和改进操作技术和生产方法，以求使现有设备得到更充分的利用，使现有材料得到更合理的加工。工艺创新与设备创新是相互促进的，设备的更新要求工艺方法做相应的调整,而工艺方法的不断完善又必然促进设备的改造和更新。

②生产过程的时空组织包括设备、工艺装备、在制品以及劳动者在空间上的布置和时间上的组合。空间布置不仅影响设备、工艺装备和空间的利用效率，而且影响人机配合，影响在制品、设备、工艺装备的占用数量，从而影响生产成本，而且影响产品的生产周期。因此，企业应不断地研究和采用更合理的空间布置和时间组合方式，以提高劳动生产率、缩短生产周期，从而在不增加要素投入的前提下，提高要素的利用效率。20世纪最伟大的企业生产组织创新，莫过于福特将泰罗的科学管理原理与汽车生产实践相结合而产生的流水生产方式，流水线的问世引发了企业生产率的革命。

（3）产品创新

生产过程中各种要素组合的结果是形成企业向社会贡献的产品。企业是通过生产和提供产品来求得社会承认，证明其存在的价值，也是通过销售产品来补偿生产消耗、取得盈余，实现其社会存在的。产品是企业的生命，企业只有不断地创新产品，才能更好地生存和发展。

产品创新包括许多内容，这里主要分析物质产品本身的创新。物质产品创新主要包括品种和结构的创新。

①品种创新要求企业根据市场需要的变化，根据消费者偏好的转移，及时地调整企业的生产方向和生产结构，不断开发出受用户欢迎的适销对路的产品。

②产品结构的创新，在于不改变原有品种的基本性能，对现在生产的各种产品进行改进和改造，找出更加合理的产品结构，使其生产成本更低、性能更完善，使用更安全，从而更具有市场竞争力。

产品创新是企业技术创新的核心内容，它既受制于技术创新的其他方面，又影响其他技术创新效果的发挥：新的产品、产品的新的结构，往往要求企业利用新的机器设备和新的工艺方法；而新设备、新工艺的运用又为产品的创新提供了更优越的物质条件。

4. 制度创新

要素组合的创新主要是从技术角度分析了生产要素的各种结合方式的改进和更新，而制度创新则需要从社会经济角度来分析企业系统中各成员间的正式关系的调整和变革。

制度是组织运行方式的原则规定。企业制度主要包括产权制度、经营制度和管理制度等三个方面的内容。

(1) 产权制度是决定企业其他制度的根本性制度，它规定着企业最重要的生产要素的所有者对企业的权利、利益和责任。不同的时期，企业各种生产要素的相对重要性是不一样的。在主流经济学的分析中，生产资料是企业生产的首要因素，因此，产权制度主要指企业生产资料的所有制。目前存在的相互对立的两大生产资料所有制——私有制和公有制（或更准确地说是社会成员共同所有的"公有制"），在实践中都不是纯粹的。私有制正越来越多地渗入"共有"的成分，被"效率问题"所困扰的公有制则正或多或少地添进"个人所有"的因素。企业产权制度的创新也许应朝向寻求生产资料的社会成员"个人所有"与"共同所有"的最适度组合的方向发展。

(2) 经营制度是有关经营权的归属及其行使条件、范围、限制等方面的原则规定。它表明企业的经营方式，确定谁是经营者，谁来组织企业生产资料的占有权、使用权和处置权的行使，谁来确定企业的生产方向、生产内容、生产形式，谁来保证企业生产资料的完整性，谁来向企业生产资料的所有者负责以及负何种责任。经营制度的创新方向应是不断寻求企业生产资料最有效利益的方式。

(3) 管理制度是行使经营权，组织企业日常经营的各种具体规则的总称，包括对材料、设备人员及资金等各种要素的取得和使用的规定。在管理制度的众多内容中，分配制度是最重要的内容之一。分配制度涉及如何正确地衡量成员对组织的贡献并在此基础上如何提供足以维持这种贡献的报酬。由于劳动者是企业诸要素的利用效率的决定性因素，因此，提供合理的报酬以激发劳动者的工作热情对企业的经营就有着非常重要的意义。分配制度的创新在于不断地追求和实现报酬与贡献的更高层次上的平衡。

产权制度、经营制度、管理制度这三者之间的关系是错综复杂的（实践中相邻的两种制度之间的划分甚至很难界定）。一般来说，一定的产权制度决定了相应的经营制度。但是，在产权制度不变的情况下，企业具体的经营方式可以不断进行调整；同样，在经营制度不变时，具体的管理规则和方法也可以不断改进。而管理制度的改进一旦发展到一定程度，则会要求经营制度做相应的调整；经营制度的不断调整，则必然会引起产权制度的革命。因此，反过来，管理制度的变化会反作用于经营制度；经营制度的变化会反作用于产权制度。

企业制度创新的方向是不断调整和优化企业所有者、经营者、劳动者三者之间的关系，使各个方面的权力和利益得到充分的体现，使组织的各种成员的作用得到充分的发挥。

5. 组织创新

企业系统的正常运行，既要求具有符合企业及其环境特点的运行制度，又要求具有与之相应的运行载体，即合理的组织形式。因此，企业制度创新必然要求组织形式的变革和发展。

从组织理论的角度来考虑，企业系统是由不同的成员担任的不同职务和岗位的结合体。这个结合体可以从结构和机构这两个不同层次去考察。所谓机构是指企业在构建组织时，根据一定的标准，将那些类似的或为实现同一目标有密切关系的职务或岗位归并到一起，形成不同的管理部门。它主要涉及管理劳动的横向分工的问题，即把对企业生产经营业务的管理活动分成不同部门的任务；而结构则与各管理部门之间，特别与不同层次的管理部门之间的关系有关，它主要涉及管理劳动的纵向分工问题，即所谓的集权和分权（管理权力的集中或分散）问题。不同的机构设置，要求不同的结构形式；组织机构完全相同，但机构之间的关系不一样，也会形成不同的结构形式。由于机构设置和结构的形成要受到企业活动的内容、特点、规模、环境等因素的影响，因此，不同的企业，有不同的组织形式，同一企业，在不同的时期，随着经营活动的变化，也要求组织的机构和结构不断调整。组织创新的目的在于更合理地组织管理人员的努力，提高管理劳动的效率。

四、企业创新的特点

创新的重要性已为人们所认识，为了更有效地进行创新，我们必须认识创新的特点。一般而言，创新具有以下特点：

（一）创造性

创造性是指，创新所进行的活动与其他活动相比，具有突破性的质的提高。也可以说，创新是一种创造性构思付诸实践的结果。

创新的创造性一方面表现在新产品、新工艺上，或是体现在产品、工艺的显著变化上；另一方面，表现在组织结构、制度安排、管理方式等方面的创新上。这种创造性的特点就是敢于打破常规、把握规律的同时紧紧地抓住时代前进的趋势，勇于探索新的路子。

（二）风险性

由于创新的过程涉及许多相关环节和影响因素，从而使得其创新结果存在一定程度的不确定性，也就是说，创新带有较大的风险性。

创新具有风险性，首先是因为创新的全过程需要大量的投入，这种投入能否顺利地实现价值补偿，受到来自技术、市场、制度、社会、政治等不确定因素的影响。其次是因为竞争过程的信息不对称，竞争者也在进行各种各样的创新，但其内容我们未必清楚，因而我们花费大量的时间、金钱、人力等资源研究出来的成果，很可能对手已经抢先一步获得或早已超越这一阶段，从而使我们的成果失去意义。最后就是创新计划本身作为一个决策，无法预见到许多未来的环境变化情况，故不可避免地带有风险性。

（三）高收益性

企业创新的目的是要增加企业的经济效益和社会效益，以促进企业发展。创新具有高收益性，这是因为，在经济活动中高收益与高风险并存，创新活动也是如此，因而尽管创新的成功率较低，但成功之后却可以获得丰厚的利润。

"天下熙熙，皆为利来，天下攘攘，皆为利往。"正是因为创新在高风险的前提下具有高回报，许多国家都成立了风险投资公司，资助创新者前赴后继地进行各种各样的创新试验，以便在其中部分项目成功后获得高额的收益，从而得到持续的发展。

（四）系统性和综合性

企业创新是涉及战略、市场调查、预测、决策、研究开发、设计、安装、调试、生产、管理、营销等一系列过程的系统活动。这一系列活动是一个完整的链条，其中任何一个环节出现失误都会影响整个企业创新的效果。同时，与经营过程息息相关的经营思想、管理体制、组织结构的状况也影响着整个企业的创新效果。所以创新具有系统性和综合性。创新的系统性和综合性还表现在创新是由许多人共同努力的结果，它通常是远见与技术的结合，需要众多参与人员的相互协调和相互作用，才能产生出系统的协同效应，使创新达到预期的目的。

（五）时机性

时机是时间和机会的统一体，也就是说，任何机会都是在一定的时间范围内存在的。如果我们正确地认识客观存在的时机并充分地利用了时机，就有可能获得较大的发展；反之，如果我们错过了时机，我们的种种努力就会事倍功半，甚至会前功尽弃，出现危机。

创新也具有这样的时机性。消费者的偏好处于不断地变化之中，同时社会的整体技术水平也在不断提高，因而使创新在不同方向具有不同的时机，甚至在同一方向也随着阶段性的不同具有不同的时机。从而要求创新者在进行创新决策时，必须根据市场的发展趋势和社会的技术水平进行方向选择，并识别该方向的创新所处的阶段，选准切入点。

（六）适用性

创新是为了进步与发展，因而只有能够真正促使企业发展和进步的创新，才是真正意义上的创新。在这个意义上讲，创新并非越奇越好，而是以适用为基本准则。对一个企业来说，由于基础条件不同，历史背景不同，所处环境不同，经营战略不同，从而需要解决的问题和达到的目的不同。因而，不同的企业采取的创新方式也应该有所区别，要使创新满足本企业的适用需求。

【应用阅读】

将开口扩大一毫米

美国有一间生产牙膏的公司，产品优良，包装精美，深受广大消费者的喜爱，每年营业额蒸蒸日上，记录显示，前十年每年的营业增长率为10%～20%，令董事部雀跃万分，不过，业绩进入第十一年，第十二年及第十三年时，则停滞下来，每个月维持同样的数字。董事部对此3年业绩表现感到不满，便召开全国经理级高层会议，商讨对策。

会议中，有一名年轻经理站起来，扬了扬手中的一张纸对董事部说："我有个建议，若你要使用我的建议，必须另付我5万元！"总裁听了很生气说："我每个月都支付你薪水，另有红包奖励。现在叫你开会讨论。你还要另外要求5万元，是否过分？""总裁先生，请别误会，若我的建议行不通，你可以将它丢弃，一毛钱也不必付。"年轻的经理解释说，"好！"总裁接过那张纸后，阅毕，马上签了一张5万元支票给那个年轻经理。许多人都很惊诧，那到底是一个怎样神奇的方案？竟然价值5万美元？

其实那张纸上只写了一句话：将现有的牙膏开口扩大1mm。

总裁马上下令更换新的包装。试想，消费者每天早晨习惯挤出同样长度的牙膏，如果开口增大，每天牙膏的消费量将多出多少倍呢？这个决定，使该公司第十四年的营业额增加了32%。

启示：一个小小的创新举措，没有多少深奥的理论，没有多么复杂的过程，简单、实用、适用，往往会收到意料不到的效果。

思考：您能举出一些类似的小案例吗？

五、创新理论的历史与现状

自从 1912 年,约瑟夫·熊彼特在其名著《经济发展理论》一书中首先提出创新理论以后,人们沿着熊彼特技术创新方向探索发展的企业创新理论的主要内容如下:

(一)模仿论

模仿论的代表人物是美国经济学家爱德温·曼思菲尔德,他在新技术推广问题上填补了熊彼特创新理论中的一个空白——技术创新与模仿之间的关系以及二者变动的速度。为了研究同一部门内技术推广的各个经济因素的作用,曼思菲尔德首先明确四个假定。

曼思菲尔德的四个假定:

一是处于完全竞争的市场条件之下;

二是专利权的影响很小;

三是在新技术推广过程中新技术本身不变化;

四是企业规模的大小差别不至于影响采用新技术。

据此假定可知,在一定时期内一定部门中采用某项新技术的企业增加的程度由三个基本因素决定:一是模仿比例,即一定时期内某一工业部门中采用新技术的企业数与总企业数之比。模仿比例越大表明有关采用新技术的情报和经验越多,模仿的风险越小,对其他未采用该种新技术的企业的推动力越大。二是采用新技术的企业的相对盈利率,即指相对于其他投资机会而言的利润率,不是指绝对利润率。该指标数值越高,模仿的可能性就越大,企业越乐意采用新技术。三是采用新技术所要求的投资额。在相对盈利率相同的条件下,投资额越小资本供给与筹集就越容易,模仿的可能性也就越大。

上述理论表明,各个不同工业部门内凡是采用新技术的企业所占比重越大,新技术的相对盈利率越高,所要求的投资额越小的部门,对新技术的模仿速度就越快。

(二)扩散模式论

熊彼特及其追随者详细论述了技术创新的扩散模式,即一项技术创新是经过对创新的模仿来实现具体的扩散的。20 世纪 80 年代初美国学者萨哈尔在熊彼特等人的"创新→模仿"扩散模式的研究基础上,提出了"创新→学习→理解"的技术创新扩散模式,即通过学习进行导入性的扩散,通过理解进行规模性的扩散。该模式指明了将科学技术成功地转化为商品并从中获得经济利益的能力及途径。

技术扩散的内容主要包括三个方面：一是新技术在企业内的扩散；二是新技术在企业间的扩散；三是新技术在国际间的扩散。企业内的扩散又有两种基本方法：一是"流行病"模型，即企业没有"传染"的部分越容易得病（接受新技术），其扩散的速度取决于其财务特性（利润和成本）；二是通过经验来学习。企业间扩散的理论又分为三个分支：其一可称为心理学方法，即由于人对外界刺激的反映必须有一个滞后时间，此滞后时间因人而异。其二称为概率方法，即影响个人做出创新决策的因素中至少有一个不为常数，但却能在不同程度上用连续的频率密集函数所描述。其三可称为博弈论方法，即不同新技术的不同采用日期（包括扩散在内）是垄断博弈对策的结晶，国际间的扩散实际上是各国间及世界范围的技术扩散。

（三）市场结构论

美国经济学家莫尔顿·卡曼和南赛·施瓦茨从垄断竞争的角度对技术创新过程进行研究，进一步开创了熊彼特理论。他们研究了技术创新与市场结构之间的关系后认为，决定技术创新的变量有三个：

一是竞争程度。它导致技术创新的必要性，因为创新者可以获得比竞争对手更多的利润；

二是企业规模。它影响技术创新所开辟的市场前景的大小。企业规模越大，它的技术创新开辟的市场会越大；

三是垄断力量。它决定技术创新的持久性。企业的垄断程度越高，对市场的控制力越强，它的创新就越不易被对手在短期内模仿，技术创新越能持久。

因此，最有利于技术创新的市场结构是介于垄断和完全竞争之间的所谓"中等程度的竞争"的市场结构。在完全垄断统治条件下，因为缺乏竞争的威胁从而难于引起重大的技术创新，只可能出现小的技术创新；在完全竞争条件下由于缺少保障技术创新的持久收益的垄断力量，同样也不利于引起大的技术创新。因此，市场竞争保持在一定程度下，这里可以使技术创新的速度达到最快，技术创新的内容也会较有价值。

介于垄断与完全竞争之间的市场结构中，技术创新可以分为两类：一类是垄断前景推动的技术创新。它指一个企业由于预计自己所进行的技术创新能够获得具有垄断利润的前景而主动采取的技术创新措施。另一类是竞争前景推动的技术创新。它指一个企业担心自己目前的产品可能在竞争对手模仿或创新的条件下丧失利润而被迫采取的技术创新措施。通常在只存在前一种创新动因的情况下，技术创新活动发展到一定阶段就会自动停止，因为创新者已经独占了垄断利润。而在只存在后一种创新动因的情况下，技术创新活动就难以出现，因为现实的情况中大多数人愿意成为风险小、成本低的模仿者，而不是相反。

（四）企业规模论

该理论由美国经济学家保罗·戴维斯于20世纪70年代初提出，他认为一个企业若要采用某种新技术至少要达到某种规模，若达不到企业规模"起始点"，则会被认为采用新技术是不合算的。因为这会导致产品成本提高，盈利减少。他分析了决定企业规模"起始点"的若干因素，并指出降低规模的"起始点"是推广新技术的关键。

20世纪80年代以来西方学术界根据技术和推广之间的时间间隔日益缩短这种趋势，提出了具有知识密集性质的小企业最有利于技术创新的观点。这与传统观念正好相反，传统观念从规模经济考虑，认为大企业由于规模大，在竞争中易于占据有利地位，但从技术创新角度看，则并非如此。比如就知识密集型的小企业来说，他们常常只从事产品生命周期中第一个阶段的产品开发，一到成熟期就将产品转让出去，它们可以不断从事技术创新无须担心别人模仿。这种企业易于充分地发挥每个人的才能和专长，使每个职工和企业的整体利益保持一致，并有利于和大企业联合形成协作关系；即使在生产和竞争中遭到挫折也易于收缩，不至于长期陷入进退两难的困境。

（五）线形序列论

即把技术创新看成是一种简化的线形序列过程。它又包括以下几种：一是科学发现推进论，即"基础研究→应用研究→试验开发→技术创新"。布什的著名报告《科学——无止境的前沿》揭示了该模式的内涵：企业"新的产品和新的工艺是以新的概念为基础的，而这些新的原理和概念是由基础科学的研究生成的"。原子弹、计算机等划时代的技术创新正是这种模式的产物。另一种是市场需求拉引型，即"市场需求→应用研究与开发→技术创新"。著名学者布鲁斯提到：是那些对未来市场的分析以及对未来用户和政治目标的了解与创新的成功更加紧密地联系在一起，而不是那些科学发现或闪光的想法。而弗里曼等则认为，技术创新常常是上述两种模式复杂结合中产生的，技术创新往往以反映需求为特征，但同时也包含由于科研活动所带来的新技术知识所提供的机会。

（六）源泉论

以美国的德鲁克为代表，他系统地阐明了技术创新机会的七种源泉的内在规律。他认为系统的创新就在于对变化进行有目的、有组织的寻找，即对创新机会的七种源泉进行监测。这七种源泉中前四个存在于企业内部，后三个存在于企业外部。

德鲁克根据创新源泉的系统分析阐明了技术创新的基本原理，它包括：一是应当做到的事情。有目的的、系统的创新始于对机会的分析，创新既是概念性的又是感觉性的；为使创新有效，它必须是简单的而且是高度有针对性的。高效的创新常常从小事开始。二是不应该做的事情：首先是千万别过于巧妙；不要分散，不要四分五裂，不要想毕其功于一役；不要为未来进行创新。三是应该具备三个条件：即要有知识；创新者必须依靠自身的力量；创新涉及一切人的行为上的改变。

（七）制度创新理论

国外经济学家还运用熊彼特的创新理论来研究制度变革过程，由此提出了制度创新理论。所谓制度创新是指能够使创新者获得追加利益的现有制度的变革。西方学者所下的制度创新概念显然是极为广义的。技术创新是采用技术上一种新发明的结果；而广义的制度创新则是采用组织形式或经营管理形式的一种新发明的结果。

美国经济学家兰斯·戴维斯和新制度主义经济学代表人物之一道格拉斯·诺思把制度创新过程归结为五个步骤：一是形成"第一行动集团"，即预见到"潜在利益"并意识到只要进行制度创新就能得到这种潜在利益的决策者，他是制度创新的首创者。二是"第一行动集团"提出各种可供选择的制度创新方案。若此时尚无可行的现成方案则要等待制度方面的新发明。三是出现了若干可供选择的制度创新方案后，"第一行动集团"则按照最大利益原则进行比较和选择。四是形成"第二行动集团"，即在制度创新过程中帮助"第一行动集团"获得利益的单位。该行动集团可以是政府机构，也可以是为"第一行动集团"服务的组织与个人。五是两个行动集团共同努力实现制度创新。

戴维斯与诺思还提出了"制度创新"的时延问题。时延指企业在获得潜在利益的机会之后不一定会立即引起制度创新，二者之间的时间间隔叫作制度创新的时延。造成时延的原因主要有：一是现存法律不允许制度上某种新的安排出现，因而只好等到法律修改后才有可能进行制度创新。二是新制度代替旧制度所需的时间，它通常是一个渐进的过程。三是制度上的新发明是一个困难的过程，需要一定的时间来等待这种发明。

此外两位学者还论证了制度创新的三种可供选择的方式，即它可以在三级水平上进行，由个人、合作团体或政府担任第一行动集团，并指出由政府担任第一行动集团实行的制度创新具有优越性。

（八）当代技术创新的新特征

1. 企业已成为真正的创新主体

创新涉及新思想、新发明的产生、产品设计、试制、生产、营销和市场化等一系列活动，涉及多个部门和组织，企业、大学、科研机构、中介组织和政府部门都是组成创新系统的重要部门。但在市场经济条件下，企业已真正成为创新的主体。首先，创新是一项与市场密切相关的活动，创新能给企业带来巨额的收益，因而企业会在市场机制的激励下去从事创新。其次，根据新古典学派的创新理论，创新是生产要素的重新组合，这种组合只有企业家通过市场来实现，这个作用是其他组织和个人无法替代的。最后，技术创新需要很多与产业有关的特定知识，它们是产业技术创新的基础。

企业作为创新的主体主要表现在它正在成为创新活动的投资主体和研发主体，并且他们能够将研发所得迅速地转化为商业成果。在当今的商业世界，许多主动进行创新，并看准市场需求、注重顾客导向的企业，正在日益地感受到成为创新主体的甜头。

2. 企业从注重实验开发到注重探索或应用研究和基础研究，特别是基础研究

在知识经济时代，企业之间的竞争不再是建立在自然资源的基础上，而是建立在知识资源的基础之上的。因而，竞争的焦点不再是各种生产活动的最终产品，而是各种知识活动的成果，竞争的战线已经前移到产品的研究开发阶段。

另一方面，基础研究转向产业化的速度越来越快，以前一项基础研究要转化为商业应用可能需要十几年甚至几十年，而现在一项这样的转化可能只需要一两年，这对于以收益特别是以可以预见的收益为直接驱动力的企业来说，大大地增加了进行基础研究的决心和动力。于是，在整个研究开发中，企业更进一步，从注重实验开发到更加注重探索和应用研究，特别是基础研究。基础研究必须花费较长的时间和巨额的开发成本，但一旦成功，企业就能够利用自己所拥有的高端技术，获得超过实验开发和应用研究成本数十倍的利润。

3. 知识产权造就出"知本家"，为创新提供了更强劲的动力

知识产权，又称无体财产或无形物权。它指公民或法人因其在科学技术、文学艺术等领域里基于智力活动所创造的精神财富所享有的权利。知识产权分为两大类：一类是工业产权，包括发明权、专利权、商标权；一类是版权，

也称著作权，有的国家又称文学产权，以与工业产权相对应。

对知识产权的保护是市场经济成熟的表现。一个经济如果不保护知识产权，则其他人就能很方便地对知识产品创新者的成果进行窃取而不负责任，从而使创造者的物质利益和精神利益都受到损害。一个公平和现代化的知识产权制度，由于承认创造者的劳动成果而向其提供物质利益，所以能够鼓励发明、革新和创作活动。它对专利人或版权所有人提供保障，从而产生一种有利于知识产权转让的环境。专利法要求授予的发明专利必须公布。通过这样的公开所获得的情报，能够避免重复无用的劳动，也能节省因研究技术问题的解决方案所需要的经费。这样的情报能作为进一步发明的启示和催化剂，有助于科学技术的进步。

可以说，知识产权制度的确立，有利于激励发明创造，有利于有效地配置技术创新资源，有利于促使新技术商品化和产业化，有利于保护技术创新成果和创造公平有序竞争的法律环境。随着知识产权制度的确立，以知识和智力资源的创造、占有、运用为基础的知识经济也初露端倪。在这种形势下，"知本家"这一创新过程中重要角色走上历史舞台，从而为创新提供了更强劲的动力。

"知本家"是指拥有知识和技术，并能在市场经济中迅速地将知识转化为商业价值的人。他们的出现打破了以往人们关于小企业和个人在技术创新中只能采取模仿战略而不能采取领先战略的偏见。事实上，这些"知本家"以及他们所领导的小企业，恰恰是一开始就从他人忽视的领域里面得出领先性的创新成果并付诸商业应用的。

（九）国家创新系统研究的兴起

面临着当代技术创新的新特征，为了使企业能够更好地在全球竞争中获得生存和发展，许多学者开始对国家创新系统进行研究，各国政府也逐渐重视加强本国国家创新系统的建设。

对国家创新系统的研究，或建设国家创新系统，主要从三个方面展开。

1. 增强创新系统各主体的创新能力

国家创新系统的主体包括研究机构、高等学校、企业、中介机构，以及政府的有关组织。这些主体的实力都需要加强，效率都需要提高，但各国的侧重点有所不同，或是在不同的时期，重视的程度不一。

2. 注重创新系统各主体之间的相互关系

根据对创新的研究发现，单纯增加研究开发投入，并不必然地能增强一个国家的经济实力，重要的是要处理好知识的生产、转移和应用之间的关系，即创新系统各主体的关系。政府鼓励创新主体之间加强联系的具体措施,首先是创造有利于合作的制度环境,如完善法律等;其次是发挥监控与约束的作用,强制合同的执行,保障长期合作关系;最后是提供一系列鼓励合作的优惠政策和相应的服务,如税收减免、资金支持、技术咨询、人员培训等。

3. 政府介入知识生产、应用传播的全过程

自20世纪80年代以来,西方国家政府的职能发生了两方面的变化:一方面,竞争从企业一级上升到国家一级,使得政府必须从总体上对科学技术知识的生产、扩散及其应用进行规划和指导,亲自参与到技术创新的过程之中;另一方面,为了在科学技术这种战略资源的民族性与全球性之间取得一种平衡,既要适度控制其输出又要大力鼓励其输入,政府往往以国家利益的名义对传统上由科学界和企业自行决定的科学技术国际交流等问题加以严格控制。

六、创新的过程和组织

(一)创新的过程

要有效地组织系统的创新活动,就必须研究和提示创新的规律。总结众多成功企业的经验,成功的创新要经历"寻找机会、提出构思、迅速行动、忍耐坚持"这样几个阶段的努力。

1. 寻找机会

创新是对原有秩序的破坏。原有秩序之所以要打破,是因为其内部存在着或出现了某种不协调的现象。这些不协调对系统的发展提供了有利的机会或造成了某种不利的威胁。创新活动正是从发现和利用旧秩序内部的这些不协调现象开始的。不协调为创新提供了契机。

旧秩序中的不协调既可存在于系统的内部,也可产生于对系统有影响的外部。就系统的外部而言,有可能成为创新契机的变化主要有:

(1) 技术的变化,从而可能影响企业资源的获取、生产设备和产品的技术水平。

(2) 人口的变化,从而可能影响劳动市场的供给和产品销售市场的需求。

(3) 宏观经济环境的变化。迅速增长的经济背景可能给企业带来不断扩大的市场,而整个国民经济的萧条则可能降低企业产品需求者的购买能力。

(4) 文化与价值观念的转变,从而可能改变消费者的消费偏好或劳动者对工作及其报酬的态度。

就系统内部来说,引发创新的不协调现象主要有:

（1）生产经营中的瓶颈，可能影响了劳动生产率的提高或劳动积极性的发挥，因而始终困扰着企业的管理人员。这种卡壳环节，既可能是某种材料的质地不够理想，且始终找不到替代品，也可能是某种工艺加工方法的不完善，或是某种分配政策的不合理。

（2）企业意外的成功和失败。企业出乎意料的成功和失败，往往可以把企业从原先的思维模式中驱赶出来，从而可以成为企业创新的一个重要源泉。

企业的创新，往往是从密切地注视、系统地分析社会经济组织在运行过程中出现的不协调现象开始的。

2. 提出构想

敏锐地观察到了不协调现象的产生以后，还要透过现象究其原因，并据此分析和预测不协调的未来变化趋势，估计它们可能给组织带来的积极或消极后果，并在此基础上，努力利用机会或将威胁转换为机会，采用头脑风暴、特尔菲、畅谈会等方法提出多种解决问题、消除不协调，使系统在更高层次实现平衡的创新构想。

3. 迅速行动

创新成功的秘密主要在于迅速行动。提出的构想可能还不完善，甚至可能很不完善，但这种并非十全十美的构想必须立即付诸行动才有意义。"没有行动的思想会自生自灭"，这句话对于创新思想的实践尤为重要。一味追求完美，以减少受讥讽、被攻击的机会，就可能坐失良机，把创新的机会白白地送给自己的竞争对手。T. 彼得斯和 W. 奥斯汀在《志在成功》一书中介绍了这样一个例子：20 世纪 70 年代，施乐公司为了把产品搞得十全十美，在罗彻斯特建造了一座全由工商管理硕士（MBA）占用的 29 层高楼。这些 MBA 们在大楼里对第一件可能开发的产品设计了拥有数百个变量的模型，编写了一份又一份的市场调查报告……然而，当这些人继续不着边际地分析时，当产品研制工作被搞得越来越复杂时，竞争者已把施乐公司的市场抢走了 50% 以上。创新的构想只有在不断地尝试中才能逐渐完善，企业只有迅速地行动才能有效地利用"不协调"提供的机会。

4. 忍耐坚持

构想经过尝试才能成熟，而尝试是有风险的，不可能"一打就中"，是可能失败的。创新的过程是不断尝试、不断失败、不断提高的过程。因此，创新者在开始行动以后，为取得最终的成功，必须坚定不移地继续下去，绝不能半途而废，否则便会前功尽弃。要在创新中坚持下去，创新者必须有足够的自信心，有较强的忍耐力，能正确对待尝试过程中出现的失败，既为减少失误或消除失误后的影响采取必要的预防措施,又不把一次"战役"(尝试)的失利看成整个"战争"的失败,知道创新的成功只能在屡屡失败后才姗姗来迟。伟大的发明家爱迪生曾经说过:我的成功乃是从一路失败中取得的。这句话对创新者应该有所启示。创新的成功在很大程度上要归因于"最后五分钟"的坚持。

(二)创新活动的组织

系统的管理者不仅要根据创新的上述规律和特点的要求,对自己的工作进行创新,而且更主要的是组织下属的创新。组织创新,不仅仅是去计划和安排某个成员在某个时间去从事某种创新活动——这在某些时候也许是必要的,而更要为部属的创新提供条件、创造环境,有效地组织系统内部的创新。

1. 正确理解和扮演"管理者"的角色

管理人员往往是保守的,他们往往以为组织雇用自己的目的是维持组织的运行,因此自己的职责首先是保证预先制订的规则的执行和计划的实现,"系统的活动不偏离计划的要求"便是优秀管理的象征。因此,他们往往自觉或不自觉地扮演现有规章制度的守护神的角色。为了减少系统运行中的风险,防止大祸临头,他们往往对创新尝试中的失败吹毛求疵,随意惩罚在创新尝试中遭到失败的人,或轻易地奖励那些从不创新、从而从不冒险的人——管理者承担如此这样的角色,显然是不行的。管理人员必须自觉地带头创新,并努力为组织成员提供和创造一个有利于创新的环境,积极鼓励、支持、引导组织成员进行创新。

2. 创造促进创新的组织氛围

促进创新的最好方法是大张旗鼓地宣传创新,激发创新,树立"无功便是有过"的新观念,使每一个人都奋发向上、努力进取、跃跃欲试、大胆尝试。要造成一种人人谈创新、时时想创新、无处不创新的组织氛围。使那些无创新欲望或有创新欲望却无创造行动,从而无所作为者感觉到在组织中无立身之处,使每一个人都认识到组织聘用自己的目的不是要自己简单地用既定的方式重复那也许重复了许多次的操作,而是希望自己去探索新的方法,找出新的程序,只有不断地去探索、去尝试才有继续留在组织中的资格。

3. 制订有弹性的计划

创新意味着打破旧的规则,意味着时间和资源的计划外占用,因此,创新要求组织的计划必须具有弹性。

创新需要思考,思考需要时间。把每个人的每个工作日都安排得非常紧凑,对每个人在每时每刻都实行"满负荷工作制",则创新的许多机遇便不可能发现，创新的构想也无条件产生。美籍犹太人宫凯尔博士对日本人的高节奏工作制度就不以为然，他说：一个人"成天在街上奔走，或整天忙于做某一件事——没有一点清闲的时间可供他去思考，怎么会有新的创见"。他认为，每个人"每天除了必须的工作时间外，必须抽出一定时间去供思考用"。美国成功的企业，也往往让职工自由地利用部分时间去探索新的设想。据《创新者与企业革命》一书介绍，IBM、3M、奥尔—艾达公司以及杜邦公司等都允许职工利用5%~15%的工作时间来开发他们的兴趣和设想。同时，创新需要尝试，而尝试需要物质条件和试验的场所。要求每个部门在任何时间都严格地制订和执行严密的计划，则创新会失去基地，而永无尝试机会的新构想就只能留在人们的脑子里或图纸上，不可能给组织带来任何实际的效果。因此，为了使人们有时间去思考、有条件去尝试，组织制订的计划必须具有一定的弹性。

4. 正确地对待失败

创新的过程是一个充满着失败的过程。创新者应该认识到这一点，创新的组织者更应该认识到这一点。只有认识到失败是正常的，甚至是必需的，管理人员才可能允许失败，支持失败，甚至鼓励失败。当然，支持尝试、允许失败，并不意味着鼓励组织成员去马马虎虎地工作，而是希望创新者在失败中取得有用的教训，学到一点东西，变得更加明白，从而使下次失败到创新成功的路程缩短。美国一家成功的计算机设备公司在它那只有五六条的企业哲学中甚至这样写道："我们要求公司的人每天至少要犯10次错误，如果谁做不到这一条，就说明谁的工作不够努力。"

5. 建立合理的奖酬制度

要激发每个人的创新热情，还必须建立合理的评价和奖惩制度。创新的原始动机也许是个人的成就感、自我实现的需要，但是如果创新的努力不能得到组织或社会的承认，不能得到公正的评价和合理的奖酬，则继续创新的动力会渐渐失去。促进创新的奖酬制度至少要符合下述条件：

（1）注意物质奖励与精神奖励的结合。奖励不一定是金钱上的，而且往往不需要金钱方面的，精神上的奖励也许比物质报酬更能满足驱动人们创新的心理需要。而且，从经济的角度来考虑，物质奖励的效益要低于精神奖励，金钱的边际效用是递减的，为了激发或保持同等程度的创新积极性，组织不得不支付越来越多的奖金。对创新者个人来说，物质上产奖酬只有一种情况下才是有用的：奖金的多少首先被视作衡量个人工作成果和努力程度的标准。

（2）奖励不能首先视作"不犯错误的报酬"，而应是对特殊贡献、甚至是对希望做出特殊贡献的努力工作的报酬，奖励的对象不仅包括成功以后的创新者，而且应当包括那些成功以前甚至是没有获得成功的努力者。就组织的发展而言，也许重要的不是创新的结果，而是创新的过程。如果奖酬制度能促进每个成员都积极地去探索和创新，那么对组织发展有利的结果是必然会产生的。

（3）奖励制度要既能促进内部之竞争，又能保证成员间的合作。内部的竞争与合作对创新都是重要的。竞争能够激发每一个人的创新欲望，从而有利于创新机会的发现、创新构想的产生，而过度的竞争则会导致内部的各自为政、互相封锁；协作能综合各种不同的知识和能力，从而可以使每一个创新构想都更加完善，但没有竞争的合作难以区别个人的贡献，从而削弱个人的创新欲望。要保证竞争与协作的结合，在奖励项目的设置上，可考虑多设集体奖，少设个人奖，多设单项奖，少设综合奖；在奖金的数额上，可考虑多设小奖，少设甚至不设大奖，以给每一个人都有成功的希望，避免"只有少数人才能成功的超级明星综合症"，从而防止相互封锁和保密、破坏合作的现象。

七、创新策略与方法

（一）创新的策略

1. 按照创新的竞争战略分为：首创型创新、改创型创新和仿创型创新

（1）首创型创新策略

首创型创新是创新度最高的一种创新活动。其基本特征在于首创。例如，率先推出全新的产品，率先开辟新的市场销售渠道，率先采用新的广告媒介，率先改变销售价格等，所有这些行为都可称之为首创型创新。首创型创新具有十分重要的意义，因为没有首创，就不会有改造创新或仿造创新。每一项重大的首创型创新，都会先后在不同的地区引起一系列相应的改造型创新和仿造型创新活动，从而具有广泛又深远的创新效应。对于企业来说，进行首创型创新，可以开辟新的市场领域，提高企业的市场竞争力，获得高额利润。对于处于市场领先地位的企业来说，要想保持自己的市场领先地位，也必须不断地进行首创型创新。

一般来说，首创型创新活动风险较大，成本较高，相应的利润也较高。由于市场需求的复杂性和市场环境的多变性，以及生产、技术、市场等方面的不确定性，使首创型创新活动具有较大的不确定性和风险性。另外，要开辟一个全新的市场，企业必须先进行大量的市场开发投资，包括市场调查、

产品开发、设备更新、组织变动、人员培训、广告宣传等市场开发费用。当然，如果首创型创新获得成功，企业便会因此获得巨大的市场利益。如果首创失败，企业就会蒙受一定的损失。首创型是一种高成本、高风险、高报酬的创新活动。因此，在采用首创策略时，创新者应根据实际情况，充分考虑各种创新条件的影响，选择适当的创新时机和方式，及时进行创新。

（2）改创型创新策略

改创型创新就是我们说的技术改造，其目标是对已有的首创进行改造和再创造，在现有首创的基础上，充分利用自己的实力和创新条件，对他人首创进行再创新，从而提高首创的市场适应性，推动新市场的不断发展。这是一种具有中等创新度的创新活动，改创型创新策略，是介于首创战略与仿创战略之间的一种中间性创新战略。改创性是改创型创新战略的基本特征。改创者不必率先创新，而只需对首创者所创造的进行改良或改造，因此，改创者所承担的创新成本和风险比较小，而所获创新收益却不一定比首创者少。当然，改造也是一种创造，也具有一定的风险。首创是重要的，改创也是重要的，如果没有首创，便没有改创的前提和基础。然而，如果没有改造，许多首创便没有其市场发展前景。例如，飞机、汽车、计算机等首创产品，如果没有后来的不断改进和再创新，也就不会有今天这样的市场大发展。

（3）仿创型创新策略

仿创型创新是创新度最低的一种创新活动，也就是我们经常提及的技术引进，其基本特征在于模仿性。模仿者既不必率先创造全新的新市场甚至也不必对首创进行改造。仿创者既可模仿首创者，又可以模仿改造者，其创新之处表现为自己原有市场的变化和发展。一些缺乏首创能力和改创能力的中小企业，往往采用模仿战略，进行仿创型创新。

一般来说，仿创者所承担的市场风险和市场开发成本都比较小。虽然仿创者不能取得市场领先地位，却可以通过自己某些独占的市场发展条件来获得较大的收益和竞争优势。例如，仿创者可以采取率先紧跟首创者的策略，从而取得时间优势；或者采用市场割据策略、低成本策略，从而获得价格竞争优势。仿创有利于推动创新的扩散，因而也具有十分重要的意义。任何一个首创者或改创者企业，无论它拥有多大的实力，也无法在一个比较短的时间内占领所有的市场。因此，一旦首创或仿创获得成功，一大批仿创者的出现就成为必然。

2. 按照创新的层次分为基于基础性研究的创新和基于应用性研究的创新

（1）基于基础性研究的创新

它是指为获得关于现象和可观察事实的基本原理及新知识而进行的实验性和理论性工作，它不以任何专门或特定的应用或使用为目的。其主要特点是：

①以认识现象、发现和开拓新的知识领域为目的，即通过实验分析或理论性研究对事物的物性、结构和各种关系进行分析，加深对客观事物的认识，解释现象的本质，揭示物质运动的规律，或者提出和验证各种设想、理论或定律。

②没有任何特定的应用或使用目的，在进行研究时对其成果看不出、说不清有什么用处，或虽肯定会有用途但并不确知达到应用目的的技术途径和方法。

③一般由科学家承担，他们在确定研究专题以及安排工作上有很大程度的自由。

④研究结果通常具有一般的或普遍的正确性，成果常表现为一般的原则、理论或规律并以论文的形式在科学期刊上发表或学术会议上交流。

（2）基于应用性研究的创新

它指为获得新知识而进行的创造性的研究，它主要是针对某一特定的实际目的或目标。其主要特点是：

①具有特定的实际目的或应用目标，具体表现为：为了确定基础研究成果可能的用途，或是为达到预定的目标探索应采取的新方法（原理性）或新途径。

②在围绕特定目的或目标进行研究的过程中获取新的知识，为解决实际问题提供科学依据。

③研究结果一般只影响科学技术的有限范围，并具有专门的性质，针对具体的领域、问题或情况，其成果形式以科学论文、专著、原理性模型或发明专利为主。一般可以这样说，所谓应用研究，就是将理论发展成为实际运用的形式。

总之，在制订创新策略时，不同的企业应该选择一个适当的创新度，进行适度创新。所谓适度创新，就是既要适应市场需求的发展状况，又要适应本企业的创新条件。只有这样，创新者才能充分利用和发挥本企业的创新优势，尽量减少或避免创新的风险，提高创新的效果，促进企业的发展。

（二）创新的方法

1. 头脑风暴法

它是美国创造工程学家 A. F. 奥斯本在 1940 年发明的一种创新方法。这种方法是通过一种别开生面的小组畅谈会,在较短的时间内充分发挥群体的创造力,从而获得较多的创新设想。

这种方法的目的在于创造一种自由奔放的思考环境,诱发创造性思维的共振和连锁反应,产生更多的创造性思维。讨论 1 小时能产生数十个乃至几百个创造性设想,适用于问题较单纯,目标较明确的决策。

这种方法在运用中的发展,又有"反头脑风暴法",做法与"头脑风暴法"相反,对一种方案不提肯定意见,而是专门挑毛病、找矛盾。它与"头脑风暴法"一反一正可以互相补充。

2. 综摄法

这种方法是美国人哥顿在 1952 年发明的一种开发潜在创造力的方法。它是以已知的东西为媒介,把毫不关联、互不相同的知识要素结合起来创造出新的设想,也就是摄取各种产品和知识,综合在一起创造出新的产品或知识,故名综摄法。这样可以帮助人们发挥潜在创造力,打开未知世界的窗口。

综摄法有两个基本原则:

(1) 异质同化,即"变陌生为熟悉"。这实际上是综摄法的准备阶段。是指对待不熟悉的事物要用熟悉的事物、方法、原理和已有的知识去分析、对待它,从而提出新设想。

(2) 同质异化,即"变熟悉为陌生"。这是综摄法的核心。是指对熟悉的事物、方法、原理和知识,用不熟悉的态度去观察、分析,从而启发出新的创造性设想。

3. 逆向思考法

这种方法是顺向思维的对立面。逆向思维是一种反常规、反传统的思维。顺向思维的常规性、传统性,住住导致人们形成思维定势,是一种从众心理的反映,因而往往成为人们一种思维"框框",阻碍着人们创造力的发挥。这时如果转换一下思路,用逆向法来考虑,就可能突破这些"框框",取得出乎意料的成功。

逆向思考法由于是反常规、反传统的,因而它具有与一般思考不同的特点:

(1) 突破性。这种方法的成果住住冲破传统观念和常规,常带有质变或部分质变的性质,因而往往能取得突破性的成就。

(2) 新奇性。由于思维的逆向性,改革的幅度较大,因而必然是新奇、新颖的。

(3) 普遍性。逆向思考法应用范围很广,几乎适用于一切领域。

（4）实效性。

【应用阅读】

买一赠一

美国宣传奇才哈利十五六岁时，在一家马戏团做童工，负责在马戏团叫卖小食品。但每次看的人不多，买东西吃的人很少，尤其是饮料，很少有人问津。

有一天，小哈利滋生了一个想法，向每一个买票的人赠送一包花生，借以吸引观众。但老板不同意这个想法。哈利用自己微薄的工资做担保，恳请老板让他试一试，并承诺说，如果赔钱，就从他的工资里扣，如果盈利自己只拿走一半。于是，以后的马戏团演出场地外就多了一个义务宣传员的声音："来看马戏，买一张票赠一包好吃的花生！"在哈利不停的叫卖声中，观众比往常多了几倍。

观众开始进场后，小哈利就开始叫卖起柠檬冰等饮料，而绝大多数观众在吃完花生后觉得口干时都会买上一杯，一场马戏下来，小食品的营业额比以往增加了十几倍。

启示： 逆向的发散性创思维的有效运用，使得他完美地完成了此次营销活动。

4. 检核表法

这种方法几乎适用于任何类型与场合的创造活动，因此又被称为"创造方法之母"，它是用一张一览表对需要解决的问题逐项进行核对，从各个角度诱发多种创造性设想，以促进创造发明、革新或解决工作中的问题。实践证明，这是一种能够大量开发创造性设想的方法。

检核表法是一种多渠道的思考方法，包括以下一些创造技法：迁移法、引人法、改变法、添加法、替代法、缩减法、扩大法、组合法和颠倒法。它启发人们缜密地、多渠道地思考问题和解决问题，并广泛运用于创造、发明、革新和企业管理。它的要害是一个"变"字，而不把视线凝固在某一点或某一方向上。

5. 类比创新法

类比就是在两个事物之间进行比较，这个事物可以是同类的，也可以是不同类的，甚至差别很大，通过比较，找出两个事物的类似之处。然后再据此推出它们在其他方面的类似之处，因此，类比创新法是一种富有创造性的发明方法，它有利于发挥人的想象力，从异中求同，从同中求异，产生新的知识，得到创新性成果。类比方法很多，有拟人类比法、直接类比法、象征类比法、因果类比法、对称类比法、综合类比法等。

6. 信息交合法

它是通过若干类信息在一定方向上的扩展与交合，来激发创造性思维，提出创新性设想。信息是思维的原材料，大脑是信息的加工厂，通过不同信息的撞击、重组、叠加、综合、扩散、转换，可以诱发创新性设想。要正确运用信息交合法，必须注意抓好以下三个环节：

（1）收集信息。不少企业已设立专门机构来收集信息。网络化已成为当今企业收集信息的发展趋势。如日本三菱公司，在世界设置了115个海外办事处，约900名日本人和2000多名当地职员从事收集信息工作。收集信息的重点放在收集新的信息，只有新的信息才能反映科技、经济活动中的最新动态、最新成果，这些住住对企业有着直接的利害关系。

（2）筛选信息。包含着核对信息、整理信息、积累信息等内容。

（3）运用信息。收集、整理信息的目的都是为了运用信息。运用信息，一要讲快，快才能抓住时机；二要交合，即这个信息与那个信息进行交合，这个领域的信息与那个领域的信息交合，把信息和所要解决的目标联系起来思考，以创造性地解决目标。信息交合可通过本体交合、功能拓展、杂交、立体动态四个原则进行交合。

总之，信息交合法就像一个"魔方"，通过各种信息的引入和各个层次的交换会引出许多系列的新信息组合，为创新对象提供了千万种可能性。

7. 模仿创新法

人类的创造发明大多是由模仿开始的，然后再进入独创。勤于思考就能通过模仿做出创造发明，当今有许多项目模仿了生物的一些特征，以致形成仿生学。模仿不仅用于工程技术、艺术，而且也用于管理方面。

第二节 技术创新

一、技术创新的定义及内容

（一）技术创新的定义及特征

技术创新是指技术的新构想经过研究开发或技术组合，获得实际应用，并产生经济、社会效益的商业化活动。对这一定义，可做进一步理解：

第一，技术创新是一个技术经济概念，是一种以技术为手段、实现经济效益为目的的活动。一方面，任何技术创新都要以技术发明为前提，要有新技术的投入；另一方面，技术创新又是新技术的商业化和产业化，是科技成果从潜在生产力向现实生产力的转化，获得潜在的超常规利润是企业家推动技术创新的根本动力。

第二，技术创新是一个过程，始自科技新发现，经过技术经济构思、研发、中试、试生产、正式生产、产品销售以及售后服务，最终实现其商业利益。因此，从研究开发到市场实现的全过程中所发生的一切相关创新行为都可以界定到广义的技术创新中。

第三，技术创新的多要素组合特征决定了它是一个跨越多组织的活动过程。在现代技术经济条件下，技术创新已经突破了原有的组织方式和活动范围，从单一组织的内部走向社会。这种多组织与网络化的新特征，使技术创新更体现为一种"跨组织"的社会过程。创新过程不仅涉及企业本身，而且还与企业所处的社会经济环境各个方面紧密相关。

第四，技术创新的核心是科技与经济的结合，其最终结果不仅仅是获得研究与开发成果，而是研发成果的商品化。技术创新的实质是为企业生产经营系统引入新的要素组合，以获得更多利润。因此，经济效益是衡量创新活动成功与否的重要标志，不以实现商业化为目标的研发活动不是创新活动，没有实现经济效益的研发成果不是技术创新成果。

第五，技术创新不仅是一种技术经济现象，而且是一种制度现象。任何技术创新都是在特定的制度环境中进行的活动，技术创新的成败是包括制度因素在内的多重因素综合作用的结果，在很大程度上依赖于一定的制度安排。这在客观上要求进行适当的制度安排，推动创新思想和各种相关资源的结合，达到高效配置创新资源、完成高水平技术创新的目的。

（二）技术创新的内容

与企业生产制造有关的技术创新，其内容也是非常丰富的。从生产过程的角度来分析，可以将其分为以下几个方面。

1. 材料创新

材料既是产品和物质生产手段的基础，也是生产工艺和加工方法作用的对象。因此，在技术创新的各种类型中，材料创新可能是影响最为重要、意义最为深远的。材料创新或迟或早都会引起整个技术水平的提高。

材料费用在产品成本中占很大比重，材料的性能在很大程度上影响产品的质量。因而，材料创新的内容包括：开辟新的来源，以保证企业生产的需要；开发和利用大量廉价的普通材料，替代量少价昂的稀缺材料，以降低产品的生产成本；改造材料的质量和性能，以保证和促进产品质量的提高。现代材料科学的迅速发展，为企业材料创新提供了广阔空间。

2. 产品创新

产品是企业的象征，任何企业都是通过向市场上提供某种或某些在某种程度上不可替代的产品来表现并实现其社会存在的。产品在国内和国际市场上的受欢迎程度是企业市场竞争成败的主要标志。只有不断地组织并实现产品的创新，企业才能保持持久的竞争优势，充满生命力。

产品创新包括新产品的开发和老产品的改造。这种开发和改造是指对产品的结构、性能、材质、技术特征等一方面或几方面进行改进、提高或独创。它既可以是利用新原理、新技术、新结构开发出一种全新型产品，也可以是在原有产品的基础上，部分采用新技术制造出来适合新用途、满足新需要的换代型新产品，还可以是对原有产品的性能、规格、款式、品种进行完善，但在原理、技术水平和结构上并无突破性的改变。

产品在企业经营中的作用决定了产品创新是技术创新的核心和主要内容，其他创新都是围绕着产品的创新进行的，而且其成果也最终地在产品创新上得到体现。

【应用阅读】

带橡皮头的铅笔

百年前，美国有位名叫海曼的画家，每天要画稿，画了很多年都没有出名，也没有赚到钱，始终是个穷画家。但是有一天他获得了55万美元，迈入当时的富翁阶层，这倒不是因为他画了什么特别有价值的画，而是他的一个懒汉创新思维。

他每次画了擦，擦了画，有时候就会找不到橡皮条，于是他将橡皮条切成小块放在铅笔和画笔周围，随时可以拿起；但是这样他也觉得不方便，偶尔还会找不到橡皮块，于是他用一个绳子将橡皮块绑在铅笔上；这样虽然比以前方便多了，但是橡皮块在他作画时候经常晃动，影响创作，于是他又找来了一些铁片，将橡皮块包在铅笔上，固定住，这样随时可以用橡皮，还不会被橡皮晃来晃去影响——你一定嘲笑他这么笨，为什么不买一只带橡皮头的铅笔呢？那么我要告诉您，带橡皮的头的专利持有者正是这位现在看来笨笨的海曼先生。在他之前，没有带橡皮头的铅笔，有橡皮，有铅笔，两个是不同的事物，海曼先生将两者组合到一起，进行了"组合创新"，然后用它申请了新产品专利，一次性获得55万美元的收入，而买了这个新产品专利的铅笔厂，每年也因此为自己创造了上千万的利润。

3. 工艺创新

工艺创新包括生产工艺的改革和操作方法的改进。生产工艺是企业制造产品的总体流程和方法，包括工艺过程、工艺参数和工艺配方等；操作方法是劳动者利用生产设备在具体生产环节对原材料、零部件或半成品加工的方法。生产工艺和操作方法的创新既要求在设备创新的基础上，改变产品制造的工艺、过程和具体方法，也要求在不改变现有物质生产条件的同时，不断研究和改进具体的操作技术，调整工艺顺序和工艺配方，使生产过程更加合理，现有设备得到更充分的利用，现有材料得到更充分的加工。

4. 手段创新

手段创新主要指生产的物质条件的改造和更新。任何产品的制造都需要借助一定的机器设备等物质生产条件才能完成。生产手段的技术状况是企业生产力水平的具有决定性意义的标志。

生产手段的创新主要包括两个方面的内容：一是将先进的科学技术成果用于改造和革新原有的设备，以延长其技术寿命或提高其效能；二是用更先进、更经济的生产手段取代陈旧、落后、过时的机器设备，以使企业生产建立在更加先进的物质基础之上。

上述几个方面的创新，既是相互区别，又是相互联系、相互促进的：材料创新不仅会带来产品制造技术的革命，而且会导致产品物质结构的调整；产品的创新不仅是产品功能的增加、完整或更趋完善，而且必然要求产品制造工艺的改革；工艺的创新不仅导致生产方法的更加成熟，而且必然要求生产过程中利用这些新的工艺方法的各种物质生产手段的改进。反过来，机器设备的创新也会带来加工方法的调整或促进产品功能的更加完善，工艺或产品的创新也会对材料的种类、性能或质地提出更高的要求。总之，上述种类创新虽然侧重点各有不同，但任何一种创新都必然会促进整个生产过程的技术改进，从而必然会带来企业整体技术水平的提高。

（三）企业技术创新的贡献

从技术创新的内容分析中不难看出，技术或者依附于物质产品而存在，或者是为物质产品的实体形成而服务的。因此，不论是何种内容的技术创新，最终都会在一定程度上促进产品的竞争力，进而提高企业的竞争力。

产品竞争力的强弱从根本上来说取决于产品对消费者的吸引力。消费者对某种产品是否感兴趣，不仅要受到该产品的功能完整和完善程度的影响，还取决于这种或这些功能实现的费用总和。功能的完整和完善程度决定着消费者能否从该种产品的使用中获得不同于其他产品的满足，功能实现的费用则决定着消费者为获得此种产品而需付的代价。因此，产品竞争力主要表现为产品的成本竞争力与产品特色竞争力。

技术创新促进企业竞争力的提高便是通过影响产品的成本或特色而起作用的。材料的创新不仅为企业提供了以数量丰富、价格低廉的原材料取代价格昂贵的稀缺资源的机会，而且有可能通过材质的改善促进企业产品质量的提高；产品创新既可使企业为消费者带来新的满足，也可以使企业原先生产的产品表现出新的吸引力；工艺创新既可为产品质量的形成提供更加可靠的保证，也可能降低产品的生产成本；物质生产条件的创新则直接带来劳动强度的下降和劳动生产率的提高，从而直接促进着产品生产成本的下降和价格竞争力的增加。

综合起来看，技术创新一方面通过降低成本而使企业产品在市场上更具价格竞争优势，另一方面通过增加用途、完善功能、改进质量以及保证使用而使产品对消费者更具特色吸引力，从而在整体上推动着企业竞争力不断提高。

二、技术创新的源泉

创新源于企业内部和外部的一系列不同的机会。这些机会可能是企业刻意寻求的，也可能是企业无意中发现，但发现后立即有意识地加以利用的。美国学者德鲁克把诱发企业技术创新的这些不同因素归纳成七种不同的创新来源。下面根据德鲁克的研究成果，对诱发企业技术创新不同源泉做出简要介绍和分析。

（一）意外的成功或失败

企业经营中经常会发生一些出乎意料的结果：企业苦苦追求基础业务的发展，并为此投入了大量的人力和物力，但结果却是这种业务令人遗憾地不断萎缩；与之相反，另一些业务企业虽未给予足够的关注，却悄无声息地迅速发展。不论是意外的成功，还是意外的失败，都有可能是向企业昭示着某种机会，企业必须对之加以仔细的分析和论证。

意外的成功通常能够为企业创新提供非常丰富的机会。这些机会的利用要求企业投入的代价以及承担的风险都相对较小。但如果说意外的失败是企业不得不面对的现实的话，那么未曾料到的成功则常被企业所忽视。因为这些意外的成功既然是"出乎意料之外"的，那么也通常是领导者所陌生、所不熟悉的，且大多与组织追求的目标和多年来形成的习惯和常识相悖。比如，企业可能长期致力于某种上流产品研发和完善，对这种产品的质量改进或设施现代化投入过大量资金，而对一些顾客需求的特殊产品则仅投入相对较少的资源，但最终的结果则可能是后者获得极大的成功，而前者的市场销量则长期徘徊不前。这正应了中国那句老话，叫做"有心栽花花不开，无心插柳柳成荫"。

然而，在日常生活和经济生活中，人们通常只愿观察和发现那些自己所熟悉或自己所希望出现的结果，有时虽然也观察到了那些未曾预料或希望的结果的出现，但对其意义却难以有充分的认识。这样，意外的成功虽然为企业创新提供了大量的机会，但这些机会却不仅可能被企业领导人视而不见，在他们的眼皮底下悄悄地溜走，而且有时甚至被视为"异端"而遭排斥。

意外的成功也许会被忽视，未曾料到的失败则不能不面对。一项计划——这可以是某种产品的技术开发，也可以是其市场开发，不论企业在其设计、论证以及执行上是如何地精心和努力，最终仍然失败了，那么这种失败里必然隐含了某种变化，从而实际上向企业预示了某种机会的存在。比如，产品或市场设计的失败可能是这种设计所依据的假设不再能够成立，这既可能表现为居民的消费需要、消费习惯以及消费偏好可能已经改变，也可能表现为政府的政策倾向进行了调整。这种改变或调整虽然使计划的开发遭到失败，或使原先热门的产品不再好销，但却为一种或一些新的产品提供了机会。了解了这种变化，发现了这种机会，企业便可有针对性地进行有组织的创新。

不论是意外的成功还是意外的失败，一经出现，企业就应正视其存在，并对之进行认真的分析，努力搞清并回答这样几个问题：（1）究竟发生了什么变化？（2）为什么会发生这样的变化？（3）这种变化会将企业引向何方？（4）企业应采取何种对策才能充分地利用这种变化，以使之成为企业发展的机会？

【应用阅读】

难闻好吃的臭豆腐

相传在康熙年间，有一个叫王致和的安徽青年进京应试，结果名落孙山。他决定留在京城，一边继续攻读，一边为了谋生学做豆腐。有一次，他做的豆腐没卖完，剩下许多，他将剩下的豆腐切成小块，用陶瓷大缸腌了起来。

过了许久，王致和才想起这一缸豆腐，他打开时便闻到一股臭味。这要损失多少钱呀；他心情十分沮丧，不忍心将之倒掉。过了一阵，他用筷子夹起一块豆腐尝了一下，结果令他大感惊奇，豆腐闻起来臭，吃起来却醇香可口。他把这种豆腐拿到市场上去卖，竟出乎意料地大受欢迎。

后来，他专门制作和销售这种臭豆腐，越做越好，生意兴隆。到了光绪年间，连慈禧太后也喜欢上了臭豆腐，对其大加赞赏。从此，臭豆腐身价大增，不仅渐渐成了民间的一道家常名菜，还被列入了宫廷御膳的菜谱之中。

启示： 灵感创新思维方法在起作用，王致和碰到的这种"失败"面前所表现出来的态度和他所做的努力，无疑是他获得成功的关键因素。

思考一下： 您能举出一些类似的小案例吗？比如：武汉热干面……

（二）企业内外的不协调

当企业对外部经营环境或内部经营条件的假设与现实冲突，或当企业经营的实际状况与理想状况不相一致时，便出现了不协调的状况。这种不协调既可能是已经发生了的某种变化的结果，也可能是某种将要发生的变化的征兆。同意外事件一样，不论是已经发生的还是将要发生的变化，都可能为企业的创新提供一种机会。因此，企业必须仔细观察不协调的存在，分析出现不协调的原因，并以此为契机组织创新。

根据产生原因的不同，不协调也可分成不同的类型。宏观或行业经济景气状况与企业经营绩效的不符是可以经常观察到的一种现象。一方面，整个宏观经济形势很好，对行业产品的需求逐渐上升，同行业中的其他经济单位也在不断成长，而本企业的销售额却不能增加，市场份额因此不断萎缩。伴随着市场的扩大，企业的销售额虽然可能在短期内不一定有较大的下降，因此，不协调对企业发展的长期影响不一定能被企业及时意识到。但是行业发展了，而企业却停滞不前，这显然是一种不正常的现象。这种不协调反映了企业在产品结构、原料利用、市场营销、成本与价格、产品特色等某个或某些经营方面存在着问题。分析这些问题之所在，寻找这些问题产生的原因，便可为技术的创新提供一种思路和机会。

假设和实际的不协调也是一种常见的不协调类型。任何企业，实际上任何人也是这样，都是根据一定的假设来计划和组织其活动的。假设如果不能被实际所证实，那么企业战略投资或日常经营就可能是朝着一个错误的方向努力。这时，企业的努力程度愈高，带来的负面效果就愈大。及时发现假设与现实的不符，企业就可以及时地改变或调整努力的方向。企业对消费者价值观的判断与消费者实际价值观的不一致是假设与现实不协调的典型类型，也是企业常犯的一种重要错误。

在所有不协调的类型中，消费者价值观判断与实际不一致不仅是最为常见的，对企业的不利影响也是最为严重的：根据错误的假设组织生产，企业的产品始终不可能真正满足消费者的需要，从而生产所耗费难以得到补偿，企业的生存危机迟早会出现。相反，如果在整个行业的假设与实际不符时企业较早地发现了这种不符，则可能给企业的创新和发展提供大量的机会。

（三）过程改进的需要

意外事件与不协调是从企业与外部的关系这个角度来进行分析的，过程改进的需要则与企业内部的工作（内部的生产经营过程）有关。由这种需要引发的创新是对现已存在的过程（特别是工艺过程）进行改善，把原有的某个薄弱环节去掉，代之以利用新知识、新技术重新设计的新工艺、新方法，以提高效率、保证质量、降低成本。由于这种创新的需要通常存在已久，所以一旦采用，人们常会有一种理该如此或早该如此的感觉，因而可能迅速被组织所接受，并很快成为一种通行的标准。

过程的改进既可能是科学技术发展的逻辑结果，也可能是推动和促进科技发展的原动力。实际上，在过程改进所需要的知识尚未出现以前，任何改进都是不可能实现的。因此，在组织这种改进之前，企业（也可能是在宏观层次上）可能要针对生产过程中的薄弱环节进行长期的"基础研究"，以产生出克服这种薄弱环节所需的新知识。只有在新知识产生以后，人们才能实际地考虑如何将其应用于工业生产、改进生产过程中的某个环节。必须指出，从基础研究到应用分析，最后到工艺与方法的实际改进，这个过程可能是非常漫长的。

与前两个因素相联系，过程的改进以及与此相联系的创新也可能是由外部的某个或某些因素的变化而引起的。比如，劳动力资源的匮乏以及由此造成的劳动成本的增加，促使企业努力推进生产过程的机械化和自动化。

（四）行业和市场结构的变化

企业是在一定的行业结构和市场结构条件下经营的。行业结构主要指行业中不同企业的相对规模和竞争力结构以及由此决定的行业集中或分散度；市场结构主要与消费者的需求特点有关。这些结构既是行业内或市场内各参与企业的生产经营共同作用的结果，也制约着这些企业的活动。行业结构和市场结构一旦出现了变化，企业必须迅速对之做出反应，在生产、营销以及管理等诸方面组织创新和调整，否则就有可能影响企业在行业中的相对地位，甚至带来经营上的灾难，引发企业的生存危机。相反，如果企业及时应变，则这种结构的变化给企业带来的将是众多的创新机会。所以，企业一旦意识到行业或市场结构发生了某种变化，就应迅速分析这种变化对企业经营业务可能产生的影响，确定企业经营应该朝什么方向调整。

实际上，处在行业之内的企业通常对行业发生的变化不甚敏感，而那些"局外人"则可能更易观察到这种变化以及这种变化的意义，因而也较易组织和实现创新。所以，对已在行业内存在的现有企业来说，行业结构的变化常构成一种威胁。

面对同一市场和行业结构的变化，企业可能做出不同的创新和选择。比如 20 世纪初汽车市场从贵族向平民的变化就曾引发了企业四种不同的反应，且不同反应均取得了成功。第一种类型是罗尔斯·罗伊斯的反应，意识到汽车将成为"普通的"交通手段，该公司开始集中全力生产作为"王族标志"的汽车，其特点是用古老的手工制造方法，由熟练的技术工人进行单个加工和装配，许诺永不磨损，并配之以平民难以承受的价格，以保证此种类型的汽车永远只为一定社会阶层的人所拥有。自此，该公司生产的汽车始终是一定社会地位的象征。与此相反，随着汽车市场向普及化的方向发展，福特公司的反应则是组织汽车的大量生产，使其 T 型车的价格降到当时最廉价车的五分之一。杜兰特则从汽车市场的发展中看到了建立大型公司的机会，从而在组织上进行了创新，组建了大型现代企业通用汽车公司。意大利人阿涅尼则看到了汽车在军事上的发展，组建了专门生产军官指挥车的菲亚特公司，迅速成为意大利、俄国以及奥匈帝国军队指挥车的主要供应商。

因此，面对市场以及行业结构的变化，关键是要迅速地组织创新的行动，至于创新努力的形式和方向则可以是多重的。

（五）人口结构的变化

人口因素对企业经营的影响是多方位的。作为企业经营中一种必不可少的资源，人口结构的变化直接决定着劳动市场的供给，从而影响企业的生产成本；作为企业产品的最终用户，人口的数量及其构成确定了市场的结构及其规模。有鉴于此，人口结构的变化有可能为企业的创新提供契机。

作为一种经营资源的人口，其有关因素（如人口数量、年龄结构、收入构成、就业水平以及受教育程度等）的变化相对具有可视性，其变化结果也较易预测。比如，2020 年进入劳动市场的人口目前已经出生，就业人口中已经从业的年限决定了未来若干年内每年退休人员的数量。根据类似的资料，企业大致可以判断未来劳动市场的供给情况以及工业对劳动力的需求压力，并从中分析企业创新的机会。

需要指出的是，分析人口数量对企业创新机会的影响，不仅要考察人口的总量指标，而且要分析各种人口构成的统计资料。总量指标虽然可在一定程度上反映人口变化的趋势，但这种数据也可能把企业的分析引入歧途。实际上，在总量相同或基本未变的人口中，年龄结构可能有着很大的差异或已经发生重大的变化。比如，西方国家在"二战"结束后普遍出现了"婴儿潮"，但不久生育率即逐渐下降，因此自20世纪50年代开始，人口总体水平波动不大。但在总量大致相当的情况下，人口的年龄结构却发生了重要变化。比如在60年代，青年人数量剧增，而80年代以后中年人的数量则稳步增加，老年人的比重在此之后则大量上升。人口结构的这种变化对企业经营提供的机会或压力以及对企业创新的要求显然是有重要区别的。因此，人口变量的研究应重在人口年龄结构的分析，特别是人口中比重较大的核心年龄层次的分析。

与作为资源的人口相反，作为企业产品最终用户的人口，其有关因素对企业经营的影响从而对创新的要求是难以判断和预测的。比如，如果说我们可以大致确定年龄结构的变化对劳动力市场的影响，那么判断这种变化对居民消费倾向从而对需求的影响则是非常困难的。与之相关的分析，我们归纳到下一个问题中去。

（六）观念的改变

对事物的认知和观念决定着消费者的消费态度，消费态度决定着消费者的消费行为，消费行为决定一种具体产品在市场上的受欢迎程度。因此，消费者观念上的改变影响着不同产品的市场销路，为企业提供着不同的创新机会。

观念反映了人们对事物的认识和分析的角度。从企业创新的角度来说，观念的改变既可意味着消费者本身的有关认识的改变，也可意味着企业对消费者某种行为或态度的认识的改变。这种改变有时并不改变事实本身，但对企业的意义则是不一样的。有则案例很好地说明了这一点。有两家制鞋商分别派出销售人员去某岛推销自己的产品。甲厂派出的推销员到了岛上以后，迅速给厂部发来一份电报，强调鞋制品在该岛无任何市场潜力，因为岛上居民无一人穿鞋，并表明自己也迅速归厂。而另一家厂商的推销员则迅速发电，要求企业立即寄来大批货物，因为该岛有着非常巨大的市场潜力，且目前尚无其他厂家参与竞争。显然，对同一客观现实的不同认识将给两家企业带来不同的市场和发展机会。当然，上述第二家企业要充分开发该市场，还需在岛民消费观念的改变上进行必要的示范、宣传以及劝导。

需要指出的是，以观念转变为基础的创新必须及时组织才能给企业带来发展和增长的机会。所谓及时，是指既不能过迟，也不能过早。滞后于竞争对手行动，等到许多竞争企业都已利用消费观念的改变开发了某种产品才采取措施，那么待企业措施产生效果、推出产品时，由于消费观念转变而出现的市场可能早已饱和了。相反，如果消费者的观念尚未转变或刚刚开始转变，企业在敏锐地观察到这种机会后即迅速采取行动，这样固然可以领先竞争者许多，但为了促成这种消费观念的转变并使市场真正形成，所需的费用将不仅使企业受益，而是使整个行业受益。换句话说，企业开发的将不仅是企业市场，而是行业市场。与稍后行动的企业相比，迅速行动的企业前期投入的各种费用可能过高，因而在成本上可能处于不利地位。

（七）新知识的产生

一种新知识的出现，将为企业创新提供异常丰富的机会。在各种创新类型中，以新知识为基础的创新是最为企业重视和欢迎的。但同时，无论在创新时间、失败的概率或成功的可能性预期以及对企业家的挑战程度上，这种创新也是最为变化莫测、难以驾驭的。

与其他类型的创新相比，知识性创新具有最为漫长的前置期，从新知识的产生到应用技术的出现，最后到产品的市场化，这个过程通常需要很长的时间。不仅在自然科学领域如此（这是人们所熟悉的），以社会科学新知识为基础的创新也是这样。比如，早在19世纪初，圣西门就提出了有目的地利用资本去促进经济发展的商业银行理论，但只是到其去世二十多年后，才由他的门徒雅各布和皮里兄弟俩在1852年创办了世界上第一家商业银行——"信贷公司"。

知识性创新的第二个特点是这类创新不是以某一单一因素为基础，而是以好几种类型的知识的组合为条件。虽然在这类创新的组织中首先需要依靠一种或少数几种关键的技术以及相关的知识，但在所有其他必备知识尚未出现之前，创新是不可能实现的。这种对知识集合性的要求也是这类创新前置期较长的一个重要原因。

前置期较长和对相关知识的集合性要求不仅决定了企业必须在早期投入大量的资金，而且由于即便投入许多资源新知识也可能不会出现或难以齐全，因此与其他创新相比，以新知识为基础的创新需要承担更大的风险。

三、技术创新过程模式的演化

技术创新过程并不是一种固定不变的程式，随着时代的推进，发生了很大变化。20世纪50年代以来，技术创新过程的研究经历了五代有代表性的模式。

第一代：简单线性的技术推动模式（20世纪50～60年代中期）。

该模式假设从来自应用研究的科学发现到技术发展和企业中的生产行为，并最终导致新产品进入市场都是一步步前进的，如图 9.1 所示。该模式的另一个基本假设就是更多的研究与开发就等于更多的创新。当时由于生产能力的增长往往跟不上需求的增长，很少有人注意市场的地位。

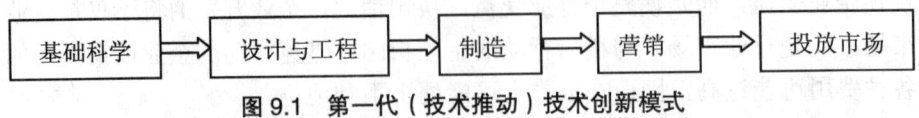

图 9.1　第一代（技术推动）技术创新模式

第二代：线性的市场拉动模式（20 世纪 60～70 年代），如图 9.2 所示。

20 世纪 60 年代后期是一个竞争增强的时期，这时生产率得到显著提高，尽管新产品仍在不断开发，但企业更多关注的是如何利用现有技术变革，扩大规模、多样化实现规模经济，获得更多的市场份额。许多产品已经基本供求平衡。企业创新过程研究开始重视市场的作用，因而导致了需求（市场推动）模式的出现。该模式中市场被视为引导研发的思想源泉，而研发是被动起作用。

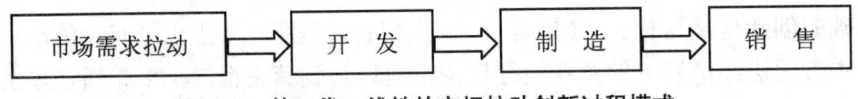

图 9.2　第二代：线性的市场拉动创新过程模式

第三代：技术与市场的耦合互动模式（20 世纪 70 年代后期～80 年代中期），如图 9.3 所示。

大量研究显示，对科学、技术和市场三者相互联结的一般过程而言，线性的技术推动和市场拉动模式都过于简单和极端化，并且不典型。Mowery 和 Rosenberg 于是总结提出了创新过程的交互（或称耦合）模式。

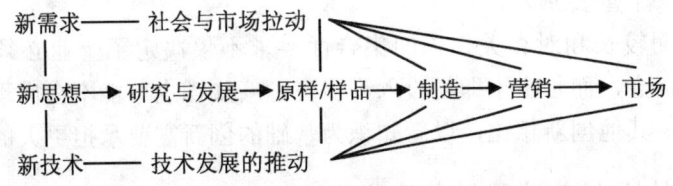

图 9.3　第三代：技术与市场的耦合互动模式

第四代：一体化（并行）模式（20 世纪 80 年代早期～90 年代早期），如图 9.4 所示。

进入 20 世纪 80 年代，企业开始关注核心业务和战略问题。当时领先的日本企业的两个最主要特征是一体化与并行开发，这对于当时基于时间的竞争是至关重要的。

虽然第三代创新过程模式包含了反馈环，有些职能间的交互和协同，但它仍是逻辑上连续的过程。Graves 在对日本汽车工业的研究中总结提出了并行模式，其主要特点是各职能间的并行性和同步活动期间较高的职能集成。

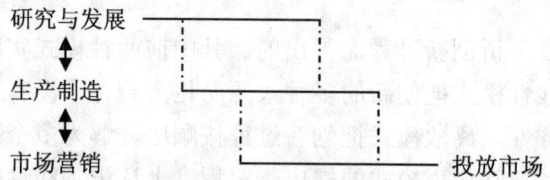

图 9.4　第四代：技术创新的平行模式

第五代：系统集成与网络化模式（20 世纪 80 年代末 90 年代以来），如图 9.5 所示。

越来越多的学者和企业意识到，新产品开发时间正成为企业竞争优势的重要来源。但产品开发周期的缩短也往往意味着成本的提高。据不完全统计，新产品开发时间每缩短 1%将平均导致开发成本提高 1%～2%。为此，在这种基于时间的竞争环境下，企业要提高创新绩效，必须充分利用先进信息通信技术和各种有形与无形的网络进行集成化和网络化的创新。

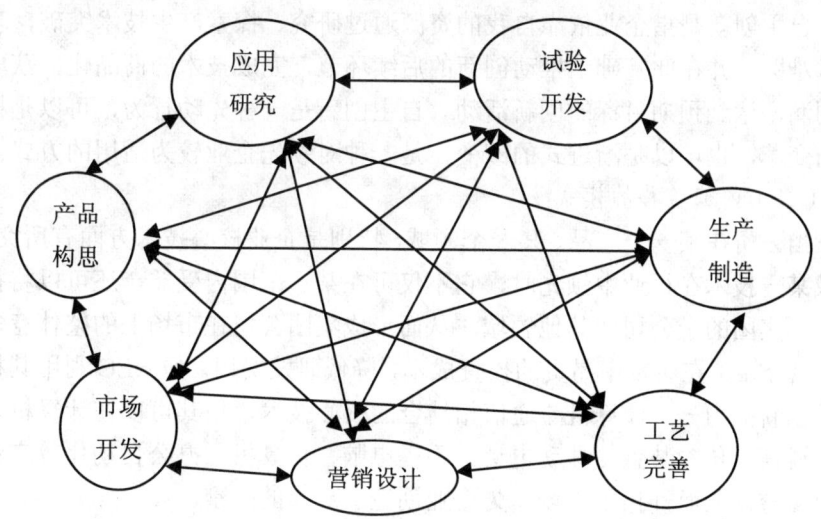

图 9.5　第五代：系统集成（一体化）与网络模式

第四代和第五代创新过程模式的主要不同是后者使用了先进的 IT 和电子化工具来辅助设计和开发活动，这包括模型模拟、基于计算机的启发式学习以及使用 CAD 和 CAD-CAE 系统的企业间和企业内开发合作。开发速度和效率的提高主要归功于第五代创新过程的高效信息处理创新网络，其中先进的电子信息通信技术提高了第四代创新的非正式（面对面）信息交流的效率和效果。

以上模式是分析创新过程而得出的。其中前两种模式实际上是离散的、线性的模式。线性模式把创新的多种来源简化为一种，没有反映出创新产生的复杂性和多样性。离散模式把创新过程按顺序分解为多个阶段，各阶段间有明显的分界。交互作用模式的提出一定程度上认识到线性模式的局限性，增加了反馈环节，但基本上还是机械的反应式模式。第四和第五代创新过程模式的出现是技术创新管理理论与实践上的飞跃，标志着从线性、离散模式转变为一体化、网络化复杂模式。由于创新过程和产品对象的复杂性大大增强，创新管理需要系统观和集成观。而现代信息技术和先进管理技术的发展，为第四、第五代模式的应用提供了强有力支撑。

四、实施技术创新的有效模式

实施技术创新的模式是多种多样的，比较有效的主要有以下几种：

（一）自主创新的模式

自主创新是指企业依靠自我的资源通过研究、探索产生技术突破，攻克技术难关，并在此基础上推动创新的后续环节，完成技术的商品化，获取商业利润，达到预期目标的创新活动。自主创新是一种先动行为，可以是根本性的变革，也可以是渐进式的改变，是一种对领先企业较为适用的方式。

（二）内部转移的模式

当公司在某一个产品、某一个领域，特别是企业核心技术方面有所突破，形成某一技术在行业中领先时，它不仅可在某一范围内受益，还可以将技术转移到集团的子公司或其他领域，从而形成集团公司在市场上的整体竞争实力，也分摊了在研发中昂贵的投资成本，降低研发费用。如 NEC 利用其核心技术创新能力——计算机与通信相结合的核心技术，使其可以在计算机、半导体通信、传输装置、移动电话、手提电脑、传真机、办公自动化等广泛的领域渗透，从而开拓了市场，为企业创造了更大的财富。

（三）模仿/学习的模式。

它是指企业通过学习模仿率先创新者的创新思路和创新行为，吸取率先者成功的经验和失败的教训,引进购买或反求破译率先者的核心技术秘密,实行对产品的功能与生产工艺的发展与改进等一系列活动。它是一种跟进行为,是一种从渐进走向根本性变革的技术创新过程。日本是模仿创新的典范,如电视机和录像机虽然是美国企业首创,而日本的索尼和松下公司则通过模仿,掌握了这些创新产品技术,并对原有产品进行改善,使性能和成本更优于原有创新者的产品,最后这两家公司成为世界上规模最大、质量最优的电视机和录像机的供应商。中国作为发展中国家,企业的技术创新能力与先进国家相比,无论是在认识上,还是在机制建设、技术获取等方面都存在明显的差距。在上述情况下,技术和设备的购买、引进和学习是比自我研制开发成本较低,可迅速实现市场价值的一种策略。模仿/学习创新是我国企业在研发技术相对落后的情况下,通向自主创新,面对国际化竞争的一种有效方式。一旦模仿成功,并进行再次创新,在市场上赢得消费者的青睐,就能够超越率先创新者的产品,给企业带来丰厚的回报。但是模仿/学习模式也有可能会受到进入壁垒的制约而影响实施效果。今后相当长的一段时间内,我国很多企业仍然要依靠这种模式来实现技术创新。但是,技术可以模仿,技术创新能力是很难模仿的,而技术创新能力又是维持企业生命发展的源泉。在中国加入 WTO 后,许多国内企业明显感受到战争前夜的焦虑与恐慌,直接原因就是中国企业缺少技术创新能力,缺少核心专长。因此,中国企业应该充分利用规则内的缓冲时间,加快技术创新的步伐,加快孵化培育企业的核心专长,只有这样,才能应对日益激烈的国际国内市场竞争。

(四)合作/联盟的模式

它是指企业间或企业、科研机构、高等院校之间的联合创新行为。合作创新可以缩短创新时间,增强企业的研究能力,分散企业创新风险,一般集中在高新技术产业。它是在全球性技术竞争不断加剧,企业创新活动越来越复杂的情况下做出的必然选择。如爱立信与通用电子在蜂窝式无线电通信领域建立的战略联盟,日本主要计算机企业组成的超大规模集成电路(VLSI)研究协会。

(五)外购或购并的模式

外购是指企业为了更加有效地建立和发挥核心竞争力,获得商业利润,提高企业在市场上的竞争能力,通过合法手段购买一个研究机构或另外企业的专利技术,建立自己的核心竞争力,获得市场竞争优势。购并创新则是通过购并一个企业,而获得这个企业的技术创新成果和能力。外购方式相对投资较少,掌握技术较快,有利于企业缩短研制周期,减少风险,缩小竞争中的差距。但外购的技术会给企业开发新产品带来一定的困难，减弱企业内部的技术创新能力，不利于企业的长远发展。

在创新过程中，企业可以针对所需攻克技术的难度和创新程度，采用单一模式或组合模式的技术创新战略。但是，从国家经济和企业，特别是高新技术产业长远发展的角度来看，必须注重自主创新和合作/联盟两种技术创新模式的建立和运用。企业要想在全球经济中占有一席之地，最终必须拥有自主的知识产权。因此，国家把加快企业技术中心建设、促进面向行业的技术开发基地建设、加强"产学研"联合机制建设，以及建立起有利于人才成长和作用发挥的科技与管理人员培养和激励机制，围绕结构调整和产业升级支持一批重点技术创新项目等作为推进技术创新的重点工作。

第三节　管理创新

一、管理创新的含义、内容及作用

（一）管理创新的含义

简单地说，管理创新就是管理领域的创新。具体地说，管理创新就是指人们运用已有的知识，对现在的管理工作加以改造，从而创造出一种新的更有效的资源整合方式，它既可以是对整个管理过程的重新整合和改造，也可以是对某些管理细节的整合和改造。管理创新除了具有创新的一般特点之外，还具有自身明显的特点：（1）管理创新的对象是管理工作，它既包括静态的创新，又包括动态的创新；（2）管理创新的目的具有两重性，其一是创造出一种新的有效的资源整合方式，其二是更好地完成组织目标，这个目标既可是经济目标，也可是社会目标；（3）管理创新是进行其他创新的基础。

【应用阅读】

你替我搬

英国有一大型图书馆要搬迁，由于该图书馆藏书量巨大，所以搬运成本算下来非常惊人。就在这时，一个图书管理员想出一个办法，那就是马上对读书者们敞开借书，并且延长还书日期，只要读书者增加相应的押金，并把书还入新的地址。这一措施得到了采纳，结果不但大大降低了搬运成本，还受到了读者们的欢迎。

启示：对于管理者，凡事未必要亲力亲为，要创新地借助他人的力量解决问题。

（二）管理创新的内容

管理创新贯穿于管理的全过程，创新是管理的灵魂，是管理的主线。这就要求管理者从以下几个方面努力：

1. 致力于管理观念的创新

观念是人们对客观世界的理性认识，观念创新是人们适应客观世界的发展和变化，并科学、准确地把握客观世界变化的规律和发展趋势，以正确的方式构建新的思维、新的理念、新的思想，以形成对变化了的客观世界新的正确的认识。企业的管理观念是企业各项具体管理工作的导向，而管理观念的创新则是企业各项创新的前提和先导。

2. 致力于组织管理的创新

管理学中讲的组织包括体系和功能两个方面的含义。与此相关，组织管理的创新应致力于两个方面：一是组织结构的创新。美国通用汽车公司总裁斯隆1923年提出的"事业部制"就是这方面的创新。二是组织功能的创新。美国管理学家彼得·圣吉提出的"学习型组织"就是这方面创新的例子。他认为，未来最成功的企业，将是一种灵活、有弹性、不断通过学习来创造持久竞争优势的组织。这种"学习型组织"，具有五种功能，即系统思考、自我超越、改善定见、建立共同远景及团队学习。他将上述五种功能称之为学习型组织的"五项修炼"。这对我们是一个新的启迪。

3. 致力于管理方法的创新

管理方法是管理过程中不可缺少的运作工具，它来自管理实践，而又与管理理论的形成有着密切的关系。一个新的管理方法能提高生产效率，或使人际关系协调，或能更好地激励员工等，这些都将有助于企业资源的有效整合以达到企业既定目标和责任。管理方法的操作性称为管理技术，如目标管理、激励管理等都是创新的管理方法和管理技术。我们必须在管理实践中学会运用。

4. 致力于管理模式的创新

管理模式是一种综合性的管理范式，是指企业总体资源有效配置的范式。管理模式的创新受文化背景、时代变迁和管理者个人特点这三个因素的影响。要进行创新必须考虑到这些因素，从实际出发，才能达到创新的预期目标。

5. 致力于管理制度的创新

管理制度是企业资源整合行为的规范，既是企业行为的规范也是员工行为的规范。制度的变革会给企业行为带来变化，进而有助于资源的有效整合，使企业更上一层楼。从企业的角度看，管理制度的创新包括了产权制度的创新、组织制度的创新及管理规范的创新等。

【应用阅读】

黏度一般

3M公司一直鼓励员工积极提供创意。有一次，一位员工发明了一种胶，不过，这种胶虽然形态比液体胶有了较大的变化，但粘度不够，同事们都认为他的发明没有多大用途。

公司收到他的创意后，并没有随便进行否认，而是进行了认真的研究和思考——虽然这种胶不够黏，但仍存在很多运用空间，比如标记纸、注释贴、留言条等，他们只需要暂时黏在物体上，随时都可以揭下来。

最终，3M公司采纳了他的发明创意，并对其进行了奖励，同时将其称为"不干胶"，没想到后来，这种不干胶成为了3M公司的拳头产品。

启示：所有产品的缺点，说不定恰好能够弥补市场上的另外一种需求。关键在于企业是否具备支持这种创新活动的管理制度。

6. 致力于市场管理的创新

市场创新包括两个方面，一是市场的扩展，二是市场的更新。前者从产品推广入手，寻找新用户、推广新用途、提高使用量，从而实现市场的不断扩展；后者从市场分析入手，进行市场的细分、市场的补缺、市场的再定义，从而实现市场的不断更新。市场创新的关键在于把握市场的发展和变化，包括顾客需求、企业能力、技术水平、社会环境等等。只有这样，才能抓住机会，不断创新。

7. 致力于管理文化的创新

任何组织的管理活动，都会受到组织所处的文化背景的影响。这种影响包括积极性和消极性的因素。所谓管理文化的创新，就是一个组织的管理者，对自己所在的组织实施文化的移植、嫁接和重组，推行适合本组织特点的价值理念和其他文化因素，对职工起到一种凝聚和激励的作用，从而实现组织的目标。这种文化上的创新，即所谓组织文化建设。日本的"松下社风"、美国的"IBM价值理念"、中国的"大庆精神"，都是组织文化建设的典范。

（三）管理创新的作用

管理创新在企业发展中具有很大的多方面的作用，具体可归纳为：

1. 提高企业经济效益

管理创新的目标是提高企业有限资源的配置效率。这一效率虽然可以在众多指标上得到反映，如资金周转速度加快、资源消耗系数减小、劳动生产率提高等，但最终还要在经济效益指标上有所体现，即提高了企业的经济效益。提高企业经济效益分为两个方面，一是提高目前的效益，二是提高未来的效益即企业的长远发展。管理诸多方面的创新，有的是提高前者，如生产组织优化创新，有的是提高后者，如战略创新与安排。无论是提高当前的效益还是未来的效益，都是在增强企业的实力和竞争力，从而有助于企业下一轮的发展。

2. 降低交易成本

钱德勒（《看得见的手——美国企业的管理革命》一书的作者）认为管理这一有形之手应代替市场这一无形之手。因而可以说，企业形成的原因在于它能在组织管理的协调下，交易从市场转到企业内部，使其资源配置过程通过权威和行政命令来完成，从而避免许多交易活动的不确定性，节省交易费用，并使企业形成一定规模，具有规模效益。但是，正如钱德勒所认为的："在一个企业内把许多营业单位活动内部化所带来的利益要等到建立起管理层级制后才能实现"。即管理层级制创新，使得现代企业可以将原本在企业之外的一些营业单位活动内部化，从而节约企业的交易费用。事实上内部化交易也会产生一系列的费用，即需权威和行政命令进行管理的成本（包括协调成本、监督成本、组织成本等）；而且，企业规模越大，按传统分工理论而设置的内部科层就越多，信息传递也就越容易失真和歪曲，使得管理成本上升，管理效率下降，生产经营效益也就必然下降了。管理创新的目的就是对管理的决策职能、协调职能、组织职能等，以及管理体制进行一系列不断地创新，以适合企业实际的组织规模和生产经营活动，使各生产要素互相匹配，从而最大限度地降低管理成本，提高管理效率，并优化资源配置。"由于生产单位和采购及分配单位的管理联结在一起，获得市场和供应来源信息的成本也降低。最重要的是，多单位的内部化使商品自一单位至他单位的流通得以在管理上进行协调。对商品流量的有效安排，可使生产和分配过程中使用的设备和人员得到更好的利用，从而得以提高生产并降低成本。此外，管理上的协调可使现金的流动更为可靠稳定，付款更为迅速。此种协调所造成的节约，要比降低信息和交易的成本所造成的节约大得多。"从钱德勒的观点中，已经很明显地证明管理及管理创新对企业发展和企业效益提高的重大作用。

3. 稳定企业、推动企业发展

企业管理的有序化、高度化是企业稳定与发展的重要力量。常有人说管理与技术是企业发展的"两个轮子"，倘若管理是如此的话，管理创新自然更是如此。因为管理创新的结果是为企业提供更有效的管理方式、方法和手段。管理创新对稳定企业、推动企业发展的作用可以从诸多方面来看。钱德勒从一个侧面做出了证明，他认为："管理层级制一旦形成并有效地实现了它的协调功能后，层级制本身也就变成了持久性权力和持续成长的源泉"。因为"用来管理新型多单位企业的层级制，则有持久性，它超越了工作于其间的个人或集团的限制。当一名经理去世、退休、升职或离职时，另一个人已做好准备，他已受过接管该职位的培训。因而人员虽有进出，其机构和职能却保持不变"。管理层级制这一创新，不仅使层级制本身稳定下来，也使企业发展的支撑架构稳定下来，而这将有效地帮助企业长远的发展。

4. 拓展市场，帮助竞争

管理创新若在市场营销方面进行，则将帮助企业有力地拓展市场、展开竞争。企业在进行市场竞争和市场拓展时，将遇到众多竞争对手即厂商和顾客。因此，这一竞争过程实为多个博弈对象的动态博弈过程，一个企业若能在这一过程中最先获得该博弈的均衡解，即管理创新具体方案，便战胜对手，获得博弈的胜出。这个解无非是在能预见对手们的相应对策条件下寻找出最佳的、新的市场策略的运行方式而已，这就是一种管理的创新。许多跨国公司在瞄准中国市场后，所采取的一系列市场行为，均有其战略意图，这一意图本身就是一种创新。

5. 有助于企业家阶层的形成

现代企业管理创新的直接成果之一，按照钱德勒的看法是形成了一支支新的职业经理层即企业家阶层，这一阶层的产生一方面使企业的管理处于专家的手中从而提高了企业资源的配置效率。另一方面使企业的所有权与经营管理权发生分离，推动了企业更健康的发展。钱德勒曾指出："当多单位工商企业在规模和经营多样化方面发展到一定水平，其经理变得更加职业化时，企业的管理就会和它的所有权分开。"职业经理层的形成对企业的发展有很大作用，因为对支新的企业家而言，企业的存续对其职业有至关重要的作用，他们"宁愿选择能促使公司长期稳定和成长的政策，而不贪图眼前的最大利润"。职业企业家从这一角度，必然更进一步关心创新、关心管理创新，因为他们知道管理创新的功效，因此，职业企业家们往往成为重要的管理创新主体。

以上五个方面不过是管理创新对企业发展的诸多具体作用之一,但足以证明管理创新在企业生存与发展中的地位。正因为如此,研究管理创新,探讨管理创新的未来,既有理论意义又有非常重要的现实意义,特别是目前我国的企业正在进行制度改革和创新时,尤其需要管理创新加以配合,才能成为真正的市场主体。

(四)管理创新的新度战略

管理创新新度是指企业管理创新的创新程度,主要可区分为三种:首创、适应和模仿。管理创新新度战略就是指根据企业或组织的个体情况确定管理创新新度,它包括首创战略、适应战略、模仿战略。一个企业或组织究竟采取什么类型的管理创新新度战略,要综合分析企业或组织的内外部条件,综合考虑每种新度战略的费用、风险和利润,从而确定一个最适合本企业的管理创新新度战略。

1. 管理创新的首创战略

首创战略是指采用全新的管理,从而在管理上占有领先地位。这是一种开拓性战略,能充分体现企业的开拓精神和进取意识。但是,首创战略往往伴随着很高的风险,一旦创新失误则会出现重大的危机,甚至危及企业生存。因此,必须经过充分调研,谨慎采用。

2. 管理创新的适应战略

管理创新的适应战略是指追随具有首创性的管理创新,并对之加以改变,从而以独特的面貌出现的创新。和首创性管理创新相比,适应性管理创新战略的风险较小,但又大于模仿性管理创新战略。要进行适应性管理创新,同样需要具备一定的进取精神和风险意识。

3. 管理创新的模仿战略

管理创新的模仿战略是指通过学习观察首创性和适应性管理创新并通过对它们的模仿性改造来取得管理上的优势,而上述适应性战略则是对首创性管理创新进行革新性模仿。模仿式管理创新的风险小于首创性和适应性管理创新,但也有一定的风险。因此,必须首先认准具有首创性和适应性的管理创新,然后对其进行模仿。

二、管理创新的系统分析

任何一项创新特别是管理创新都不是一朝一夕的简单事情,而是一项复杂的系统工程。从系统的角度对管理创新加以分析,有助于了解管理创新的全过程，从而有利于管理创新活动的开展。

（一）管理创新的动机分析

动机是人们行为产生的原因，它引起行为、维持行为并指引行为去满足某种需要，它是由需要产生的。管理创新动机则是人们进行管理创新行为产生的原因，它引起了人们的创新行为，并指引着它去达到目标，它是创新主体的内在动力。管理创新动机是由创新的需要引起的。由于需要的多样性和多元性，创新动机也呈现出多种状态。

1. 管理思想、方法等不适合现实状况

任何一种管理思想、管理方法，都是一定时代条件下的产物，都与当时的生产力发展水平相适应。同样，随着生产力水平的不断提高和社会的不断进步，也对管理思想和管理方法提出了新的需要。在当前激烈变革的世界中尤其是这样。因此，要想一味不变地沿袭传统的管理思想和方法几乎是不可能的事。这就要求人们能够冷静地面对现实，总结实践经验，提出一条符合实际需要的管理思想和方法并将其付诸实施。另外，要想永远保持在竞争中的不败，还要求创新主体能够预测到管理思想和方法的发展趋势，不断追求卓越、追求创新，这样才能保持管理思想和方法的领先地位。

2. 管理创新中的经济刺激和物质鼓励

管理创新主体追求创新的重要原因之一，就是通过创新，可以获得一定的经济利益和物质利益。如果以企业作为管理创新的主体，那么它追求的就是本企业的经济利益和物质利益，从而保持企业发展的长盛不衰；而单独的个人作为创新主体，他不仅关心企业的经济物质利益，也更关心自身的切身利益，这才会有创新行为的出现。

3. 管理创新中的心理因素，也是推动管理创新行为的重要原因

可以说，无论是企业还是个人，都可以从心理学角度考虑管理创新。管理创新的心理需求，对于企业来说，也许是追求一种社会的承认、公众的赞许以及保持企业具有活力的形象的需要；而对于个人来说，也许会是为了满足自己成功的需要、证明自己才能的需要等。这些都是管理创新主体进行创新的具体动机。

4. 管理创新主体高度的创新责任感和社会责任感所引发出来的创新动机

这种动机在本质上是由心理因素引起来的，实质上仍可归为第三种原因——由心理需求所引致的管理创新。创新主体无论是作为企业还是个人，都对企业和社会负有一定的责任感，即创新主体的社会责任感。这是一种强

烈的使命意识，它促使着创新主体不懈地努力去追求卓越、追求创新、追求完美。另外，作为一个有着强烈社会责任感和使命感的企业或个人，理应责无旁贷地肩负起管理创新的责任，为社会上成千上万的企业或个人导航，领导和创造着管理新潮流新趋势。

5. 管理创新主体实现自我价值而产生的创新动机

按照马斯洛的需要层次理论，个人自我价值的实现乃是最高层次的需要，它表明了一个人价值的高低，也给人以最高层次的满足，创新者个人通过创新即可达到这一层次。另外，现代企业越来越是一个独立的有机体，企业越来越具有"人"的特征。对于"企业人"来说，同样要实现本企业的价值，从而获得"企业人"整体上的成就感，得到一种满足。

在实际生活中，创新主体的创新动机多种多样，而且一般并非单独的创新动机在起作用。往往是许多不同类型的创新动机共同作用于创新主体，推动着创新主体的管理创新行为。

（二）管理创新的途径分析

1. 加强创新管理，促进管理创新

创新管理是指采取措施制订出一系列政策来推动组织或个人接受创新、自觉创新、追求创新，其目的是通过有组织、系统化的管理活动来促进创新。因此，对于一个企业或组织来说，只有抓好创新管理，才能为管理创新创造条件。抓好创新管理必须从以下几个方面入手：（1）制订正确的创新政策，使企业（或组织）和个人首先能够承认创新，对创新持认可态度，从而能自觉创新、追求创新；（2）进行危机管理和培育危机意识，使企业和成员具有一种强烈的危机感，使他们知道不创新就只有被淘汰和灭亡，从而让人们发自内心地本能地去追求创新、渴望创新；（3）强健组织机构，保持组织内沟通渠道的畅通，保证能及时发现问题解决问题。

2. 创造性模仿，促进管理创新

管理创新中的创造性模仿，是指在自己现有的特色管理或在别人先进的管理思想、方法的基础上，对之进行有新意的提高。这种创新途径从本质上来说只是一种模仿，但并不是简单的模仿。它是在充分吸取已有管理精华的基础上对其进行了有创造性的提高，所以说它又是一种创新。日本企业管理中的许多创新就是这样产生的。它保留了美国企业管理的科学的一面，同时又结合本国本民族的特点，创造出一种全新的管理模式——日本模式。

3. 交叉综合各种理论及技术，促进管理创新

在管理发展过程中，由于新学科新知识的出现导致了一系列管理创新，

推动着管理学走向成熟。比如把心理学引入管理领域产生了行为科学学派，用社会系统的观点来研究管理产生了社会系统学派，把数学引入管理研究从而产生了管理数学学派，把运筹学统计学等引入管理而形成的现代管理技术和方法等，都是用各种学科理论及技术进行交叉和综合研究的结果，这不仅实现了管理的创新，而且形成了所谓管理理论丛林。目前，要综合各种学科技术进行管理创新，可以从现代计算机集成制造技术、信息学、系统学、民族文化学等方面考虑。

4. 逆向思维，促进管理创新

美国管理学家汤姆·彼得斯认为："今天成功的企业领导人将是那些头脑最灵活的人。接受新见解、习惯性地向旧见解挑战，与反论（反向思维）共处的能力，将是有效领导者的首要品质。"他认为，现实中正反相同的状况，正适合于逆向思维，进行创新活动。

【应用阅读】

一句价值1000万美元的话

美国旧金山的金门大桥横跨1900多米的金门海峡，连接北加利福尼亚与旧金山半岛，大桥建成通车后，大大节省了两地往来的时间，但是新问题随之出现了，由于出行车辆很多，金门大桥总会堵车。

原先金门大桥的车道设计为"4+4"模型，即往返车道都为4道，这是非常传统的设计，当地政府为堵车的问题迟迟不能解决感到头疼，如果筹资建第二座金门大桥，那必定得耗资上亿美金，当地政府决定以重金1000万美元向社会征集解决方案。

最终，一个年轻人的方案得到当地政府的认可，他的解决方案是将原本的"4+4"车道改成"6+2"车道，上午左边车道为6道，右边车道为2道，下午则正好相反，右边车道为6道，左边车道为2道。他的方案试行之后立即取得了显著的效果，困扰多时的堵车问题迎刃而解。

传统的"4+4"车道忽略了高峰期车辆的出行的方向：上午市民上班造成左边车道拥挤，下午市民下班造成右边车道拥挤。而"6+2"车道恰到好处地利用车辆出行的时间差，合理地利用另一半车辆少的车道，这样，同样8条车道，"6+2"明显取得大于"4+4"的效果。

5. 利用观念转变，促进管理创新

观念的转变可以带来创新机会。对于管理创新而言，观念转变非常重要。比如人们从"经济人"观念转到"社会人""复杂人"观念可带来一系列创新，现代"中产阶级"观念的出现所带来的管理创新，文化和环境观念与管理相联系而产生的文化管理和环境管理等，都是利用观念转变的机会所带来的观念性管理创新。

（三）管理创新的行为分析

管理创新行为是由创新动机引发的，并最终受创新需要的制约。当人们产生了创新需要时，就会形成一种内在的驱动力，促使人们去进行具体的创新活动，这就是创新动机。当产生创新动机之后，人们就要去寻找和选择目标，然后进行满足需要的活动即创新活动。在这个完整的过程中，创新主体寻找选择创新目标的行为叫作创新目标导向行为；而满足自身需要的创新活动叫作创新的目标行为。因此，管理创新行为可以定义如下：管理创新行为是指创新主体为了满足某种需要，进行管理思想、管理方法、管理技术和手段、管理组织等方面创新的一切活动。管理创新行为过程可用图 9.6 表示。

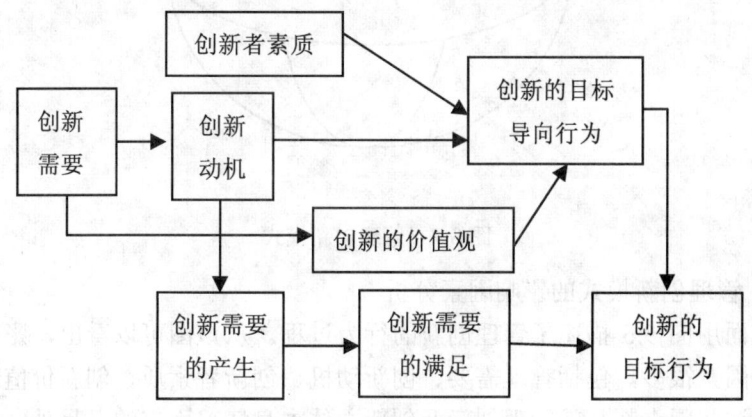

图 9.6　管理创新的行为过程

（四）管理创新模式及其影响因素分析

1. 管理创新模式

现代社会复杂多变，没有一个绝对一成不变的东西。管理创新作为一种全新的事物，本来就没有也不应该有一个固定不变的框架和模式，而应是一个不断变化的动态过程。因此，所说的管理创新模式只是对管理创新的基本条件、基本要素的描述。管理创新模式可用图 9.7 表示。

图中：

A：创新导向；

B：创新机制；

C：创新基础；

D：创新行动；

E：球体，为创新大环境——社会文化因素、生产力水平、科技因素、政治因素等的总和。

图9.7中，A、B、C、D、E各自代表着不同的影响管理创新的因素，其有机地结合构成了管理创新的一般模式。

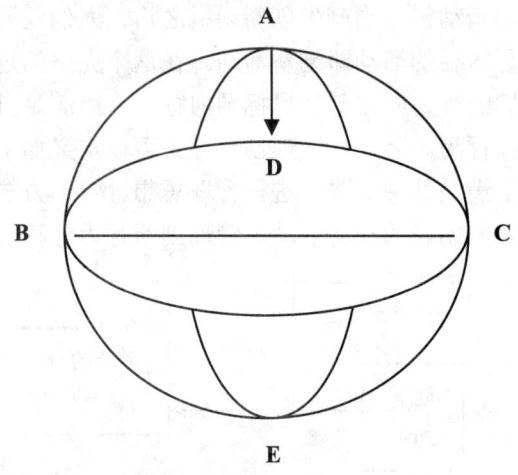

图9.7 管理创新模式

2. 管理创新模式的影响因素分析

前面用图9.6描述了管理创新的行为过程。从该图可以看出，影响管理创新的因素很多，包括管理需要、创新动机、创新者素质、创新价值观等。但是，这些因素都是就管理创新及创新主体本身情况而言的。另外，还有许多影响管理创新的重要因素，如创新机制、创新导向、创新基础和社会文化因素、生产力发展水平、创新科技条件、政治因素等。前三个主要是针对企业或组织而言的，叫做管理创新的宏观环境或大环境。为了便于说明，拟将创新的宏观环境放在下一个问题中讨论，此处只讨论微观因素对管理创新模式的影响。

首先，管理创新导向对创新模式的影响。创新导向是指企业采取什么方式，用何种因素来引导企业的创新行为。良好的创新导向是企业管理创新能否出现、是否成功的先决条件，对于一个企业来说，也许在产品开发、人员培训、组织设计上都有自己独特的导向设计，但不一定有很好的创新导向。这样长时间持续下去，则很难会有管理上的创新。

其次，企业创新机制影响管理创新模式。创新机制是推动创新的驱动力，它产生于具体的企业环境和社会环境之中并受到企业创新氛围、创新传统等因素的影响。如果没有良好的创新机制，员工的管理创意也许就不能进一步成长和发展，就不会成为真正的创新。管理水平先进、管理创新较多的企业往往已经形成了良好的创新机制。

最后，企业的基础条件影响着创新模式。企业的基础条件或称创新基础主要是指企业经营状况、人力资源现状、企业基础管理状况等。企业中人力资源现状决定着创新主体的创新素质及价值取向。企业经营状况决定着良好的创新创意是否有实施的经济基础。而企业基础管理水平如果很落后或管理混乱，连正常的管理工作都无法完成，更谈不上在此基础能有所创新。这就像建造大厦一样，没有第一层就不会有第二层、第三层，也不会出现所谓的"空中楼阁"。

（五）管理创新的社会环境分析

1. 管理创新的政治环境分析

政治环境主要是指一个社会、一个国家的政治稳定程度。如果一国政局稳定，把全部力量用于发展经济，就容易促进管理创新。反之，政局动荡，人们都没有生存的安全保障，就更谈不上能够安心生产进行创新了。事实上，一个稳定的政治环境不但是管理创新的必备条件，也是一切社会活动得以正常开展的前提和保证。

2. 管理创新的经济环境分析

管理创新的经济环境或称生产力水平是指社会生产力发展程度对管理创新的影响。管理随着生产力的发展而发展，现代社会中管理就是生产力。要进行管理创新必须以一定的生产力水平为基础。社会生产力水平对管理创新的影响表现在：（1）社会生产力水平决定着创新主体的发展程度和成熟程度。如果创新主体是企业，这种决定作用就表现为企业的发展程度，是传统企业还是现代企业；如果是个人，则决定着个人的素质特别是科技文化素质，从而在不同的侧面影响着管理创新。（2）社会经济条件决定着科学知识的发展，从而在知识方面影响着管理创新。知识性创新是管理创新的一种途径，而如果没有了新学科新知识，这种创新途径也不再可行。（3）社会经济条件决定了人们的社会观念，从而影响着观念性管理创新。

3. 管理创新的社会文化环境分析

社会文化环境是指企业所处的社会文化传统及文化氛围。它影响着企业的文化氛围、员工的价值观。在这种情形下，企业等创新主体的创新导向、创新意识和创新行为都深深地烙上了社会文化的烙印,从而影响到管理创新的模式。在世界范围内,有两种具有明显特点的社会文化:一是以美国等为代表的西方文化,另一类是以中国、日本为代表的东方文化。西方文化的显著特点是崇尚个性、崇尚自由、追求个人自我价值实现,因此,西方文化环境下的管理创新大都是由个人来进行的,如福特生产线、斯隆的事业部制等。与此相反,东方文化崇尚人际关系、集体主义和相互协作,因而,东方的管理创新是靠企业员工集体或团队来进行的,如中国"三老四严"的大庆精神,日本的全面质量管理、年功序列制等。

4. 管理创新的科技环境分析

管理创新的科技环境指的是社会科学技术的发展水平对管理创新的影响。科技发展给管理创新提供了良好的设备和手段,其最新发展成果也被引入了管理领域。比如计算机集成制造系统 CIMS、企业柔性制造系统、企业再造等条件,都对企业的管理方式和管理方法提出变革性要求。

(六)管理创新的发展趋势分析

目前,在商业环境的稳定性、确定性、可预测性已经被变革性、不确定性、不可预测性所代替的同时,国内外企业在管理理念的指导下,顺应时代变化进行了许多管理变革,它呈现出了八大趋势。

1. 由追求利润最大化向追求企业可持续成长观转变

研究表明,把利润最大化作为管理的唯一主题,是造成企业过早夭折的重要根源之一。在产品、技术、知识等创新速度日益加快的今天,成长的可持续性已经成为现代企业所面临的一个比管理效率更重要的课题。坚持可持续成长管理观,在管理中就会注重整体优化,讲求系统管理,实行企业系统整体功能优化,注重依靠核心竞争力,不断提高市场竞争优势,注重夯实基础管理,讲求管理精细化、科学化、程序化、规范化和制度化,注重以人为本,不断提高员工素质,充分调动员工积极性,发挥其能动作用等。

企业是一个人造系统,其内部系统是可以改造的,这是企业能够实现可持续成长的客观条件。与可以枯竭的物质资源不同,企业文化、企业家精神等是支撑企业可持续成长的支柱。

2. 企业竞争由传统的要素竞争转向企业运营能力的竞争

企业从大量市场产品和服务标准化、寿命期长、信息含量少、简单的一次性交易的竞争环境,向产品和服务个性化、寿命期短、信息含量大,并与顾客保持沟通关系的全球竞争环境转变。提升企业的运营能力,就要使企业的生产、营销、组织、管理等方面都"敏捷"起来,使企业成为一个全新的

"敏捷性"经营实体,实现向"敏捷管理"方式的转变。一个企业要适应超倍速的竞争,必须在以下各层面具备敏捷性的特点:在生产方面,敏捷管理意味着具有依照顾客定单,任意批量制造产品和提高服务的能力;在营销方面,它具有以顾客价值为中心、丰富顾客价值、生产个性化产品和服务组合的特点;在组织方面,敏捷管理要求能够整合企业内部和外部与生产经营过程相关的资源,通过与供应商和顾客的互动合作,创造和发挥资源杠杆的竞争优势;在管理方面,它一改强调指挥和控制的管理思想,转换到领导、激励、支持和信任上来。

3. 企业间的合作由一般合作模式转向供应链协作、网络组织、虚拟企业、国际战略联盟等形式

现代企业不能只提供各种产品和服务,还必须懂得如何把自身的核心能力与技术专长恰当地同其他各种有利的竞争资源结合起来,弥补自身的不足和局限性。在现代企业的生存原则中,"排他"已被"合作"所取代包容。

许多成功企业形成了不少互利合作的竞争方式:供应链式,主要是企业与供应商之间的合作。企业的增值链中,供应过程所占成本很多,所以供应链的动态互联至关重要;战略网络型,主要是指企业通过建立与供应商、经销商,以及最终用户的价值链形成一种战略网络,竞争已不是单一的公司之间的竞争,而是战略网络间的竞争;协作联营型,表现为企业通过有选择的与竞争对手,以及与供应商或其他经营组织分享和交换控制权、成本、资本、进入市场机会、信息和技术等,形成联营组织,从而在市场竞争中创造更多的价值;虚拟组织型,是利用信息技术把各种资源、能力和思想动态地连接起来,成为一种有机的企业网络组织,以最低的成本、最快的速度创造价值。

4. 员工的知识和技能成为企业保持竞争优势的重要资源

企业将主要通过管理员工的知识和技能,而不是通过金融资本或自然资源来获取竞争优势。企业的知识被认为是和人力、资金等并列的资源,并将逐渐成为企业最重要的资源。

出现在资产负债表上的资产,如厂房、设备等,虽然很容易估价和进行管理,但它们已经越来越难以决定企业的价值。相反,企业的价值更取决于无形资产,如品牌、专利、特许经营、软件、研究项目、创意,以及专长等。国外机构的研究表明,在企业的市场价值中,已有6/7都取决于这些无形资产。管理这些资产中的任何一种都是很难的,但最难的还是怎样对待员工的思想和知识。企业需要更多地通过组织学习、知识管理和加强协作能力来应对知识经济的挑战,将现有组织、知识、人员和流程与知识管理和协作紧密

结合起来。

5. 从传统的单一绩效考核转向全面的绩效管理

传统的绩效考核是通过对员工工作结果的评估来确定奖惩，以期实现对员工的激励，其致命的问题在于：目标到绩效结果的形成过程缺乏控制；不是封闭的，没有绩效改善的组织手段作为保证；在推行绩效考核时会遇到员工的反对。

把绩效管理与公司战略联系起来，变静态考核为动态管理，是近年来绩效管理的显著特点。信息技术的发展使更为精细的绩效管理成为可能，绩效管理的工具也由单一向多维发展。主要包括目标管理、关键绩效指标（KPI）、360度打分、平衡计分卡和EVA价值管理等。

6. 信息技术改变企业的运作方式

信息技术的发展和应用，几乎无限制地扩大了企业的业务信息空间，使业务活动和业务信息得以分离。在订单的驱动下，原本无法调和的集中与分散的矛盾得以解决，并提供了手段。通过整合能够实现企业内部资源的集中、统一和有效配置；借助信息技术手段，如"协同设计""协同制造"和"客户关系管理"等，企业能够跨越内部资源界限，实现对整个供应链资源的有效组织和管理。

为了应对挑战，出现了许多如PDM、ERP、CFM、SCM等企业信息化产品，在不同层次、不同方面为企业管理与技术水平的提升提供了解决方案。

7. 顾客导向观念受到重视并被超越

由于顾客往往缺乏主见，因此顾客导向难以使企业具有前瞻性。而近十几年来，以微软、英特尔为首的部分高科技企业放弃了"顾客导向"，采用以产品为中心的经营战略，并取得了巨大成功，由此产生了超越"顾客导向"的竞争新思维。这种现象的出现，主要是因为随着知识经济时代的到来，企业面对的已不仅仅是现有的份额，更重要的是未来的市场和挑战。要提高企业的预见性，抢占产业先机，仅着眼于顾客导向已经不够，它会随着竞争条件的变化而逐渐失效。

8. 由片面追求企业自身利益转变为注重履行社会责任，实现经济、环境、社会协调发展

一方面越来越多的消费者关注跨国公司在推行市场全球化过程中的社会责任表现，同时更多的公司认识到，良好的企业社会责任策略和实践可以获取商业利益。社会责任表现良好的企业不仅可以获得社会利益，还可以改善风险管理，提高企业的声誉。

近年来，管理体系方面最重要的发展应该是 SA8000 社会责任国际标准。在目前的商业环境下，大多数商业发展计划都要进行道德评估和环境影响分析。在 ISO9000 和 ISO14000 之后，SA8000 标准是一个最新的管理体系标准。大多数公司意识到，消费者在选择商家时越来越多的考虑公司的道德表现，商业行为符合道德标准已经变成头等大事。

本章小结

创新既是现代企业发展的动力，也是企业赖以存在的基础。一个企业如果想在激烈的市场竞争中占据一席之地，就必须努力提高自己的创新能力，企业只有勇于创新，才能生存下去。正如福特汽车公司前总裁享利·福特的话："不创新，就灭亡。"

创新作为管理的职能而言，狭义上是指人们首次采用一种或多种创造对现有资源或工作进行新的有机整合，以获得综合效益的活动。它包含三层含义：（1）创新是任何人都可以进行的活动，并非创业家或企业家所特有的行为；（2）创新的目的是获得综合效益，它既指经济利益，也包含社会利益；（3）创新的工具是创造，创造是指人类认识世界和改造世界的所有成果。

成功的创新要经历"寻找机会、提出构思、迅速行动、忍耐坚持"这样几个阶段的努力。作为一个管理人员，在组织创新工作时，更重要的是为部属的创新提供条件、创造环境，有效地组织系统内部的创新。

创新的策略，按照创新的竞争战略分为：首创型创新、改创型创新和仿创型创新；按照创新的层次分为基于基础性研究的创新和基于应用性研究的创新。创新的方法包括：头脑风暴法、综摄法、逆向思考法、检核表法、类比创新法等。

技术创新是企业创新的重要内容。技术创新包括材料创新、产品创新、工艺创新、手段创新。

技术创新的源泉有：意外的成功或失败、企业内外的不协调、过程改进的需要、行业和市场结构的变化、人口结构的变化、观念的改变、新知识的产生。

实施技术创新的模式比较有效的主要有：自主创新的模式、内部转移的模式、模仿/学习的模式、合作/联盟的模式、外购或购并的模式。

管理创新就是管理领域的创新。管理创新贯穿于管理的全过程，创新是管理的灵魂，是管理的主线。管理创新包括：管理观念创新、管理组织创新、管理方法创新、管理模式创新、管理文化创新以及市场创新等。

管理创新的作用在于：提高企业经济效益，降低交易成本，稳定企业、推动企业发展，拓展市场、帮助竞争，有助于企业家阶层的形成。

一、思考题：

1. 请列举社会上流传的对创新概念的诠释或理解，并谈谈你的看法和理解。
2. 作为一名管理人员，如何才能更好地组织好本企业的创新活动？
3. 请思考技术创新对企业发展的重要性。
4. 不同技术创新模式的适用条件有哪些？
5. 技术创新与管理创新的区别与联系是什么？
6. 什么是管理创新？举几个自己所了解的属于管理创新的事例。
7. 如何有效运用管理创新的思维方法？举一个现实生活中的实例说明。
8. 一个组织怎样才能建立一个行之有效的管理创新系统？

二、实训题

实训项目　9-1　提高大学教学质量的创新方法

1. 实训目的

老师和学生一起探讨提高大学教学质量的创新方法，为老师今后创新教学方法、提高教学质量提供方向和思路。

2. 实训要求

要求每个学生上网搜集、阅读一些有关创新性的大学教学方法，然后设 8~10 人一组，结合课堂所学创新理论及现在自己学校的教学现状，写出《提高大学教学质量的创新方法》实训报告，在课内进行讨论交流。

3. 实训考核

教师根据学生的实训报告和讨论课上的表现给予评价。

实训项目　9-2　提高大学学生学习质量的创新方法

1. 实训目的

老师和学生一起探讨大学学生学习质量的创新方法，为学生今后创新学习方法，提高自身学习质量提供方法和思路。

2. 实训要求

要求每个学生上网搜集、阅读一些有关创新性的大学生学习方法，然后设 8~10 人一组，结合课堂所学创新理论及现在自己学习的现状，写出《提高大学学生学习质量的创新方法》实训报告，在课内进行讨论交流。
	3．实训考核
	教师根据学生的实训报告和讨论课上的表现给予评价。

三、创新思维训练题

请用"黄金，兔子，外婆，王子，小茅屋，海盗"几个词语编一个故事，要具有创新思维。

要求：
1. 至少选用管理创新方法中的一种方法进行编写。
2. 字数不低于 500 字。
3. 编写的故事真正体现创新思维。
4. 请学生相互评价。

四、案例分析

案例 9-1　3M 公司的创新

这个坐落在美国中西部明尼苏达州首府圣保罗市的大型企业，不仅在财务上创下令人羡慕的纪录，最重要的是它在创新产品方面的成就。3M 在这方面的卓越表现绝非偶然，而是得力于它所采取的多元产品的发展策略。

3M 公司 2013 年时的营业额高达 299 亿美元，在美国《财富》500 强排行榜中公司排名第 101 位，可以说是名符其实的"大型企业"。迄今 3M 共发明了六万多种新产品，几乎平均每年推出 100 种以上的产品，拥有 40 多个产品部门，而且每年都会有新的产品部门成立。

（一）3M 公司的特色

3M 最大的特色就是它的多元化经营策略。它所从事的行业很多，其中以胶带与其相关产品（包括透明胶带）为最大，共占有其营业总额的 17%；其他营业项目包括印刷系统、研磨剂、黏胶、建筑材料、化学制品、保护药品、摄影产品、印刷产品、录音器材、电用制品、保健药品等。但尽管如此多元，3M 主要还是依靠化学工程师，以发展上漆与砌合工业技术为重心，但这并不表示他们只会开发普通毫无特色的产品。财星杂志指出，3M 在过去两年中推出的新产品包括：一种游泳也不会脱落的防晒乳液，一种加速外科医生缝合伤口的特殊缝合器，还有一种不需要加入昂贵的银元素的特制平版胶卷，以及一种可以抑制杂草生长的药剂。

3M 极力向员工灌输一个重要的观念：热衷、奉献的精神是产品开发成功的必要条件。财星杂志对于这种观念曾经做出如下评论：最令 3M 感到欣慰的是，公司每个人在开发新产品时，或是把别人没有信心的产品成功推出市场时，或是想出如何大量生产降低成本时都能把产品当作自己的事业一样来看待，而且上司多半都放手让他们这样做。

3M 非常重视对创新斗士的支援系统，类似保护者或是缓冲器的作用。其中一个保护者一定是"斗士主管"。由于公司的创新传统由来已久，主管本身必然经历过发明新产品的斗士过程，如作风怪异、不按牌理出牌、曾遭受封杀、热衷埋首于某项发明工作，也许曾在那儿为自己心爱的发明熬过十年以上。如今，他们身为主管，坐镇于此负责保护年轻一辈的斗士，使他们免受公司职员贸然的干扰，适时把这些干扰者赶走。

（二）保护年轻的创新斗士

在 3M，主管为了保护年轻的斗士，往往会言辞激烈地数落那些干扰者。"船长在那穷饶舌，不到舌头流血是不会罢休的。"这是海军用来形容年轻军官第一次引航指挥大船进入港口的情形，但是在 3M，则是用来形容主管把开发新产品的重要任务，交给年轻一辈的苦口婆心的嘱咐过程。在 3M，"斗士主管"并非是"顶头上司"，而是利用他的耐心与技术，负责培养新生代的创新斗士。

"创新产品小组"是 3M 支援系统的基本单位，这种小组具有三项重要特征：由各种专业人才共同参与完成无限期任务，小组成员都是志愿者，具有相当的自主权。

一个创新小组的成员至少要包括技术人员、生产制造人员、营销人员、业务人员，甚或财务人员，而且他们必须全部是专任的。3M 也明白，在这种制度下，有些成员也许并不能立刻派上用场，有可能造成人才浪费的现象，例如在产品开发的初期阶段，大概只需用三分之一的生产制造人员。但是 3M 似乎愿意付出这种代价，以便使所有工作人员专心一致、全身心地投入工作，他们的观点是，唯有指派专任工作，才能促使员工全力以赴，专注于一项任务之上。3M 另一个刺激员工效忠奉献的方法是让创新小组的成员完全由自愿者组成。一位 3M 主管表示：小组的成员都是招募而来的，公司绝不硬性指派。这其中有很大的区别。比如说，假定我是个营销人员，被指派去评估技术人员的构想，在大多数的公司，通常我只请他把所有缺点都挑出来，然后说这个构想很糟，我就能完成任务了事了……可是假如我是自愿参加小组工作的话，这种事就不可能发生。

最后，3M 还特别保证，创新小组具有相当的独立自主权与工作保障。

他们规定，在新产品发布前，小组成员不得解散。在麻省理工学院研究 3M 有二十年之久的罗勃斯教授指出，3M 对小组的工作人员说："我们对你们的承诺是以整组成员为单位，只要你们达到公司评估工作表现的规定标准，公司自会让你们随着新产品销入市场而步步升迁；随着产品销售业绩的成长而获取应得的利润；另一方面，万一你们失败了，我们也有个后援补救的制度，那就是保证让你们再回到参加小组前的那个职位。"

（三）激励人心的制度

3M 的激励制度对整个小组或个人都有鼓动作用。当他们的产品开发计划越过重重障碍有所成就的时候，组里每位成员都会因此而获得晋升。小组发达创新斗士自然也获益匪浅。那么，在 3M，一个成功创新小组的工作人员，他的事业前途有何展望呢？罗勃斯做了如下的描述：在 3M，一个人只要参与新产品创新事业的开发工作，他在公司的职别与酬佣类别自然就会随着他们产品的营业额增长而改变。譬如说，他也许一开始只是个生产第一线工程师，领取这一职别最高或最低的薪水。一旦他的产品打入市场后，就可擢升为"产品工程师"。当产品每年的销售总额达到一百万美元时，就是"具有充分资格"的产品，而这时他的职称与支薪等级都有了重大的改变。等到该产品销售额突破五百万大关时，他就可以做到整个产品线的"工程技术经理"了。假如该项产品再进一步破了 2000 万大关，就可升格为一个独立的产品部门，他若是开发该产品的主要技术人员，这时就自然成为该部门的"工程经理"或是"研究开发主任"了。

假如你想要深入了解 3M 是如何激发公司内部的企业活动，最好是从整个公司的"价值观"开始了解，尤其是它的第十一诫：切勿随便扼杀任何新的构想。公司有时或许会拖拖拉拉不够积极，或是对某个成立创新小组的要求不予批准，但它绝不会扼杀创造者的任何新构想。

（四）来自管理层的模范作用

3M 公司的每位主管都有一段脍炙人口的成功发明史，由此可见，整个 3M 最高主管阶层就是年轻一辈学习仿效的典范。那些希望成为创新斗士的年轻人往往从这些前辈的事迹中得到启示与激励。德鲁与博顿的发明过程就是个典型的例子。这些例子对于公司年轻的一辈非常具有启发性。

根据现任董事长李尔的说法，事情是这样的：我们的业务人员到汽车工厂做例行拜访时，注意到工人正在为新型双色汽车上漆，然而由于两种漆色老是会流到一块，从而使工人们感到很麻烦。当时实验室一位名叫德鲁的年轻技师，研究出了一种可以掩盖不需油漆部分的强力胶带，这种胶带不但解决了汽车油漆工人的问题，同时也为3M发明了第一个纸带产品。到了1930年，也就是在杜邦推出玻璃纸的六年后，德鲁又研究出把黏胶涂到玻璃纸上的方法，透明胶带就是这样诞生的；不过，刚开始只用于工业包装上，直到一位叫博顿的3M的业务经理发明了一种内在切纸刀片装置的卷轴，透明胶带才真正开始广泛应用于办公室，大放异彩。

这个代表性的小故事，反映出3M的典型作风，并深具几项重要的意义：第一，企业与顾客相互影响的密切关系；第二，在3M，并非只有技术人员才能发明新产品；第三，对3M而言，任何新产品开发计划都具有巨大的市场潜力。

（五）英雄式的热烈款待

创新斗士一旦成功，立刻会受到3M英雄式的热烈款待。李尔自豪地指出："每年都会有15到20个以上行情看好的新产品突破百万元销售大关。你也许会以为这在3M并不会受到什么注意，那你就错了。这时镁光灯、鸣钟、摄影机等全都派上用场，热烈表扬这支企业先锋队的成就。"就是在这种鼓励之下，3M年轻的工程师们勇敢地带着新构想跨出象牙塔，到处冒险。

在3M的价值观里，几乎任何新产品构想都是可接受的。尽管该公司是以上漆与砌合工业为主，但它并不排斥其他类别的新产品。罗勒斯观察说："只要产品构想合乎该公司财务上的衡量标准，如销售成长、利润等，不管它是否属于该公司从事的主要行业范围，3M都乐于接受。"

而且，在3M，失败者也是受到鼓励的，董事长李尔经常通过过去的实例勉励员工，鼓励他们不要怕失败，即使失败也切勿气馁，应当发挥企业家的奋斗精神。他说："在3M，你有坚持到底的自由，也就是意味着你有不怕犯错、不畏失败的自由。"

不屈不挠、坚持到底，在3M，终有成功的一天。不过，另一位3M的主管也指出："我们不会随便扼杀新构想，但有时难免会把一些构想给打歪了。毕竟我们是在'人'的身上下赌注。有时你总免不了在迫不得已的情况下终止一个尚未成功的产品计划。但只有这样，你才能迫使那些真正狂热的发明者，想办法使他的产品计划非得成功不可"。

乍看之下，这似乎是非常自相矛盾的做法：一方面非常支持任何有潜力的产品构想发展；另一方面又绝不随便过度地在这上面投资，因为3M毕竟是个非常讲究效益的公司。他们典型的做法通常是这样的：假如一个创新斗士的产品构想已由理论阶段发展到成型阶段时，他们可以组织创新小组，通常5、6个人一组。但计划发展到一半，忽然遭遇意想不到的障碍，这时3M

大概就会很快取消这项发展计划，解散该小组。不过，这位创新斗士若是真的非常热衷于这项计划，公司非但不反对，反而会鼓励他独自或是找个伙伴，花 30%的精力，继续坚持下去。3M 发现，总体来说，一个新产品通常要经过 10 年以后市场才会真正接受它。所以，在此之前，创新斗士必须经历一番盛衰更迭的命运，直到最后，市场终于成熟，时机终于来到，他的创新才能大放异彩，他也因此而扬眉吐气，出人头地。

（六）将产品创新视为数字游戏

3M 是第一个将产品创新视为一种数字游戏的公司。负责研究开发部门的副总裁亚当斯道出 3M 所持的态度："我们的作风是，做一点，卖一点，然后再进一步开发一点。"他的一位同事进一步阐释 3M 的策略时说："从小处着手，朝大目标迈进。投入适当的资金，获取进一步所需的知识技术，增加利润。在很短的期间内，进行无数个小试验……一项新进展就是一连串的出击汇集而成。只要是有可能发展成广阔前景的新产品，该计划绝不会遭受不必要的干扰。任何新构想都具有巨大的发展潜力。"因此，在 3M，到处可以看到正在进行试验的创新斗士，但他们中的大多数都难以逃脱失败的命运，少部分稍有收获，最后总有几个通过重重考验，最终发明成功了。

凡是想要组织一个创新小组的斗士，不论他们是物理专才，还是微电子高手，或是另外招募各方好手，3M 都乐于拨出研究基金供其使用。而且在圣保罗市，器材设备齐全的总公司也成了一个优良的实验场所。他们能够把一个构想迅速转换成一个上市的新产品，这种本领足以令人叹为观止。而且，在整个产品开发过程中使用者（顾客）一直都参与其中。更令人惊讶的是，3M 每个新产品开发计划书都非常简短，平均只有五页。然而，一位 3M 副总裁却不以为然地说："你们对于 3M 这一点完全估计错误。在大多数的公司，新产品计划书，通常至少在两百页以上；在 3M，我们认为第一次提出新产品提案时只需用一个条理分明的句子说明一下就行了"。

这位副总裁接着说："在开发的初期阶段，我们不会把时间、精力无谓地浪费在计划一切都还是求知数的事情上。我们当然要有计划，如精密周详的销售实施计划，但一定要在发展到相当程度后，才做这些详细的计划。在一开始，还没根据顾客的需求进行简单的实验之前，我们为什么要把时间浪费在两百多页的计划书上？"

3M 另一位主管表示："经验告诉我们，在新产品尚未进入市场前，我们实在无法精确预估新产品将会有多少销售增长。因此，我们现在都是在产品上市以后，才进行销售预测。"

（七）分权自主的组织结构

就某方面来看，组织结构对 3M 不重要。罗勃斯观察说："若是单从理论上来看，3M 的组织结构似乎并没有什么独特之处。"一位 3M 主管甚至用更强烈的措辞说："组织结构形式与我们根本没有关系。"

话虽如此，3M 的组织结构多少仍有几个重要特征。第一，3M 始终维持分权自主的组织结构。10 年前，3M 就已有 25 个部门，发展到目前已有 40 个部门，而且仍将继续成立新部门。在 3M，与其集中追求一个部门的业务成长，还不如采取分散的方式，这一向是 3M 通向成功必经之路。

除此之外，在 3M，若是某部门产品开发小组的工作人员提出一项新构想，正常途径是先向直属上司申请发展基金，如果遭到上司的拒绝，那么 3M 就可以施展它的魔力了。这位工作人员可以转向另一部门申请；若是再度遭到拒绝，还可再转向其他部门申请。他也许属于开发黏胶产品小组，但他可以随心所欲地到其他各个产品部门推销他的新构想。即使他仍旧四处碰壁几乎到了穷途末路的地步时，3M 还有一个最高机构"创新事业发展部门"，供他提出最后的申请。通常，真正非常高深特殊的研究提案都在此获得最后的决定。

为什么这样的方式能在 3M 做得如此成功呢？很简单，3M 利用各种诱因，鼓励主事者这样做。任何一个创新小组的筹划者，只要他能争取到外来的基金来支援小组的研究发展，他就会因此而获得相应的奖励。这项规定也同样适用于各部门主管之间。此外，在 3M 还有许多直接的奖励制度鼓励你寻找机会推销你的构想，或是尽量找机会发掘新构想。

（八）富于弹性的人事管理

为了配合这套制度的发展，3M 对人事的调动也非常富有弹性。例如，甲小组的工作人员的构想，一旦被乙小组的一位部门经理采纳，那么这位工作人员便可随着他的构想一起转移到乙小组工作。

此外，还有其他相关的规则。例如，3M 硬性规定，每一部门最近五年新产品的销售额至少要占该部门总营业额的 25%。通常这样的营业目标在其他公司都是以整个企业为标准，或是以各个关系企业为基准；但事实上，这种目标在中下阶层各部门就可以达到的。因此，3M 始终要求各个部门必须达到这个目标，这使得 40 个部门主管不得不竞相努力开发研究新产品。

但是最重要的一个观念，也是最主要的，3M 的成功绝不只是建立在一两个因素上。当然，无可否认的是，创新斗士、斗士主管，以及创新小组是整个创新过程的重心。然而，他们之所以能成功，主要还有下述原因：有众多的英雄从旁支援、价值系统的支持、有容忍失败的气度、采取渗透特殊市场的策略、密切的顾客关系、由小到大的开发研究方式、频繁而不拘形式的沟通、设备齐全的实验场所、富有弹性的人事组织、没有过多的纸上作业与繁文缛节、激烈的内部竞争……多年来，由于这些因素的共同作用，才使得3M这种创新产品的策略有了今日突出的表现。

分析讨论题：
1. 3M公司成功的秘诀是什么？
2. 作为一个管理者，3M公司的成功对我们有什么启迪？

案例 9-2　美国杜邦公司管理文化模式的变革

美国杜邦公司建立至今已有200多年，最早从生产黑火药起家，发展为今天有2000多个产品，年营业额440亿美元，市场价值近600亿美元的跨国公司。该公司1992~1995年实行全面改革，通过降低成本创造价值，减少员工20%，高层管理人员减少40%~80%，减少层级后加强了快速反应的能力，贴近了消费者，1995年以来实现了以创造价值带动赢利性增长。1998年名列《财富》杂志世界500强企业第55位。杜邦的成功，取决于适时地进行管理文化模式的变革。

杜邦管理文化的变革，经历了家族式管理和创新型集体管理两个阶段。

家族企业出身的杜邦公司在创业之初采用的是中央集权的组织结构，直至19世纪末，掌管大权的"杜邦二世"仍不放心分散和移交权力，其专制独裁式的管理近乎于"凯撒模式"。但是，到了20世纪初，杜邦公司开始进行管理文化模式的变革，率先独立地应用许多独创性的管理方法和管理技术，不仅把工长一级的技术问题、管理问题进行规范化，而且把高层管理业务加以系统化，创造了一整套颇具特色的杜邦管理文化模式，完成了由纯家族企业管理向现代企业管理的转化。

（一）管理创新与文化整合

"杜邦二世"一人管理公司近40年，他不仅是企业的首脑，也是整个杜邦家族的一家之长，他事无巨细、独立决策公司的所有事务，还召开家庭会议，对就学习、婚姻等家庭事务提出意见。虽然这种管理模式与现代企业管理格格不入，但公司这一阶段的发展还算顺利，可是，"杜邦二世"去世后，公司缺乏一个强有力的接班人，传统的经营管理秩序几近崩溃，公司濒临倒闭，三个杜邦堂兄弟用2000万美元"买下"了杜邦公司，并重新改组，引进了系统管理模式，使杜邦公司重获新生。

"杜邦三兄弟"的系统管理模式并不是他们三人的发明创造,而是从独立以杜邦母公司的高效爆炸物集团的管理先驱们那里借鉴过来的,这个集团还为三兄弟重建杜邦提供了大量的经理人才,他们通过联合兼并以及各种产品的一体化、多样化,销售与财务的新结合,大大改进了公司的财务状况。1903年,从经营委员会成立起,由杜邦家族单独控制杜邦公司的局面就宣告结束了。

新成立的经营委员会首先进行企业的文化整合,完善管理制度、措施和程序,推广高效爆炸物集团确立的一些政策和管理方法。公司的管理主要通过建立中央参谋职能部门来进行,它们制订政策和选择控制措施,然后由总经理经营委员会下令实施,这个管理过程中形成的大量文件、规章制度都汇集在杜邦公司的"圣经"和"手册"中。公司还建立了中央销售局,由它来制订价格表并强制执行,结束了削人价、折扣、秘密协议等不规范的企业行为。

(二)体制创新与管理理念更新

公司在致力于规章制度、管理模式改革的同时,还十分重视企业体制及制度文化的改革、管理理念的更新。1903年成立的杜邦执行委员会经过15年的探索和改革,到1918已形成较为成熟的经营管理机构:由27位董事组成的董事会作为公司的最高经营决策机构,每月的第三个星期一开会。董事会闭会期间,由董事长、副董事长、总经理和六位副总经理组成执行委员会,实行其大部分权力,集体负责、分头执行,承担日常的经营决策。每周星期三,执行委员会,先就日常业务进行审议,并决定处置办法。正式议程的主要内容是听取和审阅各部门经理的业务报告,如生产情况、业务进展、市场销售、效益、存在的问题和建议等,并就进一步采取的措施和对策进行讨论,然后做出决议。执行委员会的最后决定,通常采取多数造成的方式通过,复杂的问题经充分酝酿后协商决定。

除了执行委员会外,董事会还下设财务委员会,其委员多数由不参与日常业务经营的董事们担任。财务委员会决定总公司的财务政策,并对财务活动进行指导和监督,它是掌管"杜邦钱柜"的掌柜。执行委员会在财务上有权使用400万美元限额的款项,如超过,则须经公司的财务委员会同意。

在长期的企业管理实践中,杜邦形成了自己独特的管理理念,其突出的特点就是注重造就高层经理人才。1919年,杜邦公司的绝大部分高层管理人员的年龄在35岁到45岁之间,他们不仅使杜邦公司以超常速度发展壮大,还把通用汽车公司从1921年的灾难中解救出来。1921年1月,通用汽车公司所有主要的经理人员几乎都是杜邦公司的人员，通用汽车公司之所以能成为当今世界上最大的汽车公司，就是得益于杜邦的人才战略。

1922 年杜邦公司对自己的管理理念进行过总结，并对 20 年来的管理改革进行了自我评价，这份总结和评价书指出，杜邦新的分权化组织明显地产生了非常好的效果，变家族伙伴领导为公司委员会的集体领导，这个改革是成功的。

（三）杜邦的环境伦理和企业伦理

维拉斯格在其著作中提到了涉及杜邦公司环境伦理的一个案例。说的是人们对于含氯氟烃破坏环境所逐步增加的关切，虽然实验室研究早在 1974 年就证实了含氯氟烃可能破坏臭氧层，但杜邦公司直到 13 年后才改变了政策。在 1978 年以前，杜邦还增加了各种新型生产设备，成了含氯氟烃生产的头号大户。1987 年，杜邦高级管理层在其技术人员的苦苦劝说下，终于答应实施限产，目的是为了到 2000 年全面削减所有含氯氟烃产品。

在 20 世纪 90 年代，杜邦公司在环境保护方面成了榜样。目前，他们已经制订了好几项环境政策，其中之一便是减少含氯氟烃的产量，而这项决定是在国家法律规定之前做出的。尽管减少产量是强制性的，但近期出台的政策则远非强制。一般而言，他们现在已经享有良好的声誉："很明显，在破坏环境条约宣布之前，杜邦已经走在市场的前头了"。

分析讨论题：

1. 为什么企业兼并之后必须进行文化整合？杜邦在这个问题上有哪些值得借鉴的东西？

2. 为什么说企业创新是企业保持长盛不衰的根本保证？企业创新的动力来自哪里？为什么说首先必须从管理理念上来一场深刻的变革？

案例 9-3　第 23 届洛杉矶奥运会的创新举措

主办举世瞩目的奥运会，是一件激动人心的事情，它将给主办国带来巨大的荣誉和威望。然而，在鲜花和荣誉的背后，却是高昂的代价：1972 年，联邦德国承办第 20 届慕尼黑奥运会，所欠债务久久不能还清。1976 年，加拿大举办第 21 届蒙特利尔奥运会，花费 35 亿美元，亏损 10 亿美元，为此，特开征"奥运特别税"，预计延续到 2030 年。1980 年，苏联主办第 22 届莫斯科奥运会，耗资 90 多亿美元，亏损更是空前。但是，1984 年，在美国洛杉矶举行的第 23 届奥运会，美国政府和洛杉矶市政府没有掏一分一厘，最终竟盈利 2.5 亿美元（一说盈利 1.5 亿美元），真可谓世界奇迹！这一奇迹的创造者就是彼得·尤伯罗斯。他的法宝是："将竞争变成魔杖，使全世界大亨们为争着掏腰包而拼命"。市场竞争机制从未被发挥得如此淋漓尽致。

1977年，国际奥委会宣布：1984年的第23届奥运会由美国洛杉矶市承办。这立即引起了场轩然大波。洛杉矶市议会决议，不反对主办奥运会，但不能花费市里一分一厘钱，美国政府声称，将不予任何经济援助。洛杉矶奥运会面临着夭折的危险。1978年8月，国际奥委会开会讨论，最终不得不同意中止执行奥运会章程第四条规定，奥运会经费可以不由主办城市负担，允许以商业化的方式筹集。然而，究竟谁能担此重任？带着这个问题，洛杉矶奥运会筹备小组向一家企业管理咨询公司求助，请他们帮助找一位能在行政当局不投一分钱的情况下办好奥运会的人选。根据人选条件，电子计算机对储存资料一次又一次地进行筛选，计算机屏幕上不断出现一个名字——彼得·尤伯罗斯。尤伯罗斯何许人？他有何特殊经历和才能使得计算机一再推荐他来解救这场危机呢？

彼得·尤伯罗斯，1937年出身于美国伊利诺斯州埃文斯顿的一个推销商家庭。自幼酷爱体育，富有冒险精神。22岁大学毕业后，他就职于夏威夷联合航空公司，这是一家经营不定期航班的小公司。尤伯罗斯避开与国际大航空公司在干线定期航班上的竞争，在星罗棋布的夏威夷群岛之间，着手开辟航运支线，以填补国际大航空公司的市场空白。这一明智的战略，大大拓展了公司的业务。为此，一年后他被提升到洛杉矶的公司总部当经理。不久，尤伯罗斯辞职，开始了独立开创自己航运服务事业的奋斗。由于时气不佳，旅游业不景气，尤伯罗斯竟负债10万美元。但是，尤伯罗斯不失时机开设了一家运输咨询公司，为一些小型航空公司、饭店、轮船公司代办订票业务，这是一个未被开发的巨大市场。他的公司得到迅速发展，在很短的时间里，就在全国各地建立了十几个类似的服务机构，尤伯罗斯因此而初露锋芒。1965年，他应邀加入美国青年董事长协会，年仅28岁，是这个组织有史以来最年轻的会员。此后，尤伯罗斯利用发售股票筹集资金，购买小型旅游公司，逐步把业务扩大到饭店业。1972年，尤伯罗斯出资近100万美元买下福斯特旅游服务公司，并在此基础上，于1974年创办了第一旅游公司。4年后，第一旅游公司发展成为仅次于美国捷运公司的美国第二大旅游公司，在世界各地设有200多家办事处，拥有15000名雇员，年营业额超过3亿美元。尤伯罗斯也以一位"善于抓住机会"的企业家而著称。

在筹备组的一再盛情邀请下，1979年4月，彼得·尤伯罗斯出任洛杉矶奥运会组委会主席，他以10.40万美元的价格卖掉了第一旅游公司，决心做一件别人做不到的事情。此时，几乎没有人认为这届奥运会能够获得成功。组委会没有银行账户，没有工作人员，没有开办费，甚至没有办公室，连房东都怕尤伯罗斯蚀本赖账，匆忙将门锁调换了。但是，尤伯罗斯并不把这一切当一回事．他明确宣布；本届奥运会完全"商办"，"组委会是独立于美国各级政府之外的私人公司"。接着，他拿出自己的 100 美元为奥运会开了户头，作为第一笔财产。然后，他调兵遣将，将经多年商场上了解的精英调集到班子里来。像被称为"管理天才"的阿施尔，从前是尤伯罗斯旅游业的代理人，被尤伯罗斯调到组委会担任副主席，负责全面管理工作。尤伯罗斯查阅了 1932 年洛杉矶奥运会以来所有举办奥运会情况的材料，精心筹划了一整套经营战略，并加以创造性地运用。

奥运会举世瞩目，尤伯罗斯探知"举世瞩目"这四个字的价值。在美国这个高度商业化的社会里，这四个字具有极大的吸引力，而且还有市场竞争机制可以运用。尤伯罗斯决心在奥运会的舞台上大显身手。

筹资第一步目标，放在为全世界提供比赛信息的电视实况转播专利上，他的工作班子提出，最高票价定为 15000 万美元。尽管这比蒙特利尔奥运会的 3400 万美元和莫斯科奥运会的 9000 万美元多得多。但是，尤伯罗斯胃口大得很，认为价格太低，电视台借转播奥运会的机会得到的收入远不止这些。可以定价在 22500 万美元。只要好好利用美国社会"竞争"这一杠杆，成交是没有问题的。尤伯罗斯亲自出马，到美国两家最大的广播公司——美国广播公司（ABC）和全国广播公司（NBC）游说，并策划了一次别开生面的不记名投标，让各电视网去相互竞争。ABC 请了几十位经济专家进行反复预算，发现其有利可图，便抢在 NBC 之前买下了电视转播权。加上售给一些外国公司的电视转播权的收入，结果仅此一项，就筹集到 28000 万美元。

初战告捷，人心大振，尤伯罗斯马上把筹资第二步目标转到了美国各大公司的身上。尤伯罗斯总结了前几届奥运会的经验，发现一些大公司之所以对奥运会慷慨赞助，无非是想借此机会提高自己在国内外的知名度，在同行业造成高人一等的格局，以利于在市场竞争中击败对手。1980 年，纽约冬季奥运会赞助活动失败，主要在于没有规定赞助单位的数目和最低资金的限额。结果，大家都是赞助单位，等于大家都不是赞助单位，没有什么吸引力，大多属于应付了事。当时虽有赞助厂商 381 家，但却只筹集到 900 多万美元赞助费。于是，尤伯罗斯别出心裁地规定：本届奥运会正式赞助单位为 30 家，每一行业只接受一家，每家至少赞助 400 万美元，赞助者可取得本届奥运会某项商品的专卖权。这样一来，各厂商的积极性被调动起来了，纷纷出高价抢购赞助权。这一招，又为奥运会筹集了 38500 万美元巨款。尤伯罗斯娴熟地操作市场竞争的艺术，不得不使人大为赞叹。

可口可乐和百事可乐两家饮料公司竞争十分激烈。百事可乐公司在 1980 年的冬季奥运会上争得了赞助权，出尽了风头，此后，销售额连年上升。这一次，可口可乐公司可不愿再失良机，甘居落后。尤伯罗斯看准这一行情，采用了像电视台那样的招标办法。最后，可口可乐公司一下子就开出了赞助 1260 万美元的标码，夺得了奥运会饮料专卖权，成为这一届奥运会交纳赞助费最多的公司。

奥运会急需国际商用机器公司生产的电子设备。但是却有消息说国际商用机器公司不打算参加赞助。尤伯罗斯立即打电话给其董事长说：赞助本届奥运会的公司，都能在全世界下一代人心目中树立良好的形象。并警告说，另一家大公司——日本电气公司正在申请获得赞助权，千万不要错过机会。国际商业机器公司终于被说动了心，签署了赞助合同。

美国柯达公司和日本富士公司是世界最有影响的两家照相胶片公司。柯达公司自恃是"世界最大"的公司，大摆架子，讨价还价，甚至抱怨不会有任何胶片公司愿出 400 万美元赞助费。组委会多次派人登门联系，拖了半年的时间还无法达成协议。尤伯罗斯最后决定把赞助权和胶卷专卖权给予愿出资 700 万美元的富士公司。消息一传开，柯达公司十分懊恼，但为时已晚，只好敬酒不吃吃罚酒，撤了广告部主任的职，并花了 1000 万美元的代价，买下 ABC 电视台在奥运会期间全部的胶卷类广告时间，封锁了富士公司在奥运会期间的电视广告。

美国通用汽车公司与丰田等日本汽车公司的竞争，更是热火朝天，彼此都竭尽全力拼抢这唯一的赞助权……

尤伯罗斯筹资第三步目标是充分利用奥运会的各个环节，激起竞争。奥运会开幕前，要从希腊的奥林匹亚村把火炬点燃空运到纽约，再蜿蜒曲折绕行美国的 32 个州和哥伦比亚特区，途经 41 个城市和近 1000 个镇，全程 15000 公里，通过接力最后传到洛杉矶，在开幕式上点燃火炬。这是做广告和满足人们荣誉的好机会。尤伯罗斯规定，其中 10000 公里收费，火炬接力者每跑 1 公里，需交纳赞助费 3000 美元。美国有史以来才举办过两次奥运会，能举办奥运会火炬跑步，也为人生一大盛事。这一活动激发了美国人对奥运会的热情。因此，开价虽高，但仍有很多人愿意付钱参加火炬接力跑。组委会由此筹得资金 3000 万美元。

尤伯罗斯还设立"赞助人计划票"，凡愿赞助 25000 美元者，可保证在奥运会期间每天获得两个最佳看台座位。组织了50家供应商，从杂货店到废物处理公司都有，要求每家至少捐助50万美元，才能准许把奥运会的生意交给他们做。

此外，组委会还制作了各种纪念品、纪念币，高价出售。并以每张18美元的价格预售奥运会门票，获得可观的收入。比起蒙特利尔奥运会花费的35亿美元和莫斯科奥运会花费的90亿美元，组委会筹集到手的5亿多美元当然是太少了。但是，在尤伯罗斯的卓越经营下，不但有节余，而且还把洛杉矶奥运会办得盛况空前，尤伯罗斯的原则是：该花的钱毫不吝惜，该省的钱精打细算。

尤伯罗斯分析：历届奥运会开支不断增加，主要是花费在新建奥运村、众多比赛场所、各种生活设施以及雇用大批工作人员上面。只要能把这些开支压缩下来，费用便会大幅度下降。因此，尤伯罗斯决定充分利用现有设施，不再大搞新建筑。奥运会各项比赛分散在24个场地进行，这样，就仅新建了游泳场、射击场和赛车场，重修了主体育场。主体育场是由大西洋里奇菲尔德石油公司出资900万美元整修，游泳场是由麦克唐纳公司出资400万美元建造。这一行为，使两家公司的名声大振。奥运村，主要利用加州大学洛杉矶分校和南加州大学暑假期间空着的学生宿舍。供运动员和记者乘坐的交通车，也是从各学校借来的用于接送中小学生的大轿车。至于工作人员，尤伯罗斯掌握不少美国人把为奥运会服务视为莫大荣幸的心理，公开招聘不领报酬的自愿人员。果然应聘者络绎不绝。5万多名奥运会工作人员，竟有一半以上是自愿人员。为了表示对他们的敬意，尤伯罗斯也不拿一文薪金。

但是，在该花钱的地方，尤伯罗斯又是一掷千金。奥运会的成功与否，在相当的程度上，取决于新闻媒介对它报道的规模和速度。尤伯罗斯专门为奥运会配备了价值5000万美元的通讯系统，利用300台电子计算机统计比赛结果。在新闻中心，胶卷为各国摄影记者免费提供；几台快速复印机昼夜为记者免费服务；午餐和晚餐为记者免费供应。在各国读者公用工作室里，700多台打字机，30台彩色电视机，近百部终端显示器等供记者免费使用。奥运会的开幕式和闭幕式最能体现奥运会的盛况，是最引人注目的时刻。对此，尤伯罗斯非常重视，专门请了好莱坞著名制片家戴维·沃尔负责编排和导演。结果，这届奥运会的开幕式和闭幕式向全世界展现出历届奥运会难以比拟的壮观豪华场面，这短短几个小时的开销是600万美元。

他成功了，第23届洛杉矶奥运会创造了奇迹，虽然受到苏联抵制的影响，仍有140个国家和地区的17960多名运动员参加，8000多名记者采访，比赛项目达 221 项之多，18000 多万美国观众收看了奥运会盛况，这些数字在奥运会历史上都是空前的。而且，它没有花政府一分钱，没有亏损，没有负债，反而空余 25000 万美元，为美国人民争得了荣誉。尤伯罗斯，他以勇敢无畏的精神和卓越经营的才能，做了一件一般人难以想象的事情。奥运会闭幕那天，当尤伯罗斯应邀站到运动场中央临时搭起的表演台上时，93000 多名狂欢的观众给予他经久不息的掌声。这时，他的双眼被涌出的泪水模糊了。他的名字彼得·尤伯罗斯，是同这届奥运会连在一起的。

分析讨论题

1. 彼得·尤伯罗斯在美国洛杉矶第 23 届奥运会上是怎样筹措资金的?有哪些创新举措?

2. 试以创新理论对彼得·尤伯罗期在美国洛杉矶第 23 届奥运舍的举办过程中的创新之举做一个归纳。

第十章　管理道德与企业社会责任

学习目标

　　道德与社会责任作为管理学中的两个重要范畴，近年来引起了人们强烈的关注。在道德沦丧的事件屡屡被媒体曝光以后，在组织中加强道德建设的重要性得到了越来越多人的认同。

　　通过本章的学习，掌握道德与管理道德及道德发展的"三个层次，六个阶段"。掌握影响管理道德的因素和四种道德观。掌握社会责任、企业社会责任的具体体现。

【导入案例】

10-1　谁更幸运

　　在一场激烈的战斗中，一位上尉忽然发现一架敌机向阵地冲下来。照常理，发现敌机俯冲时要毫不犹豫地立即卧倒。可上尉并没有这样做，因为他发现离他四五米处有一个小战士还站在那里发愣。他顾不上多想，一个鱼跃飞身将小战士紧紧压在了自己身下。此时一声巨响，炸弹爆炸，飞溅起来的泥土纷纷落在他们身上。爆炸过后，上尉站起来，拍掉身上的泥土，回头一看，顿时惊呆了：刚才自己所处的那个位置现在被炸成了一个大坑。

　　启示：可以说故事里的小战士无疑是非常幸运的，因为有人去救他，但更幸运的是故事里的上尉，因为他在帮助别人的同时也救了自己。

【导入案例】

10-2　良心的"霉变"

　　2001年9月3日，中央电视台报道"南京冠生园大量使用霉变及退回馅料生产月饼"的消息，举国震惊。当年，各地冠以"冠生园"的企业更深受连累，减产量均在50%以上。其中，上海冠生园所受影响最大。

第一节　道德与管理道德

一、道德与企业道德

（一）伦理与道德

企业伦理学是研究企业道德现象的科学，要认识和理解企业道德，有必要先了解更基础的两个概念——伦理和道德。

所谓伦理，"伦"是指人、群体、社会、自然之间的利益关系，"理"即道理、规则和原则。"伦"和"理"合起来就是处理人、群体、社会、自然之间利益关系的行为规范。简而言之，伦理是指判定行为是非，对错的原则和行为规范。

所谓道德，"道"的本来含义是道路，引申为原则、规范和规律。"德"是指人们内心的情感和信念，是人们坚持行为准则的道所形成的品质或境界。所以，道德通常是指那些用来明辨是非的规则和原则。可见，"伦理"与"道德"这两个概念，一般不做很严格的区分。他们经常可以互换使用，特别是作为规范讲时更是如此。

【应用阅读】

熟视无睹

一位大学生应聘到一家银行工作，做出纳员。一次，老板问他："你手中数的是什么？"他回答："数的当然是钱。"3个月后的一天，老板又问他："你手中数的还是钱吗？"他仍然回答："还是钱。"一年后，老板再次问他："你在数什么？"他很快地回答："这是我的工作。"老板满意的笑了，因为这位青年员工已经做到了目中无钱。

启示：说明这位出纳员的职业道德。出纳员工作应遵循规则和行为规范。

（二）道德观

在现实经济活动中，我们会经常碰到一些问题，例如：公车私用；用单位电话打私人长途电话；电视台在少儿频道做广告；销售商品的过程中贿赂客户；通过说假话欺上瞒下；打假报告树形象获政绩；通过假破产来达到真逃债目的行为。诸如此类问题，就是一个道德判断的过程，持有不同道德观的人对上述问题的回答显然是不同的。

1. 道德的功利观

它是指完全依据其后果或结果而做出决策的道德观。功利主义的目标是为某些利益相关者提供最大的收益。在现实经济生活中，功利主义一方面提倡提高生产力和经营效率，以实现利润最大化的目标；另一方面也有可能导致组织资源的配置不合理以及利益相关者的权利被忽略或利益被损害，如有些企业通过减员方式来增加经济效益，而下岗失业职工并没有得到合理的补偿等。

2. 道德权力观

它是指要在尊重和保护个人基本权利的前提下做出决策的道德观。例如，当雇员告发他们的雇主违法时，应当保护雇员言论自由的权利。权利至上的道德观在保护个人自由和隐私方面起到了积极作用，但它在组织中也有消极的一面，即由于过分强调个人权益的保护，它有可能阻碍组织生产力和效率的提高。

3. 道德的公正观

它是指要求管理者制订公平的实施细则，在处理问题时，在同等情况下一视同仁。持有公正主义道德观的企业管理者可能会对新来的员工支付比最低工资高一些的薪金，因为他们认为，最低的薪金不足以维持该员工的基本生活。实行公正标准同样会有得有失，它保护了那些其利益可能未被充分体现或被忽略的利益相关者，但它也会助长组织降低风险承诺、创新性和生产率的意识。

4. 综合社会契约的道德观

它是指要求决策人在决策时综合考虑实证和规范两个方面的因素，要把实证（是什么）和规范（应该是什么）两种方法同时并入商业道德之中。这种道德观要求管理者考察各行各业的现有道德，以决定什么是对的，什么是错的。这种道德观实际上综合了两种契约：一是经济参与人当中的一般社会契约，这些现实的或现存的社会契约构成了企业道德规范的一个重要源泉；二是一个群体中较为特定的人当中的特定的契约，这些契约规定了哪些行为方式是可以接受的，哪些行为方式是不可以接受的。

（三）企业道德的内涵

企业道德是指以企业作为主体，以企业经营的道德理念为核心，企业在处理内部和外部的关系时，应遵循的道德原则、道德规范及其实践的总和。对这一定义可做进一步解释，具体如下所示。

1. 企业道德是企业及成员的行为规范

企业作为行为主体，它是由个人组成的，但企业的行为却不能简单地表述为单个成员的行为之和。企业根据自己的经营哲学和宗旨确定使命以及利益和行为的方式。企业应该做什么，如何做，道德责任是什么，这就意味着，企业本身被看成了一个"道德角色"或"道德个人"。然而具体工作是由企业成员来做的，企业在遵守行为规范时，实际上也是单个成员所应遵守的行为规范，如管理者、工程技术人员、生产人员、营销人员、财会人员等的行为规范。

2. 企业道德是企业经营活动的善与恶，应该与不应该的规范

企业在生产经营过程中有各种行为规范，如生产技术规范、操作规范、礼节规范等，而企业道德是关于善恶的规范，它告诉人们哪些生产经营活动是善的，应该的，哪些是恶的，不应该的。三鹿问题奶粉事件给社会造成非常恶劣影响的同时，也给企业和同行带来了灭顶之灾。因为该事件不仅导致三鹿集团破产，而且还引发了整个乳品业的信任危机，这在中国乳品业是史无前例的。

3. 企业道德是如何正确处理企业与利益相关者关系的规范

"道德的基础是利益，其核心内容即是调整利益关系。"那么，在企业生产经营过程中，存在哪些利益关系呢？企业从事生产经营活动时，需要内部的各层次、各部门员工的共同努力。同时，企业又是一个人造的开放系统。因此，企业可以分为内部关系和外部关系两类。具体讲，企业生产经营中存在着以下主要利益关系：企业与顾客的关系；企业与供应者的关系；企业与竞争者的关系；企业与政府的关系；企业与自然的关系；企业与所有者、管理者、员工的关系等。总之，企业道德就是调整企业及其成员与利益相关者关系的规范。

4. 企业道德既有外在性又有内在性

企业道德作为一种理念原则，必然与一定的社会环境和社会文化相联系。因此，企业道德的外在性是指社会对企业及其成员提出了生产经营行为善恶的规范，这种要求来自企业外部；企业道德的内在性是指企业及其成员对外部规范的内心感悟，是企业内在的、自觉的认识和要求，是在生产经营活动中反映出来的、企业真正信奉的规范。我们说一个企业的道德水准低，实际上是说企业内在所信奉的并在实践中反映出来的善恶规范低于社会对企业提出的规范要求。

【应用阅读】

义利之痛

据报道，宁波地区有二十五六家生产饮水桶的企业，90%以上都在生产"黑心桶"。一只"黑心桶"原材料成本8元，加上水费、电费、人工费、包装费等，共计成本18元，如果也是卖18元，将无利可图。

"黑心桶"生产商表示，情愿光明正大地生产正规饮水桶，理由是：回收料性能低劣，生产过程中损耗很大，而且生产"黑心桶"属于违法行为，整天提心吊胆，风险很大，但"我们要生存，我们在围着饮水厂转，是饮水厂在逼良为娼"。

中国目前的饮水数量如雨后春笋，但上规模的却屈指可数，绝大多数都是中小规模的饮水厂。这些小规模的饮水厂进行恶劣竞争，为抢占市场份额，想方设法减少前期投资。饮水从原先的十几元降至现在的6元，甚至是5元，价格战已经是白热化，于是饮水厂很自然地在水桶上做起了文章，一些饮水厂持有"两个反正"理论：反正消费者对"黑心桶"没有鉴别能力！反正使用"黑心桶"从未出过人命！

饮水厂与"黑心桶"生产厂商心照不宣，饮水厂报出所需饮水桶的价位，生产商按照这个价位制订回收料与全新料的配比进行生产，用进口设备，全新料生产，每只水桶20元左右；用国产设备，全新料生产，每只17元左右。饮水厂若报出15元的价位，可能只有15%~20%的全新料；若报出10元的价位，那就全部是回收料。

一只正规饮水桶的使用寿命可达4年，一只黑心桶使用寿命最多不过一年半，从长远利益考虑，饮水厂使用黑心桶并不划算，实为短视行为。饮水厂并没有考虑到这一点，但中小饮水厂资金有限，使用"黑心桶"能够减少前期投入，凭借最小投资，实现快速盈利。

启示：资金不足不是不讲企业道德的充分理由。饮水桶生产商与饮水厂的合理关系应是利益关系。

二、管理道德

（一）管理道德的内涵

管理道德作为一种特殊的职业道德，是规定管理行为是非的管理或原则的综合。这些原则与规范，既是管理者判断自己行为是否正确或恰当的基本标准，也是企业处理与他人和社会关系的指导准则，因此，对管理道德可以从狭义和广义两个方面来理解。狭义的管理道德是管理者行为准则与规范的总和，是管理者在社会一般道德基础上建立起来的职业道德规范体系，它通过规范管理者的个人行为，实现组织内部管理的关系协同、稳定，并进一步实现管理系统的优化，提高组织的管理绩效。对管理者自身而言，可以说是管理者的立身之本、行为之基和发展之源；对企业而言，是对企业进行管理的价值导向，是企业可持续发展的保障。广义的管理道德不仅涉及管理者内部道德标准，还涉及企业对外部环境和利益相关者关系处理时面临的道德选择，所以本书中的管理道德是从广义的角度讲的。

（二）管理道德的内容

1. 管理目标的道德

组织管理者的道德水平直接关系管理水平的高低和管理目标的实现，组织者在制订目标时，不仅要考虑目标的可行性，还要考虑管理目标的道德性，以及实现管理目标与道德规范的一致性，才能使管理目标成为有效的目标。

2. 管理者手段的道德

任何组织管理目标的实现，都要通过一定的手段，手段是为实现一定目的或目标而采取的途径、方法、程序和策略的总和。管理者所选择的手段是否道德，会直接影响管理目标的实现。

3. 人际关系管理的道德

一定社会的人际关系管理，除受社会性质决定之外，还受血缘、地缘和业缘等因素的影响，从而造成管理的不确定性、复杂性和管理层次的多样性，在这种情况下，通过道德来规范人们行为的交往关系，使人们的人际关系沿着平等、和睦、协调有序的健康方向发展，就成为管理道德建设中的一项重要内容。

4. 人事管理道德

中国自古以来，一直流传着"人存政存，人亡政亡""天下治乱，往往系于用人"的说法。这种说法包含着较为深刻的道理，人事制度更应该重视德的要求，坚持"德才兼备"和"知人善用"的用人制度原则，反对"任人唯亲""以权谋私"的做法。使人事管理科学化、规范化、制度化和道德化。

5. 财务管理的道德

物资钱财是实现组织管理目标的物质基础，物资钱财总是要交给组织机构的人员去掌控和运用的。财务管理人员的道德素质越高，财务管理的道德风险就越低。如果管钱管物的人对于"君子爱财、取之有道""非我之物勿用"等最基本的道德意识都没有，必然会利欲熏心，贪污挪用，化公为私，这就必然动摇或削弱组织管理的物质基础。因此，如何规范财务管理人员的行为，加强财务管理制度和道德建设，也是管理道德一项非常重要的内容。

第二节　影响管理道德的因素和提高道德管理的途径

一、影响管理道德的因素

结合中西方管理学理论，管理道德一般受五种复杂的相互作用的因素的影响。

（一）道德发展阶段

研究表明，道德发展可以分为"三个层次，六个阶段"，如表10.1所示。

表10.1　道德发展阶段

层　　次	阶　　段
前惯例层次 （1）仅受个人利益的影响 （2）决策的依据是本人利益，这种利益是由不同的行为方式带来的奖赏和惩罚决定	（1）遵守规则以避免受到物质惩罚 （2）只在符合你的直接利益时遵守规则
惯例层次 （1）受他人期望的影响 （2）包括对法律的遵守，对重要的人物期望反应，以及对他人期望的感觉	（1）做你周围的人所期望的事 （2）通过履行你允许的义务来维持平常秩序
原则层次 （1）受个人用来辨别是非伦理准则的影响 （2）这些准则可以与社会的规则或法律一致，也可以与社会的规则或法律不一致	（1）尊重他人的权利置多数人的意见不顾，支持不相干的价值观和权利 （2）遵守自己选择的伦理准则，即使这些准则违背了法律

道德发展的最低层次是前惯例层次，表明一个人是非选择建立在物质惩罚、报酬或互相帮助等个人后果的基础上；道德发展的中间层次是惯例层次，表明道德价值存在于维持传统的秩序以及不辜负他人的期望中；道德发展的最高层次是原则层次，个人做出明确努力，摆脱他们所属的群体或一般社会权威，明确自己的道德原则。

有关道德发展阶段的研究表明：第一，人们以前后衔接的方式通过六个阶段，而不能跨越。第二，道德持续发展是无保障的，人们的道德发展可能停留在任何一个阶段上。第三，人们达到的阶段越高，人们越倾向于采取符合道德的行为。第四，大多数成年人的道德发展还处在第四阶段上，他们习惯于遵守社会准则和法律。

【应用阅读】

杨凯偷药

在一个小城市里，有一个女孩由于得了一种病快要死了，给她看病的医生说只有一种药能治她，就是这个小城市里一位药剂师刚刚发明的一种由天山雪莲等珍贵药材制成的药。这种药非常贵，而且药剂师标价为其真实的价值10倍之多，一粒就十万元，女孩儿的母亲已经去世了，这个女孩的父亲到处去借钱，总共才借到五万元。他恳求药剂师能不能便宜点卖给他，或者不够的钱以后慢慢补上，但药剂师怎么也不同意。所以在尝试了所有的合法手段之后，杨凯没有办法了，他考虑夜闯药房，为他女儿去偷这种药。但偷窃是法律规定的犯罪行为，而杨凯一直是一个守法公民，以前从未犯过罪。

启示：有的人认为杨凯偷药为救孩子的命是可以理解的；也有人认为偷药是犯法的，是一种犯罪行为；还有的人认为杨凯偷药后，应去自首取得宽大处理。总之，不同道德水平的人对此事的评论是不同的。

（二）个人特性

管理者的个人特性对组织的管理道德有着直接影响，主要是指管理者的个人价值观、自信心和自控力。人们的价值观是在个人成长与发展过程中逐渐培养起来的，其渠道可能来自多层面、多元化的有影响力的各方面发展起来的。虽然管理者的个人价值观左右私人生活中的伦理决策，但在职业生活中，个人价值观被组织结构中的其他力量中和了，这些力量能改变个人价值观在决策中的作用，它们是自我强度、环境依赖性和控制中心。

1. 自我强度

自我强度较低的人更大程度上依赖个人信念，更多地依靠自己的个人价值观和是非观，受他人影响较少，更可能做出他们认为正确的事情。

2. 环境依赖性

当情况不清楚时，环境依赖性较强的人更多地用他人提供的信息来确定问题，而不依赖环境的人则依靠自己拥有的信息和自己开发的信息来确定问题。在组织环境中，前一种人在决策中接受并使用组织内其他人提供的信息，所以往往在应对伦理难题时很大程度上受组织内其他人影响，其在组织内的决策与其在组织外无法获得他人信息的情况下的决策有很大差异；后一种人在决策中使用的信息往往只限于自己拥有的信息，不管是在事前、事中还是事后，都是由自己收集的，其决策更大程度上依赖于自己的个人价值观，因此往往与其在组织外进行的决策偏差较小。

3. 控制中心

控制中心是衡量人们相信自己掌握自己命运程度的个性特征的变量。可以分为内在控制中心和外在控制中心。相信外在控制中心的人认为个人一生中会发生什么事情全是由运气和社会给予的机会决定的。从道德角度看，具有外在控制中心的人更依赖外部力量，对其行为结果负责任的可能性较小；而具有内在控制中心的人依靠自己内在的是非标准来指导其行为，更可能对其行为结果承担责任。

（三）组织结构

组织结构设计可以帮助形成管理者的道德行为。在现实经济生活中，有些组织结构对管理者的道德行为提供了强有力的指导，有些组织结构则使管理者更加道德困惑。

1. 组织结构设计模糊性和不确定性

组织结构设计如果能使模糊性和不确定性最小，就更有可能促进管理者的道德行为。

2. 上级的行为对个人道德或不道德有着重要的影响

在学习生活中，上级的行为对个人道德或不道德有着重要的影响，组织的绩效评价系统同样会发生作用，如果组织绩效评估更加关注成果，会促使人们不择手段地追求达到成果指标；与评价系统紧密相关的是组织报酬的分配方式。组织奖罚的标准越依赖于具体的目标成果，管理者实现目标时的道德约束就会越小。

此外，时间、竞争、成本和工作的压力越大，管理者也越有可能放弃他们的道德标准。

（四）组织文化

组织文化的内容和力量也会影响组织成员行为的道德标准，具有高风险成熟能力，能够实施高度控制以及对冲突高度宽容的组织文化，更有助于形成较高的道德标准。处于这种文化中的管理者，将意识到不道德的行为并进行公开的挑战和修正。

1. 强文化

强文化比弱文化对管理者的影响更大。如果文化的力量很强并且支持高道德标准，它会对管理者的道德行为产生非常强烈和积极的影响。

2. 弱文化

在一种弱文化环境中，管理者更可能以亚文化规范作为行为指南，工作群体和部门准则将强烈影响弱文化组织中的道德行为。

（五）问题强度

道德问题本身的强度不同会影响一个管理者的道德行为。问题强度由问题危害的严重性、对不道德的舆论、危害可能性、后果的直接性、受害程度和效果集中性来衡量。具体内容如图10.1所示。

根据这些因素，受到的伤害越多，认为该行为是不可取的舆论越强，该行为造成的危害可能性越大，人们越是能够直接感受到该行为的后果，观察者的感受与受害者的越接近，该行为对受害者的影响就越集中，问题强度也就越大。总的来说，这6个要素，决定了道德问题的严重性。道德问题越严重，管理者越有可能采取道德行为。

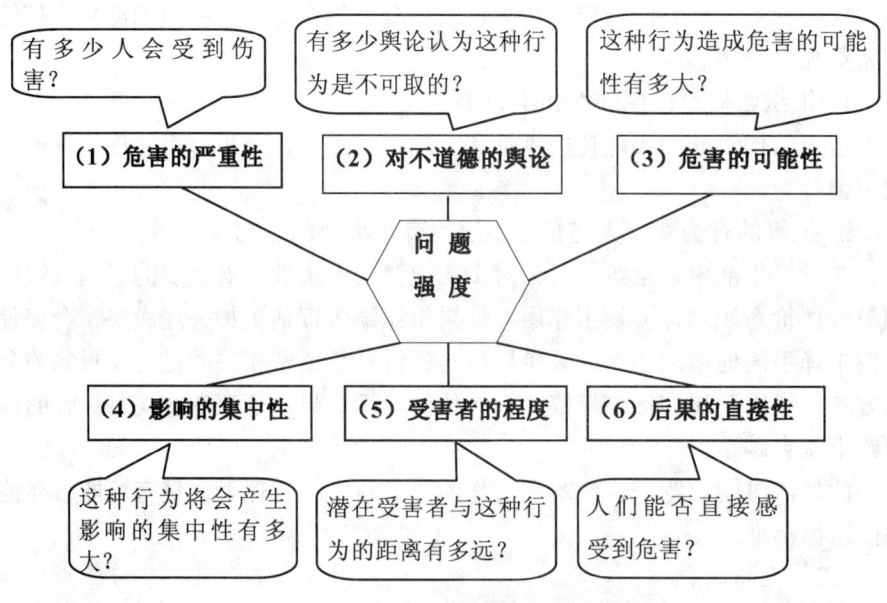

图10.1　决定道德问题强度的因素

二、提高管理道德的途径

管理道德和普通道德的出发点不同，落脚点也不同，一个属于管理领域，一个属于社会道德，为把两者有机地结合在一起，管理者可以尝试通过以下几种途径来提高组织的管理道德。

（一）挑选有良好道德素质的员工

在道德发展阶段，个体在个人价值体系和个性上是存在差异的。组织需要通过严格的挑选过程，把低道德素质的求职者淘汰掉。挑选过程中通常包括申请材料的审查、笔试、面试、背景测试和试用等阶段。挑选过程有助于领导者了解个人道德发展阶段、个人价值准则、自我强度和控制中心等情况。仅有挑选还不能完全保证把不符合道德标准要求的求职者淘汰掉，所以还需要采取其他方面的控制措施。

（二）建立高标准化的道德准则

为了提高和改善组织的管理道德，首先有必要让员工弄清楚管理道德究竟是什么？组织中提倡的管理道德又是什么？建立系统的道德准则有助于澄清这些基本问题。《财富》杂志列出了1000家公司中90%以上的公司都有一套文明规定的道德准则，道德准则是表明一个组织基本价值观和员工遵守的道德规则的正式文件。一方面，道德准则应该尽量具体地向员工表明其应以什么精神从事工作；另一方面，道德准则应当足够宽松，从而允许员工有足够的判断与思考的空间和自由。

（三）高层管理者的有效领导

促进道德管理要求高层管理者以身作则，"正人先正己""身教重于言传"等这些名言说明，只有强化管理者的道德建设，才能促进道德管理，这是抓好道德管理的关键。如果高层管理者将公司资源据为己有，或者扩大他们的费用开销，或者为朋友打开方便之门，他们等于向全体雇员传递了一些非常不良的道德信号。高层管理者还可以通过具体的奖罚来建立文化基础，选择谁或什么事作为奖赏或者惩罚的对象，将向雇员传递强有力的信息。

（四）设定科学的工作目标

组织必须有明确的和现实的目标。缺乏明确的目标，会使员工感到无所适从，可是即使目标明确，现实也同样有可能引发道德问题。在不现实的目标压力下，即使有道德的员工也会持有"不择手段"的态度。

（五）对员工进行道德培训

越来越多的组织通过研讨会，专题讨论会和类似的培训项目，尝试改善员工的道德行为。美国一项调查曾表明，约44%的美国企业提供了道德方面的有关培训。此外，一些证据表明，这种培训的确有助于个人道德水平的提高或者经营道德意识的增强。

（六）综合绩效的评价

当绩效评价仅仅以经济成果为焦点时，员工会为了达到目标而不择手段。因此,提高管理者的道德标准,就必须在绩效评价过程中包含这方面的相关内容。例如,对员工绩效评价除了看其是否完成企业下达的经济指标外,还要看其在达到自身目标的同时,对同事或组织目标的实现产生积极还是消极的影响。

(七)独立的社会审计

按照组织的道德标准准则对决策和管理行为进行评价的独立审计,有助于发现管理中存在的非道德行为,从而间接提高组织的道德标准。这种审计可以是类似财务审计的例行评价,或者是并不预先通知的抽查性评价。为了保证评价的客观性和公正性,审计员应直接向组织的董事会负责,并直接将审计结果呈交给董事会。

(八)建立正式的保护机制

为了保证管理道德工作的有效进行,组织必须建立充分有效的保护机制,以减少道德困境中的种种疑虑,或者为他们指明应当采取的方法和措施。

第三节 企业社会责任

在社会问题日益增多、社会矛盾日渐复杂的时代,随着企业自身认识的发展和影响力的扩大,以及社会进步、竞争压力和公众的日益关注,对企业责任的呼声也越来越大。企业社会责任运动的倡导者们试图从有机调整思维出发,用一种"双赢"或"多赢"的思想来超越传统的"输赢"二元对立思想,主张兼顾企业员工、顾客、社会共同体和环境的利益,实现企业经济效益和社会效益的有机结合。

一、企业社会责任的内涵

(一)关于企业社会责任两种对立的观点

关于企业的社会责任,人们有不同的认识,如"一切为了企业的利润最大化,关于社会效益可以一概不管""主观为企业,客观为社会""在本企业利润最大化的同时,可适当考虑为社会服务""为了企业的生存和发展,一定要为社会服务,而且要服务好"。这些关于企业社会责任的观点,总体上可归纳为两种:一种是有关企业社会责任的古典观点,认为管理者的社会责任是追求利益最大化的;另一种观点站在社会经济的立场,认为管理者的社会责任不仅仅是追求公司利润最大化,还是要增进社会福利。

古典观点认为，公司管理者的任务就是设法以最有效率的方法来配置各项生产资源，使生产成本最低，同时将产品卖给愿意支付最高价格的顾客，为企业创造最大的利润。这种古典观点的代表人物是米尔顿·弗里德曼，其认为造成企业承担社会责任的主要论点有：企业参与社会目标会冲击工商企业的根本使命；企业已经拥有较大的权力，不应再加大；并没有广泛的社会授权要求工商企业参与社会问题；企业无法承担大量的社会责任；企业的社会行为会降低企业的国际竞争力；缺乏对企业参与社会活动的全力支持；企业的社会参与可能会使企业负担过量成本。

社会经济观点认为，企业除了要赚取合理的利润外，还应为基本相关利益群体承担其应负的社会责任。这种社会经济观点的代表人物是霍华德·博文，其认为造成企业承担社会责任的主要论点为：社会大众希望企业承担社会责任；企业承担社会责任是一种长期的自利；企业拥有解决社会问题的资源和能力；企业拥有大量的权利，根据推理，企业也相应承担同等程度的社会责任，现代社会是一个相互依存的系统，企事业单位的内部活动对外部环境有影响；通过企业的参与来防止社会问题的发生，企业参与社会抑制了额外的政府法规管理和干预，其结果是使企业决策有了更大的自由和灵活性。

（二）企业社会责任的含义

英国学者奥列弗最早提出企业社会责任的概念。在此后的几十年里，谢尔顿不断发展和延伸关于企业社会责任的理论。再后来，学者鲁曼把企业责任划分为四种：一是企业的经济责任。它是企业系统固有的责任，是指企业所负的谋求股东利益最大化的责任。二是企业的法律责任。它是指为法律规定的企业义务。三是企业的道德责任。四是企业的社会责任。

现代管理之父彼得·德鲁克认为：任何一个组织都不只是为了自身，而是为了社会存在，公司也不例外。

管理学者斯蒂芬·罗宾斯认为：企业社会责任是指超过法律和经济要求的，企业为谋求对社会有利的长远目标所承担的责任。

综上所述，可将企业社会责任分为两类：一类是狭义的企业社会责任，即企业社会责任是专指经济和法律责任以外的道德社会责任；另一类则是广义的企业社会责任，即将经济与法律责任纳入企业社会责任的范畴，并视为企业社会责任的一部分。

【应用阅读】

贿赂是一种"善"吗？

某生产商投入大量资金开发出一款新型汽车，巨额投入使该企业背上了沉重的负担,如果不尽快获得大额订单,这家企业将不得不关闭部分工厂,这将造成数千名工人失业,同时也会给所在城市带来灾难性的损失。为此该企业的总裁动员各种力量去说服市政府在为本市出租车汽车公司购买新车辆时能够买自己企业所生产的新型汽车。这时他无意得知该市负责此项目的主管领导急需一笔钱,于是暗中托人与这位主管取得了联系,并送出 5 万元作为酬金。后来经过这位主管的努力,交易最终达成。这位总裁认为自己的行为是合理的,因为这确保了企业生存,工人也由此保住了工作,所在的城市也得到了利益,如税收和就业保障,那位主管也改善了自己的财务状况,出租汽车公司也得到了新型汽车,他相信他的行为所产生的正面价值远远大于贿赂本身造成的不良影响。

启示:贿赂不是一种"善",恰恰反映了该企业没有承担起社会责任。

二、社会责任与利益相关者

如果企业的社会责任是为改善相关者生活质量的承诺,那么,明确利益相关者的基本范畴将有助于企业了解承担社会责任的范畴。利益相关者理论是 20 世纪 60 年代,在美国、英国等长期奉行外部控制型公司治理模式的国家中逐步发展起来的。该理论认为任何一个企业的发展都离不开各种利益相关者的投入与参与,如股东、债权人、雇员、批发商、供应商等。企业不仅要为股东服务,而且还要为众多的利益相关者服务。企业的目标是为其所有利益相关者创造财富和价值,企业是由利益相关者组成的系统,它和为企业活动提供法律和市场基础的社会大系统一起运作。

按照不同的标准,可以将利益相关者划分为不同的类型。

1. 根据相关群体与企业是否存在交易型合同关系,将利益相关者分为契约型利益相关者和公众型利益相关者

(1)契约型利益相关者主要包括股东、雇员、顾客、分销商、供应商贷款人等。

(2)公众性利益相关者包括消费者、监管者、政府、集团媒体、社区等。

2. 根据相关群体在企业经营活动中承担的风险种类,可以将利益相关者分为自愿利益相关者和非自愿利益相关者

(1)自愿利益相关者是指在企业中主动进行物资资本或资本投资的个人或群体,并自愿承担企业经营活动给其带来的风险。

(2)非自愿利益相关者是指由于企业活动而被动地承担风险的个人或群

体。

3. 根据相关者群体与企业联系的紧密性，可以将利益相关者分为主要利益者和次要利益相关者

（1）主要利益相关者包括股东、投资者、雇员、顾客、供应商以及提供基础设施和市场的政府、社区等，公司与主要相关利益者群体有高度的相互依赖性。

（2）次要相关利益者是指那些影响企业或被企业影响的个体或团体，他们不参与公司的直接交易，对企业的生存起不到根本的影响。公司的生存虽不依赖次要相关利益者，但处理不善也会对公司造成一定程度的破坏，比如媒体和众多的特定利益集团。

综上所述，本书将企业利益相关者的范畴界定为由企业投资者、顾客、员工、社会、环境、竞争者等主体共同构成的利益集团。

三、企业承担的社会责任

（一）企业对投资者承担的社会责任

投资者是公司的出资人，也是企业的拥有者，没有投资者就没有企业，企业利益应与股东利益一致。现代企业要求所有权与经营权相分离，所有者将企业的经营管理权委托给以总经理为代表的管理层。企业管理者必须考虑股东的利益，寻求更新、更好的管理方式，最大程度实现公司资产的增值和保值。因此，企业首先要为投资者带来具有吸引力的投资回报，其次还要将其财务状况及时、准确地报告给投资者，与投资者之间达成良好的互动。

（二）企业对顾客承担的社会责任

从顾客满意到顾客忠诚，已成为很多企业营销的根本目标，顾客已经成为企业最为重要的利益相关者之一。为了赢得顾客的信任和忠诚，企业必须意识到更多的社会责任，而不是单纯从经济效应出发看待问题，为此企业必须消除短视行为。企业不仅要看到企业的今天，还要看到企业的明天，因此企业必须要善待顾客。善待顾客就是以优质的产品和服务，以良好的形象和社会美誉赢得顾客的心，同时企业要向消费者提供安全的产品。重视售后服务和提供必要的培训指导也是获得顾客忠诚的良好契机。企业要正确对待来自顾客的抱怨，顾客的抱怨是对企业的信任和支持，通常对企业或其产品提出意见的顾客是企业最有价值的顾客，对此企业要引起高度的重视。

（三）企业对员工承担的社会责任

员工是企业最重要的资源，也是企业最重要的利益相关者，企业必须对

员工承担必要的社会责任。一方面，企业必须重视劳动者权益的保障。企业应该重视和实现员工安全、就业机会均等，反对员工歧视。对于有远大理想的企业来说，保护劳动者权益不仅能够减少市场阻力，而且有利于企业形成制度化的良性循环。另一方面，企业要实施开放式的管理和员工民主，赋予员工更多的权利和义务。企业应该与员工共同分享目标，发挥所有人的才干，以此来提高整个组织的驱动力、创造力和生产力。

【应用阅读】

卡特总统揽责

在营救驻伊朗的美国大使馆人质的作战计划失败后，当时美国总统吉米·卡特即在电视里郑重声明："一切责任在我"。仅仅因为上面那句话，卡特总统的支持率骤然上升了10%以上，做下属的最担心的就是做错事，特别是花了很多精力又出了错，而在这个时候，领导来了句"一切责任在我"，那下属又会是何种心境？

卡特总统的例子说明：下属对一个领导的评价，往往决定于他是否有责任，勇于承担责任不仅使下属有安全感，而且也会使下属进行反思，反思过后会发现自己的缺陷，从而在大家面前主动道歉，并承担责任。领导这样做表面上看是把责任揽在自己身上，使自己成为受谴责的对象，实质上不过是把下属的责任提到上级领导上，从而使问题解决起来容易一些。

启示：你是一个中级领导，你为你的下属承担了责任，那么你的上司是否也会反思，他自己是否也应承担某些责任呢？一旦公司里上行下效，形成勇于承担责任的风气，便会杜绝互相推诿、上下不团结的局面，使公司有更强的凝聚力，从而更有竞争力。当问题发生时，寻找解决方法，而不是找代罪羔羊。

（四）企业对环境承担的社会责任

保护环境免受企业经营的冲击是企业的核心责任之一，企业对环境承担的社会责任主要包括维护环境质量、使用清洁能源、共同应对气候变化、保护生物多样性等。这要求企业必须努力保证生态效益，以"绿色产品"和"生态技术"为研究和开发的主要对象，并设法达成产品与服务的完整生命周期。

（五）企业对竞争者承担的社会责任

市场竞争是一种有序竞争，市场经济下企业不仅要讲究"竞争"，更要树立"合作"的意识，波特的价值系统概念的提出，形象、科学地论证了企业之间进行合作的必要性与可行性。作为整个社会价值系统中的一员，各个企业之间通过"竞合"的形式合作，在自己最具有优势的价值链环节上经营，从而可以提高各自的生产效率。因此，企业首先要摒弃"同行是冤家"的狭隘思想，建立起与其替代者、互补者，甚至是直接竞争合作共存的观念，借助其他企业和组织的资源和力量，为自己的经济目标服务，这也是现代市场经济中企业的生存之道。

（六）企业对社会承担的社会责任

企业要意识到自己是社会的一个主要部分，也就是说，企业是国家的"公民"之一，企业必须遵守法律、现存规则以及国际标准，防范腐败贿赂，包括道德行为准则问题以及商业原则问题。同时，企业有权利也有责任为社会的发展做出自己的贡献，这主要是指广义的社会和经济福利的贡献，如传播国际标准、积极参与社会慈善事业、公益事业、向贫困社区提供要素产品和服务等。这些贡献在某些行业可能成为企业核心战略的一部分。一个企业"公民"应该懂得公司的成功与社会的健康和福利密切相关。

本章小结

通过本章的学习，熟悉道德与管理道德及道德发展的"三个层次，六个阶段"，即理解管理道德的内涵及内容，关键是要掌握影响管理道德的因素和提高道德管理的途径。正确理解企业社会责任的内涵及企业社会责任的具体体现，处理好企业社会责任与利益相关者的关系，勇于承担社会责任。

一、思考题：

1. 道德观有哪几种？企业道德观的内涵是什么？
2. 管理道德包括哪些内容？提高管理道德的途径有哪些？
3. 影响管理道德的因素有哪些？决定问题强度的因素有哪些？
4. 企业社会责任的内涵是什么？企业的利益相关者可分为哪几类？
5. 企业应承担哪些社会责任？

二、实训题

实训项目　　企业管理道德与社会责任调查

1. 实训目的

调查一个公司或企业在管理道德和社会责任方面履行情况，找出存在的问题并提出解决方案。

2. 实训要求

要求每个学生上网搜集、阅读一些有关管理道德和社会责任的资料或案例，然后每8~10人一组，结合课堂所学管理道德和社会责任理论，调查一个公司或企业在管理道德和社会责任方面履行情况，指出该公司或企业在管理道德和社会责任方面的业绩与存在的问题，并对存在的问题提出解决方案，写出实训报告，在课内进行讨论交流。

3. 实训考核

教师根据学生的实训报告和讨论课上的表现给予评价。

三、案例分析

10-1　三鹿奶粉事件及其反思

石家庄三鹿集团股份有限公司（以下简称三鹿）曾有过辉煌的历史。1983年，三鹿先研制成功并生产母乳化奶粉（婴儿配方奶粉）；1986年，率先创造并推广"奶牛下乡，牛奶进城"城乡联合模式；1993年，率先实施品牌运营及集团化战略运作；1995年，率先在中央电视台一频道黄金时段播放广告；1996年，率先在同行业导入CI系统，自1993年起，三鹿奶粉产销量连续15年实现全国第一，2007年，三鹿集团实现销售收入100.16亿元，同比增长15.3%。三鹿一举成为中国驰名商标，各系列奶粉行销全国31个省市，连续11年产销量居全国同行业第一，按三鹿自己的说法，三鹿一直在快车道上高速行驶，创造了令人振奋的"三鹿速度"。

2004年1月16日，阜阳市某消费者投诉三鹿婴儿奶粉有质量问题。2004年4月，安徽阜阳地方媒体在公布该市45家不合格奶粉和伪劣奶粉的黑名单中，三鹿奶粉榜上有名。随后，三鹿婴儿奶粉在全国多个市场被强迫下架，每天损失超过1000万元。此消息犹如抛出一枚重磅炸弹，全国各地各级执法部门对三鹿婴儿奶粉进行封杀，责令三鹿婴儿奶粉下柜台，退出市场。但真相很快查明：阜阳市疾病预防控制中心接到投诉后，经与三鹿技术员共同确认假冒"三鹿婴儿奶粉"。于是17天后，三鹿从黑名单中消失，成功躲过一劫。2004年5月9日，国家质检总局公布了国内30家具有健全的质量保证体系的奶粉生产企业名单，三鹿集团名列榜首。

在当时三鹿集团网站的企业简介中有这么一段话："安徽阜阳问题奶粉"事件后，中国农村奶粉市场暂时出现"真空"，为了快速抢占这块市场，三鹿把销售网络从县一级延伸到乡镇级。仅2004年，三鹿集团就在短时间内建立了12.3万个乡镇销售点。可见，安徽阜阳事件后三鹿集团的关注点并不在内部治理而在外部扩张。

2005年7月，三鹿酸奶在天津、衡水、沧州等地出现断货现象，生产厂销售部与仓库人员为了缩短物流时间，将正在检测过程中的产品提前出厂，导致了轰动一时"早产奶"事件，对此，三鹿集团仅仅是把销售部门有关人员调离岗位和对三鹿酸奶销售直接负责人采取了扣除20%年薪的处罚。

2008年9月，三鹿生产的婴幼儿奶粉因含有"三聚氰胺"而出现"肾结石婴儿"一事使三鹿备受关注与指责。这起事件不仅仅给三鹿带来了灭顶之灾，更引发了中国乳制品行业的地震，推倒了乳制品行业的"多米诺骨牌"，蒙牛、伊利、光明等数10家企业的部分产品被检测出"三聚氰胺"，虽然企业采取产品召回、危机公关等措施，但仍使企业的有形资产与无形资产都遭受重大损失。更为重要的是，这起事件在国际上也造成了一系列不良影响。

2009年2月12日，石家庄市级中级人民法院正式宣告三鹿破产。这是自1996年第一部《企业破产法》颁布实施以来，中国因产品质量问题而破产倒闭的第一家大型企业。

分析讨论题：

1. 你是如何评价三鹿集团的企业道德的？该集团在履行公司社会责任方面的过错有哪些？

2. 如果你是公司的负责人，在三鹿危机事件后应采取哪些措施来防微杜渐？

10-2 紫金矿业：污染之伤

紫金矿业集团股份有限公司是香港H股上市公司（股票简称：紫金矿业，股票代码：2899），国内著名的黄金矿业企业，中国500强企业。2004年12月20日，紫金矿业被列入FTSE矿山指数；2006年3月20日，紫金矿业被纳入道琼斯中国海外50指数。2006年位居《福布斯》中国顶尖企业排行榜第17位、最具有投资价值的海外上市公司第16位（矿业企业第1位）；2007年位居福布斯中国顶尖企业榜第二位。

2010年7月3日15时50分左右，紫金矿业紫金山铜矿湿法厂发生铜酸水渗漏事故，事故造成汀江部分水域严重污染，紫金矿业直至12日才发布公告，瞒报事故9天。此次事件是由于连续降雨造成厂区溶液池区底部黏土层掏空，污水池防渗膜多处开裂，渗漏事故由此发生。9100立方米的污水顺着排洪涵洞流入汀江，导致汀江部分河段污染及大量网箱养鱼死亡。对当地生态环境、居民的健康来说，都是一场不容忽视的灾难。

有相关人士指责紫金矿业在环保方面舍不得投入，尽量压低成本。最好的例子是2007年，紫金矿业收购湖北鑫丰矿业。鑫丰矿业主要利用氰化工艺和提纯工艺进行金矿冶炼。紫金矿业介入之后，很快停掉了上述两个工艺，将其工艺改为浮选，即根据不同的矿物特性加入不同药物，使所需矿物质与其他物质分离开。这一做法，正是为了减少环保投入。但是，含有大量残余水分的尾矿渣，却成为新的污染隐患。事实上在紫金矿业发家史上，污染事件却也如影随形。2006年底，位于贵州省贞丰县境内的紫金矿业贞丰水银洞金矿发生溃坝事故。尾矿库中约20万立方米含有剧毒氰化钾等成分的废渣废水溢出，下游两座水库受到污染。2008年2月，紫金矿业便因存在不良环境记录而成为首批"绿色证券"政策中10家"未能通过或暂缓通过"的企业之一；2009年4月底，紫金矿业下属的、位于河北张家口崇礼县的东坪旧矿尾矿库回水系统发生泄漏事故，引起部分当地居民呼吁坚决取缔；同年年底，福建龙岩市环保局连收到两封投诉信，称"紫金矿业污染武平下村村矿区水源非常严重，连池塘的鱼都死了"。2010年5月，因为存在严重环保问题尚未按期整改的情况，紫金矿业再次被国家环保部点名批评。

分析讨论题：

　　1. 请从管理道德和社会责任的角度分析，本案例对企业管理者有什么启示？

参考文献

(1) [美]西蒙．杨砾等译．管理行为．北京：北京经济学院出版社，1988
(2) [法]H．法约尔．周安华等译．工业管理与一般管理．北京：中国社会科学出版社，1982
(3) [美]孔茨等．张晓君等译．管理学．北京：经济科学出版社，1998
(4) [美]斯蒂芬·P．罗宾斯，玛丽·库尔特．管理学（第 7 版）．孙健敏，黄卫伟，王凤彬，焦叔斌，杨军译，北京：中国人民大学出版社，2004
(5) 杨文士等．管理学．北京：中国人民大学出版社，2011
(6) 李海峰，张莹．管理学——原理与实务．北京：人民邮电出版社，2012
(7) 邢以群．管理学．北京：经济科学出版社，2006
(8) 单凤儒．管理学基础．北京：高等教育出版社，2004
(9) 周三多．管理学——原理与方法．上海：复旦大学出版社，1993
(10) 周三多．管理学（第三版）．北京：高等教育出版社，2010
(11) 陈子良．管理通论．上海：华东师范大学出版社，1989
(12) 芮明杰．管理学．上海：上海人民出版社，1999
(13) 吴玺玫，张树军．管理学．北京：中央民族大学出版社，2005
(14) 路宏达．管理学基础．北京：高等教育出版社，2009
(15) 李晓光．管理学原理．北京：中国财经经济出版社，2004
(16) 孙健敏．管理中的激励．北京：企业管理出版社，2004
(17) 吴照云．管理学原理．北京：经济管理出版社，2004
(18) 张勤国．管理学．上海：立信会计出版社，2003
(19) 杜明汉．管理学原理．北京：中国金融出版社，2006
(20) 孙凤芝，赵善伦．管理学原理．青岛：中国海洋大学出版社，2004
(21) 徐国华，张德，赵平．管理学．北京：清华大学出版社，2001
(22) 张义珍，管理学．石家庄：河北人民出版社，2003

（23）徐向艺．管理学．山东：山东人民出版社，2005年版

（24）王立平．管理学原理．北京：中国人民大学出版社，2000

（25）赵国运，王军华．管理学原理．北京：中国社会出版社，2006

南开大学出版社网址：http://www.nkup.com.cn

投稿电话及邮箱：　022-23504636　　QQ：1760493289
　　　　　　　　　　　　　　　　　　QQ：2046170045(对外合作)
邮购部：　　　　022-23507092
发行部：　　　　022-23508339　　Fax：022-23508542

～～～～～～～～～～～～～～～～～～～～～～～～

南开教育云：http://www.nkcloud.org

App：南开书店 app

　　南开教育云由南开大学出版社、国家数字出版基地、天津市多媒体教育技术研究会共同开发，主要包括数字出版、数字书店、数字图书馆、数字课堂及数字虚拟校园等内容平台。数字书店提供图书、电子音像产品的在线销售；虚拟校园提供 360 校园实景；数字课堂提供网络多媒体课程及课件、远程双向互动教室和网络会议系统。在线购书可免费使用学习平台，视频教室等扩展功能。